PARANGON V.
LES QVATRE VERTVS
Q.V'ON NOMME CARDInales, comparées à quatre proprietez de la fleur de Lys, & premierement la bonne odeur du Lys, parangonnée à la Prudence du Roy S. Louys, & des autres Monarques François.

CHAPITRE PREMIER.

Diuers rapports de la bonne odeur du Lys auec la vertu de Prudence.

ES alliances de la Charité auec les [a] vertus de Prudence, de Iustice, de Temperance, & de Force sont si estroittement contractées, qu'en admirant auec le S. Prophete Ezechiel vn chariot à quatre roües enuironnées de feu, où la Majesté diuine deploye la pompe de sa gloire, il me semble voir vne ame embrasée du feu de Charité auec l'attirail de ces quatre vertus, où Dieu triomphe comme

I. *L'vnion de la Charité auec les quatre vertus de Prudence, de Iustice, de Temperance & de Force.*
a *Sanctus August. lib. de moribus Ecclesiæ Catholicæ cap.* 15. Quod si virtus ad beatam vitam nos ducit, nihil omnino esse virtutem affirmauerim, nisi summum amorem Dei. Namque illud quod quadripartita dicitur virtus, ex ipsius amoris vario quodam affectu, quatum intelligo dicitur.

YYYy

Itaque illas quatuor virtutes, quarum vtinam ita sit in mentibus vis, vt nomina in ore sunt omnium, sic etiam definire non dubitem. Vt tēperantiam dicamus esse amorem Deo sese integrum, incorruptumque seruantem: fortitudinem amorem, omnia propter Deum facilè perferentem: Iustitiā, amorem Deo tantum seruiétem, & ob hoc bene imperantem cæteris, quæ homini subiecta sunt: Prudentiam, amorem bene discernentem ea quibus adiuuetur in Deū, ab iis quibus impediri potest.

comme sur le plus auguste throne de sa diuinité. Quand ie vois ces roües qui se pesle-meslent les vnes dans les autres, & qui semblent se vouloir fondre toutes en vne; i'apprends que le rapport entre ces vertus est si grand, qu'il est difficile d'en posseder vne en perfection qu'on ne rende aussi de singuliers témoignages des autres. Quand ie contemple aupres du fleuue Chobar les Cherubins à quatre faces de charbons ardans, il m'est aduis que ie découure vn parfaict amateur de Dieu qui me monstre sa prudence empreinte sur sa face d'homme; sa Iustice sur celle d'Aigle, sa force sur celle de taureau, & sa Temperance sur son visage Angelique. Si i'entre dans le temple de Salomon pour considerer l'artifice de l'Arche d'alliance, faicte de bois de Cethim toute dorée, garnie de quatre boucles d'or pour son soustien, & le plus sainct domicile de la Diuinité; i'entre en mesme temps en connoissance de la dignité d'vne ame pleine d'amour diuine, vray siege du Tout-puissant, soustenu par ces quatre vertus principales, qui l'accompagnent en quelque part qu'elle aille. Mais que voids-ie sur la poictrine de ce grand Pontife, sinon ces quatre vertus representées par ces quatre rangs de pierres precieuses enchassées dás l'or de cette mysterieuse Enseigne? Que si ie remonte dans le jardin d'Eden, n'y verray-ie pas vne source abondante, qui partageant ses eaux en quatre branches auec vn fruict incroyable de toute la terre, me fait admirer l'inespuisable source de la Charité des Monarques François

Chapitre I. Section I.

çois, qui se diuisant en ces quatre vertus royales arrouse tout leur Royaume, au grand aduantage de leurs subiects? Car c'est l'amour de Dieu, qui selon le [b] Sage nous enseigne la Temperance, la Prudence, la Iustice, & la Force, dont le reuenu est inestimable à ceux qui les possedent. De maniere que les rayons ne suyuent pas plus fidelement le Soleil, que les habitudes de ces quatre vertus la splédeur de la Charité. Tous ces mysteres nous sōt aussi naïfuemēt representez en la fleur de Lys que dans toutes ces anciennes figures. Car la fleur du Lys en general nous ayant marqué la vertu de Charité au precedant Parangon, il faut aussi que demeurant dans l'enceinte de cette fleur, ie vous y fasse admirer ces quatre vertus principales en ces quatre suiuans Parangons, & puis que la Prudence est celle qui les parfume toutes par sa discretion, le droit nous oblige de la mettre la premiere en parallele auec la suaue odeur de nostre fleur de Lys.

[b] *Sapient. cap.* 8. Sobrietatem & prudentiam docet, & iustitiam & virtutem, quibus vtiliùs nihil est in vita hominibus.

PVis que le [a] sage Salomon compare les bons aduis aux bonnes odeurs, & que l'anciē Medecin Simon Sethi enseigne que l'odeur du Lys est souueraine pour fortifier le cerueau, ie ne voy point de vertu à qui cette fonction soit mystiquement plus familiere qu'à la prudence qui vient tousiours se rendre au secours de la foiblesse de nos entendemens par la bōne odeur de ses cōseils. [b] *Si tu suis la Prudēce*, disoit vn anciē Euesque, *tu seras tousiours semblable à toy, & selon les occurrences tu t'accōmoderas en telle façon, que tu ne te chāgeras point, tout ainsi que la*

II.
L'odeur de la fleur de Lys est comparée à la nature de la Prudence.
[a] *Prouerb. cap.* 15. Vnguento & odoribus variis delectatur cor, & bonis amici consiliis anima dulcoratur.

[b] *D. Martini Episcopi Dumiensis in formula honesta vita tom. 6. part. 2. Bibliotheca Patr.* Si prudentiam amplecteris, vbique idem eris & prout rerum & temporum va-

main

main qui est tousiours la mesme, soit qu'elle se ferme, soit qu'elle s'ouure. Tellemét que nous pouuós dire, que ce n'est pas sans raison que les anciés Mythologistes ayát fait naistre la Prudéce par vn diuin effort du cerueau de Iupiter, comme nostre fleur de Lys du sein de Iunon, vouloient signifier que c'est elle qui s'occupe à redresser les déuoyemens du cerueau, comme l'odeur de cette fleur royale à le fortifier. Entrons en d'autres considerations dignes de la nature de cette vertu, & disons que si l'odeur du Lys attire à soy les abeilles, elle est pareillement doüée d'vne force secrette, ennemie des bestes venimeuses, n'en pouuant supporter le voisinage, ne plus ne moins qu'elles cette suaue senteur sans quitter leur venin auec la vie. La Prudence n'en execute pas moins parmy les actions humaines: car selon nos Theologiens, elle s'employe particulierement à éloigner le mal de soy, & attirer la vertu de son costé. Le sage [c] S. Remy, l'honneur des Gaules, & le parangon de l'Eglise de Rheims, dit qu'on reconnoit l'homme prudét à preuoir de loin la fin de ses œuures, à sçauoir ce qu'il doit conuoiter, & ce qu'il doit fuïr, ce qui plait à Dieu, ou ce qui luy est desagreable. Autant en respondit vn des [d] septante deux Docteurs Hebreux à Ptolomée Philadelphe, Roy d'Egypte, qui luy demandoit, *si la prudence se pouuoit acquerir par l'industrie humaine. Non*, repliqua-t'il: *d'autant que c'est vn ornement de l'ame qui est departi d'vne puissance diuine pour embrasser ce qui est honneste, & refuser son contraire*. O mille fois sage le Chrestien qui possede ceste

rietas exigit, ita te accommodes tempori; nec te in aliquibus mutes, sed potius aptes: sicut manus quæ eadem est, & cùm in palmam extenditur, & cùm in pugnum astringitur.

[c] *Sanctus Remigius Episcopus Rhemensis in epist. ad Ephes. cap. 5. tom. 5. p. 3. Bibliotheca Patr. Prudens homo dicitur quasi porrò videns, quia à longè considerat, quem finem sua opera habitura sint, & qui scit quid debeat appetere & quid vitare, & qui considerat etiam quæ placeant, aut quæ displiceant Deo.*
[d] *Aristæas in hist. LXX. Scriptura sacra Interpretum. An prudentia studiis & doctrina parari queat? & illa quidem animi habitus est qui à diuina virtute dirigitur ad prosequenda omnia honesta, auersandaque contraria.*

Prudence

Chapitre I. Section I.

Prudence d'esprit qui nous comble de paix presentement, dit ᶜ Primasius, ne rendant point le mal pour le mal, & qui merite la vie eternelle par son obeyssance, & le repos, par sa penitence, ne donnant point d'accroissement au peché.

ᵃ L'Angelique Docteur semble auoir pris occasion de ces discours, de considerer la prudence en trois façons, comme ie veux aussi vous monstrer trois sortes d'odeur en nostre fleur de Lys. Ie les apprends toutes trois de l'obseruation de ᵇ Pline, qui a remarqué en la fleur de Lys vne odeur particuliere aux fleurons blancs, & vne seconde aux martelets iaunes qui sont au dedans de la fleur, & vne troisiéme qui est desagreable quand ceste fleur est froissée, comme si elle vouloit témoigner le regret qu'elle a de se voir méprisée. Ces trois sortes d'odeurs nous representent trois sortes de prudence. La premiere est pernicieuse, nommée par ᶜ S. Paul, prudence de la chair, d'autant qu'elle se propose vne mauuaise fin; l'autre s'appelle prudence humaine, qui n'ayant rien de mauuais, ne porte pas toutefois sa visée au souuerain bien de l'homme; la troisiéme triomphe en perfection ne buttant qu'à la derniere fin de l'homme. Ceux-là ressemblent à ces Lys gastez & puans, qui bandent si accortement toutes leurs finesses & subtilités, à la poursuite de quelque affaire, qu'ils font en fin reüssir leur mauuais dessein au preiudice de la vertu. C'est ainsi qu'Asdrubal se cõporta, qui voulant assujettir à son Empire les peuples de Numidie, leur fit accroire qu'il n'auoit autre dessein

ᶜ *Primasij Episcopi in Epist. ad Romanos tomo. 6. part. 1. Biblioth. Patr.* Prudentia autem spiritus, vita & pax. Prudentia spiritus & in præsenti pacem habet, non reddendo malum pro malo: & in æternum vitam æternam meretur propter obedientiam & pacem per suam patientiã, non sinit crescere peccatum.

III.
Trois sortes d'odeur dans le Lys comparées à trois sortes de Prudence.

ᵃ *Sanctus Thomas 22. q. 47. art. 10.* Prudentia dicitur tripliciter, &c.
ᵇ *Plinius lib. 21. cap. 5.* Ita odor colórque duplex, & alius calicis, & alius Flaminis. *Idem ibid.* Flos Lilij integer redolet, confractus fœtet.
ᶜ *Sanctus Paulus ad Romanos 8.* Prudentia carnis mors est.

en leur pays que d'aller à la chasse des Elephans: mais au lieu de prendre les bestes il prit les hommes, & tendit si finement ses filets qu'il surprit toute la Numidie. C'est estre prudent, mais auec mauuaise odeur. Les autres qui se proposent vn but qui n'est point mauuais, comme le trafiq, l'art militaire, la defaicte de l'ennemy pour le seruice de leur patrie, ainsi qu'Annibal qui voulant donner la bataille aux Romains, jetta dedans leurs camps grand nombre de serpens renfermez dans des pots, qui leur firent quitter la place; ceux-là, dis-je, s'appellent prudens politiques s'ils, regardent le bien publique, si leur interest prudens henarchiques. Le nombre de ceux-cy n'est que trop excessif, puis qu'on trouue tant de personnes qui n'ont autre object que leur fortune, autre glose que leur passion, & autre Dieu que leur profit. Neantmoins on peut comparer tout cecy, demeurant dans les formes de la Iustice diuine & humaine, ou dans les limites d'vne action indifferente, à ceste seconde odeur, qui part des fleurons du Lys, qui n'est pas de grande estime à raison de son odeur trop penetrante: mais qui reçoit la perfection de sa senteur par le mélange de l'odeur interieure des boutons d'or qui sont au dedans, qui pour l'excellence de leur suauité doiuent estre comparez aux vrays, sages à qui S. Paul attribue ^d la prudence d'esprit, qui sont ceux qui ne visent qu'à la conqueste de la beatitude eternelle & à la gloire de Dieu, qui est la fin bien-heureuse de l'homme. Hors de ce but tout put aux Anges, tout est

d Prudentia autem spiritus vita & pax. *Rom.* 8.

Chapitre I. Section I.

est desagreable à Dieu; mais auec ceste souueraine visée tout est enbaumé des parfums du Ciel.

Meslons donc l'odeur interieure des boutons d'or du Lys auec celle des fleurons; ie veux dire que nous assaisonnions nostre Prudence humaine par l'vnion de la diuine, afin que nos actions qui sont indifferentes soient changées en or, & prenent la bonne odeur de ceste souueraine Prudence qui rapporte les moindres actions de sa vie à ce dernier centre, formant le cercle de gloire en joignant les entreprises à vne saincte fin. ^a Ainsi nous surpasserons l'odeur du Lys qui surmóte celle de la douce myrrhe comme parle Oppian, & l'excellence de ceste sagesse meritera plus qu'vne statuë d'or, puis qu'au sentiment de ^b l'Orateur d'Athene le prix de la prudéce humaine en demande vne plus precieuse que de bronze. Qu'vne fleur soit belle sur toutes les autres, si elle pût elle deplait; soyez nobles, soyez riches, soyez vn Aristote & vn Ciceron, si la ^c Prudence manque ce n'est qu'vn phantome d'honneur. Ie dis bien d'auantage sans cette qualité ^d la vertu prend la teinture du vice, & ne se trouue rien de glorieux parmy les hommes qui n'emprunte sa noblesse du lustre de la Prudence. Que si nous ne voulons point tomber en ces inconueniens il nous faut conseruer la Charité inuiolable, dont la perte est la ruine de la Prudence, ne plus ne moins que la destruction de la fleur de Lys est celle de son odeur suaue. Ce qui a fait dire au Prince des ^e Theologiens que la parfaicte Prudence

IV.
Celuy qui rapporte toutes ses actions indifferétes à sa derniere fin est parfaictement sage.

a *Oppianus lib* 3. ἁλιευ, Ὀσμὴ δ' αἶψα θάλασσαν ἐπίδρομος λειριόεσσα. Loquens de Myrrha: Odor verò statim mare incurrit vt Lilij.

b *Demosthenes in orat. contra Aristocratem*; Ἔστι σώφροσιν ἀνδράσι καὶ πρὸς ἀληθείαν βουλομένοις σκοπεῖν πολὺ μεῖζον πρᾶγμα καλῆς εἰκόνος; Debetur hominibus prudentibus; veréque rem examinare volentibus, multo maior honor quàm statua ærea.

c *Sanctus Basilius in Constitution.* Prudentia remota, nihil cuiusuis generis est, quod licet bonum videatur non in vitium recedat.

d *S. Bernardus serm.* 49. *in Cant.* Tolle hanc & virtus vitium erit.

e *Sanctus Thomas* 22. q. 47. a. 13. Prudentia simpliciter perfecta nonnisi in iustis hominibus esse potest.

dence ne se loge que dans les plus iustes ; ce que Salomon n'a que trop témoigné sur l'occident de sa vie & de sa vertu, n'ayant pas plustost congedié l'amour de son Dieu en faueur de celuy des Dames estrangeres, que la Prudence luy tourna honteusement le dos. Voila comme l'odeur du Lys fait de beaux concerts auec la Prudence, de sorte que le Poëte Prudence n'a pas eu mauuaise grace de mettre en la main de la Prudence nostre Royale fleur de Lys.

f *Prudentius in Psychim.*
In manibus Dominæ sceptrum non arte politũ,
Sed lignum summũ viridiíquod stirpe recisum,
Quamuis nullus alat terreni cespitis humor,
Fronde tamen viret, incolumi, tum sanguine tinctis,
Intertexta rosis candentia Lilia miscent.

f *La sagesse a vn Sceptre en sa Royale main*
Que la nature a fait, & non pas l'art humain,
C'est vn bois verdoyant pris sur sa haute tige,
Et quoy que nulle humeur ne l'humecte; ô prodige!
Il a sa feuille entiere, & les Lys tout autour
Ioincts aux roses de sang luy font vn bel atour.

Entrons maintenant dans le Royal parterre des Monarques François, pour efflorer ces baux Lys & flairer les suaues odeurs de leur Prudence ; à fin que comme ceux qui manient les bonnes senteurs en retinnent les parfums, aussi nous approchans de leurs celestes senteurs, nous retenions la suauité de leur vertu, & singulierement de nostre Lys sacré sainct Louys ; qui ayant esté arrousé du Ciel comme vn autre Israël a exhalé des odeurs de sagesse plus delicieuses que tous les bois aromatiques de la montagne du Liban. *Ero quasi ros, Israël germinabit vt Lilium, & erumpet radix eius vt Libani.*

CHA

CHAPITRE SECOND.

La Prudence des Monarques François.

SECTION PREMIERE.

La Prudence des Roys de France à consulter les plus sages du Royaume.

LEs Lacedemoniens voulans representer les qualitez requises à celuy qui veut emporter le prix de la vraye sagesse, ont peint [a] Apollon President des bons conseils auec quatre oreilles, & autant de mains, pour declarer que l'homme en ses desseins ne doit pas seulement entendre sa [b] Prudence, comme le souuerain Oracle du monde : mais encore prester l'oreille à plusieurs, & les ayans ouys, venir à l'execution, puis que les auis seruent de peu si les mains ne les secondent. Pour ce sujet nos Philosophes moraux discourans de cette royale vertu, l'ont partagée en vne sagesse qui est propre au Roy, & en vne autre qu'il emprunte du bon conseil d'autruy, & quand ces deux nobles parties entrent dans le cabinet des Princes, il est asseuré que leur Estat sera tousiours florissant, & leurs desseins sans repentáce. Si nous consultons les plus anciennes [c] histoires, nous trouuerons que les Monarques François ont tousiours marié si estroitement ces deux nobles qualitez à leur

V. *La sagesse des Roys de France a paru en entendant volontiers les auis des Sages.*
a *Vincentius Cartarius in imaginibus Deorum.*

b *Sanctus Hieronymus in capite 3. Isaya.* Græci Poëtæ. Laudabilis illa, & admiranda sententia est, primum esse beatum qui per se sapiat, secundum qui sapientem audiat : qui autem vtroque careat hunc inutilem esse tam sibi quàm omnibus.

c *Agathias de bello Vandalico, loquens de Gallis.* Accedunt sapientissimæ illæ curiæ quarum vt cælum sideribus sic Gallia purpuris collustratur, quibus nihil aut ad sapientiam grauius, aut ad dignitatem honorificentius.

ZZZz cou

couronne, qu'au temps d'Agathias qui viuoit sous les fils de Clouis, la France estoit desia resplendissante en braues Conseillers, qui brilloient en pourpre, comme parle cet Autheur Grec, ainsi que les Estoiles dans le firmament. Leur sagesse estoit si éclatante, & leur dignité si releuée qu'on ne voyoit rien de plus venerable, ny de plus auguste. Mais pour découurir comme ces ^d Apollōs François n'auoient pas seulemét des oreilles pour écouter leurs Conseillers, mais encore grād nombre de mains pour executer, le mesme Historien témoigne que les souuerains de France se rendoient obeïssans à ces viuans Oracles, ce qui fortifioit leur puissance en toutes rencontres, & gardans les loix ils se conseruoient eux-mesmes, & sans rien prendre ils gagnoient beaucoup.

MAIS tant s'en faut que depuis ce temps là ces lumieres ce soient eclipsées, qu'on peut dire, que les diuers Conseils de LOVYS LE IVSTE sont autant de Cieux, & les Officiers de sa couronne autant de Soleils capables d'éclairer autant de Royaumes. Outre ses Conseils priuez, il a ses Parlemens souuerains, où s'assient sur les Lys, autant de Nestors que de Presidés & de Conseillers, d'où se recueillent des voix, qui forment des Arrests irreuocables. Voire mesme, de temps en temps il conuoque les trois Estats : & d'autresfois il se contente des plus notables du Royaume pour euiter les charges du peuple, ainsi que nous auons veu l'an 1627. Clouis, ce grand seminaire de prudence qui pouuoit fournir des Oracles pour tout le mōde, fit

d Idem ibid. Principes verò vbi opus est placidi, & obsecundantes, idcirco vbique & firmam degunt habentes potentiam iisdem legibus vtentes, sua tuentes, nihilque amittentes, quamplurima verò acquirentes.

VI.
Les Roys de France font diuerses assemblées pour le bien de leur Royaume.

Chapitre II. Section I.

de, fit neantmoins aſſembler les plus remarquables Prelats des Gaules, & les plus Illuſtres Seigneurs de ſon Royaume aux Eſtats generaux de la France. Qui a fait conuoquer plus de ᵃ Conciles que Charlemagne, que Louys le Debonnaire, que le Roy Robert, comme i'ay fait voir ailleurs?ᵇ Philippe II. ſurnommé Auguſte pour ſa rare prudence, tant en paix qu'en guerre, eſtoit tellement attaché à ſon Conſeil, que nos Hiſtoriens remarquent qu'il n'entreprenoit iamais guerre, ny affaire d'importance, ſans prendre aduis du Parlemēt, ou de l'aſſemblée des Prelats, des Princes, & des Seigneurs de ſon Royaume. Auſſi nous auons veu que les Empereurs Conſtātin, Valentinian, Iuſtin, Iuſtinian, Gratian, Theodoſe, & tous ceux qui ont le plus heureuſement regné ont eſté les plus vnis à leur Conſeil. ᶜ Alexandre Seuere, n'entreprenoit iamais rien qu'il n'euſt conſulté les viuans trepieds, & ſur tous le Iuriſconſulte Vlpian. L'Empereur Marc-Antoine, orné d'vne ſinguliere prudence, ne determinoit rien qu'il n'euſt entendu Sceuola, Mutianus, Voluſianus, & autres ſages Iuriſconſultes; & quand leur aduis emportoit le ſien; *Il vaut mieux*, diſoit-il, *que ie ſuiue l'opinion de pluſieurs que la mienne ſeule*. Quelques Monarques François ſe reſſentans moins experimentez aux affaires, ſoit à raiſon de leur bas âge, ſoit pour le peu de naturel, ont neantmoins laiſſé de glorieuſes preuues de leur ſageſſe en cela meſme qu'ils ne ſe ſont point eſloignez du ſentiment de leur Conſeil en leurs deliberations. Car comme diſoit

a *Baronius tom. nono variis in locis.*

b *Scipio Dupleix in Annalibus Gallicis.*

c *Lampridius in Alexandro Seuero.*

ZZZz 2 vn

vn Sage dans Xenophon, *vn Roy ne peut auoir assez d'oreilles, & celuy qui veut gouuerner seul découure plus de presomption que de sagesse.* Où au contraire, disoit Philippes de Comines, *Vn Prince qui ne sera pas tant sage, écoutant volontiers les Sages acquerra la reputation de Sagesse.* Charles VI. ayát esté fait Roy à l'âge de treize ans, se trouua bien d'auoir suiui en sa minorité la direction de ses Oncles les Ducs d'Angers, de Bourges, & de Bourgongne, qui maintindrent le Royaume en grande paix. Les Conseils toutesfois de semblables parens regardent plus souuent leurs interests que celuy de leurs neueux: comme ce mesme Roy l'experimenta pendant l'accident qui troubla son iugement; ses mesmes Oncles ayás presque perdu la France, apres s'estre perdus les premiers dans l'ambition de leur gouuernement. Le Roy Clotaire III. & Chilperic II. n'ayant pas esté fauorisez d'vne prudence si releuée qu'on eust pû desirer pour la gloire de leur couronne, le bon conseil de Charles Martel supplea à ce defaut, maintenant la France en bonne paix, & la rendant si glorieuse par ses rares aduis, qu'on eust dit que le Roy estoit vn Salomon en paix, & vn Dauid en guerre. C'est pourquoy vn Monarque se peut reputer tres-puissant, & tres-heureux quád il a rencontré vn bon conseil, dont le choix doit plus dependre de la bonne reputation de vie, que de toute autre consideration: nostre renommée faisant la meilleure partie de la bonté de nos esprits, disoit vn sage Orateur à l'Empereur Traian.

SECTION.

SECTION II.

De la Prudence militaire des Roys de France.

VII.
La Prudence ciuile & militaire des Roys de France.
a *Homer. Iliad.* γ Ἀμφότερον βασιλεύς τ' ἀγαθός κρατερός τε αἰχμητής. Vtrumque, & rector bonus, & bonus induperator.

LE ᵃPrince des Poëtes Grecs ne veut pas seulement que le Roy soit bon & sage Roy en temps de paix; mais encore qu'il soit prudent parmy les effrois de la guerre, où la raison a souuent moins d'audiance que la passion, si elle n'est fauorisée d'vne grande prudence. Pour ce sujet on diuise la prudéce qui doit naistre, & croistre auec le Roy, en celle de longue robbe, & de bóne espée, telle qu'estoit celle de Clouis, de Childebert, de Clotaire, de Dagobert, de Pepin, de Charlemagne, de Louys le Debónaire, de Capet, de Robert, de Philippe Auguste, de Louys XI. de Fráçois I. de HENRY LE GRAND, de LOVYS LE IVSTE, & d'autres Monarques, autant illustres en prudence pendát la guerre, que recómandables en bons aduis au téps de la paix. Touchát la prudéce militaire, ie vous renuoyeray au Parangon de leur force belliqueuse, où vous verrez cóme le fer & la sagesse ne firent iamais vne plus estroitte alliance. Les 20. guerres que la France a soustenuës cótre les assaults de l'Anglois, iusques à Charles VIII. n'ont pas esté tant de fois assoupies & rallumées sans de rares exploicts d'vne prudence guerriere, comme aussi tant de batailles qu'ils ont données tant en Syrie qu'en Afrique. On remarque, que les plus grands Capitaines, comme Vlysses, Philippe de

Macedoine, Iule Cesar, Pompée, & autres, ont tousiours plus combattu auec les armes de la prudence, qu'auec l'acier, & le feu:

> b *Mais la valeur, & la sagesse*
> *Par qui les hommes se font voir,*
> *Sont des vertus que la largesse*
> *D'vn bon démon, leur fait auoir.*

Ce n'est pas sans sujet que le Prince des Poëtes ᵃ Homere introduit le Roy Agamemnon souuerain Chef de l'armée des Troyens, qui prie les Dieux de luy octroyer dix Conseillers aussi auisez que Nestor, pour bien paracheuer son entreprise: quoy qu'il eust en son armée Ajax, & Diomedes, deux vaillans Capitaines. Aussi la verité enseigne que la ᵇ *Sagesse est meilleure que la force, & que l'homme prudent est preferable aux plus puissans.* Ce que Charles V. surnommé le Sage, témoignera tousiours, qui ayant trouué apres la mort de son pere Iean, le Royaume de Frãce fort debiffé, la Guyenne, la Picardie, & vne bonne partie de la Normandie empietée par les Anglois, la ville de Paris auec plusieurs autres de son obeyssance en grabuges; ayãt en teste ᶜ le Roy d'Angleterre Edoüard III. qui auoit par deux fois battu l'armée Françoise: vne fois en la iournée de Grecy contre le Roy Philippe de Valois, où la France perdit vnze Princes, douze cens Gentilshommes Cheualiers, & trente mille hommes de guerre: l'autre fois en la bataille de Poictiers, où le Prince de Galles son fils, Lieutenant general arresta prisonnier le Roy Iean auec son fils Philippe, & plusieurs autres Seigneurs

---

b *Pindar. Ode 9. Olymp.*
ἐπι. κϑ̓ ἀγαϑοὶ δὲ καὶ σοφοὶ κατὰ δαίμον᾽ ἄνδρες ἐγένοντο.

VIII.
La prudence de Charles V. aux affaires de guerre.

a *Euripides in Antiope.*
Σοφὸν γδ ἓν βούλευμα τὰς πολλὰς χεῖρας νικᾶ. σὺν ὄχλῳ δ᾽ ἀμαθία πλεῖον κακόν. Consilium enim sapienter initum multas manus vincit: imperitia verò cum multitudine deterius malum est.
b *Sapient. cap. 6.* Melior est sapientia quam vires, & vir prudens quàm fortis.

c *Froissard. cap.* 311. *vol.* 3.

Chapitre II. Section II. 727

gneurs de France : toutesfois par sa singuliere sagesse il demesla si accortement tant de fusees, il accoisa si puissamment tant de tempestes, & recueillit si prudemment les debris de tant de naufrages, que pendant son regne il rendit la France à la France, & à sa couronne les terres qui ne luy pouuoient estre debattues sans vne extreme iniustice. Neantmoins sa valeur n'estoit pas si grande que celle de son pere Iean, & de son Ayeul Philippe, mais sa prudence estoit sans comparaison. De maniere qu'on pouuoit dire de luy ce que ᵈ Polibe escrit des Romains, que son conseil estoit vne puissante armée, sans effusion de sang, & que son armée estoit vn conseil plein de sang. A raison dequoy Edoüard auoit coustume de dire : *Vrayement ie n'ay conneu iamais Roy qui moins s'armast, & qui me donnast plus de peine que cettuy-cy. Il dicte tous les iours des lettres, & me trauerse dauantage auec ses missiues que ne firent oncques son Pere, & son Ayeul auec leurs puissantes armées :* tant il est veritable que c'est la ᵉ teste qui gouuerne & non pas les pieds, & que celuy qui combat auec conseil est plus fort que celuy-la qui sans sagesse est armé d'vne grande puissance.

Auec ce Genie des bons conseils Henry le Grand a jetté de la poussiere aux yeux des plus sages, & de la terreur dans l'esprit des plus vaillans. Le Comte d'Egmont & ses gens de guerre en experimenterent la force en cette bataille, où la Iustice du Ciel, soustint celle de la Royauté de France. Alexandre Farnese, qui a esté tenu vn
Achille

ᵈ *Spartianus in Seuero.*

ᵉ *Cleon lib. 3. Thucididis.*
Ὅστις γὰρ τὸ βέλτιστον πρὸς τὰς ἀσφαλεῖς κρίσεις ἐστίν, ἢ μετ' ἔργων ἰσχυρῶν ἀνοίας.
Quicunque consiliis hostes iuuat, potior est, quà qui ipsos sine prudentia pugnandi robore aggreditur.

IX.
La prudence militaire de Henry le Grand.

Achille en valeur, vn Vlysse en stratagemes, & vn Alexandre en courage aussi bien que de nom, n'a osé regarder ceste Pallas armée, sauuant ses forces par deux retraites, & refusant la bataille de peur d'estre battu. Si le Comte de Montmarciano General de l'armée du Pape se presente à luy auec l'espee d'vne main, & les clefs de S. Pierre de l'autre, sa sagesse luy suggere de ne rien démesler auec vne prudence plus forte que celle d'Italie, & qu'il valoit mieux repasser les Monts sans Palmes, que de gagner en France des Cyprés funestes. Charles Comte de Mansfeldt, le Connestable de Castille, Albert Archiduc d'Austriche, Philippe II. Roy d'Espagne, tous Princes pleins de prudence & de courage, ont neantmoins auoüé que Henry le Grand estoit en son armée le premier Capitaine à bien combatre, & le premier Mareschal à sagement conduire. Aussi a-t'il defendu en ses ieunes ans les païs de Bearn, & son Royaume paternel de Nauarre auec tant de sagesse parmi tant d'orages, que les plus vieux n'eussent pû rien adiouster à sa conduite. Sa naissance l'ayant appellé à la Couronne de France, il a fallu que sa prudence ait surmonté autant de Roys qu'il a trouué de Gouuerneurs dans les principales villes de la France. Si mon eloquence pouuoit aller de pair auec le merite de ce grand iugement, ie ferois voir qu'il n'a pas conquis son Royaume par le hennissement d'vn seul cheual, comme Cyrus; mais à la bouche des canons, parmi les foudres & les tonnerres des plus puissantes

armées

armées de l'Europe, qui ont tousiours reconneu que ce Roy estant né pour gouuerner les peuples, estoit aussi produit du Ciel pour estre l'Oracle des bons conseils de guerre. Aussi feu Monsieur le Mareschal de Montluc en ses Commentaires predit de luy estant encore fort ieune, qu'il seroit vn iour vn Alcide entre les plus braues Capitaines, & vn Vlysse entre les plus sages.

Vn iour en souppant il prononça des maximes de guerre, qui decouuroient assez que son esprit estoit vne parfaicte Academie pour dresser les Alexandres à la conqueste du monde. Il disoit qu'on trouuoit des Capitaines qui n'auoient de l'addresse que pour reconnoistre les forces de l'vn & de l'autre parti, sans oser iamais rien hazarder s'ils se sentoient les plus foibles : appellant tels Champions sages coüards qui n'esperent rien de leur courage. Les autres, disoit-il, se fourrent dans la meslée sans consideration comme des bestes. D'autres y estans soustiennent les coups comme des faquins; les autres frappent sans choix. Tellement, adioustoit-il, que la vaillance est vne vertu si delicate que si les autres ne la couurent, elle nuit plus à celuy qui la possede, qu'elle ne profite à son parti, & la prudence mesme qui n'est soustenuë d'vne force de courage fera souuent apprehender des murailles pour des rochers, & des Lyons pour des hommes. Aussi les ᵃ Cecropides se vantoient que leurs Capitaines estoient en partie hommes, & en partie Dragons, non pour autre sujet, dit Demosthenes, sinon qu'ils vou-

X.
Diuerses maximes de guerre, rapportées par Henry le Grand.

a *Demosthenes ex oratione funebri.* Ἡ δ' ἴσως κιχρομίδαις τ̄ ἰαυτῶν ἀρχηγὸν τὸ μὲν ἥμισυ δράκων, τα δ' ἄς ἐστιν ἄνθρωπος λεγόμενος ἔσται αὐτοθεν πόθεν, ἢ τῇ τῶν σώσειν, αὐτῷ συναπομείνου

loient

Parangon V. du Lys sacré,

loient signifier, qu'ils estoient pleins de prudence en qualité d'homme, & de force en qualité de Dragon. HENRY LE GRAND a si heureusement placé ces deux vertus dans son esprit, qu'on disoit que *Venir, combattre, vaincre & triompher,* n'estoient differents en luy que de nom.

CE grand Soleil s'estant en fin retiré de nous, pour luire dans l'eternité de la gloire, nous a laissé apres soy vne si grande lumiere, qu'il semble qu'en son Orient elle iette desia de plus vifs rayons de Prudence que les autres Roys ses deuanciers n'ont fait dans la plus haute éleuation de leur Midy. N'est-ce pas le commun bruit que la Prudence de LOVYS LE IVSTE a desia accomply des entreprises si scabreuses, que celle de son Pere ne les osoit pas seulemét regarder d'vn œil? De maniere que só Panegyriste a parlé en Oracle quád il a dit de luy, *magnóque Paréte major,* plus grád que só Pere surnómé le Grád. Car si son pere a mis par terre la Ligue formée de plusieurs testes, cestuy-cy a défaict la rebellion des heretiques, d'autant plus opiniastre qu'elle estoit fauorisée d'vne impieté manifeste, rauissant à son Roy le deuoir de subjects, & à Dieu l'obeïssance à son Eglise. Nous descrirons plus amplemét les incomparables proüesses de cet Hercule Gaulois dans le Parangon de la vaillance de ses Predecesseurs. Mais il faut aduoüer maintenant qu'vne Minerue plus qu'humaine a porté le flambeau deuant cet Vlysse, pour auoir destruit la prudéce des enfans de tenebres, plus aiguë en sa malice, que celle des enfans de lumiere.

ἀσφαλεστέρα ἀληθῶς δ' ἡμετέρα. Norunt Cecropidæ ducé suum partim Draconem, partim hominem dici, non aliunde profectò, nisi quod prudentia sua homini, viribus autem Draconi similis esse diceretur.

XI.
Louys le Iuste a donné de grandes preuues de sa rare Prudence au fait des armes.

lumiere. Car c'est auoir arraché des mains d'Hercule sa massue, & de Iupiter sa foudre, que d'auoir retiré de leurs mains tant de villes d'hostage, ou plustost d'hostilité. C'est auoir accordé Etheocles & Polynices, Corneille Sylla auec Marius, Eschines auec Demosthene, que d'auoir reüni tant de cœurs diuisez. C'est ce que Charles IX. a plus ingenieusement representé dans vne medaille, qu'il n'a heureusemét executé par ses armes. On voyoit sur vn des reuers vn cordon qui enserroit deux C C, couronnez auec cette deuise, *Constricta discordia vinclo*. En l'autre face estoit le collier de l'Ordre de S. Michel, qui portoit au milieu vn globe couronné, auec trois Lys accompagnez de ces trois mots: *Nil nisi consilio*. Cette couronne sur les deux C C representoit *Carolus Christianissimus*, Charles Roy tres-Chrestien, qui vouloit reünir comme le cordon les deux partis discordans qui se trouuoient en son Royaume. L'autre costé de la medaille faisoit entendre, qu'auec le secours de S. Michel, la France figurée par ces trois Lys sur ce globe, seroit gouuernée non point brusquement, mais *Nil nisi consilio*, que rien ne se passeroit qu'auec prudence.

MAIS si iamais Roy a fait lire en sa vie les characteres de cette medaille, c'est LOVYS LE IVSTE, en reünissant à son obeïssance le cordon diuisé par la rebellion de ses subjects dogmatistes: & peut dire qu'auec sa prudence, *Constricta discordia vinclo*, Que la desvnion est reünie par vn fort lien de cócorde. Mais de quelle prudéce a-t'il vsé

a Partes Prudentiæ sunt, Memoria, Intelligentia, & Prouidentia. *Cicero lib. 1. Rhet. S. August. lib. 83. quæst.*

XII.
L'incomparable Prudence de Louys le Iuste à reünir ses subiects rebelles à sa Couronne.

en l'alliance de ces peuples defliez? Cette fageffe fans mentir eftourdit toute la prudence humaine, quand elle entendit que fa Majefté entreprenoit le voyage de Bearn pour le reftabliffement des Euefques, des Abbez, & des autres Ecclefiaftiques. Car elle auoit à faire auec des Renards, & non point auec des hommes, qui dés long temps payoient les Roys precedents plus de paroles que d'effects, & les Ecclefiaftiques plus de menaces que de refpect, quand ils repetoient ce qu'on ne leur pouuoit refufer fans vn execrable facrilege. Vous euffiez dit que les dragons des fables eftoiét reffufcitez pour garder cette pomme d'or des biés d'Eglife. Mais fa Majefté qui fçait l'art d'écrafer fous fes pieds les môftres de l'Enfer, n'eut pas peur de ceux de la terre. Elle tira droit à Pau pour faire executer en fa prefence fon Edict, ce que tout autre n'auroit pû faire; tant l'herefie eft difficile à ferrer. Quelle ioye fut-ce au peu de Catholiques qui foufpiroient dans les fers de l'herefie depuis cinquante ans, de voir entrer vn nouueau Iofué, fauueur du peuple, qui par les rayons de fa pieté donne vne face d'or à cette region d'ombre de mort? Si le Ciel s'en refiouyffoit, les Enfers en fremiffoient de rage. Comme le Roy entendit qu'en la ville de Pau l'herefie s'eftoit emparée des Eglifes, il en témoigna du reffentiment comme vn autre Dauid en la perte de l'Arche d'alliance, & il refufa toutes les refiouyffances que les habitás de la Ville luy auoient preparees, pour honnorer fon entrée, difant qu'il feroit mal feant de receuoir de

l'hon

Chapitre II. Section II.

l'honneur, où l'on ne trouuoit point d'Autel pour honnorer Dieu, & luy rendre graces de son voyage. Il y entra donc sans poësle & sans aucune pópe, & ayant ordonné sagement tout ce qui faisoit à son dessein, il prit la route de Nauarreins, où il rencontra plus de canons que de cloches, ayant conté iusques à quarantecinq grosses pieces montées sur roües,& quarante autres coulevrines,auec quantité de balles & de poudre, pour tirer plus de dix mille coups. Prenez garde auec quelle prudence il rangea cette place à son deuoir. Voyant que le Sr de Salles Gouuerneur de la Ville estoit âgé d'enuiron quatre vingts ans, & mal disposé pour dóner ordre en vne place si importáte, il luy dit qu'il le vouloit descharger, & l'honorer d'vne recompése de cent mille liures, auec vn Breuet de Mareschal de Camp en ses armées. Qui veut emporter les places sans hazard, il faut combatre auec telles armes. Le lendemain, apres qu'il eut ouy la Messe, que l'heresie auoit bannie depuis cinquáte ans, & ayant laissé le Sr de Poyane pour Gouuerneur, il reprit le chemin de Pau, où il fit tenir les Estats du païs, & restablit les Euesques, auec tout le Clergé en leurs premieres charges & dignitez. Le lendemain le sainct Sacrifice de la Messe y fut solemnellemét celebré par l'Euesque, & le S. Sacrement porté en Procession,& suiuy du Roy & de toute la Cour. Ce iour là mesme, qui estoit l'onziesme d'Octobre, de l'an 1620. la couronne de Nauarre, & la Principauté de Bearn fut reünie à la couronne de France, & fut arresté

Aaaaa 3 que

que les Parlemens de Bearn & de Nauarre feroiét joincts en vingt-deux Confeillers & trois Prefidents de l'vne & de l'autre Religion, tant il eſt veritable que c'eſt fous la prudence de LOVYS LE IVSTE qu'on voit *Conſtricta diſcordia vinclo*. Mais ç'a eſté à la reünion de la Rochelle que ce grand Monarque a fait reluire ſa prudence par deſſus la ſageſſe de tous les mortels: & quoy que ſa vaillance prenne bonne part à tant de merueilles: toutesfois ſa prudéce en doit auoir la meilleure, [a] eſtant ſans doute plus loüable de ſurmonter ſon ennemy par les maximes de la Prudence, diſoit Archidamus, que par la violence du fer. Si ie parcourois toutes les parties de la [b] Prudence, ie pourrois monſtrer qu'il eſt incomparable en memoire, appellant dans ſon armée non ſeulemét les [c] Capitaines, & les moindres Soldats par leurs noms, mais encore entre quarante mille hômes, il ſe reſſouuiédra apres pluſieurs années de ceux qu'il aura veu deuant Montauban, au ſiege de la Rochelle, aux guerres du Languedoc & d'Italie, & s'ils ont eſté des premiers en quelque bonne occaſion il n'en oubliera pas le merite. Son intelligence en l'Art militaire eſt ſi parfaicte qu'il eſt ſans pair, pour ranger vne armée auec diligence, pour dreſſer vne batterie, pour choiſir les lieux propres à camper, pour faire les retranchemens, pour attaquer & pour triompher de l'ennemy. Si on demande de la preuoyance pour la Prudence guerriere, il n'a pas beſoin qu'vn Page luy vienne dire au matin comme au Roy de Perſe: *Leuez-vous, Sire,*

---

[a] *Plutarchus in Laconicis apoph.*

[b] *In hiſtoria proſtratæ Rebellion. lib. 3. capit 8.* Habet id ſingulare, vt in exercitu ſuo non modo præfectos quoſlibet agnomine nouerit, ſed & ipſos magna ex parte gregarios: neque illud ſolum quod leue videatur, habet & id ſagacitatis innatum, vt ex quadraginta millibus hominum, hunc ſciat verberationi aptiſſimum, illum oppugnationi, hunc prælio, &c.

Antiſthenes apud Laërtium lib. 6. cap. 1. Ait tutiſſimum eſſe murum Prudentiam, quod is nec collabitur, nec proditur.

Chapitre II. Section II. 735

Sire, & mettez ordre à vos affaires. Car son esprit ressemble à cet œil qui estoit sur la cime du sceptre des Roys d'Egypte, qui regardoit en mesme temps de toutes parts. Quand LOVYS LE IVSTE combat ses subiects rebelles, il regarde s'il ne se sousleue point de vent du costé d'Oest, ou de la Tramontane. S'il est en Italie, il void si on demolit les fortifications que la mutinerie auoit dressée au Languedoc. Aussi son armée n'a iamais esté surprise quand il en a pris la conduite, & qu'elle a esté éclairée de sa presence, côme d'vn Soleil qui voit tout. De sorte qu'on peut dire que si Louys XI. portoit en sa teste tout son conseil, aussi Louys XIII. porte en la sienne la plus forte place de son Royaume, qui est sa Prudence.

SECTION III.

La Prudence politique des Monarques François.

PLATON, [a] l'honneur des plus anciens Philosophes, disoit que c'est vn singulier bon-heur en vn Estat quand les Philosophes sont Roys, ou les Roys Philosophes : non point qu'il entendist par ce mot de Philosophe, vn songe-creux, comme le prend le vulgaire, ou vn Sophiste criard, qui recerche plustost de l'applaudissement que la verité, ou comme dit Lactance, qui ne vise qu'à tuer le temps dans vne Academie: mais il manquoit vn personnage qui sceust égaler les

XIII.
La Prudence politique des premiers Roys de France.
[a] *Plato de Republica apud Ciceronem ad Quintum Fratrem.* Tum demùm Republicas fore beatas putabat cùm Philosophi regnabant, aut qui regerent omnem suam operam in sapientiæ studio conuocarent.

ler les foudres, & les éclairs des armes aux grandes lumieres de la prudence, & qui sceust joindre les Palmes auec les rainceaux d'Oliuers, comme les Empereurs Marc Antonin & Aurelius Commodus, surnommés Philosophes. Mais d'autant que cette prudence de longue robbe se diuise derechef en vne prudence humaine, & en vne autre qui est diuine; ie veux monstrer comme les Monarques François, outre la prudence militaire, ont aussi porté ces deux flambeaux en toutes leurs actions, n'ayans pas esté moins resplendissans en l'vne & en l'autre. Quant à la prudence humaine, qui est vne connoissance de ce qu'on doit faire, & de ce qu'il faut obmettre, & qui a pour guide la [b] memoire des euenements passez, l'intelligence des actions precedentes, & la preuoyance des choses futures : nous trouuons dans l'histoire de France des Monarques grandement accomplis en cette rare partie. Ie pourrois mettre en auant Pharamond, & Merouee, Princes tres-signalez en police, pour auoir donné vn si heureux commencement à la Monarchie de France; mais d'autant que la foy qui est le fondement des vertus leur a manqué, ie ne veux point bastir sur vn plan si foible, ne m'arrestant qu'à la meditation des heroïques vertus des Roys Chrestiens, dont Clouis a esté le Patriarche. La prudence politique de ce premier Monarque Chrestien ne peut estre plus iustement mesurée que par l'accroissement qu'il apporta à l'Empire de ses Peres, qui suffit apres son trespas pour establir quatre Royaumes à ses quatre

b *S. August. libr.* 83. *quæst.* 31. *quæst.*

Chapitre II. Section III.

tre fils, & fa finguliere prudence luy merita la dignité de Patrice, & la riche couronne que l'Empereur Anaſtaſe luy enuoya.

LE Roy Pepin fut vn Monarque ſi ſouuerainement ſage, qu'il n'entreprenoit rien qui ne fuſt ſuiuy d'vne fin tres-heureuſe. Il ſemble qu'il diſpoſoit à ſon gré des temps, comme ce Dieu des Egyptiens qui les tenoit ſous ſa main, repreſentez par vn ſimulacre à teſtes de Lion, de Chié, & de Loup. Le Lion qui eſtoit au milieu figuroit le temps preſent, qui tient le milieu entre le paſſé & l'auenir, & rien n'eſt ſi fort que ce qui eſt preſent; le Chien ſignifioit l'auenir qui nous flatte touſiours de belles eſperáces, & le Loup repreſentoit le temps paſſé, qui deuore tout. Pepin ſe ſeruoit ſi ſagement de ces trois temps, qu'il ſembloit que ſes affaires paſſées n'auoient eſté que pour les preſentes, & que les preſentes ſeruoient de planche aux futures. Car quel plus haut deſſein ſe pouuoit-il propoſer, que de ſe rendre digne de la couronne de France? & toutesfois ce grand eſprit qui s'eſtoit logé dans vn corps qui n'excedoit pas la hauteur de cinq pieds, ſçeut ſi accortement employer le temps, & vſer de ſi bons vents, qu'il aborda en fin au havre de ſes pretenſions. Ce qui luy en facilita l'abord, fut la bonne impreſſion qu'il donna de ſa perſonne aux eſprits des trois Eſtats; la bonne grace du Pape pour auoir moyenné le reſtabliſſement de Lambert Eueſque d'Vtrect en ſon Eueſché d'où Ebroin l'auoit chaſſé; & le credit qu'il obtint auprés des plus fameux

XIV.
La Prudence politique de Pepin.

Bbbbb   Predi

Predicateurs, & des plus qualifiez Seigneurs du Royaume. La creance qu'il s'estoit acquise auprés du peuple en prestant volontiers l'oreille à ses plaintes, & en le soulageant des subsides dont les Maires du Palais l'auoient surchargé, furent les auirons qui luy firent franchir tant d'escueils en vne mer où les meilleurs Pilotes y font souuent naufrage. En vn mot, ne perdant aucune occasion de faire paroistre la foiblesse des Roys, & éleuant ses enfans aux plus hautes charges du Royaume, apres que Childeric dernier Roy fut tondu, il se poussa iusques dans le throne de France auec l'applaudissement de tous les Estats, fut sacré par Boniface Archeuesque de Mayence, Legat du Pape, puis éleué par la Noblesse sur vn pauois pour receuoir les acclamations du peuple, selon l'ancienne coustume.

XV.
La Prudence politique de Charlemagne.

CE seul essay de sagesse fait assez connoistre que Pepin ne pouuoit engendrer qu'vn sage Charlemagne, qu'on eust dit estre sorti armé du cerueau d'vn second Iupiter, si on n'eust sçeu que Pepin estoit son pere. Ce grand & premier Empereur François, ayant domté les Lombards par ses armes, & sçachant que c'estoit vne nation mutine, pour leur oster tout sujet de reuolte, il emmena auec soy en ᵃSaxe les Capitaines & les soldats plus rebelles, sous pretexte de leur faire grand honneur; & d'autre-part pour adoucir sa domination sur ceux qu'il laissoit, il leur permit l'vsage de leurs loix, qui auoient esté reduites en bon ordre par Luitprand, le dernier de leurs

ᵃ Belle-forest liure 2. ch. 7. de l'hist. de France.

Chapitre II. Section III. 739

Monarques. Il laissa neantmoins à leur choix la prattique des loix de France, ou du droict de Rome, qui estoit receu en plusieurs prouinces d'Italie. Il restablit la plus part des Magistrats en leurs charges, & mesmes Rotgand au Duché de Frioul, Aragise gendre de Didier en celuy de Beneuent, & Vinigise en celuy de Spolete, sous les mesmes conditions qu'ils souloient viure par le passé : tant ce sage Empereur apprehédoit que trop de changement n'alterast les volontez d'vn peuple qui redoute également la perte de sa vie & de sa liberté. Ce mesme aduis luy seruit pour contenir les Saxons, beaucoup plus mal-aisez à códuire; & afin de les inciter doucemét à rendre à l'Eglise ce que tous les Chrestiens ne luy doiuent point refuser, il ne leur voulut point imposer autre charge que de payer les decimes aux Ecclesiastiques ; & pour oster toute occasion de luxe au Clergé, il l'obligea à vn magnifique entretien de leurs Eglises. O la royale prudence qui sçait mesnager si dextrement les biens de la terre au profit de la gloire du Ciel! Cela s'appelle Philosophe Roy, ou iamais on ne vid Roy Philosophe. Escoutons donc les notables maximes de cette Philosophie royale, qu'il enseigna à son fils Louys, lors qu'il luy remit sa couronne imperiale.

TEGAN Choreuesque de Treues, c'est à dire Euesque champestre, rapporte en la vie de Louys le Debonnaire, que ^a *les prieres finies du sacre de Louys, Charlemagne recommanda à son fils deuant toute l'assemblée, que pour regner heureusement il eust*

XVI.
Les sages documens de Charlemagne à son fils Louys.
Baronius tom. 9. Anno Chr. 813. ex Teg. Postquã diu orauerunt ipse & filius eius, locutus est ad filium suum coram om-

auant

Parangon V. du Lys sacré,

ni multitudine Pontificum & Optimatum suorum, admonens eum in primis, omnipotentem Deum diligere & timere, eius præcepta seruare in omnibus, Ecclesias Dei gubernare & defendere à prauis hominibus, sororibus suis, & fratribus qui erant natu innores, & nepotibus, & omnibus propinquis suis indeficientem misericordiam semper ostendere præcepit ; deinde Sacerdotes honorare vt patres, populum diligere vt filios, superbos, & nequissimos homines in viam salutis coactos dirigere, cœnobiorum consolator & pauperum esse. Fideles ministros & Deum timentes constitueret, qui munera iniusta odio haberent : Nullum ab honore suo sine causa discretionis deiiceret, semetipsum omni tempore coram Deo & omni populo irreprehensibilem demonstraret.

auant toutes choses la crainte de Dieu deuant les yeux. Qu'il gardast fidelement les Commandements diuins. Qu'il prinst le soing du gouuernemẽt des Eglises de Dieu, & se monstrast leur Protecteur contre les entreprises des factieux. Qu'il fust officieux, & courtois enuers ses sœurs & ses ieunes freres, entendant les naturels, & à l'endroit de ses nepueux & parens. Qu'il honorast les gens d'Eglise comme ses Peres, & cherist ses subjects comme ses enfans. Qu'il fust le cõsolateur & le bouclier des pauures. Qu'il chastiast exemplairement les meschans, & les hautains. Qu'il n'establist point d'Officiers, ny de Gouuerneurs, que tres-capables, & sans reproche, & qu'il ne démist iamais aucun Officier de sa charge sans sujet. Que luy-mesme seruist de lumiere à tous, viuant sans tache deuant les hommes, & particulierement deuant celuy qui iugera tous les Roys de la terre. Ie pourrois icy estaller plusieurs autres traicts de la prudence des autres Carolouingiens, mais ce sera en la Section de la Prudence diuine, qu'ils reluiront comme les plus beaux astres de la seconde Sphere des Monarques de France.

SECTION IV.

De la Prudence Politique des Roys de la troisiesme race.

XVII.
La Prudence politique du Roy Hugues Capet.
ἃ Ἡ φρόνησις, ἡ ἀγαθὴ θεὸς μέγας. Recta prudentia magnus est Deus. *Sophoc.*

C'EST vn grand Dieu que la Sagesse, disoit vn ancien. Car elle manie auec vne telle dexterité ce que la force ne peut executer, qu'il n'est difficulté si scabreuse qu'elle n'aplanisse
heureuse

heureusement. Pour ce sujet on ne donne point de Mere à Minerue, non pas qu'on doiue dire que les femmes sont dépourueües de sagesse; mais c'est pour declarer la force de cette vertu, qui n'est pas moins genereuse en ses executions, qu'attrempée en ses entreprises. C'est ce que Hugues Capet a confirmé par sa conduite, qui a paruë telle que ce qui se trouuoit impossible auprès des autres vertus, a esté facile à sa prudence. Car qui eust osé entreprendre la guerre contre Charles Duc de Lorraine, Prince puissant, & fougueux, à qui sa naissance ouuroit les portes de la Monarchie Françoise pour recueillir la couronne de Louys V. dernier Roy des Carolouingiens, qui estoit mort sans enfans? Et toutefois l'accortise de Hugues a rōpu tous ces obstacles, & s'est renduë si agreable à tous les François, qu'apres Louys cinquième tous les ordres du Royaume ietterent les yeux sur luy, & à cœurs, & à bras ouuers l'embrasserent pour leur Roy, & l'oignirent à Rheims selon la coustume des autres Monarques. Hugues tout rempli de sagesse considerant que cette nouuelle splédeur ne luy seroit pas de tout poinct honnorable s'il ne la conseruoit pour sa posterité, obuia de bonne heure aux plus notables accidens qui la pourroient rauir à ses fils. Pour ce sujet, six mois apres son couronnement, il fit oindre, & couróner à Rheims son fils Robert, à fin qu'apres son trespas, personne ne luy contestast ce que sa vertu luy auoit acquis si franchement.

Sa Prudence ne parut pas moins en la reü-nion

XVIII.
Autres traicts de Prü-

dence de Hugues Capet. nion du Comté de Paris à la Couronne, qu'en l'acquisition d'vn Diademe tant ambitionné de tous les Princes François. Comme il auoit remarqué que les Carolouingiens auoient esteint la dignité des Maires du Palais, dont eux mesmes auoient abusé à la ruine des Merouingiens, & que cette charge ayant repris vie sous le tiltre de Comte de Paris, elle pourroit aussi reprendre ses premieres ambitions, au detriment de son Estat; il ne l'estouffa pas entierement; mais il la reünit à sa Couronne, & par mesme moyen il cassa celle de Duc & de Prince des François, que les Comtes de Paris auoient fait renaistre sous l'authorité des anciens Maires du Palais. Voila comme les folies d'autruy seruent de sagesse aux bons esprits. Hugues fit voir vn autre essai de son rare entendement en la reünion de plusieurs domaines à sa Couronne. Voyant que dés longues années plusieurs Seigneurs vsurpoient les plus importans gouuernemens du Royaume comme hereditaires, au desauantage de sa Couronne, n'ayant pas dequoy faire teste à tous, & reconnoissant que c'estoit de leur main qu'il auoit receu son Royaume, il leur laissa ce qu'il ne leur pouuoit oster, à la charge qu'elles releueroient de la Couronne, & y retourneroient à defaut de masles. Tellement qu'Oppianus a dit sagemét, que ni la force, ni la beauté ne sont point si profitables aux hommes que la prudence, & que la force sans sagesse est vne espée sans trenchant.

XIX.
Aduertissemens du

Finalement Hugues Capet laissa à son fils
Robert

Chapitre II. Section IV. 743

Robert non point la fortune d'or des anciens Empereurs ; mais de sages documens pour rendre son Royaume fortuné, & luy faire iouïr d'vn siecle d'or & de perles. *Mon fils,* luy dit-il, *ie vous conjure par la tres-sainête & indiuidue Trinité de ne point donner d'audience aux aduis des flatteurs, ni de vous laisser surprendre par aucun appas des presens à donner les Abbayes qui sont de vostre collation, ni que par quelque legereté d'esprit vous les veniez à distraire, ou que par quelque colere vous les dissipiez. Ie vous aduise particulierement de ne point refroidir vostre denotion à l'endroit de S. Benoist Pere de son Ordre, afin qu'apres cette vie il vous soit fauorable aupres du souuerain Iuge de tous les mortels, & qu'il vus serue d'Auocat & de port d'asseurance.* Robert fit si heureusement son profit des bons preceptes de son Pere, qu'on ne pouuoit assez admirer sa prudence à gouuerner, & son bon-heur en toutes ses entreprises. C'estoit vne Minerue armée, puis que les historiens tesmoignent que personne ne l'osoit attaquer.

[a] Louys le Ieune fit connoistre qu'il estoit vieil en sagesse à l'Empereur Federic I. qui l'ayant inuité à vn Colloque qui se deuoit tenir sur la Saonne, entendit assez que l'Empereur faisoit bonne mine & mauuais ieu, & que par cet abbouchement il le vouloit surprendre. Toutesfois pour ne luy donner de la défiance, & ne manquer point de promesse, il se trouua au iour nommé sur le pont qu'on auoit assigné, mais ce fut si matin que l'Empereur n'attendant pas vne si grande diligence

Roy Hugues Capet à son fils Robert.

a *Helgaldus in vita Roberti Regis, fertur autem dixisse moriens bonus pater:* O optime fili, per sanctam & indiuiduam Trinitatem te obtestor, ne quando animus subrepat, acquiescere consiliis adulantium vel muneribus, donisque venenatis te ad vota sua maligna adducere cupientium ex iis Abbatiis quæ tibi post Deum perpetuo liter delego ; néve animi leuitate ductus quolibet modo distrahas, diripias, aut ira excitante dissipes. Specialiter vero tibi inculco, nullo pacto ducem omnium, patrem dico Benedictum à te patiaris diuelli ; illum apud communem iudicem salutis aditum, tranquilitatis portum, post carnis obitum, securitatis asylum habeas.

XX.
Diuers exploicts de Prudence des Roys Louys le Ieune, Louys VIII. & Philippe V.
a *Sigonius lib. 3. Regni Italici.*

ligence, se trouua bien reculé du succés de son complot. Louys ayant demeuré depuis les trois heures du matin iusques à neuf heures sur ce pont, prenant de l'eau de la riuiere s'en laua les mains, disant, ie m'en retourne tout contant d'auoir satisfait à ma promesse. [b] Louys VIII. est remarqué dans l'histoire d'auoir aussi esté vn Roy plein de bon iugement dés son bas âge; car son pere Philippe se trouuant souuent engagé aux extremitez de son Royaume contre ses ennemis, quoy que foible d'ans, & d'experience il contenoit neantmoins auec telle addresse les sujets de son pere, & se retenoit soy-mesme dans les termes d'vne si remarquable moderation, que le ieune Cyrus n'en fit iamais tant paroistre à l'endroit d'Astyages son ayeul, que LOVYS à l'endroit de son pere. Aussi l'auoit-il fait éleuer aux bonnes lettres, qui sont les meres nourrices de la Prudence. [c] Philippe V. dit le Long, fit pareillement connoistre que ce n'est pas sás raison qu'ō peint Mercure auec Minerue, n'y ayant rien si necessaire à ceux qui veulent sagement gouuerner que la cōnoissance des sciences humaines: témoin l'accord qu'il moyenna auec beaucoup de dexterité au commencement de son Regne auec les premiers Princes du sang, partisans du Duc de Bourgongne: témoin l'heureuse fin qu'il mit à la querelle de Flandre, qui en sa longue durée auoit causé de grandes despenses, & la mort à plusieurs milliers de braues hommes.

[b] *Rigordus in Philippo.*

[c] *Froissard. vol. 1. cap. 4.*

XXI.
De la Prudence de Charles V.

CHARLES V. n'a pas acquis le surnom de sa deuise

Chapitre III. Section IV. 745

Sage fans de grands exploicts de cette vertu: auſſi ſa deuiſe portoit, *Non ſine cauſa*, qu'il n'entreprenoit rien ſans ſujet, ſoit en paix, ſoit en guerre. I'ay fait voir cy-deſſus comme auec ſes lettres il tailloit plus de beſongne à Edoüard III. que ſon pere & ſes ayeuls auec leurs puiſſantes armées. Il n'eſtoit pas moins admirable en paix qu'en guerre : car laiſſant ſon fils aiſné Charles VI. fort ieune, ſous la regence de ſes Oncles Princes de diuerſes humeurs, il fit publier vne Ordonnance en Parlement, le 21. de May 1375. qui declaroit que le fils de France, ſucceſſeur de la couronne, ſeroit tenu majeur & capable du gouuernement de ſon Royaume dés lors qu'il ſortiroit du treziéme an de ſon âge. Cette loy ne fut pas inutile, *Non ſine cauſa*, comme portoit ſa deuiſe ; mais particulierement à ſon fils, & à tous les jeunes Roys ſes ſucceſſeurs. [a] Petrarque eſcriuant au Pape Vrbain témoigne qu'ayant eſté enuoyé Ambaſſadeur en France durant la vie du Roy Iean ſon Pere, il admira l'eſprit de ce ieune Prince, dans les affaires de grande importance. *Il me ſemble voir*, dit-il, *le iugement de ce ieune homme deſia tout blanc & tout chenu, la politeſſe de ſes mœurs toute admirable, la modeſtie de ſon diſcours qui m'eſt dés long temps connüe.* C'eſt ce qu'on a pû dire de LOVYS LE IVSTE dés l'entrée de ſa majorité, d'autant qu'en vn ieune corps on n'a point vû dés long temps vn eſprit ſi vieil pour la reſolution de ſes affaires. Car apres que tous les plus vſez dans les charges du Royaume ont découuert leurs ſentimens, c'eſt comme

[a] *Petrarcha epiſtola ad Vrbanum lib. 9. rerum ſenilium. Noſſe mihi videor adoleſcentis canum & ſenilem animum, ac præcipuam quandam vrbanitatem, linguæque modeſtiam magnis mihi olim in rebus expertam.*

vn miracle de l'ouyr parler auec des maximes d'Eſtat ſi ſaines qu'on n'y peut rien adiouſter. Que ſi on depeint la Prudence ayant le doigt ſur la bouche, pour declarer qu'elle eſt ſecrette en ſes deſſeins, il faut aduoüer que perſonne ne penetre ſes ſecrets. Ayant receu en ſon paſſage de Suze vn notable ſujet de colere contre ceux qui auoient laiſſé les bales de Canon à Briançon ; quoy qu'il fuſt preſſé par les plus familiers à ſa perſonne de manifeſter ce qui trauailloit ſon eſprit, neantmoins on ne peut iamais tirer de ſa bouche le moindre témoignage de ce défaut qu'apres la victoire, apprehendant ſagement que la connoiſſance de ce manquement n'affoibliſt le courage des gens de guerre. Si ſa Majeſté fait admirer ſa rare ſageſſe par ſon ſiléce, elle ne la fait pas moins reluire par ſes paroles : car en peu de mots elle dira tout ce que les plus ſçauans ne pourroient expliquer en beaucoup de temps, & ſa langue eſtant l'éguille de ſon ame, il faut aduoüer qu'on n'a iamais rien vû de ſi iuſte, ny de mieux reglé. D'autre part, il n'a pas beſoin d'vſer vn muy de ſel auec vn homme pour découurir ſon humeur. Car comme perſonne n'a la veüe ſi perçante qui puiſſe penetrer ſa penſée, auſſi ne ſe trouue-t'il point d'homme ſi couuert qui ſe puiſſe dérober à la viuacité de ſon eſprit. Tellement qu'on peut aſſeurer que dés long temps on n'a point vû vne ſi grande Prudence entée ſur vne pareille Pieté.

SEC

SECTION V.

De la Prudence de Louys XI. & des Monarques suiuans.

CE n'est pas sans raison que Louys XI. a esté surnommé le Prudent, puis que cette vertu éclairoit si fort toutes ses actions que [a] Pierre Brezay grand Seneschal de Normandie estant auec luy à la chasse, luy dit auec autant de respect que de plaisanterie : SIRE, vostre petite haquenée est la beste la plus forte du monde, puis qu'elle porte vostre Majesté auec tout son Conseil; luy declarant que les rayons de sa Prudence penetroient si auant dans les affaires d'Estat, qu'il y voyoit plus clair que tout son Conseil, & que son seul aduis côtrebalançoit auec auantage celuy des plus entendus de la France. Pour donner plus de iour à cette verité, il seroit besoin de considerer sa dexterité à desbrouïller les difficultez que Charles Duc de Bourgongne luy presentoit tous les ans, & plusieurs autres Princes, tant en paix, qu'en guerre, & on reconoistroit comme la Prudence l'a conduit par la main iusques à la fin de toutes ses entreprises. Mais d'autant que la brieueté a tousiours esté bien venuë, & auiourd'huy plus que iamais ; ie laisseray en l'histoire de Philippe de Comines toutes ces longues fusees d'affaires, pour vous presenter les plus rares mots de ce sage Monarque. Il souloit dire

XXII.
Paroles remarquables de Louys XI.

[a] André Theuet liur. 4. des hommes Illustres, en la vie de Louys XI.

Ccccc 2   qu'vn

qu'vn Roy a touſiours plus de force en ſon Royaume, qu'il n'en a parmy les eſtrangers. 2. Que d'auoir trop bien ſeruy perd aucuneſfois les perſonnes, & que les grands ſeruices ſont ſouuent recompenſez par de grandes ingratitudes. Il adiouſtoit que cela peut arriuer auſſi-toſt par le défaut de ceux qui ont rendu les ſeruices que par la méconnoiſſance de ceux qui les ont receus, s'eſtant veu ſouuent que ceux qui ont bien ſerui abuſent trop arrogamment de leur bonne fortune, tant enuers leurs compagnons, comme à l'endroit de leurs Maiſtres. 3. Le Prince ayme plus naturellement ceux qui luy ſont obligez, qu'il ne fait ceux à qui il a de l'obligation. 4. L'orgueil eſt touſiours ſuiuy de honte & de ruine. 5. Quand il changeoit ſes ſeruiteurs il excuſoit ſon changement, diſant, que la nature ſe plait à la diuerſité. 6. Il diſoit que s'il fuſt entré en ſon regne, autrement qu'auec la crainte & la ſeuerité il euſt ſeruy d'exemple au dernier Chapitre du liure de Bocace des nobles malheureux. 7. Il proteſtoit, qu'il bruſleroit ſon chapeau s'il ſçauoit ce qui eſt en ſa teſte : monſtrant que le ſecret eſtoit l'ame des hautes entrepriſes. 8. Se ſouuenant d'auoir ouy dire au Roy Charles VII. ſon pere, que la verité eſtoit malade, il adiouſtoit plaiſamment: Ie crois que depuis ce temps-là elle eſt morte, & qu'elle n'a point trouué de Confeſſeur. 9. Se moc-quant d'vn qui auoit beaucoup de liures, & peu d'eſtudes, il dit, celuy-là reſſemble au bouſſu qui porte vne groſſe boſſe ſur ſon dos, & iamais ne la void.

10. AYANT

Chapitre III. Section V. 749

10. AYANT rencontré vn Gentilhomme paré d'vne belle chaine d'or, il dit à celuy qui l'accompagnoit: il ne la faut pas toucher, par ce qu'elle est sacrée, voulant declarer qu'elle estoit venuë du pillage des Eglises de Cambray. Vn iour il vit l'Euesque de Chartres sur vne Mule qui estoit richement harnachée ayant le frein doré, & là dessus il luy dit, que les Euesques du temps passé se contentoient d'vn asne, ou asnesse, auec vn simple licol. L'Euesque luy respondit, que c'estoit du temps que les Roys estoient Bergers. Le Roy repliqua, qu'il ne parloit point du vieil Testament, mais du nouueau. Hà, respondit l'Euesque, c'estoit alors que les Roys estoient grands Aumosniers, qu'ils lauoient les pieds des pauures, & faisoient asseoir à leur table les ladres & les plus miserables. Les Annales d'Aquitaine qui rapportent ce compte, adioustent, que le Roy se prit à rire, aymant vne parole qui partoit d'vn prompt esprit. Il se seruit vn iour bien à propos de son Latin. Le Pape Sixte auoit enuoyé le Cardinal Bessarion Grec de nation, pour moyenner la paix auec Louys & le Duc de Bourgongne. Ce Cardinal ayant commencé sa Legation par le Duc de Bourgongne, comme celuy qu'il estimoit le plus difficile à la raison, le Roy tournant cela, ou à mespris, ou à quelque passion particuliere; comme il se presenta à l'audiance, il luy mit la main sur sa grande barbe, & luy dit: *Barbara Græca genus retinent quod habere solebant.* Ce fut vn traict aigu, & picquant, non point contre la Grece qui

Ccccc 3 don

donnoit le nom de Barbare à toutes les autres nations, mais côtre la naissace, & l'inciuilité du Cardinal, qu'il ne receut pas auec toute la bien-vueillance qu'on attendoit, commandant qu'on l'expediast au plustost. Ce maigre accueil apporta tant de mécontentement au Cardinal, qu'il en tomba malade à Thurin, & en mourut d'ennuy à Rauennes, apprenant à tous que les charges ambitionnées reüssissent rarement à leur Autheur, dequoy ce personnage a esté taxé.

XXIII. *Les propos memorables de Henry le Grand.*

Si quelqu'vn des beaux esprits du temps, se fust rendu aussi curieux à consacrer à la posterité les Apohthegmes de Henry le Grand que Philippe de Comines a esté soigneux de recueillir ceux de Louys XI. nous aurions vn riche thresor d'enseignemens pour l'instruction de tous les Estats du Royaume. Neantmoins pour ne me rendre point complice en ceste faute, ie vous presenteray ceux que mon soin a pû ramasser de diuers endroits pour seruir de lumiere à la vie humaine & de témoin à la Prudence de ce grand Roy qui nous a laissé ces rares poinctes d'esprit, qui surpassent en valeur les plus belles poinctes du Diademe d'vn Roy. Entre autres propos memorables il disoit, que l'Eglise Catholique estoit ornée en ce temps de Docteurs tres-recommandables en sciences, d'autant qu'ayant esté contrains de colleter souuent les heretiques, ils s'estoient faits grands Theologiens, comme les soldats deuiennent bons Capitaines en choquant souuent l'ennemy. Parlant des Predicateurs, il disoit qu'il les falloit

mesurer

Chapitre III. Section V. 751

mesurer par la fin de leurs discours, & non pas par leur commencement : d'autant que l'entrée de leur Predication estoit pleine d'artifice, & la fin naturelle. Il tenoit que ceux-là estoiét courageux qui ne cachoient point la verité aux Roys; que les mignons des Grands deuoient estre gens de vertu,& que la gloire d'vn Roy n'estoit pas de bien dire, mais de bien gouuerner. Il disoit que l'opiniastreté estoit ennemie du bon gouuernement, que l'homme contant possede ce qu'il n'a pas,& celuy qui est mécontant ne iouyt pas de ce qu'il possede. Il soustenoit que la bonne paix estoit la guerre & la ruine des vices, & que la guerre étoit la nourrice de l'heresie. Quelques vns luy disans que tandis qu'il assiegeoit Amiens, les Ministres auoient fait courir par la France certaines plaintes affectées, & des demandes pour luy presenter. Ce n'est pas de merueille, dit-il, les Ministres sont poissós d'eau trouble. Vn Seigneur de sa suite, voulant couurir l'honneur d'vn impertinent Escriuain deuant sa Majesté, d'autant qu'il n'auoit point estudié. Cette excuse respondit le Roy, est vne double accusation, & de son ignoráce,& de sa temerité. Il vaut mieux se taire que de parler mal,& celuy qui est muet est de meilleure cōdition que celuy qui a vne mauuaise langue. Quelques Medecins des plus celebres en la Religion pretenduë s'estans faicts Catholiques; donc, repartit le Roy, la Religion Huguenote est en mauuais poinct, puis que les Medecins l'abandonnent. Vn Gentilhomme Caluiniste luy di-

sant

fant que fa fœur eftoit feule qui defendoit leur party : tant pis pour voftre Religion, luy dit-il, puis qu'elle eft tombée en quenoüille. Son Barbier luy difant qu'il auoit plus de poils blancs d'vn cofté que de l'autre : c'eft que le vent de mes afflictions a plus fouflé de ce cofté là que de l'autre. Les Deputez des Eglifes pretenduës du Languedoc s'eftans prefentez à luy auec beaucoup de plaintes & de nouuelles demandes, en luy difant, SIRE, vos pauures fubjects de la Religion font grandement alterez. Le Roy les arreftant tout court, leur refpondit ; Il y a tant d'eau en Languedoc, qu'ils boiuent s'ils ont foif. Entendant qu'vn Poëte François s'eftoit retiré à Turin où il alloit en carroffe, tiré à quatre cheuaux. Il a bien fait d'aller en Piemont, car il n'euft iamais fait vn tel Quatrain en France. Le P. Laurent Magius de noftre Compagnie ayant efté enuoyé de Rome par noftre R. P. General vers fa Maiefté, l'an 1597. pour moyenner noftre reftabliffement, entre autres difcours, il luy dit vn iour ; SIRE, les femmes enfantent le neufiéme mois, & il y en a defia plus de vingt-quatre que nous attendons la naiffance du bien-faict conceu, & promis de voftre Majefté. Ouy, repliqua le Roy, les femmes, mais les hommes attendent plus ; attendez encor vn peu, mon temps, & le voftre viendra, quoy qu'il tarde. Ce qui arriua ; car le P. Laurent eftant defia en Auignon, s'en retournant en Italie, elle fit venir à foy le P. Pierre Coton, auec le P. Ignace Armand Prouincial de France. Quelqu'vn luy racontant

comme

comme vn crime infupportable que les Iefuites choififfoient les meilleurs efprits pour leur Compagnie : c'eft vertu, dit-il, & non point crime, de choifir ce qui eft le meilleur. Quand ie veux faire vne Compagnie de Gens-d'armes ie prens les plus vaillans. Ils ont befoin de gens d'eflite pour fe bien acquiter de leurs charges. S'ils reçoiuent les plus capables qui fe prefentent de leur gré, quel mal trouuez-vous en cela? Vn autre bon Seigneur l'aborda au fortir de fon difné auec beaucoup de chaleur, s'écriant : SIRE Iuftice, ie fuis icy venu pour raconter à V. M. vn faict abominable & du tout fcandaleux. Ne me le dites pas mon amy, luy dit-il, en fi bonne compagnie, de peur de nous fcandalifer. La colere qui rejette le delay luy fit dire, SIRE, ce font les Iefuites qui m'ont volé mon fils, qui n'a que quinze ans ; quelle difcretion peut-il auoir en vn tel âge pour faire choix d'vn genre de vie? Il eft à croire qu'il n'en a guiere, refpondit-il, puifque le Pere en a fi peu. Quelques Huguenots taxant ceux de noftre Compagnie qui fe mefloient des affaires d'Eftat : c'eft le commun refrain de leurs ennemis ; ce font vos Miniftres qui s'en meflent plus que de leur Theologie, eftant plus fouuent dans les affemblées politiques que dans les Ecclefiaftiques. Ayant refolu de faire abbatre la Pyramide eleuée contre nous, vn Seigneur de remarque luy dit, SIRE, on l'a dreffée pour l'amour de vous ; Si on l'a dreffée pour l'amour de moy, qu'on l'abatte auffi pour l'amour de moy. Vn autre adiouftant, ce sont vos seruiteurs qui l'ont bastie : le Maistre donc la peut bien faire demolir. Voila des reparties qui marquent autant de viuacité d'esprit que de bon iugement. Ce grand Roy auoit coustume de répondre à ceux qui blasmoient nostre Compagnie : auant que ie conneusse les Iesuistes ie ne les pouuois aimer : mais depuis que ie les ay conneus, ie ne puis que ie ne les cherisse, & ie suis asseuré que quand vous les connoistrez bien, vous les affectionnerez aussi comme moy. Cette repartie estoit d'vn Philosophe Roy, tel que Platon desiroit pour le bon-heur des peuples ; d'autant qu'il faut connoistre pour aimer. Auec cette replique il a fermé la bouche à nos ennemis les plus chaleureux, & a obligé tous les Iesuites de France, & tous les autres qui sont épars parmi le monde de publier ses faueurs, & de prescher par tout ses vertus admirables.

XXXIV.
Louys le Iuste a proferé de sages paroles dés sa ieunesse.

LOVYS LE IVSTE ayant succedé à toutes les qualitez royales de son Pere, fait éclater auec étonnement des rayons d'esprit si à propos, qu'on les iugeroit meditez long-temps auparauant, si l'occasion ne les faisoit naistre sur le champ. En voicy quelques vns, d'autant plus remarquables qu'ils ont esté conceus dans sa plus tendre ieunesse. Estant seulement en l'âge de huict ans, son Precepteur luy ayant raconté l'histoire de Sceuola ; Pourquoy, dit-il, se brusla-t'il la main ? Pour ce, dit son Precepteur, qu'elle auoit failly, ayant tué celuy qui tenoit la place du Roy. Il repartit soudain : Il deuoit donc brusler sa teste qui auoit mal

mal conseillé sa main. Monsieur de Preaux l'entretenant par occasion de l'estime qu'il deuoit faire des hommes sensez, & de la vertu; & que c'estoit le propre des Roys de la fomenter: il luy repliqua soudainement; La vertu n'a pas besoin de fomentation. Monsieur le President Richardot retournant de voir le Roy à Monceaux, vint saluër Monseigneur le Dauphin, & l'ayant rencontré parmy vne douzaine de ses enfans d'honneur, il luy demanda qui d'entre tous il affectionnoit le plus. Ceux, dit-il, qui feront le mieux. Entendant vn Gentilhomme au bord de l'Estang du jardin de Fontainebleau qui loüoit les Cignes; & comme si cette loüange eust esté illegitime, il dit auec dedain; Quel Oiseau qui n'a ny bec ny griffes. Passant vn peu plus bas au long de l'Estang, ayant rencontré vn Gentilhomme, qui joüoit du Luth, pendant qu'il l'écoutoit quelqu'vn luy dit s'il n'en voudroit pas ioüer? Voire, dit-il, mais on demeure assis. Venant de voir faire la curée, il dit à ceux qui l'accompagnoient: Ah! si i'auois cent mille hommes semblables aux chiens de mon pere, ie conquesterois tout le monde. Quelqu'vn luy ayant demandé pourquoy? D'autát, repliqua-t'il que quelques coups qu'on leur donne, ils ne laissent pas de s'eslancer, & d'engloutir tout ce qui leur vient deuant. Voila comme sa Majesté tres-belliqueuse a donné dés ses premiers iours de grands presages des faicts d'armes qu'elle exploicte maintenant; voyons-en d'autres. Monsieur le Mareschal de la Chastre prenant

nant congé de luy pour aller à Iuilliers, le supplia de luy commander ce qu'il fera s'il rencontre les ennemis, il repartit sans marchander : Donnez la bataille. Faisant trainer vn petit carrosse à deux chiens, & les faisant courir sans cesse, quelqu'vn luy ayant dit que les chiens n'en pouuoient plus; S'ils perdent courage, respondit-il, il les faut ietter dans l'eau. Voyant vne autre fois les chiens d'Artois battre le Blereau, en ayant remarqué vn qui n'en pouuoit démordre, il s'écria : Voyez-vous ce petit qui le tiét par la cuisse, ie l'en ayme, comment s'appelle-t'il ? il faut que ie l'aye. L'an 1608. le 15. de Iuillet, sur le midy sautant dans le jardin de Fontaine-bleau, & estant tout en eau, sa Gouuernante le voulant seicher, il ne le voulut iamais permettre. Vn Gentilhomme luy ayant dit ; Monseigneur, vous prendrez mal, laissez-vous seicher. Comment, dit-il, & si nous fuyons à la guerre, nous viendroit-on seicher le front ? Qui trouuera maintenant estrange si sa Majesté ayant atteint l'âge viril, se nourrit de sueurs & de fatigues ? Mais qui n'admirera auec raison les sages reparties de ce ieune Hercule qui froisse desia les serpés dans le berceau ? Ie desirerois que quelqu'vn de sa suite eust apporté autant de soin à recueillir ses notables propos depuis qu'il a esté couronné, que i'ay apporté de diligence à les rechercher. Mais parauenture que nous les rencontrerons lors que nous y penserons le moins, à l'ordinaire des choses humaines, que nous ne deuons iamais attendre qu'auec beaucoup de dou-

ce quand

Chapitre III. Section V. 757

te quand nous les desirons auec tant soit peu de passion.

SECTION VI.

L'inclination des Monarques François à l'estude des bonnes lettres est vn essay de leur rare Prudence.

LA Theologie des anciens Gentils ne rencontra iamais mieux qu'en sousmettant à l'Empire de Minerue les sciences humaines & la Prudence, & adorant sur vn mesme Autel cette Deesse auec Mercure. Car si la ª Prudence demande vne entiere connoissance des choses dont elle delibere, & si elle a besoin d'eloquence pour faire passer ses pensées dans l'esprit de ses Auditeurs, il faut aduoüer que celuy-là n'emportera iamais le haut prix de cette vertu qui vit dās l'ignorance des bonnes lettres. A raison dequoy ᵇ Rothrodus Archeuesque de Roüan escriuoit au nom de tous les Prelats de Normandie à Henry II. Roy d'Angleterre, qu'ayās experimenté combien la connoissance des Arts Liberaux luy donnoit de l'auantage pour le bon gouuernement de ses Estats; ils le supplioyent bien humblement de faire prendre la mesme teinture à son fils Henry, afin qu'estant successeur de sa couronne il le fust aussi de sa Prudence. *Car vous sçauez,* SIRE, *que l'abbregé de toute la Prudence est renfermé dans les bonnes lettres.* S'il s'agit de la police de la Republique,

XXV.
La parfaite Prudence demande la connoissance des lettres humaines.

a *Prudentia est rerum bonarum ac malarum scientia. Cicero lib. 2. Rhetor. vel secundum D. August. lib. 1. de libero arbitrio. Prudentia est rerum appetendarum & vitandarum rerum scientia.*

b *Rothrodus ad Henricum II. Regem Angliæ Epistola 47. inter Epistolas Petri Blesensis Bathoniensis Archidiaconi, tomo 12. parte 2. Bibliothecæ Patrum. Scitis quod totius Prudentiæ compendium in literis continetur: si Respublica regenda est, si prælia committenda sunt, si castra metanda, si machinæ erigendæ, si renouādi aggeres, si propugnacula facienda, denique si quies libertatis, si iustitiæ cultus, si reuerentia legum, si finitimarum gentium amicitiæ*

Ddddd 3 s'il est

sunt firmandæ, libri hæc omia erudiunt ad perfectum.

s'il est question de faire la guerre, s'il faut assieger une place, s'il faut dresser des machines, s'il faut renouueller des Caualliers, s'il faut faire des bastions, si finalement il faut asseurer le repos de la liberté, l'administration de la Iustice, le respect des loix, l'alliance des peuples voisins, les liures enseignent tout cela auec perfection. Ce sage Prelat auoit sujet d'écrire de la sorte, l'experience ayant fait voir combien la connoissance de la Philosophie d'Aristote auoir poly le iugement d'Alexandre, & les sciences humaines celuy de Iules Cesar.

XXVI.
Les Roys de la premiere race se sont pleus aux sciences humaines.

POVR CE sujet, depuis que les Monarques François ont embrassé le Christianisme, ils ont aussi tellemét caressé les bonnes lettres qu'on a pû dire, que la Grece estoit venuë dans la France, & que l'ignorance des Gaulois s'estoit emparée des Grecs. Car si iamais Princes ont chery & fauorisé les lettres, ce sont les souuerains de France; témoins les Vniuersitez qu'ils ont dressées en diuers endroits de leur Royaume; Les Colleges frequés, & les pensions annuelles qui entretiennent ces Athenés. Clouis a recherché les hommes doctes, il les a honorez & traictez liberalement, & comme l'Elephant le Roy des animaux, quoy qu'il ne puisse nager, ne laisse pour cela de se plaire au bord des riuieres; de mesme Clouis n'ayant pas sceu tous les secrets des sciences, ne laissoit pas que de prendre vn singulier plaisir en la hantise des doctes Euesques de son siecle, comme d'vn sainct Remy, dont la doctrine estoit vne source d'eau de sagesse, qui ne se pouuoit épuiser.

Chilperic

Chapitre III. Section VI. 759

Chilperic n'a pas seulement prisé les sciences, mais encore il les a honnorées de sa pourpre, estât des plus capables de son temps, comme en faict foy auiourd'huy l'Epitaphe de sainct Germain Euesque de Paris, qui est vn échantillon de sa rare doctrine. Entre les inclinations de ᵃ Clotaire II. l'estude des bonnes lettres estoit des premieres, y ayant pris plaisir autant qu'en aucun autre exercice digne d'vn Roy. ᵇ Dagobert n'a pas seulement seruy d'Alexandre aux Aristotes, d'Auguste aux Virgiles, & de Scipion aux Polybes, mais luy-mesme a fait l'Aristote, le Virgile, le Polybe, ainsi qu'il appert par les beaux reglemens qu'il laissa, & qui depuis ont esté commentez par diuers Iurisconsultes.

a *Scolasticus* 17. *Appendice.*

b *Papirius Massonius in vita Dagoberti.*

CHARLES MARTEL, sçachant que les Romains auoient autresfois logé la statuë d'Hercule aupres de celle des Muses, & que les Grecs auoient donné à ce grand Capitaine le nom de Musagete, pour declarer que la force des Princes n'est iamais mieux placée qu'auec les sciences; pour ce sujet il fit instruire son fils Pepin en toute sorte de sciences, dont ce Roy premier de la seconde race, ayant experimété le bon-heur, les fit passer dâs l'esprit de Charlemagne, qui les gousta auec tant de plaisir qu'il n'estoit science dont il n'eust vn parfaict vsage. Ce sage ᵃ Empereur possedoit les langues Hebraique, Grecque, Syriaque, & Chaldaique auec tant de perfection, qu'on eust dit que chacune en particulier estoit sa langue maternelle. Aussi en donna-t'il de rares preuues en

XXVII. *L'affection des Roys de la seconde lignée à l'endroit des sciences.*

a *Iacques de Charron en son histoire vniuerselle, chap.* 113.

ues en la correction qu'il fit du Nouueau Testament sur les textes Syriaques & Grecs. Il tira du fond de l'Escosse Clement & Albin, les deux plus sçauans personnages de leur Siecle. Il fit venir de Suysse le Docteur Valdo, & d'Angleterre le fameux Albinus. Il enuoya cettuy-cy au Monastere de sainct Martin en Alemagne, & Albin l'Escossois à Ticine pour y dresser vne Academie. Quant à Clement, il le retint pour l'Vniuersité de Paris, & Valdo pour enseigner les Arts Liberaux en l'Abbaye de sainct Denys en France. Il establit à Paris l'Vniuersité de Rome, qui florissoit autresfois en la ville d'Athene, & ce à la requeste d'Alcuin, de Raban, de Claude, & de Iean Escossois, qui furent les premiers Professeurs dans cette fameuse Vniuersité. Cecy neantmoins se doit entendre auec la moderation que [b] Lupoldus trescelebre Escriuain entre les Alemans apporte à cette opiniõ, disant que ce qu'on écrit, que Charlemagne institua la premiere Vniuersité dans Paris, se doit entendre de la lecture publique de l'Escriture saincte ; d'autant que du temps de Boëce la Philosophie & les Arts Liberaux y florissoient desia ; cela veut dire l'an 472. sous l'Empire de Zenon. Il faut que nous apportions encore vne glose aux discours de Lupoldus, & que nous sçachions qu'auant le regne de Charlemagne la Theologie auoit desia pris de profondes racines dans les Gaules par la rare doctrine d'vn sainct Hilaire, d'vn Saluian Marseillois, d'vn Vincent de Lirins, d'vn S. Eucher Archeuesque de Lyon, d'vn Seuere

[b] *Lupoldus in libello de zelo veterum Germanorum.* Quæ de institutione studij Parisiensis à Carolo Magno facta dicuntur, intelligenda sunt, quoad instaurationem ipsius in pagina diuina duntaxat. Nam longè ante tempora Caroli M. tempore scilicet Boetij studium liberalium artium, & Philosophiæ Parisijs viguit, vt patet ex libello quem de disciplina scholarium compilauit.

Chapitre III. Section VI. 761

Seuere Sulpice, d'vn sainct Remy, des Saincts Mammert & Auche Archeuesque de Vienne, d'vn Sidonius Apollinaris, d'vn S. Gregoire de Tours, d'vn Fortunat Euesque de Poictiers, & de plusieurs autres grands personnages, qui honorerent de leur voix le Concile que Clouis fit assembler à Orleans. I'ose dire dauantage, que la ͨ Philosophie & les sciéces humaines estoiét desia en auctorité parmy les Gaulois auant l'Incarnation du Fils de Dieu, puis que Iules Cesar témoigne en ses Commentaires que plusieurs ieunes gens accouroiét de toutes parts en la Gaule, pour apprendre des Druides, les sciences, entre autres maximes, adiouste I. Cesar, ils disputent & enseignent à cette ieunesse l'immortalité de l'ame, l'Astrologie, la Geographie, la connoissance des causes naturelles, & la puissance des Dieux immortels. Les Vniuersitez de Pauie & de Boulongne luy doiuent ce qu'elles sont, aussi bien que plusieurs Colleges de Fráce, d'Allemagne, d'Espagne & d'Italie. Si de bons ͨ Escriuains ne nous asseuroient l'affection que ce grand Empereur auoit pour le progrés des lettres humaines, ie n'eusse iamais creu qu'vne teste qui gouuernoit presque tout le monde se fust abbaissée iusques au soin de l'auancement des petits Escoliers. Car qui croiroit sans estre appuyé d'vne tres-bonne authorité, que cet Auguste Roy estant de retour à Paris, prit luy mesme la peine de sonder la capacité des petits Escoliers de Clement ? Il s'en alloit luy-mesme dans l'Escole, commandoit à cette

ͨ *Iulius Cæsar de bello Gallico lib. 6.* Ad hos, scilicet Druides, magnus adolescentum numerus disciplinæ causa concurrit, magnóque ij sunt apud eos in honore. In primis hoc volunt persuadere non interire animas. Multa præterea de sydéribus atque eorum motu, de mundi, ac terrarum magnitudine, de rerum natura, de Deorũ immortalium vi ac potestate disputant, & iuuentuti tradunt.

ͨ *Auentinus lib. 4. Annaliũ Boiorum.* Cum longe post tempore in Galliam diuertisset pueros quos Clementi commiserat, Epistolis, versibus, carminibus, orationibus, panegyricis scriptis, sui profectus specimen exhibere iussit. Vbi tenuiores præter spem profecisse, nobiles verò cultũ animi neglexisse deprehendit illis, ad dextram segregatis animos fecit, eósque filiolos vocans Imperij eis promisit dignitates. Deinde in nobilium liberos, quos à

Eeeee ieu

jeuneſſe de luy donner quelque preuue de leur auancement aux lettres par la compoſition de quelques Poëſies, Oraiſons, & Panegyres. Examinant les eſcrits de tous, s'il rencontroit quelques pauures garçons qui ſe fuſſent auancez aux lettres plus que les Gentilshommes, il les plaçoit à ſa droicte, les loüoit hautement, leur promettoit les premieres charges de ſon Empire, & les honnoroit iuſques à les qualifier ſes enfans. D'autre part, il reprenoit aigrement la pareſſe des Nobles qui dementoient leur race par leur negligence, & leur courage par le peu d'auancement qu'ils faiſoient. Charlemagne ayant appris par experience combien les lettres fortifient la Prudéce naturelle d'vn Prince, n'oublia point de donner à ſes fils de ſçauans Precepteurs pour les orner de toutes les lumieres requiſes à la dignité d'vn Roy; qui fut cauſe que Louys le Debonnaire & Charles le Chauue ſucceſſeurs en ſes Eſtats, ſuccederét auſſi à ſa doctrine, ſi non auec vn tel éclat, du moins auec la ſuffiſance neceſſaire à la ſplendeur d'vn grand Monarque. Voicy comme en parle Henry Religieux d'Auxerre à l'Empereur Charles le Chauue. *d Nous auons de rares preuues de voſtre Clemence, & de ſinguliers monumens de voſtre Pieté. Mais ce qui acquiert à vos merites vne eternité de gloire, eſt que non ſeulement nous voyons reuiure en vous l'inclination de voſtre celebre Ayeul Charlemagne à l'endroit des ſciences, mais encore reprendre plus de forces; d'autant que luy les ayant retirées de la cendre, vous les faites reluire par voſtre liberal entretien, & les releuez*

in qua collocarat acerrimè inuectus eſt.

d Herricus apud Altiſſiodorum Galliæ monachus, Latinè, Græceque doctus, Præfatione ad libros ſuos de vita Germani, Carolo poſt adeptum imperium ſcriptos. Multa ſunt tuæ monimenta Clementiæ, multa ſymbola pietatis. Illud vel maximè tibi æternam parat memoriã, quod famatiſſimi aui tui Caroli ſtudium erga immortales diſciplinas, non modo ex æquo repreſentas, verum etiam incomparabili feruore tranſcédis: quod dum ille ſopitis eduxit cineribus, tu fomento multiplici, tum beneficiorum, tum authoritatis vſquequaque prouchis. & inferius. Itaque Cæſar inuictiſſime pænè eſt, vt vniuerſus or-

Chapitre III. Section VI.   763

releuez beaucoup par l'authorité de voſtre bien-vueillâce. De maniere que, ô inuincible Ceſar, preſque tout le monde eſt ſur le poinct de vous intenter vn procés, à raiſon qu'en vous efforçant d'agrandir voſtre gloire, & celle de vos ſubiests par le luſtre de la ſapience, vous deſtruiſez preſque les Vniuerſitez, & les Eſcolles de toutes les Nations. Car les épuiſant de leurs Profeſſeurs, vous laiſſez à ſec tous les eſprits.

bis nouas in te ſtat controuerſias, nouis te declamationibus inuehatur: qui dum te tuoſque ornamentis ſapientiæ illuſtrare contendis, cunctarum ferè gentium ſcholas & ſtudia ſuſtuliſti. Sublatis enim præceptoribus, confine & conſequens eſt facile omnium ingenia congelaſſe.

HVGVES CAPET, conſiderant que l'eſprit de l'homme reſſemble à la terre, qui ne produit qu'autant qu'on la cultiue, fit venir en Cour le docte Gerbert, pour l'inſtruction de ſon fils Robert ſucceſſeur à ſa Couronne. Ce ieune Prince trouua tant de gouſt parmi les Muſes, qu'il a eſté ſurnommé par le Concile de Limoge, *a Le plus docte de tous les Roys.* I'ay fait voir par cy deuant ſon ſçauoir en la poëſie, dont il faiſoit hommage, non à vne ſale Deeſſe, mais à la Vierge des Vierges. Sa Pieté reluit auſſi dans les Hymnes qu'il compoſa pour les feſtes ſolemnelles. On luy doit encore celuy qui ſe chante à l'eleuation de la ſaincte Hoſtie, qu'on recitoit de cette façon.

XXVIII.
Les Roys de la troiſiéme lignée ont affectionné les hommes doctes, & les ſciences.
a *Papirius Maſſonius lib. 3. hiſt. Regum Franc.* Is ab ſynodo Lemouicenſi Doctiſſimus Regum appellatur.

O ſalutaris Hoſtia,
Quæ Cæli pandis oſtium,
Serua Regem & Lilium
In ſempiterna ſæcula.

b Louys ſeptiéme fut vn des reſtaurateurs des ſciences, d'autant que ſouz ſon regne la Philoſophie & la Theologie reprit vn glorieux aſcendant dans les Vniuerſitez de France. Mais pourquoy eſt-ce que les ſciences floriſſoient auec tant d'hon

b *Ludouicus 7. à Vuillelmo Tyrio, lib. 22.* Piiſſimus & Chriſtianiſſimus Rex appellatur Pariſijs, Ludouico Rege liberalium artium ſtudia floruiſſe, præſertim Philoſophiæ, ac Theologiæ.

Eeeee 2

Quidni floruissent Rege earum Professores honoribus ac præmijs prosequente. Vt Rigordus in vita Philippi testatur.

d'honneur, sinon, disent nos Historiens, qu'elles auoient rencontré vn Roy qui les cultiuoit de grandes recompenses, & éleuoit leurs Professeurs aux dignitez du Royaume? Estant tres-veritable que la France ne manquera point d'Horaces tandis qu'elle portera des Mecenas; ny de Frontons quād elle aura des M. Antoines; ny de sages Possidonius, quand elle monstrera des Cn. Pompées; ny des Isocrates, quand on leur donnera vingt talens pour vne oraison. Louys VII. ayant nourri tant de bonnes volontez pour les doctes, voulut aussi que son fils Philippe Dieu-donné prit part à cette gloire. Ce qui fut cause que sous son regne les ^c estudes des bonnes lettres florissoient dans Paris, où de toutes parts de l'Europe abordoient des Escoliers, dit Rigord, *non seulement pour l'agreable seiour de cette Ville, mais beaucoup plus pour l'honneur que sa Maiesté faisoit aux Professeurs, à l'imitation de son Pere.* Quoy que Louys XII. n'eust pas atteint la connoissance des lettres qu'on pourroit trouuer en vn homme docte, il ne laissoit pourtant d'auoir beaucoup de faueurs pour les gēs de sçauoir, les appointant liberalement pour enseigner les lettres. Il se plaisoit à la lecture de l'histoire, & donnoit vn sain iugement de la Grecque & de la Latine, tel que i'ay rapporté en la Preface de ce liure.

c *Vincentius lib. 3. hist. ex Rigordo sic ait.* Florebant Lutetiæ studia literarum, eóque ex omni Europa auditores confluebant, non tantum propter loci amœnitatem, & rerum omnium copiam, sed multo magis propter honorem quem Philippus earum professoribus exemplo Ludouici patris deferebat.

XXIX.
François premier, & tous les Roys suiuans ont fauorisé les lettres humaines.

ON croyoit que François premier ayant ouuert le temple de Ianus fermeroit celuy des Muses, mais nonobstant toutes les guerres, il n'a pas laissé que d'emporter l'Eloge de Pere des lettres, auec

Chapitre III. Section VI. 765

auec celuy de magnanime Roy. Il remit en honneur les langues Grecques & Hebraïques. Il institua douze Lecteurs royaux en l'Vniuersité de Paris. Il fit rechercher tous les liures curieux & rares. Theuet en parle auec connoissance, ayant fait le voyage en Orient, auec le docte Pierre Gilles, pour ramasser tous les liures plus exquis des anciens Autheurs. Il donna pour vn coup quatre mille escus à Guillaume Compostel, pour enrichir sa Bibliotheque de liures, & partageoit tellement ses affections pour les lettres, & pour les armes, qu'il est difficile à iuger qui des deux estoit plus fauorisé. Charles IX. prenoit aussi vn contentemét singulier dans le repos des Muses, ayant composé vn liure de la Venerie, qui a surmonté en richesse tous ceux qui l'auoient precedé. Ses vers estoient si polis pour son siecle, qu'ils donnoient de l'admiration aux meilleurs Poëtes. Quoy qu'il vsast souuent de liberalité en leur endroit, si ne les voulut-il iamais enrichir, disant que les Poëtes ressembloient aux Cheuaux genereux, qu'il falloit nourrir & non pas engraisser. Aussi les Poëtes, & les Peintres sont d'ordinaire d'autant plus disgraciez de la Fortune, qu'ils sont caressez de la Nature. Le Poëte Oppian ne mourut pas plus riche pour auoir receu de l'Empereur Antonins fils de Seuere vn escu pour chaque vers, ny le Peintre Cyclias pour auoir vendu vn tableau des Argonautes à Hortensius cent quarante talens. Il faut auoüer qu'auant le regne de Henry III. la France ressembloit à vne nourrice qui donne tout son laict à l'enfant estranger, n'en gardant point pour le sien propre. Elle nourrissoit l'Eloquence Latine en ses Escoles auec tant de sueur, qu'il faut auoüer qu'elle a porté des Orateurs Latins qu'on eust dit estre nez dans Rome, & non point dans Paris. Mais Henry III. ayant eu plus de charité pour l'Eloquéce Françoise que toute l'antiquité, luy seruit de frere & de nourrice, l'eleuant auec vn tel soin, que depuis son siecle on la void croistre en lumiere, comme l'Aube du iour. Aussi ne pouuoit-elle faire qu'vn grand progrez, ayant rencontré vn Pere si disert, qu'on ne doit pas seulement dire de luy, qu'il fust le plus eloquent Orateur de son siecle, mais qu'il estoit vn viuant Hermathene, aussi sage qu'eloquent. Personne ne peut mieux témoigner les incomparables sentimens de Henry le Grand, & de Lovys le Ivste, à l'endroit de toute sorte de bonnes sciences que les Colleges de nostre Compagnie, qu'ils ont establis parmi toutes les Prouinces du Royaume, comme autant de pepinieres pour donner à la France des Catons & des Moyses, & autant de monuments pour conseruer la memoire de leur Prudence, & de leur bonne volonté a promouuoir l'honneur des bonnes lettres.

SECTION VII.

La souueraine Prudence des Monarques François à prouuoir à leur derniere fin.

LEs Sages anciens qui auec le pinceau mettoient au iour leurs pensées auec autant de force & de clarté que nous pourrions faire auec beaucoup de paroles; figurans les yeux de leur ᵃ Minerue de couleur bleuë & celeste, vouloiét marquer que la visée des Sages doit mirer principalement le Ciel, & butter au blanc de cette fin derniere, qui est le poinct vertical de la souueraine sagesse. ᵇ *Sois prudent*, dit S. Augustin, *& pouruoy à toy dedans le Ciel: sois donc sage, & imite la formi, comme nous enseigne l'Escriture, fais amas l'Esté, afin que tu n'ayes faim en Hyuer: L'Hyuer est le dernier iour de ta vie, iour d'angoisse & de tribulation.* Les Roys de France s'estans honnorablement acquitez de toutes les parties de Prudence, ont aussi accomply cette derniere & souueraine, ressemblans, non seulement à la formi, mais encore au miraculeux poisson Vranoscope, qui signifie contemplateur du Ciel, à cause qu'il n'a qu'vn œil au sommet de la teste, pour regarder le Ciel, ce dernier seiour des ames bien-auisées.

XXX.
Que la vraye Prudence doit preuoir à la vie future.

ᵃ Cartarius in imaginibus Deorum.

ᵇ Sanctus August. in psal. 48. Esto prudens & prospice tibi in posterum in cælo. Esto ergo prudens & imitare formicam, sicut dicit scriptura ; Reconde æstate, ne esurias in hyeme. Hyems est dies nouissimus, dies tribulationis.

ENTRE autres Monarques doüez de cette rare Prudence ᵃ le Roy Dagobert a esté vn des plus remarquables. L'an quatriéme de son regne, estant

XXXI.
La Prudence de Dagobert à se disposer à bien mourir.
ᵃ Aimoinus lib. 4. c. 39.

estant rentré en soy plus deuotement que l'ordinaire, & considerant que toute la prudence des hommes n'est que folie, quand elle n'ouure l'œil pour regarder la possession de l'eternel Royaume, appliqua son esprit si serieusement à l'exercice de cette diuine vertu, qu'il ne se trouua presque Eglise en tout son Royaume qu'il n'obligeast par ses liberalitez, mais singulierement celle de sainct Denys. Tant plus qu'il auoisinoit cette derniere fin, tant plus il s'y preparoit soigneusement. La harangue qu'il tint aux plus remarquables Princes, & Officiers de sa Couronne, fait voir clairement comme il preuoyoit sainctement au passage de ce dernier destroit. Mais par ce que cette remonstrance qu'il fit à toute l'assemblée est vne piece pleine de grande vertu, & vn essay d'vne Prudence toute celeste; i'en rapporteray icy vne piece au proffit des ames qui le liront.

[a] *Le sujet qui m'a porté à vous assembler, mes tres-chers fils, & tous vous autres Seigneurs de France, m'a semblé fort necessaire, mon intention fort fructueuse, & mes desirs fort iustes. Car pour n'estre point seul arbitre en la cause de mon salut, i'ay voulu vous communiquer ce que i'ay proietté de faire pour le soulagement de ma conscience. Car puis que nous portons des ames immortelles dans des vaisseaux plus fraisles que le verre, nous ne pouuons pas estre assez vigilans à les conseruer, outre les estroites obligations que nous auons d'estre vertueux, si nous voulons exempter nos corps & nos ames des flammes eternelles. De maniere que me ressouuenant que Dieu a preparé aux iustes de grandes recompenses,*

& aux

Eo anno (scilicet decimo quarto regni) Rex Dagobertus omnibus circumpositis gentibus nationibusque sibi subiugatis, paceque per circuitum facta, ad pietatem intendit. Vtque se gratum cælestibus in se supra modum fluentibus beneficijs demonstraret, vniuersas penè Galliæ Ecclesias patrimonij hæredes instituit.

XXXII.
Remonstrance de Dagobert à ses fils, & aux Seigneurs de sa Cour.
a *Aimoinus lib. 4. c. 30.*
Causa modo mihi, amantissimi filij, & quicunque adestis Francorum Potentes, vtilis ac fructuosa visa est vos cōuocandi intentio, vt de ijs quæ pro remedio animæ meæ agere institui, non ego solus mihi applauderem. Quia etenim caduca gerimus corpora, animáque immortales, magna nobis (si dissimulare nolumus) est indicta probitatis necessitas: ne si (quod absit) minus fuerimus intenti, non solum corruptionē

Chapitre III. Section VII. 769

&) aux vicieux des effroyables supplices; & d'autrepart repassant par ma memoire les pechez que i'ay commis; i'ay resolu de rediger par escrit mes dernieres volontez, & instituer les Eglises de mon Royaume heritieres des biens qui m'ont esté laissez. Pour ce suiet ie me suis proposé de laisser quatre exemplaires de mon testament, & les signer non seulement de ma main propre, mais encore de mes fils Sigebert, & Louys, que i'establis auiourd'huy Roys; ie desire que vous autres le confirmiez de vostre seel. I'ordonne qu'vne de ces copies soit conseruée à Lyon, l'autre à Paris, la troisiéme à Metz, & la quatriéme dans nos archiues. Apres mon trépas chaque Prelat de ces Eglises ayant receu ce que ie leur legue, ie les prie, & les conjure par le terrible nom de IESVS-CHRIST, qu'à l'aduenir ils fassent memoire de mon ame trois fois la sepmaine, en celebrant le sainct sacrifice de la Messe, & qu'en registrant mon nom au liure de vie, ils se souuiennent de moy à iamais. Ie rapporterois icy volótiers le contenu de son testament, comme estant plein de pieté; mais le peu de plaisir que ie reçois d'estre prolixe, m'occasionne de renuoyer le Lecteur au huictiéme tome des Annales de Baronius. Ce sage Monarque pourueut si bien à cette derniere periode, qu'en fin estant mort l'an dix-huictiéme de son regne, son ame apres auoir payé encore quelque excez de ieunesse, dans les peines du Purgatoire, fut apperceuë passer au sejour des Bien-heureux : estant tresveritable qu'il est bien difficile de mal mourir, quand on s'est bien preparé à ce dernier passage.

quam speramus corporū, verùm & ipsam æternitatem animarum perpetuis tradamus incédijs. Ideóque ego reminiscens iustis repromissa præmia, & præparata iniquis supplicia, memor etiam malorum quæ gessi testamentum scribere decreui, quo omnes regni nostri Sanctorum basilicas isto tempore famosas heredes faciamus earum quæ eis à nobis traditæ sunt rerum, &c. *Quæ legi possunt apud Aimoinum loco citato & apud Baroniū, tomo 8. Anno Christi 644.*

Fffff CHAR

XXXIII.
La sagesse de Charlemagne à preuoir à sa derniere fin.

CHARLEMAGNE estoit trop sage pour s'oublier des deuoirs de cette derniere Prudence, qui doit tenir le premier rang entre nos plus serieuses pensées. C'est pourquoy, apres le couronnement de son fils, il ne voulut plus penser à d'autres conquestes qu'à celle de l'Empire du Ciel: mais comme il preuoyoit que les vices de sa ieunesse luy en boucloient le chemin, il les enleua sur la fin de sa vie à force de penitence, de haires, de cilices, de jeusnes, de disciplines, d'oraisons, & de veilles. Car vaut mieux tard que iamais, & ce n'est iamais trop tard, quand on s'en acquitte vne bonne fois en sa vie. Il perseueroit si constammét en ces exercices, qu'il n'en auoit pas plustost quitté l'vn, qu'il embrassoit l'autre; outre que la haire estoit inseparable de son corps. [a] *Il est impossible*, disoit l'Abbé Alexandre, *que celuy qui pense attentiuement à la mort, au Ciel, & à l'Enfer, puisse estre nonchalant au seruice de Dieu. I'endure courageusement toute sorte de mesaises en ceste vie, afin d'estre affranchy des tourmens de l'autre*, disoit l'Abbé Olympius, *Ie souffre constamment les picqueures des poux, & de la vermine, afin de n'estre pas rongé à l'aduenir du ver qui ne meurt iamais. Ie patis ioyeusement les ardeurs de la canicule, afin de ne point brusler eternellement dans les flammes de l'autre Monde.* Toutes ces considerations faisoiét que Charlemagne s'affligeant sainctement, croyoit qu'il ne faisoit rien pour le salut de son ame, & ayant vsé de grádes largesses à l'endroit des Eglises, il pensoit tousiours qu'il n'auoit rien donné. Aussi Dieu luy fit cette inestimable faueur

---

[a] *Ioannes Moscus in prato Spirituali cap.* 142. Abbas Alexander dixit fratri acediâ victo, si in cella tua sollicitè cogitares regnum cælorum, & cruciatum æternum, acediâ non sentires.
Idem cap. 141. Ideo ciniphes patior, vt immortalem effugiam vermem, sic & æstum patior æternum metuens ignem.

[b] *Baronius tomo* 9. *Anno Christi* 814. *ex Thegano.* Septimo die postquam laborare cœpit, iussit familiarissimum Pontificem suum Hiltibaldum venire ad se, vt ei sacramenta Dominici corporis & sanguinis tribueret, vt exitum suum confirmaret. Quo facto, laborauit in infirmitate diem illum & noctem sequentem. In crastinum verò, luce adueniente, sciés quod facturus erat, extensâ manu dextrâ, virtute qua poterat signum sanctæ Crucis, fronti imprimens & super pectus, & omne corpus consignauit. Nouissimè autem colligens pedes suos, extendens brachia & manus super corpus, clausit oculos, psallens hunc versum leniter. In manus tuas commendo spi-

Chapitre III. Section VII. 771

faueur qu'apres auoir receu les diuins sacremens de l'Eucharistie, & de l'Extreme-onction, imprimant sur son front le signe de la Croix, & sur toutes les autres parties principales de son corps; puis estendant ses bras sur son corps, & reserrans ses pieds, comme il se lit du Patriarche Iacob, il ferma ses yeux, & chantant doucement ce verset, *In manus tuas commendo spiritum meum*, son ame quitta ses prisons mortelles, pour iouyr à iamais des bien-heureuses franchises du Ciel. On l'enterra auec son cilice, & sa panetiere de Pelerin qu'il portoit allant à Rome. Sa mort fut regrettée de tout le monde, voire mesme les peuples Gentils en déploroient la perte comme de celle du Pere de l'Vniuers.

APRES son trespas, il apprit combien ses austeritez & ses aumosnes luy estoient auantageuses. Car si ce que rapportent les [a] Histories est veritable, Charlemagne & l'Archeuesque Turpin son principal amy & Conseiller, s'estans promis mutuellement que le premier qui partiroit de ce monde le feroit sçauoir à l'autre, auec le bon plaisir de celuy qui iuge les viuans & les morts. Turpin Archeuesque de Rheims, que Nicoles Gille, nommé Sainct & prud'homme, asseure qu'estant à Vienne à l'heure du decez de Charlemagne, comme il commençoit son office, vne troupe de démons passerent deuant luy auec grád tumulte, & les ayant coniuré d'exposer le sujet de leur course; ils respondirent qu'ils alloient à Aix la Chapelle au trespas de Charlemagne qui estoit

rinum meum. Statim post hæc in senectute bona plenus dierum perrexit in pace, &c.

Monachus Egolismensis in vita Caroli Magni, à Pithœo edita. Cilicium ad carnem eius positum est, quo secreto semper induebatur, & super vestimentis Imperialibus pera peregrinalis aurea posita est, quam Romam portare solitus erat. Etiã inter Paganos plangebatur. quasi pater orbis. Oleo autem sancto inunctus ab Episcopis, & viatico sumpto, & omnibus suis dispositis, cõmendãs Domino spiritum suum, obijt in pace anno octingentesimo quarto decimo.

XXXIV.
Charlemagne est sauué par ses bonnes œuures.
[a] *Nicoles Gille in vita Caroli Magni ex Turpino Archiepiscopo Rhemensi.*

Fffff 2 aux

aux abois de la mort. L'Archeuefque leur ayant commandé de repaſſer par là, auoit à peine paracheué ſon office que les démons retournerent tous triſtes & depitez de n'auoir rien gagné en la mort de Charlemagne, s'écrians: l'Empereur eſtoit à nous, mais il eſt là venu vn Gallicien ſans teſte, qui a tant mis de bois & de pierres en la balance de la Iuſtice diuine, qu'elles ont emporté le poids de tous ſes vices: tellement qu'il nous a fallu quitter la priſe aux Anges qui ont conduit ſon ame dedans le Ciel. Cet Archeuefque ſe douta auſſi-toſt que le Gallicien ſans teſte eſtoit Sainct Iacques, & que ces bois, & ces pierres eſtoient les Egliſes que ce pieux Empereur auoit fait baſtir en l'honneur de S. Iacques, comme celle de Compoſtelle, & pluſieurs autres en diuerſes Prouinces de la Chreſtienté. Tant il eſt veritable, [b] Qu'il faut que tes mains accompliſſent ſans delay tout ce qu'elles peuuent executer de bon: d'autant que ny les œuures, ny les raiſons humaines, ny toute la ſageſſe & la doctrine du monde ne te ſeruiront de rien aux Enfers, où tu iras au galop, ſi tu n'y prends garde.

[b] *Eccleſiaſtes cap.* 10. Quodcúnque facere poteſt manus tua, inſtanter operare: quia nec opus, nec ratio, nec ſapientia, nec ſcientia erunt apud inferos, quò tu properas.

SECTION VIII.

La souueraine Prudence de Louys le Debonnaire, & des autres Monarques François.

O N prend d'ordinaire mauuais augure pour la santé des Princes, quād il arriue quelque Eclipse parmy les Astres, ᵃ ainsi que l'an 1560. s'estant formé vn deffaut du Soleil le 21. du mois d'Aoust, François II. le paya bien cherement: car le 5. de Decembre de la mesme année il laissa la vie. Charles IX. luy ayant succedé & l'année ensuiuante, la Lune s'estant eclipsée le 15. de Iuillet, il prit pour deuise *Inter Eclipses orior*; voulant signifier que sa Royauté ne seroit pas heureuse, ny de longue durée, comme aussi l'euenement le monstra. ᵃ Louys donc le Debonnaire receut pour vn presage funeste à ses iours la longue Eclipse de Soleil qui arriua le Mercredy 6. iour de May, enuiron vne heure apres midy. Ce qui l'occasionna de se faire porter dans vne Isle voisine de Mayence, où il ne voulut plus estre entretenu d'autres discours que de la beatitude. Ceux qui côuersoient auec luy estoient des Prelats fort sages: entre autres, Hethius Archeuesque de Treues, Oger Archeuesque de Mayence, & Drogon son frere Euesque de Metz, & Maistre de sa Chapelle, qui luy administra le Sacrement de Confession, & de l'Autel durant quarante iours, sans pren

---

XXXV. *La preuoyāce de l'Empereur Louys le Debōnaire à bien mourir.*

a *Baronius tomo 9. Anno Christi* 840. Quo in tempore deliquium solis cōtigit tertia die Litaniæ maioris insolito modo: in tantum enim lucis recessu tenebræ præualuerunt, vt nihil à noctis veritate differre videretur. *& paulo post.* Quod prodigium licet naturæ adscribatur, tamen lamentabili exitu consummatum est, &c.

b *Baronius tomo 9. Anno* 840. Sed & Drogo frater Domini Imperatoris Metensis Episcopus, nec non sacri palatij Archicapellanus; quem quanto sibi propinquiorem nouerat, tanto ei familiarius sua omnia, & semet credebat. Per eundem quotidie confessionis mundus, sacrificium spiritus contribulati, & cordis humiliati, quod Deus non despicit, offerebat. Cibus eius erat solummodo per dies quadraginta Dominicum Corpus, laudante eo iustitiam Dei, & dicente : iustus es Domine: ac quia Quadragesimæ tempus non ieiunans e- rexi, saltem coactus, idē:

prendre autre nourriture que ce diuin Pain des Anges, qui est la viande des forts. Quoy qu'il eust receu des mécōtentemens nompareils de ses enfans, & particulierement de Louys, toutesfois il leur pardonna de bon cœur, se ressouuenant qu'il nous faut embrasser nos plus cruels ennemis, si nous voulōs que Dieu nous ayme.ᶜ Aux dernieres heures de sa vie, la parole luy manquant, mais non pas le Iugement, il joignit le poulce à ses doigts, qui estoit signe qu'il appelloit son frere, ne pouuant pas commodément parler, Drogon s'approchant pour luy prendre la main, l'Empereur en begayant, luy demanda sa benediction, & les prieres qui accompagnent les mourans. Pendant que ce charitable frere recitoit les suffrages ordinaires de l'Eglise, Louys le Debonnaire tournant le visage à gauche se prit à crier auec vne extreme frayeur, Huz, huz, c'est à dire, en vieux Gaulois, dehors, dehors; chacun coniectura aisément que l'horreur du démon qui se presentoit à luy, causoit ces cris: mais ils ne durerent pas long temps: car leuant tost apres les yeux au Ciel, il monstra vne face toute riante, & auec cette contenance, rendit l'ame à son Createur le 20. iour de Iuin de l'an 840. Si les démons osent se presenter aux plus Religieux Empereurs en cette derniere heure, s'ils ne s'oublient point de comparoistre deuant les plus Saincts Anachoretes, comme Stephanus, faiseur de miracles, luy reprochant iusques aux moindres imperfections de sa vie; quelle batterie ne dresseront-ils contre les moins

ieiunium tibi exoluam. Idem ibidem. Verebantur enim ne fortè filio Ludouico implacabilis esse vellet, &c. Fisi tamen de eius inuicta patientia qua semper vsus est, per Drogonem fratrem eius, cuius verba spernere nolebat, animum eius leniter pulsant, & paulo post sic Imperator. Ego quod meum est ago, vobis testibus & Deo, omnia quæ in me peccauit, illi remitto.

c *Idem ibidem.* Instante autem eius migrationis articulo, iuncto pollice cum articulis (hoc enim facere consueuerat si quando fratrem nutu vocabat) Drogonem accersiuit. Quo veniente & reliquis sacerdotibus verbis quibus potuit, & nutibus se commendans, benedici petiuit., & quæ solent agi in egressu animæ, fieri postulauit. Quibus id agentibus (sicut plures mihi retulerunt) conuersa facie in sinistrā partem, indignando quodammodò, virtute quanta potuit, dixit bis Huz, Huz, quod significat foras, foras. Vade pater, quia malignum spiritum vidit, cuius societatem nec viuus, nec moriens habere voluit. At verò elatis ad cœlum oculis, quanto huc minatius intuebatur, tanto lætius intendebat, ita vt nihil à ridente differre videretur. *Hæc ex auctore vitæ Imperatoris Lud.* P.

Chapitre III. Section VIII. 775

moins vertueux. Et neantmoins, nous n'apprehédons pas ces derniers ennemis de nostre felicité.

Il semble que ᵃ l'Empereur Lothaire, fils aisné de Louys, apprehenda sagement cette verité, auant que de mourir, puis qu'il imita la prudence des Crocodyles d'Egypte, qui preuoyans le débordement du Nil trente iours auparauant, emportent leurs œufs aux lieux plus inaccessibles de la contrée, afin de ne pas perdre tout à coup ce qu'ils ont conceu auec peine. Car se ressouuenant du peu de respect dont il auoit vsé à l'endroit de son Pere, & preuoyant les fortes accusations que Sathan feroit contre son bon-heur eternel, à raison de cette faute, il prit iour, & lieu pour y respondre, & se retirant au Monastere de Prom., il y finit ses iours auec toutes les marques de repentance qu'on peut exiger du plus scelerat de la terre. Plusieurs qui ne sont pas tant engagez dans le monde que cet Empereur en feroiét pour le moins autant, s'ils écoutoient l'Abbé Ammonius, qui leur dit : *Pense que tu es criminel dans quelque prison, & dis à toy-mesme ; malheur à moy, comme comparoistray-ie deuant le tribunal de* IESVS-CHRIST, *comme pourray-ie rendre raison de toutes mes œuures ? Si tu medites souuent cela tu pourras estre sauué.*

XXXVI.
L'Empereur Lothaire apprehende sagemēt les dernieres fins de l'homme.
a *Scipion Dupleix in Carolo Caluo.*

Il semble que Louys VI. dit le Gros apprehendoit auec raison ce dernier conte, à ce que rapporte ᵃ l'Abbé Suger, qui témoigne de luy, qu'ayant esté saisi d'vn excessif flus de vētre au retour de la conqueste du Chasteau de sainct Bris sur Loyre, il desira aussi-tost d'estre porté aupres des Reliques

XXXVII.
Louys sixiéme preuoit sagement à sa derniere fin.
a *Sugerius Abbas sancti Dionysii in vita Ludouici Grossi R.* Qui vt erat in consilijs prouidus sibi ipsi consulens, & miseratus animæ suæ, Deo pla-

Reliques de sainct Denys, & de ses autres Compagnons Martyrs, afin que là se despouillant de sa pourpre royale, il se pûst reuestir de l'habit des Religieux de S. Benoist, & changer son riche diademe en vne couronne Monachale; tant les pensées de la mort sont differentes de celles de la vie, & ses aduis les plus salutaires de tous. Cependant tous les artifices des Medecins ne peuuent arrester le cours de cette diarrhée, & les cōseils d'Hypocrate manquans, on a recours à ceux du Ciel, qui estans tousiours en l'ordre du monde les derniers, ne laissét pas que d'estre tousiours les meilleurs. Sa Majesté en presence d'vn grand nombre de Religieux, d'Euesques, & d'Abbez, se confessa, receut le sainct Sacrement de l'Autel. Mais ce qui donna de l'estonnemét aux hommes, & de la ioye aux Anges, ce fut qu'à l'arriuée de son Createur & Sauueur, quoy que tout épuisé de sang & de force, il se leua courageusement, & prenant sa robbe de Chambre, alla au deuant de celuy qui fait marcher les foibles, & qui ressuscite les morts. S'estant humblement presenté deuant ce Roy de gloire, en presence de tous, il se démit de son Royaume temporel, pour commencer à prendre possession de l'Empire perdurable; il detesta auec beaucoup de regret tous les manquemens de sa vie, & en remettant son Royaume entre les mains de son fils, auec l'anneau qu'il luy mit au doigt, il l'exhorta d'épouser auec la couronne, la cause de l'Eglise, des pauures, des orphelins, & de la Iustice. Apres tous ces deuots discours

cens, frequentare Confessioné & orationum sibi deuotioné prouidebat, hoc vnum toto animi affectu præoptās apud sanctos Martyres protectores suos Dionysium sociósque eius se quomodocunque deferri, & ante sacratissima eorum corpora regni, & coronæ depositione coronam pro corona, pro regalibus insignibus, & imperialibus ornamentis humilem B. Benedicti habitnm commutādo monasticum ordinem profiteri videant.

Chapitre III. Section VIII.

discours il fit distribuer aux Eglises, & aux pauures tout son or & son argent, sa vaisselle, & ses hardes iusques à sa chemisette: puis courbant les genoux en terre il fit cette remarquable & sacrée profession de foy, digne d'estre prononcée de tous les Chrestiens à l'heure de la mort.

Ie *miserable pecheur Louys, confesse vn vray, & vn seul Dieu, le Pere, le Fils, & le S. Esprit, & qu'vne de ces trois personnes, à sçauoir, le Fils consubstantiel, & coëternel au Pere, s'est incarné au ventre de la tressaincte Vierge Marie, qu'il a souffert plusieurs douleurs, & enduré la mort, qu'il a esté enseuely, & a repris la vie au troisiéme iour; qu'il est monté au Ciel, qu'il est assis à la dextre de son Pere, & qu'au dernier & general Iugement, il iugera les viuans, & les morts. Ie confesse pareillement qu'en l'Eucharistie est le mesme corps qui a esté formé dans les chastes flancs de la B. Vierge, & qu'il a donné à ses disciples pour les allier ensemble, & pour demeurer inseparablement auec eux. Ie confesse aussi que ce sang sacré est le mesme qui coula du sacré costé de Nostre Seigneur, estant attaché à l'arbre de la Croix. Ie crois, & professe tout cecy, non seulement de bouche, mais encore de cœur, & ie desire d'estre muny en mon trépas de cet asseuré viatique contre toutes les puissances aëriennes.* Ayant receu son Createur, il fit voir euidemment que la Toute-puissance s'estoit incorporée en luy: car se leuant sur ses pieds, comme s'il eust ioüy d'vne pleine santé, il s'en retourna en sa chambre, & ayant rejetté toutes ses couches pompeuses, il se contenta d'vn simple matelat de toile; tant la vanité est desagreable à ceux qui

XXXXVIII
Profession de foy de Louys VI.
a *Sugerius in vita Ludouici Grossi R.* Ego peccator Ludouicus confiteor vnum & verū Deum Patrem, & Filium, & Spiritum sanctum, vnam ex hac S. Trinitate personam, videlicet vnigenitum & consubstantialem & coæternum Dei Patris Filium de sacratissima Maria Virgine incarnatum, passum, mortuum, & sepultum, tertia die resurrexisse, cœlos ascendisse ad dextram Dei Patris consedere, viuos & mortuos extremo & magno indicio iudicare. Hanc autem sacratissimi corporis eius Eucharistiam, illud idem credimus corpus quod assumptum est de Virgine, quod discipulis ad conferendū, & vniendum, & in se cōmanendum contradidit. Hunc sacratissimum sanguinem, illum eundem qui de latere eius in Cruce pendentis defluxit, & firmissimè credimus, & ore, & corde confitemur: hoc securissimo viatico decessum nostrum muniri & contra omnem aëream potestatem certissima protectione defendi peroptamus.

qui sont desia logez aux Faux-bourgs du Ciel. Tellement, dit l'Abbé Suger, *qu'admirant tout cecy, & voyant ce Roy qui autrefois estoit si somptueux, & si magnifique, estre deuenu si vil à soy, & si petit aux yeux des hommes, ie ne pû retenir mes larmes ; dequoy s'estant pris garde, il me dit, Ne plorez point, mon cher amy, mais resioüissez vous plustost de mon bon-heur, puis que l'infinie misericorde m'a fait auiourd'huy cette faueur que d'auoir pû aller au deuant de mon Dieu, & de le receuoir auant que de partir de ce monde.* Que direz-vous, amy Lecteur, si ce deuot Monarque ne mourut pas encore pour cette fois ? Et si, ô grande merueille du Ciel, ce pain de vie luy prolongea ses iours, iusques à ce qu'il eut veu son fils marié auec Alienor fille de Guillaume Duc d'Aquitaine ? Mais comme c'est vn arrest prononcé dés la premiere faute d'Adam, qu'il faut mourir ; le pieux Roy retournant de Poictiers fut repris de sa dyssenterie, & luy qui n'auoit point encore renuoyé ses bonnes pensées de la mort, fut bien tost prest à ce dernier voyage. [b] Estienne Euesque de Paris, & Gilduin Abbé de S. Victor ses ordinaires Peres spirituels, le fortifierēt aussi tost des diuins Sacremens : mais il ne donna point de tréue à son esprit, ni à tous ceux de sa suite, qu'ils ne l'eussent porté en l'Eglise de S. Denys, pour là mettre fin à ses vœux, & à sa vie. Entrant en cette Eglise, il sembloit qu'il auoit desia mis vn pied dans le Paradis, & comme s'il eust receu des patentes du Ciel pour son depart de la terre, il fit estendre vn tapis, & le couurir de cendre en forme de Croix ;

b *Sugerius in vita Ludouici Grossi R. Præcipiens ergo tapetum terræ, & cineres tapeto in modum Crucis deponi, ibidem manibus suorum depositus, signo sanctæ Crucis præsentiam suam muniens 30. regni administrationis, ætatis verò ferè 60. anno kal. Augusti spiritum emisit.*

puis

Chapitre III. Section VIII. 779

puis s'estant couché sur ce beau lict d'honneur, plus odoriferant que le bucher aromatique du Phenix, apres s'estre muni du signe de la Croix, il rendit son ame à celuy qui en estoit l'autheur, & qui l'auoit racheté si cherement sur le bucher de la Croix. Cela n'est pas mourir en Roy, mais en Apostre ; ce n'est pas la Louys VI. mais vn autre S. Pierre, ou vn S. André expirant sur la Croix. C'est en vn mot triompher de la mort, & du monde, & mourir glorieusement auec l'autheur de la vie. O sage mille fois le Chrestien qui pensera tous les iours serieusement à cette derniere heure ; il se la rendra par ce moyen la plus heureuse de toutes les autres de sa vie!

ENTRE les derniers Roys qui ont apprehendé sagement le dernier tribunal de cette vie, François premier a esté des premiers, & des plus soigneux à se le rendre fauorable. Ce pieux Roy ressentant des douleurs non accoustumées de son vlcere au Chasteau de Ramboüillet, & estant de surcroit trauaillé d'vne ardante fiéure ; le vingt-cinquiéme de Mars apres auoir assisté au sainct sacrifice de la Messe, il fit vne reueuë generale de toute sa vie passée, & repara par le Sacrement de Penitence toutes les negligences suruenuës en ses Confessions precedentes Mais qui pourroit dignement representer les larmes & les souspirs qui sortirent de ses yeux, & de sa bouche en mangeant le Nectar sacré qui donne à nos ames l'immortalité bien-heureuse ? Quelles paroles égaleront ses sentimens diuins, receuant la

XXXIX.
François premier se prepare soigneusement à bien mourir.

Ggggg 2 saincte

saincte-Onction qui nous rend comme des inuincibles Athletes en cette derniere luicte? Ce sage Monarque ne se contenta pas de cela, pour asseurer son ame de la iouyssance du souuerain bien des hommes. Il fit vne publique professiō de foy, detestant hautement toute autre creance que celle de l'Eglise Romaine; en quoy sa prudence seconda sa pieté auec beaucoup de profit pour le salut de ses subjects. Car comme les Lutheriens auoient bandez tous les nerfs de Sathan à le retirer du bercail du souuerain Pasteur, il voulut témoigner en ces dernieres heures, qu'il estoit tel en sa mort, qu'il auoit esté toute sa vie. Pendant sa maladie, il ne voulut point entendre d'autres propos que de la beatitude eternelle; aussi sont-ils les plus de mise pour l'accomplissement de ce pelerinage mortel. Si on l'eust entendu discourir on eust creu que le Publicain de l'Euangile, ou le bon Larron qui vola le Paradis estoient ressuscitez.

XL.
Remoustrance du Roy François premier à son fils Henry.

APRES tous ces diuins discours, il s'addressa à Monsieur le Dauphin Henry son fils, & luy remettant sa courōne, l'exhorta à l'amour de Dieu sur toutes choses, & à la protection de l'honneur de l'Eglise Catholique, qu'il voyoit estre attaquée par la violēce des nouueaux beliers de l'Enfer. Mais d'autāt qu'apres Dieu, l'honneur du prochain tient le premier rang dans le deuoir de pieté, il luy recommanda affectueusement d'aymer ses subiects, de se maintenir en bonne intelligence auec les Princes du sang, & en l'amitié de

toute

Chapitre III. Section VIII.

toute la Noblesse, d'où dépendoit le bon-heur de la France. *Mon fils, disoit-il, sans la Iustice iamais aucun Royaume ne fleurit ny subsista: souuenez-vous que vous en estes l'Econome, & la distribuez à tous fidelement. Ie remets desormais le tout à vostre conscience, & prend Dieu à témoin, deuant qui ie vay rendre conte de toute ma vie, comme ie vous ay coniuré auec toute l'authorité que la Nature & le Ciel ont donné aux peres sur leurs enfans, que vous suiuiez la voye de Iustice, & ne vous en departiez iamais pour aucune consideration.* Le bon Maistre n'oublie point ses bós seruiteurs, & en sa vie, & en sa mort. C'est pourquoy sa Majesté recommanda à son fils entre autres bons seruiteurs, l'Admiral d'Annebault, le Seigneur de Grignan Gouuerneur du Languedoc, le Seigneur de Longueual, le Capitaine Paulin, & le Secretaire Bayard. Ayant baisé pour la derniere fois son fils, il luy donna sa benediction, le priant de se souuenir de luy en ses deuotions, & de conseruer en son cœur la remonstrance qu'il luy auoit faicte. Qu'au surplus, il ne se souuenoit point d'auoir exercé aucune iniustice, ou sollicité quelcun à l'entreprendre, demandant pardon à tous ses domestiques, si d'auanture il les auoit offencés, & leur disant adieu, il embrassa de rechef son fils, & luy dóna sa derniere benediction. Finalemement prenant la Croix en main, comme la clef du Paradis, se réjoüissant d'aller voir Dieu, l'vnique obiect de sa felicité, son ame, comme le cerf alteré, s'enuola au sejour des Bien-heureux, pour ioüir à iamais des delices du Ciel.

Ggggg 3 O LA

XLI.
Que la vraye sagesse est de se bien preparer à la mort.

a *Sophonius, vel potius Ioannes Moscus in prato Spirituali cap. 156.* Eloquentiæ studiosi estis, non veri Philosophi. Quandiu enim loqui discitis, quasi loqui nesciatis? Sit ergo Philosophiæ vestræ opus semper meditari mortem, silentióque & quieti vos assuefacite.

b *Abbas Elias*; Ego tres res timeo primò. Quando est egressura anima mea de corpore, secundò quando occursurus sum Deo; tertiò quando aduersum me proferenda est sententia.

c *In vitis Patrum lib. 5. titulo de Compunctione.* Theophilactus Archiepiscopus moriturus dixit: Beatus es Abba Arseni, quia semper hanc horam ob oculos habuisti.

d *Ibidem de sobrietate.*

O LA diuine Philosophie que la soigneuse preparation à la mort! Vn sainct Vieillard dans Sophronius, ayant esté requis de deux personnages de mettre en auant quelques salutaires discours, il leur repliqua: *Vous estes des Rhetoriciens amateurs du bien dire, & non pas des Philosophes. Iusques à quand apprendrés-vous à parler, comme si vous estiez des enfans? Faites desormais que le but de toute vostre sagesse soit la meditation de la mort, & vous accoustumez au silence & au repos de l'esprit.* Et sans mentir, si la Prudence humaine s'employe si viuement à fuir les malheurs de cette courte vie, pourquoy est-ce que la sagesse Chrestienne ne se trauaillera pas à preuoir les esclandres d'vne eternité malheureuse? Si le criminel se prepare long-temps à respondre à son Iuge, pourquoy est-ce que le pecheur, coupable de la mort eternelle, ne pensera pas souuent au moyen de satisfaire à ce souuerain & inflexible President? L'Abbé Elias auoit accoustumé de dire, b *qu'il redoutoit trois choses, la premiere estoit, le depart de son ame hors de son corps la seconde, la rencontre de Dieu; & la troisiéme l'arrest final qui se prononcera contre sa vie.* L'Archeuesque Theophile estant au lict de la mort, s'écria de toutes ses forces: c *O que vous estes heureux, Abbé Arsenius, d'auoir tousiours presenté à vos yeux l'image de cette derniere heure de la vie.* L'Abbé d Agathon demeura trois iours entiers muet auāt sa mort, ayant tousiours les yeux ouuerts. Les Religieux qui l'assistoient l'incitant à prononcer quelques paroles, & luy disant, où estes-vous, nostre

Chapitre III. Section VIII. 783

noſtre bon pere? En fin il repartit: Ie ſuis deuant la face de mon dernier Iuge, i'aſſiſte au Iugement diuin. Et quoy, diſoient ces bons Religieux, que craignez-vous? ce que ie crains, repliqua-t'il: i'ay trauaillé autant qu'il m'a eſté poſſible pour accomplir les Commandemens de mon Dieu; mais ie ſuis homme, & ie ne ſçay pas ſi mes œuures auront eſté agreables deuant Dieu. Les Religieux reſpondirent là deſſus: Vous n'auez aucun ſujet de craindre: car vos actions & toute voſtre vie a eſté plaiſante à Dieu. Que dites-vous là, repartit le ſainct Vieillard, ie n'oſe rien preſumer: car autres ſont les iugemens des hommes, & autres les arreſts de Dieu. Il eſt veritable que le Ciel n'eſt pas plus eſloigné de la terre, que les Iugemens de Dieu ſont des opinions humaines, & partāt celuy-là eſt tres-ſage qui penſe ſouuent à cette derniere heure, comme la plus prochaine de ſa vie; & qui n'oubliera ce dernier Iugement, diſoit ᵈ l'Abbé Euagrius, conſeruera ſon ame ſans offenſe. Mais helas! combien ſe retrouuent d'hommes, & qui pis eſt, de Chreſtiens, qui paſſent les iours, les ſepmaines, les moys, & les années, ſans ietter vn ſeul regard ſur ce miroüer des ſages Philoſophes? ᵉ *Peuples ſans conſeil, & ſans prudence*, crioit Moyſe, *à la mienne volonté qu'ils fuſſent ſages, & preueuſſent les derniers iours de leur vie. Le Seigneur iugera ſon peuple, & il vſera de miſericorde à l'endroit de ſes ſeruiteurs*. Que n'auons-nous cette penſée bien attachée à tous nos deſſeins, ſans mentir le Createur ne manqueroit point de verſer dedans nos ames

ᵈ *Euagrius Abbas in vitis Patrum libro quinto cap. vndecimo De ſobrietate, dixit.* Memor eſto ſemper exitus tui, & non obliuiſcaris æterni iudicij, & non exit delictum in anima tua.

ᵉ *Deuteronomij cap.* 32. Gens abſque conſilio eſt & ſine prudentia. Vtinam ſaperent, & intelligerent, ac nouiſſima prouiderēt. Iudicabit Dominus populum ſuum, & in ſeruis ſuis miſerebitur.

les

les roses de ses faueurs plus diuines, nous germerions en bonnes œuures, comme le Lys, & apres le sejour de cette vie la sagesse increée eleueroit nostre gloire auec celle d'Israël, à l'égal des plus hautes Palmes du celeste Liban: *Ero quasi ros, Israël germinabit sicut lilium, & erumpet radix eius vt Libani.*

CHAPITRE TROISIEME.

La Prudence de Sainct Louys.

SECTION PREMIERE.

La Prudence du Roy sainct Louys au gouuernement de son Estat.

XLII.
La Prudence doit estre essentielle aux Princes.
a *Plato in Protagora.* Πρῶτον μὲν τὰ ὦ μακάρων τῶν μεγάλων σπουδῆς, μεγίστης φρονήσεως μετέχειν. Conuenit, ô bone vir, vt is qui maximas res regit, plurima sit prudentia præditus.

SI le ^a Roy doit surmonter ses subiects en quelque loüable qualité, c'est singulierement en la vertu de Prudence, le Phanal des Princes, la Gouuernante des Estats, & la Gardienne des couronnes: Car la Prudence estant vne habitude accompagnée de raison, qui s'entremet dans les affaires vtiles & dommageables à la felicité de l'homme; ou comme parlent nos Docteurs, vne connoissance à bien conseiller, iuger & ordonner tout ce qui peut contribuer à la bonne fin de la vie humaine:

b *Aristoteles lib. 1. Rhetoric.* Prudentia est mentis virtus, qua de bonis ac malis, quæ ad fœlicitatem pertinent, bene possumus consulere.

^b il est tout clair, que si la nature, & la bonne education n'a donné au Prince de grands auantages de Prudence sur le reste des hommes, la gloire

Chapitre IV. Section I.

gloire de sa personne s'obscurcira bien tost, & iettera des extremes confusions dans son Royaume. Que le Souuerain soit riche en paix, qu'il soit puissant en guerre, cela est commun aux tyrans, aussi bien qu'aux bons Princes ; mais d'estre sage, d'estre intelligent, d'estre accort, & docile : c'est du seul ressort d'vn braue Roy, & d'vn Roy qui regnera heureusement parmy son peuple.

Sanctus Thomas 1.2.q 47. art. 13. Prudentia vera & perfecta est qua conciliamus, iudicamus, & præcipimus quæ ad bonum finem totius vitæ humanæ pertinent.

NOSTRE Sage & incomparable Monarque Sainct Louys a esté tel, n'ayant pas seulement aduisé à la souueraine fin de l'homme, dont la saincteté nous donne de suffisantes preuues, mais encore estant allé audeuant de tous les desastres qui pouuoient assaillir son Estat. Il n'en faut point d'autre témoin que le S. Pontife Boniface VIII. qui met en auant ces riches propos au Sermon qu'il recita au iour de sa canonization. ᵃ *Le Roy Sainct Louys a esté vn veritable Roy, d'autant qu'il se gouuernoit, & ses subiects auec toute verité, toute iustice & saincteté. Il exerçoit vn sainct empire sur soy, rendant sa chair souple à l'esprit, & tous les mouuemens sensuels rangez aux bransles de la raison. Il regissoit bien ses subiects, leur conseruant la Iustice : & sa Prudence ne reluisoit pas moins au gouuernement des Eglises, & en la conseruation de leurs Priuileges : mais qui par effect ne gouuerne pas bien son peuple ne merite aussi de porter le tiltre de Roy.* Nous deuons apprendre de cet Oracle combien heureusemét il s'acquittoit du gouuernement de la France, non seulement en ce qui regardoit l'Estat public des affaires qu'on appelle en terme de science, Prudence Poliarchique ; mais enco

XLIII.
La Prudence politique du Roy S. Louys.

ᵃ *Bonifacius octauus in sermone de Canonizatione S. Ludouici Regis. Iste vero rex fuit in veritate, quia seipsum, & subditos vere, & iuste, & sancte regebat. Seipsum enim rexit, quia carnem subiecit spiritui, & omnes motus sensualitatis rationi. Item subditos bene regebat, quia omni iustitia, & æquitate ipsos custodiebat, rexit etiam Ecclesias, & libertates Ecclesiæ illæsas conseruabat, sed qui de facto bene non regunt veré Reges non sunt.*

Robertus Gaguinus ordinis sanctæ Trinitatis generalis magister, libro septimo de gestis Francorum.

Hhhhh

encore en ce qui touchoit le gouuernement priué, qui se nomme Prudence henarchique de sa Royalle personne. Et pour parler de celle-là, il en donna de rares preuues dés l'entrée de son regne. Car les Princes du Sang n'ayant pû souffrir que la Reyne Blanche, mere de nostre jeune Roy, Espagnole de nation, emportast sur eux la dignité de Regente, ils firent bien-tost connoistre par le sousleuement de leurs armes, les mouuemens de leur ambition, qui ne pouuoit digerer cette pilulle, quoy que dorée des plus iustes raisons du monde. Tellement que des armes les voilà aux allarmes, resolus de donner matiere d'apprentissage à ce jeune Roy, aussi bien qu'à sa Mere. Mais la prudence du fils digne de celle de la mere les desünit bien-tost, & les dissipa encore plus viste, comme il sera dit ailleurs. Apres que ce jeune Roy, vieil en Prudence, eut accordé tous ces orages, il iugea à propos de se faire voir par tout son Royaume : mais comme ceux qui portét des Lys, laissent apres eux vne suaue odeur ; ainsi nostre Sainct Roy exhala des parfums de sagesse si odoriferans, qu'on ne pouuoit assez admirer les dignes reglemens qu'il faisoit par les villes qu'il visita en ce voyage.

XLIV.
Le Roy S. Louys dissipe par sa Prudence les efforts du Comte de la Marche.
a *Paulus Æmilius lib. 9. de rebus gestis Francorum.* Iam maturus rebus administrandis Rex, iam inde à pueritia sanctus, & in

ENTRE AVTRES mauuaises affaires qu'il débrouilla alors, fut celle de son frere Alphonse : car ayant erigé le pays de Poictou en Comté, & en ayant donné à son frere ᵃ Alphonse la jouyssance, voila le Comte de la Marche, & particulierement sa femme Isabeau, mere du Roy d'Angleterre,

jadis

jadis femme du Roy Iean, qui s'effarant sur cette nouuelle dignité d'Alphonse, n'en voulut point reconnoistre l'authorité, quoy que la Marche fust enclose dans le Poictou. L'on vient aux armes, le Roy d'Angleterre espouse le party du Comte, autant en fait le Comte de Lusignan. Cette boutade eut vn commencement si soudain, & si furieux, qu'elle faillit à surprédre le Roy à Saumur: mais sa sagesse fut plus forte que la folie d'vne femme, & Dieu qui humilie les hautains apprit à tous ces Seigneurs qu'il ne se faut point laisser coiffer par la presomption d'vne femme autant ridicule en sa colere qu'impuissante en son ambition.

primis suorum amantissimus Alphonsum fratrem suum Ducem Pictonum creat: ac in eius verba illius præfecturæ proceres iureiurando adigi iubet, vxor Hugonis Comitis Marchiæ quod mater Regis esset, ac Regis vxor excitisset, ac marito Comite, Regina tamē salutaretur, deterrebat virum, ne Regis vitricus Alphonso Duci se sacramento deuinciret, à se Ioannem Alphonsi vxorem non adoratum iri. Simul Gotthofredū Lusinianum spiritibus impleuerat, eum habuisse fratres Reges Hierosolymorum, Cyprique indignum Regiæ Lusignanorum familiæ ab Alphonso Duce iura petere, &c.

Puis que l'Oliuier estoit jadis consacré à la Deesse Minerue, pour signifier que les fruicts de la Prudence estoient la paix & la concorde; i'apprends de là que nostre sainct Roy a esté notablement prudent, ayant planté cet arbre de paix parmy les plus espineuses affaires du monde. Témoin la paix qu'il moyenna entre Beranger Seigneur de la Prouence, & Raymond Comte de Prouence, à la requeste des Prouençaux mécontans de Beranger, homme brusque & cruel: mais comme ils estoient sur le poinct d'vn grand grabuge, la discretion admirable de nostre S. Roy dissipa tous ces orages, & fit rayonner par tout vne amiable concorde. Ce furent de remarquables preuues de sa prudence, quand apres le decez de Raymond il pacifia les Prouençaux par le Mariage qu'il fit de son frere Charles Comte d'Anjou,

XLV.
La Prudence de Sainct Louys paroit à pacifier les Princes en leurs differens.

jou, auec Beatrix, fille de leur Comte ; dequoy le peuple demeura fort satisfaict, comme aussi ses freres, Alphonse Comte de Tholouse & de Poictou, Charles Comte de Prouence, & Robert Comte d'Artois. Ie rapporteray ailleurs plusieurs autres traictez de paix que nostre sage Monarque a moyenné entre les Empereurs & les Papes, entre les Roys & les autres Princes de la terre, qui nous doiuent faire sentir la bonne odeur de sa Prudence : mais c'estoit le Royaume de France qui experimentoit tous le iours le baume de sa sagesse, en recueillant les fruicts d'vn repos nompareil de son admirable conduitte. Les saincts Documents qu'il a laissé à son fils aisné Philippe, pour la conduite de sa personne, & de tout son Royaume : & ceux qu'il donna à Madame Yzabeau sa fille Reyne de Nauarre, feront connoistre à tout le monde la suaue odeur d'vne celeste Philosophie; mais que dy-ie, Philosophie, d'vne Theologie toute diuine, qui ne peut partir que d'vne ame pleine de la sagesse des Saincts.

SECTION II.

Les Enseignemens que le Roy sainct Louys escriuit de sa main à Monsieur Philippe son fils.

Chi apres sunt escrit ly bon enseignement ke ly bons Roys S. LOVYS escrit de sa propre main à Cartage à Monsigneur PHELIPPON son fils.

CHIERS FIEVS, li premiere cose que iou t'ésigne, si est que tu mettes tout ten cuer en Dieu.

MON cher Fils, le premier aduis que ie vous donne, est que vous aymiez Dieu de tout vostre cœur : car sans la charité personne ne peut

Chapitre IV. Section I.

se sauuer. Gardez-vous de faire chose aucune qui luy déplaise, comme est le peché mortel: mais souffrez pluſtoſt tous les tourmens du monde que de l'offenser mortellement. Si Dieu vous fait reſſentir des aduersitez, supportez-les patiemment, considerant que vous les auez bien meritées, & qu'il les fera reüssir au proffit de voſtre ame. Que s'il vous comble de prosperitez, remerciez-le auec affection, de peur que l'orgueil saisissant voſtre cœur ne corrompe voſtre ame, n'eſtant pas raiſonnable d'offenſer Dieu auec ſes dons, & ſes faueurs. Confeſſez-vous ſouuent, & éliſez des Confeſſeurs pieux, & ſages, qui ſçachent vous enſeigner ce que vous deuez faire & vous inſtruire de ce que vous deuez fuyr. Comportez-vous en telle sorte que vos Confeſſeurs, & vos amis ayent l'aſſeurance de vous reprendre franchement. Aſſiſtez deuotement aux Saincts seruices de l'Egliſe, sans babiller, ni diſcourir, ni jetter la veuë çà & là: mais que voſtre cœur ſe conforme à vos léures, arreſtant entierement voſtre penſée en Dieu, & ſpecialement durant la ſaincte Meſſe, & apres la conſecration de l'Hoſtie. Ayez le cœur doux & pitoyable à l'endroit des paures, les conſolant, & aſſiſtant de tout voſtre pouuoir. S'il vous ſuruient quelque faſcherie, deſcouurez-la incontinant à voſtre Confeſſeur, où à quelque perſonne vertueuſe, & par ainſi vous la ſupporterez plus aiſément. Soyez autant ſoigneux d'auoir la compagnie des perſonnes vertueuſes, ſoient Religieuſes, ou ſeculieres, que vigilant à fuir celle des vicieux.

amer. Car ſans chou nus ne ſe puet ſauuer. Garde toy de faire toute coſe, qui deſplaire li puet; cheſt pechiez morrueus. Anchois deueroies ſoufrir toute maniere de tourment, Ke tu pechaiſſes mortelment. Se Diex t'enuoye aduerſité, ſuefre le en bone graſe, & en bone penſe, & penſe ke tu l'as bien deſerui, & ke il te tournera tout à ton preu. Se il t'enuoye proſperité, ſi l'en metchie hautement, ſi que tu n'en ſoies pas pire v par orgueil, v par autre maniere. Car on ne doit pas Dieu de ſes dons guerroijer. Conſeſſe toi ſouent, & eſlis Confeſſours preudommes & ſages, Ki te ſachent enſigner, ke tu dois faire, & dequoi tu te dois garder. Si te dois en tel maniere porter, & auoir, Ke tes Confeſſours & ti ami te oſechent ſeurement reprendre & moſtrer tes defautes. Le ſeruiche de ſainte Gliſe oes deuotement, ſans bourder & truſer, & ſans regarder chà & là. Mais prie Diu de bouche & de cuer en penſant à lui deuotemét. Et eſpecialement à la Meſſe à chele eure Ke li conſecrations eſt faite. Le cuer aies douch & pieux as poures, & à lor meſaiſes, & les conforté & aide ſelonc chou que tu porras. Se tu as aucune meſaiſe, di le tantoſt à ton Confeſſour, ou à aucun preudomme: ſi le porteras plus legieremét. Gardes que tu aies en ta compaignie tous preudommes, ſoiét religieux, ſoient ſeculiers, & ſouuent parole à eus; & fui

Hhhhh 3

vicieux. Escoutez volontiers les sermons tant en public qu'en particulier, & procurez d'obtenir plusieurs prieres, & indulgences. Aymez la vertu, & detestez le vice. Que nul ne soit si hardy que de lacher deuant vous vne parole de médisance, ou qui puisse donner quelque occasion de peché. Ne permettez point qu'on profere en vostre presence aucun blaspheme côtre Dieu, & ses Saincts, qu'aussi tost le chatiement ne s'en ensuiue. Rendez souuent graces à Dieu de tous les biens qu'il vous a faicts, à fin de vous rendre plus capable d'en receuoir de plus grands. Soyez exacte en iustice, & loyal à l'endroit de vos subiects, sans pancher plus à droicte qu'à gauche; mais soustenez tousiours equitablement la cause du plus pauure, iusques à ce que la verité soit entierement recognuë. Si quelqu'vn a des procés, ou forme des plaintes à l'encontre de vous, soyez tousiours pour luy, & contre vous mesmes, iusques à ce que vous soyez éclaircy de la verité: & ainsi vos Conseillers iugeront plus hardiment selon le droict, & la verité. Si vous retenez quelque chose d'autruy, ou vos Baillifs, restituez-le; & si c'est chose douteuse, informéz-vous promptement de la verité, par des personnes bien aduisées & vertueuses. Prenez soigneusement garde que ceux de vostre maison, & vos subiects viuent en paix & en bonne intelligence, particulierement les Religieux, & les personnes Ecclesiastiques. On raconte du Roy Philippe qu'vn iour vn de ses Conseillers luy dit, que l'Eglise luy faisoit beaucoup de tort

la compaignie des mauuais. Escoute volentiers les sermons, & en apert, & en priué: & pourcache volentiers prieres & pardons. Aime tout bien, & hé tout mal en coi Keche se soit. Nus ne soit si hardis, qui die parole deuant toi, qui atraie ou esmueue à pechié; ne ne mesdie d'autrui par derriere ne en maniere de detraction. Ne nule vilonnie de Dieu ne de ses Sains ne sueffie que on die deuant toi, k ne soit tantost venjanche. Ren graces à Dieu souuét de tous les biens ke il t'a fais: si ke tu soies dignes encore de plus auoir. A Iustice & à droiture soies roides, & loiaus enuers tes sougis, sâs tourner ne à dextre, ne à senestre, mais tous jours à droit: & soustien la querelle au plus poure, iuskes la veritez soit declaree. S'aucuns a faire en querele deuant toi, soies tous jours por lui encontre toi, iusques tu saches la verité. Car ensi jugeront ti Cósillier plus hardiement, selonc droiture & selonc verité. Se tu tiens rien de l'autrui par toi v par tes baillius, & c'est cose chettaine, rien sans demeure. Et se chest cose douteuse, fai enquerre par sages houmes inelmét & diligemment. A chou dois mettre toute t'entente comment tes gens & ti sougit viuent en pais & en droiture desous toi, meismement si religieus, & les personnes toutes de sainte Glise. On reconte du Roy PHELIPPE, que vne fois li ditt vne de ses

Chapitre IV. Section I.

de tort en ce qu'elle luy enleuoit ses droicts, & amoindrissoit ses Iustices, & que c'estoit grande merueille comme il le souffroit. Ce bon Roy respondit qu'il n'en estoit pas ignorant; mais que quand il consideroit les faueurs que Dieu luy auoit faictes, il aymoit mieux quitter ses droicts, que de susciter quelque procés côtre l'Eglise. Cherissez donc, mon cher fils, les gens d'Eglise, & conseruez leurs terres, tant que vous pourrez, notamment celles de ceux par qui Dieu est plus honoré, & la foy preschée. Affectionnez tendremét, & respectez vostre Mere, obeïssant à toutes ses ordonnances. Donnez les benefices de l'Eglise aux personnes de bonne vie, suiuant l'auis des sages, & à ceux qui ne sont pas encore beneficiez. N'entreprenez aucune guerre sans vn meur conseil, principalement contre les Chrestiens; que si la necessité vous y oblige, contregardez l'Eglise de tout dommage, & protegez les innocens qui n'ont point mesfait. Appaisez au plustost qu'il vous sera possible les guerres, & les differens ainsi que faisoit S. Martin. Soyez soigneux d'auoir de bons Preuosts, & de bons Baillifs, & vous informez souuent d'eux, & de vos domestiques comme ils se comportent. Mettez peine d'empescher les pechez, specialement ceux qui sont abominables, & les vilains sermons. Exterminez tant qu'il vous sera possible les heresies. Ie vous aduertis derechef que vous soyez reconnoissant des bienfaits de nostre Seigneur, & que vous luy en rendiez graces. Ayez l'œil ouuert à ce que la despense

Consilliers, Ke mout de tors, & mout de sourfais li faisoit sainte Eglise. En che que li toloient ses droitures, & amenuisoiét ses justiches. Et Ke chetoit moult grans merueille comme il le souffroit. Et li bons Rois respondi, Ke assez le creoit. Mais quant il regardoit les hounours & les courtoisies Ke Diex li auoit faites, il voloit miex laissier sen droit aler, Ke à sainte Glise contens ne eschans susciter. Aime dont, biaus fiex, les personnes de sainte Glise, & garde lor païs tant com tu porras. Chaus de religion aime, & lor fai bien à toy pooir, & meismement chaus par qui Diex est plus hounorez, & la fois prechie & essauchie. A ton pere & à ta mere dois tu amour & reuerense, & garder lor commandemens. Les benefices de sainte Glise donne à personnes boines & dignes du conseil as preudoumes. & donne à chez qui riens n'ont en sainte Glise. Garde toi de mouuoir guerres sans trop grand conseil, meismement contre toute Chrestienté. Et s'il le conuenoit faire, garde sainte Glise, & chaus qui rien n'ont meffait, de tous domages. Guerres & côtens apaise au plus tost Ke tu pourras, ausi com fains Martins faisoit. Soies diligens d'auoir bons Preuos & bons Baillius, & enquier souuent d'aus, & de cheus de ton ostel, commêt il se maintienent. Trauaille toi as pechiez empeschier, & meismement vilains pe-

pense

792 *Parangon V. du Lys sacré,*

pense de vostre maison soit raisonnable, & moderée. Finalement, mon fils bien-aymé, ie vous supplie, & vous conjure que si ie meurs deuant vous, vous fassiez secourir mon ame par des Messes, & des oraisons en tout vostre Royaume; & que vous me fassiez part de toutes vos bonnes œuures. Pour conclusion, mon tres-cher fils, ie vous donne toutes les benedictions qu'vn bon Pere peut départir à son fils. La tres-saincte Trinité, & tous les Saincts vous deffendent de tout mal, Dieu vous fasse la grace d'accomplir tellement sa volonté qu'il soit honoré par vous, & qu'apres cette vie nous le puissions sans fin loüer ensemble en sa Cour celeste. Le sainct Roy en écriuit autant à sa fille Madame Ysabeau Reyne de Nauarre, que nous rapporterons pareillement eu ce lieu, pour faire entendre à toute la posterité les derniers chants de ce Cigne royal.

chiez & lais, & vilains seremens. Et heresies fai destruire & abaissier à tō pooir. Encore te recordejou, que tu reconnoisses les benefices nostre Signour, & Ke tu l'en rendes graces & merchis. Fai prendre garde, Ke li despens de ton ostel soiēt raisonable & à mesure. Et en la fin, doux fiex, ie te coniur & requier, Ke se ie muir auant toi, Ke tu faches secourre à m'ame en Messes, en oroisons, par tout le Royame de Franche, & que tu m'otroies especial part, & pleniere, en tous les biés Ke tu feras. Au daerrain, tres-chier fiex, ie te doins toutes les benecihons Ke bons peres & preus puet donner à fill. Et li benoite Trinitez, & tout li Saint te gardent & deffendent de tout mal. Et Diex te doint grace de faire sa volété tous jours, si K'il soit hounerez par toi, & que nous puissons apres cheste vie ensamble auœc luy & luy loer sans fin. Amen.

SECTION III.

Les aduis du Roy sainct Louys écris de sa main à Madame Isabeau sa fille, Reyne de Nauarre.

Chi apres sunt escrit li enseignement, ke li bons Roys S. Loys escrit de sa main à Madame YSABEL sa fille, qui fu Royne de Nauare.

MA CHERE FILLE, par ce que i'estime que vous cōseruerez auec plus d'affection ce qui viendra de moy, cela m'occasionne de vous dresser quelques enseignemens écris de ma main propre, me persuadant pour l'amour

CHIERE FILLE, pour che que je quit, que vous retenrez plus volentiers de moy, pour l'amour que vous auez à moy, que vous ne feriez de plusours autres; j'ay pensé Ke ie vous fache aucuns enseignemens escrits de ma main.

que

Chapitre IV. Section III.

que vous me portez, en accroiſtra l'eſtime plus que s'ils prouenoient de quelque autre.

IE vous exhorte donc d'aimer noſtre Seigneur de tout voſtre cœur, & de toutes vos forces; car ſans cela toute autre choſe ne vous ſert de rien, & tout autre amour eſt iniuſte & pernicieux. C'eſt le Seigneur à qui toute creature peut dire, Seigneur, vous eſtes mon Dieu, vous n'auez pas beſoin d'aucuns de mes biés. C'eſt le Seigneur qui a enuoyé ſon fils en terre, & l'a liuré à la mort pour nous donner la vie, & ſi vous l'aymez, ma chere fille, le profit en ſera voſtre. La creature eſt bien inſenſée qui loge ailleurs qu'en luy ſeul les affections de ſon cœur; la meſure de l'aimer eſt de l'aimer ſans meſure. Il a bien merité que nous le cheriſſiõs, puis qu'il nous a aimé le premier. Pleuſt à Dieu que vous puiſſiez peſer les œuures que le fils de Dieu a executées pour voſtre redemption. Ma chere fille, ayez grand ſoin de luy plaire, & mettez peine d'éuiter tout ce que vous eſtimerez luy eſtre deſagreable. Vous deuez auoir principalement cette reſolution de ne faire nul peché mortel pour choſe quelcõque qui puiſſe arriuer, & que vous permettrez pluſtoſt qu'on vous oſte la vie, & qu'on vous mette en pieces par vn cruel martyre que de conſentir à vn peché. Accouſtumez-vous à vous confeſſer ſouuent, & choiſiſſez des Confeſſeurs qui ſoient de ſaincte vie & de ſuffiſante doctrine, afin qu'ils vous puiſſent inſtruire de ce que vous deuez exercer, & des occupations que vous deuez fuir. Comportez-vous

Chiere fille, je vous enſeigne que vous amez noſtre Signeur de tout voſtre cuer, & de tout voſtre pooir. Car ſans chou, nus ne puet riens valoir, nule coſe ne puet bien eſtre amee, ne ſi droituriërement, ne ſi pourfitablement. Cheſt li Sires, à qui toute creature puet dire: Sire, vous eſtes mes Diex, vous n'auez meſtier de nus de mes biens. Chou eſt li Sires, qui enuoya ſon fill en terre, & le liura à mort, pour nous deliurer de la mort d'infer. Chiere fille, ſe vous l'amez, li pourfis en ſera voſtres. Mout eſt la creature deſuoije, qui aillors met l'amour de ſon cuer, fors en luy, ou deſous lui. Chiere fille, la meſure dont nous le deuons amer, ſi eſt amer ſãs meſure. Il a bien deſerui que nous l'amons: car il nous ama premiers. Ie vaurroi ke vous ſeuſſiez bien penſer as œutes ke li benois fius Diu fiſt pour noſtre raencħon. Chiere fille, aijes grant deſirier coument vous li pluſſiez plus plaire, & metez grãt entente à eſchiuer toutes les coſes, que vous quiderez qui li doient deſplaire. Eſpeciauméṫ vous deuez auoir cheſte volenté, que vous ne feriez pechié mortel pour nule coſe qui peuſt auenir: & ke vous vous laiſſeriez anchois les mẽbres cauper v detrenchier, & la vie tolir par cruel martire; que vous le feſiſſiez à enſient. Chiere fille, acouſtumez vous ſouuent à confeſſer, & eſliſiez tous jours Confeſſours

Iiiij en

en telle maniere que vos Confesseurs, & vos autres amis ayent l'asseurance de vous enseigner & de vous reprendre. Oyés volontiers le seruice de l'Eglise & quand vous y assisterez gardez-vous de caqueter, & de vous entretenir de vains discours. Faictes vos prieres auec attention & recollection d'esprit, soit vocales ou mentales, & sur tout pendant que le corps de N. Seigneur IESVS-CHRIST sera present à la Messe, & quelque temps auant la Consecration que vostre esprit soit plus recueilli, & vostre deuotion plus ardente. Ma chere fille oyez volontiers parler de nostre Seigneur tant aux sermós qu'aux discours particuliers. Esloignez-vous de tous les entretiens priués sinon de personnes releuées. Taschez de gagner des Indulgences & les procurer volontiers. S'il vous suruiét quelque affliction ou de maladie ou d'autre accident que vous ne puissiés loüablement euiter, souffrés-la auec patience, & en remerciez affectueusement nostre Seigneur; car vous deués croire que c'est pour vostre bien, & que vous l'aués bien merité, & encore d'autres plus griefues, à raison que par le passé vous l'aués peu aymé, & negligemment serui, & que vous auez desobey souuent à sa volonté. S'il vous arriue quelque prosperité, ou de santé, ou d'autres heureux succés, rendez-en graces à Dieu auec toute humilité, & l'en aimez dauantage, prenant garde que telle occasion n'ouure la porte à l'orgueil ou au mespris de sa diuinité. Car c'est vne grande impieté de faire la guerre à Dieu par ses dons mesmes. Si quelque

---

Marginal text (Picard/old French version):

qui soient de sainte vie, & de souffisant lettrure, par qui vous soijez ensignie & doctrinée des coses ke vous deuez faire. Et soijez de tel maniere parquoy vostre Confesfours, & vostre autre ami vous osent ensignier & reprendre. Chiere fille, oijez volétiers le seruise de saincte Glise Et quant vous serez v Moustier, gardez vous de muser & de dire vaines paroles. Vos orisons dites en pais ou par bouche, ou par pensée. Et especiaument entrues con li corps nostre Signour Ihésucris sera presens à la Messe, soijez plus en pais, & plus ententiue à orison, & vne pieche deuant. Chiere fille, oijez volentiers parler de nostre Signour en sermons & en priuez parlemens. Toute voye priuez parlemens eschiuez, fors que de gens mout esleuez en bontez & en saintetes. Pourcachiez volentiers les pardons. Chiete fille, se vous auez aucune persecution ou de maladie, ou d'autre cóse, en quoy vous ne puissiez metre conseil en bone maniere, souffiez le debonnairement, & en merchiez nostre Signeur, & l'en sachiez bon grei. Car vous deuez quider, ke chest pour vostre bien, & deuez quidier que vous l'aijez deserui, & plus se il vaussist, pour chou que vous l'auez pau amé & pau serui, & auez maintes coses faites contre sa volenté. Se vous auez aucune prosperité, ou de santé de cors, ou d'autre sose, merchijez ent no-

Chapitre IV. Section II.

que ennui vous ronge le cœur, décourés-le à voſtre Confeſſeur, ou à quelque autre perſonne que vous eſtimerés eſtre ſage & ſecrette, & par ainſi vous le ſupporterés auec plus de tranquillité. Ma chere fille ſoyés pitoyable enuers les perſonnes que vous entendrés eſtre reduites à quelque infortune, ou temporelle, ou ſpirituelle, & les ſecourés volontiers, ſoit par conſolation, ſoit par quelques aumoſnes autant qu'il vous ſera poſſible. Aimés toute ſorte de perſonnes vertueuſes, ſoit Religieuſes, ſoit ſeculieres par qui vous entendrés que noſtre Seigneur eſt honnoré & ſerui. Secourés les pauures, principalement ceux qui pour l'amour de noſtre Seigneur ont embraſſé la pauureté. Obeiſſez humblement à voſtre mary & à voſtre pere, & à voſtre mere en tout ce qui eſt conforme à la volonté de Dieu. Ce que vous deuez accomplir d'autant plus volontiers que l'amour que vous leur portez vous y oblige, mais beaucoup plus l'amour de noſtre Seigneur qui l'a ainſi ordonné ; au contraire vous ne deuez point obeïr à perſonne contre la volonté de Dieu. Ma chere fille efforcez-vous d'eſtre ſi parfaicte, que ceux qui vous verront & entendront parler de vous y puiſſent prendre bon exemple. Il me ſemble qu'il eſt bon que vous n'ayez pas grand amas de robes ſuperfluës, ny de joyaux, mais que toutes ces exceſſiues parades ſoient employees à des aumoſnes. Ne mettez point trop de temps, ny grande eſtude à vous parer & attiffer, & qu'on n'apperçoiue point de vanité en vos attours, mais

ſtre Seigneur humblemét & l'en ſachiez bon gré, & vous prèniez bien garde que de chou n'empiriez ne par orgueil, ne par autre meſpriſon : car chou eſt mout grans pechiez de guerroiier noſtre Signour, pour l'oceiſon de ſes dons. Se vous auez aucune malaiſe de cuer, ou d'autre coſe, dites le à voſtre Côfeſſour, ou à aucune autre perſóne, Ke vous quidiez qui ſoit loiaus, & Ki vous doiue bien cheler pour chou Ke vous le portez plus en pais, ſe cheſt coſe Ke vous puiſſiez dire. Chiere fille, aijez le cuer piteux vers toutes gens Ke vous entenderez qui ſoient à meſchief ou de cuer ou de cors, & les ſecourez volentiers de confort, ou d'aucune aumoſne ſelonc chou Ke vous le portez faire en bone maniere. Chiere fille, amez toutes bonnes gens, ſoient de religion, ſoient du ſiecle, par qui vous entenderez ke noſtre Sires ſoit hounerez & ſeruis. Les poures amez & ſecourez, & eſpeciamment cheus, qui pour l'amour noſtre Signour ſe ſont mis à poureté. Chiere fille, obeiſſiez humelemét à voſtre marit, & à voſtre pere, & à voſtre mere és coſes qui ſont ſelonc Dieu. Vous deuez chou volentiers faire pour l'amour que vous auez à aux, & aſſez plus pour l'amour noſtre Signour, qui enſi l'a ordeué à caſcun ſelonc qu'il aſſiert. Contre Dieu vous ne deuez à nului obeir. Chiere fille, metez

que vos parures soient tousiours au dessous de voſtre condition. Ma fille, ayez vn deſir perpetuel d'agreer de plus en plus à noſtre Seigneur, & mettez voſtre cœur en cela ; que ſi vous eſtiez certaine que vous ne fuſſiez iamais recompenſée des biens que vous faiſtes, ou punie du mal que vous commettez, que neantmoins vous n'entreprendriez choſe aucune qui deſpleuſt à voſtre Sauueur, & que vous n'obmettriez rien de tout ce que luy agreeroit autant qu'il vous ſeroit poſſible, & ce purement pour l'amour de luy. Ma chere fille, procurez volontiers les oraiſons des gens de bien & m'en faites part. Que s'il aduient, qu'il plaiſe à noſtre Seigneur que ie parte de cette vie deuant vous, ie vous prie de faire preſenter des Meſſes, des prieres, & d'autres bonnes œuures pour le ſalut de mon ame. Ie vous recommande que perſonne ne voye cet eſcrit ſans voſtre permiſſion : noſtre Seigneur vous comble de ſes benedictions auſſi abondamment que ie le deſire pour moy, & plus encore que ie ne ſçaurois ſouhaitter. I'adiouſteray à tous ces ſages [a] enſeignemés quelles eſtoiét les couſtumes qu'il faiſoit pratiquer à ſes enfans dés les premiers ans de leur vie, iuſques à l'âge virile. Il vouloit que tous les iours ils aſſiſtaſſent non ſeulement au ſainct Sacrifice de la Meſſe, mais encore aux Matines, & aux heures Canoniales qui ſe chantoient, & qu'entendant les ſermons ils fuſſent en ſa preſence. Il leur faiſoit apprendre les bonnes lettres, & la pſalmodie des heures de noſtre Dame, & vouloit que

---

grant peine, que vous ſoiiez ſi parfaite, que chil qui oriót parler de vous, & vous verront, i puiſſent prédre bon exemple. Il me ſamble, qu'il eſt bõ ke vous n'aiiez mie trop grant ſourauis de reubes enſamble, ne de ioaus, ſelonc l'eſtat où vous eſtes; ains me ſamble miex, que vous fachiez vos aumoſnes au mains de chou qui trop ſ roit & que vous ne metez mie trop grant tã, ne trop grãt eſtuide en vous parer ne acheſmer. Et prenez garde que vous ne ſachiez outrage en voſtre atour, mais tous jours vous enclinez au chois, deuers le mains, que deuers le plus. Chiere fille, aijez vn deſirier en vous, ke jamais ne ſe departe de vous, cheſt à dire comment vous puiſſiez plus plaire à noſtre Signour, & metez voſtre cuer à chou, ke ſe vous eſtiez chertaine, que vous ne fuſſiez jamais guerredounee de bien que vous feſiſſiez, ne punie de mal que vous feſiſſiez, ſi vous deuriez vous garder de faire coſe Ki deſpleuſt à noſtre Signour, & entendre à faire les coſes qui li plairoient à voſtre pooir purement pour l'amour de lui. Chiere fille, pourcachiez volontiers oriſons de boñes gens, & mi acompaigniez. Et ſe il auient k'il plaiſe à noſtre Signour, que jou treſpaſſe de cheſte vie deuãt vous, ie vous pri que vous pourcachiez Meſſes & oriſons, & autres bien-fais pour m'ame. Ie vous cõmant, que nus ne voie cheſt eſcrit ſans congiet. Noſtre Sire Diex vous

Chapitre IV. Section III.

que tous les iours ils fuſſent preſens aux Complies qu'on chantoit auec ſolemnité apres ſon repas. A la fin des Complies il faiſoit entonner vne particuliere Antienne de la B. Vierge, tant ce pieux Roy deſiroit que la iournée commençaſt & finit auec les loüanges de la Mere de Dieu Apres cela s'en retournant en ſa chambre auec ſes enfans, vn Preſtre aſpergeoit d'eau benite ſa chambre & tous les aſſiſtans, & le ſainct Roy auant que de congedier ſa famille royale, leur preſentoit vn petit diſcours d'inſtruction, qu'on euſt dit que la charité & la ſageſſe meſme leur auoient preparé pour leur collation. Pour couronner tous ces deuots exercices le S. Monarque vouloit que ces petits Anges portaſſent ſur leur teſtes des [b] chapeaux de roſes tous les Vendredis, pour conſeruer la memoire de la Couronne d'eſpines dont le chef du Sauueur auoit eſté percé le Vendredy de ſa Paſſion ; & pareillement pour reconnoiſtre la ſinguliere faueur que Dieu auoit faite à la Couronne de France en luy laiſſant pour gage d'vne affection ſinguliere la meilleure partie de cette ſanglante Couronne.

faſche bone en toute coſes, autant comme ie deſir, & plus aſſes Ke ie ne ſaroie deſirrer. Amen.
a *Guilielmus Nangius de geſtis S. Lud. Fr. R.* Volebat quod pueri iam adultæ ætati propinqui, quotidie non ſolùm Miſſam, ſed & matutinas, ac horas canonicas cum cantu audirent, & quod ad audiendum ſermones ſecū adeſſent, &c.

b *Idem ibidem.* Capellos etiam de roſis ſeu alios quoſcūnq; volebat quod dicti pueri ſacris diebus Veneris in capitibus deportarent, ad memoriam illius ſacræ coronæ ſpineæ qua caput Saluatoris hac die atrociter fuerat coronatum, & qua corona Rex Regum Dominus noſter Ieſus Chriſtus tā magnificè, ſicut ſuperius dictum eſt, decorauerat regnum ſuum.

SECTION IV.
La Prudence henarchique ou personnelle de sainct Louys.

XLVI.
Celuy est vrayement sage qui l'est pour soy, & pour les autres.
[a] Μισῶ σοφιστὴν ὅστις ὲ αὐτῷ σοφός. Odi sapienté qui non sibi sapiens. *In sententiis monost. & Euripides apud Ciceronem lib. 13. Epist. famil.*
Οὗτος μὲν πανάριστος ὃς αὐτῷ πάντα νοήσει Φρασσάμενος τά κ' ἔπειτα καὶ ἐς τέλος ᾗσιν ἀμείνω. Optimus ille quidem est qui sibi cuncta prospicit, sapiés quod in posterum quoque & ad finem potiora sunt.
[b] *Hesiodus in operibus.*

ET [a] Ancien n'auoit pas mauuaise grace qui ne pouuoit gouster ces hommes prudents pour les autres, & vuides d'adresse pour eux mesmes. On voit neantmoins assez souuent qu'aucuns auront pour les autres des magasins de conseils, & de chicaneries, vrais Argus pour autruy, & pour eux des Polyphemes, vrayes Lamies qui découurét auec des lunettes tout ce qui se passe hors de leurs maisons, & demeurent chez eux entierement louches : mais [b] *celuy est vrayement sage*, dit Hesiode, *qui pouruoit à soy, & à ce qui sert à sa fin.* D'où il appert que la prudeuce de bon aloy doit rendre deux sortes de bonne odeur, ainsi que le Lys ; l'vne dans le public, & l'autre en son particulier : en quoy sainct Louys témoigne vne prudence assortie de tous ses ornemens, puis qu'il a esté auisé non seulement dans les affaires d'autruy & de son Royaume ; mais encore en celles qui regardoient sa personne. Car comme remarquent tous les Historiens de sa vie, on n'a iamais apperceu aucun mouuement desordonné qui peust dementir sa prudence. Ses reprehésions se faisoient sans aigreur, ses commandemens sans colere, & ses deuis sans affectation. La grauité ne fit iamais vn plus digne accord auec la modestie,

l'autho

Chapitre IV. Section IV.

l'authorité auec la douceur, la licence auec l'integrité, que dans l'esprit de ce diuin Monarque. ͨ Loin les propos dissolus, les detractions & les mensonges. Si en aucune occurrence il deuoit faire bresche à la moderation de son esprit, ce deuoit estre parmi l'insolence des Sarrazins. Car ainsi que dit son ͩ Chapelain Guillaume de Chartre on n'a pas des paroles assez dignes pour exprimer auec quelle sagesse, fidelité & constance il s'est comporté parmy tous les outrages de ces Cyclopes, leurs menaces audacieuses n'ayans pû iamais arracher de sa bouche vne parole piquante, ou moins considerée. Ses refus estoient constans, ses accords tranquilles, ses propositions hardies, & ses responses pleines d'honnesteté. Si la ͤ prudence qui reluit dans le discours de l'homme est vn portrait de celle du cœur, & les sages propos vn rejaillissement des lumieres de l'ame, quelle prudence ne s'est logée au dedans de ce Roy, puis que toutes ses paroles ont esté autant d'oracles? ͩ *Les léures des hommes mal-auisez ne racontent que des folies*, dit Salomon, *mais les paroles des Sages sont données au poids du trebuchet*. Disós encore hardiment auec l'Espoux du Cantique, *Vos ͬ léures ressemblent au ruban incarnat qui serre la perruque*; d'autant que vos paroles sont retenuës par le cordon de la prudence; ce cordon est rouge à raison que cette prudence est assaisonnée de grande charité, qui rend tous ses propos si affables, que ces barbares mesmes ne pouuoient assez admirer cette attrempence, & la mettre au dessus de celle de

c *Gaufridus de bello loco, libro de vita & conuersatione S. Ludouici Regis.* Cautissimus erat, & grauissimus in loquendo, à verbis scurrilibus, & dissolutis, maximè à detractorijs, & mendacibus summè cauebat.
d *Guillelmus Carnotensis de vita & miraculis S. Ludouici.* Quàm prudenter, quàm fideliter, quàm constanter se gesserit in omnibus erga ipsos Sarracenos importunè, & improbè ipsum aggredientes, & impugnantes exactionibus & iniurijs nõ est meæ facultatis euoluere, licet ferè semper affuerim præsens & vbique. Hæc tamen possum veraciter, & generaliter causa breuitatis asserere quod in omnibus factis honestissimè se habuit, prudentissimè in responsis, in tractandis fidelissimè, & cautissimè, securissimeque in negandis in omnibus quidem persecutionibus constantissimus erat semper, ipsis etiam maioribus mirantibus admirabilis.
e *S. Maximi Episc. ad Marinum Presbyterum, tomo 7. Bibliothecæ Patrum.* Prudentia verò dilatata facit, διαλογισμὸν ἐνδιάθετον λόγον, Sermonē cordis siue animi. Quem sic describunt cum aiant esse motum animæ plenissimum in parte quæ ratiocinatur factum sine vlla elocutione, ex quo aiunt prodire sermonem oris.
f *Ecclesiast. cap. 21.* Labia imprudentium stulta narrabunt; verba autem prudentium statera ponderabuntur.

de tout les Roys du monde. Quand le ᵍ Sieur de Ionuille, vn des plus affidez à S. Louys, parle de l'excellence de son iugement, il asseure que lors qu'on deliberoit sur quelque difficulté ou de Police, ou de guerre, c'estoit vn Soleil parmi les tenebres, tant il donnoit de iour aux affaires plus obscures, & de lumiere aux esprits les moins intelligens. Les Conseillers les plus enuieillis dans l'Estat paroissoient nouueaux deuát luy. Il ʰ estoit aduantagé d'vne telle subtilité d'esprit, d'vne telle grace & fluidité de paroles, qu'il auoit aussi-tost conceu le nœud de la difficulté & le desueloppoit auec vne facilité de discours si grande, & vne fertilité de raisons si puissantes qu'il rendoit plus sensible que le iour ce qui estoit plus obscur que la nuict. La connoissance des bonnes lettres enrichissoit beaucoup son bon naturel, & luy donnoit beaucoup d'affection pour les plus doctes, comme estoit vn S. Thomas, vn S. Bonauenture, les deux plus grandes lumieres de la Theologie de son siecle. On raconte de celuy-là qu'estant à la table de S. Louys, tout transporté contre les Manicheens, il s'écria frappant sans prendre garde au lieu où il estoit; *Ie sçay asseurément que les Manicheens n'ont dequoy respondre à cet argument.* Son Prieur qui le ioingnoit le tira par la robbe luy disant, qu'il se souuint qu'il estoit en la presence du Roy. S. Thomas r'entrant en soy-mesme se jetta aux pieds du Roy, luy demendant pardon de cette indiscrette saillie. S. Louys entendant le sujet de ce rauissement, appella son Secretaire pour

ᵍ *Cantic.* 4. Sicut vitta coccinea labia tua & eloquium tuum dulce.

ʰ *Gaufridus de bello loco capite septimo de vita & conuersatione sancti Ludouici.* In ordinis negotijs, & grauibus consilijs, & causis pauci, vel nulli perspicacius ipso, & verius iudicabant, & quod intellectu capiebat valdè prudenter, & gratiosè proferre sciebat, si quidem diffusa erat gratia in labijs eius, &c. *Vide plura apud Ioinuille de eius ingenij solertia & prudentia.*

Chapitre IV. Section IV. 801

pour reduire par escrit les hautes pensées du Sainct, & de là en auant il l'en honora & cherit dauantage. L'Vniuersité de Paris estant sur le poinct de passer en Angleterre pour se venger de quelque déplaisir qu'elle auoit receu des habitans de Paris; Sainct Louys apprehenda ce dessein comme vne des grandes pertes qu'il pût faire en son Royaume. Ce qui l'occasionna d'assembler les Professeurs, & les principaux Officiers, & de leur donner vne telle satisfaction & accroissement de leurs priuileges, que dés lors ils ne pensorent plus à ce changement. Il est fort croyable que le sainct Roy estant fort versé aux Mathematiques, ne l'estoit pas moins aux autres parties de la Philosophie, puis qu'il en auoit apporté d'Egypte grand nombre de volumes, qu'il feuilletoit souuent, les interpretant à ses plus familiers. Et quoy qu'il aymast les liures, si ne mettoit-il pas la robbe de Philosophe sur la pourpre royale comme Antonin; & ne s'abysmoit pas dans les affaires comme Alexandre Seuere; mais il donnoit à chaque occupation son heure comme vn autre Constantin. Il prenoit vn singulier plaisir à la lecture de l'histoire, comme estant l'escole de la Prudence, qui enseigne les folies des autres pour en tirer de la sagesse, comme on fait le Mithridat de la vipere. A cette occasion il commanda à Vincét de Beauuois, de l'ordre de S. Dominique de recueillir ce qui seroit de plus memorable depuis la creation du monde, dequoy il s'acquitta, ayant acheminé son œuure iusques à l'année

Kkkkk mil

mil deux cens cinquante, au grand contentement de sainct Louys.

XLVI.
Sainct Louys a preueu les choses futures & eternelles.

a *Guillelmus Carnotensis de vita & miraculis S. L. R. Cæterum mores hominum, & euentus rerum sic aliquando probauit, non humana, sed diuina reuelatione cognouit plurimum & quandoque prædixit. Quæ tamē propter occupationes varias meæ tenuitatis memoriâ exciderunt, hoc autem possum fideliter asserere quod accidit de meipso : cum semel nobis duobus, videlicet fratti Gaufrido bonæ memoriæ, & mihi tunc existenti in sæculo, cui vnam pinguem thesaurariam contulerat Rex de nouo, de hoc familiariter loqueretur, præter alia sermonem ad fratrem illum de me ipso conuertens. Sic ait Dominus Guillelmus ludet modo de sua illa thesauraria per quinque annos aut sex, & post religionem intrabit. Hoc autem tunc sicut proposueram non consensi, sed quod prædixit, veracissimè rei exitus comprobauit, &c.*

QVE si les marques d'vne signalée Prudence est de preuoir les euenemens à trauers les tenebres des temps futurs, ainsi que representoit la main couuerte d'yeux du simulacre de la sagesse des anciens; il est tout euident que ᵃ sainct Louys a esté fauorisé d'vne Prudence non seulement humaine, mais encore toute diuine, puis qu'il a vû dans le present ce qui deuoit estre executé aux années suiuantes, comme il fit voir à Guillaume de Chartres, luy predisant le changement de vie qu'il feroit dans six ans. Mais d'autant qu'vne telle Prudence depend d'vne grace gratuite, j'ayme mieux admirer la sage vigilance de ce grand Roy à preuoir à l'estat de la vie future, à quoy il a donné si bon ordre, que personne ne doute qu'il ne soit maintenant dans le Ciel vn Lys encore plus odoriferant, qu'il n'a esté sur la terre. Tous ces Parangons authorisent amplement cette verité, sans emprûter d'autres preuues que celles mémes qu'il a dónées à son fils Philippe luy écriuāt : *Mon cher fils, ie te coniure que si ie meurs auant toy, que tu fasses secourir mon ame par des Messes & des prieres en tout le Royaume de France ; & que tu me fasses part de toutes les bonnes œuures que tu feras.* Et vn peu plus bas il adiouste, *La benite Trinité, & tous les Saincts te gardent de tous maux ; & Dieu te donne la grace d'accomplir tousiours sa volonté, en telle maniere qu'il soit honoré par toy, afin que nous puissions apres cette vie ensemblement auec luy le loüer à iamais.* Voila la fine la fine Prudence, & la Prudence sans pair. C'est à ce blanc là, au nom de Dieu, qu'il faut que nostre finesse bande tous les traicts de son astuce. C'est à ce poinct qu'il faut que toutes nos actions mirent, & se decochent. C'est à ce bien-heureux Royaume qu'il faut que nostre Prudence nous radresse par la piste asseurée des ordonnances diuines. Qu'vn homme à faute de Prudence se mesconte en l'acquisition des biens de fortune, c'est vne perte passagere, & qui se peut reparer, mais de se mesprendre en la possession d'vn heritage eternel qui nous a esté preparé de toute eternité, c'est l'indiscretion des indiscretions d'Esau qui vend son droict d'ainesse pour vne écuellée de lentilles, c'est l'aueuglement des aueuglemens d'Antipheron, & pour parler plus à nostre propos, c'est exhaler vne odeur d'vn cadauer puant, tout corrompu de crimes & de pechez. Mais celuy-là qui par les maximes de la foy se fera vne Prudence celeste, & par les ardeurs de sa Charité, vne sagesse toute diuine, le Ciel luy promet qu'il luy seruira de rosée, qu'il fleurira comme le Lys, & sera embaumé plus que les Cedres du Liban, *Ero quasi ros, Israël germinabit sicut Lilium, & erumpet radix eius vt Libani.*

Sanctus Augustinus in Psal. 48. Quis est imprudens? qui non sibi prospicit in futurum. Quis est insipiens qui non intelligit in quo malo sit. Tu verò intellige in quo malo sis modò, & prospice, in bonis sis in posterum. Intelligendo in quo malo sis non eris insipiens: prospiciendo tibi in futurum non eris imprudens.

Conclusion du Parangon V. faisant voir le bon-heur de la Prudence.

LVIII.
De quelle sagesse nous deuons estre particulierement duëz.
a *Ecclesiast. cap.* 39. Florete flores quasi lilium, & date odorem, & frondete in gratiam.

LORISSEZ [a] donc ô fleurs comme le Lys, & épandez la bonne odeur de vostre prudence comme sainct Louys, & les sages Roys de France. Ne soyez pas seulement sage pour les autres, mais soyez aduisé pour vous mesme. Que vostre sagesse ne s'amuse pas seulement dans l'exercice de la guerre, mais qu'elle reluise en temps de paix, non point en la premiere sorte de prudence qui n'exhale qu'vne sotte finesse, & vne sagesse pernicieuse. Ne vous arrestez pas mesme à la seconde, qui n'a pour contentement qu'vne fumée, pour empire que la terre, & pour couronne qu'vne gloire passagere : mais soyez odoriferant en la sagesse des Saincts, qui portent toutes leurs pensées au souuerain but de la beatitude eternelle. Puis que tant de magnanimes Roys ont donné dans ce blanc, qui en debauchera vostre Prudence? Vous n'aduiserez iamais mieux à vostre fortune, qu'en visant à l'azur de la gloire de Dieu; vos projets terrestres ne reüssiront iamais plus à souhait qu'en consultant sur la montagne auec Moyse le Dieu des bons conseils. Criez auec Salomon : *Dieu de mes Peres, & Seigneur de misericorde, qui auez creé toute chose auec vostre parole, & qui auez establi l'homme auec vostre sagesse, afin qu'il tinst l'empire sur vostre creature,*

Sapientia cap. 9. Deus Patrum meorum, & Domine misericordiæ, qui fecisti omnia verbo tuo, & sapientia tua constituisti hominem, vt dominaretur creaturæ, quæ à te facta est, vt disponat orbem terrarum in æquitate & iustitia, & in directione cordis iudicium iudicet. Da mihi sedium tuarum assistricem sapientiam & noli me reprobare à pueris tuis : quoniam seruus tuus sum ego, & filius ancillæ tuæ.

qu'il

Chapitre V. Section IV.

qu'il gouuernast le monde auec equité & Iustice ; & qu'il fist iugement auec integrité de cœur. Donnez-moy vostre sagesse, escorte de vostre throne, & ne me reprouuez point d'entre vos enfans, car ie suis vostre tres-humble seruiteur, & le fils de vostre seruante.

Vn don si precieux & si diuin merite bien qu'on le demande tous les iours : car possedant vn tel ioyau, quel bon-heur n'accompagnera nostre vie ? C'est vn bien tres-grand que la ª Prudence disoit vn ancien. Si tu es bien sage, disoit vn autre tu seras le plus fortuné du monde. Qui est prudent est temperant, qui est temperant est constant, qui est constant ne se trouble iamais, qui ne se trouble iamais vit sans ennuis, & qui est arriué à ce poinct là, est à la cime des vertus & du bon-heur. ᶜ La Foy sans la Prudence est superstition, l'Esperance presomption, & la Charité vne pure affectation. Soyez iuste sans prudence vous deuiendrez cruel. Soyez fort sans discretion vous serez brutal. Soyez temperant sans mesure vous perdrez bien tost la ceruelle. Vous serez vn niais si vous estes humble sans prudence. En vn mot, c'est la premiere, la seconde, & la derniere de toute les vertus, disoit le sainct Abbé S. Antoine, en l'assemblée des Peres du desert.

L'Olivier symbole de paix estoit consacré à Minerue, pour nous apprendre qu'entre les fruits de la Prudence, la paix & la tranquillité sont des plus precieux. Et à dire vray, quel repos n'apporte à vn Empire vn sage Prince, & vn Roy Philosophe ? Iamais les Mytileniens n'ont esté

XLIX.
Le premier bon-heur de la Prudēce est qu'elle maintient les autres vertus.

a Ἀγαθὸν μέγιστον ἡ Φρόνησις ἱς ἀεὶ; Bonum maximum prudētia est semper. Menander.

Idem Ἂν εὖ Φρονῆς, τὰ πάντα γὰρ διδάγματ᾽ ἔσῃ ; Si bene prudens sis omnibus fortunatus eris.

b Seneca epist. 86. Qui prudens est, & temperans est, & constans. Qui constans est, & imperturbatus est, sine tristitia est. Qui sine tristitia est, beatus est ; Ergo prudens beatus est.

c Prouerb. 21. 20. Philo apud Stobæum serm. 35. Φρόνησις τ᾽ ἄλλων ἀρετῶν ἀρχή ; Prudentia cæterarum virtutum initium.

Sanctus Ambrosius lib. 1. de officiis. Primus officij fons est prudentia, qui tamen fons & in virtutes deriuatur cæteras. Neque enim potest iustitia sine prudentia esse.

Cassianus collat. secunda cap. 4. Tam beati Antonij quàm vniuersorum sententia definitum est, discretionem quæ fixo gradu intrepidum hominem perducat ad Deum, prædictasque virtutes iugiter conseruet illæsas, cum qua ad consummationis excelsa fastigia minore possit fatigatione conscendi.

L.
La Prudence rend les hommes bien-heureux. Seneca epist. 85. Prudentia ad beatam vitam satis est.

Kkkkk 3 plus

plus fortunez que quand ils ont obey au sage Pittaque, les Crotoniates à Pythagore, les Egyptiens à Mercure & à Osyris, les Bactriens à Zoroastre, les Perses à Oromasius, les Carthaginois à Carmundus, les Atheniens à Solon, les Scythes à Zamolxis, les Candiots à Minos, les Lacedemoniens à Licurgue, les Romains à Numa Pompilius, les Grecs à Orphée, les Hebreux à Moïse, & les Iuifs à [a] Salomon. Soyez donc bon Philosophe disoit [b] Mussonius au Roy de Syrie. Si vous desirez de regner heureusement, si vous prenez plaisir à vous asseoir sur les thrones, à porter les sceptres, & les couronnes, ô Roy du peuple, aimez la sagesse afin de regner à iamais. Suiuez cette agreable lumiere vous qui gouuernez les nations de la terre. La multitude des Sages est la santé du monde, & le Roy sage est le support du peuple.

ET qui ne sçait qu'vn bon esprit fait mettre bas les armes aux puissances plus redoutables? N'est il pas vray que Iosué, Gedeon, Dauid, Matathias, & tous ces anciens Capitaines des Hebreux auec peu de gens, mais auec beaucoup de sagesse defaisoient des nombres innombrables d'ennemis? Les Romains ont plus conquis de prouinces auec leur conseil, qu'auec leur force. Sertorius, Pyrrhus Roy d'Epire, Paul Valere, Poplicola, Iphicirtes l'Athenien, Teribasus le Persan, Pericles l'Athenien, Aristomenes le Messenien, Aratus le Sicyonien, & tous ces vieux guerriers ont plus remporté de victoires par leur prudence

---

Notes marginales :

[a] *Prouerb.* 11. Vbi non est gubernator, populus corruet, salus autem vbi multa consilia.

[b] *Mussonius tract.* Quod oporteat Reges etiam philosophari.

Sapient. cap. 6. Si ergo delectamini sedibus, & sceptris, ô Reges populi, diligite sapientiam vt in perpetuum regnetis. diligite lumen sapientiæ omnes qui præstis populis: Multitudo sapientium sanitas est orbis terrarum, & Rex sapiens stabilimentum populi est.

L.I.
La Prudence est plus forte que les armes.

Tacitus lib. 13. *Annal.* Plura in summa fortuna auspiciis & consiliis, quà telis & manibus geri. Σοφῶν γὰρ ἐν βουλεύμασι ταῖς πολλαῖς χερσὶ νικᾷ: Mens enim vna sapiens plurium vincit manus.

prudence que par le fer. Si le cheual de Troye pouuoit parler, il diroit que c'est la prudence d'Vlysse, & non point sa force qui a surpris cette ville qui auoit cousté tant de sueurs & de sang aux plus courageux de la Grece.

LII. *Diuerses excellences & bon-heurs de la Prudence.*

ᵃ Taschez *donc d'acquerir la sagesse,* dit Salomon, *parce qu'elle est meilleure que l'or: acquerez la Prudence, d'autant qu'elle est plus precieuse que l'argent.* L'or & l'argent nous tourne le dos aux approches de la mort, mais la vraye sagesse nous conduit par la main dans les eternelles demeures. Ne ressemblons point à ces folles Vierges à qui tout manqua, quand l'huile de la sagesse leur defaillit. O imprudence deplorable de ces ames insensées, qui preuoient à tout, horsmis qu'à ce qui est de plus important. Tu pouruoyes aux aises de cette courte vie, & tu ne pouruoyes pas aux eternels supplices de l'autre. Demande au S. Pere Olympius, Pourquoy souffres-tu dés si longues années des chaleurs si cuisantes dans cette estroitte loge, & les piqures de la vermine? Il te respondra: i'endure les morsures des punaises afin d'euiter le ver immortel de l'autre vie, ie souffre les ardeurs de l'Esté apprehendant les brasiers eternels, tout cela est passager, & tout cecy est perdurable: toute la gloire du monde & toutes les delices de cette vie passent en vn moment, mais les rigueurs de l'Enfer n'arriueront iamais à leur fin. O folie humaine à quoy songes-tu! ô taupe mortelle à quoy prens-tu goust? N'es-tu pas ensorcelée de laisser le Ciel pour la terre, les escarboucles pour

a *Prouerb.* 10. Posside igitur sapientiam, quia auro melior, & acquire prudentiam quia preciosior est argento.

b *In vitis Patr. c.* 141. Ista ideò tolero vt futuris cruciatibus liberer. Ideò ciniphes patior, vt immortalem effugiam vermem, sic & æstum patior æternum metuens ignem. Hæc enim temporalia sunt, illa verò finem nullum habent.

les

les cailloux, la manne pour la boüe, l'eternité de gloire, pour l'eternité de confusion, & la sagesse de Dieu pour la folie du monde. Mais prudence diuine, celuy qui vous connoit vous prefere aux thrones & aux Empires; il mesprise l'or & l'argent, & dit asseurement que les pierres precieuses ne meritent point d'entrer en parallele auec voſtre excellence, car l'or du monde n'est que du sable, & l'argent que de la fange. [b] *Ie l'ay aimé* dit Salomon, *par dessus la santé, & par dessus la beauté des creatures, & ie l'ay choisi pour me seruir de flambeau, d'autant que sa clarté est sans fin, & sans tenebres, & toute sorte de biens sont arriuez chez moy à sa venuë; tout ce qui est honnorable & plaisant m'a esté departi par ses mains liberales.* Qui ne sera donc amoureux de cette diuine Princesse, qui n'embaumera son ame de ses parfums celestes. Florissez donc ô fleurs Chrestiennes comme la fleur de Lys. Soyez donc des celestes Lys odoriferans en sagesse, & ne visez qu'à ce qui est eternel. Dressez tous vos desseins à ce but, & radressez toutes vos intentions à ce dernier bon-heur. Criez & dites à cette sagesse incréée, Parfumez Seigneur mon ame de l'onction odoriferante de vos sieges sacrez, afin que ie ne prefere point l'accessoire au principal, le bien caduc au perdurable, le rien au tout. Faites que toutes mes actions & pretentions frappét droit dans le poinct de voſtre gloire; deſtrempez Seigneur tous mes sentimens dans cette rosée odoriferante qui a fait germer & florit tant de Saincts Roys entre les hommes, comme

b *Sapient. cap.* 7. Propter hoc optaui, & datus est mihi sensus: & inuocaui & venit in me spiritus sapientiæ, & præposui illam regnis & sedibus, & diuitias nihil esse duxi in comparatione illius. Nec comparaui illi lapidem pretiosum, quoniam omne aurum in côparatione illius arena est exigua, & tanquam lutum existimabitur argentum in conspectu illius, super salutem & speciem dilexi illam, & proposui pro luce habere illam, quoniam inextinguibile est lumen illius, venerunt autem mihi omnia bona pariter cum illa, & innumerabilis honestas per manus illius, & lætatus in omnibus.

de

de beaux Lys entre les fleurs, comme d'autres Israëls entre les enfans de Dieu, & comme cette Montagne du Liban qui produit le vray encens, & les parfums de sagesse entre les autres Collines du mode: *Ero quasi ros, Israël germinabit sicut Lilium, & erumpet radix eius vt Libani.*

PARANGON VI.
LA IVSTICE DES SOVVERAINS DE FRANCE, ET NOTAM-
ment du Roy S. Lovys, com-
parée à la iuste proportion
des six fleurons
du Lys.

CHAPITRE PREMIER.
Diuers rapports des six feuilles du Lys à la Iustice.

I.
La Iustice merite sans controuerse le nom de vertu.

a *Sanctus Thomas* 22. q. 58. art. 3. Virtus huma-na quæ bonum reddit a-ctum humanum, & ipsum hominem bonum facit : quod quidem conuenit iustitiæ. Actus enim ho-minis bonus redditur ex eo quod attingit regulā rationis, secundùm quam humani actus rectifican-tur. Vnde cùm iustitia humanas operationes re-ctificet, manifestum est quod opus hominis bo-num reddit ; *Vnde Tull.*

ELVY-là seroit grandement iniuste qui voudroit reuocquer en doute si la Iustice doit porter le tiltre de [a] vertu; puis qu'elle redresse les actions humaines au niueau de la raison, & qu'elle rend l'homme mesuré en tous ses déportemens. N'est-ce pas perfectionner l'homme que de l'obli-ger volontairemét à la geometrique distribution des charges, des honneurs, & des recompenses, aussi bien que des supplices? Quel plus recom-mandable ornement peut illustrer les actions de

l'homme,

l'homme, que de le voir garder estroitement a- | *dicit in libr. 10. Offic. Ex iustitia præcipuè viri boni nominantur.*
uec toutes les regles d'arithmetique toute sorte |
de contracts? Il appert donc assez, que la Iustice est | *Iamblicus in Epist. ad Anatolium.* Ἐν δὲ τῷ ἀνθρωπίνῳ βίῳ τῶν κατ' ἀξίαν
Dame d'honneur de la maison de Dieu, & que les |
Grecs l'ont appellée sagement *Diki*, qui vient de | ἔργων τε, καὶ τιμῶν, καὶ ἄλλων τ᾽ ἐπισπωμένων ἐκάςοις
deux mots qui signifient auoir deux parties, estant | ὑφίσησι τὴν εἰς τὸν ἄνθρωπον ὅσων τετευχέναι δικαιοσύνην. *Distributio in humana vita secundùm cuiusque dignitatem & operum & honorum, & aliarum rerum quæ singulis conueniunt iustitiam quæ ad hominum vitam pertinet constituit.*
le propre des hommes iustes de partager égalle- |
ment le tout. Aussi les Iuges sont nommez en |
Grec Mesazontes, Mediateurs, diuisans toute |
chose auec poids, nombre, mesure, proportion, |
ordre, & symmetrie. |

E N suitte de cecy nous voyons que Dieu doüé | II.
d'vne Iustice souueraine, a estably cet vniuers a- | *Les six fleurons du Lys symbole de la Iustice.*
uec telle equité, que le sainct ᵃ Chronographe | ᵃ *Sanctus August. libr. 4. de Trinit. Cuius senarij perfectionem sancta nobis scriptura commendat. Genes. cap. 10 quod Deus sex diebus perfecit opera sua ex sexto die factus est homo. Georgius Venetus Cant. 1*. tom. 2. cap. 11.*
Moyse l'appelle au frontispice de son histoire du |
monde Elohim, qui signifie Iuge, ou Iuges, au |
plurier: pour nous apprendre, dit Tertulien, que |
si Dieu s'est monstré bon en l'establissement du |
monde, il n'a pas paru moins iuste, tant aux sai- |
sons de toute l'année, qu'en l'égalle distribution |
de toutes les parties de chaque creature, où nous |
lisons les characteres de cette premiere Iustice. |
Cela reluit singulierement en la figure merueil- |
leuse de la fleur de Lys: car vous la voyez si iuste- |
ment distribuée en ses fleurons, en ses vergettes, |
& en ses boutons qu'il n'est partage plus iuste que |
celuy des fleurons du Lys, ny distance mieux or- |
donnée que celle des sept massettes aux boutons |
d'or. Mais où reluit dauantage cette Iustice di- |
stributiue, & geometrique, c'est en la composi- |
tion, & au ᵇ nombre de six feuilles ou fleurons, | ᵇ *Angelomus in stromat. cap. 3. in Cant. Senarius*

nombre

numerus pr opter sex dies quibus Deus mundum fecit, & sex mundi ætates, perfectus est. Denarius verò numerus ad decalogum legis pertinet. Qui per senarium multiplicatus fuerit sexaginta complent.

c *Lib.* 3, *Reg. c.* 19.

nombre de perfection, & de iustice. Aussi nous voyons que ce grand monde, chef-d'œuure du sage Elohim, a esté mesuré & accompli dans le nombre de six iours, & que l'homme Lieutenant de sa Iustice a esté creé au sixiéme iour, pour rendre à toutes les creatures ce que le Createur demande premierement de l'homme. Tellement que ce n'est pas sans mystere que ᶜ l'Escriture saincte remarque que le throne de Iustice du sage Roy Salomon se reposoit sur six hautes marches, qu'il estoit enuironné de soixante braues guerriers, & que le mesme S. Esprit appelle le Lys du nom de Susan, qui signifie fleur à six fleurons: pour nous enseigner que la parfaite Iustice estant composée de six parties, le throsne de Salomon & la fleur de Lys sont de veritables representations de la Iustice. La premiere pampre du Lys est la Iustice, que tous les hommes doiuent à Dieu, comme à l'autheur de tous leurs biens; la seconde est celle qu'ils doiuent à leurs subiects; la troisiéme aux estrangers; la quatriéme à eux mesmes; la cinquiéme aux ennemis; & la sixiéme aux trespassez. Mais n'admirez-vous pas en ses six feuilles rengées les vnes aupres des autres, que l'vne ne s'épanoüit pas d'auantage que l'autre, & l'autre ne s'éleue ni se rauale plus que sa voisine, faisant toutes ensemble vn rond parfaict symbole de Iustice. Elles sont toutes cannelées par le dedans, toutes recourbées par le dehors, toutes retraissies par en bas, toutes estenduës par en haut, toutes aboutissantes à vn poinct, & formant

Chapitre I. Section I. 813

mant la figure d'vne iuste pyramide. De sorte que le S. Esprit n'a pas dit sans raison que le Iuste germera comme le Lys, & qu'il florira à iamais deuât le Seigneur de toutes les creatures. ^d *Vn tel Lys*, dit S. Bernard, *ne ressemble point à ces fleurs qui paroissent auiourd'huy deuant nos yeux, & sont iettées demain dans la fournaise, car il florira dans l'estenduë d'vne immortalité bien-heureuse, & florira deuant le Seigneur, dont la memoire conseruera à iamais les merites des Iustes.* C'est donc vn beau pourtraict de la Iustice, que la iuste composition des six feuilles du Lys, qui en leur figure, & en leur nombre de six, nous representent six manieres de Iustice qui ont flori en S. Louys nostre Israël François, & en plusieurs autres Monarques de France.

d *Sanct: Bernard. serm. 58. in Cant.* Quod autem iustitia Lilium sit recordamini de scriptura, quia iustus germinabit sicut Lilium, & florebit in æternum ante Dominum. Nequaquam Lilium hoc hodie est, & cras in clibanum mittitur, quia in æternum florebit. Et florebit ante Dominum cuius in memoria æternâ erit iustus.

MAIS, ie vous prie, quelle couleur est plus propre à la Iustice que la blancheur admirable des pampres du Lys. Les Iuges anciens n'estoient-ils pas reuestus de robes blanches, comme le Lys, & le throne de Salomon n'estoit-il pas d'yuoire blanc comme le Lys, pour nous instruire que c'est en la Iustice que la candeur & l'integrité doit éclater par dessus toutes les autres vertus. Pour ce sujet le * docte Iurisconsulte Louys d'Orleans asseure qu'on a nommé les Roys de France Lys de Iustice, ainsi qu'il est porté dans vne vieille escriture de Monstrelet, qui parlant du iugement du Duc d'Alençon dit; *Qu'il auoit machiné contre le Roy, à la faueur des Anglois anciens ennemis du Royaume, & condamné comme criminieux de leze Maiesté en la ville de Vendosme, le Lys de Iustice*

IT I.
La blancheur des six fleurons du Lys, marque l'integrité qui doit accompagner la Iustice.

a *Louys d'Orleans au chap. 19. des ouuertures du Parlement.*

LLlll 3   *illec*

illec feant. Les anciens ont donné ce nom aux Roys de France, à raifon, dit-il, qu'ils ont toufiours excellé en la diftribution de Iuftice fur tous les autres Roys ; ainfi que le Lys furpaffe en candeur & beauté toutes les autres fleurs. Auffi Froiffard appelle fouuent les Roys de France & les Princes François les Lys. Le manufcrit de la vie de Louys de Bourbon II. dit, parlant de fon teftament : *Ie defirerois voir l'vnion des Princes des Fleurs de Lys, & la paix de ce tres-defolé Royaume.* Tellement que les Monarques François font qualifiez Lys de Iuftice, à raifon que le Lys par fa rare blancheur, & par fon arrangement admirable eft la marque d'vn Iuge entier & inuiolable, accompagné d'vne excellente odeur de Prudence en tous fes iugemens. A raifon dequoy les [a] Grecs ont appellé fagement le Lys du mot de Crinon, qui fignifie iugement, & Iuge, & Crinon anthon l'arbitre des fleurs, pour nous apprendre que le Lys eft vn fingulier portraict d'vn homme de Iuftice, qui doit eftre fans vice comme le Lys eft fans tache. Et fans mentir fi vn Iuge eft mefchant à foy, commét pourra-t'il eftre bon aux autres : [b] mais ceux-là font les pires de tous, qui paroiffent blancs au dehors, & au dedans font noirs comme des corbeaux affamez à la curée. Alphonfe Roy d'Aragon fçachant que les Romains auoient bafti plufieurs temples à Iupiter fouz diuers noms, difoit, que s'il euft vefcu au temps que le Senat Romain gouuernoit le monde, il eut fait baftir vn téple fous le tiltre de Iupiter depofitaire, où les Senateurs euffent laiffé en depoft,

---

[a] *Suidas* Κρίνον, Liliū, λπὸ τῶ κρίνειν, iudicare, difcernere.

[b] *Cicero lib.* 1. *de Offic.* Nulla eft capitalior peftis quicupe cùm maximé fallant, id agant, vt viri boni effe videantur.

depoſt, leur enuie, leur haine, & tous leurs interests ayant que de rendre la Iuſtice. Voulant declarer que ceux qui rendent la Iuſtice doiuent viure ſans paſſion. Diodorus Siculus rapporte que l'image de la Iuſtice eſtoit peinte au ſepulchre du Roy Simandius ayant les yeux clos, les bras couppez, portant ſur ſa poitrine ce mot, *Veritas*, & ayant à l'entour de ſoy vn grand nombre de liures. Cette figure eſtoit eſtrange : car dequoy luy ſeruoiét ſes liures, ſi elle auoit les yeux bandez ? c'eſtoit pour faire entendre que le Iuge auant que de porter ſa ſentence doit bien auoir feuilleté ſon Code & ſon Digeſte, mais qu'en la prononçant il doit fermer les yeux aux conſiderations du monde, & faire paroiſtre au dehors la verité qu'il porte dans ſon cœur. Il doit auoir les bras couppez, non pour refuſer la main aux paures veſues, & aux orphelins, mais pour ne la point eſtendre à receuoir des preſens. Tels Iuges portent vne ame blanche comme les feuilles du Lys, & c'eſt parmi ces Lys que l'Eſpoux celeſte ſe repaiſt.

IV.
Autre conſideration des ſix fleurons blancs du Lys.

LES feuilles argentines du Lys, dit Dioſcorides ſont fort profitables contre les aiguillons veneneux des ſerpens, & eſtant confites dans le vinaigre gueriſsét les playes & les vlceres : & c'eſt auſſi la Iuſtice qui nous protege contre les accuſations des langues enuenimées. Elle porte le baume pour guerir les playes que l'atrocité des meſchans a couſtume de faire, ſoit en nos perſonnes, ſoit en nos fortunes. Car comme dit S. Ambroiſe, la

Iuſtice

Iustice rend aux hommes ce que l'iniustice leur auoit raui. Mais ie ne sçay qui des deux i'aurois plustost raconté ; ou les facultez medicinales des six feuilles de Lys, ou les proprietez surnaturelles de la vertu de Iustice. Nous les verrons neantmoins florir plus augustement dans le tribunal des Roys de France, qu'en tous les paralleles que nous en pourrions dresser auec les pampres du Lys. C'est pourquoy Dieu a tousiours arrousé leurs Couronnes de ses benedictions celestes, il les a fait germer en bon-heur comme des Lys plantureux, & a rendu leur gloire à l'égal des plus hauts Cedres du Liban eternel. *Ero quasi ros, Israël germinabit sicut Lilium, & erumpet radix eius vt Libani.*

CHAPITRE SECOND.
La Iustice des Souuerains de France.

SECTION PREMIERE.
Les Roys de France font particulierement estat de la Iustice, dont Clouis & ses successeurs en la premiere race ont esté zelateurs.

LA splendeur de la iudicature a tousiours paru aux yeux des plus sages nations si esclatante, & diuine, quelles n'ont iugé aucune personne plus capable d'vn tel honneur que les premieres testes du monde, à sçauoir leurs ª Roys, leurs Prestres, & leurs Empereurs. Ainsi l'a t'on veu chez les ᵇ Romains, tãt en la lignée de leurs Roys, que de leurs Consuls, & de leurs Empereurs. Ainsi les Egyptiens, & les Grecs ont long-temps conserué sur vn mesme throne la Royauté auec le Sacerdoce, & le Sacerdoce auec la Iudicature. De mesme le ᶜ Roy Dauid aupres des Hebreux faisoit iugement, & iustice à tout le peuple auec tant d'equité, qu'il a merité que sa Couronne ne soit point tombée par terre. Et auiourd'huy nous voyons que les Princes les plus sages croiroient ne regner que d'vn bras, s'ils ne marioient leur Principauté auec la Iustice. Aussi nos Liures ᵈ sacrez

V.
L'administration de la Iustice est digne des Roys.

ª Hoc vno Reges olim sunt fine creati, Dicere ius populis, iniustaque tollere facta. *Hesiodus.*
ᵇ *Valentinianus Imperat. senior apud Zonaram lib.* 3. A principe in primis curam iustitiæ flagitari.

ᶜ *lib.* 2. *Regum c.* 8. Faciebat quoque Dauid iudicium & iustitiam omni populo.

Mmmmm

[marginalia left:]
d *Hieremias cap. 22. Audi verbum Domini Rex Iuda, qui sedes super solium Dauid, tu & serui tui, & populus tuus qui ingredimini per portas istas, hæc dicit Dominus, facite iudicium & iustitiam & liberate vi oppressum de manu calumniatoris; &c. Quod si non audieris verba hęc in memetipso iuraui, dicit Dominus, quia in solitudinem erit domus hęc.*

Sanctus Hieronymus in cap. 22. Hieremiæ. Regum proprium est facere iudicium, & iustitiam, & liberate opressos de manu calumniantium.

e *Dionysius Halicarnasseus lib. 2. ait proprium esse Regum; † ἀδικουμένων τὰ μέρεα διακρίνειν.*
e *Spartianus & alij. Noli igitur imperare.*

f *Le Code de Henry III. autrement appellé les Basiliques de France.*

V. I.
La main d'yuoire qui se porte deuant les Roys de France témoigne leur affection à l'endroit de la Iustice.

a *Apuleius lib. XI. Milles. Quartus æquitatis ostédebat indicium, efformatam manum sinistram porrecta palmula, quæ*

[main text:]

818   *Parangon V I. du Lys sacré,*

d sacrez ne recommandent rien tant aux Roys que l'exercice de cette diuine vertu, & le soulagement des peuples oppressez. *Escoute la parole de Dieu, Roy de Iuda, qui és assis sur le throne de Dauid: le Seigneur te commande de faire iugement, & Iustice, autrement cette maison sera reduite en solitude.* Ce sont des paroles écrites non seulement dans le Prophete Hieremie, mais encor en la Chambre du Parlement de Paris, appellée la Chambre de l'Audiance. De maniere que cette femme n'auoit pas mauuaise grace, qui repartit à l'Empereur Adrian qui luy refusoit de faire Iustice; e *Ne soyez pas Empereur, si vous ne voulez pas estre Iuge.* Que si quelques Roys sur la terre ont esté zelateurs de cette royalle vertu, ce sont les Roys de France, nourrissons de Themis, conseruateurs du droict, & Peres des affligez. Le celebre & signalé liure appellé le f *Code du Roy Henry III.* pourra contenter le desir de ceux qui en requerront de grandes preuues pour l'enrichissement de la Iustice de ces augustes Roys. Si nous examinons leurs ornemens royaux, nous verrons que leur manteau est tout semé de Lys, qui ne nous descouurét autre secret qu'vne singuliere affection à la Iustice.

MAIS dequoy, les aduertit cette a main gauche d'yuoire qu'ils font porter aux iours de leurs pompes, sinon d'vne cordiale manutention de la Iustice? Ils ne font point brandir deuant eux l'épée de Iustice comme d'autres Princes, ils ne font point porter deuant eux des pots pleins de feu, comme les Roys d'Asie, les Ynguas des Indes

Occi

Chapitre II. Section I. 819

Occidentales, & les Samorins des Indes d'Orient. On ne voit point deuant eux ni de haches, ni de verges, ni de cordes comme deuant ces anciens Consuls de Rome, mais ils presentent la main, pour signifier que des deux parties de la Iustice, ils employent plus souuent celle qui recompense les merites des vertueux, que celle qui punit les mesfaits des criminels. Cette main monstre au doigt qu'ils sont plustost Peres pour secourir, que Iuges pour condamner. Que si les Empereurs Alexandre Seuere, & Gratian ont employé la main en leurs effigies, pour témoigner qu'ils estoient les reparateurs de l'Estat; n'est-ce pas la main de Iustice des Roys de France qui restablit les ruines publiques, & particulieres? Si la paix, & la felicité est representée par la main; n'est-ce pas la Iustice du Roy de France qui calme tous les orages qui se sousleuent dans son Royaume? Mais il faut remarquer que cette main de Iustice qui se porte deuant les Roys de France est d'yuoire, & non point d'argent, ny d'or, ainsi qu'est le reste de la verge, pour declarer que [b] l'Elephant, dont l'yuoire est tiré, estant vn animal, comme dit Pline, des plus sensés, des plus accorts, & des plus equitables; aussi la Iustice du Roy est tousiours accompagnée de sagesse, de douceur, & d'equité. D'autrepart l'Elephant estant vn animal qui ne peut courber le genoüil, quoy que plein de douceur; de mesme la Iustice des Monarques François ne sçait que c'est de ployer sous les faueurs humaines, non pas mesme par les menaces des puis-

genuina pigritia, nulla calliditate, nulla solertia prædita videbatur æquitati magis aptior quam sinistra.

[b] *Plin. l. 8. cap. 1.* Maximum est Elephas animal proximúmque humanis sensibus, quippe intellectus illi sermonis patrij, & Imperatorum obedientia, officiorumq; quæ didicere memoria amoris, & gloriæ voluptas, imò etiam; quæ in homine rara probitas, prudentia, æquitas, religio quoque syderum, Solisque ac Lunæ veneratio.

Mmmmm 2 sances

sances de la terre. Elle ne respecte que le Pape, les Prestres, & l'Eglise, comme fait l'Elephant le Soleil, les Astres, & la Lune. Pour ce sujet, dit Gaguin, les Princes estrangers ont eu souuent recours au throne de cette Iustice, comme au plus celebre oracle du temple de Themis. Aussi ne faut-il point que tu ᶜ entreprennes d'estre Iuge, si tu n'as pas assez de front pour choquer l'iniquité d'autruy par ta vertu.

c *Ecclesiast. cap. 7. Noli velle fieri iudex, nisi virtute valeas irrumpere iniquitates.*

VII.
La verge de la main de Iustice des Roys de France témoigne l'equité de leur iustice.

CETTE royale vigueur est encor figurée par cette main de Iustice qui sort d'vne verge qui n'est point tortueuse ni flexible, mais droite, & de fin or: pour nous signifier aussi la pureté & la droiture de la Iustice des Souuerains de France. Nos Histoires racontent qu'apres que Charlemagne eut maintenu son Empire auec cette verge d'equité, il la resigna à la fin à son fils Louys successeur en ses Estats, qu'il inuestit par son royal accoustrement, par sa Couronne, & par la verge de Iustice, qui estoit faite d'or, & de pierres precieuses. Et c'est la mesme que l'Archeuesque de Rheims donne au Roy en son couronnement, luy disant: ᵃ *Prenez la verge de vertu, & d'equité, afin que vous sçachiez caresser les vertueux, & intimider les meschans; radresser les deuoyez, prester la main aux defaillans, ruïner les superbes, & releuer les humbles, afin que* IESVS-CHRIST *vous ouure la porte, puis qu'il a dit de soy: ie suis la porte, si quelqu'vn entre par moy il sera sauué.* Depuis ce temps-là, les Roys font porter deuant eux cette verge d'equité, & se font peindre auec cette main, pour declarer que comme les

a *Ex libello inauguration. Reg. Accipe virgam virtutis, & æquitatis qua intelligas mulcere pios, & terrere reprobos, errantibus viam dare, lapsisque manum porrigere, disperdasque superbos & releues humiles vt aperiat tibi ostium Iesus Christus Dominus noster qui de se ipso ait: Ego sum ostium, per me si quis introierit saluabitur, &c.*

Chapitre II. Section I.

me les Dieux de l'antiquité eſtoient repreſentez peints auec le ſymbole de ce à quoy ils auoient plus d'inclination, de meſme les Monarques de France ne portent point en leurs mains la pique de Mars, la foudre de Iupiter, le marteau de Vulcain, mais la verge de Iuſtice. C'eſt auſſi la vertu dont les Monarques François iurent la conſeruation en la celebrité de leur ſacre. Car l'Archeueſque de Rheims eſtant deuant l'Autel, où le Roy ſe preſente pour eſtre ſacré, luy demande au nom de toutes les Egliſes & du peuple, s'il n'eſt pas preſt de garder à tous les Eueſques & à toutes leurs Egliſes le priuilege canonique, la Loy deuë, la Iuſtice, & la protection? A quoy ſa Majeſté reſpond; [b] *Ie vous promets, & vous accorde à vn chacun de vous autres, & à vos Egliſes le priuilege canonique, la Loy deuë, la Iuſtice, & la defenſe autant qu'il me ſera poſſible auec l'aſſiſtance de Dieu, & qu'vn Roy y eſt obligé en ſon Royaume.* S'eſtant lié à tout cela par vn ſolemnel iurement, l'Eueſque de Laudun, & celuy de Beauuois le ſouſleuent de terre, & le monſtrant au peuple luy demandent: *Ne deſirez-vous pas d'accepter vn tel Roy?* Tous crians qu'ils le veulent, le Roy s'aſſied en ſon throne, & s'oblige derechef par vn ſolemnel ſerment à ce qui s'enſuit. [c] *Ie promets au nom de* IESVS-CHRIST *à tous mes ſubiects Chreſtiens, de leur procurer la paix en tout temps autant que vous le iugerez à propos. Que i'interdiray de tous les Ordres le larrecin, & le vice, que ie recommanderay en tous les iugemens la miſericorde & la Iuſtice, afin que le Dieu de miſericorde nous departe la ſienne.*

[b] *Ex eodem libello.* Promitto vobis, & perdono quod vnicuique de vobis, Eccleſiis vobis cōmiſſis canonicum priuilegium & debitam legem atque iuſtitiam ſeruabo, &c.

[c] *Ibid.* Item quod omnes rapacitates & omnes iniquitates omnibus gradibus interdicam. Item quod in omnibus iudiciis æquitatem & miſericordiam præcipiam: vt mihi & vobis indulgeat ſuã miſericordiam clemens & miſericors Deus.

VIII.
Les Roys de France se soumettent à la Iustice comme les moindres de leur Royaume.

C'EST donc cette verge d'equité que les Monarques de France embrassent estroittement dés le premier iour de leur couronnement, & s'y soumettent si religieusement, que Charles VII. fit vne Ordonnance que les despens des procés dont les Roys seroient à l'auenir condamnez ne seroiét point payez, s'ils n'estoient signez. En suitte de cecy l'on trouue plusieurs lettres écrites aux Parlemens, qui leur commandent de n'auoir point d'égard à ce qu'ils ordonneront, s'il offence tant soit peu le lustre de la Iustice, & qu'ils ne veulent point estre escoutez, ny obeys, si dauanture leurs Ordonnances se departent tant soit peu de son alignement. Et pour donner aux Iuges subalternes plus de vigueur à se roidir pour le droict, Philippe le Bel imitateur de la Iustice de son ayeul S. Louys, faisoit iurer ses Officiers quád il les admettoit aux charges, de ne point passer ce que sa Majesté commanderoit, si l'integrité du droict estoit affoiblie par l'Ordonnance royale. Cecy me fait ressouuenir d'Antiochus III. Roy d'Asie, qui auoit mandé à toutes les Villes de son domaine, que si d'auanture il leur escriuoit de faire quelque execution au desauantage des Loix, qu'ils reputassent telles lettres ne s'adresser à personne ; celuy-là n'estant pas homme qui renonce à la raison, qui la range au nombre des hommes. Les Monarques François portent encore plus haut l'honneur de leur Iustice, en ce que non seulemét ils refusent toute sorte de faueurs en leurs differens ; mais encore qu'ils se condamnent eux mesmes par

Chapitre II. Section I. 823

mes par la Loy qu'ils ont imposée aux autres. En quoy ils ne meritét pas moindre gloire que ᵃTrajan, qui remettant son épée entre les mains de son Connestable, adiousta ces memorables paroles, *In cunctos in méque simul.* Contre tous, & contre moy pareillement si ie le merite.

ᵃ *Zonaras tom. 2. in Traiano Imperatore.*

VN autre preuue remarquable du zele des Souuerains de France à la gloire de la Iustice, est l'vsage de leur lict de Iustice ; car au lieu que les autres Princes se font paroistre armez sur leurs grands seaux, eux s'y font representer assis en leur lict de Iustice. Ce lict de Iustice n'est autre que leur throne royal, sous le grand pauillon, garni de riches oreillers de veloux violet, semez de Lys, pour asseoir & soustenir les pieds de sa Majesté, assistée des Princes du sang, de son Parlement en robbes rouges, des Pairs, & des Officiers de sa Couronne, qui assistent en la Chambre dorée de la Cour de Parlement de Paris, tapissée de veloux violet, semée plus plein que vuide de Fleurs de Lys d'or en broderie. Ce n'est pas sans mystere qu'on appelle lict de Iustice ce throne royal assorti d'oreilliers sous les pieds, sous les coudes, & pour appuyer la teste ; c'est pour signifier qu'au lieu que l'Empereur Caligula se vantoit de coucher auec la Lune, les Roys de France prennent vn repos plus asseuré dans le sein de la Iustice, non de ce sommeil du Roy Philippe dormant en la cause de Machetas, qui appella de luy à luy-mesme, quand il seroit eueillé ; mais de celuy de la Iustice fermant les yeux pour n'auoir

I X.
Le lict de Iustice des Monarques François est vne marque de leur zele à rendre la Iustice.

aucun

aucun respect de personne, à la façon des Areopagites qui prononçoient leurs sentences pendant la nuict. Ces oreillers nous apprennent qu'en donnant audience ils ont les oreilles ouuertes à la façon d'Alexandre, pour receuoir les plaintes de leurs subiects, & que sous leur vigilance chacun doit prendre son repos. Ne nous contentons pas de cette seule pensée, passons à d'autres encore plus riches. Quand ie me figure ᵃ Salomon sur son lict enuironné de soixante Capitaines des plus courageux d'Israel, armez de bons coutelas contre les frayeurs de la nuict. Il me semble voir les pacifiques Roys de France se reposans sur leur lict de Iustice, entourez des Princes du sang, des Pairs, & des Officiers de leur Couronne, prests à prononcer de sages Arrests. Mais pourquoy qualifient-ils leur throne de Iustice du nom de lict? Quand i'apprends d'vn ancien ᵇ Docteur que *le lict de Salomon est l'ame tranquille des hommes vertueux, où Dieu se repose comme dans vn agreable lict;* alors ie concluds qu'en entendant les Arrests qui sortent de la bouche des Roys, nous ne les deuons plus recueillir comme des paroles d'hommes, mais comme la voix de Dieu qui repose dans l'esprit du souuerain, comme le souuerain se repose sur son lict. I'apprends aussi que tout ainsi, que ᶜ *l'ame vertueuse se dresse vn lict la nuict*, dit S. Gregoire, *quand s'éloignant du tracas du monde elle fait vne secrette retraitte;* de mesme le tribunal des Roys est appellé lict, pour signifier qu'ils rendent leurs Arrests auec vne grande tranquillité d'esprit, sans mouuement

---

a *Cant. cap.* 3. En lectulum Salomonis sexaginta fortes ambiūt ex fortissimis Israël: omnes tenentes gladios, & ad bella doctissimi; vniuscuiusq; ensis super femur suum propter timores nocturnos.

b *Angelomi stromatis cap. 3. in Cant. tom. 9. part. 1. Biblioth. Patrum.* Lectus Salomonis quieta est mens sanctorum in quibus ipse velut in lectulo requiescit.

c *D. Gregorius in cap.* 3. *Cant.* Lectulum sibi sancta anima in nocte facit, dum omnes perturbationes mundi fugiens secretum comparat in quo requiescit.

Chapitre II. Section I.

mouuement de perturbation, & sans apprehension de personne. Le tribunal des Roys de France est appellé lict, d'autant que comme le [d] lict est le lieu où le corps ne trauaille point; de mesme l'exercice de la Iustice est si agreable aux Roys de France qu'ils ne s'y ennuyent point;& qu'ils peuuét dire que le corps recru de trauail n'a pas plus d'inclination au lict que leurs esprits à se reposer sur leur lict de Iustice. En vn mot, si [e] *lectus* en latin prend son origine *ab electis ac mollibus herbis*, des herbes elites, dont les anciens se seruoient pour se reposer dessus auec plus de mignardise, il faut auoüer que les Roys de France se reposent aussi volontiers sur leur tribunal que sur vn lict de roses, & de Lys, dont leur lict de Iustice est tout couuert.

d *Aponius lib. 5. in Cant. tomo 9. part. 1. Biblioth. Patr.* Lectus namque requiei locus est vbi infirma, lassaque consueta sunt membra requiescere.

e *Beatus Bruno in Psalm. 6. in t. XI. Bibl. Patr.* Lectus autem ab electis ac mollibus herbis dictus est, supra quas antiquitus quiescentium corpora remittebantur in somnium.

LA dignité de ce lict de Iustice a tousiours paru si magnifique aux yeux mesmes de ceux qui n'admirent pas beaucoup de choses, que l'Empereur Sigismond estant venu à Paris,& Charles VI. l'ayant logé dans le Louure, & ce qui est plus remarquable l'ayant fait asseoir en son lict de Iustice, il en admira si fort la splendeur, & en tint la faueur si chere, qu'il l'égaloit à vne seconde Couronne. Si cela se fust passé en temps de guerre, on eust pû dire ce que dit Froissard du Prince de Galles, apres qu'il eut obtenu vne signalée victoire en Espagne; *Il fit iugement d'armes deuant sa tente, & par ainsi pouuoit-on dire que toute l'Espagne estoit lors en son obeyssance.* Mais Sigismond soustint cet honneur auec la mesme

X. *Les Princes estrangers ont admiré la splendeur du lict de Iustice des Roys de France.*

intention que sa Majesté luy deferoit, à sçauoir par vn excés de bien-veüillance. Le Roy de Portugal ayant receu la faueur de se reposer sur ce throne, auoüa au partir de là, qu'il n'auoit rien vû en sa vie qui aprochast de cette pôpe. Les Roys de Sicile, de Naples, de Nauarre, d'Escosse, d'Armenie, de Cypre, & de Hierusalem en ayant contemplé l'excellence, ont aussi admiré l'vtilité de son vsage. L'Empereur Charles quint ayant conceu de cette royale Iustice des pensées toutes augustes, apres en auoir vû la splendeur, dit franchement, que sa renommée estant illustre par tout le monde, sa dignité surmontoit encore toute sa reputation, & ses merites toutes les loüanges des hommes.

XI.
Les Roys de France depuis Clouis ont rendu de celebres témoignages de leur Iustice.
a Agathias lib. 6. de bell. Vandalic. Apud illos subditi sunt iustitiæ & patriæ studiosi. Principes verò vbi opus est, placidi & obsecundantes. Idcirco firmam degunt habentes potentiam, iisdem legibus vtentes, sua tuétes, nihilque amicientes, quamplurima verò acquirentes.
Διϰαιοσύνη γὰρ ϰαὶ φιλονεικίαις οἷς ἂν ἐπαφείη διδάγματα τίθησι πολυτρόπως ϰαὶ μόνιμος ϰαὶ ἥϰιϛα πολυτρόποις ἁλώσιμον. Iustitia enim & amicitia vbi vigent, beatam firmamque efficiunt Rempublicam, æquaquam hostibus expugnabilem. Franci ita-

CE n'est pas dés à present que la Iustice de France s'est renduë admirable aux yeux des plus sages. Vous auez entendu cy dessus comme Agathias, autheur Grec, qui viuoit sous les fils de Clouis, l'eleue iusques au Firmament. Et pour n'obmettre point ce qu'il en adiouste, il dit [a] que les François sont singulierement zelateurs de la Iustice, & que leurs Roys & Seigneurs se soumettent aux loix aussi bien que leurs subiets, ce qui les rēd puissans, & inuincibles, ne se laissans point vaincre, mais surmontans les autres nations. Voila comme la Iustice & les Roys de France sont iumeaux, & nourris dans vn mesme palais. Si vous en doutez, lisez les suiuans discours auec autant de desir, que ie les ay escris auec de fidelité. Clouis estant encor Payen témoigna par le chastiment d'vn sien soldat combien

Chapitre II. Section I.

bien il cheriroit la [b] iuſtice humaine s'il ſe faiſoit Chreſtien, puis qu'il la careſſoit deſia ſi eſtroitement dans l'iniuſtice de ſa Religion. Ce gendarme ayant trouué mauuais que Clouis vouluſt rẽdre à S. Remy vn vaſe de haut prix qui auoit eſté dérobé en l'Egliſe de Rheims, piqué de colere déchargea deſſus par deſpit vn bruſque coup de hache, diſant que le Roy ſe deuoit contenter de ce qui luy écherroit de ce butin de guerre ſás pretẽdre autre choſe. Clouis diſſimula cette rodomontade, & neantmoins rendit le vaſe aux Eccleſiaſtiques de Rheims, auec autant de froideur qu'il euſt par apres de zele à punir l'inſolence de ce Sacrilege. Car vn an apres ayãt cõmandé vne mõſtre generale à toute ſon armée, viſitant chaſque compagnie, il s'addreſſa à ſon éceruelé, & luy dit, tu es ſeul galand de mal armé, tu n'as ni eſpée ni hache qui vaille, & diſant cela il la luy oſta & la ietta à terre, le ſoldat ſe baiſſant pour la recueillir, n'en releua iamais: car le Roy luy delaſcha ſur la teſte vn peſant coup de ſa hache qui l'eſtendit mort ſur la place; luy reprochant ſon dernier meſfait; ainſi frappas-tu le vaſe à Soiſſons. Cecy me fait reſſouuenir de ce pourtrait de la Iuſtice que [c] Pauſanias décrit tenant par le collet vne hideuſe femme, qu'elle baſtonne rudement; pour ſignifier que la iuſtice doit prendre vengeance des injures qu'on reçoit, ainſi que fit ſagement Clouis de ce Sacrilege, & de cet autre ſoldat qui vola le foin du paiſan, comme i'ay declaré ailleurs. De ſorte que nous conclurrons auec vn an-

cien

que hoc modo vitam inſtituentes, & ſibi ipſis & finibus imperant.
[b] *Bar. Ann. Chriſt. t.6 c. 489. Sed tum eluxit iuſtitia Clodouei, licet adhuc gentilis, de quo iſta narrat Gregorius. De quadam inquit, Eccleſia Vrceum miræ magnitudinis ac pulchritudinis hoſtes abſtulerunt, cum reliquis Eccleſiaſtici miniſterij ornamentis. Epiſcopus autem Eccleſiæ illius miſſos ad Regem dirigit, vt ſi aliud de vaſis ſacris nõ mereretur accipere ſaltem vel vrceũ Eccleſiæ ſuæ recipiat, &c. Tranſacto verò anno, iuſſit omnem cum armorum apparatu aduenire phalangem, oſtenſurum in campo Martio ſuorum armorum nitorem. Verùm vbi cunctos circuire deliberat, venit ad vrcei percuſſorem, cui ait: Nullus tam inculta vt tu, detulit armaturam neque tibi haſta, neque gladius, neque ſecuris eſt vtilis. Et apprehenſam ſecurim eius in terram deiecit. At ille cùm paululum inclinatus fuiſſet ad colligendam eam; Rex eleuatis manibus, ſecurim ſuam capiti eius defixit: ſic inquit, tu apud Sueſſoinas in vrceo illo feciſti. Hæc Gregorius fuiſſe autem vas illud Rhemenſis Ecclesiæ, requiſitum verò à S. Remigio eius Eccleſiæ Epiſcopo tradit Hincmarus.*
[c] *Pauſan. in Eliac. lib. 1. Orpheus in hymno iuſtit.* Κλῦδι θεὰ κρίσιν θνητῶν πάμβομ διόκοις; Audi Dea malitiam mortaliũ frangens iuſtè.
[d] *Aimoinus lib. 1. cap. 16.*

cien Historiographes que la defense de la Religion & la vigueur de la Iustice ont fait vne si estroitte alliance auec Clouis qu'elle n'a pû estre rompuë que par la mort mesme.

Permansitque, in eo vsq; ad terminum vitæ, custodia Religionis & iustitiæ vigor.

XII.
Clotaire n'espargne point son sang pour la Iustice.

SON Fils Clotaire a laissé à toute la posterité vn exemple de Iustice si remarquable, que iamais enfant ne deuroit offencer son pere apres auoir ouy le rigoureux chastimét que Chramnus receut de son pere, ainsi que ie l'ay desia raconté en vn autre Parangon. Personne ne trouuera estrange cette iustice, si on se souuient que l'Empereur ᵃ Constantin le Grand fit mourir pour moindre sujet son fils Cryspus, n'estant rien au monde de si sensible à vn pere, que de se voir persecuter par celuy qui luy doit plus que la vie.

a *Cuspianus & Suidas.*

XIII.
Le Roy Dagobert zélateur de la Iustice.

DAGOBERT ayant esté reconnu Roy par tout le Royaume embrassa aussi tost ce que les peuples attendent d'vn sage Monarque. Mais comme vn autre ᵃ Samuel qui rendoit iustice tous les iours de sa vie, & qui tous les ans faisoit le tour en Bethelehem, en Galgala & Masphat, rendant iustice au peuple d'Israël : de mesme le bon Roy Dagobert visitoit soigneusement les prouinces de son Royaume, & toutes les meilleures villes, pour rendre vne bonne & briefue iustice au contentement des oppressez. Auec vne pareille diligence l'Empereur Hadrien rendit son Empire si florissant, qu'on fit battre vne monnoye à sa loüange qui portoit cette inscription, *Locupletati orbis terrarum*, que la iustice de l'Empereur enrichissoit le monde. Autant en pouuoit-on dire du Roy

a *1. Reg. 7.*

Roy Dagobert, qui perdoit les repas pour donner audiance, & se priuoit de son repos pour asseurer celuy de ses subjets. Si vous fussiez entré en son palais, vous l'eussiez plustost pris pour vne Cour de Parlement que pour la demeure d'vn Roy, & l'histoire dit qu'il le faisoit à l'imitation de ses predecesseurs, tant la Iustice a esté à cœur à tous les Monarques François, & le doit estre à tous les Roys de la terre, s'ils veulent estre parmi les hommes l'image de celuy qui les a faits Roys, & qui leur a mis en main, non point du fer, ni du feu, mais sa Loy, & sa Iustice. ᵇ Dagobert ayant ressemblé à Salomon à bastir vn magnifique Temple, tel qu'estoit celuy de S. Denys, il ne luy a pas esté inferieur en Iustice, comme il appert par cette action remarquable. La nourrice de l'enfant d'vne vefue de Marchand n'ayant pû tirer son salaire de cette mere, en fit ses plaintes au Roy, qui ordonna que l'enfant seroit mis vn matin à la porte de sa mere, afin de reueiller en elle, par ce spectacle, les sentimens de mere, & la flechir à la raison. Mais tant s'en faut qu'elle s'addoucist, elle s'obstina dauantage : car ayant renoncé à toutes les inclinations de mere, elle ne voulut pas seulement ouurir sa porte, afin de n'estre point touchée d'vn object qui eust donné du ressentiment aux bestes plus farouches. La nourrice voyant cet enfant qui demeuroit long-temps sans laict & assistance, le reprit, & luy continua son soin ordinaire, sans esperance d'autre recompense que du merite de sa charité. Cette petite creature

ᵇ *Ex veteri Chronico*

Nnnnn 3 estant

estant morte là quelques iours de là, & le Roy en ayant sçeu l'accident, adiugea les biens de l'enfant à la nourrice, puis que la mere s'estoit renduë indigne de sa succession.

SECTION II.

La Iustice des Roys de France de la seconde race.

XIV.
La Iustice comparée au Soleil.
a *Philo Iudæus de offerentibus victimas.*
Origenes hom. 9. in Exod.

Evx [a] qui ont comparé la Iustice au flambeau, nous ont donné à connoistre que cette vertu nous éclaire parmi la nuict des ignorances de cette vie, qu'elle découure les embusches de nostre repos, qu'elle nous guide parmi les tenebres de nos afflictions, & qu'elle retire nostre raison des mauuais pas de nos sens dereglez, à ce qu'au moins sur le bord nous decouurions le precipice. On peut neantmoins encore encherir sur leurs pensées, si on asseure que la Iustice est aux hommes ce que le Soleil est en l'vniuers; sans ce Roy des planettes, les Astres demeurent en eclipse, l'air sans lumiere, & la terre sans fruicts. Aussi est-ce la Iustice qui gouuerne & maintient par ses influences les trois Estats du monde; elle decore le Clergé, distribuant les thiares, & les croces aux plus meritans. Elle illumine la Noblesse & les armes, qui sans les rayons de l'equité, au lieu de receuoir de la gloire par l'employ de leur courage ne doiuent attendre que de l'opprobre.

bre. Et si le tiers Estat n'est regardé par cet Astre, & échaufé de ses feux, il demeure sans fruict, sans commerce, sans ordre, & en vn mot, vn Royaume sans Iustice est vn monde sans Soleil, aussi les anciens luy donnoient vn visage tout enuironné de rayons.

XV. *Le Roy Pepin a esté fort affectionné à rendre la Iustice.*

LA France s'estoit presque veuë en pareille desolation pendant le regne des derniers Roys de la premiere lignée, mais aussi tost que Pepin a monté dans le throne de la Monarchie Françoise, il a paru comme vn noueau Soleil dans le signe de la Balance, dissipant toutes les obscurités des trois Estats, par le restablissement des assemblées generales du Royaume, qui auoient esté interrompuës durant la foiblesse ᵃ des derniers Roys. On entendit pour lors vn Edict qui commandoit qu'elles seroient tenuës deux fois l'an, à sçauoir le premier iour du premier mois de l'an, qui en ce temps là estoit le mois de Mars, & le premier du mois d'Octobre. On appelloit ces assemblées Synodes, & Conciles ; d'autant que les premiers differents qu'on mettoit sur le tapis estoient ceux des Ecclesiastiques. Depuis on les nomma Parlemens, à raison qu'on y parloit de toute sorte d'affaires, tant generales que particulieres, estant loisible à vn chacun d'y representer ses plaintes, & demander Iustice des torts, & des oppressions qu'on auoit receuës des Gouuerneurs de Prouince, & de toutes autres personnes. Si alors la France vuidoit en deux assemblées tous les differens du Royaume, en quels siecles de contention sommes-nous

a *Scipion Dupleix.*

mes-nous donc arriuez, où l'on retrouue presque autant d'Officiers de Iustice qu'on voit de testes dans les Villes, qui iour & nuict ne peuuét esteindre cet embrasement de procés, qui semblent se r'allumer par leur amortissement, & se rendre fecond dedans leur propre cendre. En ce temps on ne sçauoit que c'estoit de Cour souueraine, & de mille subtilitez que la malice des siecles a formé en arts, & reduit en prattique. En ces assemblées les personnes du tiers Estat n'y auoient nul suffrage durant la premiere lignée des Roys; mais seulement les Ecclesiastiques, & les principaux Seigneurs du Royaume estoient eux mesmes Iuges de leurs iusticiables, tant l'innocence regnoit parmi le monde. Mais depuis que la Noblesse a méprisé les bonnes lettres, ces honneurs l'ont méprisée, & a esté contrainte de receuoir le iugement de ceux qu'elle souloit autresfois iuger.

XVI.
Les gens d'Eglise aduocassoient anciennemēt.
a *Louys d'Orleans en ses ouuertures de Parlement.*

LES ᵃ anciens registres font voir que les barreaux & les Parlemés de France n'estoient remplis que de gens d'Eglise, qui faisoient sainctement l'office d'Aduocats, tāt pour les paures, que pour les riches. Monstrelet rapporte que le Roy de Portugal estant entré au Parlement de Paris, François Hassé Archidiacre de Paris, & Pierre de Brabant Curé de S. Eustache plaiderent deuant luy vne cause en regale. La Iustice estant fille du Ciel, qui en merite mieux le gouuernement que ceux qui ont consacré leur vies au seruice diuin? Mais les souuerains Pontifes preferant la Iustice spirituelle à la temporelle, leur ont interdit cette prattique,

Chapitre II. Section II.

tique, afin qu'ils vacquent d'autant plus soigneusement au barreau des consciences, que leurs esprits seront moins embarassez dans la chicane du monde. On dit que celuy qui pesche en eau trouble, ressemble à celuy qui prend le poisson Arotanus, qui donne aussi tost la fiévre au pescheur qui l'a pris, & ne s'en peut defaire iusques à ce qu'il ait laché la prise : aussi est-il bien difficile de se garantir des ardentes fiévres du Purgatoire, si on ne quitte la proye qui est iniuste. Dix heures de tourmét sót icy plus supportables qu'vne heure de supplice dans les bruslantes chartres, & le fils en ce cas là, porte l'iniquité du pere, quand il en est partisant.[b] Pepin estoit plus auisé que cela; car rendant luy-mesme ce qui appartenoit à Dieu, il contraignit courageusement Vvaipharius Duc d'Aquitaine d'en faire autant, lors qu'il refusa de rendre le bien des Eglises. Car l'ayant pressé auec vne puissante armée, il l'obligea de luy enuoyer pour ostage de la restitution Adalgarius, & Istherius. Mais ce perfide ne faisant pas estar d'accomplir sa promesse, il l'alla trouuer derechef, & l'ayāt fait mourir, il prit possession de l'Aquitaine, iuste punition de ses sacrileges, & rare exemple de Iustice pour la terreur des Grands.

[b] *Baronius tom. 9. Anno Christi* 700. Hoc anno Pipinus bellum mouit aduersus Vuaipharium Aquitaniæ Ducem, res Ecclesiasticas inuadentem ; ductoque in Aquitaniam exercitu, rerum Ecclesiæ iniustè ablatarum restitutionem facere, exhibito iuramento, obsidibúsque datis, promittere ipsum coëgit. Hæc facta hoc anno vetus chronicon docet, sed hæc pluribus apud Aimoinum.

SI Pepin a esté vn Soleil en Iustice, Charlemagne ne sera-t'il pas vn Soleil meridien le comparant à l'Orient de son Pere ? SI ce grand Astre ne refuse point ses rayons quelque part qu'il soit, à toutes les heures du iour, & de la nuict, aussi Charlemagne, disent nos Historiens, ne refusoit point

XVII. *De la Iustice de l'Empereur Charlemagne.*

point son conseil en aucun temps, pour l'esclaircissement des differens de ses subiects, imitant en cela cette grande lumiere de l'Eglise S. Ambroise, qui ayant tousiours les oreilles ouuertes aux plaintes des affligez, ne vouloit point aussi qu'on fermast les portes de son logis en aucune heure, estát tousiours prest d'appliquer le baume de ses aduis sur les playes des pauures desolez. De maniere que nous pouuons dire auec toute verité du grád Empereur Charlemagne, ce que publie [a] Suetone de l'Empereur Auguste, qu'il estoit si attaché à rendre la Iustice qu'il y passoit les nuicts auec les iours; & si la maladie luy faisoit garder la chambre, son lict luy seruoit de lict de Iustice. Nos [b] Histoires remarquét, qu'en s'habillant le Preuost & les parties entroient en son cabinet pour vuider leurs differens. Car en ce temps là l'office du Preuost de l'hostel du Roy, qu'on appelloit aussi Maistre du Palais, auoit iurisdiction sur les domestiques du Roy, & se tenant à la porte du cabinet du Roy, ou de sa chambre, il receuoit toutes les requestes des parties, & les rapportoit au Roy pour y donner appointement. Louys d'Orleans a remarqué qu'ils estoient deux ordinairement, l'vn Clerc, & l'autre laic, & qu'ils s'appuyoient sur vne barre pour receuoir les requestes. Mais depuis ce temps là ils se sont mutipliez en telle façon qu'à peine auiourd'huy en sçait-on le nombre. Voila comme nos plaintes se multiplient de iour à autre au deshonneur de nostre patience. Le Parlement estant estably, l'on fit de ces requestes

[a] *Suetonius in Augusto.* Ius assiduè dicebat in noctem nonnunquam.

[b] *Scipio Dupleix in Annalibus Galliæ sub Carolo M.*

stes vne Iurisdiction, qui est encor auiourd'huy pres la porte de la grande sale, vers la gallerie des Merciers, & qu'on appelle les requestes du Palais. Cette Iurisdiction dés son origine s'appelloit, les plaids de la porte, comme le Sieur de Ionuille la nomme, à l'exemple des Hebreux, qui establissoiēt leurs sieges de Iustice aux portes des Villes, pour écouter les causes des estrangers aussi fauorablement que celles des Citoyens.

ENTRE autres iugemens où la Prudence de Charlemagne se fit admirer autant que sa Iustice, ce fut en celuy d'vn ᵃ pere, & d'vn fils, qui desauouoient vn crime d'homicide dont ils estoient tous deux accusez : Charlemagne qui sçauoit que la nature descouuriroit ce que l'artifice cachoit, cōdamna à mort le pere, & le fils: mais comme la vraye mere se fit connoistre au iugement de Salomon en la mort de son enfant, aussi le vray Pere parut entendant qu'on vouloit faire mourir son fils, car alors il confessa son meurtre, preferant la vie de son fils à la sienne; C'est vne forte torture que l'amour naturel; ᵇ Alphonse Roy de Naples entendant les plaintes d'vn homme qui vouloit desheriter son fils, asseurant qu'il n'en estoit pas le pere, le Roy luy commanda de le vendre donc à vn Marchand d'Afrique : alors cette condition seruile du fils toucha si sensiblement les entrailles du pere, qu'il aduoüa la verité, pour ne ietter pas son fils dans vn estat le plus miserable du monde. Voicy vn autre iugement que Charlemagne rendit estant à Rome, entre les Chantres du Pape,

XVIII.
Remarquable iugement de l'Empereur Charlemagne.
a *Barb. c. In presentia de Probat.*

b *Bodinus libr. 4. de Dam. cap. 4.*

& les siens, où la subtilité de son esprit parut autant que le respect qu'il portoit à l'Eglise de Rome. ᶜ Ces deux corps de musique plaidans par ensemble pour la preeminence de leur chant en l'Eglise ; ceux de France soustenoient que le leur estoit plus conuenable à l'Eglise ; les autres au contraire maintenoient que celuy de Rome deuoit estre preferé à tous les autres. L'Empereur qui presidoit à cette cause demanda aux Musiciés François : Qui estoit la meilleure eau & la plus pure, ou celle de la fontaine ou celle du ruisseau ? Tous luy ayant répondu que celle de la fontaine l'emportoit sur le ruisseau : ie declare donc, dit-il, que le chant de l'Eglise Romaine est le meilleur, comme estant la fontaine de l'Eglise, & celuy de France le moindre, estant le ruisseau. Ainsi Charlemagne accorda les differens accords de ces deux chœurs de musique.

ᵉ Louys d'Orleans és ouuertures de Parlement chap. 4.

XIX.
Diuers reglemens de Charlemagne pour le bien de la Iustice.
a *Baronius tom. 9. p. 496.*

POVR obuier à ᵃ plusieurs abus qui se glissoiét sous pretexte de coustume, il ordonna qu'elles seroient redigées par écrit, d'où est arriué que les derniers Roys ont voulu que toutes les coustumes seroient aussi confirmées par leurs Majestez, & emologuées en Cour de Parlement, autrement qu'elles seroient sans vigueur. Il semble que les Commissaires qu'il deputoit extraordinairement par toutes ses Prouinces, pour tenir des assises auec authorité souueraine, ayent serui d'exemple aux derniers Roys de la troisiéme race, pour faire tenir les grands iours en diuerses Prouinces, afin que la Iustice fust aussi libre de tout soupçõ & de fraude,

Chapitre II. Section II. 837

fraude, qu'elle le doit estre de respect. ᵇ Apres que Charlemagne fut couronné Empereur, reconnoissant que plusieurs defauts, & contradictions se retreuuoient parmi les Loix de ses subiects, il en dressa d'autres en Latin pleines de profitables reglemens, pour tous les ordres de son Empire, qu'il intitula Capitularia, dont Gratian en rapporte deux, qui témoignent tant de soumission enuers le S. Siege de Rome, qu'il appert assez qu'en voulant rendre la Iustice à ses subiects, il ne veut point rauir celle qu'il doit au commun Pere des Chrestiens. Car que peut-on dire de plus humble, que quand bien le S. Siege de Rome imposeroit vn ioug tres-grief sur les fidelles, il le faudroit porter, & le souffrir auec toute deuotion. ᶜ Baronius admirant auec raison cet excés de reuerence, adiouste, qu'au temps que Charlemagne rendoit tant d'obeyssance aux Loix Ecclesiastiques, son Empire florissoit, & la France estoit protegée du Tout-puissant, à l'encontre de la furie des Sarrazins. Aussi n'est-il point de rempart plus fort contre vn ennemy, que l'obseruation de la Iustice, disoit vn ancien; elle porte les clefs des guerres, & des conseils; elle est la gardienne des Villes, toutes choses publiques, & priuées se courbent sous l'empire de son sceptre.

CE sage ᵃ Empereur se plaisoit dauantage à ressusciter les anciénes Loix, que de donner commencement à de nouuelles; aussi est-il croyable que nos Ayeuls n'auoient pas moins d'yeux que nous; & à n'en point mentir, on void souuent plus de

ᵇ *Baron. tom. 9. Anno Christi. 801. ex Eginhardo.* Post susceptum imperiale nomen, cùm aduerteret multa legibus populi sui deesse (nam Franci duas habent leges plurimis in locis valdè diuersas) cogitauit quæ deerant addere, & discrepantia vnire, praua quoque & perperam prolata corrigere. Sed in iis nihil aliud ab eo factum est, quàm quod pauca capitula & ea imperfecta legibus addidit: omnium tamen nationum, quæ sub eius ditione erant, iura quæ scripta non erant, describi ac litteris mandari fecit.

Distinct. 19. cap. 3. In memoriam Beati Petri Apostoli honoremus sanctam Romanam & Apostolicam sedem, vt quæ nobis sacerdotalis mater est dignitatis, esse debeat Ecclesiasticæ magistra rationis, &c.

ᶜ *Baronius loco citato subiungit.* Ista cum egit & adeo se legibus Ecclesiasticis obsequentem exhibuit, bene consuluit Regno Francorū, vt Deo protegente, licet ciuilibus & externis bellis diu multùmque fuerit fatigatum, permanens semper fuerit liberúq; à gete Sarracenorū longè latéq; vbique locorum terrarum orbis dominantium, atque semper diuino auxilio fuerit integrum feliciter propagatum ad posteros.

XX.
Autres Reglemens de iustice faits par l'Empereur Charlemagne.

de presomption en ces nouueautez, que de zéle, & plus de bruit que d'execution. Quand i'aurois cent & soixante-huict bouches ie ne pourrois encore assez loüer sa diligence à recueillir cent soixante-huict Chapitres de diuerses Loix Ecclesiastiques, qu'il tira des anciens Conciles, & des decrets des Papes, & la belle [b] Lettre qu'il écriuit à son fils Pepin, pour l'immunité de l'Eglise. Autant qu'il defendoit que les Officiers prissent connoissance des causes Ecclesiastiques, autant desiroit-il que le choix des Euesques fust libre dás le Clergé, & qu'vn Ecclesiastique n'espousast pas plus d'vn benefice, aussi bien que les Gouuerneurs, vn seul gouuernement. Il ne souffroit point qu'on empietast sur les heritages des Religieux ce qu'il declara à certains Seigneurs qui luy demandoient quelques terres tenuës par les [c] Religieux, du mót S. Disibod aux enuirons de Mayence, sous couleur que ceux qui auoient quitté le monde pour se donner à Dieu n'en deuoient pas posseder les cheuances, qui seroient mieux à la bien-seance de la Noblesse qui faisoit de grands frais pour la guerre, que pour des personnes inutiles. L'Empereur ayant oüi leur harangue auec beaucoup de patience, leur respondit auec autant de Iustice, qu'il ne rauiroit iamais à ces bons Religieux les fonds & les heritages qui leur auoient esté donnez par les fidelles, & que s'ils ne combattoient auec la main, ils faisoient de grands exploicts auec la langue. Ce qui ferma entierement la bouche à ces braues conquerans des terres de l'Eglise.

Touchant

[a] *Baronius tom. 9. Anno 801.* Quàm parcissimus fuit in nouis condendis legibus, adeò vt cum tamdiu vixerit Rex atque Imperator perpauca legum capita sanxisse dicatur : sed in veteribus restituendis, vt seruarentur, multus fuit, hinc apparet colligi iussisse centum sexaginta octo capitula legum Ecclesiasticarum, ex sacrosanctis Conciliis atque decretis summorum Pontificum, vt per ea in Ecclesia disciplina vigeret.
Epistola Caroli M. ad Pipinum filium in Italia regnantem habetur apud Sigonium Anno 802.

[c] *Surius in vita S. Disibodi tom. 4. in mense Iulio.* Eorum orationem Imperator & prudenter audiuit, & sapienter dissimulauit, responditque se fratribus illis nec fundos aut possessiones, nec res alias quas eis fideles contulissent vlla ratione adempturum. Eo accepto responso, illi deinceps quieuerunt.

Touchant la cause des trois Prestres criminels, il n'en voulut rien determiner sás l'aduis de Leon III. d d'autant qu'il n'effaçoit iamais qu'auec le sang ce qu'il auoit vne fois iugé & signé auec le pommeau de son épée.

Il ne se peut croire auec quel ressentiment il chastia la perfidie du Seigneur Galenon; d'où est venu le prouerbe, traistre Galenon. Ce Seigneur foulant aux pieds toute foy diuine, & humaine, trahit l'armée Chrestienne à Marcillus Sarrasin, & fut cause de la perte de Roland, & de plusieurs autres genereux Capitaines. Gaguin rapporte qu'il fut tiré à quatre cheuaux en la Ville d'Aix la Chappelle. Et quel supplice ne meritoit-il, puis qu'ayant receu l'honneur d'estre entremis aux affaires de son Maistre en qualité d'Ambassadeur, au lieu de les aduancer il les reculoit, auec autant de perte pour les Chrestiens, que de gloire pour les ennemis de l'Eglise. C'est vn cas estrange, que iamais traistre n'ayant trouué son conte, on en trouue encore qui en font le mestier. Car ou vne honteuse mort les talonne du costé de leurs Maistres, ou la ruine de leur honneur du costé de ceux qu'ils fauorisoient. Quelques traistres se plaignans à b l'Empereur Charles IV. de ce qu'il les payoit de fausse monnoye : dequoy murmurez-vous, leur dit-il, ne faut-il pas recompenser vne fausse foy auec du faux or, & vous payer en monnoye frappée au coin de vos mauuaises consciences ? Autant en respondit Clouis à deux traistres qui auoient védu leur Maistre Ragnachaire.

d *Auent. lib. 4. historia Boiorum. Aegidius Croxetus de dictis memorabilib.* Carolus Magnus gladij capulo cui insignia inerant edicta signabat : eiusdem enim esse dicebat & confirmare & defendere leges.

XXI.
Chastiment du traistre Gualenon.
a *Robertus Gaguinus lib. 4. de Francis.* Galeno legatus Caroli Magni pecunia corruptus, Marcillo Sarraceno Francorum aciem prodidit, in qua Rolandus & alij illustres viri perierunt. Comprehensus Aquisgranum ducitur, & pedibus, equis quatuor distrahitur.

b *Hirronymus Siglerus de viris illustribus Germania.*

Car comme ils se vindrent plaindre au Roy, qu'au lieu qu'on leur auoit promis des bracelets d'or, on ne leur en auoit donné que de cuiure doré pour toute recompense; Clouis leur repliqua qu'ils se deuoient contenter de n'estre pas chastiez selon leur demerite, & que ceux qui auoient faussé la foy à leur Maistre meritoiét aussi d'estre payez en faux or. Finalement [c] Charlemagne remettant sa Couronne Imperiale à son fils Louys, couronna aussi sa Iustice par la recommandation serieuse qu'il luy fit d'estre equitable enuers tous, de choisir des Officiers ennemis des presens, & amis de la vertu, de ne demettre personne de sa charge sans bon sujet, & de se rendre irreprehensible deuant Dieu, & les hommes.

[c] *Teganus Chorepiscopus Treuerensis de gestis Lud. Pij.* Fideles ministros & Deum timentes constitueret qui munera iniusta odio haberent Nullum ab honore suo sine causa discretionis eijceret: semetipsum omni tépore coram Deo & omni populo irreprehensibilem demonstraret.

XXII.
La Iustice de l'Empereur Louys le Debonnaire.

[a] *Nithardus lib. 1. hist. in vita Lud. Pij. Tegan. in vita Lud. Pij.* Eodem tempore supradictus Princeps misit legatos suos super omnia regna sua inquirere & inuestigare, si alicui aliqua iniustitia perpetrata esset.

[a] LOVYS LE DEBONNAIRE suiuant la route de son pere Charlemagne, & de son ayeul Pepin, ayant reconneu que les guerres auoient emancipé plusieurs personnes de leur deuoir, & que Mars ne paroissoit iamais qu'au detriment de Themis; assembla son Parlement au Palais d'Attigny, où il choisit des Commissaires pour roder tout son Royaume, & iuger à yeux bandez les malfacteurs, afin de n'auoir egard ni aux parens, ni aux amis, ni aux riches, ni aux plus redoutables. C'est vn grand malheur au public quand il rencontre des Iuges qui ressemblent à ceux du Roy de Babylone, qui pour complaire condamnent le pauure Daniel à la gueule des Lyons, & n'osent ouurir la bouche contre l'abominable statuë d'or que Nabuchodonosor a commandé d'adorer

Chapitre II. Section II. 841

d'adorer, sous peine de perdre la vie. Ce sont des chiens qui n'osent iapper que contre la Lune, qui ne leur dit mot. Pour donner plus d'authorité à ses Commissaires, l'Empereur manda aux Ducs, aux Comtes, & aux Gouuerneurs des Villes, & des Prouinces de leur prester main forte contre les rebelles, & de rapporter par écrit tout ce qui se passeroit, pour en faire le rapport au prochain Parlement, qu'il assigna à Vormes. Il semble que cette affection de Iustice auoit pris naissance auec luy : car à ce que raconte [b] Tegan, estant encore ieune il employoit desia trois iours de la sepmaine à rendre Iustice, ce qui aggreoit tellement à Charlemagne son Pere, que n'en pouuant dissimuler le grand contentement, il dit vn iour : Ie m'esioüis, & me repute heureux de me voir surmonté par les vieilles ruses de ce ieune homme. Aussi est-ce vn grand miracle de voir reluire la Iustice dans vn âge qui ne respire que la liberté de tout faire. La renommée prestant ses aisles à la Iustice de ce sage Empereur portoit sa gloire par tout le monde, ce qui amenoit plusieurs Seigneurs estrangers à sa Cour pour se soumettre à sa Iustice, comme à la plus desinteressée de tous les Princes de son siecle. Entre autres [c] Meligastus, & Celeadragus freres contestans du droit de la Couronne de Vuilses, l'vn se voulant maintenir par le droit d'ainesse, le puisné se defendant du choix volontaire que tous les subiects auoient fait de sa personne, comme plus capable du gouuernement que celle de son frere, qui n'auoit desia donné

b *Tegan. in vita Lud. Pÿ.* Tribus diebus Rex per singulas hebdomadas rei iudiciariæ intererat, &c. Victos nos gratulamur ab huius iuuenis senili sagacitate. Eadem refert Anonimus coætaneus Lud. P. apud Annales Pithæi.

c *Aimoinus Monachus lib. 4. hist. Franc.* Cùm eius secundùm ritum gentis commissum sibi Regnum parum dignè administraret, illo abiecto, iuniori fratri Regium honorem detulerunt, quam ob causam ambo ad Regis, Imperatorisque præsentiam venerunt. Quos cù audisset, statuit vt iunior frater delatam sibi à populo suo potestatem haberet, &c.

Ppppp que

que trop de preuues de la foibleſſe de ſon eſprit. L'Empereur auec ſon Parlement, ayant égard au general conſentement des ſubiects du Royaume, adiugea le Royaume au puiſné, & receut l'hommage & le ferment de fidelité de ſon aiſné dans le Parlement, l'an huict cens vingt-trois.

XXIII.
Action de Iuſtice tres-remarquable de l'Empereur Charles le Chauue.

a *Frodoard. in vita Hincmari Rhemenſis Archiep. Rex eundem filium ſuū cum ſuis excommunicari fecit ab Epiſcopis totius regni, pro malis quæ relinquere volebat inſuper & comprehēſum oculis priuari iuſsit.*

Si a Carloman fils de l'Empereur Charles ſecond euſt eſté auſſi ſage en ſa ieuneſſe que ſon ayeul Louys le Debonnaire il n'euſt pas acquis à ſon Pere l'honneur d'auoir ſurmonté en Iuſtice Seleucus vn des plus iuſtes Monarques de toute l'antiquité payenne. Car Charles ſecond dit le Chauue, ſucceſſeur de l'Empire de Louys le Debonnaire, ayant renouuellé les Ordonnances qui auoient eſté publiées contre les bannis, & les voleurs; le malheur porta que ſon fils Charles ſe trouua le chef de ces mutins. Dieu! quelle ſanglante nouuelle à vn ſage pere? Voila l'Empereur tout bruſlant de colere, la glace n'a pas aſſez de froidure pour l'eſteindre, & la nature n'a pas aſſez de larmes pour appaiſer la Iuſtice du Pere à l'encontre du fils. Quel remede au deſaſtre de cet

b *Ælianus lib. 2. var. hiſt. & Cicero de leg. Ad vltimum precibus populi euictus, ſuo prius, deinde filij oculo eruto, vſum videndi vtrique reliquit. Ira debitum ſupplicij modum legi reddidit, æquitatis admirabili temperamento ſe inter miſericordem patrem, & iuſtum legiſlatorem partitus.*

enfant? b l'Empereur n'en trouue point d'autre que de luy faire pocher les yeux qui auoient ſerui de guide à tant de mutins & de brigands, en les fermant aux iuſtes Ordonnances de ſon Pere. L'on taſche d'adoucir ce chaſtiment; on y employe tous les artifices de la miſericorde; mais en fin il luy fit payer cette faute par la perte de ce que les hommes ont de plus cher en ce monde apres leur vie. En quoy il ſurpaſſa la Iuſtice de

Seleucus

Chapitre II. Section II. 843

Seleucus Prince Locrois qui conserua vn œil à son fils, la Loy du pays les demandant tous deux. Voire mesme, il semble auoir surmôté Carnuthus Roy de Dannemarc, qui ayant condamné à mort douze bandoliers, dont vn se vantoit d'estre né du sang Royal. C'est raison, dit-il, qu'on te fasse quelque grace, & partant tu seras pendu en vn plus haut gibet que les autres. Mais ᶜCharles le chauue n'vse d'aucune indulgence à l'endroit de celuy qu'il sçait estre issu de son sang, & de sa vie. C'est pourquoy le Pape Iean a eu tout sujet de dire en l'assemblée des Prelats d'Italie, qui se tint l'an huict cens septante-six, le premier iour de Ianuier ; Que l'Empereur Charles second, estoit vn nouuel Astre brillant, qui n'auoit pas seulement egalé la bonté de ses predecesseurs ; mais qui les auoit surmontez au fait de la Religion, & de la Iustice.

Helmoldi Chronicon de Rege Carnutho.

c *Ex Biblioth. Nauar. schola apud Papyrium Massonium in Carol. Caluo.* Carolus videlicet de quo nobis sermo est serenissimus, & tranquillissimus Imperator, qui nobis vt prætulimus, in quos fines sæculorum deuenerunt, quique caliginosi temporis ex quadam parte tetras, ærumnas & miserias sustinebamus, tanquam splendidissimum Astrum ab arce polorum illuxit: qui non solùm progenitoris bonitatem alacriter æquiparauit, verumetiam omne prorsus auitum studium vicit, & vniuersum paternum certamen in causa Religionis atque iustitiæ superauit.

SECTION III.

Les Monarques François de la troisiéme lignée n'ont point dementi la gloire de leurs predecesseurs en l'administration de la Iustice.

ENTRE les qualitez qui rendent vn Prince fortuné, & vne vraye image de celuy qu'il represente en terre, la sagesse du Ciel, & la Iustice sont particulierement celles qui doiuēt tenir les premiers rangs dans son esprit, sç

XXIV.
La sagesse & la Iustice rendent les Reys, & les peuples heureux.

Ppppp 2   confor

conformant à [a] Dieu par la sagesse, & attirant sur soy tous les bon-heurs du Ciel par la Iustice. Il rēd à Dieu tout hommage par celle-là, & par cette-cy il se fait rendre toute obeïssance par ses subiects. Il fait florir la vertu auec la sagesse, & la paix en son Royaume, auec la Iustice. Auec celle-là il destruict les ennemis de Dieu, & auec cette-cy il foudroye les ennemis de sa Couronne. La sagesse luy fait aymer Dieu, & la Iustice ses subiects; & quand ces deux vertus s'allieront estroittement à la maison des Grands, on verra le Paradis terrestre reuerdir dans le monde, qui faute de Iustice se flaistrit aussi tost, & les hommes rentrer dans la possession des prosperitez d'Adam. Iacques second, Roy d'Escosse surnommé Stuard faisoit allusion à ces deux qualitez, quand il fit grauer sur vne medaille vne [b] Couronne, & au dessus vne Croix, & vne épée, auec cette inscription, *Pro lege, & pro grege*, pour la Loy, & pour le troupeau; voulant representer par ce Diademe son Royaume, & par la Croix, & le glaiue les moyēs de le gouuerner, à sçauoir par la sagesse du Ciel, figurée par la Croix, & par la Iustice, dont l'epée est le symbole; ce que signifioient ces deux mots, *Pro lege, & pro grege*, pour la Loy diuine la Croix, & pour le troupeau l'épée de Iustice.

IL est certain que Hugues Capet a esté vn des Roys des plus zelateurs de ces deux royales vertus, aussi riche en Prudence, & en la vraye sagesse qu'orné de Iustice pour le bon-heur de ses Estats. Le Parangon precedent nous a donné de l'admiration

[a] *Beatus vir qui in sapientia sua morabitur, & qui in iustitia sua meditabitur. Ecclesiast.* 14. *Cicero lib.* 1. *Offic.* Iustitia quæ pietati iuncta conformes Deo Principes efficit.

[b] *Ex Musæo Octauiani Strada.*

XXV.
De la Iustice du Roy Hugues Capet & de son fils Robert.

Chapitre II. Section III.

ration pour sa Prudence, cettuy-cy n'en fournira pas moins pour sa Iustice. Quoy que ce magnanime Roy eust toute sorte de bons presages pour le bien de sa Couronne, si iugea-t'il neantmoins que la Iustice qui affermit les thrones sur les bases de l'eternité deuoit tenir le premier rang en sa Cour, & que ce qui auoit perdu ses predecesseurs estoit cela qui le deuoit maintenir en sa bonne fortune. Pour ce sujet, il s'employa soigneusement à reparer tous les defauts des derniers Carolouingiens, & ne souhaittoit que deux choses, ou que le monde perist, ou que la Iustice fust gardée. Ce qu'il témoigna courageusement, n'épargnant pas les plus puissans de son Royaume, sçachant qu'vne bonne cause a tousiours les Saincts pour Aduocats, & Dieu pour son dernier Iuge. Mais comme la cause du Ciel doit tousiours estre la premiere en date, c'est pourquoy à l'entrée de son regne il retrancha soigneusement toute simonie, rendant aux Eglises, & aux Abbayes leurs anciés patrimoines, & tous leurs droits qui s'estoient coulez dans les maisons des Grands du Royaume. C'est bien la tigne qui consomme non seulement les cheuances de la fortune, mais encore les plus diuins thresors de nos ames. Témoin celuy qui ne pût prononcer le nom du S. Esprit iusques à ce qu'il eust confessé sa simonie; & ce miserable Achan de la lignée de Iuda, qui pour s'estre saisi de quelques hardes au sac de Ierico contre le commandemēt de Dieu, attira mille malheurs sur l'armée de Iosué. Quel bon-heur peut aussi esperer vn Souuerain qui voit en ses terres tant de sacrileges des biens d'Eglise, quel seruice peut-il attendre de la Noblesse qui découure les Autels pour se couurir de clinquant, & qui laisse les maisons de Dieu en ruine pour establir les siennes. Helgandus dit que Robert fils de Capet ayant fait couronner son fils aisné, âgé seulemēt de dix ans, pour l'asseurance de son Royaume, il luy recommanda sur toutes les vertus, l'administration de la Iustice. ^a *Prenez garde, mon fils, & vous ressouuenez de Dieu qui vous a fait auiourd'huy participant du Royaume de France, & partant que tout vostre contentement soit de marcher par les voyes de Iustice, & d'equité.*

LOVYS sixiéme, dit le Gros, ayant enfilé cette piste dés sa tendre ieunesse, il ne se peut dire combien il hasta le pas quand il entendit l'horrible forfait des Flamans, qui auoient tué leur Comte, pendant qu'il acheuoit ses prieres en l'Eglise de S. Donat de Bruges. L'horreur de ce crime toucha si viuement le cœur du Roy, qu'aussitost il s'achemina en Flandre, auec vne partie de l'armée qu'il auoit leuée contre l'Empereur, & ayant attrapé les criminels, il leur fit experimenter par des iustes supplices combien Dieu deteste les rebelles, & persecute les violateurs des viuantes images de sa diuinité. ^a Bouchard qui fut le chef de la conspiration, & qui delacha le premier coup d'épée sur la teste du Comte, luy respandant la ceruelle sur le paué, fut attaché à vne roüe, greslé de flesches, & donné en proye aux bestes, puis

---

a Vide Fili semper sis memor Dei, qui te hodie participem fecit regni; & æquitatis & iustitiæ in semitis delecteris. *Helgand. in vita Roberti.*

XXVI.
Comme Louys VI. fit chastier les Flamans qui auoient tué leur Comte.

a Papyrius Massonius lib. 3. Annal. Franc. in Lud. Ad cuius sceleris famam accurrens Crassus, Bertoldum & Bocardum cōiurationis Principes diris suppliciis sustulit. Ille rotæ alligatus sagittarum grandine confossus, hic cum ferocissimo cane vinctus dentibus eius laniatus est, socij coniurationis ex altissima turri quam præsidio tenuerant, præcipites dati.

puis que sa felonnie surpassoit la rage des Tigres. Bertolf complice du delict fut pendu auec vn chien, qui enrageant de faim, & forcené des coups qu'on luy donnoit, se tournoit de temps en temps vers le criminel, & luy deschiroit la face pour appaiser sa rage. Leurs maisons furent rasées, & auiourd'huy on monstre encor leur place pour detester leur crime. Comme en la Iustice de Dieu les fils portent les peines de l'iniquité de leurs peres, iusques à la quatriéme generation; aussi le Roy ordonna que les plus proches parens de ces criminels seroient bannis de Flandre, & de tout le Royaume de France, & qu'ils seroient exposez sur mer auec peu de viure, sans meriter autre retraite que celle que les vents & les orages leur departiroient. La fortune les ietta en l'Isle de Gherma appartenant au Roy d'Angleterre, où ils se multiplierent abondamment, & conseruerét si constamment le vice de leurs ancestres, qu'en l'an 1287. ils se reuolterent contre Edoüard Roy d'Angleterre, qui en detrapa le monde, hormis de quelques-vns, qui s'estans sauuez finirent leurs iours au mestier des Pyrates. Tant le prouerbe est veritable, que d'vn mauuais œuf ne peut naistre qu'vn noir Corbeau.

QVAND on vid Pericles qui estant encor enfant aduocassoit desia parmi ses compagnons, defendant le droit des vns & inuectiuant le tort des autres, on prit augure qu'il seroit vn iour vn celebre Orateur, & l'euenement secondant les presages, témoigna qu'on ne s'estoit point trompé. Le mesme

XXVII.
La iustice de Louys VII. à l'endroit de certains Seigneurs.

mesme s'est vû au cours de la vie de Louys VII. dont les pronostics porterent qu'il seroit vn iour vn autre Aristide en Iustice, lors qu'estant encor ieune homme il fit courageusement appeller à la Iustice de son Pere, qui se tenoit à Pincey, certains Seigneurs qui s'estoient emparez des droicts de l'Eglise, & les fit si courageusement condamner à la restitution, qu'apres s'estre mutinez ils passerent par la rigueur du glaiue, puis qu'ils n'auoient point voulu plier sous la douceur de la raison. Il y a certains esprits qui ressemblent tout à fait aux guespes, qui trouuent la mort dedans l'huile, & resuscitent dans le vinaigre, tant la douceur leur est ennemie, & la seuerité fauorable à leur humeur. La Iustice de Philippe l'Auguste iettant par tout le monde d'éclatans rayons d'integrité, occasionnoit les plus grandes Puissances de la terre à reuerer ses iugemens, & plier sous ses Arrests pour le repos de leurs Estats. Le Pape Innocent III. & l'Empereur Othon IV. estans en conteste sur la forme du serment de fidelité que deuoit faire l'Empereur au S. Pontife, ne trouuerent point d'oracle au monde plus auguste que celuy de Philippe Auguste pour accorder leurs differens. Sa Majesté donc auec son Parlement, & l'assistance des Pairs, prescriuit la forme du serment, par Arrest donné à Melun au mois de Iuillet, l'an mille deux cens & quatre, & fut inserée dans les Registres du Parlement à la requeste des parties, & enuoyée à l'Empereur Othon pour le rendre au Pape Innocent. A quoy se soumit l'Empereur

Chapitre II. Section III. 849

pereur, & enuoya au Parlement son certificat, pour estre pareillement enregistré, ainsi qu'il se lit encore auiourd'huy.

PHILIPPE [a] ayant apris dans la sacrée academie de son pere S. Louys, que la recompense, & le supplice estoient les deux poles des Royaumes, en fit ressentir les influences aussi liberalement aux vns que rigoureusement aux autres, & particulierement à vn sien Chambellan appellé Pierre de la Broche. Ce personnage auoit tant fait par ses seruices, qu'il changea son rasoir de Chirurgien en vne épée de Chambellan de France, & ce auec telle authorité que sa Majesté n'entreprenoit rien sans son conseil. Mais en fin il monstra par ses déloyautez que la posterité d'Aman n'estoit pas encore esteinte: car le Roy le fit pendre, auec autant d'ignominie, que de loüange pour sa Iustice, qui sçauoit chastier les traistres d'autant plus rigoureusement, qu'ils auoient receu plus de faueurs de leurs Maistres.

XXVIII.
Philippe III. ne pardonne point à vn sien fauory.
a Iacobus de Chavron in hist. vniuersali Gall. cap. 134.

SI la Iustice pouuoit parler, elle nous raconteroit ses grandes & immortelles obligations à la memoire de [a] Philippe IV. dit le Bel, qui fut le premier qui bastit vn magnifique Palais, pour y loger son Parlement, qui par le passé n'auoit autre lieu, ni temps determiné que celuy de la necessité des affaires du Roy. Auant que ce Parlement fust sedentaire à Paris, on y traittoit tant les affaires d'Estat, que celles des particuliers, & les Commissaires des Prouinces estant de retour y rapportoient les plaintes qu'on faisoit des Seneschaux,

XXIX.
Philippe le Bel rend la iustice sedentaire, laquelle par le passé estoit ambulatoire.
a Paulus Æmilius lib. 3.

Qqqqq &

& des Baillifs, dont dependoit la direction de la guerre, aussi bien que de la Iustice en temps de paix. L'on pouuoit appeller à eux comme aux Iuges souuerains de la sentence des Preuosts, & des autres Iuges, & rarement on se iustifioit au Parlement, si ce n'estoit en matieres de grande consequence, ou qu'on proposast vne manifeste erreur. L'Ordonnance de Philippe fait mention qu'il desseigna vn autre Parlement à Rouen, & à Thoulouse, signe manifeste que la conuoitise des hommes commençoit à s'épancher par le monde, puis qu'elle contraignoit les Princes à multiplier les Parlemens, comme autant de digues contre sa violence. On n'exerçoit point la Iustice parmi les Braginans, parce que la cupidité des richesses n'y auoit aucun empire. A raison dequoy [b] Alexandre le Grand les voulant subiuguer par armes, ils le preuindrent par cette Lettre: SIRE, *quel butin pensez-vous faire en nostre Isle, où l'on ne retrouue point d'or ni d'argent. Tous nos moyens consistent en quelque peu de viures, & nos thresors en peu d'habits. Nos grotes, & nos spelonques nous sont à double vsage. L'vn pour nous couurir pendant que nous viuons, & l'autre pour nous seruir de sepulchre apres la mort.* Cette nouuelle coupa chemin à l'armée d'Alexandre; & ne faut pas douter que si les richesses estoient bannies du monde, la conuoitise ne s'y logeroit pas auec tant de violence, les Aduocats y viuroient sans cause, & les Procureurs sans procés.

CE qui occasionna le Roy Philippe de rendre son Parlement sedentaire, & de luy accorder vne Iurisdiction

[b] *Aulus Gellius Noctium Atticarum.*

XXX. *Raisons pour lesquelles le Roy Philippe rendit son Parlement sedentaire.*

Chapitre II. Section III. 851

Iurisdiction souueraine, fut le desir de soulager ses subiects, recourans au Parlement, qui par fois se tenoit à vn bout du Royaume. D'autre part, sa Majesté en demeuroit plus tranquille, pour le bien des affaires d'Estat qui se traitoient en son Conseil priué, appellé Conseil estroict, & Conseil iuré. En pareille occasion Ietro auisa sagement son gendre Moyse, luy disant franchement, qu'il se ruinoit à credit le corps & l'esprit : mais qu'il choisist de fortes testes, capables de soustenir par leurs auis vne bonne partie de son gouuernemét. Les Princes seroient les plus miserables entre tous les hommes, s'ils deuoient estre importunez de toutes choses. Tibere se mettoit en colere quand le Senat luy renuoyoit des differens qu'il pouuoit accorder sans luy ; aussi celuy qui trop embrasse souuent s'embarrasse, & peu estraint. De plus, chacun adorant son droict ne pouuoit tenir pour iuste le Roy qui ne luy donnoit pas gain de cause. A cette occasion le Philosophe Bias disoit, qu'il aimeroit mieux estre Iuge de ses ennemis, que de ses meilleurs amis : d'autant que iugeant ses amis, celuy qui sera condamné deuiendra son ennemi, mais celuy qui gagnera, d'ennemy se fera son amy. Les Princes font donc sagement qui se reseruent comme le vaisseau de Salamine, ou celuy d'Athenes, ou le Bucentaure de Venise, qui ne sert qu'aux plus grandes expeditions du pays. *Brusonius libr. 3. cap. 10.*

LA bonne opinion que le monde auoit de la Iustice de Philippe, donnoit sujet aux Princes non iusti

XXXI.
La Iustice de Philippe le Bel s'est renduë celebre par tout.

justiciables de la Couronne de France de remettre leurs differens à son rare iugement. Charles de France Comte de Valois, & Ieã Comte de Namur ne se pouuans accorder touchant le droict du Comté de Namur, s'en rapporterent à la Iustice du Roy, qui les ayant oüis, adiugea le droit à Iean de Namur, selon qu'il appert au Regiſtre quarante-huictiéme du Thresor des Chartres du Parlement. En vn mot [a] Philippe le Bel portoit si cherement en son cœur la Iustice, qu'il choisit pour deuise vne palme croisée sur vne épée, auec ce mot, *Vtrùmque*, pour signifier qu'il rendoit aux vertueux la palme de leurs merites, & aux perfides la punition de leur deloyauté. Ce que ses propres sœurs experimenterent plus qu'elles n'eussent voulu, apres s'estre honteusement comportées, comme ie remarqueray au Parangon de la vertu de Temperance. Quel plus celebre témoignage pouuons-nous rendre à la loüange de la Iustice de Philippe V. dit le Long, que de voir venir à son tribunal le Prince de Tarente au Royaume de Naples, & Eudes Duc de Bourgongne, pour receuoir Arrest touchant le payement & la deliurance de la solde de cinq cens hommes d'armes par an, pour le recouurement de l'Empire de Constantinople? Sa Majesté ayant oüy les parties, seant en son lict de Iustice, sans auoir égard aux merites particuliers d'Eudes Pair de France, prononça sa sentence au profit du Prince de Tarente, comme en fait foy le Registre de l'an 1320. des Arrests du Parlement de Paris.

[a] *Iacobus de Charren in hist. vniuers. Gall. capit.* 145.

Lovys

Chapitre II. Section III.

XXXII.
Le Roy Louys X. rend le Parlement iournalier.

LOVYS X. dit Hutin, fut vn Prince orné de plusieurs rares vertus, mais sur tout de celle qui empesche que les grands Royaumes ne soient de grands brigandages. Son pere Philippe ayant fait bastir à Paris ce magnifique Palais, pour y rendre le Parlement immobile à deux saisons de l'année seulement, à sçauoir apres la S. Martin deux mois, & autant apres Pasques; le nombre des causes croissant, cela occasionna Louys de rendre iournalier ce qui ne se voyoit qu'aux bonnes festes. Entre autres actes de Iustice qu'il prattiqua durant son regne, le [a] Seigneur Enguerrad de Marigni Comte de Longueuille, & grand Gouuerneur du Royaume luy en donna du sujet, par ses maluersations au maniment des finances. Ce mal-auisé Seigneur qui auoit eu la surintendáce du bastimét du Palais de Paris,& qui auoit fait dresser le gibet qui est prés de Paris,fut le premier qu'on condamna d'y mourir: mais craignant que sa mort ne donnast au gibet le nom de son autheur, il impetra du Roy qu'vn sien Faucon y fust premierement pendu, d'où le gibet a esté appellé Mont-faucon. Cas estrange! Pierre Remy grand Thresorier de France, restaurateur de ce supplice, l'experimenta le premier pour auoir dérobé les deniers du Roy; tant les fourches sont fatales à la vie de leurs architectes. Et ce qui est encor plus prodigieux, Iean Moulnier Lieutenant Ciuil à Paris, l'ayant fait seulement racommoder, peu s'en falut qu'il n'y finist aussi ses iours, si la grace de sa Majesté n'eust changé vne mort

[a] *Iacob.de Charron.c.136.*

XXXIII.
Philippe VI. maintient les Ecclesiastiques en leurs droicts.
a *Supplement. Guillelmi Nangij.*
Paulus Æmilius.
Robertus Gaguin.
Scipio Dupleix.

ignominieuſe, en vne amende honorable.

L E ª Roy Philippes V I. dit de Valois, apres auoir r'emporté vne glorieuſe victoire à Caſſel ſur les Flamans, en moyenna vne autre pour le Clergé de France, que Pierre de Cugneres Aduocat general pour ſa Majeſté auoit aggreſſé au Parlement de Paris, l'accuſant d'entreprendre ſur la Iuriſdiction laïque. Le Roy qui reconneut plus d'animoſité aux plaintes de ſon Aduocat, que de raiſon, ordonna que les Eccleſiaſtiques ſeroient maintenus dans leurs droicts, dont ils auoient ioüy par le paſſé. Bertrand Eueſque d'Auſtun qui auoit pris en main la cauſe de l'Egliſe, compoſa vn Traicté ſur ce ſujet, qui ſe voit encore auiourd'huy, auec la harangue de Cugneres, qui par cette action ſi ridicule laiſſa ſon nom à vn marmouſet de pierre qui ſe voit encor auiourd'huy au deuant du chœur de l'Egliſe noſtre Dame de Paris, & ſa memoire eſt demeurée auſſi noire aupres des gens d'honneur, que le viſage de ce fantoſme eſt charbonné par les torches qu'on eſteint contre ſon nez. Voyez comme Dieu rend contemptibles ceux qui le mépriſent en la perſonne de ſon Eſpouſe. L'integrité du Roy volant par tout, amena Raoul Duc de Lorraine, & Guy de Chaſtillon au Parlemét de ce ſage Monarque, qui vuida leur different touchant le partage de Dame Marie de Lorraine, ſœur de Raoul, & femme de Guy de Chaſtillon, tant pour le Duché de Lorraine que pour d'autres domaines. Si les pacifiques prennent part aux plus diuines benedictions

Chapitre II. Section IV. 855

ctions du Ciel, sans doute que ce grand pacificateur Philippe en aura receu de Dieu par dessus plusieurs autres, ayát prattiqué vne bonne intelligence entre ses voisins, que d'autres ne peuuent souffrir qu'à regret. Ce braue Monarque ayant esté benit de Dieu, l'a aussi esté des hommes en bannissant de la France tous les vsuriers, & n'ayát pas meilleure opinion d'eux que [b] Castrutius Seigneur de Lucques, qui les rendoit compagnons des supplices de ceux qui volent sur les chemins publics; disant que ceux-cy dérobent auec danger de leur vie l'argent des voyageurs, qui n'ont aucune asseurance en leur fidelité; mais que ceux-là estans assis à leurs banques, sans nul peril, le volent à ceux qui se resient en leurs bonnes consciences.

[b] *Fulgos. lib. 6. cap. 16.*

SECTION IV.

De la Iustice du Roy Iean, & des autres suiuans Monarques.

SI les anciennes histoires ont donné beaucoup de loüange à la Iustice de [a] Marcus Attilius Regulus, qui pour ne violer point sa foy, se vint derechef ietter dans les prisons de Carthage, apres en estre sorti, & si René Duc de Lorraine pour satisfaire à sa promesse, a receu plus de gloire en retournant en la puissance de [b] Philippe Duc de Bourgongne, que d'ignominie d'auoir esté son prisonnier : sans mentir le Roy Iean

XXXIV.
La Iustice du Roy Iean à l'endroit des Anglois ses ennemis.
[a] *De Attilio refert Cicero lib. 3. de Offic.*
De Renato Lotharingiæ duce, Fulgosius lib. 1. c. 1.

[b] *Idem ibid. Fulgosius. Paulus Æmilius lib. 9. Papyrius Massonius in Ioanne.*

Iean le cinquantiéme entre les Monarques de France a rendu la memoire de sa Iustice toute glorieuse, en aimant mieux retourner à Londres, & y mourir entre les mains de son ennemi Edoüard, que de viure en France sans iustifier sa parole. Et toutesfois la Iustice qu'il deuoit à ses subiects le mettoit à couuert de tous les blasmes qu'on luy pouuoit imposer ne retournant pas en Angleterre : outre qu'il auoit promis ce qui surpassoit ses forces, & faisoit bresche au bien de toute la France. La Iustice de ce magnanime Roy ne témoigna pas seulement de la constance en la derniere saison de sa vie, mais encor pendant tout son regne, n'ayant pas plus de respect pour la punition des Grands que pour les fautes des plus petits. [c] Arnould ou Raoul de Neesle Comte d'Eu, & Messire de Guynes Connestable de France le certifieront n'ayant pû garentir leurs vies contre les efforts de sa Iustice, apres auoir esté conuaincus de trahison auec plusieurs autres Seigneurs. Aussi sa deuise portoit ces paroles mysterieuses ; *Monstrant Regibus astra viam* : que les astres monstrent aux Roys, quel chemin ils doiuent tenir pendant leur vie, à sçauoir celuy de la Iustice semblable aux astres qui n'éclairent pas dauantage les riches que les pauures, & qui d'vn branle mesuré partagent les saisons sans forligner d'vn pas.

[c] *Iacob. de Charron cap. 140. in hist. Gall.*

XXXV.
De la Iustice de Charles V. & de Charles VI. son fils.

[a] *Iuuenalis Vrsicinus in hist. manuscripta relata à Ludouico Aurelianensi in actionibus forens. cap. 4.*

CHARLES V. dit le sage, tenoit fidellement cette trace au rapport de [a] Iean Iuuenal des Vrsins, qui témoigne de luy au commencement
de

Chapitre II. Section IV. 857

de son histoire ; Qu'il fut plein de prudence & de discretion à gouuerner ses affaires, tant de guerre que de Iustice, ce qu'il a fait voir aux Anglois en plusieurs occasions qu'on pourra remarquer au cours de son histoire. Mais celuy qui n'a pas l'esprit assez fort pour découurir les vertus des Astres, se doit contenter de les reconnoistre par leur lumiere, ainsi deuons-nous faire de la iustice de Charles V. dont son fils Charles VI. en a esté vn éclatant rayon. Le mesme Iuuenal raconte de soy qu'estant Preuost des Marchands de Paris il ne manqua pas d'aduersaires qui l'accuserent aupres du Roy Charles VI. auec plus de calomnie que de raison. Sa Majesté ayant patiemment presté l'oreille à toutes ces médisances prononça de sa bouche cette sentence : Ie vous dis que mon Preuost est preudh'omme, & ceux qui l'ont accusé mauuaises gens. C'est parler en Roy, & en iuste Roy, qui prend en main la cause des innocens, & qui fait iugement & iustice. Ce ne fut pas seulement ce Preuost des Marchands qui experimenta les salutaires influences de cet Astre de iustice, mais encore les peuples de Languedoc en receurent mille faueurs.

APRES que sa Majesté eust donné de grandes preuues de sa Pieté dans Auignon au Pape Clement, elle en témoigna d'autres notables de sa iustice à tous ses subjets de Languedoc. Estant arriué à Montpellier, comme vn bon pere pour le soulagement de ses enfans, on luy vint faire plusieurs plaintes des impositions

XXXVI.
Charles VI. fait iustice des extorsions commises sur le peuple.
Scipio Dupleix.

Rrrrr extraor

extraordinaires, & des infupportables extorfions du Duc de Berry, gouuerneur du pays. Ceux qui auoient efté les plus bleffez eftoient les moins hardis à découurir leurs playes de peur d'en receuoir de nouuelles pires que les premieres. On aime mieux iapper apres la pierre, que d'attaquer le Duc qui l'auoit fait ietter. On s'en prend à fes Officiers, & à fes Receueurs, & particulierement à Betifac qui auoit faigné le pauure peuple plus cruellement que tous les autres. Sa Majefté le fait arrefter prifonnier à Befiers ville de fa naiffance, luy tout effaré a recours au Duc de Berry que le Roy auoit fait fortir de fon gouuernement pour donner plus de liberté à fes fubiets de remonftrer leurs miferes : incomparable bonté d'vn Roy enuers fon peuple ! Le Duc auoüe toutes les leuées & les exactions de Betyfac, comme ayant efté faites par fon commandement ; le voila en apparence innocent, & le Duc criminel. Mais les pechez qui font faits contre le peuple, outrepercent les Cieux & les oreilles du Tres-haut pour en demander vengeance. Betyfac ne fe tenant pas affez affeuré de la protection du Duc, a cette opinion qu'vn plus grand vice luy feruira de plus forte planche pour fortir de ce naufrage. Il croit que fe declarant heretique, & fodomite il eludera la punition de fon peculat, en demandant fon renuoy par deuant fon Euefque, & de là deuant le Pape, qu'il eftimoit n'ofer déplaire au Duc de Berry fõ Maiftre, qu'ainfi il fe mettra à couuert cõtre tous ces orages. Mais il réuoit en veillant, tant le vice

Chapitre II. Section IV. 859

le vice hebete nos sens iusques à la brutalité, & forcene nos esprits iusques à la rage. On le renuoya deuant l'Euesque de Besiers, qui aussi tost le iugea digne d'vn supplice exemplaire, & le remit au bras seculier comme vne engeance detestable. Le Roy voulut luy-mesme faire son Arrest, mais aussi iuste que court ; disant il est larron & heretique, il faut donc qu'il soit pendu & bruslé. L'execution fut faicte à Besiers au grand contentement de toute la Prouince, qui ne pouuoit assez benir vn si sage Roy pour l'affection qu'il auoit de punir les méchans, & de nettoyer son Royaume de tels Arabes & Cyclopes.

LES Docteurs Hebreux racontent que les matelots ayans reconneu que la tempeste venoit à l'occasion de Ionas ; & d'autre-part ne le voulant pas perdre, ils le lierent au dessous des bras, & le descendirent en la mer retenant la corde à eux, afin que la tempeste cessant ils le pûssent retirer du naufrage. Cela neantmoins n'appaisa pas la colere de la mer; les orages commencerent à gronder, & les vagues à se bouleuerser plus furieusement que iamais, iusques à ce qu'ils eurent englouti tout à fait le desobeyssant Ionas, qui en fin calma la mer toute courroussée. Le mesme en arriue-t'il en vn Royaume, il ne faut qu'vn méchant homme pour susciter mille tempestes, & souuent les meffaits des plus puissans sont les grotes d'où sortent sans cesse tels malheurs, qui ne prennent point de fin iusques à ce que les Roys & les Iuges ayent détrapé le monde de leurs autheurs.

XXXVII.
De la Iustice du Roy Louys XI.
Arias Montanus in Ionam Prophetam ex quodam D. Hebræo refert.

Si iamais Roy a coupé chemin à telles esclandres Louys XI. a esté des plus courageux faisant plier sous les loix de sa iustice les Elephans aussi bien que les agneaux. Iean Duc d'Alençon, & le Duc de Nemours n'en ont eu que trop de preuues, cettui-cy ayant esté condamné d'auoir la teste tranchée aux Hales de Paris, le 4. iour d'Aoust l'an 1477. & celuy-là ayant fini ses iours dans vne langoureuse prison. Le Connestable de S. Paul ne trouua pas plus de faueur en sa iustice que le Duc de Nemours; & apres tout cela Louys se moquoit de cette maxime, qui dit que le Prince qui veut beaucoup sauuer doit beaucoup pardonner.

XXXVIII.
Louys XI. respectoit singulieremēt son Parlement de Paris.

S'ENTRETENANT vn iour familierement auec l'Archeuesqué de Tours sur les grandes bourrasques qu'il auoit domtées au commencement de son regne, il luy disoit : Si ie ne me fusse fait craindre aux plus Grands de ma Cour, i'eusse serui de dernier Chapitre au liure de Bocace des Nobles mal-heureux. Mais quelle merueille s'il vsoit de seuerité enuers les autres, puis qu'il n'estoit pas plus condescendant à soy-mesme. Ayant menacé le Parlement de Paris de le casser s'il n'emologuoit quelques Ordonnances qu'il auoit faites, qui sembloient deroger en quelque façon à la pureté de la iustice ; ce sage & graue Senat l'alla trouuer en robbe rouge, dequoy il fut tout estonné, leur demandant pour quel sujet ils se presentoient à luy, afin dit Lauacrus que nous fassions sçauoir à vostre Majesté que nous sommes icy tous prests d'endurer pluftost la mort, que de
passer

Chapitre II. Section IV. 861

passer voſtre Edit. Louys quoy que fort abſolu en ſes volontez, neantmoins plia tellement ſous la raiſon, & ſous la iuſte remonſtrance que Monſieur le premier Preſident luy fit ; qu'il enuoya querir auſſi-toſt ſes Ordonnances, & en la preſence de tous les mit en pieces, proteſtant qu'on n'en parleroit plus, & qu'à l'aduenir il ne feroit rien publier qui ne fuſt viſiblement equitable. Ce ſeul exploit de Louys témoigne ſuffiſamment l'honneur qu'il portoit à la Iuſtice, & que ce n'eſtoit pas ſans ſujet qu'il obligeoit les autres au deuoir que luy-meſme gardoit ſeuerement. Auſſi apres qu'il eut iuré en ſon ſacre de garder la Iuſtice, il enuoya ſon ſerment à la Cour de Parlement, & la pria de le vouloir acquitter de ce qu'il auoit ſi ſolemnellement promis. Luy meſme dit ces remarquables paroles dans Monſtrelet. Qu'entant que touchoit la Iuſtice de tout le Royaume, il auoit deſir de la faire courir par tout ſon Royaume, & fut contant qu'on eſleut perſonnes de tous eſtats, pour y mettre remede. Il vouloit reduire toutes les Prouinces de ſon domaine ſous meſmes Loix, couſtumes, poids, & meſure : mais l'homme qui ſe flatte touſiours dans l'eſperance d'vne longue vie, propoſe ſouuent de belles choſes dont la mort en retrenche l'execution. A raiſon dequoy on ne peut dire de luy ce qu'on aſſeuroit de ᵃ l'Empereur Antonin, qu'il n'auoit point reſpandu de ſang ; auſſi profeſſa-t'il eſtant au lict de la mort, qu'il mouroit auec ce contentement de n'auoir laiſſé aucune offenſe impunie, tant la Iuſtice re-

ᵃ *Herodianus vocat Antoninum Imper.* ἀϲιμώτω; *ſine ſanguine.*

noit l'ascendant en son esprit pardessus toutes les autres vertus. Et à n'en mentir point la trop grande Clemence iette plus de desordre dans vn Estat, que la trop grande Iustice, quoy que toutes les extremitez ne soient iamais sans faute.

XXXIX.
Louys XI. n'estoit pas seulement iuste en chastiant, mais encore en vsant de recompense.

CE Roy, sans doute, penchoit plus sur la rigueur que sur le pardon: toutesfois de Commines a pareillement remarqué, qu'ayant tenu dans ses prisons des personnes de qualité, il ne laissoit pas apres cela de les esleuer à de grãdes charges, ne separant point les deux diuinitez que Democrite adoroit; à sçauoir la peine, & le guerdon, & faisant estat de la medaille de Pie IV. où l'on voyoit des Lauriers, & des verges, auec cette deuise: *Pœna, & præmium*. Les genereuses Amazones de Beauuais ayans empesché que les Bourguignons ne prissent leur Ville, sa Majesté pour perpetuer la memoire de cette magnanimité leur accorda ce priuilege que le iour de saincte Adresme patronne de la Ville, elles marcheroient auec les filles deuant les hommes en la procession generale, & que le iour

a *Iacobus de Charron cap. 144.*

de leur [a] nopces, il leur seroit permis de se parer autant magnifiquement qu'elles voudroient, sans en pouuoir estre reprises ou blasmées. Ce grand Roy eust acquis vne Couronne de gloire nompareille, s'il eust accompli aussi heureusement ce ce qu'il s'estoit proposé auec beaucoup de sagesse, touchant le racourcissement des procés qui viuẽt plus long-temps que les hommes. Son successeur Charles VIII. n'eust pas moins merité, s'il eust executé sa resolution, qui estoit d'ordonner des gages

Chapitre II. Section IV.

gages suffisans à tous les Iuges, pour obuier à tant d'espices, disant qu'vn Prince doit la Iustice à ses subiects, comme eux l'y doiuent l'obeïssance.

IL ne faut pas douter que Louys XII. n'ait eu beaucoup d'affection pour la Iustice, puis que pour la loger il quitta son Palais aux Iuges, & se retira au Bailliage, pour y faire sa demeure. On [a] raconte qu'estant trauaillé des gouttes, on le voyoit se proumenant sur son petit mulet dans les iardins du Bailliage, meditant en repos les affaires de son Royaume. Que si son esprit ne luy fournissoit pas des expediens assez forts pour accomplir ses desseins au gré de ses pretensions, il montoit au Parlement pour demander conseil, assistoit aux plaidoiries, iugeoit les causes, & faisoit prononcer les Arrests en sa presence par la bouche de son Chancelier. Pour se faciliter le chemin au Parlement, il auoit fait dresser vne allée d'ais, planchee de nates, depuis le bas des grands degrés iusques au plus haut, où son mulet le portoit iusques à la grande chambre, d'où il estoit conduit par ses Gentils-hommes en son throne. De là il entendoit les Aduocats plaidans, & s'il remarquoit quelque esprit delié, il l'entremettoit aux affaires d'Estat, comme depuis l'Empereur Charles V. fit à Besançon, y ayant choisi Perrenot, qui fut aussi digne Chancelier pour ses Estats, que fidelle seruiteur à son Maistre. Nonobstant toute sa vigilance, on raconte de luy qu'ayant donné vn Office de Conseiller à vn qui n'estoit pas des plus prudens du monde, la Cour

XL.
L'affection de Louys XII. à l'endroit de la Iustice.

[a] Louys d'Orleans en ses ouuertures de Parlement chap. 4.

le refufa, faifant entendre au Roy l'infuffifance du perfonnage. Sa Majefté entendant ce maigre témoignage de fon nouueau Confeiller, demanda aux deux autres qui auoient efté deputez pour cette remonftrance, combien de Confeillers ils eftoient à la Cour? SIRE, nous fommes cent. Comment, dit-il, vous eftes tant de gens fages & fçauans, & n'en fçauriés-vous faire vn fage? Tous demeurerent muets. Mais le Roy qui auoit plus de paffion pour l'honneur de la Iuftice, qu'aucun de fes Officiers au bien de fon Eftat, fe contenta de faire voir à ces Meffieurs le peu de credit qu'ont les Roys les plus puiffans, & les hommes les plus fages fur les efprits, puis qu'ils ne leur peuuent donner ce qui leur a efté refufé de la Nature.

XLI.
François I. & les derniers Roys n'ont pas efté moins zelez à l'exercice de la Iuftice que leurs predeceffeurs.

CEVX qui font couchez fur les rofes n'ont pas dauantage de peine à s'en retirer que i'ay de quitter le lict de Iuftice des Monarques François, tout embaumé de Fleurs de Lys, dont la fuauité ne donne pas moins de contentement à ceux qui les flairent que le Lothos aux compagnons d'Vlyffe. Car quel bon efprit, amateur de la vertu, ne fera furpris d'aife, lifant tant de fages Ordonnances publiées par la Iuftice des derniers Roys, pour le Reglement des trois Eftats du Royaume? François I. Charles IX. Henry le Grand, Louys le Iufte ont embraffé fi cordialement les interefts du peuple, qu'on feroit vn grand acte d'iniuftice, fi en parlant de la vertu contraire, on ne rendoit mille loüanges à leurs merites. François I. n'a pas

Chapitre II. Section IV.

n'a pas esté moins Pere de la Iustice que des bonnes lettres, puis que c'est dans les liures qu'on en apprend les regles. L'affection qu'il auoit de la traicter auec tout honneur, fut cause qu'ayant entendu certains Arrests mal couchés en Latin, où entre autre termes on lisoit ces mots, *Debotauimus, & debotamus*, il ordonna l'an 1539. qu'à l'aduenir ils seroient dictez, & publiez en François, ce que depuis a esté obserué. Ce sage ᵃRoy ayant toute la vie moyenné l'aduancement de la Iustice, ne l'oublia point en ses dernieres pensées : car entre autres remonstrances qu'il fit à son fils Henry, il prononça ces paroles dignes de l'eternité. " D'autant, mon fils, que la conseruation, & accroisse- " ment d'vn Royaume sont les armes, quant à ce " qui concerne le dehors, pour ce vous ferez bien " d'aimer la Noblesse, & de recompenser ceux qui " sont employez pour la defense de vostre couron- " ne. Mais ni le dedans, ni le dehors, ni la paix, ni " la guerre n'estat onc bien establie où il y a faute " de Iustice, souuenez-vous que vous estes ministre " de Dieu, & obligé à la rendre à vn chacun, sans " vous en fouruoyer directement, ou indirecte- " ment; & qu'autant de subiects que vous auez sont " autant d'ames que Dieu a confiées à vostre tutelle, " dont il en fait tant de cas, qu'il tient à conte ius- " ques à vn poil de leurs testes. Et de cecy ie me " descharge du tout sur vous, & i'appelle Dieu à té- " moin, auquel ie vay rendre conte de mon admi- " nistration, comme ie m'acquite de mon deuoir en " vous obligeant à suiure la voye de Iustice autant "

ᵃ *Belleforest lib. 6. tom. 1.*

qu'vn

qu'vn pere peut engager son fils, & vn Roy son successeur. Il ne se contenta pas seulement de luy recommander vne fois la conseruation de celle qui garde les Roys quand elle est bien gardée, mais encore les dernieres paroles qui partirent de sa bouche, reïterent le mesme aduertissement, adioustant que sa conscience ne luy reprochoit aucune action qu'il eust faite, ou commandée contre l'honneur de la Iustice. Riche & asseuré gage d'vne vertu digne de l'immortalité! Car ce pieux Monarque ayant vescu si iustement toute sa vie, qui pourra douter qu'il n'ait receu pour sa derniere Courône vn eternel repos, puis que la [b] paix est fille de la Iustice, & que les tabernacles de Dieu sont bastis pour les Iustes.

b *Isaya cap.* 32. Et erit opus iustitiæ pax, & cultus iustitiæ silentium, & securitas vsque in sempiternum.

XLII.
La medaille de Charles IX. symbole de sa Iustice.

ON en doit autant croire de Charles IX. & pour s'en asseurer dauantage il ne faut point d'autre écrit que les precieuses medailles qu'il a laissées à toute la posterité, marque de son incroyable affection à l'endroit de cette diuine vertu. Entre autres nous en retrouuons vne qui porte en vne face deux mains iointes, tenant vn Caducée entre deux cornes d'abondance, auec cette ame : *Pax, & fœlicitas temporum.* En l'autre face on voit deux rinceaux d'oliuier en forme de Croix, vne Couronne pend au dessus, au bas sont trois fleurs de Lys, on voit au costé droit vn coutelas auec vn bouclier, au gauche deux tables où sont écrits diuers nombres, & à l'entour on y lit ces deux remarquables paroles : *Pietate, & Iustitia.* Pour découurir briéuement tous les mysteres de

ces

Chapitre II. Section IV. 867

ces Emblemes, i'eſtime que la Pieté, & la Iuſtice, qui ſont l'ame de ces riches pieces, ſont d'vne excellence ſi grande, qu'on n'en peut mieux repreſenter l'vtilité que par la corne d'abondance, & par le Caducée, ſymbole de la paix, du bon-heur, & de l'abondance, comme ſignifie la deuiſe qui dit, *Pax, & fœlicitas temporum* ; La paix, & la felicité des temps, qui arriuera infailliblement quand les Souuerains repreſentez par la Couronne, & par les trois Lys, conſerueront la Pieté, & la Iuſtice aux trois Eſtats : à ſçauoir, au Clergé figuré par les deux rinceaux d'oliuier croiſez, ſymbole d'vnction ; à la Nobleſſe ſignifiée par l'épée, & le bouclier ; & au tiers Eſtat repreſenté par ces tables chargées de diuers nombres.

CE meſme Roy donnoit à connoiſtre combien il deſiroit d'accrediter cette vertu parmi ſes ſubiects, quand il fit forger vne autre piece qui repreſentoit d'vn coſté vne Vierge rayonnante qui liſoit dans vn liure, tenant en main vne Palme, & ayant à ſes pieds des hommes qui bruſloiét. Cette Vierge eſtoit poſée ſur vne baſe qui portoit la lettre C. auec ces deux mots, *Subducendis rationibus*. Au reuers de la medaille on voyoit deux Vierges, qui tenoient deux colomnes entortillées, dont les chapiteaux eſtoient couronnez, vne de ces Vierges tenoit en vne main vn globe de feu, & brandiſſoit en l'autre vn flambant coutelas ; ſous leurs pieds eſtoit cette inſcription ; *Pietate, & Iuſtitia*. O la riche inuention de ce ſage Roy ! Cette premiere Vierge qui tient vn rinceau de Palme,

XLIII.
Vn autre medaille repreſentant la iuſtice de Charles IX.

palme, & qui lit dans vn liure est la Iustice, vierge qui doit estre plus pure dans les Empires, que les Vestales dedans Rome. Elle s'occupe à lire dans ce liure que vous voyez, pour signifier que la iustice du Roy Charles figurée par le C, en calculant les affaires de son Royaume, *subducendis rationibus*, recompense les bons seruiteurs de la palme de gloire ; mais qu'il fait mourir dans le feu les déloyaux, & les trompeurs. Ces deux autres Deesses qui embrassent deux colomnes couronnées sont la Religion, & la Iustice, les deux colomnes de l'Estat qui doiuent estre inseparables, pour supporter auec toute asseurance la Courône Françoise. Mais ne voyez-vous pas la Religion qui tient vn globe de feu, pour témoigner son ardente charité à l'endroit de Dieu ? Et dautrepart les criminels qui tremblent contemplans la Iustice armée d'vn coutelas, qui menace les vicieux d'vne mort sanglante ?

XLIV. *La iustice de Louys le Iuste.*

CE que Charles IX. nous a enseigné sous ces belles figures, cela nous est rendu visible dans les deportemens de Louys XIII. qui a preferé le nom de Iuste auec Aristide, à celuy d'expugnateur, de fulminateur, & de victorieux ; tant il fait gloire de cette vertu par dessus tous les eloges que le monde adore. Et si ce titre de bon augure luy est tant precieux, les actions qui le doiuent seconder luy sont encor plus à cœur. Car qui ne voit comme il a donné en depost sa Couronne à ces deux celestes Vierges, à sçauoir à la Pieté, & à la Iustice, qui la maintiendront plus ferme que ces

colom

Chapitre II. Section IV. 869

colomnes, & plus inesbranlable que les rochers? Ne fait-il pas admirer en paix ce globe enflammé de l'amour de son Dieu, & en guerre ce coutelas de feu, contre les ennemis de Dieu, & de l'Eglise? L'execution qu'il commanda ces années passées de trois Seigneurs des plus qualifiez de sa Cour, & des plus favoris de sa personne, tesmoigne que la Iustice, & la Pieté sont les deux divinitez qui habitent dans le temple de son cœur, & qu'il ne permettra iamais que l'vne, ni l'autre soit violée, mais que comme les oppressez trouueront tousiours vn azyle aupres de sa Pieté, aussi les vicieux rencontreront aupres de sa Iustice des chastimés pour l'expiation de leurs fautes. *a O bien-heureux les Princes qui font iugement & Iustice en tout temps*, disoit vn grád & iuste Roy! Ce sera sous leur regne que les fables de l'âge d'or se changeront en des veritez: *Et pax & fœlicitas temporum*. Ce sera pour lors que l'Agneau, le Lion, & le Loup n'auront qu'vne cresche dans les cloisons de l'Eglise; l'on verra en cette felicité des temps *b* l'Euphrate quatriéme fleuue du Paradis terrestre, qui reprendra son cours pour arrouser le monde, des eaux de paix & de fecondité.

*c Doux repos enfant de Themis
A qui seul le Ciel a commis,
Par tous les climats de la terre,
Le gouuernement des Citez.
Tu gardes la paix, & la guerre
Sous la clef de tes volontez.*

Voulons nous donc estre benis de Dieu, soyons

a Beati qui custodiunt iudicium & faciunt iustitiam omni tempore. *Psalm.* 105.
b Sanctus Ambrosius libr. de Paradiso cap. 3. Quartus fluuius Euphrates, qui latinè fœcunditas, & abundantia fructuum nuncupatur, præferens quoddam insigne iustitiæ quæ omnem pascit animam. Nulla enim abundantiores videtur habere fructus virtus, quàm æquitas, atque iustitia, quæ magis aliis, quàm sibi prodest!, vtilitates suas negligit communia emolumenta præponens.
c Pindar. Ode 8. *Pythior.*
Φιλόφρον Ἡσυχία Δίκας ὦ
μεγιστόπολι,
Θύγατερ Βουλᾶτε καὶ παλιμῶν,
Ἔχοισα κλαῖδας ὑπερτάτας.

870 *Parangon V I. du Lys sacré*,

florissans en Iustice, & cette infinie bonté versera sur nos ames l'abondance de ses rosées de ioye, de paix, & de bon-heur, en rehaussant nostre gloire sur le celeste Liban au pair des plus eminens Cedres de l'immortalité bien-heureuse. *Ero quasi ros, Israël germinabit sicut Lilium, & erumpet radix eius vt Libani.*

CHAPITRE TROISIEME.

Six especes de Iustice prattiquées par S. LOVYS correspondantes aux six fleurons du LYS.

SECTION PREMIERE.

La Iustice de S. LOVYS à l'endroit de Dieu, de soy-mesme, & de ses subiets.

XLV.
La iustice de S. Louys à l'endroit de Dieu.
a *Ex hist. Aristæa Ptolomai Philadelphi Ægyptiorum Regis ad Eleazarum Pontificem Iudæorum legati quæst.* 2. *Quomodo rectè omnia institueret perageretque?* ℞. *Ita demum singula rectè perages si quod iustum est erga omnes conserues. Et quæst.* 15. *Qui in regia administratione mores in primis necessarij sint?* ℞. *Conseruare se à muneribus incorruptum, & iustitiam ante omnia colere, ac illius amatores sibi conciliare. Deus enim & iustos amat.*
b *Zonaras in sua historia lib.* 1.

ARISTEAS [a] dont les plus doctes prisent singulierement les écrits, décriuans l'assemblée des septante-deux interpretes de la Bible; recite qu'entre autres questions que Ptolomée, surnommé Philadelphe, Roy d'Egypte leur fit après le repas, il leur demanda le moyen de bien regner, & maintenir en paix tant de peuples qui viuoient en son domaine. A quoy vn des plus venerables respódit à son tour, [b] Qu'il deuoit rendre la iustice a tous auec égalité; & vn autre adiousta, qu'il se deuoit abstenir de receuoir des presens, preferer la iustice à toutes

Chapitre III. Section I. 871

tes les cōfiderations du monde,& aimer ceux qui la cheriffent, d'autant que Dieu aime les Iuftes. Sainct Louys a conftamment exercé cela, non feulement à l'endroit de fes fubiects, mais encor à l'endroit de Dieu, à l'endroit de foy-mefme, à l'endroit des eftrangers, à l'endroit de fes ennemis, & à l'endroit des trefpaffez. En quoy il a rémoigné qu'il eftoit vn diuin Lys à fix celeftes fleurons qui a embaumé toute la terre des exemples de fa vertu, & preferué le Royaume de France de plufieurs fortes de malheurs. La premiere donc & la fouueraine efpece de Iuftice auoüée de nos Docteurs facrez, & *c* d'Ariftote mefme, eft celle que nous deuons à Dieu, en luy rendant toute forte de deuoirs, de foumiffion, & d'amour comme au principe de tous nos biens;& à la fin de noftre beatitude. Pour ce fujet noftre S. Roy Louys voulant eftablir vn ferme fondement de Iuftice, a cōmencé par celuy qui eft sās cōmencement pour finir heureufement fa vie dans l'obeïffance de fon diuin feruice. Cette verité ne fe peut reuoquer en doute par ceux qui auront leu fa vie, toute éclatante en lumieres,& en rares exemples de la fidelité que toutes creatures doiuent à leur Createur. Ioinuille qui a vefcu l'efpace de vingt-deux ans auec luy, affeure qu'il s'intereffoit tellement dans la gloire de Dieu, & de fa tres-faincte Mere, qu'ayant entendu qu'vn deteftable auoit prophané leur honneur, il le fit griefuement chaftier, fermant les yeux à toutes fortes de requeftes, que les plus fignalez de fa Cour luy propofoient en faueur

c *Arift. lib.* 10. *de virtut. Sanctus Ambrof. lib.* 1. *de Offic.* Iuftitiæ pars prima eft pietas in Deum, fecunda in patriam, tertia in parentes, imò in omnes quæ & ipfa fecūdùm naturæ eft magifterium : fiquidem ab ineunte ætate vbi fenfus primum infundi cœperit vitam amamus tanquam Dei munus,patriam, parentefq; diligimus deinde æquales quibus fociari cupimus.

d *Gaufridus de Bello loco cap.* 32. Plurimum anxiabatur & compatiebatur cor eius fuper peftem illam generalem quæ ab antiquo noxia occupauerat fpecialiter Regnum fuum, videlicet vitium iurationum turpium, & blafphemiarum in Deum & in Sanctos ipfius:zelo igitur diuino permotus & folerter excogitās quæ

faueur de cet impie. *Ie vids*, dit-il, *vne fois en Cesarée outre mer, qu'il fit eschaller vn Orfeure en brayes, & chemise mout vilainement à grand deshonneur.* Geofroy de Beaulieu atteste que ce tres-iuste Roy conceuoit vn tel déplaisir des iuremens, & des blasphemes qui se faisoient au desauantage de l'honneur de Dieu, & au mépris des Saincts, qu'il fit assembler à Paris les principaux de son Royaume, afin de fermer ces bouches execrables par la punitiō de leurs crimes puis que la Pieté ne les auoit pû clorre. L'illustre Legat Simō Cardinal de Saincte Cecile ayant sainctemét harangué sur cette matiere, le Roy épris d'vn ardant zele fit luy mesme sur ce sujet vn si puissant discours que tous d'vn commun aduis resolurent que sa Majesté opposeroit à ces debordez flux de langue vn rigoureux Edict, afin d'obtenir par la frayeur de la peine, ce que l'impieté des hommes n'auroit pas voulu accorder aux merites de la vertu. En suitte de cecy ᵉ Paul Emile raconte que ceux qui abusoient du tres-auguste nom de Dieu, & des Saincts, estoient chastiez par le feu, leur faisant brusler le front auec vne plaque ardante, afin de leur imprimer la rougeur que l'impudence leur auoit effacée. D'autres disent qu'on leur perçoit les levres pour en faire, sans doute, sortir le venin que tant de blasphemes y auoiét laissé. Quelques signalées personnes demandans grace pour vn de ces coupable, il n'y voulut point entendre, respondant qu'il porteroit volontiers sur le front semblable marque, pourueu que la France pût estre

liter hæc execrabilis noxa posset ad honorem Dei &c. Præterea cùm tunc temporis ipse Dominus Rex quoddam opus fieri præcepisset quod communi vtilitati conferre non modicum videbatur, super quo Parisius a beneficia habétibus multas benedictiones habebat: dixit quod maiorem mercedem à Domino expectabat pro maledictionibus quas occasione illius cauterij incurrerat quàm pro benedictionibus quas pro illo beneficio generali habebat.

ᵉ *Paul. Æmilius lib. 4. in Lud. IX. Rex Francus quod Regij muneris erat publicæ vtilitati religionique studebat.*

estre repurgée d'vne peste si contagieuse & contraire à la bonté du Createur. Le chastiment de ce delict qui paroissoit aux yeux chassieux trop seuere, en effara aucuns, blasmans ce qu'ils deuoient loüer, & soustenans ce qu'ils deuoiét detester plus que la mort. Mais le Roy qui portoit ses pensées au delà du sensible, sçachant que ceux-là estoient benis de Dieu, qui pour l'amour de luy estoient maudits des hommes, conceut de la ioye de ce reproche, disant que la recompense qui luy estoit preparée dans le Ciel, en seroit d'autant plus abondante, que la souffrance de telles calomnies auroit esté grande; & que telles injures luy apporteroient plus de benedictions, que les Parisiens ne luy auoiét données peu auparauant, à raison d'vn signalé bien-fait dont il auoit obligé leur Ville. Si Dieu tient à gloire les faueurs qui sont faites à ses seruiteurs, & à Iustice toutes les caresses que nous leur témoignons; quel esprit pourra se figurer [a] l'exces de son zele à maintenir les droicts des Religieux, & des Ecclesiastiques. Combien de fois s'est-il interessé en la cause de l'Abbaye de Cluny, du grand Monastere de Tours de Sainct Martin, de l'Abbaye de Sainct Denys en France, de Sainct Benoist, de Floriat, de Cisteaux, & de plusieurs Monasteres qui n'oublieront iamais l'honneur & le bon-heur de sa protection. Il n'est point de Pere plus ialoux du bié de ses enfans, que S. Louys estoit des personnes d'Eglise, sçachât que la Iustice qu'il leur rendoit s'addressoit au souue-

rain

[a] *Guillelm. Carnotensis de vita & miraculis S. L. Reg.* Cæterùm Rex ipse pacificus, tanquam pacis ac Religionis amator, præcipuè paci, ac reformationi & conseruationi Ecclesiarum, Monasteriorum omnium Regni sui totis insudabat affectibus; procurando sedare discordias, molestias, & iniurias propulsando. quamplures sunt experti, tam Cathedrales quàm aliæ Conuentuales Ecclesiæ. Insuper & monasteria præclara quamplurima specialiter Cluniac. cũ membris suis maioris monast. Turonésis Sancti Dionysij, sancti Benedicti Floriacensis, nec non Cisterciésis cum multis aliis, quibus ipse in suis necessitatibus, dissensionibus vel oppressionibus tanquam pius pater & patronus indefessus adfuit, & à multis incommodis conseruauit.

rain Iuge de nos ames, qui toſt ou tard couronnera nos merites.

LA ſeconde pampre de noſtre Lys royal a monſtré ſa candeur à l'endroit de ſa perſonne propre, mettant bas de l'Autel de ſon cœur l'idole de l'amour propre, pour y adorer la vertu de Iuſtice, en ſe condamnant ſoy-meſme. [a] Meſſire Raynaud de Croye ayant rapporté à noſtre ſainct Roy des patantes pour luy perſuader qu'il auoit cedé aux heritiers de la Comteſſe de Boulongne treſpaſſée le Comté de Dammartin, où les Officiers royaux ne deuoient plus rien pretendre. Comme il fut queſtion de verifier les lettres, les Iuges ayant trouué que les ſeaux du Roy eſtoient tous briſés, n'y reſtant plus que les iambes de l'effigie, declarerét non receuables le demandeur. Mais le S. Roy ſe bandant les yeux, prit en main la Balance auec telle equité, que finalement reconoiſſant le formel rapport de ſes ſeaux auec les fragments des lettres de Raynaud; il adiugea le Comté à ſon aduerſe partie, & ſans auoir égard à ſon deſauantage, il prefera la conſeruation de la Iuſtice à tous les Empires du monde. Cette procedure luy eſtoit ſi familiere, dit Geofroy de Beaulieu, qu'en tous ſes differens il s'oppoſoit, & depoſoit touſiours contre ſoy-meſme, autant que la raiſon luy découuroit le bon droit de ſa partie, afin que la crainte que ſes Officiers auroient de luy déplaire ne les obligeaſt à déplaire au Createur en prononçant des ſentences au deſ-honneur de la Iuſtice, & à la ruine de leurs conſciences.

C'eſt

XLVI.
S. Louys exerce la iuſtice contre ſoy-meſme.

[a] Ioannes de Ionuille in vita S. L. R.
Gaufridus de Bello loco cap. 6. in vita & conuerſatione S. R. Lud. In cauſis quæ côtra ipſum vertere videbantur ſemper quantum bono modo poterat contra ſe ſtabat, & allegabat, vt per hoc Cõſiliarij abſque timore offenſæ ipſius à vero officio minimùm declinarent ſuper factis, quæ tam ad perſonam ſuam quàm ad Propoſitos, vel Ralliuos ſpectabant, mittebat pluries per Regnũ inquiſitores diligentes & fideles & inuctas iniurias emendari & reſtitui faciebat.

Chapitre III. Section I.

C'est l'auis qu'il a laissé à son fils Philippe sur les derniers iours de sa vie, luy ordonnant que, *Si aucun different se meust, enqueste toy de la verité, soit à ton profit, soit à ton desauantage; si tu es auerty & asseuré d'auoir du bien d'autruy, ou que tes predecesseurs t'en ayent laissé, faits-le rendre incontinant*. Il n'enseignoit rien que ce qu'il auoit exercé: car l'action de la vertu doit preceder la parole du bon Professeur en l'école de Iesvs-Christ. Pour dernier essay de cette magnanime Iustice, quel plus pur dépoüillement de soy-mesme, que ce qu'il dit à son fils Philippe, estant malade à Fontaine-bleau. *I'aymerois mieux laisser ma Couronne à vn autre Prince de mon sang qu'à vous, si ie sçauois que vous vous en rēdissiez indigne*. Marque de Iustice d'autant plus recommandable que les Roys mettent ordinairement souz leurs pieds la bonne fortune d'autruy pour éleuer celle de leurs enfans sur les testes de tous les autres.

Ie veux raisonnablement croire que [a] S. Louys abandonnant si genereusement ses interests aux considerations de la Iustice, & s'incommodant soy-mesme pour complaire au bon droit des autres, n'auoit pas moins d'équité pour les differens de ses subiects, dont la conseruation a esté tousiours aussi chere aux bons Princes que la prunelle de leurs yeux: Son histoire porte qu'il estoit si soigneux de vuider les procés de son peuple que tous les iours, apres auoir touché les escroüelles, il iugeoit les causes de ses subiects; que s'il se retrouuoit au bois de Vincennes, il choisissoit pour

XLVII.
La troisiéme espece de Iustice que S. Louys prattiquoit à l'endroit de ses subjets.
a *Guillelmus Carnotensis de vita & miracul. S. L. R. In maioribus autem excessibus in quibus absque diuina offensa locum non debebat habere remissio; non remissum, sed rigidum & inflexibile quantacumque esset persona* vindicabat *se efficaciter exhibebat: quod si etiam esset persona de familia, excessum aut delictum eius seuerius quàm de extraneo vindicare curabat. De*

prædictis certis casibus possem exempla specialiter assignare, sed hæc causa breuitatis omittimus, ne possent aliqui viuentes aut mortui tali recitatione notari.
b Ionuille en la vie de S. Louys.

dais, vn chesne touffu, & s'asseant au pied il en faisoit son throne, appellant sans autre Huissier tous ceux qui demandoient Iustice. Admirable lict de Iustice plus releué que le throne d'Alexandre enuironné des statuës des premiers Princes de sa Cour, & enrichi d'Escarboucles, auec des écriteaux publians la puissance de ce Monarque par toutes les contrées du monde. A quoy pourrons-nous comparer ce royal lict de Iustice? Sera-ce à la magnificence du throne de Cyrus, donnant audiance sous des vignes, dont les ceps estoient d'argent, les feüilles d'or, & les raisins étoffez de rubis, d'emeraudes, & d'autres pierres precieuses? Tout cela n'a point de rapport auec la modestie, & la saincteté du tribunal de sainct Louys, qui ne rend que des oracles pour des sentences. Ayant vn iour reconneu que son frere le Comte Charles d'Anjou estoit assisté en sa cause des plus fameux Aduocats de Paris, & que son aduerse partie, qui estoit vn pauure Gentil-homme, tomberoit des despens faute d'vn bon conseil, que fit cet Ange tutelaire de la Iustice? luy mesme de son mouuement luy en choisit des plus celebres, & les fit iurer de le seruir aussi fidellemét qu'ils feroient le plus riche Prince de la terre. O nompareille vertu! qui a plus d'yeux pour la cause des pauures que pour celle de son frere.

XLVIII.
Autre exemple de Iustice pratiqué par S. Louys à l'endroit d'vn criminel.

QVELCVN ayant demandé à Bias Prienæus pourquoy il ne faisoit pas grace aux criminels, puis qu'en les condamnant ils luy tiroient les larmes des yeux? Parce, disoit-il, que comme il est necessaire

Chapitre III. Section I. 877

necessaire de compatir à ceux qui sont affligez, aussi est-il encor plus pernicieux de s'escarter des regles de la Iustice. Le mesme arriuoit-il à nostre debonnaire Louys? En voicy vne preuue; recitant vn iour son Office, on luy demanda la grace de quelque criminel : sans autre reflexion, sa douceur naturelle gagnant le deuant accorda incontinant le pardon ; mais poursuiuant le Psalme, & rencontrant ces paroles. [a] *Bien-heureux sont ceux qui gardent le iugement, & qui font Iustice en tout temps* ; ce mot de Iustice piqua si fort sa conscience, sçachant combien l'impunité des crimes déplait au Createur, & nuit à la creature ; qu'aussi-tost il fit rappeller les supplians, reuoqua la grace, & ordonna aux Iuges de faire leur deuoir. Sainct Louys viuant de cet air experimentoit aussi le dire du Psalmiste Prophete ; que la gloire & les richesses font leur sejour en la maison des Iustes, & que c'est au champ de la Iustice que les peuples moissonnent le bon-heur.

[a] *Psalm.* 105. *Beati qui custodiunt iudicium & faciunt iustitiam.*

AVSSI-TOST que le S. Monarque estoit retourné au matin du seruice de l'Eglise, il faisoit appeller le Seigneur de Neelles, & le Seigneur de Soisson, & moy, dit Ionuille, & nous demandoit si nous auions quelque procés qui ne se pût vuider sans luy. Que s'ils s'en retrouuoit, il faisoit au pluftost comparoistre les parties, & les interrogeant, à quoy tenoit leur accord, il rendoit vne briefue, & saincte Iustice. Entres autres sages sentences que S. Louys a renduës, il faut conter celle de Ieanne fille de Ferdinand Comte de Flandre.

XLIX.
Assiduité de S. Louys à rendre la Iustice.

Ttttt 3 Cette

a *Papyrius Massonius lib. 3. in Philippo Pulchro.*

Cette ᵃ Dame ayant deux fils naturels nommez Iean & Bauduin, & vn legitime qu'on appelloit Vuido, qui plaidans tous ensemble pour le droict de la succession, maintenans tous qu'estans fils de leur mere ils deuoient succeder à ses biens de fortune, par les droicts de la naissance. La Mere qui assistoit à cette action, ayant esté interrogée à qui des trois elle vouloit resigner son Comté, respondit que c'estoit à Vuido son fils aisné, & legitime. Comment, dit Iean, le plus fougueux de tous, seray-je donc le fils de la plus riche putain qui soit au monde ? Cette Comtesse offencée iusques à non plus, demanda sur le champ Iustice de cette injure, d'autant plus insolente qu'elle auoit pour autheur celuy qui deuoit donner sa vie pour l'honneur de sa mere. Sainct Louys ayant blasmé cet excés le chastia en cette sorte, ordonnant que les armoiries de Iean, qui portoit d'or au Lion de sable lampassé & armé, representeroient le Lion sans langue & sans armes, pour témoigner à toute la posterité l'audace d'vne langue trop acerée contre l'honneur de sa mere. Ayant aperceu que la venalité de l'office du Preuost de Paris affoiblissoit notablement les nerfs de la Iustice, & qu'il est permis de vendre ce qu'on a acheté bien cher, il en pourueut Estienne Boilaud, qui l'exerça auec tant d'equité que iamais la faueur de ses amis, ni de tous ses parens ne fut assez forte pour flechir sa constance. Il en vint iusques là, dit l'histoire, qu'il fit pendre son filleul, parce qu'il ribloit la nuict; & son compere aussi qui denioit le depost

qu'on

Chapitre III. Section I. 879

qu'on luy auoit confié. Il arriua de cette sage conduite de Boilaud, que les rentes, & le domaine de France s'accreurent notablement, monstrant par là qu'il est plus vtile à l'Estat d'achepter les bons Officiers pour les charges, que de vendre les charges aux plus encherisseurs. Ce que nostre S. Roy prattiqua en cette dignité de Preuost, le mesme fit-il en plusieurs autres, sçachant que les Offices qui s'achetent à deniers contens, rendent aussi les Officiers mercenaires. Apres toutes ces preuues de la Iustice de nostre sainct Monarque, qu'on ne nous parle plus de l'equité d'vn Roy Antigonus, qui tient que les iniustices des Grands ne sont pas plus excusables que celles des autres. Qu'ō ne nous loüe plus la Iustice d'vn Empereur Alexandre Seuere, dont personne ne s'est iamais plaint d'auoir receu de luy aucune iniure. Qu'on ne fasse plus d'estat d'vn Eaque, qui attire tout le monde à son Isle d'Egine par sa Iustice recommandable. Qu'on ne prise plus vn Caton d'Vtice, qui auoit tant acquis de reputation qu'on le tenoit infaillible en tous ses Arrests. Tous ces Princes, & ces Roys n'estoient que des ombres de Iustice si nous les confrontons auec nostre incomparable Monarque S. Louys. Car de rechercher de la Iustice hors de la vraye foy, c'est chercher vn Soleil dans les plus sombres tenebres de la nuict. Adjoustons encore à tous ces rares exploicts de Iustice qu'il departoit les benefices Ecclesiastiques à ceux que la probité, & la science rendoit plus capables que toutes les re-

comman

commandations des hommes. Que si quelcun en estoit desia pourueu il ne luy conferoit point d'autre qu'à condition de relacher le precedent. L'histoire a mieux conserué que les hômes n'ont gardé ce beau decret qui fut fait l'an 1239. en vn Concile tenu à Paris, qui defendoit à tous les Ecclesiastiques, sous peine de peché mortel, de tenir plus d'vn benefice suffisant à l'entretien d'vn homme : ce que S. Louys garda estroitemét; d'où il arriuoit que tous les Ecclesiastiques auoiét chacun dequoy s'entretenir honnestement, & qu'vn seul ne possedoit pas ce qui deuoit suffire à plusieurs.

L.
S. Louys fait informer si quelcun a esté surchargé par ses Officiers.

a Responsum fuit in faciem nuntiis Domini Regis Angliæ, præcipuè pro Normannia, quòd Dominus Rex Francorum indiutina & pacifica extiterat possessione, videlicet per circiter quadraginta annos nec fuit postea efficaciter reclamatum pro iure Domini Regis Angliæ, nec ad Curiam Romanam in qua solent arduæ causæ & difficiles terminari appellatum. Quapropter quòd maius ius habuit Rex Francorum in Normannia quàm Rex Angliæ præsertim cùm per Pares suos adiudicabatur. *Matthæus Paris in hist. Angliæ.*

ᵃMATTHIEV PARIS rapporte que S. Louys enuoya cinquante Religieux, tant Cordeliers, que Iacobins, par toutes les Prouinces de son Royaume, enchargeant les Baillifs de faire des enquestes si quelcun de ses subiects auroit esté greué irraisonnablement par ses Officiers. Estant prest à reparer entierement toutes leurs iniustices qui seroient bien auerées. Le Roy d'Angleterre auerti de cette Pieté, dépescha aussi tost le Comte Richard en la Cour de France, pour solliciter la conscience de nostre tres-iuste Roy à la restitution de la Normandie, de l'Anjou, & du Poitou. L'Ambassadeur auança si accortement les volontez de son Roy, que S. Louys estoit prest de luy accorder ses demandes, si son Conseil, auec les Euesques de Normandie ne luy eussent fait entendre que le Roy d'Angleterre auoit plus de mauuaises intentions en ses plaintes, que de bon droict

Chapitre III. Section I.

droit à repeter des Prouinces dont la Couronne de France iouïssoit paisiblement depuis quarante ans. Et partant qu'il ne deuoit non plus pretendre à les retirer, que le Roy à les luy rendre. Que son Pere les possedant iustement, il ne les pouuoit desmembrer de son domaine, sans faire vne grande playe au bien de son Royaume. Toutes ces considerations auec plusieurs autres, firent retirer l'Anglois à mains vuides, ayant trouué auprés du Roy autant de Iustice de son costé que de constance en ses raisons.

IL ne se peut dire auec quelle seuerité il defendoit aux Iuges de receuoir des presens, & combien rigoureusement il chastioit leur auarice. Voicy come il leur parle en l'Edict qui se retrouue dans l'histoire de Ionuille.ᵃ Ils ne prendront, ni ne laisseront prendre à leurs gens, comis aucun don ni present qu'on leur veüille faire, ou à leurs femmes, ou à leurs enfans, ny à quelque autre en leur faueur. Et si quelque don a esté receu, ils le feront incontinant rendre, & sans delay. Ils ne feront donner aucun present à ceux à qui ils ont quelque obligation, ou à qui ils soient subiects. Ils iureront que où ils sçauront & connoistront quelque Officier, Sergent ou autres qui soient rapineurs, ou abuseurs, à raison dequoy ils doiuent perdre leurs Offices, ils ne les soustiendront, ni celeront sous promesse de quelque don & faueur, mais ils les puniront, & corrigeront, selon que le cas le requerra, sans animosité enuié, mais auec toute fidelité, & Iustice. Nous voulons de plus que les sermens qui seront pris deuant nous à cet effect, soient aussi publiez deuant les Clercs, les Cheualiers, les Seigneurs, & les gens

LI.
S. Louys est ennemy mortel des Iuges qui reçoiuent des presens.

ᵃ Claude Menard aux obseruations sur l'histoire de S. Louys a remarqué que cette Ordonnāce est de l'An MCC.LIV. au mois de Decembre dont le Latin est rapporté aux Registres de la Cour.

de commune, afin qu'ils apprehendent d'encourir le pariure, non pas seulement pour la crainte d'estre punis de Nous, mais aussi de Dieu. Pourquoy est-ce que S. Louys apporte tant de soin à bannir les presens de la Iustice? Il est asseuré que celuy qui n'a vû les effets des presens dans l'esprit d'vn Officier n'en soupçonneroit iamais le mal-heur. Témoin la replique de ce mauuais Iuge, qui pesant le droit plus par le prix des presens que par le poids de la raison, repartit à celuy qu'il auoit condamné, qu'il prit patience, d'autant que la mule auoit enfoncé son tonneau de vin, & les cheuaux emmené son carrosse. *Les* [b] *estrenes, & les dons creuent les yeux aux Iuges*, dit le sage Salomon, *& seruent de bride à leur bouche pour arrester leurs corrections.* Il est veritable que de ietter quelques presens dans la bourse des Iuges, c'est mettre en leur bouche vn frein d'or qui les rend plus souples, & les faire voltiger plus legerement au gré de celuy qui donne, que ne fait le Cheual qui part de la main de son Escuyer. D'autres ont tourné ces dernieres paroles en telle sorte : *Et comme la grenoüille en leur bouche, ainsi sont les presens.* Comme si le Sage qui n'ignoroit point toutes les proprietez de la Nature, vouloit dire, que comme la grenoüille Calamite sautant dans la gueule du Chien l'empesche de iapper, ainsi les presens dans la main du Iuge : ou comme les grenoüilles de Seriphe, qui contre le naturel des autres sont tout à fait muettes, ainsi les Officiers de Iustice qui se laissent corrompre par or & par argent, ne sont pas moins monstrueux

[b] *Ecclesiast. cap.* 20. Xenia & dona excæcant oculos iudicum : & quasi mutus in ore auertit correptiones eorum. Iansenius legit è Græco codice. Et quasi frænum in ore. Lippmus & Dionysius legunt, & quasi rana in ore.

Chapitre III. Section I. 883

monstrueux, puis que leur deuoir les obligeant à publier la Loy & à iapper contre l'iniustice, ils se taisent & suppriment le droict. Le Deputé des Milesisé ayant gagné par argent [c] Demosthenes, le plus fameux Aduocat d'Athenes, à ce qu'il ne haranguast point contre eux, & s'estant presenté le lendemain au barreau auec le col enueloppé d'estouppes, disant que le mal de l'angine l'empeschoit de plaider. Son aduerse partie qui sentit de loin la puissance des presens, repartit fort à propos: C'est plus le mal de l'argent que de l'angine qui luy ferme la bouche. Et neantmoins nous trouuons dans les écris de ce fameux Aduocat qu'il a prononcé publiquement contre [d] Dimocrate, qu'il tenoit les violateurs du droict plus infames que les faux monnoyeurs. D'où nous aprenons la violence du charme des presens, qui fait dementir les paroles des plus sages, par des actions toutes contraires.

[c] *Demost.* non συνάγχη, sed ἀργυράγχη, hoc est non angina, sed argentina laborat.

[d] *Demost. in orat. contra Dimocrat* Καὶ μεῖζον ἔπαι τὸ ἀδίκημα τὸ τὰς νόμας διαφθείρειν ἢ τὸ ἀργύριον, Maius esse flagitium corrumpere leges, quàm argentum.

CE n'estoit donc pas sans sujet que S. Louys fermoit auec tant de soin les portes aux presens, & si nous voulons apprendre le premier sujet de cette resolution, Ionuille le nous enseigne par vne agreable histoire. Sa Majesté en son retour de la premiere guerre du Leuant, estant à Yers, l'Abbé de Cluny luy amena deux Palefrois des plus beaux, & des plus richement harnachez; l'vn pour le seruice du Roy, & l'autre pour le seruice de la Reyne. Au lendemain Monsieur l'Abbé demáda audience, ce que sa Majesté luy accorda auec beaucoup d'attention, & de

LII. *L'occasion premiere qui porta S. Louys à faire des Ordonnances contre les Officiers qui reçoiuent des presens.*

Vvvvv 2   patience

patience pour la longueur de son discours. Ionuille qui auoit pris garde à cette extraordinaire attention du Roy, ne pût se commander qu'il ne luy dist, SIRE, par vostre foy n'auez-vous pas donné cette longue, & ennuieuse audiance à l'Abbé de Cluny, à raison des deux Cheuaux qu'il vous a donné? Oüy vrayement, respondit le Roy: & là dessus Ionuille adiousta, c'est pourquoy, SIRE, ie supplie vostre Majesté de commander à ceux qui sont de vostre Conseil iuré, de ne receuoir aucun don de ceux qui ont quelques affaires en Cour, afin qu'ils soient plus attachez à la Iustice qu'aux presens, & que les dons ne iugent point les parties, mais l'equité. Le S. Roy prenant plaisir à cette franchise, appella aussi tost ceux de son Conseil iuré, qu'on nomme aujourd'huy Conseil d'Estat, & en se sousriant, il leur raconta la correction du Seneschal de Ionuille, qui fut loüé de tous, auoüans la verité du sage, qui soustient que [a] *l'or & l'argent ont perdu plusieurs, & qu'ils portent leur coup iusques dans le cœur du Roy.* C'est pourquoy [b] S. Ambroise a subtilement obserué que le fleuue qui sortoit du Paradis terrestre, serpentant la terre d'Heuilat, où croit le bon or, s'appelloit Phison, qui signifie changement de bouche, d'autant que où l'or reluit, là se retrouue changement de bouche, & de paroles, n'estant point de serrure si forte que la clef d'or ne ferme & n'ouure selon le bon plaisir de celuy qui la porte.

IE vous prie d'admirer encore auec moy l'incomparable soin que ce diuin Monarque apporte en

[a] Ecclesiast. cap. 8. Multos perdidit aurum & argentum, & vsque ad cor Regum extendit & conuertit.
[b] D. Ambros. in Psalm. 1. Meritò os illic commutatur, vt non teneatur promissorum fides; sed sit in ore dolus, vbi est aurum. Auaritia enim fidem frangit nec tenet verborum simplicitatem: ornamenta quoque pretiosa mentem animumque commutant, vt aliud in pectore, aliud in sermone sit.

LIII.
S. Louys fait publier deux notables Ordonnances pour maintenir

Chapitre III. Section I. 885

te en ce mesme Edict à faire barriere à toute sorte *ses Officiers en toute* d'auarice qui pourroit ébranler la constance de *integrité.* ses Iuges, au desauantage de la verité. *Nous defendons qu'aucun de nos Baillifs, Preuosts, Iuges, & autres Officiers, & administrateurs de Iustice ne soit si hardi que de conquerir ni d'acheter, par soy ni par aucuns, terres ni possessions aux lieux, dont ils auront la Iustice en main, sans nostre congé, licence, & permission, & que soyons premierement acertainez de la chose. Et s'il se fait autrement, nous voulons & entendons ces terres & possessions estre confisquées en nostre main. Nous ne voulons pas aussi que nos Officiers, Superieurs, tant qu'ils seront en nostre seruice, marient aucun de leur fils, filles, ni autres parens qu'ils ayent, à nulle autre personne, que hors de leurs Bailliages, sans nostre congé special.* A quel sujet est-ce que S. Louys retranche ces alliances, sinon pour retrancher tous les respects des parens, & rendre les Iuges d'autant plus libres que moins la chair & le sang aura d'empire sur leurs esprits. [a] *Celius August. lib. 13.*
C'est pourquoy les [a] anciens peignoient la Iustice ayant la teste dans le Ciel, & tenant en main vne balance, pour signifier qu'elle ne doit rien regarder icy bas en terre que Dieu, souueraine regle de Iustice, & ne rien passer qu'auec la balance de l'equité. Ce qui a fait dire à quelques-vns, que [b] Moïse couurit sa face en la descente de la montagne pour témoigner l'equité de ses Arrests, & [b] *Mendoça in lib. 1. Regum. cap. 1. n. 4.* que ce voile estoit vn suaire de trepassé, afin qu'ayant la mort deuant les yeux, il iugeast les viuans auec plus d'integrité. Pour obuier dauantage à toutes les mauuaises prattiques des Iuges, &

Vvvvv 3 leur

leur oster tout espoir d'impunité de leur crime, le S. Roy a laissé en ce mesme Edict ce commandement digne de la Iustice d'vn tres-sage Monarque. *Nous voulons que nos Baillifs, Preuosts, Maires, Vicomtes, & autres nos Officiers, qui par aucun cas seront mis hors de leurs Offices, & de nostre seruice, soient aprés leur deposition, par quarante iours residents au pais desdits Offices en leur personne, ou par Procureur Special, afin qu'ils respondent aux nouueaux entre lesdits Offices, à ce qu'ils leur voudront demander de leurs mesfaits, & de leurs plaintes.* En confirmation de cette Ordonnance, il poursuiuit de si prés les Iuges corrompus, comme porte l'information de sa canonization écrite à la main, qu'vn Baillif d'Amiens fut pour ce sujet par luy deposé & reduict à telle pauureté qu'il n'auoit pas vn Cheual pour se porter. En fin le S. Monarque sçachant que cette diuine Astrée, estoit fille de Dieu, il vouloit aussi que ceux qui l'auroient en garde s'en approchassent auec toute innocence. A raison dequoy il fit cette Ordonnance. [c] *Nous defendons & prohibons à tous nos Baillifs, Preuosts, Maires, Iuges, & autres nos Officiers qu'ils ne iurent ni ne blasphement le nom de Dieu, de sa digne Mere, & des benoists Saincts & Sainctes de Paradis. Pareillement qu'ils ne soient point ioüeurs de dez, qu'ils ne frequentent point les tauernes & les bourdeaux, sur peine de priuation de leurs Offices, & de punition telle que le cas requerra.* Si les Atheniens Gentils defendoient l'entrée de l'Areopage aux gens de Iustice, qui auoient pris leur repas dans vn logis public, auec quel honneur faut-il que les Chrestiens traitent

[c] En l'Edict de S. Louys rapporté par Iean de Ioüille.
Cùm accepero tempus ego iustitias iudicabo. *Psalm.* 74.

tent la Iustice, dont le Souuerain de nos ames leur en demandera vn conte si exacte, qu'il iugera les iustices mesme. C'est vne chose hors de toute raison, dit ᵈ Philon, que ceux là soient coupables de crimes, qui donnent les Loix aux autres, & qui en doiuent aussi donner l'exemple. Le feu doit estre chaud pour échaufer, & le Iuge plein de Iustice, s'il veut la communiquer aux reste des hommes.

ᵈ *Philo Iudaeus libr. de Iudice.* Absurdum fuerit eos in culpa hærere, qui iura præscribunt aliis, quandoquidem ab his potissimùm exemplum vitæ petendum est. Sicut enim ignis quæcunque admouentur calefaciens, ipse primùm innata sibi vi calet; nix contra suapte natura frigida, infrigidat & alia, sic iudex ipse debet esse plenus iustitia, si aliis ius administraturus est.

SECTION II.

La royale Iustice de S. LOVYS *à l'endroit des Estrangers, de ses ennemis, & des Trespassez.*

LE droict d'hospitalité a tousiours esté si sainct parmi les peuples Gentils, qu'on n'auoit pas moindre auersion du plus scelerat de la terre, que de celuy qui l'auoit violé; & l'offense estoit moins pardonnable contre cette Loy, qu'en méprisant celle de la Nature. Pour ce sujet la premiere ceremonie qu'ils faisoiēt traitant les estrangers, c'estoit de mettre le sel sur table, afin de signifier, que comme il est composé de qualitez bien differentes, qui toutesfois sont estroitement alliées en vn mesme sujet : de mesme le droict d'hospitalité les obligeoit à vne sacrée concorde, quoy qu'ils fussent differens de condition, de mœurs, & de Royaume. Mais combien doit estre diuine cette Pieté entre les peuples Chrestiens,

LIV.
La Iustice de S. Louys à l'endroit des estrangers.

qui

qui professent tous d'estre regenerez d'vn mesme sang, nourris d'vne mesme manne, esleuez dans vne mesme escole, freres d'vn mesme Pere, qui leur commande de n'en point appeller d'autre sur terre, que celuy qui est dedans le Ciel. Ils doiuent sans doute reuerer auec autant de religion ce sacré droit, que S. Louys leur en donne d'exemple. Car auec quelle passion n'embrassa-t'il le droict de ces trois ieunes hommes Flamans, que le Seigneur Enguerrand de Coucy fit pendre, auec plus de chaleur que de Iustice ? Ces trois ieunes Gentils-hommes s'en alloient estudier à Paris, & ayans esté trouuez dans les forests de ce Seigneur sans mute, ou marque de venerie, furét neantmoins apprehendez comme chasseurs, & sans autre forme de procés, furent aussi tost pendus que pris. Si la precipitation est malencontreuse, en toutes nos entreprises, elle l'est singulierement où il s'agit de la vie. Le Roy ayant esté aduerti de cette iniustice, fit emprisonner le Seigneur Enguerrand en la grosse tour du Louure, nonobstant qu'il fut extraict du sang royal, & Imperial. Il conuoqua les Pairs, & les Barons pour luy dresser son procés. La Iustice l'ayant trouué coulpable de mort, ceux neantmoins qui l'auoient iugés estans mis à genoux deuant le Roy, le supplierent de luy faire grace, & de changer la peine de mort qu'il meritoit en vne amande honorable. Apres plusieurs instances, tant de la part de ses Iuges, que des Seigneurs de sa Cour, le Roy pour faire Iustice ne voulut pas se roidir contre la

Iustice

Chapitre III. Section. II. 889

Iustice mesme ; Tellement qu'il fut contraint de changer le supplice de mort en vne peine arbitraire, disant sur cela, Dieu est misericordieux, & si ie sçauois de luy plaire autant en punissant comme en pardonnant, le Sire de Coucy mourroit d'aussi vilaine mort comme il a fait mourir les enfans iustes, & innocens, & nul Baron de son parentage l'en pourroit garentir. Il paira neantmoins dix mil liures, il seruira trois ans en la terre saincte, ses forests seront confisquées, les trois Escoliers seront inhumez en trois chapelles honorablement basties & dotées du reuenu des forests, & luy priué de sa haute Iustice. A ce iugement assista le Roy de Nauarre, le Duc de Bourgongne, le Comte de Bar, le Comte de Soisson, le Comte de Bretagne, le Comte de Blois; le Comte de Champagne, Thomas Archeuesque de Rheims, &[a] Iean de la Torette. Vne vieille Chronique dit que ce fut vn signalé exemple de Iustice à tous les Roys, de voir qu'vn personnage tant illustre en sa race, à peine pût trouuer son salut auprés de celuy où les plus miserables rencontroient la vie. Le surplus de cette amande fut employée à la fabrique de l'Hospital de Pontoise, & à paracheuer les Conuents de S. Dominique, & de S. François à Paris.

[a] *Auctor de gestis S. Lud. Francor. Reg.* Magnum fuit aliis Regibus exemplum iustitiæ, quod vir tantus, tamque spectabilis, & tantis ortus natalibus quasi vnus ex pauperioribus facinore accusatus, inter suos tam nobilis, vix vitæ remedium in facie cultoris iustitiæ potuit inuenire.

LV.
S. Louys vuide les differens des Princes estrangers.

LES Princes estrangers admirans l'equité de S. Louys, autant que sa Prudence remettoient volontiers leurs differens entre ses mains, sçachans qu'il ne les vuideroit pas la nuict comme les Areopagites, mais qu'il prononceroit des Arrests aussi

Xxxxx desin-

deſintereſſez de reſpect, qu'accompagnez de ſa-geſſe. Ce qu'il témoigna en l'aſſemblée des Pairs, ſur le procés d'Alix fille vnique du Comte de Champagne, & femme d'Amaulry Comte de Luſignan, contre Thibault Comte de Champa-gne, & de Brye, à la charge de payer tous les ans vne ſomme d'argent à Alix, & de ſatisfaire aux frais du voyage de cette Dame, qui eſtoit venuë de Cypre pour auoir audience en la Iuſtice du Roy. La ialouſie ayant rompu l'amitié de deux Princes de Sauoye que l'hiſtoire ne nomme point; la Iuſtice de noſtre S. Louys ſeruit d'vn ferme ci-ment pour reünir leurs affections, auſſi bien que celle du Comte de Bourgongne, auec le Comte de Chaalons ſon Pere; du Comte de Champa-gne auec le Duc de Bretagne, & du Roy d'An-gleterre Henry troiſiéme auec ſes Barons. Et de-puis que cet Oracle auoit prononcé vn Arreſt, on le tenoit plus aſſeuré que celuy de Delphe.

LVI. *Les peuples eſtrangers viennent demander iu-ſtice à Sainct Louys en leurs differens.*

LE Sieur de Ionuille raconte qu'il a veu ſou-uent les Bourguignons, & les Lorrains s'addreſ-ſer à ce grand Roy, non ſeulement à Paris, mais encor à Rheims, à Melun, & en diuers endroicts pour receuoir vne equitable ſentence. Pour obliger ſes Officiers de Iuſtice à prononcer leurs Arreſts auec meſme contrepoids pour les eſtran-gers, que pour les domeſtiques, auant que de les receuoir à leurs charges, il leur faiſoit preſter ſer-ment qu'en l'adminiſtration de la Iuſtice ils ſe deſpoüilleroient de tous reſpects, embraſſans auſſi fauorablement la cauſe du plus inconneu,

que

Chapitre III. Section II.

que du plus familier. C'est aussi le premier poinct qu'il met en auant en ce royal Edict, que Ionuille rapporte en son histoire, dont en voicy les paroles, pour le contentement du lecteur. L O V Y S *par la grace de* D I E V *Roy de France, establissons que chacun de nos Baillifs, Preuosts, Maires, Iuges, Receueurs, & autres, en quelque Office qu'ils soient, fera d'orenauant serment, que tandis qu'il sera esdits Offices il fera droict, & Iustice à vn chacun, sans auoir aucune acception des personnes, tant à pauures, comme à riches, à l'estranger, comme au priué, & gardera les vs, & coustumes qui sont bonnes, & approuuées, & si par aucun d'eux est fait au contraire de leur serment, Nous voulons, & expressément enioignons, qu'ils en soient punis en bien, & en corps, selon l'exigence des cas, la punition desquels nos Baillifs, Preuosts, Iuges & autres Officiers, nous reseruons à nous, & à nostre connoissance: & à eux de leurs inferieurs & subiects.* N'est-ce pas là parler en Roy tres-Chrestien, & qui fait autrement ne degenere-t'il pas du Christianisme, qui ne respire que bien-veüillance, & la Iustice à l'endroit de tous les hommes de la terre? *C'est la dilection qui est le souuerain symbole de la foy Chrestienne*, asseure Tertullien, *& qui est Chrestien n'est ennemi de personne*.[a] Apres cette leçon, quel sera le Chrestien qui fera pancher la Balance d'vn costé plus que de l'autre?

Q V I n'admirera le cinquième fleuron de la Iustice de nostre Lys mystique, auec d'autant plus de rauissement que l'amour des ennemis s'éleue au dessus de tous les sentimens humains. Il a neantmoins esté aussi fauorable pour le droict de

[a] *Tertullian. lib. de Patientia.* Dilectio est summum fidei sacramentum *& cap. 2. Apologet.* Christianus nullius est hostis.

LIV I I. *La Iustice de S. Louys fleurissante à l'endroit de ses ennemis.*

ses aduersaires, que pour celuy de ses amis. Auec quelle equité n'a-t'il accompli tous les traictez de guerre? N'est-il pas vray, que les Sarrazins ayans contreuenu au traicté de Massors, il ne voulut iamais oüir parler qu'on l'alterast de son costé? Mais ce qui surpasse la creance commune, son financier payant sa rançon, qui montoit à huict mil besans d'or, ou selon la supputation de Ionuille à quatre cens mil liures, la liure valant vn escu d'or du temps de S. Louys, les Sarrazins s'estans mespris de dix mille francs, il voulut neantmoins que le tout fust payé, sans manquement d'vn denier. Ie pourrois icy preuuer par plusieurs faits memorables le peu de ressentiment qu'il a témoigné contre ceux qui luy procuroient la mort par la violence du poison, comme fit la Comtesse de la Marche, & les Deputez du Roy des Arsacides. Mais courage incomparable! ce fut luy qui se passionna le plus pour la deliurance de ces Arsacides, & qui moyenna l'accord entre cette Comtesse, & le Comte de Poictou. Si le *a* Patriarche Iacob detesta la memoire de ses deux fils Simeon, & Leui, & leur donna sa malediction, pour n'auoir voulu entrer en accord auec le Roy de Sichem; quelle benediction n'aura receu S. Louys pour auoir fauorisé ses ennemis, & quelle loüange ne doit suiure la memoire de sa Iustice en toute l'eternité?

FINALEMENT à la sixiéme & derniere pampre de la fleur du Lys, nous rapporterons la sixiéme espece de Iustice que nous deuons rendre aux trespassez

a Genesis 49. Simeon & Leui fratres: vasa iniquitatis bellantia. In consilium eorum non veniat anima mea, & in cœtu illorum non sit gloria mea. Maledictus furor eorum quia pertinax: & indignatio eorum, quia dura.

LVIII.
S. Louys exerce la iustice à l'endroit des Trespassez.

trespassez, suiuant la remarque ᵃ d'Aristote, apres son Maistre Platon. Cette sorte de Iustice s'épanoüit si augustement en l'ame de nostre S. Louys, que la plus part de ses prieres, & de ses deuotions s'employoient au soulagement de ces pauures affligez dans les bruslantes prisons du Purgatoire. Pour ce sujet il dota plusieurs Eglises, Chapelles, & Monasteres, où l'on offre grand nombre de sacrifices pour la satisfaction de leurs debtes. On ne luy eut pas plustost annoncé le trespas de la ᵇ Royne Blanche sa Mere, qu'aussi tost il recommanda son ame aux prieres, & aux sacrifices du Legat Apostolique, qui luy porta cette triste nouuelle. Se retirant en sa Chapelle, auec son Confesseur, il recita l'Office entier des morts, & ordonna par tout son domaine qu'on auançast le repos de sa bonne Mere par des oraisõs publiques. L'histoire dit qu'il impetra vne infinité de Messes, & vn tres-grand nombre de suffrages, parmy toutes les familles religieuses. Mais qui pourroit raconter auec quelle deuotion il ramassa les os des Soldats tuez par les Damascenois, combien genereusement il s'employa à tel deuoir dés le matin iusques au midy? Auec quelle diligence visita-t'il sa sœur Isabelle malade, & l'ayãt trouué enseuelie en l'habit de S. François au milieu de l'Eglise, combien de larmes, & de prieres ne versa t'il sur sa biere? Comme il auoit procuré toute sa vie la beatitude aux trespassez, aussi en laissa-t'il vn notable aduis à Philippe son fils aisné. *Ie te supplie, mon fils, que tu ayes souuenance de moy, & de mon*

ᵃ *Aristot. lib. de virtutib.* Ἔτι δὲ ἀφικνοῦνται πρὸς τὰς κοινωνίας, ὡς οἷς ἔστι ἢ δίκαιον ἢ τῶν μερῶν ἴσα τὸ δικαιοσύνης ἢ παρέχειν ἐστοχασμένα; Est autem prima iustitiarum aduersus parentes defunctos in quibus vt pars iustitiæ & eius omnes.

ᵇ *Ganfridus de Bello loco de vita Sancti Lud. Reg.* Post hæc dicta breui cōmendatione à Legato pro anima defunctæ voluit Rex solus remanere, & mox loco surrexit & in oratorio suo secessit, vbi dicere consueuerat horas suas ibi me solùm vocauit, & ex voluntate ipsius nos duo pariter diximus totum officium mortuorum, scilicet vesperas & vigilias cum nouem lectionibus, & non modicùm sum miratus, quod cùm cor eius esset tam duro vulnere nouitate subcussum & grauitate sauciatum, non recolo quod potuerim perpēdere ipsum in aliqua lectione quâ diceret deficere vel errare, sicut frequenter accidere solet humano cordi mœsto & subitis rumoribus perturbato &c. Infinitas missas & multiplicium orationum deuota suffragia in Religiosorum Collegiis impetrauit. Item & ex tunc continuè coram se specialem missam voluit celebrari, nisi diebus Dominicis & festis præcipuis.

c *Guillelm. Carnotenf. de vita & mirac. Sancti L. R.* Propriis manibus ipſa etiam inteſtina & horrēda membra Chriſtianorum quos verè Martyres reputabat ſic benignè leuabat à terra,& colligens ponebat in vaſculis ad locum ſepulturæ quem prope caſtra parari fecerat deportanda quod omnes qui aderāt & quamplures qui præ abominatione fugerunt,mirabantur humilitatem & magnanimitatem ipſius.

mon ame en mon treſpas ; & me ſecoure par Meſſes, par oraiſons , par aumoſnes, & par bien-faits en tout ton Royaume, & que tu me faſſes part de toutes tes bonnes œuures, & ie te donne toute la benediction que iamais Pere pût donner à ſon enfant, priant l'ineffable Trinité du Paradis , le Pere, le Fils, & le S. Eſprit, qu'ils te gardent de tous maux , & ſpecialement de mourir en peché mortel, afin qu'apres cette vie mortelle nous puiſſions eſtre deuant Dieu enſemble, luy rendant graces & loüanges à iamais en ſon Royaume. Amen. Comme ce grād zelateur de Iuſtice l'auoit ſouhaité, ainſi Dieu luy octroya ; eſtant tres-veritable que quiconque ſe portera conſtant en ces ſix eſſays de Iuſtice, la bōté diuine luy rendra vne fauorable ſentence au dernier Tribunal de ſa Iuſtice elle l'arrouſera preſentement de ſes graces comme Iſraël, & le fera germer en bon-heur comme le Lys, & florir vn iour ſur le Liban, comme vn S. Lys façonné de ſix fleurons de gloire. *Ero quaſi ros , Iſraël germinabit ſicut Lilium , & erumpet radix eius vt Libani.*

CONCLVSION,

Declarant le bon-heur de la Iuſtice.

LIX.
Qu'il faut imiter la iuſtice de diuers Roys.

VOVLONS nous donc florir comme nos Iſraëls François dans les delices d'vne paix aſſeurée ; imitons la Iuſtice du Lys en ſes ſix feüilles blanches, que nous voyons ordonnées au niueau d'vne iuſte ſymmetrie. Soyons iuſtes, & veritables cōme tāt de ſages Roys, & parriculierement

ment comme noſtre S. Louys. Souſtenons genereuſement la cauſe de Dieu, comme Clouis. Soyons loyaux en nos promeſſes, comme vn Childebert. Deteſtons les tromperies, & les vſures comme vn Clotaire II. N'offençons perſonne, comme vn Pepin, ni en ſes biens, ni en ſes amis, ni en ſon honneur, ni en ſa perſonne. Ayons touſjours les oreilles ouuertes, & les mains eſtenduës comme Dagobert pour ſecourir les vefues, & tous les pauures orphelins. N'ayons pas ſeulement la conſcience, mais encore la ſcience comme Charlemagne, afin qu'au lieu de guerir nous ne venions à bleſſer le prochain. Ne ſoyons point mercenaires en nos iugemens, mais francs comme Capet, deſintereſſez comme Robert, conſtans comme Philippe l'Auguſte, pur comme Louys huictiéme, loyal comme le Roy Iean, & ſage comme Charles V. Ne tirons point le cuir des procés auec les dents, comme diſoit Louys XII. pour les prolonger juſques au dernier iugement de tous les mortels. Rangeons-nous de bon cœur aux loix de Iuſtice, comme nous auons vû Louys onziéme, & ſoyons Pere de l'equité comme Louys XIII. C'eſt la Iuſtice plus que le fer qui a mis la Couronne de France ſur la teſte de Hugues Capet & du ſage Pepin. C'eſt elle qui a comblé [a] S. Louys de bon-heur, l'a fait careſſer des Princes eſtrangers, & l'a rendu le premier Oracle entre les Roys de la terre. Qui a deferé par trois fois le Conſulat à C. Marius, & qui a fait [b] Roy des Oguziens Duzalpes ayeul d'Ottoman premier que cette vertu?

C'eſt

[a] *Sabel. lib.* 2. *En.* 6.

[b] *Calcondylas lib.* 1.

C'est la Iustice de [c] Ramirus qui l'a salarié du diademe d'Arragon, aussi bien que Dioces de celuy des Medes. N'est-ce pas, dit S. Augustin, *la Iustice des Citoyens de Rome qui leur a mis en main les resnes d'vn si puissant Empire?* [d] *C'est la Iustice*, dit le sacré Prouerbe, *qui éleue les hommes en gloire, c'est elle qui affermit leur throne, & qui les protege contre leurs ennemis.* C'est elle qui est representée par le fleuue d'Euphrates, qui signifie fecōdité, qui ne s'épache pas seulement du costé d'vne seule contrée, comme les autres riuieres qui sortent du Paradis terrestre, mais qui rend fertile tous les quartiers de la terre, d'autant que c'est la Iustice qui surpasse toutes les autres vertus en l'abondance de ses fruicts.

[c] *Rodericus Toletanus lib. 5. rerum Hispanic. capit. vltimo.*

[d] *Prouerb. 14. Iustitia eleuat gentes. Es. cap 19 Rex qui iudicat in Iustitia pauperes, thronus eius in æternum firmabitur.*

[e] *Sanct. Ambros. lib. de Paradiso. cap. 3. Exam. Nulla virtus abundantiores videtur habere fructus, quam æquitas & iustitia.*

LIX.
Que les hommes doiuent rendre toute iustice à Dieu à soy, & à toute sorte de personnes s'ils desirent la paix.

CONSIDERONS que la base du vray repos est la Iustice, non point écrite, mais exercée à l'endroict de nostre Dieu, autheur de nos ames, & de nos corps. La premiere cause contribuë dauantage à l'effet que la seconde, & c'est la main de ce tout-puissant Seigneur qui opere secrettement dans les entrailles de nos Meres, dit S. Hierosme. Que si nous luy sommes entierement obligez pour la creation, que ne luy deuons-nous pas pour les faueurs de la redemption? Vne seule parole nous a fait, mais mille souffrances nous ont refait. Quelle iniustice de le mépriser? quel crime de l'offenser, & quel forfait de le mettre sous les pieds d'vne chetiue creature pour contenter nos appetis? O temps! ô mœurs! C'est luy qui à toutes heures ne pense qu'à nous caresser, &

Chapitre III. Section II. 897

ser, & nous ne songeons qu'à luy desplaire! Rendre le bien pour le mal c'est Charité, rendre le bien pour le bien c'est Iustice; mais rendre le mal pour le bien c'est vne intolerable iniquité. Et apres cela nous voudrons capituler des articles de paix auec celuy qui comble de ioye les ames iustes? Nul repos pour les impies, dit le Seigneur. [a] Chacun demande la paix, dit S. Augustin, mais personne ne veut embrasser la Iustice, & toutesfois elles sont inseparables. Rendons-la aussi à nous-mesmes, n'éleuant point ambitieusement nos pretentions au delà de nostre nature. Sur ce piuot toute la sagesse du Philosophe [b] Epictete se meut, qui nous aduise de prendre garde si ce que nour conuoitons est du ressort de nostre puissance, ou de l'empire d'autruy. Que s'il n'est mouuant de nostre liberté, pourquoy le nous voulons nous iniquement attribuer? Les biens de fortune, la reputation, la santé du corps n'estans point tributaires aux mouuemens des volontés humaines, pourquoy t'allarmes-tu s'ils t'eschappét, puis qu'ils ne sont pas en ta puissance. Si tu affectionnes vne cruche, il faut aduiser que tu aymes vn vaisseau, qui estant d'argile ne peut estre qu'il ne soit facile à se casser: & quand ce mal arriuera tu ne te troubleras point, parce que tu ne pouuois pas faire que ce qui estoit fraile de soy fut d'acier ou de bronze. De mesme en aymát ton fils, & ta femme il te faut persuader que tu aymes des creatures perissables non pas des immortelles, & lors que la mort te presentera sa faux, ta paix se

[a] *Sanctus Augustin. in Psalm.* 84. Nemo est qui non vult pacem, sed non omnes volunt operari institiam. Interroga omnes homines, vultis pacem? vno ore tibi respondebit totum genus humanum, opto, cupio, volo, amo. Ama & iustitiam, quia duæ amicæ sunt institia & pax. Si amicam pacis non amaueris, non te amabit ipsa pax, nec veniet ad te. Quid enim magnum est desiderare pacem? Quiuis malus desiderat pacé, bona enim res est pax.

[b] *Epictetus in Enchiridio cap.* 2. Μέμνησο ὅτι τὰ φύσει δοῦλα ἐλεύθερα ἂν ᾖς, ἀπότεινα ἴδια, ἐμποδίσῃ, πενθήσεις περιχθήσῃ μέμψῃ & θεοὺς & ἀνθρώπους, ἐὰν δὲ τὸ σὸν μόνον οἰηθῇς σὸν εἶναι, τὸ δὲ ἀλλότριον ὥσπερ ἐστὶν ἀλλότριον οὐδείς σε ἀναγκάσει ποτέ, οὐδείς σε κωλύσει, ἀ μέμψῃ οὐδένα, οὐκ ἐγκαλέσεις, τινὶ ἄκων πράξεις, ἓν δ' οὐδείς σε βλάψει ἐχθρὸν οὐχ ἕξεις οὐδὲ γὰρ βλαβερόν τι πείσῃ· Proinde memento si ea quæ natura seruiunt libera putaris & aliena pro tuis habueris fore vt impediaris, lugeas, perturberis, Deos, hominésque accuses. Sin id solum tuum existimaris quod tuum est, aliena verò vt sunt aliena nemo coget vnquam, nemo impediet, neminem accusabis, neminem criminaberis, nihil ages inuitus, nemo te lædet inimicum non habebis. Neque enim vllam calamitatem accipies.

Ἀλλ' χρῆσαι εἰρήνῃ ὅτι χρῆσαι ἔργῳ φησίν. *Epicteti Arian.*

se trouuera plus forte que la mort & ta vertu se rira de la fortune. Telle estoit la paix que la Iustice a fait gouster à S. Louys mesurāt chasque chose à l'aune de leur nature. O vaine, & inutile tristesse, fille d'iniustice, auortons de la vertu, & la verruë de nos iniquitez! iusques à quand inquieterés-vous le repos des pauures humains? Mais iniustes mortels iusques à quand priuerés-vous le ciel, & la terre de ses priuileges? iusques à quand retiendrés-vous les droits de vostre prochain? iusques à quand vous passionnerés-vous sur vn iuste refus d'honneur? que les montagnes reçoiuent la paix & les collines la Iustice, faites iustice à vostre prochain & ne luy demandés rien d'irraisonnable, & la paix comblera vos cœurs de sa douceur.

LX.
Qu'il faut pardonner à ses ennemis pour l'accomplissement de la cinquiéme espece de iustice.

Si la poursuitte de vos ennemys vous tient trop en ceruelle; faites-luy iustice, ou par maxime de police, ou pour l'amour de Dieu, qui veut de l'obeyssance pour les grands commandemens, aussi biē que pour les petits. Passez l'epōge sur toutes les iniures, & ne dites point qu'il est impossible d'aimer vn ennemy puis que rien n'est impossible à celuy qui le commande, & que le commandement n'est point au dessus de sa grace. Mais ce perfide m'a rauy mon biē? Dieu qui chastie les fautes des Peres iusques à la quatriéme generation l'a parauenture ainsi voulu pour l'expiation de tels biens mal acquis; ou qu'il les preuoyoit la cause de vostre perdition eternelle, ou sans doute pour exiger vn témoignage de vostre vertu. Mais ce cruel Neron a fait mourir le
meil

meilleur de mes parens? ou cest amy est presentement dans le Ciel ou dans l'Enfer, ou confiné aux flammes du Purgatoire: s'il est dans le Ciel, il veut ce que Dieu veut, & partant il desire la reconciliation. Si dans l'Enfer, vous accroissez accidentelement son supplice par la vengeance que vous prenez à son occasion, & en multipliant le nombre des damnez par vostre crime, vous augmentez aussi celuy de ses douleurs. S'il est en Purgatoire vous retrancherez la longueur de ses peines par le charitable pardon que vous ferez pour son soulagement; & puis qu'il vit en la grace de Dieu, il ne respire aussi que l'accomplissement de sa diuine volonté. Mais ce perdu m'a pésé perdre de reputation? L'honneur de Dieu doit marcher sur le vostre, & quiconque voudra plaire au monde deplaira à IESVS-CHRIST. Rien n'est si caché qui ne se découure, & la verité de vostre innocence sortira en fin des abysmes du mensonge. Vsez donc de misericorde si vous la desirez pour vous, *Car*[a] *celuy-là sera iugé sans misericorde, qui ne l'aura point exercée à l'endroit des autres.*

O l'agreable Lys que vous serés si vous portés cette sixiéme pampre de iustice, qui nous reueille la memoire des Trepassez. Si nous voulons iouyr d'vn repos perdurable, tendons les bras à ces paures captifs qui demandent secours parmy les aspretez des flammes du Purgatoire: les oublier c'est vne deplorable iniustice, & ne les pas secourir c'est vne extreme cruauté. Si nous accomplissons ce dernier deuoir, l'on nous rendra la pareil-

a *Iacob. cap.* 2. Iudicium enim sine misericordia fiet illi qui non fecit misericordiam.

LXI.
La derniere espece de Iustice que nous deuons prattiquer à l'endroit des Trespassez.

le & nostre pieté nous affranchira de ces tortures insupportables. Aymons donc vniquement cette mere des vertus, courtisons cette Princesse comme l'obiect de toutes les felicités, la gardienne des Royaumes, l'antimoine des vices, la calamite des errans, la tutrice des pauures, l'azyle des innocens, la mediatrice des differens, la nourrice du repos, & la dispensatrice des couronnes. Mais sur tous les autres humains : [a] *Escoutez ô Roys, & considerez attentiuement ; aprenés vous Iuges de la terre, prestés l'oreille vous qui gouuernez les peuples, & qui prenez plaisir aux assemblées des nations. Car la puissance vous est donnée du Seigneur, & la vertu du souuerain, qui examinera vos œuures, & sondera soigneusement vos pensées. Parce qu'estans les Officiers de son Royaume vous n'aués pas iugé droictement, & n'aués pas gardé la Loy de Iustice, n'ayans point marché selon le bon plaisir de Dieu, il vous apparoistra auec terreur, & bien tost, d'autant qu'il sera vn iugement tres-rigoureux à ceux qui iugent & qui president aux autres. On fera misericorde aux petits ; mais les puissans souffriront de puissans tourmens, car Dieu qui domine sur tous n'espargnera personne, puis qu'il a fait le petit, & le grand, & a soin esgalement de tous, mais aux plus forts est appareillé le plus fort supplice. C'est à vous donc, ô Roys, que s'adressent mes paroles, afin que vous apreniez la sagesse, & que vous ne la quittiez point, car ceux-là qui auront gardé les choses iustes, seront iustement iustifiez. Ils seront arrousez d'en-haut des graces plus diuines, ils germeront comme le Lys, ils floriront à iamais deuant le Seigneur, & leur racine produira*

[a] Sapient. cap. 7. Audite ergo Reges & intelligite, discite Iudices finium terræ præbete aures vos qui continetis multitudines & placetis vobis in turbis nationum. Quoniâ data à Domino potestas vobis & virtus ab altissimo, qui interrogabit opera vestra & cogitationes scrutabitur. Quoniam cùm essetis ministri Regni illius non rectè iudicastis, nec custodistis Regem iustitiæ, neque secundũ voluntatem Dei ambulastis, horrendè, & citò apparebit vobis quoniam iudicium durissimum his qui præsunt fiet: Exiguo enim conceditur misericordia. Potentes autem potenter tormenta patientur, non enim subtrahet personam cuiusquam Deus, nec verebitur magnitudinem cuiusquam: quoniam pusillum & magnum ipse fecit & equaliter cura est illi de omnibus: fortioribus autem fortior instat cruciatio. Ad vos ergo Reges sunt hi sermones mei vt discatis sapientiam & non excidatis. Qui enim custodierint iusta, iustè iustificabuntur.

duira des fruicts de gloire qui seront plus diuins que ceux de la montagne du Liban, puis que la verité mesme nous dit; *Ero quasi ros, Israël germinabit sicut Lilium, & erumpet radix eius vt Libani.*

PARANGON VII.
LA TEMPERANCE MORALE DE S.
LOVYS ET DES AVTRES
Roys de France comparée à la
temperature naturelle
du Lys.

CHAPITRE PREMIER.

La Temperature Physique du Lys, parangonnée à la vertu de Temperance.

I.
La fleur du Lys est fort temperée en qualité.

AÇOIT que le tres-sage ouurier de l'vniuers ait estably chaque creature auec telle attrempence des premieres qualitez, que les plus entendus du monde n'y peuuent iustement rien censurer : toutefois comme pere debonnaire preuoyant aux necessités humaines, il a doüé certaines plantes d'vne si eminéte vertu sur le temperament des autres, qu'aucunes sont chaudes

au

Chapitre I. Section I. 903

au [a] premier degré seulement, d'autres au second, au troisiesme, & aucunes donnent iusques au dernier poinct de la chaleur comme l'Elebore, la Poirée, la Roquette, & quelques autres plantes. Au cõtraire la Ciguë, la Mandragore, le Solanum soporiferum, sont si excessiuement froides, que si l'industrie de l'Apothicaire ne les corrigeoit, elles seruiroient plustost de poison à la vie, que d'antidote contre la mort. Mais s'il se retrouue quelques plantes dont l'Autheur de toutes choses ait equitablement balancé les qualités elementaires, c'est en la fleur de Lys, autant admirable en ses vertus naturelles, que merueilleuse en la beauté de sa figure. Car au rapport de [b] Galien elle est d'vne temperature fort meslangée; d'où il arriue que son suc, son huile, & les autres liqueurs qui en decoulent sont assaisonnées d'vne telle moderation que difficilement la pourroit-on remarquer plus iuste en quelque autre fleur. Aussi nous l'experimentons tres-souueraine à ramollir, à digerer, à dissoudre, & à operer plusieurs merueilles pour l'vsage des hommes. D'où pensez-vous aussi que prouient cette diuersité de couleurs, blanche, iaune, & verte qui embellit cette Royale fleur, sinon de la temperée mixtion de sa nature?

CE qui donne suiect à nos sacrez Docteurs d'emprunter cette fleur pour le symbole de la chasteté, principale partie de la temperance morale; soit qu'ils ayent esgard à sa temperature naturelle, soit à sa blancheur qui en resulte. [a] *Les Lys de* IESVS-CHRIST, *dit S. Ambroise, sont particuliere-*

[a] *Rembertus Dodonæus in hist. florum & coronariarum cap.* 32. Lilij flos temperaturam mistam obtinet, partim ex tenui, partim ex terrena essentia. *Paulus Ægineta libr.* 7. *in opere de re Medica.* Lilij flos temperamento mixtus est.

[b] *Galenus lib.* 7. *de simplicium medicamentorum facult.* Lilij flos temperaturam mistam obtinet, quare oleum ex floribus digerendi & emolliendi vim habet.

II.
La temperature du Lys comparée à la temperature morale.

[a] *Sanctus Ambros. lib. de instit. virgin. cap.* 15. Christi Lilia sunt specia-

culierement les vierges sacrées, dont la virginité est immaculée, & toute resplandissante.[b] La pensée d'vn autre grand Pontife n'est pas moins choisie, disant, que *cette ame merite d'estre comparée à la dignité du Lys entre les espines, qui estant issuë de la racine de nostre mortalité, s'esleue à la beauté des Anges, conseruans en son cœur, & en son corps la blancheur de la pureté*. Et ailleurs le mesme Pape s'escrie:[c] *Que nous representent les Lys sinon les ames chastes, qui conseruant la blancheur de leur pudicité exhalent de suaues parfums de bonne opinion à leur prochain?* C'est pourquoy l'Espoux conuerse, & se repaist entre les Lys, à raison qu'il se plaist en la chasteté des ames qui conseruent en soy la netteté de leur chair, & luy aggreent par la pureté de leurs pensées.[d] S. Hierosme portant sa meditation au dessus de tous ces discours, demande à la Vierge Demetrias: *Pourquoy est-ce que* IESVS-CHRIST *a voulu estre couronné d'espines, & souffrir tant d'angoisses? Afin*, dit-il, *que des espines des femmes il fist naistre les roses de Virginité, & les Lys de chasteté*. Il est aussi porté en la vie de la [e] Bien-heureuse Isabelle sœur du Roy S. Louys fondatrice de l'Abbaye de l'Humilité Nostre Dame, dicte Long-champ lés Paris, qu'au fort de ses extases elle apprit que l'Embleme de la virginité estoit la fleur de Lys; l'vn des fleurons representant le cœur, & les cinq autres les cinq sentimens qu'il faut de bonne heure fortifier contre les obiects qui pourroient ternir le lustre de la virginité. Pour ce suiect la Vierge des Vierges est qualifiée du nom de Lys entre les espines,

i tet sacræ virgines, quarum & splendida & immaculata virginitas.

b *Sanctus Greg. in c.1. in hac verba*; Sicut Lilium inter spinas. Sola illa animæ in Lilij dignitate computatur, quæ dum à mortalitatis radice ad cælestem pulchritudinem assurgit, & munditiæ candorem corde & opere sibi ipsi, custodit & proximos quosque bonæ opinionis odore reficit.

c *Idem*. Quid per Lilia nisi mundæ animæ designantur, quæ dum castitatis candorem retinent per bonæ famæ opinionem proximis quibusque suauiter olent. Inter Lilia ergo sponsus pascitur quia proculdubio animarum castitate delectatur, quæ & in se munditiam carnis conseruant, & per nitidas cogitationes coram eo placent.

d *S. Hieronymus epist. ad Demetriadem virginem, tom. 1. pag. 75.* Ideo Iesus spinis coronatus est, & nostra delicta portauit, & pro nobis doluit vt de sentibus & tribulationibus feminarum (ad quas dicitur: In anxietatibus & doloribus paries mulier, & ad virum conuersio tua, & ipse dominabitur tui,) rosa virginitatis & Lilia castitatis nascerentur.

e *Sebast. Roüillard de Melodunensis in vita S. Isabellæ, &c.*

nes, & le grand S. Hierosme fait vne obseruation sortable à son esprit, sur le Psalme quarante quatriesme, qui s'intitule selon la version des Septante; *Pro his qui commutabuntur*: Pour ceux qui seront changez: & suiuant l'original Hebreu: *Pro Lilijs*; Pour les Lys. Il demande quels sont ces Lys qui seront changez? Il répond que ce seront les Vierges, figurés par les Lys: dont l'excellente pureté les changera en Anges. D'où ie ne m'estonne plus si les trois Anges visitans Abraham se sont laissez adorer par ce grand Patriarche; & d'autre-part si l'Ange de l'Apocalypse refusa de l'honneur, & de l'adoration de S. Iean l'Euangeliste; parce que Abraham estant en tout inferieur aux Anges, & S. Iean allant de pair auec eux au merite de la Chasteté; ceux-là n'empescherent point le deuoir d'vne iuste reconnoissance, & cettui-cy refusa ce que l'egalité ne luy permettoit pas d'accepter. Mais pour arriuer à la pompe de cette rayonnante vertu, dit S. Bernard, *Il faut estre en tout semblable au Lys qui ne possede pas moins de blancheur au dedans de ses fleurons qu'il en témoigne au dehors*; aussi faut-il que la Vierge soit aussi passionnée pour l'interieure pureté de son esprit, qu'elle l'est pour l'exterieure de son corps.

f *Sanctus Bernard. tract. de Passione cap. 28.* Turpe esset, imò non esset Lilium, quòd vel interioris vel exterioris candoris sui puritate careret: ita quoque turpis est virgo, imò non est virgo, quæ non habet vtráque scilicet mẽtis & corporis castitatem.

III. *Diuerses autres proprietez du Lys comparées à la vertu de Temperance.*

CE ne sont pas seulement nos sacrez Docteurs qui ont choisi le Lys pour la peinture des Vierges; les Escriuains profanes l'ont fait seruir à ce mesme vsage, feignant que les ᵃ Nymphes Deesses de pureté, presentent au ieune Alexis les Lys qui leur estoient consacrez, comme marque de leur émi-

a *Virgilius Ecloga 2.* Huc ades ô formose puer tibi Lilia plenis, Ecce ferunt nymphæ calathis, &c.

Zzzzz nente

nente pudicité. Le [b]Rabbin Aben-Ezra expliquant le passage des Mandragores trouuées par le petit Ruben, & données à la belle Rachel, dit que si le Lys est placé sous le cheuet du lict, il empeschera la conception de l'enfant, voire mesme il amortira les ardeurs de la concupiscence, & pendant le sommeil, il destournera nostre phantaisie de la contemplation de toutes images deshonnestes qui pourroient allumer en nous des sentimens dont nostre resueil en receuroit du desplaisir. Quoy qu'il en soit, il est certain par le rapport des [c]Medecins que le Lys refroidit les inflammations, qu'il esteint les bruslures, ramollit les tumeurs, décharge les corps des [d]eaux citrines, rabbat l'enflure des Hydropiques, & fait suppurer les vlceres rebelles, & que de mesme la Temperance Chrestienne, assoupit les flammes de la volupté, corrige les excez de la gourmandise, guerit les vlceres de nos ames s'oppose aux bruslans desirs de la sensualité, & ne peut supporter ces Hydropiques non point bouffis d'eau, mais de vin & de lubricité.

[b] *Rabbi Aben-Ezra in cap. 20 Genesis.*
[c] *Dioscor. lib. 3. cap. 98. Ambultis proficiunt folia illiti Lilij. Ignibus sacris & semen & folia illinuntur.*
[d] *Albengnefit de virtutibus medicinarum fol. 98. Lilia præcipuè cælestia dissoluunt superfluitates cerebri, & purgant aquâ citrinam.*

I. V.
Le S. Esprit se sert des Lys pour signifier la chasteté des ames sainctes.

D'ov ie reconnois maintenant que ce n'estoit pas de merueille si la nuict des nopces de S. Iulien le Martyr auec Basilisse leur chambre rendit vne suaue odeur, non point d'ambre gris ou de ciuete, mais de fleur de Lys; puis que ces deux Archanges humains auoient iuré aux Autels & à leur mutuelle fidelité vne inuiolable promesse de continence. D'icy i'apprends aussi l'intelligéce de ce riche mystere du ventre de l'Espouse du Cantique

Chapitre I. Section I.

que des Cantiques, qui n'ayant point separé la virginité de sa fecondité est pour ce sujet comparé au tas de froment enuironné de Lys. Pour mieux découurir les thresors de ces diuines paroles, il faut remarquer que sous le regne de Salomon, lors que par vne grande prosperité la Palestine foisonnoit en moissons, les Laboureurs ayás fait de grands amas de bled deuant leurs maisons ils les couuroient de fleurs, & particulierement de beaux Lys, qui à raison de leur blancheur excessiue, ioincte à vne tres-grande fecondité de nature, témoignoient l'abondance & la netteté de la recolte de l'année qui leur auoit produit vne graine sans mélange de quelque impure semence. Et c'est de là que le S. Esprit a inspiré à Salomon de faire choix de cette royale fleur pour vn naïf pourtraict de la fecondité, & de la virginité de la Vierge des Vierges, qui nous a porté le pain des Anges, & le froment des Esleus sans flaistrissure des Lys de sa pudicité. Que s'il m'est permis d'emprunter ces paroles pour en orner la couche de plusieurs Monarques de France, & sur tous de S. Louys, ie pourray asseurer que leurs vêtres ont ressemblé au tas de froment enuironné de Lys, ayans sainctement accordé en leur mariage vne longue posterité d'enfans auec vne continence Chrestiéne. Tellement que la fleur de Lys & la temperance morale ayant beaucoup d'affinité, nous ne pouuons desauoüer que plusieurs Monarques de Fráce n'ayent flori comme de sacrez Lys, puis qu'ils ont laissé d'augustes[a] témoignages de leur sobrieté

Venter tuus sicut aceruus tritici vallatus Liliis. Cant. 7.

[a] *Sanctus Thomas quaest. 141. art. 1.* Circa delectationes ciborum & po-

té en l'vsage des viandes, & de leur pureté parmi les plus legitimes plaisirs du mariage. ᵇ Alexandre le Grand a esté plus loüé de n'auoir pas voulu regarder lasciuement la femme, & les filles de Darius, que d'auoir remporté quelque signalée victoire, sa temperance luy ayant serui de conqueste à soy-mesme : si faut-il auoüer que ses excez de table noircirent grandement la blancheur de ses Lys, quand par vne extraordinaire saillie de vin il poignarda en plein banquet Clytus vn des plus affidez de sa couronne. Mais nostre grand Roy S. Louys, & plusieurs autres Monarques de France, n'ont pas esté seulement Roys de leurs yeux, mais encore de leurs bouches, domptant aussi genereusement la gourmandise, que toute la rage de la lubricité. Ce sont les deux victoires qu'il conuient verifier en ce present Parangon, à fin de dresser vn iuste triomphe à la continence des Princes François, & reconnoistre qu'ils sont ces diuins Lys arrousez des plus celestes pluyes de grace, dont la tige de leurs vertus se portera iusques à l'eternel Liban : *Ero quasi ros, Israël germinabit sicut Lilium, & erumpet radix eius vt Libani.*

tuum, & circa delectationes venereorum est propriè temperantia, &c.
ᵇ *Cùm quidam Alexandrum hortaretur vt Darij filias spectaret. αἰχρὸν ἔφη τὲς ἄνδρας νικήσαντας ὑπὸ γυναικῶν ἡττᾶσθαι. In Apophteg. Alexand.*

CHAPI

CHAPITRE SECOND.

La Temperance des Monarques François.

SECTION PREMIERE.

La Chasteté des Monarques François premiere partie de la vertu de Temperance.

I la vertu de Temperance est entierement necessaire à toute condition d'hommes, elle l'est d'autant plus aux [a] Princes, aux Roys & aux plus grands de la terre, que pour gouuerner les autres, il faut sçauoir se gouuerner, & pour leur bien cōmander il faut pouuoir exercer vn S. empire sur les mauuaises inclinations de son ame. C'est ce qui a donné du rauissement au sage Agapetus en admirant l'éclat de cette vertu qui rayonnoit plus fort sur le front de l'Empereur Iustinian que les Escarboucles qui brilloient sur sa couronne. Ie vous asseure, ô grand Monarque, que vous estes vn vray Roy, puis que vous sçauez tenir en bride les voluptez, & que vous portez la couronne de Temperance, & la pourpre de Iustice. Sans mentir celuy-là n'estoit pas temperant, qui apres auoir surmonté l'horreur des Alpes, se laissa en fin emporter par les douceurs de la Champagne d'Italie.

V.
La Temperance est particulierement necessaire aux Roys.
a *Diotogenis Pythagorici in lib. de Regno*
Ἀρχῆ δὲ πρώτων τ̄ ἑτέρων ἄρχει χρήζετα τ̄ ἐν ἱαυτῷ παθέων πρῶτον δύνασθαι ἄρχειν; Simul etiam reputandum est decere illum, qui aliis imperare voluerit, primum affectiones proprias regere.

Aussi n'est-il point de vice qui si s'attache aisément à la pourpre que l'intemperance, tant en l'amour des femmes qu'en l'excez de la bouche; c'est pourquoy celuy-là auoit bonne grace de dire, que celuy qui luy monstroit vn chaste Roy, luy monstroit vn sainct Roy.

VI. *La Temperance des Monarques de France surpasse celle des anciens Princes Payens.*

C'est la merueille que ie veux presenter maintenant à vos esprits à la loüange de plusieurs Monarques François, dont les exploits de Temperance ont deuácé la reputation mal acquise de Iules Cesar, qui contrefaisant cette vertu, & prisant d'auantage vn soldat temperant qu'vn genereux gendarme, a neantmoins desrobé à soy-mesme l'honneur le plus precieux d'vn Prince, en rauissant celuy de Cleopatra, en faisant l'amour à Eunoë Reyne de Mauritanie, en courtisant Posthumia femme de Seruius Sulpitius, en desbauchant Lolia femme de Gabinus, en deshonnorant Tertulle Espouse de Lolia, en passionnant éperduement Mutia femme de Pompee, & Seruilia sœur de Caton, & mere de Marcus Brutus. Quiconque aura bien leu son histoire remarquera qu'il a changé de femme par quatre fois, voire qu'il s'est abbruty en des voluptés inconnuës aux Princes Chrestiens, & que luy, & la pluspart des Princes gentils ont porté sur le front plus de fard de chasteté, que de pudicité dans le cœur. Nos vieux historiens plus libres à raconter les vices des Rois de France que la grandeur de leurs vertus, ne nous ont point marqué de tels monstres d'intemperance couuerts du voile de chasteté,

pour

pour mendier quelques fauſſes loüanges. Ils en ont appellé aucuns du nom ᵃ de Simple, de Chauue, de Gros, de Hutin, côformement aux imperfections de leur nature, mais de les auoir noircy du nom d'intemperans, la verité de l'hiſtoire ne leur a pas permis. Si faut-il auoüer que ſi quelqu'vn en euſt entaché ſes deportemens, ils l'euſſent auſſi-toſt appellé Louys l'Intemperant, que Louys Hutin, qui ſignifie en vieil langage, mutin, & teſtu. I'eſtime qu'vn des ſujets de la pudicité de pluſieurs Monarques de France eſt la grande inclination aux exercices de la chaſſe, & des armes. Car comme l'oiſiueté eſt la nourrice des ſales plaiſirs, auſſi la fatigue, & ſur tout la chaſſe en eſt la ruine & le poiſon. Pourquoy eſt-ce, reprochoit Venus à ſon fils Cupidon qu'ayant bleſé de ſes fleſches amoureuſes tous les Dieux du ciel, de l'air, de la terre, & des mers, tu n'as point touché Diane, Minerue, & les neuf Muſes? ᵇ Parce que (dit ce petit Lutin) Diane ne fait que de courir parmy les foreſts, & les deſerts, lançant les beſtes, & les ſangliers. Minerue eſt ſi colee à ſes liures qu'elle m'interdit toute hantiſe, me rebute & menaſſe auſſi-toſt qu'elle ſent mes approches. Quant aux Muſes elles ſont ſi occupées que tous mes efforts ne peuuent vaincre leur chaſteté. Vn autre ſource de leur pudicité eſt leur zele à la Religion Chreſtienne : car comme celuy qui ſe plait parmy les drogues aromatiques, en porte auec ſoy l'odeur : auſſi eſt il bien difficile que les Rois de France, qui ſe ſont touſiours intereſſez dans l'eſtat

ᵃ *Du Tillet.*
Froiſſard c. 66.67. vol. 1.

ᵇ *Lucian. apud Ludouicum Viues lib. 1. de Chriſtiana femina.*

de

de l'Eglise, qui est blanche comme le Lys, chaste comme l'Aurore, belle comme la Lune, choisie comme le Soleil, n'ayent des sentimens de pureté pardessus tous les Rois moins zelés à la foy Catholique.

VII. *Clouis honore la virginité & la fauorise partout.*

CLOVIS le témoigna suffisamment apres le diuorce qu'il fit auec ses idoles pour épouser la Religion Chrestienne : car de sensuel qu'il estoit auparauant, il modera si sainctement ses appetits, qu'on reconneut en luy, combien la grace du Baptesme estoit forte à lauer non seulement les taches passées, mais encores à esteindre les sens de la concupiscence. La posterité n'eust iamais creu ce changement, & l'honneur qu'il portoit à cette angelique vertu, si par vn [a] Edit qu'il fit publier par toute son armée il n'eust defendu de ne point toucher non seulement aux corps des Vierges, mais non pas mesme aux terres, & aux heritages de celles qui auoient seellé leur virginité par le vœu de continence. Ne faisoit-il pas assez connoistre l'estime qu'il faisoit de cette vertu, puis qu'il respectoit tellement [b] saincte Geneuiefue à raison de sa pureté, qu'elle obtenoit de luy ce qu'il auoit refusé à tous les autres ; iusques-là mesme qu'vn pauure criminel n'ayant pû trouuer lieu de pardon sur les autels de la misericorde de ce Roy, aussi-tost qu'il eut fait parler cette saincte Vierge, quoy qu'il fust desia au lieu de son supplice ; toutefois cette main virginale comme vn autre Moyse arresta par son credit le courroux de Clouis, & le bras du bourreau qui estoit desia leué

a *Epist. Clodouæi Francorum Regis ad Episcopos Aurelianensis Concilij apud Baron. Anno Christ. 507.* In primis quoque de ministerio Ecclesiarum omnium præcipimus, ne ad subripiendum ea aliquis conaretur, neque de sanctimonialibus, neque de viduis quæ in Religione Domini deuotæ esse probantur, &c.

b *Baronius Anno Christi 499.* Gloriosæ memoriæ Clodouæus Rex, qui ob eius amorem, in carcerem detrusis sæpèveniam dedit & ob diuersa crimina animaduersione dignissima capite plectédo in ipso prope carnificis ictu supplicante, pro eis Genouefa absoluerat.

Chapitre II. Section I. 913

leué pour enleuer la vie à ce miserable.

VIII.
Exemple remarquable de Chasteté.
a *Gregor. Turon. libr. 9. cap. 27.*

SON petit fils Gontran Roy d'Orleans n'a pas moins respecté cette diuine vertu en vne saincte Vierge, dont ᵃ Gregoire de Tours ne deuoit point enuier le nom à la posterité par son silence, puis qu'il n'a pas voulu obmettre la merueille de sa pudicité. Amalon Duc de Champagne surpris de la beauté de cette innocente fille, pour en cueillir la premiere fleur enuoya la Duchesse sa femme en vne maison champestre sous couleur de toutes autres affaires que celles qu'il brassoit, & qui embrasoient son esprit. Sur le soir le Duc s'estant enyuré de vin aussi intemperamment que d'amour, fit courir cette chaste Biche par sa meute de mastins dressez à la chasse de ses infames plaisirs. Cette pauure Vierge ne pût si bien faire, qu'elle ne fut arrestée dedans leurs toiles, & violemment emportée dans le lict du Duc, apres auoir perdu quantité de sang par les naseaux à force de resistance. Ce Sardanapale assoupi par les fumées de son vin ne souilla point ce beau Lys, Dieu en ayant pris la defense. Car tandis qu'il couuoit son intemperance dans vn profond sommeil, elle comme vn autre Iudith s'empara de son cimeterre qui pendoit au cheuet de son lict, & d'vn courage chaste & genereux déchargea vn puissant coup sur la teste de cet Olofernes. Le Duc blessé à mort crie au meurtre; voilà tous les seruiteurs sur pieds, & chacun prest à donner le premier coup de dague à cette courageuse Amazone. Mais Amalon ayant euaporé

Aaaaaa

poré toutes ses fumées commanda qu'on ne l'offençast point, aduoüant qu'il auoit peché deuant Dieu en attétant sur l'honneur de cette Colombe. Pendant que tous les domestiques s'empressent à qui soulagera le blessé, Dieu permet que cette fille se dérobe de cette compagnie, & qu'elle est conduicte par son bon Ange parmi les tenebres de la nuict iusques à Chalon, distant de plus de quinze lieuës de là, pour obtenir grace du Roy Gontran. Cependant le Duc de Champagne trespasse, & nostre Iudith Françoise ayant trouué le Roy à la Messe dans l'Eglise de S. Marcel, prosternée à ses pieds, luy raconta fidellement toute sa fortune, le suppliant de faire grace à celle qui n'auoit rien oublié pour conseruer ce qu'on doit tenir plus cher que mille vies. Le Roy Gontran, qui honoroit la chasteté des hommes par dessus celle des Anges, loüa son courage autant que sa virginité, la prit en sa protection, & luy donna lettres de seureté contre tous les parens du Duc. Voilà comme la France a tousiours porté des Lys, & des Rois gardiens des Vierges, & amateurs de leur gloire autant que de leur vie.

IX.
L'affection que Dagobert portoit aux ames chastes.
a *Bruschius de Monasteriis Germaniæ. Dagobertus Francorum Rex Anno sui regni 3. fundauit Cœnobium quod album castrum vel Vvissemburg dicitur instituti Benedictini, &c. Irminæ filiæ suæ in palatio antiquissi-*

DAGOBERT n'eust pas plustost gousté les delices de la deuotion, que son cœur fut saisy de l'amour de cette angelique vertu, ne pensant qu'à bastir des [a] Monasteres, comme autant de forts donjons pour la conseruation de la virginité des Religieuses de S. Benoist, & à dresser en son cœur des autels à la pureté, inseparable Espouse de IESVS-CHRIST. Ayant experimenté que l'o-

raison

Chapitre II. Section I.

raison estoit l'vn des asseurez ramparts de la chasteté, il en fortifioit son' ame ne sortant iamais des retranchemens de la priere. L'Abbesse Sara qui viuoit en Thebaïde s'estant emparée de ce diuin bouclier apres plusieurs assauts de ce sale Demon, le contraignit d'auoüer; Vous m'aués vaincu Sara, vous m'aués vaincu. Mais elle aussi humble que chaste luy repartit, Ie ne t'ay point vaincu, mais mon Sauueur IESVS-CHRIST.

no quod horreum dicebatur, apud Treuerenses Monasterium puellarum extruxit instinctu Nodoaldi Treuerensis Episcopi qui & ipse duo monasteria in eadem vrbe monialibus construxit. *Marulus lib. 6. cap. 7. Sabel. lib. 10. cap. 3. de Sara.*

APRES que [a] Charlemagne eut domté vne grande partie du monde, sa continence remporta la plus noble victoire que les Princes Chrestiens puissent acquerir en toute leur vie, qui est de triompher de soy-mesme apres auoir vaincu les autres. Ce n'est pas grande gloire de ioindre la Lybie aux Gades, & de soumettre vne Phenicie à l'autre : mais plier la sensualité sous la raison, & ranger les appetits de la chair aux eleuations de la grace, c'est triompher sur la gloire des Cesars, & prendre part à la beauté des Anges. Pour donc ne rien oublier à l'honneur de Charlemagne, ie diray qu'il ne trouua pas de meilleures armes pour la defense des Lys que celles que l'Eglise nous presente, à sçauoir la haire pour cuirasse, la discipline pour coutelas, le ieusne pour casque, l'oraison pour rondache, [b] qui fait teste aussi aisément à vn million d'ennemis, qu'à vn seul, dit le sainct Orateur Chrysostome. Ce magnanime Empereur s'estant muni de telles armes termina le cours de sa vie auec tant de pureté, qu'à l'heure de son trespas il pouuoit veritablement dire auec

X.
La Chasteté de Charlemagne sur le declin de sa vie.

a *Baronius tom. 9. Ann. 814. Sed posterior maculas istas poenitentia iugis abstersit dum carnem suam senilem licet, cilicino super nudum corpus inhærente, iugiter indumento attriuit.*

b *Sanctus Chrysost. tract. 1. de oratione. Oratio inexpugnabile propugnaculum æque faciles cóplures Myriadas ac vnú terga dare cogit, &c.*

l'Em

c *De Valentiniano refert Bruſſonius lib. 1. de Abſtinent.*

d *Auctor vitæ Caroli M. Anonymus. Cilicium ad carnem eius poſitum eſt, quo ſecreto ſemper induebatur, & ſuper veſtimentis Imperialibus pera peregrinitatis aurea poſita eſt, quam Romam portare ſolitus erat.*

e *Titus Liuius lib. 7. Decad. 3. & Plutarchus in vita Scipionis.*

f *Hoc egregium facinus Caroli M. legitur apud Bonfinium Decad. 1. lib. 9.*

XI.
La pureté recommandable de Baudoüin.
a *Nicetas in Balduino.*

c l'Empereur Valentinian; qu'il ne ſe glorifioit au lict de la mort que d'vne ſeule victoire entre pluſieurs autres, qui eſtoit celle de ſa chair le plus rebelle ennemi de tous les autres. Auſſi eſtant d mort on luy mit ſur ſa chair vn cilice, dit vn manuſcrit Latin, dont il eſtoit touſiours reueſtu ſecrettement. Il fit auſſi aſſez connoiſtre pendant ſa vie combien il honoroit cette vertu des Anges: car ſi les anciens ont tant priſé e Scipion l'Africain, au ſac de Carthage pour n'auoir point permis qu'on violaſt l'honneur des Dames, on doit auſſi admirer la vertu de cet Empereur qui ayant ſurpris la ville de Bude defendit qu'on ne touchaſt point à la pudicité d'aucune femme. Ce n'eſt pas auſſi la raiſon que ce ſexe qui eſt ennemi des armes, perde au ſac des villes ce qu'il ne peut iamais recouurer.

L'Edict que fit publier Baudouin Comte de Flandre iſſu du ſang de France, lors qu'il eſtoit a Empereur de Conſtantinople merite d'eſtre graué non point ſur le cuiure, mais ſur des lames d'or, ou ſur des tables de Diamant, afin d'en conſeruer la memoire apres que toutes choſes ſeront oubliées. Ce chaſte Empereur, ne donnant point la liberté à ſes yeux de s'arreſter curieuſement ſur la face d'vne femme, il faiſoit defendre publiquement deux fois chaque ſemaine, que ceux qui auroient touché deshonneſtement quelque femme ne paſſaſſent point la nuict en ſon Palais, ſous peine d'encourir de griefs ſupplices: tant il auoit en horreur ce vice, qui eſt d'autant plus dange-

reux

Chapitre II Section I.

reux que ses approches sõt semées de fleurs & de roses, & sa fin pleine de ronses & d'espines. ᵇ Ce cruel *aiguillon, de la lubricité*, dit S. Ambroise, *ne donne aucun repos à nostre cœur, il brusle la nuict, & fait souspirer le iour*. C'est cas estrange que ce vice martelant sans cesse les esprits, prenne tant d'ascendant sur les forces de la raison, & sur les lumieres de la foy, qu'il fasse abandonner le plus delicieux repos de cette vie au contentement de sa passion, & qu'apres vn Enfer temporel il precipite les hommes dans les gehennes perdurables.

POVR ce sujet Louys le Debonnaire detestoit si fort l'impudicité, non seulement en soy, mais encore en tous ses subjects, qu'il fit perdre les yeux à ᵃ Tulle comme les parties les plus coupables de son adultere, & preparoit de sanglans supplices à Lãbert Garnier, à Ingobert & Hodoin, infames estallons de Cour, si Dieu ne l'eust preuenu, permettant que ces ᵇ ruffiens s'entretuerent eux-mesmes, sous de legeres desfiances qui seruirent de bourreau à la Iustice de Dieu, de confusion à ces criminels, & de terreur à tout le monde. Pour dire beaucoup en peu de paroles l'Empereur Louys detestoit tellement l'impudicité qu'il ne la pouuoit souffrir en sa Cour. Il en bannit aussi tous ceux & celles qui en estoient atteints, & en chassa les plus criminels auec plus d'ignominie. Vn Escriuain de son temps rend cette loüange à sa pureté, que la crainte qu'il auoit de la flestrir luy fit rechercher en mariage Hermengarde, afin d'obtenir par la grace du Sacrement ce qu'il ne se

---

ᵇ *Sæuus criminum stimulus est libido, quam nunquam quietum affectum manere patitur, nocte feruet, die anhelat, &c. Sanctus Ambrosius libr. de Abel & Cain.*

XII.
La Pudicité de l'Empereur Louys le Debõnaire & de Philippe le Bel.

ᵃ *Auentinus lib. 4. Annalium Boyorum.*

ᵇ *Scipion Dupleix tom. 1.*

ᶜ *Scipion Dupleix tome 1. en la vie de l'Empereur Louys. Incertus auctor Lud. Imperat. sed coatanæus, ex Bibliotheca Pithœi. Quo tempore (Scilicet Anni DCC.XCVI.) verens ne corporis natiuo superatus calore, in multimodos luxuriæ raperetur anfractus, cum consilio suorum Hermengardam futuram reginam claris ortam natalibus, vtpote filiam Nigrammi Comitis sibi sociauit.*

se promettoit pas de pouuoir obtenir par les seules forces de la nature. Philippe IV. dit le Bel ne fut pas moins zele à venger l'honneur d'vne legitime couche en chastiant les adulteres de ᶜ Gaultier d'anoy, & de Philippe d'Annoy, cōmis auec Marguerite femme de Louys Hutin Roy de Nauarre, & fils du Roy, & auec Blanche femme de Charles le bel Comte de la Marche aussi fils du Roy. Il leur fit premierement coupper les parties, dont ils auoient abusé en leurs sales plaisirs. Pour second tourment il les fit écorcher tous vifs; & finalement il les fit trainer & pendre publiquement. Il est certain que les adulteres seroient moins frequens qu'ils n'estoient iadis en Lacedemone si ce crime estoit suiui de pareils supplices. Le Huissier de Marguerite Reyne de Nauarre, qui couuroit toutes ces ordures, fut aussi estranglé au gibet de Pontoise, & les deux Dames condamnées à perpetuelle prison au Chasteau gaillard d'Andely. Quant à Ieanne femme de Philippe Comte de Poitiers qu'on estimoit n'estre pas plus aduisée que les deux autres, son innocence ayant esté reconnuë la retira du Chasteau d'Ourdon, où le soupçon l'auoit confinée pour iamais. Voilà vn rare exemple d'vne iuste vengeance contre les adulteres; & qui n'en conceura de l'horreur, puis que les lyons ne les peuuent souffrir, deschirans leurs femelles si elles ne lauent soudainement l'ordure de leur illegitime accouplement?

ᶜ Nicole Gille l'ã 1314.

XIII.
La Chasteté du ᵇ Roy Robert, & de Louys

LE pieux Roy Robert apprehendant l'ignominie de ce vice, affligeoit souuent son corps d'vn

Chapitre II. Section I.

d'vn rude cilice, le mattoit de ieufnes, de veilles, & de longues oraifons. Mais ce qui eft rare en vn Prince, c'eft que ᵇ fept femaines auant Pafques, il couchoit fur terre, reiettant toute forte de licts pour colleter plus à laife ce monftre de lubricité. Elian raconte que la belete voulant combattre le ferpent mange de la ruë; dont l'odeur eft infupportable aux animaux venimeux: auffi ne voit-on rien fi contraire à l'impudicité, poifon de nos ames, que les rigueurs du corps, ainfi que l'ont experimenté les fainéts Hilarions, les Pacomes, les Antoines, les Macaires, & les Hierofmes. Robert n'a pas efté feul entre les Roys de France qui a vfé d'vne fi fainéte vengeance en fon endroit en faueur de la pureté. ᶜ Marulus attefte que Louys V. faifoit plus d'eftat de fon cilice & de fa haire que de fa pourpre royale, & Nangius témoigne que Philippe III. fils de fainct Louys depuis le decés de la Reyne Ifabeau fa femme iufques à fes fecondes noces fe reueftoit d'vn afpre cilice outre la cuiraffe qui chargeoit fes efpaules; & qu'il mattoit fon corps de ieufnes & d'vne merueilleufe abftinence de viandes. C'eftoit fans doute pour retrancher toutes les aduenuës aux vicieux plaifirs de la fenfualité, plus dangereufe en la viduité qu'en l'eftat coniugal. Depuis ce temps là iufques à fon trefpas il donna des preuues d'vne fi rare temperance, qu'on euft dict qu'il poffedoit cette vertu par nature, & ᵃ les couronnes par pure neceffité. Lothaire fils de Louys le Debonnaire vfant de mefme feuerité enuers foy-mefme, couuroit

V. & de Louys VIII.
a *Baronius tom. XI. anno 1033. n. 11.* Rex humilis ponebat veftimenta fua, indutus ad carnem cilicio.

b *Helgaldus Monachus Floriacenfis in fragmentis Francorum.* Sanétas noétes, hoc eft Natiuitatis Domini, fanéti Pafchæ, & Pentecoftes fic totas ducebat infomnes vfque ad fummum mane, vt nec fedens, nec ftans fomnum caperet donec quam expectabat, & defiderabat falutiferum corporis & fanguinis Domini noftri Iefu Chrifti perceptioné perciperet. Erat & hoc amatori bonorum in religione pro fuarum emédatione culparum, quod à fanéta feptuagefima vfque ad Pafcha, nulla vfus culcitra, frequenter eum fufcipiebat ad iacendum fortiffima terra.

c *Marulus lib. 3. cap. 10. Sabel. lib. 1. cap. 20. de Ludouico 5.*

Guillelmus de Nangis Monachus fancti Dionyfij, de geftis Philippi R. Francorum. Illo etiam tempore quo poft mortem Yfabellæ reginæ fine vxore fuit, cilicio, vt aiunt, vfus eft, loricam defuper indutus. Domabat enim corpus fuum ieiuniis, & mirabili ciborum abftinentia fe reftringebat. Ex illo tempore ita frugalitate feruauit, vfque ad mortem, quod potius Monachus quam Rex vel miles propter abftinentiam poffet dici.

fous

sous ses habits de brocatel, l'aspreté des cilices, & des haires picquantes pour ranger l'insolence de sa chair sous la discipline de l'esprit, & en fin couronna sa vie d'vne perpetuelle obligation de chasteté pour s'affranchir des inquietudes de cet ennemy mortel. Ie passe sous silence plusieurs autres Princes issus du sang de France qui ont fait diuorce auec tous les plaisirs de cette vie, pour espouser cette angelique vertu digne alliance d'vn royal esprit.

XIV. La Chasteté de Louys VIII. pere de sainct Louys.

LOVYS huictiesme n'eust pas moins témoigné, de Temperence si la foy d'vn sainct Mariage l'en eust pû dispenser : mais à defaut de cette perle Euangelique, il en a faict reluire vne autre qui ne porte pas moins d'éclat que la premiere. Car sa pudicité fut si grande en vn estat si glissant, que iamais il ne caressa autre femme que son Espouse la Reyne Blanche. Vrayement blanche en toute vertu, aussi bien que son mary qui est appellé meritoirement Roy Tres-Chrestien & Tressainct. D'où ce n'est pas de merueille, si d'vn lict si chaste, est sorti vn Lys royal qui a raui le monde par de sa blancheur cóme a esté S. Louys la beauté que nous admirerons cy-apres auec autant de sujet que de loüange, & d'exemple pour tous les bons François. On dit que Louys XI. s'estant proposé vn si rare miroir de continence, cette glace alluma dans son ame tant de feu pour celle que l'Eglise luy a donné pour prendre part aux interests d'vn sainct mariage, qu'il fit vn solemnel serment de priuer à iamais toutes autres

Chapitre II. Section I.

tres femmes des faueurs de son affection.

L'HONNEVR que son fils Charles VIII. portoit aux ames chastes, & la recommandable victoire qu'il remporta de soy-mesme, où les Samsons & les Dauids ont perdu le courage auec leur reputation, doit porter le triomphe de sa Temperance aux marches les plus releuées de la vraye gloire. *Ferron raconte qu'estant entré par assaut dans Tuscullane qui luy auoit fermé les portes à son retour de Naples, vne ieune Damoiselle aussi recommandable en la beauté de son ame qu'en celle de son corps, fuyant la violence des gens de guerre se sauua entre les bras du Roy comme au plus souuerain azyle de son honneur. La boüillante ieunesse de Charles fut aussi-tost embrasée du feu qu'il embrassoit, & l'ayant porté en sa chábre, il se promettoit de cette Vierge ce qu'elle esperoit de conseruer à sa faueur. Cette infortunée ouurant les yeux sur le bord du precipice, ne voit au deuant de sa face que des images de mort, pour son ame si elle consent aux volontez du Roy, & pour son corps si elle s'oppose à ses desirs. Mais heureuse prouidence du Ciel pour cette innocente Colombe, ne sçachant où s'enuoler pour se garentir d'vn si eminent danger, elle apperceut en la Chambre du Roy, le portraict de la Reyne des Vierges, l'Estoile des pecheurs, & le port des ames chastes. La veuë de ce nouuel Astre r'asseurant ses esprits luy donna la hardiesse de se ietter aux pieds de sa Majesté, & en luy monstrant le tableau de cette puissante Princesse, & de s'es-

XV.
Charles VIII. a remporté vne glorieuse victoire de l'impudicité.

a Scipion Dupleix au tome 3. de son hist. en la vie de Charles VIII.

Bbbbbb   crier

crier toute trempée de larmes : SIRE ie vous coniure par la sainĉteté de cette Vierge des vierges, qu'il vous plaise de garder l'honneur d'vne autre pauure Vierge, & la rendre à son fiancé à qui elle est deuë. Quoy que Charles bruslast de l'amour de cette rare beauté, il se commanda neantmoins si genereusement pour le respect de la Reyne des Anges, qu'aussi-tost les larmes de cette pauure desolée amortirent si fort les ardeurs de son cœur, qu'il seroit difficile à iuger, qui des deux monstra plus de Temperance, ou le Roy en s'abstenant de sa prisonniere, ou la Damoiselle mesprisant les faueurs de celuy qu'elle tenoit captif dans les fers de sa beauté, & dont les feus d'amour se pouuoient changer en des flammes de colere, & de vengeance. Le Roy ne pouuant assez admirer la courageuse pudicité de cette fille, la dota de cinq cens escus ; & donna la liberté à son fiancé & à tous ses parens que les loix de la guerre arrestoient prisonniers.

XVI.
Philippe Auguste & les autres Roys suiuans ont honoré la Chasteté.
a *Rigord, in Philippo Auguste.* Continentiam coniugalem præ omnibus aliis Regibus in domum suam transtulit.
b *Ioan. Villaneus lib. 9. hist. Angl.*

ᵃ RIGORD nous témoignant que Philippe Auguste a logé en son Palais la continence coniugale auec plus de gloire que tous les autres Roys ses deuanciers ; ᵇ Villaneus escriuant que Philippe le Long a esté exempt d'impureté ; & d'autres escriuains ayans loüé l'innocence de François II. ie suis marri qu'ils ne nous ont autant obligé en racontant quelques actions de cette pudicité, que plusieurs historiens ont desobligé la France en rapportant auec trop de curiosité les vices de quelques autres Roys. Pardonnez-moy si ie dis

que

Chapitre II. Section I.

que certains Autheurs ayans employé leur plume sur l'histoire de France, ont ressemblé à ces vilains animaux qui broſſans à trauers vn iardin fouleront aux pieds mille belles fleurs pour courir à des ordures qui se seront cachées dans vn recoin ; car ayans méprisé les belles actions de plusieurs Roys pour faire curée des immodices de leur vie, ils racontent auec tant de soin leurs Concubines, & leurs Baſtards, que vous iugeriez qu'ils sont aux gages du vice, & non point de l'honneſteté. Iaçoit que cette vertu soit d'ordinaire la moins careſſée des Princes du monde, dont la nourriture delicieuse eſt le poiſon des chaſtes pensées : neantmoins l'innocence de plusieurs Monarques François oblige toute noſtre prudence à croire qu'ils ont consacré leurs couronnes par des exploicts de continence dignes de la sainĉteté de leur vie.

CONCLVONS ce discours sans plus d'aigreur, & ne donnons point à la faueur ce qui eſt dû à la verité, en diſant que si iamais Roy a herité de la pureté de S. Louys, c'eſt Louys le Iuſte, le royal patron de la Chaſteté de son siecle. Attendant de plus amples inſtructions de sa vertu, i'aſſeureray pour le present qu'il porte vne telle horreur à toutes les occaſions qui peuuent flaiſtrir l'integrité de son ame, que l'ombre seule de l'impudicité luy dône plus de frayeur, que ne fait pas le crime dedans l'eſprit des autres. En voicy vne preuue : Asmodée le démon des lubriques, enrageant d'impatience de ne pouuoir faner ce beau

XVII.
Louys le Iuſte tres-recommandable en la vertu de pureté.

Bbbbbb 2 Lys

Lys par le souffle bruslant de ses mauuaises suggestions, attiltra vne Damoiselle armée de si puissans charmes qu'elle eust donné de l'amour aux statues si elles eussent eu des cœurs pour aimer. Ne se contentant pas de cet ameçon, il employa encore les persuasions de certains Seigneurs comme autant d'amorce de concupiscence pour surprendre sa constance, & donner en proye la pudicité de son ame à cet infame Lutin. Iamais, disoient-ils, le Soleil n'esclaira vne si eminente beauté comme celle que vostre Majesté verra auiourd'huy reluire pendant le seruice diuin. La pudeur qui est tousiours en garde autour des actions du Roy, découurit aussi-tost cette trame d'Enfer, & fit resoudre sa Majesté à s'absenter de la Messe pour ce iour là, preferant l'omission d'vne bonne œuure au danger de perdre la grace de son Dieu. Toutefois ne l'ayant pas voulu faire sans auis; son pere spirituel qui connoissoit les grandes lumieres qui éclairoient son ame, luy dissuada cette absence pour bon suject, l'asseurant que son cœur ne trahiroit point son ame si ses yeux ne dementoient point sa pieté ordinaire. Sa Majesté vint à l'Eglise mais auec vne telle modestie qu'à peine sçeut-il si ce Demon deguisé y auoit comparu. O l'incroyable Temperance! le Ciel l'admire, & la terre ne s'en estonnera pas! elle tire des larmes de ioye des yeux du sainct Pontife qui en reçoit la nouuelle, & nous ne nous resiouïrons pas d'auoir deuant nos yeux vn si miraculeux pourtraict de chasteté pour

contre

Chapitre II. Section I. 927

contretirer en nos ames l'excellence de sa beauté! le Pape en aime d'auantage le Roy, & nous n'eschaufferons pas nos cœurs à cherir de toute leur estenduë vne vertu si angelique?

IE ferois autant de tort au public qu'à la constance de Louys le Iuste si ie passois sous silence ce que i'ay apris d'vn de ses plus fidelles Officiers, qui me racontoit vn iour que les victoires les plus glorieuses que sa Majesté remporte de la chasteté, sont suscitées par ses propres Courtisans. Si l'vn luy parle de la beauté de quelque Dame, il demande si elle surpasse celle de la Reyne sa femme : si on luy dit qu'vne telle Damoiselle l'aime bien fort, il respond modestement, qu'il la haït plus qu'elle ne l'aime, puis qu'elle luy veut faire offencer son Dieu, qui doit estre aimé sur toutes les creatures. A d'autres, qui luy disent quand il se ioüe à ses chiens, qu'il est bien plus doux de baiser vne Dame qu'vn chien, il dit que l'innocence qui est en l'vn est bien plus douce que le hazard de pecher n'est aggreable en l'autre. I'aimerois mieux, dit-il vn iour à vn certain, auoir perdu vn bras, que d'auoir pensé à ce que tu dis. Il dit bien d'auantage vne autrefois, asseurant qu'il aimeroit mieux mourir que de toucher vne autre femme que celle que Dieu luy a donnée. Ie reconnois ma foiblesse si grande, disoit-il, que si ie me laissois aller aux plaisirs mesmes innocens de la conuersation des Dames, il me seroit plus difficile de m'en retirer que de la chasse, & à plus forte raison si ie m'abandonnois aux sensualitez de l'amour,

XVIII.
Louys le Iuste rompt toutes les occasions qui peuuẽt blesser sa pureté.

Bbbbbb 2 qui

qui me mettroyét en termes de n'en sortir iamais, d'attirer sur moy tous les malheurs que cette passion traine apres soy. Aussi depuis qu'on a reconueu l'estime qu'il fait de la pureté, personne n'est plus si temeraire que d'entreprendre semblables propos. Que s'il échape aux moins auisez quelques paroles d'equiuoque contre la chasteté, aussi-tost la honte du peché rougit sa face, & se tournant de l'autre costé, il témoigne assez le déplaisir qu'il reçoit d'vne telle compagnie. Ayant appris au desastre de Dauid, & de son fils Salomon que les yeux sont les guichets de l'amour, il leur a posé vn si puissant corps de garde, qu'en tous ses voyages, quoy qu'absent de la Reyne son Espouse, on ne luy a iamais pû faire veoir de bon œil aucune Dame, en apprehendant d'autant plus la presence, qu'elle paroissoit recommandable aux yeux des plus curieux. Plusieurs sont témoins qu'aux assemblées publiques sa Majesté a souuent tourné le dos à des theatres pleins de femmes, afin de ne voir point ce qu'il n'est pas loisible de conuoiter. Et à bon droict; car apres le regard suit la pensée; apres la pensée, le sentiment; apres le sentiment, le consentement; apres le consentement, l'œuure; apres l'œuure, la coustume; apres la coustume, la necessité; apres la necessité, le desespoir, & le desespoir est bien-tost talonné d'vn embrasement eternel pour venger les flammes de la concupiscence. Ainsi les yeux trahissans l'ame la font descendre iusques aux plus profonds cachots de l'Enfer. Vn [a] ancien disoit fort sagement

[a] *Plutarchus quod amor non sit indicium.* Κεφ ιϛʹ

Chapitre II. Section I.

ment qu'il falloit étouffer de bonne heure la semence de l'amour, que si d'aventure elle se poussoit par force, il falloit sacrifier aux Dieux, qui detournent les maux, & recourir à leurs Autels. C'est le souuerain secret des chastes de retirer promptement les yeux de l'obiect qui commence à faire sentir la puissance de son rayon, & presenter à nos pensées vn entretien plus salutaire.

[a] TERTVLIAN dit vn beau mot à ce propos: *Puis que nous sommes tous le temple de Dieu, qui a esté consacré par la venuë du S. Esprit, le Prelat de ce temple est la chasteté qui doit refuser l'accés aux choses profanes, de peur que Dieu qui reside en ce domicile, voyant son throsne pollu ne s'en retire tout irrité.* Louys le Iuste pour conseruer la saincteté du temple de son ame, y fait presider vn vigilant Prelat, qui est le soin de n'offencer point Dieu mortellement : car qui apprehende le peché a pareillement crainte du moindre atome d'impureté. Le Sacristain qui ouure & qui ferme les portes de ce temple est la vigilance de contenir ses sens aux occasions du peché, dont en voicy vne preuue que ie tiens d'vn homme de qualité. Vne Dame estrangere poursuiuant vn procés en Cour, accompagnée d'vne sienne fille singuliere en beauté ; le Roy les voyát souuent trotter par le Louure, & se presenter à ses yeux plus qu'il ne desiroit pas, & auec plus de mignardise qu'on ne doit voir en des personnes suppliátes, apprehenda sagement que ces estrangeres sous couleur de rechercher de l'appuy en leur cause, ne recherchassent ce que l'on doit fuyr plus que

la

μὲν ἐξ ἀρχῆς τοιαύτῃ πάντως σπέρμα μὴ παρχειδαι μηδὲ ἀρχίω, ἂν ϳ ἰνφύηται, ἰδὴ ἐπὶ ἀποτροπαίων βωμὲς ᾖαν καὶ τοὺς πλάτωνα. Optimum fuerit statim ab initio amoris semini locum non dare : quod si tamen innascatur, adito altaria Deûm Aueruncorum, iuxta Platonem.

XIX.
Remarquables effets de la chasteté de Louys le Iuste.

a *Tertullian. lib. de cultu fœminarum* : Cùm omnes templum Dei simus, illato in nos & consecrato Spiritu sancto, eius templi æedituus & antistes pudicitia est, quæ nihil immundum, nec profanum inferri sinat, ne Deus ille qui inhabitat inquinatam sedem offensus derelinquat.

la perte de tous les procés du monde, & de la vie mesme. Mais quel remede? il demanda quels interests pouuoient pretendre ces Damoiselles, & ayant appris que le tout ne pouuoit exceder la somme de dix mille liures, il commanda à ses thresoriers de les leur deliurer, & de leur dire qu'elles se retirassent au pluftost en leur pays. Quelle vertu ne rend recômandable cette action? Ne voit-on pas le soin & la vigilance faire barriere à tous les attraits du peché? la liberalité n'y reluit-elle pas, qui n'épargne aucun frais pourueu quelle puisse conseruer ce qui doit estre de plus cher aux hommes? N'est-ce pas imiter le pieux Roy Iosaphat qui demolit les Idoles, afin qu'elles ne seruent plus de scandale aux yeux de toute sa Cour? Voicy vn autre exploict du zele de sa Majesté Tres-Chrestienne à ruiner tout ce qui peut offencer la pureté du prochain. Au voyage de Sauoye ayant rencontré entre Troye & Dijon vne vilaine peinture grifonnée auec du charbô sur vne paroy; la saleté de cette figure frappa d'vne telle horreur son esprit, qu'il n'eust repos iusques à ce que luy-mesme ne l'eust entierement effacée auec la main. N'est-ce pas là destruire l'idole de Baalphegor, que S. Hierosme tient auoir esté Priapus, dont le portraict estoit adoré par les Moabites? Quel bon-heur ne doit-on esperer pour le regne de Louys le Iuste puis que le Ciel a tousiours benit les Princes qui ont demoly ce qui donnoit du scandale à l'innocence des ames?

SEC

SECTION II.

La sobrieté des Monarques François, seconde partie de la vertu de Temperance.

O N écrit que l'eau de Galle, fleuue de Phrygie, est si souueraine à la santé, quand elle est prise auec moderation, qu'il n'est rien de plus cordial à l'homme; mais si l'vsage en est immoderé elle l'offence tellement qu'elle affoiblit le cerueau, & ruine entieremét la raison. Il est encore plus asseuré que comme il n'est rien de si profitable à la ª santé de nos corps que le temperé vsage du vin & des viandes, aussi n'est-il rien de si mortel que leur excés. Ce qui se dit du reglement de la nourriture, cela se doit aussi entendre de la generation, qui demeurant dans les termes que l'Eglise, & la raison nous prescrit, rend les hommes, & les Estats florissans, & les Roys qui ont vescu plus long-temps, ont aussi esté les plus sobres & les plus chastes. Cela se verifie en l'histoire des Monarques François, qui ont exercé vn Empire aussi puissant sur la rebellion de la concupiscence, que sur la dissolution des appetis de bouche. Car nous ne retrouuons point dans l'histoire de France des Sardanapales, comme parmi les Babyloniens; des intemperans Alexandres, comme parmi les Grecs; des Antoines, des Caligules, des Heliogabales comme parmi les Romains, mais des Princes tant soigneux de la sobrieté, qu'ils

X X. *Les Monarques François de la premiere race ont surpassé en sobrieté les Princes de la Gentilité.*

a *Osee cap.* 4. Fornicatio & vinum, & ebrietas auferunt cor.

Cccccc dem

denioyent à leurs appetits, ce que la Temperance peut permettre aux plus vertueux. Ainsi a vescu vn Clouis, vn Childebert, vn Clotaire, vn Clouis II. vn Dagobert I. & d'autres Roys de France.

XXI.
La sobrieté des Roys de la seconde race.
a Crantzius lib. 2. c. 8. hist. Sax. Auent. lib. 4. Annal. Beiorum.

LE ª Roy Pepin a esté l'vn des plus sobres Princes de son siecle, & son fils Charlemagne l'imita si fort en sa table, qu'il se contentoit de quatre plats, il ne beuuoit iamais hors du repas, & en table trois fois seulement : d'où est venu le Prouerbe, dit vn de nos historiens ; *Ter bibere in mensa Carolinum*. Ie ne veux point icy parler des grandes abstinences des dernieres années de sa vie : comme il mattoit son corps, & ne le nourrissoit que de pain & de vin. Il se faisoit lire pendant son repas quelque histoire, ou les liures de S. Augustin de la Cité de Dieu, afin que son ame ne fust point famelique pendant qu'il appaisoit la faim du corps. Il arriuoit delà qu'on n'y mangeoit point les hommes tous vifs, en deschirant leur bonne reputation ; ou qu'on ne laschoit aucune parole grasse, ou indigne d'vne table Chrestienne. On voyoit en vn autre table proche de la sienne, douze pauures qui estoient seruis de ses viandes. Ce sage Empereur sçachant que le ieusne auoit donné de grandes victoires aux Hebreux contre leurs ennemis, iusques à renforcer le courage d'vne delicate Iudith par dessus la valeur des plus determinez Capitaines, commanda pour ce sujet vn ieusne de trois iours auant que de porter ses armes contre les ᵇ Auarrois ; aussi Dieu luy fit connoistre combien cette vertu est forte estant se-

b Regino lib. 2.

condée

condée d'vne bonne conscience. Pour cela mesme il defendoit sous des griéues peines c qu'aucun soldat n'eust à s'enyurer, ou contraindre ses compagnons aux excés de vin. Mais quelle merueille qu'il fust si soigneux de ranger tout le monde aux termes de la temperance, puis que luy mesme la pratiquoit, comme a remarqué d Mutius, iusques à mettre en danger sa santé. C'est vne forte loy d'abstinence qu'on publie au peuple quand le souuerain s'y soumet luy-mesme. L'Empereur Rodolphe appaisa la soif de ses soldats ayant luy-mesme refusé de boire en leur extreme necessité. Louys le Debonnaire suiuant les inclinations de son pere Charlemagne, embrassa si estroitemét la Temperance, qu'vn ancien dit de luy qu'il n'estoit personne si sobre que luy. Il auoit aussi tant d'horreur des yurongnes qu'il ietta dans vne cloaque l'espée d'vn soldat surpris de vin, pour monstrer qu'il n'appartient pas à vn homme de porter les armes qui ne sçait pas se defendre contre vne passion si brutale. Si Charles le Chauue & les autres Monarques de cette seconde lignée eussent degeneré de la sobrieté de leurs Ayeuls, nos vieux historiens n'en eussent pas dauantage dissimulé l'opprobre que de quelques autres manquemens qui ont diminué la gloire de leur couronne.

LA sobrieté estát necessaire à tous les hommes, elle l'est singulierement aux Roys & à tous ceux qui gouuernent les autres. C'est pourquoy Leotychidas respondit sagement que les Spartiates s'abstenoient de vin, afin qu'ils n'allassent point

c *Auent. lib. 4. Annal. Boiorum.*

d *Mutius lib. 8.*

e *Incertus auctor vitæ Lud. Imper, sed illi coetaneus, ex Bibliotheca Pitæi.* Quid enim eius sobrietate sobrius ? quæ alio nomine frugalitas, siue temperantia nominatur.
Tegan. de gestis Lud. Imp. Erat in cibo potuque sobrius.

XXII.
La Temperance des Roys de la troisième race en l'vsage du vin & des viandes.

mén

mendier de conseil aupres des autres, mais qu'il en donnasse pluftoft à ceux qui en auroient befoin. Ce qui me donne occasion de dire que les Roys de France de la troisiéme race ont dignement porté la couronne, puis que leur moderation à table n'a pas esté moins loüable que celle d'vn Mithridates Roy du Pont, d'vn Porus Roy des Indes, d'vn Masinisse Roy de Numidie, d'vn Iules Cesar, & d'autres Princes dont l'abstinence est demeurée glorieuse en la memoire des hommes. Le Roy Hugues Capet ayant aymé toute sa vie cette vertu, la cultiua si soigneusement en l'ame de son fils Robert, qu'elle porta des fruicts non accoustumez aux hommes de son siecle. Il passoit la plufpart de l'année ou en abstinence, ou en ieusnes rigoureux, & toutes ses viandes estans assaisonnées d'vne loüable épargne, il en nourrissoit grand nombre de pauures. Henry premier, Philippe I. Louys VI. Louys VII. Philippe Auguste, & Louys VIII. Pere de S. Louys furent des Roys qui viuoient non pour manger, mais qui mangeoient pour viure, & viuoient pour condamner l'intemperance d'vn Marcus Apitius, d'vn Vitellius, d'vn Philoxene, & d'vn Cambles Roy des Lydiens qui deuora sa femme en vne nuict.

XXIII. De la frugalité de Louys XI.
a Pierre Matthieu en sa vie & de Comines.

Qvoy que ᵃ Louys vnziéme fust vn Roy tres-magnifique à loger, traicter, & deffrayer les Princes estrangers, & leurs Ambassadeurs : toutefois en son particulier il se plaisoit à la frugalité, comme au premier tribut que ceux-là doiuent rendre

à la

Chapitre II. Section II. 935

à la vertu qui aspirent à la perfection Chrestienne. Cela paroist en la despense de sa maison, qui doit donner de la honte au luxe de plusieurs Seigneurs de ce temps. Nos Historiés ont remarqué qu'elle ne passoit point trente six mille liures iusques en l'année mille quatre cets & quatre vingts. Le nombre des seruiteurs pour le seruice ordinaire de cette despense estoit petit ; les gages mediocres, & tout y marchoit auec mesure. Il se contentoit de deux Chappelains à raison de dix liures par mois pour chacun, & d'vn Clerc de chappelle à cent sols. Il auoit vn valet de chambre à quatre vingts dix liures par an. Quatre Escuyers de cuisine à six vingt liures pour chacun. Le chasseur, le potagier, le saussier, le cuisinier, le sommelier ne tiroient pas dauantage de dix liures par mois, & huict liures les deux Gallopins de cuisine. Le portier, le patissier, le boulanger, & deux charretiers estoient aux gages de soixante liures par an. Le pallefrenier, & deux de ses aides à vingt-quatre liures par mois. Le mareschal de forge à six vingts liures par an. Le maistre de la Chambre des deniers du Roy auoit douze cents liures, & le Contreroleur cinq cens. C'est vn grand reuenu que l'œconomie; & vne pesante gabelle que l'intemperance. Sa Majesté ayant accreu la pension de Martin Barthelet, maistre de la Chambre de trois cens liures, la chambre des Comptes ne voulut point passer cet article sans vne iussion qui fut expediée à Paré-le-moyennaux le 6. d'Auril 1481. On ne donnoit que cinquante sols pour les

Ccccc 3 robbes

robbes des valets, & douze liures pour les manteaux des clers, des notaires, & des secretaires de la maison, & de la couronne de France. Auec cette loüable menagerie Louys XI. n'a pas laissé que de faire de grandes conquestes, d'acquerir le nom de Grand Roy, d'enseuelir les Ducs de Bourgongne, & leur Duché dans le Domaine de France. Aussi les victoires sont dans les mains des hommes temperants. On apporta autrefois les nouuelles au Senat de Rome que Vitellius se vouloit sousleuer contre la Republique: l'Empereur Galba ne fit conte de tous ces remuemens qui commençoient desia à glacer le cœur de plusieurs Senateurs, disant pour toute raison, qu'il ne failloit point craindre vn homme gourmand comme Vitellius.

XXIV. La sobrieté des derniers Roys de France.

LES suiuans Monarques ont d'autant plus paru illustres en cette vertu, que leur siecle à surpassé tous les autres en politesse de mœurs. Charles VIII. Louys XII. François I. Henry II. François II. ayans adiousté à la splendeur de leur couronne le lustre de la sobrieté, ont merité de la gloire sur tous les Alexandres. Charles IX. ne mangeoit que pour se sustenter, dit vn [a] historien, & se priua volontairement de l'vsage du vin, comme ont fait la pluspart des Monarques François à qui l'eau est plus familiere que le vin. Cela se reconnoit encore auiourd'huy au traictement de Louys le Iuste, qui ne boit presque point de vin, qui prefere pour l'ordinaire le pain bis au plus delicat, & les viandes plus grossieres aux plus frian

[a] André Thenet liure 4. de ses hommes Illustres.

Chapitre II. Section II.

friandes. On difoit autrefois d'Auguste que i'a-çoit qu'il fe mift à table quand les autres auoient defia pris leur repas, il eſtoit neantmoins le premier qui la quittoit. On en pourroit bien dire autant de fa Majeſté, tant fes repas fon courts. Mais i'ayme mieux dire, auec [b] S. Auguſtin : *Vous m'auès enſeigné, mon Dieu, de prendre la nourriture tout ainſi que les medicameus.* De maniere que ſi ceux-là ſont [c] maudits du Ciel qui font triomphe de bien boire, il ne faut pas douter que ceux qui s'en feruent pour l'honneur de la vertu, ne ſoient auſſi arrouſez du Ciel de toutes fortes de benedictions, & qu'ils ne germent en bon-heur comme le Lys, & que la racine de leur pieté ne porte de fleurs de gloire, qui ne fleſtriront pas ſi toſt que les fleurs de Lys des iardins, mais qui reſſembleront en leur durée aux Cedres du Liban. *Ero quaſi ros, Iſraël germinabit ſicut Lilium, & erumpet radix eius vt Libani.*

[b] *Sanctus Auguſt. lib. 9. Confeſſ.* Hoc me docuiſti Deus, quemadmodum medicamenta, ſic alimēta ſumpturus accedam.

[c] *Iſaya cap.* 5. Væ qui potentes eſtis ad bibendum vinum, & viri fortes ad miſcendam ebrietatem.

[d] *Plinius libr.* 16. *cap.* 40. Ait Cedrum & Cupreſſum non ſentire vetuſtatem & cariem.

CHAPITRE TROISIEME.

La Temperance du Roy S. Lovys.

SECTION PREMIERE.

S. Lovys *a esté singulierement temperant en son viure.*

XXV.
La sobrieté éleue les hommes aux choses celestes.

a *Lib. 4. Reg. cap. 6.*

b *Sanctus Ephrem in 1. Paraenes.* Lignum aridum ex mandato Helisæi, ferrum securis de profundo aquæ extraxit : corpus autem Monachi, quo ieiunio exaruit, animã de profundo sursum attollit.

c *D. Thomas 20. quæst. 147. art. 1.* Ad hoc assumitur ieiunium, quo mens liberius eleuetur ad sublimia contemplãda: vnde dicitur, *Danielis cap. 10.* quòd post ieiunium trium hebdomadarum reuelationem accepit à Deo.

QVELLE sagesse humaine eust iamais pensé que pour pescher vn fer massif du plus profond d'vn estang le [a] Prophete Elisée eust ietté sur l'eau vn morceau de bois sec, qui recouura tout ce que l'industrie humaine n'eust pû trouuer, & qui attira en haut ce qui de sa nature estoit porté en bas? Cette action sans doute est aussi pleine de mysteres que de miracles, & si nous entendons parler [b] S. Ephré il nous dira qu'il n'est point de vertu plus forte pour retirer vne ame plongée dedans le vice, & l'éleuer à l'amour des choses celestes que le ieusne, vertu qui desseiche la chair & subtilise l'esprit. Ce qui a fait soustenir à [c] l'Ange de la Theologie, qu'vn des principaux effects de l'abstinence est la prompte eleuation d'esprit. D'où ce n'est pas de merueille si nostre grand Roy Sainct Louys estant singulierement sobre, a porté son esprit iusques dans les plus hautes eleuations du Ciel, & en a rapporté tant de lumieres qu'il

a ra

Chapitre III. *Section* I. 939
a rayonné en terre comme vn Soleil de vertu.

QVELLE plus grande temperance en l'vsage des viandes, que de ne vouloir point receuoir de a chair sur sa table les Mercredis, & bien souuent les Lundis, outre les ieusnes du Vendredy, & du Samedy ? N'estoit-ce pas la vie des plus austeres Anachoretes que ses repas des quatre principales veilles des festes de nostre Dame, & d'autres festes solemnelles de nostre Seigneur, outre celles de la Toussainct, & du Vendredy de la sepmaine Saincte, se contentant de pain, & d'eau, pour toutes les delices d'vn puissant Monarque ? mais quelle abstinence ne practiquoit-il toute l'année, & sur tout au sacré temps de b l'Aduent, du Caresme, & des dix iours qui se retrouuent entre l'Ascension, & la Pentecoste ? tout ce temps-là luy estoit vn continuel Caresme, s'abstenant mesmes les Vendredis de poisson, & de toute sorte de fruicts. Son c Chappelain Guillaume de Chartres nous a laissé vn beau trait de sa temperance quãd il a dit, que le sainct Roy non seulement satisfaisoit religieusement aux ieusnes du Diocese de Paris, mais encore qu'il en adioustoit plusieurs autres sans obligation : & quand on s'en estonnoit il disoit par modestie, qu'estant natif de l'Euesché de Chartres il deuoit rendre autant d'obeïssance à ses statuts, comme à ceux de Paris. En vn mot d Nangius luy donne cette loüange, qu'on ne trouuoit personne en son siecle, ou fort peu, qui trempassent, ou pour vser de ses termes, qui acablassent d'eau le vin qu'il beuuoit. Cela s'ap

XXVI.
Les ieusnes & les abstinences de S. Louys pẽdant toute l'année.

a *Bonifacius* VIII. *in Bulla Canonizationis S. Lud. Reg.*
b *Guillelm. Nangius de gestis S. Lud. F. R.* Sextis feriis in Quadragesima & Aduentu à fructibus & piscibus abstinebat, tamen his diebus aliquando de licentia sui Confessoris vno genere fructuum vtebatur.
c *Guillelm. Carnotens. de vita & mirac. S. L. R.* Ieiunabat enim totum Aduentum in cibo quadragesimali, & illis sacris diebus qui sunt ab Ascensione Domini vsque ad Pentecostem. In omnibus etiam Apostolorum vigiliis licet in quibusdam earum non ieiunaretur in Parisiensi vel in alia diœcesi in qua erat ad sui excusationem de hoc loquétibus sibi prætendendo quod de Carnotensi diœcesi oriundus existebat, in qua huiusmodi vigiliæ ieiunantur.
d *Guillelmus Nangius de gestis. S. Lud. F. R.* Nullum vel paucissimos dicunt suo tempore fuisse qui tanta aquæ copia vinum suum obrueret sicut ipse.

Dddddd   s'ap

s'appelle garder étroitement l'ordonnance de ᵉ S. Paul grand Medecin des ames, écriuãt à son disciple Timothée d'vser d'vn peu de vin pour le soulagemẽt de son estomach. Les Docteurs Hebreux racontent auec plus de mystere que de verité, que le sainct Patriarche Noé ayant planté la vigne il en arrousa le pied en presence de sa famille auec du sang de lion, de porceau, d'agneau & de singe: ses fils tous estonnez de cette action, en ayant demandé le sujet, il leur répondit, que l'vsage moderé de la liqueur de cette plante estant fort profitable aux hommes, aussi son excés les rendoit ou coleriques comme des lions, ou sales comme des pourceaux, ou niais comme des moutons, ou ridicules comme des singes. Cette verité n'a esté que trop visible en la vie d'vn Xenocrates, d'vn Diotime, d'vn Ennius, d'vn Anacreon, d'vn Lacydes, & d'autres monstres d'intemperance ; mais au contraire nostre sainct Roy ayant obserué l'auis de S. Paul en l'vsage du vin, n'a point aussi esté atteint de nulle de ces brutales qualités, ses mœurs ayant rendu par tout des témoignages de toute sorte de vertus.

e Epist. S. Pauli ad Timoth. 1. cap. 5. Noli adhuc aquam bibere, sed modico vino vtere, propter stomachum tuum & frequentes infirmitates tuas.

XXVII. *L'espargne des ieusnes de Sainct Louys est employée au soulagement des pauures.*

CE qui est à loüer, & encore plus à imiter, c'est que ce retranchement de viandes se faisoit tousiours au profit des pauures, ne separant point l'abstinence de la vertu de liberalité. Matthias Roy de Hongrie ayant vn iour entendu qu'Alphonse Roy de Naples auoit loüé son maistre d'Hostel de ce qu'il auoit surencheri iusques à trente escus vne lamproye qui estoit seule en la

poisson

Chapitre III. Section I.

poiſſonnerie de Rome, pour ne la pas ceder au maiſtre d'Hoſtel du [a] Pape qui la vouloit auſſi auoir, Matthias reſpondit ie n'euſſe pas voulu que mon Deſpenſier euſt fait parade de ma ſplendeur en vne telle occaſion : que ſi neantmoins il l'euſt fait, & qu'ayant la lamproye il en euſt fait vn preſent au Pape, ie l'euſſe loüé, car en cela il euſt fait admirer & la temperance & la liberalité de ſon maiſtre. C'eſt la gloire que S. Louys faiſoit reluire en ſes repas, où la frugalité eſtoit mere de l'Aumoſne, & ſon abſtinence ſeruoit de bonne chere aux pauures. Il ne faut pas neantmoins conceuoir des opinions ſi raualées de ſa Cour, qu'on en banniſſe toute la ſplendeur digne d'vn Roy magnifique. Il ſçauoit auec l'Apoſtre abonder, & ſouffrir la faim pour IESVS-CHRIST. Il fit vn [b] feſtin l'an 1254. où trois Roys parurent au deſſus de la table : ſainct Louys, Henry troiſiéme Roy d'Angleterre, & Thiebaud Roy de Nauarre, apres eux deux Reynes, vingt-cinq Ducs, douze Eueſques, dix-huict Comteſſes, dont trois eſtoient ſœurs de Reynes.

AYANT [a] entendu qu'vn grand ſeruiteur de Dieu, apres qu'il auoit gouſté de quelque nouueau fruict, s'en abſtenoit le ſurplus de l'année, pour prendre part à ſes merites, il denioit à ſon appetit les premiers fruicts qu'on luy preſentoit, les offrant à Dieu comme les primices de ſes fruicts. Et à dire vray il n'eſt pas moins loüable de reprimer noſtre auidité en ces premieres ſaillies, que de la retenir apres qu'elle a contenté ſes deſirs.

[a] Ioachim Curæus in Anu. Sileſia.

[b] André Fauin au tome 2. de ſa Cheualerie.

XXVIII.
Autres prattiques de S. Louys touchant l'abſtinence des viandes.
a Gaufridus de Bello loco cap 17. de vita & conuerſat. S. L. R. Audiuit à quodam Religioſo quòd ab omni genere fructuũ comedendo penitus abſtinebat niſi adeò prima vice nouus fructus ſibi offerebatur, quaſi in gratiarum actionem ſemel inde guſtabat, deinceps erat abſtinens toto anno.

désirs. Son Senechal Iean de Ionuille raconte qu'il estoit si peu curieux des viandes exquises, qu'il ne l'a iamais ouy parler, ni demander aucune en particulier, tant il estoit indifferent au triage des mets par dessus nos premiers parents qui se perdirent, & nous aussi en perdant l'indifference du manger. Guillaume de Chartres qui n'a pas eu moindre conuersation auec ce Bien-heureux Monarque, que Ionuille asseure qu'il estoit si rigide obseruateur des ieusnes, qu'estant allicté, voire mesme à la mort, il ne les vouloit nullement violer, estant veritable qu'en sa maladie derniere il ne voulut point gouster d'vn ᵇ restaurent le iour du Samedy, à raison qu'il n'auoit point congé de son Medecin spirituel qui fortuitement estoit pour lors absent. O temperance digne de toute memoire, qui ne se commande pas seulement en l'vsage des choses illicites, mais encore en celles qui luy sont accordées, & necessaires. Cherchons maintenant des dispenses à la premiere fantasie ? querelons maintenant le Caresme s'il est trop long. Ne sera-ce pas se condamner d'vne infame gourmandise, voyant vn Roy si delicatement complexionné s'abstenir des contentemens permis, & faire plusieurs Caresmes, & plusieurs ieusnes sans autre nourriture que du pain, & de l'eau. L'Empereur Rodolphe guerroyant Othocarus Roy de Boheme, estant fort alteré auec toute son armée, & n'ayant voulu boire quoy qu'on luy presentast dequoy se rafraischir ; ce Royal exemple de Temperance estan

---

Quod cùm sanctus Rex confessori suo retulisset, quasi suspirans quòd tantam perfectionem aggredi non auderet : concepit in animo saltem facere è conuerso, videlicet vt cū sibi nouus fructus primitus offerretur, inde non comederet ea vice quasi primitias immolando Domino, & tūc securè deinceps comedebat.

ᵇ Guillelm. Carnotensis de vita & miraculis S. R. L. Sanè ieiunia districtè seruabat, quod in infirmitate etiam ea nullatenus volebat infringere, vnde in vltima ægritudine qua decessit, die sabbathi ius gallinæ quod sibi apponebatur de consilio Medicorum gustare noluit, quia super hoc confessoris sui, qui tunc forsitan aberat specialem licentiam non habebat.

Chapitre III. *Section* I.

estancha tellement la soif de tous ses soldats, qu'aucun ne se plaignit plus. O lascheté nompareille des hommes de ce siecle, qui iugent insupportable le ieusne apres tant de royaux exemples! Mollesse deplorable de ne pouuoir temperer cette irraisonnable gloutonnie, qui en blesse plus au corps & à l'ame que les armes ne font auec le fer. Que si nous blasmons iustement Esaü de ce que pour vne escuellé de lentille il vendit à Iacob, autrement appellé Israël, son droit d'ainesse auec tous les appannages des faueurs de son pere; qui ne condamnera le Chrestien qui pour contenter vne maussade sensualité se vend à Sathan, perdant les droits des biens eternels? Vous flaistrirés vilains gourmands comme le foin, & vostre chair qui commence desia à se pourrir par vostre luxe seruira de voirie aux vers, & de proye aux demons: mais le temperant boutonnera comme le Lys, Dieu l'arrousera dés à present comme Iacob, & le comblera des plus delicieux plaisirs qui se retreuuent sur son celeste Liban. *Ero quasi ros, Israël germinabit sicut lilium, & erumpet radix eius, vt Libani.*

SECTION II.

La Chasteté remarquable du Roy S. Louys.

XXIX.
La Lubricité est fille de la Gourmandise.
a Πολλὴ ἐ τροφὴ πρὸς ἀρετὴν ἑλ ποιεῖ ἀπειρος, *Phocilyd.*
b *S. Greg. libr. 5. cap. 14. in primum Regum.* Abstinentia ciborum contra hoc vitiū fortissima est. Si enim ignis libido est, subtrahis igni materiam cùm cibos subtrahis, & vinum præsertim in quo, vt est apud Apostolum, luxuria est.

L'ENTRESVITTE est infaillible que [a] celuy qui sçait commander à sa bouche sçait aussi ranger à la premiere regle ses sales appetits, estant veritable que [b] la nourriture immoderée entraine apres soy des amours dissoluës & que le Dieu des yurongnes est l'homme d'armes de Venus. Aussi l'on met en main à Bacchus le Lierre, qui est appellé des Grecs, *cissos*, prouenant du verbe qui signifie paillarder, d'autant que l'intemperance de bouche, signifiée par Bacchus, accompagne inseparablement la lubricité. Et non sans mystere quelqu'vn a remarqué que le mot Hebreu, *zoneo*, veut dire vn lascif & vn gourmand. Le grand Apostre en deux mots a touché au vif ce desordre quand il a dit, *in vino luxuria*. Tellement que S. Louys ayant esté grandement sobre en son entretien, il a esté pareillement vne viuante image de Chasteté, pour seruir de modele à tous les Princes de la terre.

XXX.
La Chasteté de S. Louys en son mariage.
a *Gaudefridus de Bello-loco cap. 5. de vita & conuersatione S. Lud. R.* Ego quamuis insufficiens dicti Domini Regis Cōfessor per viginti annos, vel circa, & confessionem eius generalem audiui toties quot vices nuncupare vix scirem: ad honorem igitur Dei dico,

QV'AINSI ne soit [a] Geoffroy de Beaulieu qui a gouuerné sa conscience l'espace de vingt ans, asseure qu'ayant entendu souuent ses Confessions generales & particulieres, il n'a iamais outrepassé en toute sa vie les loix d'vn chaste mariage, ni mesme conuoité autre femme que la Reyne Marguerite sa tres-chere Espouse, seule femme à vn seul mary. Grace d'autant plus digne d'éton

Chapitre III Section II.

d'étonnement qu'elle reluit dedans la pourpre. Que si nous en voulons rechercher la source, apres l'infinie bonté nous la deuons reconnoistre dans les sainctes dispositions qu'il apporta à celebrer son mariage. Car, comme a remarqué le Venerable [b] Gerson, au lieu que les autres nouueaux mariez s'abysment dans leurs plaisirs les premiers iours de leurs nopces, le sainct employa les trois premieres nuicts de ses nopces en l'exercice de la priere à l'exemple de Tobie, & n'a point esté vû discourir auec aucune femme de mauuaise reputation, ni ouy proferer quelques paroles grasses, dont il en auoit vne telle horreur, qu'il bannissoit de sa Cour tous ceux qui en estoient conuaincus. Mais au contraire les plus chastes estoient ceux qui trouuoient plus de faueurs aupres de sa personne, suiuant le dire du Sage : [c] *Celuy qui aime la pureté de cœur, à raison de la grace de ses lévres, aura le Roy pour amy.* [d] Pendant l'Aduent, & le Caresme, & toutes les festes, & vigiles de l'année ces deux tourterelles viuoient sans se toucher ; & si en aucun temps ils estoient plus reseruez, c'estoit aux iours qui deuançoient & qui suiuoient la reception de la S. Eucharistie. Alors ils ressembloient à ces deux Cherubins qui gardoient la Manne renfermée dans l'Arche d'Alliance. De sorte qu'on peut dire du Mariage de nostre sainct Roy : [e] *Vostre ventre ressemble a vn monceau de froment enuironné de Lis* ; puis que la fecondité & la chasteté ont rendu si florissant son mariage, qu'on ne sçait à qui des deux on doit donner plus de gloire.

quòd ipse per totam vitam suam nunquam aliquod peccatum mortale commisit scienter, quòd ego auderem iudicare mortale.
Bonifacius VIII. in serm. de Canoniz. S. L. R. Carnem nihilominus vicit & domauit eam spiritui subiiciendo. Maximè quia sicut constat ex testimonio plurimorum, iste nunquam carnem suam diuisit in plures, nec cum aliqua peccatū commisit. Ita quod ipsemet excepta vxore propria virgo ab aliis permansit.
[b] *Ioannes Gerson serm. de S. Ludouico Rege* Tobiæ exempla sectatus tribus primis coniugij noctibus orationi vacauit, nec vllum vnquam suspectum cum muliere aliena colloquium, nullúmque cōsortium habuisse visus est, nec verbum aliquod petulantiæ, aut lubricitatis emisisse. Eos insuper qui talia dicerent aut agerēt nunquam perpeti potuit quin è Curia sua confestim abscedere cogerentur.
[c] Qui diligit cordis mūditiam propter gratiam labiorum habebit amicum Regem. *Prou. c, 92.*
[d] *Ganfridus de Bello loco de vita & conuersat. S. Lud. R.* De consensu vxoris suæ Reginæ per totum Aduentum, & per totam Quadragesimam ab opere carnali mutuò continebant, & nihilominus certis aliquot diebus qualibet septimana pariter in vigiliis & diebus magnorum festorum insuper in solemnitatibus in quibus com-

gloire. Que si nous pesons plus attentiuement ce mot de *Vallatus lilius*, il semble que le sainct Esprit vueille dire, qu'il l'auoit tellement bastionné des Lys de pureté, qu'il n'estoit pas moyen de l'aborder tant il estoit renforcé au dedans, & au dehors de son lict. Pour preuue de cecy on ne l'a iamais vû seul auec aucune femme; que s'il estoit question de leur donner audience, c'estoit tousiours en la compagnie de plusieurs personnes, dequoy en voicy vn rare témoignage.

ESTANT arriué vn iour qu'vne Dame de mauuaise reputation entra dans sa chambre pour auoir audience; le S. Roy appella aussi-tost Geoffroy de Beaulieu son Confesseur, & le pria de ne point s'écarter tádis qu'il parleroit à cette Dame. La Courtisane luy ayant exposé ses griefs, & le Roy y ayant satisfait selon l'occurrence; alors il luy addressa cette remonstrance digne d'vn Ange. Madamoiselle il faut que ie vous represente vn poinct fort important à vostre salut; i'ay appris que vous teniez rang par le passé entre les plus belles Dames de la France, maintenant cette beauté se fanne de iour à autre comme la fleur. Ce qui éclatoit par le passé n'a plus de lustre, d'où vous apprenez combien les plus exquises creatures sont vaines & trompeuses. Ce que vous deuez rechercher à l'auenir est d'embellir vostre ame des atours de vertus, afin de rentrer aux bonnes graces du Roy des Roys, nostre souuerain Seigneur. Cette Dame receut cet aduertissement de si bonne part, qu'elle changea de mœurs,

---

municare debebat, pluribus diebus ante communionem & pluribus post, ob reuerentiā sacri mysterij continebat.

XXXI.
S. *Louys exhorte les personnes Religieuses à l'amour de la continence.*

a *Guillelm. Carnotensis de vita & miraculis S. L. R.* Quamplures alios flagitiosos & lasciuos suis secretis exhortationibus ad emendationis vitæ fructum efficaciter inducebat, nec non aliquos præpotentes & nobiles qui diu concubinas tenuerant, eas ad vnius regiæ monitionis præceptum ac consilium penitùs abiecisse, & ex his domicellas inferioris generis duxisse. Postmodum accidit autem semel quodam Parlamento Regis quandam Dominam ornatam non modicum curiosè post peractum negotium suū in Curia Cameram Regis intrasse cum non multis, &c.

mœurs, reblanchit fa vie & la couronna d'vne mort tres-Chreftienne. Voicy vne autre remarque non moins digne d'admiration pour la iuftice de S. Louys, que de loüange pour fa rare pureté. Vne vieille ᵇ chronique nous raconte qu'vn Cheualier François ayant efté furpris en vn lieu infame, le S. Roy en receut tant de mécontentement qu'il luy fit faire fon procés tant pour reparer le deshonheur de toute la Nobleffe offencée, que pour donner de la terreur à tous fes femblables d'vne action fi déplaifante à Dieu. L'Arreft que le S. en prononça, quoy qu'il retiene beaucoup de la naïueté de ce temps là, fi n'eft-il point hors des maximes de la iuftice. La fentence donc porta que le criminel choifiroit, ou d'eftre degradé des armes & priué de fon cheual, qui eftoit vn fupplice à la nobleffe pire que la mort mefme : ou que la vilaine le conduiroit en chemife parmi le camp auec vne corde attachée aux parties qu'on doit pluftoft taire que de nommer, afin que comme on couppe le poing aux fauffaires, on chaftiaft auffi l'endroit qui auoit le plus contribué à ce crime, & que l'vn & l'autre beuffent la honte d'vne volupté fi honteufe. Ce n'eft pas de merueille fi fainct Louys auoit tant d'horreur de ce vice, puis que fa mere la Reyne Blanche luy en auoit donné tant d'apprehenfion dés fon bas âge, quelle répondit vn iour à vn Religieux qui luy remonftroit, qu'au dire de quelques vns elle auoit diffimulé les concubines du Roy fon fils auant que d'eftre marié ; comment diffi-

ᵇ *Andreas Theuet refert hanc hiftoriam lib. 4. de viris illuftribus ex votevi Chronico.*

Eeeeee mulé.

mulé.[c] Ie vous prie de croire que si le Roy mon fils que i'ayme sur toutes les creatures estoit au lict de la mort, & qu'on me vinst dire qu'il gueriroit en s'abandonnant vne fois seulement à vne autre femme qu'à la sienne, ie permettrois plustost que la mort le saisist qu'vne si sale amour & vn seul peché mortel. Dignes paroles d'vne mere heroïque, dont Geoffroy de Beaulieu escrit les auoir ouy de la bouche mesmes du Roy S. Louys. Voila come le S. Monarque portoit les Lys de [d]teperance non seulement en son cœur, mais encore sur ses lévres, guerissant l'intemperance du prochain auec la myrrhe, d'vne salutaire correction, qui garentissoit plusieurs ames de ces sales pourritures. De maniere que Guillaume de Chartre asseure que nostre Roy estoit si soigneux d'estouffer ces lubriques flammes, qui brusleront à iamais dans l'Enfer vn million de personnes, que par ses sages remonstrances il persuada à plusieurs Seigneurs desbauchez vne saincte retraite, leur faisant voir & par raison, & par effect, combien le diuorce de telles amours importoit au bien de leur felicité tant presente que future, l'asseurance qu'on auoit de son inuiolable pudicité, le faisoit tellement respecter de tous, que quelque personne eminente en qualité qu'elle fust, n'osoit se presenter à luy habillée pompeusement, de peur de recquoir de luy vn œillade de plus sanglante que les coups de dagues.

XXXII.
Prattique de S. Louys à resister aux sales tentations.

Si d'auanture aux temps consacrez à cette continence, la sensualité se mutinoit contre l'esprit,

[c] *Gaufridus de Bello-loco de vita & conuersatione S. L. R.* Illa super hac falsitate se & filium humiliter excusauit, verbum laudabile subinferens, videlicet quod si dictus filius suus Rex, qué super omnes creaturas mortales diligebat, infirmaretur, semel peccando cum muliere non sua, prius permitteret eum mori, quàm semel peccando mortaliter suū offendere Creatorem.
[d] Labia eius Lilia destillantia myrrham primam *Cant. cap.* 5.

Chapitre III. Section II.

prit,[a] le sainct Roy quittoit aussi-tost le matelat, & se proumenant par sa chambre il ne reprenoit son repos qu'il n'eust calmé ces interieures seditions ; stratageme puissant pour surmonter les violences d'vn tel aduersaire, qne nous ne pouuons mieux combattre qu'à la façon des Parthes qui n'endommageoient iamais tant l'ennemy, que lors qu'en tournant le dos ils décochoient leurs flesches. Que si cela ne suffisoit, il mettoit la main à la [b] discipline, endossoit le cilice, s'armoit de haire, & contreminoit l'ennemy par vn frequent vsage des Sacremens de Penitence, & de Communion qu'il frequentoit tous les Vendredis de la sepmaine, & toutes les festes, se faisant autant de fois discipliner par son Confesseur qu'il receuoit ces diuins Sacremens. Pour inuiter ses enfans à ce religieux exercice, il leur donnoit au nouuel an de semblables disciplines pour estrenes, monstrant assez qu'il leur vouloit estre aussi bon pere du salut de leurs ames qu'il estoit de celuy de leur corps. Si d'auanture il apperceuoit que son Confesseur l'épargnoit en le disciplinant, il luy faisoit aussi-tost entendre qu'il roidist le bras, & redoublast les coups, tant il estoit animé contre ses propres sens. O incomparable courage, qui a iamais veu Roy, se faire [c] volontairement discipliner par vn autre ? & cet ordinaire estoit si inuiolable en l'estat de son gouuernement spirituel que nulle occasion ne l'en pouuoit diuertir. Quoy que le [d] Confesseur qu'il eut auant Geofroy de Beaulieu le disciplinast si demesure-ment

a *Gaufridus de Bello-loco cap. 11. de vita & conuersat. S. L. R.* Si autem ipsum his continentiæ diebus ex certa causa vxorem suam Reginam visitare contingeret, & cū ea morari, & ex vicinitate vxoris pro humana fragilitate quandoque motus carnis inordinatos sentiret, surgebat de lecto per cameram deambulans, donec carnis rebellio quieuisset.

b *Idem cap.* 16. Sexta feria per totum annum consueuerat deuoté & humiliter confiteri, locum valde secretum ad hoc eligens, & quasi in quolibet manerio suo ad huiusmodi prouidens locum ipsum. Post Confessionem à Confessore suo semper disciplinam recipiebat, cum quinque catenulis ferreis similiter iunctis, capitibus earum in fundo cuiusdam paruulæ pixidis eburneæ virgulæ decenter infixis, similiter pixides cum similibus virgulis ferreis, quasi pro secreto xenio dabat aliquando liberis suis, siue secretis amicis. Si quando confessor suus quasi parcés & minus remissos ictus, vt sibi videbatur ei dabat, quod fortius percuteret per signū aliquod ipse annuebat.

c *Guillelm. Nangius de gestis S. Lud. Fr. R.* Hanc autem disciplinam pro nullo festo quocumque solemni suscipere dimittebat.

d *Idem.* Nec prætereundum æstimo de quodam Confessore quem habuit ante fratrem Gaufredum de Bello loco de Ordine Prædicatorum, qui soli-

ment que sa santé n'en estoit pas peu incommodée, neantmoins il n'en sonna iamais mot qu'apres le decés de ce pere spirituel. Quelle merueille si ce corps se rend souppleà l'esprit, puis qu'outre tant de disciplines il se mattoit auec les ᵉ aspretés des cilices, dont il vsoit tous les Vendredis de l'année, les veilles des quatre festes principales de la Vierge, & tous les iours de l'Aduent, & du Caresme. En fin sur les derniers iours de sa vie, son corps n'estant pas de bronze, son ᶠ Confesseur l'aduisa que le trop frequent vsage de la haire endommageoit sa santé, il falloit relascher de ses rigueurs. Le sainct Roy obeït : mais au lieu de la haire il se ceignit d'vne large courroye de mesme estoffe, ordonnant de plus que son Pere spirituel donneroit aux pauures tous les Vendredis de l'année, & tous les iours de l'Aduent, & du Caresme quarante sols parisis ; tant il estoit soigneux à ne se point ralentir en ses exploits d'austerité. Merueilleuse téperance ! en quelle ville, & en quel palais faites-vous maintenant vostre retraicte ? où logez-vous en ce siecle d'intemperance ? chez qui vous retrouuerons-nous saincte fille du Ciel, Espouse de IESVS-CHRIST, & compagne des Saincts ? Ce corps innocent qui n'a iamais fait bresche à l'honneur qu'il doit à son Createur, se traitte comme vn infame criminel, & ces estallons de harats qui se veautrent tous les iours dans la boüe des voluptez, apprehendent la moindre incommodité pour s'affranchir d'vn si cruel tyran, & reparer le deshonneur qu'ils ont encou

---

tus sibi erat dare disciplinas nimis immoderatas & duras, super quo caro eius tenera non modicum grauabatur : quod grauamen nunquam illi Confessori quandiu vieuret voluit reuelare: sed post mortem dicti Confessoris quasi iocando & subridendo hoc alteri Confessori suo humiliter recognouit.

e *Idem* c. 12. In Aduentu, Quadragesima, & diebus Veneris cilicio ad carné vtebatur, similiter in quatuor vigiliis B. Mariæ, licèt à Confessore suo pluries sibi dictum fuisset, quod huiusmodi pœnitentia statui suo minimè competebat. Tandem Confessario suo humiliter recognouit quod huiusmodi cilicium carnis eius teneritudinem, &c.

f *Guillelmus Nangius de gestis S. Lud. Fr. R.* Tamen nonnunquâ in Quadragesima loco cilicij quadam zona, siue fascia de cilicio se cingebat. Insuper loco prædicti cilicij, quod dimiserat quasi in recompensationem, voluit quod omni die Veneris, in Aduétu & Quadragesima Côfessor suus reciperet de mandato ipsius quadraginta solidos Parisienses ad erogandũ pauperibus in secreto.

Chapitre III. Section II.

encouru deuant le Ciel par leur vie deshonneste. ᵍLeue les yeux en haut pauure prostituée, & considere le chetif estat de ta vie : tu fais le guet sur les chemins espiant toute occasion de mal faire, ainsi que le brigant au milieu des forests ; tu as souillé, & pollu la terre par tes paillardises ; & partant tu as esté priuée des rosées célestes au matin de tes iours. Et des pluyes de benediction au declin de ta vie : neantmoins retourne à moy, & ie te receuray, dit le Seigneur. Hastez-vous donc pauures abandonnée puis que Dieu le commande, que l'Eglise vous en coniure, que les bien-heureux Anges vous inuitent, que nostre S. Roy Louys vous y exhorte, & par paroles, & par exemples, & vous asseure que si ceux-là, & celles-là, comme parle sainct Augustin ʰ gardét la chasteté auec le renfort du Ciel, que vous la pouués aussi conseruer inuiolable, estant certain que Dieu est vne celeste rosée qui fait germer Israël en pureté comme le Lys, & qui rend la racine de son ame si feconde qu'elle surpassera en fleurs, & en fruicts de bonnes odeurs les delices de la montagne du Liban. *Ero quasi ros, Israël germinabit sicut Lilium, & erumpet radix eius vt Libani.*

g *Hieremiæ cap.* 3. Leua oculos tuos in directum, & vide vbi non prostrata sis: in viis sedebas, expectans eos quasi latro in solitudine, & polluisti terram in fornicationibus tuis, & in malitiis tuis. Quamobrem prohibitæ sunt stillæ pluuiarum, & serotinus imber non fuit. Tamen reuertere ad me, dicit Dominus, & ego suscipiã te.

h *Sactus August. lib.* 5. *Confessionum cap.* 11. Tu non poteris quod isti & istæ ? &c.

CONCLVSION DE CE PArangon VII, monstrant le bon-heur de la vertu de Temperance, & les malheurs du vice contraire.

XXXIII.
La prattique de la Temperance nous fera prosperer cōme les Monarques de France.

VOVLEZ-vous donc, Lecteur, florir en bon-heur comme Israël, & pousser vne tige au delà des grandeurs de ce monde; cultiuez les Lys de Temperance par le retrenchement de vos excés de bouche. Dieu est celuy qui tout premier auec la rosée de ses graces, les fera germer dedans le iardin de vostre ame. Criés, & coniurez le Ciel auec sainct Augustin, & dites.[a] *O amour qui bruslés tousiours, & ne vous esteignez iamais! Charité mon Dieu embrasés moy. Vous commandez la continence. Donnez ce que vous commandez, & commandez ce que vous voulez.* Donnez-moy le respect d'vn Clouis à l'endroit des Vierges, la continence d'vn Dagobert, les sainctes rigueurs d'vn Charlemagne, la haine de Lothaire contre les intemperans, la pudicité d'vn Louys le Debonnaire, l'abstinence & les austeritez d'vn Robert, la chasteté inuiolable d'vn Louys VIII. l'auersion des impudiques de Philippes IV. le soing de la pureté de Louys XI. l'amour de la virginité de Charles VLII. Faictes-moy cette faueur Dieu des Vierges, qu'ayant presentement deuant les yeux vn miroir sans tache en la personne de Louys XIII. i'en exprime en mon ame les diuins traits

[a] *O amor qui semper ardes & nunquam extingueris! Charitas Deus meus accende me. Continentiam iubes. Da quod iubes, & iube quod vis. S. August.*
[b] *Salomon Sapient. cap. 8. Sciui quoniam aliter nō possem esse continens nisi Deus det, & idcirco adij Dominum & deprecatus sum illum.*

traits, & que ie conserue inuiolablement l'esclat de sa beauté.

MAIS ô grand Roy sainct Louys, le Roy des chastes Monarques de France, quelle excuse pourront desormais auoir ces esprits débordez pour couurir l'intemperance de leurs plaisirs, vous voyant viure dans les delices de la Cour, comme vn Archange parmy la Cour celeste. Nostre nature n'est pas angelique, diront-ils, aussi n'est pas la vostre; nous ne sommes pas Moines dans vn cloistre, aussi n'aués-vous pas vescu entre quatre murailles; nous n'auons pas congedié les richesses, amorces des voluptez; ni vous aussi; nous sommes tous les iours dans les compagnies, & vous aussi: mais ils recherchent les plus dangereuses, & vous les plus innocentes. Vous auez de l'or à commandement, mais c'est pour secourir les membres de IESVS-CHRIST, & non pas pour trafiquer la pudicité des pauures colombes comme font ces infames Vautours. Vous estes parmy les delices, mais le ieusne, & l'abstinence assaisonnent vos viandes; l'on voit vostre pourpre au dehors, mais les Anges decouurent vos haires au dedans; vous estes mariés, mais comme vne tourterelle; vous traictez de vos affaires, mais comme de celles d'autruy; vous vsez du monde, mais vous n'en abusés point; vous estes vn sainct Lys, mais vn Lys au milieu des espines; vous aués nauigé auec Vlysse le golphe de Scylle, mais vous n'y aués point fait naufrage; vous aués beu dans le goubelet de Circe, mais vous n'aués point pour

XXXIV.
Que la Temperance n'est point impossible aux personnes seculieres.

cela

cela changé voſtre innocence ; vous auez veſcu auec les Lothophages, mais vous ne vous eſtes point oublié du ſeruice diuin ; vous aués ouy le chant des Syrenes, mais vous ne les auez point abordées, & ſi la langue des hommes a empoiſonné pluſieurs ſimples Dina, la voſtre a donné la vie à pluſieurs ames perduës, leur découurant la laideur de cette Gorgonne d'intemperance, & leur faiſant voir le luſtre de la Virginité. Vous diſiez aux mariez ce que [a] Booz declaroit à la chaſte Dame Ruth : Vous eſtés benite du Seigneur, d'autant que vous n'aués point ſuiui les ieunes hommes : Vous faiſiez entendre aux veſues ce que Ioachim témoigna à Iudith : vous eſtes benite du Seigneur Dieu tres-haut, d'autant que vous auez aimé la chaſteté, & que vous n'aués point conneu d'autre homme que le voſtre. Vous annonciez aux Vierges ce que l'Archange publia à la Vierge des Vierges : *Vous eſtes benite entre les femmes.*

ET par effect quelle benediction ne reçoiuent les chaſtes en cette vie, & en l'autre ? les flammes reſpectent ces trois Vierges dans la fornaiſe de Babylone ; les lyons n'oſent pas offencer le chaſte Daniel ; le Soleil & les aſtres adorent le pudique Ioſeph, vne chaſte Iudith diſſipe l'armée d'Holofernes, & luy fait leuer le ſiege de Betulie. Le chaſte Brixius Eueſque de Tours fait parler vn enfant d'vn mois qui, témoigne publiquement que le ſainct Eueſque n'eſt point ſon pere. Le meſme Prelat porte du feu dans ſa robbe ſans la bruſler

---

[a] 10. *Liber Iudith cap.* 15. Ioachim autem ſummus Pontifex, de Hieruſalem venit in Bethuliam cum vniuerſis presbyteris ſuis vt videret Iudith. Quæ cùm exiſſet ad illum, benedixerunt eam omnes vna voce, dicentes : Tu es gloria Hieruſalem, tu lætitia Iſraël, tu honorificentia populi noſtri, quia feciſti viriliter, & confortatum eſt cor tuũ, eo quod caſtitatem amaueris : &c.

XXXV.
Diuerſes benedictions arriuées aux ames chaſtes.

Chapitre III. Section II. 947

bruſler pour atteſter que ſa chair n'a iamais ſenti le feu de la concupiſcence. Quand Samſon meſpriſa les femmes, il ſe rendit redoutable aux hommes & aux plus forts Philiſtins. Quand Dauid triompha de Goliath, Berſabee n'auoit pas encore vaincu ſon cœur ; & ſon fils Salomon fut auſſi long-temps ſage qu'il conſerua la continence. O que de benediction ! Dieu meſme fait rayonner cette vertu dans les tenebres du paganiſme pour la rendre honorable parmi ceux qui en ignorent le prix. [a] Vne Vierge Romaine va offrir de l'eau dans vn crible, pour atteſter ſa pudicité ; vne autre attire vn puiſſant nauire au bord auec ſa ceinture ; les [b] autres en Perſe marchoient nuds pieds ſur des charbons ardants ; ſi [c] vn triomphateur dans Rome rencontre vne Veſtale, il faut qu'il luy cede le plus haut rang ; ſi cette Vierge rencontre vn criminel, il eſt abſout de tous forfaits. Diſons auec le [d] Sage que rien ne va de pair auec la continence.

a *Sanctus Auguſt. libr. de ciuit. Dei. Ouid. 9. Faſt. & Titus Liuius libr. 9. de bello Punico.*

b *Strabo de Virginibus Perſis.*

c *Roſinus.*

d *Eccleſ. cap. 26.* Omnis ponderatio non eſt digna continentis animæ.

XXXVI.
Diuers bon-heurs ſpirituels de la Chaſteté.

Si la chaſteté amortit les flammes de la fornaiſe de Babylone, c'eſt d'autant qu'elle reprime les ardeurs de la concupiſcence ; ſi elle domte les lions, elle addoucit la cruauté de nos farouches humeurs ; ſi elle atterre les Goliaths, & les Philiſtins à milliers, elle deſtruit les vices à million ; ſi elle marche ſur les braſiers, ſi elle porte de l'eau ſans verſer, ſi elle attire les vaiſſeaux au port, auſſi fait la chaſteté ; c'eſt elle qui porte, & qui conſerue l'eau de l'innocence, qui foule aux pieds les flammes de la volupté, & qui nous fait prendre

Fffff port

port au havre de la beatitude. ᵇ *Les victoires des Vierges sont bien plus glorieuses que celles des Anges*, dit S. Hierosme, *d'autant que ceux-cy sont chastes sans concupiscence, & ceux là triomphent dans les débauches de la chair.* Il est bien plus honorable d'estre vierge par vertu que par nature ; ce n'est pas assez loüer la pureté, me dit vn autre grand personnage, ses merites prennent vn tel essor parmi les bien-heureux qu'elle se rend semblable à ᵈ l'incorruptibilité de Dieu. O le magnifique spectacle que de voir la beauté des chastes Thecles, des Agnes, des Ceciles, des Catherines, des Lucies! Mais que dis-ie? quelle merueilles sera-ce dans le Ciel de voir des Princes mariés qui ont vescu auec leurs femmes ainsi que des Anges du Ciel. Quelle couronne de gloire ne reluira sur la teste d'vn Empereur Henry premier, d'vn Edoüard Roy d'Angleterre, d'vn Elzear, d'vn Boleslaus Roy de Poulongne, d'vn Alphonse second Roy de Castille, d'vn Marcian auec sa femme Pulcheria, & de plusieurs autres mariez qui ont consacré leurs couches, par l'integrité de leurs corps.

Mais malheur à vous, engeáce de Bacchus & de Venus, d'autant que vous adorez vn Dieu qui se fait trainer par des Tigres, & des Pantheres, pour vous apprendre l'infame seruitude de vos appetits déreglez. Il a pour Sceptre le lierre, d'autant qu'il trouble les sens, & l'esprit de ceux qui viuent sous les loix. Il a pour femme Venus inseparable compagne, qui est Deesse de la mort aussi bien que de la vie. Ses temples sont parez de draps des mortuaires,

---

ᵇ *Sanctus Hieronymus apud Lyranum in* 1. *Cor.* 7. Maior est victoria virginum quà Angelorum. Angeli enim sine carne viuunt, virgines verò in carne triumphant.

ᶜ *Petr. Chrysolog. serm.* 3. *de Annuntiat.* Excellentius est virginé esse virtute quam natura: virginitas hoc obtinet viribus quod habet Angelus ex natura. Angelus & virgo diuinum agunt officium non humanum ; Angelicam gloriam acquirere maius est, quàm habere.

ᵈ *S. Basilius lib. de vera virginitate.* Magnũ quidem vt verè dicam est uirginitas incorruptibili Deo vt ita dicam hominem similem faciens.

XXXVII.
Les malheurs de l'intemperance.

tuaires, ne se plaisant qu'au meurtre : car c'est elle qui a noyé les hommes au temps de Noé, bruslé Sodome, & Gomorrhe, tué inopinement Hemor, ruiné Sichem, déconfit les Benjaminiſtes, aueuglé Samſon, maſſacré Ammon, diffamé Dauid, ſeduit Salomon, occi vingt quatre mille Iſraëlites, & ruiné mille & mille pecheurs en tous les âges du monde. C'eſt elle qui change tous les iours les Caliſtes en des Ours auec plus de verité que de fable. C'eſt elle qui fit paroiſtre vn ſoldat adultere [a] moſtrueuſement hideux, iuſques à ce qu'il ſe fut purifié par le Sacrement de Penitence : autant en fit-elle à vn parent de ſainct Dominique par la priere du ſainct. Mais qui verroit les metamorphoſes d'vn ame lubrique parmy ſes amoureuſes penſées, iamais l'antiquité n'en feignit tant que ceux-cy en repreſentent dedans leur creuſe ceruelle. Mais le malheur des malheurs, c'eſt que [b] la Iuſtice diuine leur prepare en l'autre monde vn eſtang plein de ſoulphre & de flammes en cōtrechāge des honteuſes voluptez de ceſte vie. Ha que Nicetas eſt bien plus aduiſé de ſe coupper la langue à belles dents pour ſe defendre contre ce vice, que de ſe voir abyſmé dans ce bouillant lac de ſoulphre ! ha qu'il eſt beaucoup plus doux de ſe veautrer maintenant auec [c] ſainct Benoiſt dans les orties, dans les eſpines, & dans les chardons, que l'eſtre plongé dans les ardeurs de ces ſoulphres eternels ! ha que le tourment ſera bien plus leger de ſe jetter iuſques au col auec [d] ſainct Bernard dans vn eſtang glacé, que d'eſtre precipité dans

[a] Ioannes Maier Theologus Societ. Ieſu in ſpeculo Exemplorum.

[b] Apocalypſ. 21.

[c] S. Greg. lib. 2. dial. c. 2. Donec per cutis vulnera eduxiſſet vulnus mentis.

[d] Surius in vita S. Bernardi lib. 1. c. 3. & 4.

Fffff 2   des

des flammes si cuisantes. Pluftost faudroit-il s'enseuelir dans la neige auec ^e sainct François que de receuoir dans son cœur vn mouuement de cette amour mortelle; pluftost plonger le bras dans le feu comme ^f sainct Martinian, ou tout le corps dans vn bucher ardant comme le ^g sainct Ermite Iacob, auant que d'allumer ce feu qui bruslant dés à present vos ames, les suppliciera à iamais dans l'Enfer.

Que si nous n'auons pas tant de courage, au moins fuyons les ^a regards des basiliques, escartons-nous des approches de ces Phalangions mortels, qui n'ont pas pluftost touché l'homme, qu'ils l'assoupissent, & le tuent. Regardez Dieu qui vous regarde, & les Anges qui sont tesmoings de vos sales desseins, considerez pluftost la fin de la volupté que son commencement, & fermez de bonne heure les portes de vostre ame, si vous desirez que cet Archer Paphien ne butine point vos plus riches thresors. Preuenez par prieres le sentiment, de peur que vous ne tóbiez dans le consentement du vice. Fille qui prend, se vend: fille qui donne, s'abandonne: si Lucrece eust prins garde à cela, elle n'eust pas enseueli son honneur dans les ruines de sa pudicité. Pour viure chastement, mangeons souuent à la table des Anges du froment des esleus, & beuons de ce vin qui fait germer les Vierges, & non point de ce vin pere de la luxure. Malheur à vous ^b Sybarites, qui vous leuez au matin pour épier l'occasion d'yurongner, & pour boire iusques à la soirée, afin de vous eschaufer

---

e *S. Bonauentura in vita S. Francisci cap.* 5.

f *Surius* 3. *Februarij.*

g *Idem* 14. *Ianuarij.*

XXXVIII.
Qu'il faut fuyr les occasions d'intemperance pour la surmonter.
a *Xenoph. l.* 1. *mem. Socr.* Sic Socrat. ad Xenophótem loquens de amore. ἆρ᾽ οἶσθα ὅτι τὸ θηρίον τοῦτο καλοῦσι καλὸν, ὅ θηρίον, τοῦτο δεύτερόν ἐστι φαλάγγιον, ὅπερ ἐπειδὰν μόνον ἅψηται, τοῦτο ἐνιεὶ δι᾽ ἡ μυτὰ ἡ ἅπαν ἐμοί τι, καὶ μαίνεν ποιεῖν τοῦτον, ὅτε μαίνεσθαι ποιεῖν; An ignoras istud animal, quod pulchrum & formosum appellant, vel hoc nomine Phalangiis esse terribilius, quod hæc tactu solùm, illud verò etsi non tangat, sed si quis ipsum aspexerit solùm, immittit aliquid etiam eminus eiusmodi quod insaniam ciere possit.

b *S. Chrysost. in Matth. homil.* 58. Quanto melior asinus ebriosò est, quáto canis præstantior? Omnes certè bestiæ cùm bibunt aut comedunt vi-

Chapitre III. Section II.

fer de vin. Mais ce n'est pas assez, malheur à vous Sardanapales, qui estes courageux à boire le vin, & puissans à faire enyurer les autres. ᶜ*Vous priez en vous joüant, mais vous les forcez iusques à la mort*, dit S. Ambroise. ᵈ Vous importunez leur temperance par amitié, mais vous encourez l'inimitié de Dieu. Vous les voulez caresser; mais vous les blessez cruellement; & au iour du iugement vous serez criminels & de leur méfait & du vostre, car qui n'empesche le vice le commet, & qui contraint les autres se rend doublement punissable. Mais il faut que les bestes facent la leçon à ceux que la brutalité a rendu moins qu'hommes. La Belette se laissera deschirer auant que de se soüiller tant soit peu bouë. Ce qui occasionna ᵉ Alphonse XI. de la faire grauer sur vne medaille, & au dessus de sa teste vne couronne auec cette deuise: *Malo mori quàm fœdari*. Voulons-nous meriter vne couronne de gloire, de paix, & de bonheur, protestons dés à present, que nous prefererons la mort à l'aduenir, pluftost que de nous soüiller d'aucune intemperance. Si le monde nous alleche, disons luy, pluftost mourir que de se sallir. Si Asmodée décoche ses traits tirés du carquois de nostre concupiscence, respondez luy, pluftost mourir que de se sallir: si la gloutonnie vous prouoque aux dissolutions, fermez luy la bouche auec ces paroles: *Malo mori quàm fœdari*: En vn mot contre toutes les infames conspirations de Sathan, contre toutes ces ombres de plaisirs, contre toutes ces idoles d'apparante felicité, opposez vn sainct cou-

Fffff 3 rage,

tra quam satis est nō sumunt, etiamsi mille homines cogerent.
c *S. Ambr. dum prolixè describit potator. mores in libro de Elia & ieiunio; Rogas*, inquit, *ad iucunditatem, cogis ad mortem.*
d *D. August. serm. 230. de tempore. Si & te & aliū inebriaueris, habebis hominem amicum, habebis Deum inimicum. & rursus serm. 31. Qui alterum cogit, vt se plus quàm opus est bibendo inebriet, minus malum ei erat, si carnem eius vulneraret gladio, quàm animam eius per ebrietatem necaret. Et iterum quicūque me audire contempserit, & ad bibendum pronus fuerit, vel in conuiuio suo alios adiurare, vel cogere voluerit pro se, & pro illis in die iudicij reus fuerit.*
e *Æneas Sylvius lib. 3. commentar. in res gestas Alphonsi, & Iacobus Typotius in symbolis Imper. & Regum.*

rage, prest de mourir plustost que de flechir. Telle estoit la resolution de nos ayeuls Chrestiens, selon le témoignage d'Athenagoras, à qui l'esperáce des plaisirs eternels faisoit tenir plus bas que leurs pieds toutes les delices de cette vie & la vie mesme, & plusieurs tant hommes que femmes vsoient leurs vies en cet exercice Angelique, afin de se rendre plus capables de l'vnion diuine par la pureté & de leurs corps & de leurs ames. Aussi on les voyoit florir comme des chastes Lys, & d'incorruptibles Cedres, dót la gloire ne flaistrira iamais sur la montagne du celeste Liban. *Ero quasi ros, Israël germinabit sicut lilium, & erumpet radix eius vt Libani.*

f *Athenagoras Atheniensis Philosophus in apologia pro Christianis ad Imper. M. Aurelium Antoninum & L. Aurelium Commodum Armeniacos.*
Ἐλπίδα ἦ ζωῆς αἰωνίυ ἔχοντες τ ἐν τούτῳ τῷ βίῳ καταφρονοῦμεν μικρῶν ἢ τ ψυχῆς ἡδονῶν; Ergo spe vitæ æternæ freti, præsentem hanc eiusque delicias, ac sensuum etiam animæque voluptates contemnimus.

PARAN

PARANGON VIII.
LA FORCE ET LA VAILLANCE GVERRIERE
DES CESARS FRANCOIS, ET singulierement de nostre grand Alexandre S. Louys, comparée à l'huyle du Lys.

CHAPITRE PREMIER.
La vaillance Chrestienne parangonnée à l'huyle du Lys.

'EST vn tres-grand abus parmi le monde, d'estimer que la deuotion ne se peut accorder auec les armes, la haire auec le harnois, la discipline auec l'épée, la modestie auec le courage, & en vn mot que d'estre guerrier c'est ne pouuoir estre homme de bien. C'est ainsi que sathan pipeur des hommes, pour accrediter le vice & decrediter la [a] vertu aupres des ames genereuses, tasche par tout moyen d'authoriser ses noires maximes

I.
Que les vertus donnent de grands courages.

a *Hesiodus in operibus.* Τῆς δ' ἀρετῆς ιδρῶτα θεοὶ προπάροιθεν ἔθηκαν, Ἀθάνατοι μακροὶ ᾗ ὀρ-

ximes aussi fausses que pernicieuses, & autant dómageables qu'elles sont remplies de malice. Car si la pieté ne peut s'entendre auec les armes, quel aura esté vn Iosué, vn Gedeon, vn Dauid, vn Mathathias, vn Constantin, vn Charlemagne, & mille autres grands Capitaines aussi recommandables en saincteté, qu'admirables en prouësses? Au contraire, si nous examinons de pres les appanages de la parfaicte vertu, nous reconnoistrós aisément qu'il ne faut pas des Thersites, mais des Hercules, non des Pigmees, mais des Geás d'esprit & de courage pour en acquerir les thresors. C'est vne verité que les *Sages Anciens ont ingenieusement representée par les Heros domtans mille dangers pour la conqueste de la Toison d'or; figurant la vertu sur la cime des montagnes, & la plaçant sur les plus hautes palmes. Au deuant de la vertu, disoit vn Ancien, les Dieux ont placé la sueur. Elle ne marche que par des chemins raboteux : la delicatesse est son poison, & l'aspreté sa nourriture. De sorte que pour la posseder il faut des resolutions masles, & non point languissantes: il y faut des Achilles & des Argonautes, qui puissent massacrer les dragons, & étoufer les monstres qui se presentent au passage. Que si pour vne vertu naturelle, & simplement morale, ces Anciens demandoient des hommes de cœur & de fer, quelles forces d'esprit suffiront à poursuiure les maximes Chrestiennes, autant eminentes par dessus celles-là, que le Ciel se releue sur la bassesse de la terre? Pour ce suiet Iesus-Christ le maistre

de la

Ὅπως οἴμοι ἐπ' αὐτῶ.
Ῥηϊδίη δ' ἤπειτα πέλει, χαλεπή περ ἐοῦσα.

Ante virtutem Dij sudorem posuerunt.
Immortales: longa autem, & ardua via est ad ipsum,
Et aspera primum: postquam verò ad summum peruentum fuerit, facilis deinde est difficilis fuerit licet.

b *Euripides in Heraclidis.*
b Ἀ δ' ἀρετὴ βαίνει διὰ μοχθών. Virtus autem per labores incedit.
Tertullianus ad Martyres.
Virtus duritia extruitur, mollitia verò destruitur.

Chapitre I. Section I. 955

de la perfection Chrestienne enseignoit, que c'estoit la violence & non point la delicatesse qui moissonnoit les lauriers immortels.

Mais où trouuerons-nous cette vigueur d'esprit en vn lys qui ne porte que douceur? C'est en son huyle appellée ᵃ Lirinum, ou Susinum, qui estant d'vne qualité lenitiue, & toute anodine, resout les tumeurs sans acrimonie, & estant doüée d'vne vertu consolidante, propre à renforcer les nerfs foulez, reueille les assoupis, & les restablit en leur premiere force. C'est l'experience qu'en a fait ᵇ Valleriola, asseurant qu'auec la seule huyle du lys, il a r'affermy les cuisses d'vn pauure estropié, toutes lasches & floüettes. Autant en témoigne ᶜ Cardan, qui auec la mesme huyle a rendu la santé à vn malade qui estoit perclus de tous ses membres. ᵈ Alexandre Benedictus nous asseure que la septiéme vertebre de la ceruelle, s'estant relachée par vne cheute, d'où estoit prouenu vn engourdissement de tous les doigts, auec vne conuulsion des membres, il guerit le patient auec l'huyle de Lys. De faço qu'il est hors de doute que l'huyle du Lys, outre sa douceur lenitiue, renforce les parties du corps, leur donne de la vigueur, & les remet en leur premier embonpoint. Ces miraculeuses facultez estant si bien auerées; qui trouuera estrange si ie compare l'huyle du lys à la force des Monarques François doucement puissante, & tousiours fortement suaue? Car quelles preuues de leurs courages n'ont-ils donné à toutes les nations de la terre, non seulement en

I I.
L'huyle du Lys comparée à la force des Roys de France.
a *Dalechampius l. 15. c. 1*

b *Valleriola lib. 4. obseruationum, obseruat. 4.*

c *Cardanus de curatione admirandarum curation. curat. 18.*

d *Alexander Benedictus lib. 1. cap. 39. de curan. morbis.*

Gggggg rabat

rabattant les efforts des ennemis de leur salut; mais encore en combattant les armées de ceux, qui par leur resistance font assez connoistre qu'ils sont composez de nerfs qui ne se détendent qu'auec le filet de la vie.

III.
L'onction des Roys marque la force surnaturelle qui leur est departie du Ciel pour le gouuernement des peuples.

CECY me fait coniecturer qu'entre autres raisons, pourquoy anciennement on oignoit les Roys d'Israël, comme on fait à present les Monarques François, c'estoit pour leur declarer les qualitez qui se deuoient allier en leur personne, conformement aux proprietez de l'huyle. Entre autres la pieté, & la fermeté de courage ; l'vne visant entierement au progrez de la Religion, & l'autre à la conseruation de l'estat temporel. C'est la remarque d'vn [a] docte personnage qui escrit, que les nations payennes mesprisoient l'onction au couronnement de leurs Roys, d'autant qu'ils n'apprehendoient point la valeur des biens spirituels : mais que l'Eglise a retenu l'onction royale au Sacre des Empereurs, les oignans au bras, & à l'espaule, pour marque de la vertu martiale qu'ils doiuent deployer au gouuernement des peuples. Aussi nous voyons qu'aux [b] ceremonies Sacrées de nostre Religion, l'onction est tres-frequente, particulierement aux [c] Sacremés de Confirmation, & d'Extreme-onction : afin de signifier les renforts spirituels que nous receuons par ces signes visibles, instituez de Dieu pour nous fortifier de sa grace inuisible à professer la foy Catholique, & comme d'autres Athletes à combattre vaillamment Sathan en la derniere luitte de nostre

a *Pineda lib. 2. cap. 6. de rebus Salomonis.* Nihil illi curabant spiritualia, propterea neque vnctionem, quæ spiritus symbolum erat. Sed Ecclesia Imperatoris consecrationem, non quidem chrismate, sed oleo sancto, non in capite, sed in brachio & humero, quibus bellica virtus contineri videtur.

b *Concilium Tridentin. sess. 14. cap. 3.*
c *August. tract. trigesimo sexto in Ioann.* Christi nomen à Chrismate dictum est : Chrisma autem Græcè, Latinè vnctio nuncupatur. Ideò autem nos vnxit, quia luctatores contra diabolum fecit.

Chapitre 1 Section 1.

noſtre vie. Tellement que l'huyle de lys, outre qu'elle eſt le hieroglyfique de la grace, & de la pieté; elle eſt auſſi le ſymbole de la force, & de la valeur. D'où i'apprends maintenant que ce ne fut pas ſans raiſon que [d] Ieanne Darc, ſurnommée la Pucelle d'Orleans, ayant eſté choiſie du Ciel pour apporter vn miraculeux ſecours au Roy Charles ſeptieſme, fit peindre en ſon guidon l'image du Sauueur, qui tenoit en ſa main vne fleur de lys, pour teſmoigner qu'en toutes ſes proüeſſes elle ne ſepareroit point la douceur de la force, que le Sauueur de nos ames nous a enſeignée, tenant fortement en ſa puiſſance les deux extremitez de nos entrepriſes, & les diſpoſant à leur fin auec ſuauité. Il ne faut point douter que quiconque alliera eſtroitement ces deux rares qualitez, meritera le tiltre de fort, & Dieu ne manquera pas de l'arrouſer comme vn ſainct Lys, de le rendre plantureux en victoire, comme vn autre Iſraël, & de le placer ſur le celeſte Liban, pour y triompher par deſſus les plus hauts Cedres de la terre. *Ero quaſi ros, Iſraël germinabit ſicut Lilium, & erumpet radix eius, vt Libani.*

[d] *Scipion Dupleix & alij inferius allati.*

CHAPITRE SECOND.

Les pieux exploicts de guerre des Roys de France.

SECTION PREMIERE.
La saincte generosité des Roys de France de la premiere race.

IV.
Il faut que le souuerain soit genereux & auisé pour le bien de son Estat.

a *Mussonius de regno.* ὅς̣τις ἀνδρείαν κτητέον τοῖς βασιλεῦσι κτητέον ἢ παντὸς ἑτέρου μᾶλλον ἐπιμελητέον, τὸ φιλοσοφεῖν αὐτοῖς, ὡς ἂν τέλεως ἀνδρείοις γενομένοις. Quare si Regibus est fortitudo acquirenda vt omnino est præ omnibus studiis philosophari debet, cum fortes aliter euadere non valeant.

TOVs les Estats, & les Empires, se conseruans par la concorde en temps de paix, & par la force dans les tumultes de guerre, il est tout euident que le Prince ne doit pas estre moins pourueu de courage pour s'opposer aux ennemis, que de prudence pour la conseruation de la paix hors de la guerre. Cette verité a donné occasion à Robert Roy de Naples, & Duc de Calabre de choisir pour deuise vne épée entortillée d'vn serpent, qui tient vne couronne auec cette ame, *Hü ducibus*, par ces deux guides; voulant declarer que c'est auec la force, representée par l'épée, & auec la prudence, figurée par le serpent, que les couronnes & les Empires se conseruent. Ce sont ces deux addresses qui ont fait éclater le Royaume de France, & qui le maintiendront tandis que les Roys en conserueront la beauté. Le Parangon de leur prudence nous ayant donné de suffisantes preu preuues de leur sageſſe, il reſte maintenant à verifier leur magnanimité par leurs triomphes, & leurs triomphes par les conqueſtes ſur les ennemis de Dieu & de la France. Diſcourant de la genereuſe vertu de Force, ie ne pretends pas de parler de cette force qui exerce ſon empire ſur la violence des paſſions de l'ame; beaucoup moins de celle d'vn Polydamas qui égorgeoit les Lyons dans l'Olympe, arreſtoit les taureaux par les pieds & les chariots courans; ny de celle d'vn Monychus qui lançoit les poutres & les arbres entiers contre les ennemis à guiſe de fléche; ni d'vn Fuſius Saluius qui montant vn eſcallier portoit deux cens liures peſant en chaſque main, autant attaché à chaſque pied, & autant ſur chaſque épaule. Mais en ce lieu, i'employe [b] la vertu de force pour vne vigueur d'eſprit, qui mépriſe ſagement tous les hazards de la vie, tant en ſe defendant genereuſement, qu'en aſſaillant auec iuſtice les ennemis de ſon bon-heur.

C'est par les merites de cette vertu que nos hiſtoires ont rendu de la gloire à la generoſité de Clouis, qui au recit de [a] Baronius s'arma le premier entre tous les Roys de la terre pour la querelle de Dieu, & la defenſe de ſes Autels. Auſſi le Ciel a témoigné qu'il beniſſoit la iuſtice de ſes intentions par les victoires [b] qu'il a remportées des Alemans, des Arriens, des Gots, & de pluſieurs autres peuples infidelles. Ie ne repeteray pas icy ſes memorables proüeſſes contre Alaric Roy des Viſigots, dont i'ay parlé au premier Parangon,

b *S. Ambr. lib. 3. de virginib.* Fortitudo vim quamdam ferociétis virtutis habet, mortiſque contemptum.
Cicero 2. Tuſculan. Viri propria, maximè eſt fortitudo cuius munera duo maxima ſunt mortis dolorisque contemptio.

V.
Les faicts d'armes du Roy Clouis.
a *Baron. tom. 6. Ann. 507. Sabell. lib. 2. Emmad. 8.*
b *Greg. Turonenſis lib. 2. cap. 37. & ſeq.*
Procopius de bello Gottico lib. 1. vbi aduerte hunc Græcum auctorem Francos Germanos vocare quod è Germania oriundi eſſent.

où

où la pieté & la vaillance firent sentir à ce Prince Arrien combien elles sont fortes, estans toutes d'eux d'vn mesme costé. Ce qui semble luy auoir donné suiet de prendre pour deuise deux bras, soustenus de deux autres, & s'esleuans deuers le Ciel, pour signifier que la force n'estoit pas seulement renfermée dans les bras humains, mais encore dans le Ciel; d'où il en demandoit du secours. Quelles [c] conquestes n'a-t'il aussi faites auec ces diuins bras tant en Allemagne qu'en Languedoc, en Bourgongne, & en plusieurs autres contrées où sa valeur & sa pieté ont tousjours triomphé des ennemis de Dieu, & luy ont acquis le tiltre de Belliqueux. N'estoit-ce pas ce que sa mere Bassine auoit preueu pendant son sommeil, & predit publiquement que les [d] enfans qui naistroient de soy, & du Roy Childeric son mary, seroient forts comme des Lyons? Ce que son fils Clouis témoigna par son inuincible courage, ne sçachant plier comme le Lion, que sous les prieres des vaincus, & ne se roidissant que contre les efforts des rebelles. [e] Syagrius ne l'experimenta que trop desauantageusement à son Estat, à qui nostre magnanime Lion enleua la ville de Soissons, le mit en fuite vers Alaric Roy des Visigots, contraignit Alaric de le renuoyer, & en fin le chastia de mort, comme tyran & vsurpateur du Royaume de son pere. Nos Histoires [f] attribuent à Clouis vn exploit de guerre aussi miraculeux que celuy de Iosué deuant la ville de Ierico. Car par l'aduis de son Chappelain, ayant fait

eleuer

[c] *Fortunatus in Epitaphio Dagoberti Regis.* Belligeri veniens Clodouæi gente potentis. *& Baron. tom. 6. Ann.* 514. Ornauerunt autem Principem (Clodouæum) res in præliis fortiter gestæ, ex quibus consecutus est nomen vt Belliger diceretur.

[d] *Aimoinus lib. 1. c. 8. & 12. gesta Epitomata cap. 12.*

[e] *Greg. Turon. lib. 2. cap. 30. Flodoardus lib. 1. cap. 13. Sigebertus AC. 489.*

[f] Saauron au traitté de la saincteté de Clouis, qui cite pour ce sujet vne Chronique manuscrite de l'Euesque d'Angoulesme. *In Aptonio Episcopo.*

éleuer les sacrées reliques du precieux sang de Noſtre Seigneur, & les ayant oppoſées aux murailles d'Angouleſme, l'obiect en fut ſi terrible & violent à toutes ſes fortifications, qu'elles tomberent d'elles-meſmes au grand étonnement de tous, à la ruine des Gots qui les defendoient, & à la conſolation des fidelles, qui paſſerent de la tyrannie des barbares ſous la douceur du ſceptre de Clouis. Tellement que nous pouuons dire du coutelas de Clouis ce qu'on aſſeure de celuy de Conſtantin, qu'auant ſon Bapteſme il eſtoit plus redouté des fidelles que la foudre du Ciel, mais que depuis qu'il fut Chreſtien, il ſe changea en Croix, n'ayant plus de fureur que pour la ruine des ennemis de la Croix, ny plus de force que pour la gloire du Saueur de nos ames.

CHILDEBERT [a] ne degenerant point de la generoſité de ſon pere Clouis, animé par le mouchoir que Clotilde ſa ſœur luy enuoya d'Eſpagne, empourpré de ſon propre ſang, comme vn genereux Elephant tout bruſlant de colere, d'vn ſi cruel ſpectacle, paſſa les Pyrenées, & courut auſſi toſt ſur Amaulry ſon beau frere, & Roy des Viſigots, qui en haine de la Religion Catholique auoit ſi indignement traité ſon Eſpouſe. Ce Prince Arrien entendant la nouuelle de l'arriuée des François, dreſſa auſſi toſt des armées tant ſur terre que ſur mer; mais ayant receu du pire en vne bataille rangée, il ne voulut pas hazarder ſa flotte, prenant la fuite vers Tolede pour y cóſeruer ſes threſors auec ſa vie. Mais Dieu qui ne ſe ligue iamais

VI. *Les exploicts de guerre de Childebert.*
a *Aimoinus lib. 2. cap. 8.*

mais auec les Princes iniurieux à son Eglise, permit qu'il trouua les portes de la ville fermées, & voulant se refugier dans vne prochaine Eglise Catholique, il n'y rencontra pas dauantage de salut pour les biens du corps, qu'il croyoit y en auoir pour ceux de l'ame. Car vn coup de lance partant du bras de Childebert fit de sa sœur vne heureuse vefue en luy ostant vn mauuais mary. Cela facilita l'entrée aux François dans Tolede, où ils prirent les thresors que les Roys des Gots auoient amassés au sac des meilleures villes de l'Europe. Entre autres vases de grand prix, on tient qu'il s'y en trouua quelques-vns du Temple de Salomon, qui furent restituez aux Eglises d'Espagne. La Iustice diuine n'ayant non plus fauorisé les sacrileges des Visigots que ceux de Balthazar, qui pour semblables impietez perdit la vie & son Royaume.

VII.
Childebert & Clotaire pointent leurs armes contre les Arriens d'Espagne.

LA paix ayant esté concluë entre les fils de Clouis, & les Visigots leur ayans tousiours esté en haine, à cause de leur mauuaise Religion, les plus sages auiserent qu'il faloit choisir leur païs pour estre le theatre de la valeur des Princes François, qui estans nez pour les armes, se querelleroient aisément si on ne proposoit à leur passion quelque obiect digne de leur courage. Voila donc Childebert & Clotaire, qui meslans leurs forces trauerserent derechef les Pyrenées, & firent passer leur armée iusques au païs d'Aragon, qui releuoit de Theudes Roy des Visigots, & successeur d'Amaury.[a] Ayans couru le plat païs ils planterent

[a] *Baronius tom. 7. Anno Christ. 542. Hoc eodem*

Chapitre II. Section I.

rent le siege deuant Saragosse, dont les Citoyens se voyans pressez sans esperance de secours humain, eurent recours à leurs Autels, porterent en procession la Tunique de S. Vincent le Martyr, & meslant leur pieté auec leur force, & leurs larmes auec leurs armes, ils experimenterent que s'étans iettés entre les bras de S. Vincent, ils s'étoient trouuez entre ceux du Tout-puissant qui leur seruit d'azyle. Car les [b] François entendans leur Psalmodie conforme à celle de l'Eglise Romaine, & ayans apris tant d'vn laboureur, que d'vn abouchement auec l'Euesque de la ville nómé Auitus, qu'ils estoient tous Orthodoxes, & ennemis des Arriens, ils promirent au sainct Euesque de leuer le siege, moyennant qu'on leur donnast quelques reliques du S. Martyr. La demande estant pleine de Religion fust aussi tost accordée par le sainct Prelat, qui leur deliura la Tunique de sainct Vincent, dont ils firent plus d'estat que de tous les thresors d'Espagne. Ces genereux Roys qui ne visoient qu'à l'aneantissement des mécreans repasserent les monts auec ce sacré depost, apres auoir ruiné les possessions des Arriens, la principale butte de leur courage. Le desir que i'ay d'estre court, & le peu d'inclination que i'ay de raconter des guerres d'Estat, & non de Religion, me fait éclipser sous le silence la victoire que le Roy Clotaire a remportée des Bretons, partisans des mutineries de son fils Chramne, & celle de Chilperic contre Varoch Roy de Bretagne, & de plusieurs autres combats & sieges de villes, puis

anno Clotharius & Childebertus fratres Francorũ Reges aduersus Theudem Gothorum Regem Arianum in Hispania regnantem mouent exercitum, victoresque Cæsar-Augustam vsque peruenientes, eamque obsidentes, sancti Vincentij Martyris sacris exuuiis ciuitate defensa, iisdéque dono ab obsessis acceptis, in Gallias redierunt ouates.
[b] *Gregor Turon. de Gestis Francorum lib. 3. cap. 29. Fusius bellum narrat verum emendandus ex hist. Baronij quod Amalaricum regnasse dixerit tunc temporis.*

Hhhhh que

que les considerations temporelles ont plus échaufé leur courage à la guerre que celles du Ciel.

VIII.
La bataille de Charles Martel contre les Sarrazins.
a *Scipion Dupleix.*

LA IOVRNEE de Tours contre les Sarrazins ennemis de Dieu, & de son Espouse, est vn beau Theatre, où la gloire des armes de France a dressé [a] des eternels trophées à la memoire de leurs saincts & inuincibles courages. L'an 726. sous le regne de Thierry quatriéme du nom, Roy de France: Abderame Roy des Sarrazins, ayant rauagé le Languedoc, le Quercy, l'Agenois, & le plat païs de toute la Gascogne, entra dans la Xainctonge, trauersa sans opposition le Perigort, l'Angoumois, & le Poictou, surprit la ville de Poictiers, brusla l'Eglise de S. Hilaire, & son ambition croissant auec ses victoires, se promettoit la conqueste de la ville de Tours, pour assouuir sa rage à la destruction de l'Eglise de S. Martin. L'infinie bonté, qui ne donne pas tousiours main leuée aux méchans de faire tous les maux qu'ils pourroient, opposa à la violence de ces peuples infidelles la valeur de Charles Martel Maire du Palais, & d'Eudon Duc de Guyenne, qui arresterent cette impetuosité aux enuirons de Tours. Le nombre des barbares montoit à quatre-cents mille combattans: celuy de l'armée Françoise auec tous leurs confederés, ne faisoit que soixante mille hommes de pied, & douze mille cheuaux; partie fort inegale si on la iuge par le nombre des testes, & non par la grandeur de courage. Charles vn des plus iudicieux Capitaines de son siecle,

campa

campa dans la plaine de Tours pres de la Chapelle S. Martin, qui est auiourd'huy appellée S. Martin le Bel, entre la riuiere de Loire & celle du Cher, pour luy seruir de closture & de commodité à receuoir toute sorte de munition. Il auertit Eudes qui suiuoit l'ennemy de pres sans se décourir, qu'il donnast aussi tost sur l'arriere-garde quand il découuriroit en l'air ou du feu, ou de la fumée, afin de ietter de la frayeur d'autant plus grande dans l'armée ennemie, que la surprise seroit moins attenduë. Il rangea en bataille auec beaucoup de diligence tous ses gens; l'auant-garde fut accordée à Childebrand son cousin, & luy se tint au gros de l'armée, faisant étédre ses ailes le plus qu'il estoit possible, afin de faire apprehēder plus de combattans qu'il n'en auoit. A peine cet ordre fut-il donné, que les Mores se presenterent en si grand nombre, & auec vn appareil si afreux, que leurs visages noirs, leurs bras retroussés, leurs cris éfroyables, & leurs Chameaux non accoustumez aux François, les faisoient paroistre plutost des demons que des hommes. Charles Martel pour asseurer les esprits des plus foibles à la veuë de ces spectres si hideux, leur addressa ces propos.

HARANGVE DE CHARLES MARTEL à ses Soldats.

IX.
Charles Martel encourage ses soldats par le peu de courage des ennemis.

COMPAGNONS François, qui prenez plus d'asseurance de vos courages que de mes paroles, & de vostre addresse que de mes forces; nos ennemis ne sont pas si furieux que leurs visages sont laids, ny leurs armes si terribles que leurs cris effroyables. Ces Chameaux de haute taille que vous voyez combattront plus pour nous que pour leurs maistres; car le desordre dans vne armée estant le pire ennemy de tous, ce seront ces animaux qui le ietteront dans leur camp au plus fort de la bataille. Ce sont bestes de charges & non de combat, aussi bien que leurs conducteurs, qui n'ont du courage qu'au bout des talons, & de la force qu'en leur mauuaise mine. Leurs hurlemens ne les font pas plus vaillans, & ce grand bruit descouure le nombre de leurs esclaues, qui ont plus de rodomontades sur les léures, que de bonne resolution dans le cœur: car les plus courageux frappent sans mot dire, & ne se laissent iamais vaincre par les yeux ny par les oreilles. Il faut donc se resoudre auiourd'huy à massacrer ces monstres, & si le nombre en est trop grand, le presage en est meilleur pour nous, le Ciel en voulant purger le monde tout à fait, puisque vous voyez qu'ils trainent apres eux leurs femmes & leurs enfans, afin que la France serue d'vn dernier tombeau à cette race maudite. Nos deuanciers François ayant tousiours remporté autant de gloire pour leur pieté, que pour leur courage, de la defaite de semblables vermines; nous

deuons

Chapitre II. Section I. 967

deuons aussi esperer qu'en combattant sous les mesmes Lys de la Religion, nous receurons aussi de pareils succés. Car ou Dieu sera sans Iustice & sans Misericorde, ou il regardera auiourd'huy l'innocence de nos armes, & comme il prepare des supplices pour l'impieté de ces peuples qui profanent ses Autels, qui bruslent ses Temples, qui pillent ses Monasteres, & qui violent la chasteté au milieu des cloistres ; aussi tient-il desia en main des couronnes pour ceux qui se porteront auec plus de vigueur à la defense de sa gloire. Allons donc meriter ces palmes qui ne flaistriront iamais. L'honneur de la France, qui se voit auiourd'huy sur le bord de son malheur, ou de son bonheur, nous y oblige tous. La Chrestienté nous en coniure ; car si ce torrent franchit les digues de nos armes, il va enseuelir tout le reste de l'Europe. Tellement qu'en arrestant auiourd'huy ce deluge, nous serons estimez les Liberateurs du monde, les Protecteurs de l'Eglise, & les Conseruateurs de la Religion Catholique.

ABDERAME General de l'armée Sarrazine ne manqua pas d'encourager les siens, sous l'esperance du gain & de la proye, s'ils remportoient la victoire. Il leur remonstra, qu'ayans autrefois combattu des hommes parmi les deserts, denuëz de toutes commoditez necessaires à la vie humaine, qu'ils attaquoient icy des hommes aussi pleins de richesses que vuides de courage, leurs esprits estans trop ramollis par la felicité de leur Royaume. Que le nombre de ses combattans estoit tel, qu'il en opposeroit tousiours dix à vn de l'ennemi; outre que les François estoient gens peu experimentez à la guerre, n'ayans iamais por-

X.
Le sujet de la harangue d'Abderame à son armée.

té les armes hors de leurs pays. Mais nous, leur disoit-il, qui sommes enfans du Soleil, & les freres des Astres, ayans desia fait trembler l'Orient, & le Midy, sçauons ce que c'est de triompher. Il ne nous reste plus à butiner que l'Occident & le Septemtrion, dont ce combat nous en presente les clefs. Apres cela vn chacun de nous aura vne ville entiere pour viure dans vn entier repos le reste de ses iours. L'auarice faisant receuoir dans l'esprit de ce peuple barbare toutes les impressions de la presomptueuse folie de leur Capitaine, & l'impatience du butin aueuglant leurs courages, fit aussi-tost retentir l'air de leurs nacaires, & de leurs tambours d'airin.

XI.
Les François assaillent les premiers l'armée des Sarrazins, & en remportent la victoire.

CHARLES-Martel entendit aussi-tost que vouloit dire ce tintamarre, & iugeant plus à propos de preuenir les ennemis à la charge, il lascha les enfans perdus qui furent aussi-tost greslez d'vn orage de fleches; mais leurs targues les garantirent de cette premiere tempeste. La caualerie des barbares s'efforçant de troubler les rangs des Chrestiens, estoit aussi-tost repoussée par la gendarmerie de France, qui les desarçonnoit à grands coups de lance. Les combattans s'estans opiniastrez aux chamaillis l'espace de trois & quatre heures, Eudon qui auoit receu ordre de donner sur l'Arriere-garde des Sarrazins, aussi-tost qu'il verroit du feu, ne manque point de donner à dos, & à flanc aussi-tost qu'il apperceut le signal. Ayant rencontré de prime abord leurs femmes & leurs enfans, & ceux qui gardoient le bagage, il ne ne pardonna à personne ; ceux qui échapperent de cette charge s'estans sauuez dans le gros de leur armée, y porterent tant d'effroy, & de desordre parmi leurs escadrons, qu'ils ne songerent plus qu'à se sauuer estimans toute autre perte estre moindre que celle de la vie, & les Chameaux ayás leur liberté couroient par tout foulans aux pieds la plus part de leurs maistres. Eudon poursuiuant sa pointe leur faisoit d'autant plus redoubler le pas, que plus il en défaisoit. Cet heureux stratageme accrut merueilleusement le courage des nostres, qui donnans de toutes parts en renuerserent deuant leurs pieds autant qui se presenterent au deuát leurs bras. Grand Dieu des armées quelle mer rouge de sang fites-vous inonder parmi cette campagne, pour enseuelir cette engeance de Pharaon, digne d'vn tel carnage! La perte des Sarrazins fut si grande qu'il n'en demeura pas moins sur la plaine de trois cens soixante quinze mille. Le Roy mesme Abderame y laissa la vie, l'honneur & ses moyens. Quant à l'armée Françoise elle perdit quinze cens hommes, il est vray que la plus part de ceux qui estoient demeurez n'estoient pas sans blessure, tant il estoit difficile de combattre vn si grand nombre d'ennemis sans receuoir quelque coup de ceux-là mesme qui ne frappoient que par hazard. Toute la Chrestienté fust extraordinairement consolée de la déroute de ces peuples infidelles, & de la victoire de Charles qui merita le surnom de Martel, pour auoir si bien martelé les ennemis de Dieu, de l'Eglise, & de la France. SEC

SECTION II.

Les hauts-faicts de guerre des Monarques François de la seconde lignée.

XII.
Dieu benit les armes des Princes qui les prennent par l'obeyssance du S. Pere.
a *Prou.c. 21. Vir obediés loquetur victoriam.*

SI l'homme obeyssant chantera la ᵃ victoire, c'est particulieremét celuy qui par obeyssance au Souuerain Pasteur prend les armes contre les ennemis du troupeau de Iesus-Christ. L'Empereur Louys II. Conrad Roy de Germanie, & Robert Guichard Duc de Normandie, témoigneront tousiours combien les Princes Chrestiens sont puissans, quand par commandement du commun Pere des fidelles, ils font trencher leurs espées sur les ennemis de la verité Catholique. Le premier en fit épreuue contre Seodas Roy des Sarrasins, qui rauageoit la Campagne de Rome: le second contre les heretiques Arnoldistes oppresseurs du Sainct Siege; le troisiéme contre Alexius Comenus vsurpateur de l'Empire de Constantinople. Mais que vay-ie mendier si loin des témoignages de cette verité, puis que nous les auons deuant nos yeux en cette seconde race des Carolouingiens, où nous voyons la saincte obeissance de Charlemagne, de Louys le Debonnaire, de Charles le Chauue, & des autres Monarques triompher miraculeusement des ennemis de Dieu.

XIII.
Les victoires du Roy Pepin.
a *Baronius tom. 9. Anno Christ. 749.*

QVELLES victoires n'a remporté Pepin contre les Sarrazins en Languedoc, en Auignon, &

Chapitre II. Section II.

en Espagne? Aussi a-t'il esté vn des obeïssans Roys que la France ait nourry parmy la force & la douceur des Lys. L'heureuse issuë de ses guerres contre les Vesphales, les Saxons, les Lombards, & les Aquitains, monstrent assez la generosité de son esprit, & le sainct zele de sa vertu ; ses victoires contre Aistolfe en Italie, & Gaifre ennemis de l'Eglise, sont des pressans tesmoignages de sa valeur, & du bon-heur de celuy qui combat sous les drappeaux d'vne saincte obeïssance.

IL fit bien paroistre qu'il ne falloit pas mesurer le courage d'vn homme à l'aune de son corsage, quand apres son retour d'Italie pour donner quelque honneste passetemps aux Seigneurs de sa Cour, il fit lascher vn Lion sur vn Taureau le plus farouche qu'on pût choisir : le Lion tout échaufé s'estant attaché au Taureau, le mit aussi tost sous ses pieds, & comme il commençoit à l'étrangler, Pepin se tournant deuers ses Capitaines, commanda qu'on allast promptement faire lascher prise au Lion, ou qu'on le tuast sur le champ. Chacun se regardant auec admiration, vn de la troupe respondit ; Et qui est l'homme sous le Ciel qui l'oseroit entreprendre ? Alors Pepin quittant sa place d'vne asseurée demarche s'en va droit au Lion, & tirant son espée d'vn seul reuers luy fit tomber la teste à ses pieds : & s'en retourna en son throsne auec autant de froideur comme s'il n'eust tué qu'vne mouche. Tous les assistans pleins de confusion, autant que d'estonnement de ce royal courage, s'escrierent ; & qui sera celuy, s'il

XIV.
Pepin couppe la teste à vn Lion d'vn coup d'épée que personne n'osoit aborder.
a *Scipion Dupleix.*

Iiiiii n'est.

n'est perclus de raison qui ne se reputera honoré de viure sous vostre conduite?

XV.
Charlemagne par sa vaillance a merité la Couronne Imperiale.
a *Baron. tom. 9. Ann. 778.*

UN si genereux Roy ne pouuoit engendrer qu'vn autre Charlemagne, à qui sa prompte obeïssance au ᵃ Sainct Siege de Rome, & ses hauts faits de guerre contre les ennemis de Dieu, & de toute la Chrestienté, ont merité d'vn commun consentement de tous les Romains d'estre couronné Empereur à Rome le iour de Noel, & d'e-

b *Baron. tom. 9. Quem Magnum titulo merito dicunt, ipse iure ter Maximum appellarim, nempe bellica fortitudine, scientia, & pietate.*

stre qualifié par le ᵇ Prince des Historiés Ecclesiastiques Baronius, non seulement du nom de Charles le Grand, mais trois fois tres-grand; grand en proüesse; grand en sçauoir; & grand en pieté. Combien de fois est-ce qu'il a vaincu les Sesnes Sarrazins; & les Idolatres Saxons? Ils se sont reuoltez huict fois, & autant de fois il les a rangez sous son obeïssance, & de celle de IESVS-CHRIST.

c *Idem Anno 772. Fuitque siccitas magna ita vt aqua deficeret in supradicto loco vbi Ermenful stabat; Et dum vellet ibi stare tres dies gloriosus Rex, ad destruendum fanum ipsum, & valdè homines & iumenta sitirent subita Christi gratia, media die, cuncto exercitu quiescente, apparuit eis torrens ebulliens salubres aquas: & cunctus exercitus & iumenta eorum sufficienter recreati sunt: & tamdiu ebulliit aqua viua donec fanum destructum est.*

ᶜ En temps d'Esté comme son armée s'occupoit à démolir en Saxe aupres d'Ermenful vn temple des Idoles, la disette d'eau se trouua si grande en toute la contrée, que ses pauures soldats n'auoiēt encores rencontré vn plus cruel ennemy. Car sans bruit la soif les combattoit si impitoyablement, qu'il n'estoit moyen de se racheter de sa cruauté, ny par argent, ny par vaillance. Mais quoy n'est-il point de Moyse, qui auec sa Verge domte cet ennemy, tirant des veines d'vn rocher quelque filet d'eau pour desalterer ces pauures Israëlites François? Dieu qui n'oublia pas au milieu du desert vn peuple encore farcy des oignons d'Egypte, se souuiendra sans doute de ses bons seruiteurs,

Chapitre II. Section II. 973

uiteurs, qui au lieu de baſtir l'idole du Veau d'or, venoient de bouleuerſer vn temple des Idoles ; & voila auſſi en cette extreme ſouffrance, vn torrent qui jailliſſant miraculeuſement de terre fournit de l'eau auſſi long temps que l'armée trauailla à la demolition de ce temple. Ce qui donna autant de conſolation aux ames de ces deuots Soldats, que de raffraichiſſement à leurs bouches.

IL faudroit que le Ciel fiſt naiſtre en terre vn Orateur auſſi recommandable en Eloquence que ce grand Ceſar Gaulois l'eſtoit en proüeſſe, pour mettre en ſon iour la gloire de ſes conqueſtes ſur les ᵃ Sclauons, les Boëmiens, & les Vandales qui tenoient les païs de Brandebourg, de Magdebourg, de Pomeranie, & d'autres des enuirons. Que ne diroit-il de ſes victoires contre les Hongres, & les Auarois qui occupoient la Pannonie, & vne partie de la Bauiere. Quels Eloges ne luy donneroit-il pour auoir fait plier ſous ſes armes les Venitiens, & le ſurplus des peuples de Bauiere, ce qui ne ſe paſſa point ſans de rudes combats, dont en la pluſpart Dieu authoriſa par diuers miracles la iuſtice de ſes armes. Mais auec toute l'Eloquence humaine, qui ne demeurera court en paroles, entreprenant le Panegyre de ſon zele à repouſſer de la France, non ſeulement Godefroy Roy des Normans, & des Danois ; mais encore à le pourſuiure en ſon païs, & le contraindre auec ſes ſuiets à receuoir la foy Chreſtienne, ou d'abandonner ſon Royaume. Qui pourroit raconter auec quelle diligence il ſe porta en Italie à la

XVI.
Diuerſes autres conqueſtes de Charlemagne.
ᵃ Iacques de Charron en ſon hiſtoire vniuerſelle des Gaulois chap. 113.

Iiiiii 2 voix

voix du Pape Adrian oppreſſé par la violence de Didier Roy-des Lombards, ſucceſſeur de la malice de ſon pere Aiſtulphe, auſſi bien que de ſon domaine? Quelle victoire remporta-t'il de ce Roy au profit du S. Siege, & combien glorieuſement s'empara-t'il du païs de Lombardie, de la Calabre, & du reſte de l'Italie? Mais ce qui ſurpaſſe toutes nos loüanges, toutes ſes conqueſtes n'aboutiſſoient qu'aux œuures pieuſes, ſe contentant de retenir ſeulement la ſouueraineté des places.

XVII.
Le Soleil contribue aux victoires de Charlemagne.
a *Nicol. Ægid. Anno 813. Annal. Francia.*

PASSONS en Eſpagne, & conſiderons-y l'Eſtat des Catholiques. Ces pauures Chreſtiens ſuans ſous le ioug de la ᵃ tyrannie des Sarrazins, n'auoient ſecours plus puiſſant, ni plus prompt que celuy de Charlemagne. Entre autres victoires celle qui ſe paſſa deuant la cité de Sarragoſſe, s'eſt renduë recommandable en la défaitte de trente mille de ces barbares, outre dix mille qui ſe perdirent dans vn fleuue y penſans trouuer quelque refuge. Ce fut en cette heureuſe iournée qu'il ſembloit que toutes les creatures de l'Vniuers conſpiraſſent au progrez de ſes armes, tant elles ſe rendoient fauorables à ſes volontez. Le Soleil meſme qui donne la loy à tous les Aſtres, & à tous les Elemens, ſe rendit tributaire à ſes armes, quand il s'arreſta miraculeuſement en ſon midy l'eſpace de trois iours, ou ſelon d'autres de trois heures pour admirer ſes hauts-faicts d'armes, & donner iour à ſon courage pour ſe venger de la felonnie des Sarrazins, qui auoient indignement maſſacré pluſieurs

sieurs braues Chrestiés. On dit qu'il n'est point de pire ennemy que l'amy deguisé. Ganes ou Ganelon, qui portoit les armes sous Charlemagne, ayāt trahy son party en la bataille pres de Ronceuaux, fut cause de la mort d'Oliuier ou Ogier Comte de Gennes, surnommé le Danois, neueu de Charlemagne; comme aussi de Gondebault ou Gondeboeuf Roy de Frise, d'Arastagnus Roy de Bretagne, de Thierry Duc d'Austrasie, de Samson Duc de Bourgongne, de Salomon Comte de Langres, de Roland Admiral de la mer de Bretagne, & d'autres signalez Princes & Seigneurs. Car Marsurius ou Marsillon, & Belingand deux freres Turcs, estans venus au secours des Sarrazins auec de grandes forces, ayans à gage ce traistre Ganelon, firent vn cruel rauage en l'armée Chrestienne, quoy que Belingand y fut tué par Charlemagne mesme, & Marsurius par Roland Comte de Blois, dont les blessures furent si mortelles, qu'elles ne le laisserent pas viure long temps apres vne si sanglante iournée. Mais comme le bonheur ne fut iamais du costé des traistres, Ganelon ayant esté conuaincu de trahison fut tiré à quatre cheuaux, & sa memoire renduë si odieuse, qu'elle ne luy laissa autre eloge que celuy de Traistre Ganelon. La nature mesme voulant témoigner le deplaisir qu'elle receuoit d'vn méfait tant execrable, a donné à la posterité dequoy s'estonner par vn cas estrange. *Car le premier complot de ceste trahisō s'estāt fait en vne petite forest de Chesnes, qui est entre S. Germain en Laye & le port de Chatou

b Iacques de Charron en son histoire vniuerselle chap. 113.

Chatou, qu'on nomme encores auiourd'huy le Bois de la trahison, les branches des arbres estans iettées en la riuiere de Seine, qui est voisine de la forest, sont aussi tost englouties par les eaux: & au contraire le bois qui est de l'autre costé, separé seulement du chemin, flotte sur l'eau à l'ordinaire des autres. Quoy que cecy paroisse du tout extraordinaire, neantmoins ie ne l'ay pas voulu oublier apres le recit qu'en ont fait quelques Historiens, afin d'accroistre l'horreur que nous deuons auoir du crime de perfidie.

XVIII.
Charlemagne s'est genereusement opposé aux infidelles de l'Orient.

LES victoires que ce grand Charles à remportées des Maures en Sardaigne, & Corsegue, des Arriens en Lombardie, des Barbares en Esclauonie, & en Alemagne, des Idolatres en Boëme, des Huns en Italie, & en Bauiere, des Sarrazins en Espagne, ont merité que ce grand [a] Cardinal Baronius nous ait laissé ces notables paroles à sa loüange. *D'icy tu dois reconnoistre, Lecteur, combien la Chrestienté est redeuable à Charlemagne, qui seul s'est opposé comme vne puissante digue, au torrent debordé qui venoit fondre des parties Orientales sur l'Occident, pour submerger toute la Chrestienté.* Mais comme s'est-il garanti de l'impetuosité de ces inondations? C'a esté auec la priere, reconciliant son armée à Dieu par des Litanies, & des Processions de trois iours. Aussi est-ce vn puissant rempart que l'Oraison, disoit sainct Chrysostome: car elle fait teste aussi aisément à plusieurs millions d'hommes armez, qu'à vn seul sans armes. Dauid ne massacra pas tant auec la fonde & les pierres le Geant Goliat, qu'il fit auec sa priere.

[a] *Baronius tom. 9. Anno 790. Videas ex his Lector, quantum Christianus orbis debeat Carolo Magno, qui solus exundanti ex Oriente in Occidentem torrenti, ne vniuersam obrueret Christianitatem obicem se opposuit validissimū.*

Chapitre II. Section II.

Avec ce glaiue doré de l'oraison [a] Charlemagne secourut heureusement l'Empereur de Constantinople contre les Sarrazins qui l'auoient chassé de Syrie: il passa en Asie comme raconte Donatus Acciaiolus, Robert Gaguin, Henry Mutius, Radulphe, Iean François le petit, & autres escriuains: où il conquist la ville de Ierusalem, & y establit le Christianisme. Que cette histoire soit vraye ou non, chacun luy dônera autãt de creance que son iugement luy fournira de probabilité: cependant i'escriray apres Nicole Gille, que Dieu benissoit si miraculeusemét par tout le monde les armes de [b] Charlemagne, qu'à deux iournées pres de Ierusalem s'estant esgaré auec ses gens en vne forest, comme il recitoit son Psautier la nuict selon sa coustume, estant arriué à ce verset, *Deduc me Domine in semitam mandatorum tuorum, quia ipsam volui.* Voicy venir non point la Colombe qui monstra le chemin à Enée pour treuuer le rameau d'or, mois vn petit oyseau qui respondit; *François ta voix est ouye.* Charlemagne quoy qu'estonné de cette parole, ne laissa pas de continuer iusques à cet autre verset: *Educ de custodia animam meam*; & le petit oyseau retournant derechef chanta par deux fois en son ramage: *François que dis-tu? François que dis-tu?* ce qui redoubla l'estonnement de tous. Le iour estant venu, comme les Archers de Charlemagne s'efforçoient de le prendre, cette petite beste ne cessa de voleter deuant eux, iusques à ce qu'elle les amena au grand chemin d'où ils s'estoient fouruoyez.

XIX.
Charlemagne porte ses armes en la terre sainte selon aucuns.
a *Nicole Gille in Annal. Francia, Anno 809.*

b *Donatus Acciaiolus Florent. in vita Caroli Magni.* Tradunt enim quum Hierosolyma graui barbarorum dominatu oppressa teneretur Carolum Constantini Imperatoris precibus euocatum, simul & rei indignitate commotum ad liberandum sanctissimum locum, vbi omnium gentium salus est orta, cum ingenti exercitu accessisse: profligatisque Barbaris, ac ex omni prouincia pulsis, Christianismi in vrbem restituisse, firmisque præsidijs munitam reliquisse, profectum deinde Byzantium, & à Constantino incredibili lætitia acceptum, magnóq; affectum honore, paulo post in Galliam rediisse. Hæc si ita sunt, hanc expeditionem factam esse oportet antequam Carolus ad restituendum Leonem Pontificem in Italiam veniret. Quia satis constat post Imperatoriam dignitatem susceptam nunquam Carolum in Orientem esse profectum.

XX.
Charlemagne rapporte plusieurs sainctes reliques.
a *Nicole Gille Anno 809. Ann. Francia.*

CHARLEMAGNE ayant restably en Syrie l'Empereur Constantin IV. les mesmes [a] autheurs adioustent qu'il repassa par la ville de Constantinople, où l'Empereur luy offrit de grands presens en reconnoissance de tant de faueurs : mais comme l'honneur du Ciel auoit porté ce grand Roy à ce voyage, & non point quelques fumées de gloire : il accepta volontiers vn des sacrez cloux de nostre Seigneur, vne grande piece de sa Croix, & quelques espines de sa couronne, qui fleurirent miraculeusement, lors qu'elles luy furent presentées. L'histoire raconte qu'auant que Charlemagne les receust, il se confessa, & publia par tout son camp vn iéusne de trois iours, auec plusieurs autres prieres pour se rendre digne d'vn si diuin thresor. Le Roy de Perse se voulant reuancher en son endroit d'vn fauorable secours qu'il auoit receu de ses armes, luy donna semblablement le Suaire de IESVS-CHRIST, la chemise de nostre Dame, & le bras de S. Simeon, auec plusieurs autres sacrez deposts que le S. Empereur prefera aux plus riches thresors de l'Oriét, & qu'il rapporta en sa Chappelle d'Aix en Alemagne, en faisant part aussi à diuerses Eglises de Fráce. Voila ce que les Escriuains cy dessus alleguez racontent touchant le voyage de Charlemagne en Asie. Il est bien asseuré que plusieurs [b] Reliques luy furent enuoyées par le Roy de Perse Aaron; lors que les Ambassadeurs de Charlemagne offrirent de magnifiques presens au S. Sepulchre, & qu'estans apportées en l'Eglise de nostre Dame qu'il

b *Charron en or telle chap.*

qu'il auoit fait baſtir prés de la ville d'Aix la Chapelle, elles deliurerent douze Demoniacles, guerirent huict ladres, quinze paralitiques, quatorze boiteux, trente muets, cinquante contrefaicts & eſtropiez, ſoixante-cinq malades des eſcroüelles, pluſieurs febricitans, elles reſſuſciterent vn treſpaſſé, d'où nous deuons receuoir beaucoup de ſentiment pour la veneration des ſainctes Reliques.

JE pourrois icy rapporter plus au long la conqueſte que Charlemagne fit de la terre de Galice, par le commandement que luy en fit S. Iacques en vne celebre viſion qu'il eut pendant ſes prieres nocturnes, ſi noſtre ſiecle par ie ne ſçay quelle contagion de nos Ariſtarques Huguenots ne s'eſtoit rendu trop pointilleux à l'examen des miracles. Neantmoins pluſieurs bons Autheurs ſont d'accord que Charlemagne allant deliurer le pays de Galice de la tyrannie des Sarrazins, apres auoir aſſiegé trois mois durant la ville de Pampelune auec peu d'effect, ayant eu recours à S. Iacques, auſſi toſt les murailles, & toutes les fortifications tomberent par terre. Cela facilita l'entrée à l'armée Chreſtienne, & occaſionna les autres villes, & fortereſſes de Galice d'ouurir leurs portes aux armes miraculeuſes de Charlemagne, & de ſe rendre tributaire à ſa couronne depuis vne mer iuſques à l'autre. La cité de Lucerne qui eſt au val Berte, ou Verd, s'eſtant ſeule opiniaſtrée contre ſes armes, apres vn ſiege de quatre mois, fut en fin abyſmée entierement par les prieres que

XXI. *Le voyage de Charlemagne en Eſpagne & comme les murailles de Pampelune tomberent miraculeuſement, & d'autres prodiges.* a Nicole Gille Anno 813 Ann. Francia.

Kkkkkk noſtre

noſtre inuincible conquerant addreſſa à ſon ordinaire Aduocat S. Iacques, & ceſte ville deſaſtreuſe
ne laiſſa en ſa place qu'vn grād lac d'eau noire, où
nageoient d'horribles poiſſons. Si diuers Hiſtoriens n'auoient raconté fort au long les victoires
que Charlemagne remporta contre Aigolant
Roy d'Afrique, i'en tracerois vn plus long diſcours. Mais il me ſuffit de dire qu'il deffit ce
Roy Payen en diuerſes rencontres, & que finalement apres auoir fauſſé la promeſſe qu'il auoit faite de receuoir le Bapteſme, il le combatit genereuſement en la iournée de Pampelune, luy plon-
geant ſon eſpée dedans les reins, d'où il ne la retira qu'auec la vie de ce deſloial Africain.

XXII.
La force des bras de Charlemagne.

LA force des bras de Charlemagne eſtoit ſi
exceſſiue, que ſi l'hiſtoire des pays eſtrangers ne
nous enſeignoit que Scandelberg trenchoit en
deux pieces les hommes armez, & Godefroy de
Boüillon les mieux encuiraſſez; i'aurois peine de
croire qu'il coupoit d'vn coup d'eſpée vn homme
armé, & ſon cheual enſemble, prenant auec la
main vn Cheualier armé de toutes pieces, il l'éleuoit de terre iuſques au deſſus de ſa teſte, & mettoit en pieces trois ou quatre fers de cheual enſemble. Et dites apres cela que la France ne porte
pas des Samſons inuincibles; & ſi Aigoland ayant
receu vn coup de ce puiſſant bras en deuoit
échapper.

XXIII.
Charlemagne défait les ſoldats du Roy Sebille qui s'eſtoient habillez en diables.
a *Nicole Gille Anno 813. Annal. Franc.*

CHARLEMAGNE penſoit n'auoir plus d'ennemis apres la mort [a] d'Aigoland, & du Geant
Ferragut, que Roland neueu de Charlemagne
tua,

tua, quoy qu'il fut haut de douze coudées, sa face large d'vne coudée, son nez long d'vn pan, & ses cuisses longues de quatre coudées: toutesfois le Roy de Seuille, & l'Aumatour de Corde, qui s'estoient eschappez de la bataille de Pampelune, ayant ramassé grand nombre de gens pour reparer l'honneur de leur nation, ne laisserent pas de se faire voir à la campagne; mais d'yne façon toute estrange & épouuentable. Car se defiant de leur valeur, ils s'armerent de tromperie, aussi ridicule que malicieuse, faisant habiller en diables vne grande partie de leurs Soldats, qui auec d'horribles masques à longues cornes tenoient des clochettes en leurs mains, pour effrayer d'autant plus leurs ennemis, que la terreur de leur visage paroistroit plus espouuentable aux yeux des hommes & des cheuaux. La partie estant concluë, voila ces demons incarnez qui iouënt de leur reste; mais si finement, que s'estans presentez à l'armée Chrestienne en ceste posture, auec d'effroyables hurlemens, meslez du son de leur clochettes, ils ietterent tant de terreur parmy la cauallerie Chrestienne, que les cheuaux se mirent en fuite, n'osans pas affronter ces nouueaux diables. L'escarmouche en cette iournée ne fut pas grande, mais au lendemain on fit bien leuer le masque à ces Lutins. Car Charlemagne ayant commandé de couurir la teste des cheuaux en telle sorte qu'ils ne pûssent voir, ny ouyr aucun bruit, on donna la bataille si furieusement, qu'on fit descendre en enfer par centaines ces malins esprits. Leur Roy

Sebille,

982 *Parangon VIII. du Lys sacré*,

Sebille ou Seuille, le plus enragé de tous qui portoit vne ame aussi noire que son masque, leur seruit de guide en ce funeste voyage, ayant perdu la vie dans la meslée pour recompense de ses perfidies. Voila comme Charlemagne tuoit les diables aussi bien que les hommes, & nulle puissance d'enfer n'osoit se presenter deuant l'espée ioyeuse de nostre inuincible Empereur [b]

b Pindar. Ode 9. Olymp.
——τοῦτο ϳ προσφέρων κόσμον, ὀρθιον ἄρυσαι φάεσιν,
τὰν δ' ἀρετὰν δαιμονίας κεχαρυμένων,
δ' χερος, διεξιγμαι.

> *Que s'il faut qu'vn digne loyer,*
> *A ce victorieux ie rende.*
> *Ie veux le ton de ma voix employer,*
> *Afin que par tout on entende,*
> *Que son effort, qui passe au de là de l'humain,*
> *Tesmoigne qu'il n'est pas d'vne vulgaire argile,*
> *Et que si son corps est agile,*
> *On iuge au seul aspect qu'il a meilleure main.*

SECTION III.

Les guerres sainctes des Roys de France de la troisiéme lignée contre les Sarrazins d'Orient.

XXIV. *Signification des Lys, aux extremitez de la Croix.*

LA coustume n'est pas nouuelle sur nos Autels, de figurer aux extremitez de la Croix vne fleur de Lys, puis que l'Histoire de Portugal rapporte qu'on trouua l'an 1548. aux enuirons de Malipar [a] le corps de S. Thomas auec vne Croix de pierre qui portoit sur son chapiteau vne Colõbe, & auoit ses extremités taillées en fleur de Lys de France. Mais que vouloient signifier ces fleurs

Chapitre II. Section III. 983

fleurs de Lys aux extremitez du signe de nostre milice Chrestienne? Ie ne puis conceuoir vne intelligence plus naïfue de tout cela, sinon que les François, representez par les Lys, deuoient arborer cet estandart de IESVS-CHRIST parmy les nations payennes: comme aussi l'experience en a iustifiá le mystere. Car pour parler auec le [b] Mercure Flamand, *Les armes de France ont soustenu l'Eglise en Orient contre les Turcs, au Midy contre les Africains & les Arabes, au Septentrion contre les Hussites & les Normans, & dans le Royaume contre les Albigeois.* Mais disons de plus, qu'il semble que les François ont esté choisis du Ciel pour ruiner le reste de l'Idolatrie dans l'Europe, & denicher sathan de ses anciennes possessions. Ce sont les Roys de la premiere race qui ont aresté cette puissante armée d'Atilla, qui sembloit changer les pierres en hommes, tant il en auoit à son commandement. Ceux de la seconde ont fait rendre les derniers souspirs au Paganisme parmy les Saxons, & n'ont pû souffrir que la force de leurs armes fist plus de progrez que l'Empire de la Croix. Que si nous voulons voir la France dans la vigueur de ses armes, il la faut contempler sous le regne des Monarques de la troisiéme race, lors qu'en Orient elle moissonne sous la iustice du glaiue tant de teste de Turcs. Il la faut admirer cueillant genereusement les Palmes de l'Idumée, qu'elle a si genereusement arrousées de son sang. Il la faut regarder triomphante dans la ville de Hierusalem, vision de paix, dont la conqueste luy a cousté plusieurs ba-

[a] *Hieronymus Osorius Episcopus Syluiensis lib. 4. hist. Portugal.*
P. Oueau Ordinis Eremit. sancti Augusti lib. 2. cap. 2. hist. Indic.

[b] *Mercurius Belgicus. Francorum in Oriente arma contra Turcas, in Meridie contra Africanos & Arabes, in Septemtrione contra Hussitas & Normannos, & domi cōtra Albigenses cognita.*

Kkkkkk 3 tailles

tailles sanglantes. Il la faut considerer dans la ville de Constantinople, où ses proüesses ont monté au plus haut poinct de l'admiration. Tellement que la France non seulemét [c] n'est point décheuë des glorieux témoignages que luy rend l'ancien Strabon, la qualifiant pleine de generosité, & d'innocence, mais si la pieté & les armes ont iamais fait d'estroites alliances, c'estoit pour lors que le temperamment en estoit admirable. Quels hazards n'ont domté les Monarques de la troisiéme race pour replanter parmy l'Orient ce sacré signe de nostre gendarmerie Chrestienne?

Voicy le sujet de la premiere [a] guerre saincte, entreprise sous Philippe I. quatriéme Roy de la maison des Capets. Pierre d'Amiés Prestre & Gentil-homme Picard, surnommé l'Hermite à raison de sa vie saincte & solitaire, ayant visité la Terre saincte, & reconnu parmi l'Orient la felonnie des Turcs à l'endroit des Chrestiens, voyát ce mal sans remede, & son iniustice sans vengeance, confera de ce desastre auec Simeon Patriarche de Hierusalem, qui luy conseilla de solliciter à son retour en France le zele des Princes Chrestiens pour le soulagement de ces pauures affligez. Le bon personnage ménagea si sagement cette affaire aupres du Pape Vrbain II. qu'à cette occasion le S. Pere conuoqua à Clermont en Auuergne vn Concile general de CCCX. Prelats, sçachant tres-bien que la France ne laisseroit rien en arriere pour redresser la Croix, & les Lys de pieté parmi ces peuples barbares. La croisade fut aussi

[c] *Strabo lib. 4. sua geograph.* Vniuersa natio eorum hominum qui Galli nunc & Galatæ appellantur, Martis studio flagrans, animo est strenuo, & celeri ad conserenda prœlia, alioqui mente candida & simplici, & ab improbis moribus abhorrente. Præter vim, & præsentiam animi, nihil ad certamina adhibent. Quòd si quid temerè susceperint, facilè vtilitati cedunt, ob quod & doctrinæ institutionem, & literarum studia capessunt.

XXV.
L'origine des guerres de la terre saincte.
[a] *Annales Franciæ Scipionis Dupleix.*

aussi-tost publiée pour la conqueste de la Terre saincte : où le Sainct des Saincts auoit esté victimé pour le salut des hommes. Cet armement estoit appellé croisade, à raison que le Pape auoit ordonné que tous les soldats de cette sacrée milice porteroient vne Croix cousuë sur l'espaule, pour marque de la pieté de leurs armes.

LA plus grande partie de ces inuincibles [a] Heros furent François, entre autres Hugues le Grand frere du Roy Philippe, auec les plus notables Seigneurs de France, Godefroy de Boüillon, fils d'Eustache Comte de Boulongne en Picardie, qui estoit Duc de Lorraine du costé de son Oncle. Godefroy le Bossu s'offrit le premier à cette croisade, & fut choisi pour estre le chef de ce glorieux voyage, comme estant pourueu des qualitez necessaires au bon-heur d'vne si genereuse entreprise. Les voila donc tous en armes, & tous se comporterent si noblement, qu'ils ne donnerent trêue à leur courage, qu'apres auoir subjugué les principales villes de Lycaonie, de Pisydie, de Lycie, de Cilicie, de Pamphylie, & autres places de l'Asie. Ayans pris la ville de Nicée Metropolitaine du pays de Bithynie, ils la remirent aussi-tost entre les mains d'Alexis Empereur d'Orient, cóme ils luy auoient promis à Constantinople. Marchans apres cela contre Soliman, qui venoit aussi à la rencontre auec vne armée de quatre cens soixante mille combattans, sans conter vn grand nóbre d'Arabes qui le suiuoient, quoy que fort inégaux en puissance, neantmoins ayans la iustice de leur

XXVI.
Les principaux Seigneurs qui s'armerent des premiers & leurs conquestes.
[a] Scipion Dupleix.
Iacques de Charron.

leur costé ils firent vn tel carnage de ces infidelles, qu'il n'en demeura pas moins sur la place, de quarante à cinquante mille, le surplus s'estant garanti par la fuitte à defaut de courage. Les Turcs qui se croyent sans pair apres auoir matiné toutes les nations d'Orient iusques à la mer de Grece, admirerent tellement le courage des Fráçois, qu'ils se persuaderent deslors qu'ils ne pouuoient estre originaires que de leur race, & qu'il n'appartenoit qu'à eux & aux François de se méler des armes. Nos gens ayans passé iusques à la fameuse ville d'Antioche, apres vn siege de sept mois & plusieurs assauts l'emporterent, en fin y ayans trouué miraculeusement la lance qui perça le sacré costé de nostre Sauueur. Vne puissante armée de Sarrazins qui venoit pour secourir la ville s'estant presentée, fut si mal receüe, qu'ils en tuerent plus de cent mille sur le champ. De maniere que ces barrieres estans rompues, ils passerent au pays d'Alep, où le Sultan de la ville fut aussi vaincu, la ville de Sororge prise, & celle de Tyr & tout le reste du pays subiugué iusques à la cité de Hierusalem le but & esperance de leurs courages.

b *Guibertus*. Est autem eorum opinio quòd Fracorum contribules existant, & præ cæteris gentibus solis specialiter Turcis & Francis deberi militare fastigium.

XXVII.
Les François assiegent la ville de Hierusalem d'où Godefroy de Boüillon a esté le premier Roy.

TITE & Vespasien n'assiegerent point cette ville auec plus de bonne resolution & de faueur du Ciel que firent nos magnanimes Gaulois: Chacun desire mille vies pour les employer à la conqueste de cette ville. On la boucle, on la bat, on la presse, on la force; & apres auoir soustenu le siege l'espace de trente huict iours, Godefroy de Boüillon

Chapitre II. Section III. 987

Boüillon fut le premier qui entra dedans du costé du Septentrion, & apres luy le Comte de Flandre, & le Duc de Normandie. Le Comte de Tholouse donna du costé du Midy, où est le mont de Sion, & la Tour de Dauid, qui estoit la citadelle qui tenoit encore. Mais la garnison redoutant les armes Chrestiennes, encores fumantes du sang des Mahometains, se rendit moyennant bagues saues. Il faudroit vn volume entier pour rendre à la valeur de ces magnanimes Cheualiers la gloire qui est deuë à leurs hauts faits d'armes. Le nombre de ceux qui auoient quitté leur patrie pour redresser l'estendart de la Croix, arriuoit à quarante mille hommes; d'autres ont escrit moins probablement, qu'il montoit à cent mille combattans; quelques vns ont soustenu auec peu d'apparence qu'on y contoit six cens mille personnes. Quoy qu'il en soit, le Dieu des armées renforça tellement leur courage qu'vn seul en valoit mille autres; tant le suiet de la guerre prend de force de sa Iustice, & l'iniustice des armes donne de ruine à sa puissance. La conseruation de ce nouuel Empire n'estant pas moins glorieuse à ses possesseurs, que la conqueste; on iugea estre necessaire d'eslire vn Prince auec authorité souueraine, pour couper chemin aux dissensions que l'ambition pourroit allumer aux progrez de sa bonne fortune. Les merites de tous ayans esté contrebalancez, ceux de Godefroy de Boüillon emporterent le poids sur tous les plus meritans: mais son humilité egalant les éclairs de ses armes,

LlllllI refusa

refusa de porter vne couronne d'or, où le Maistre des sages Roys auoit preferé celle d'espines à tous les diademes de la terre.

XXVIII.
Godefroy de Boüillon surmonte le Sultã d'Egypte.

LE Sultan d'Egypte forcené de tant de pertes, voulant iouër de son reste, grossit vne armée de cent mille cheuaux, & de quatre cens mille hommes de pied, pour reprendre Hierusalem. D'autre part Godefroy de Boüillon qui sçauoit que son Royaume se deuoit conseruer par les mesmes forces qui l'auoient acquis, s'arma puissamment du secours diuin, & auec cinq mille cheuaux, & quinze mille pietons, alla choquer ces barbares, qui n'eurent pas plustost enuisagé l'estendart de la Croix, qu'ils penserent à fuir plustost qu'à côbattre, & à se sauuer qu'à donner de la resistance. Nos valeureux champions fondans sur ce monde de Sarrazins, comme des Aigles sur leur proye naturelle, les serrerent si viuement qu'ils joncherent la pleine de plus de cent mille testes, donnant la chasse au surplus de l'armée, & monstrant assez que les armes de ceux là sont inuincibles qui ont Dieu de leur costé. Cette victoire fut si aduantageuse au bon-heur de Godefroy, qu'apres s'estre saisi de la ville, & du port de Iaphe, il rengea facilement tout le reste de la Palestine sous son obeyssance, ordonnant que son frere Baudoüin seroit Comte d'Edessa; Tancrede frere ou neueu de Bohemont, Prince de Galilée & de Tyberiade, & Bohemont Prince d'Antioche. Aprenós d'icy l'importance d'vn bon cerueau pour la conseruation d'vn Estat. Xiste V. vn des plus sages

Οἷσι πατήρ Ζεὺς κῦδος ὀπάζει,
Κείνων τοι πάντων βέλε ἄπτεται, ὅσις ἀφίη.
Ἢ χρηςὸς ἢ ἀγαθὸς Ζεὺς
Νύκηι πάντα ἰθύνει,
Ἐχθροῖς δ' αὐτοῖς πᾶσιν ἐναντία πάντα ἔρπει.
Quibus pater Iupiter gloriã concedere vult, illorum omnium tela tangunt, quisquis illa mittat, siue ignauus, siue fortis cùm Ioue omnia dirigantur, Hostium tela contra irrita humi decidant. *Homerus.*

personnages de son siecle tesmoigna ceste verité, en faisant peindre pour deuise vn Lion sur vn thresor, tenant en sa griffe vne étoile qu'il regardoit, auec cette deuise, *Vigilat sacri thesauri custos.* Ce que Godefroy de Boüillon exerça, qui ressemblant en force à vn Lion, & n'ayant autre mire que le Ciel, conserua glorieusement pendant sa vie le Royaume de Hierusalem, le plus sacré thresor de la Chrestienté. Si ie voulois suiure les nouueaux secours des François enuoyez en la Terre Saincte apres la mort de Godefroy de Boüillon, ie ferois assez voir que ces sainctes entreprises ne furent pas des boutades d'vn iour, puisque l'issuë en fut heureuse, & le bon-heur eust continué plus long-temps, si les Empereurs de Constantinople animez d'vn esprit Gregeois se fussent acquitez de leurs promesses auec plus de fidelité: mais qui rompt la haye sera mordu du serpent.

LA seconde guerre Saincte se renoüa l'an 1142. sous le regne de Louys VII. qui entendant les oppressions cruelles qu'enduroient les Chrestiens de la Palestine, mit sur pied vne [a] armée si puissante, que S. Bernard escriuant au Pape Eugene, témoigna que le nombre des soldats François estoit si grand, qu'à peine restoit-il vn homme pour sept femmes. L'exemple du Roy seruit beaucoup pour allumer cette ardeur parmi ses subiects: car s'estant croisé le premier auec Eleonor son espouse, tous les Princes, & les Seigneurs Ecclesiastiques, & Seculiers qui se trouuerent aux Estats conuoquez à Vezelay pour ce sujet, tenoient

XXIX.
Louys VII. entreprend la seconde guerre saincte auec plusieurs Seigneurs François.
[a] *VVilhelmus Tyrius variis in locis.*
Suger.
Scipion Dupleix.

noient à lascheté de ne pas suiure leur Roy en vne entreprise si saincte.

XXX.
L'Empereur Conrad dresse vne puissante armée à l'exemple de Louys VII.

LA generosité du Roy aiguillonna l'Empereur Conrad, voyant les François auec leur Monarque endosser le harnois pour vne si glorieuse guerre. L'exemple de l'Empereur n'eschauffa pas moins les cœurs de ses subjets à cette conqueste, que celuy de Louys les courages des siens. L'armée Imperiale estoit de soixante dix mille hommes, outre les cheuaux legers. Celle du Roy n'estoit pas moindre en nombre de caualerie, mais plus puissante en addresse, dit Suger. L'Infanterie de l'vne & de l'autre estoit si nombreuse, qu'on n'en pouuoit sçauoir au vray le conte : mais les puissances humaines sont bien foibles si Dieu ne leur preste la main.

a *Pind. Ode 1. Pyth.* Ἐκ θεῶν γὰρ μαχαναὶ πᾶσαι βροτίαις ἀρεταῖς, ἐ σόφοι, ἐ χερσὶ βιαταὶ περίγλωσσοι τ᾽ ἔφυν.

Car il est autheur des merueilles
Que l'on doit faire à la vertu,
Dont lors qu'vn homme est reuestu,
Ses actions sont nompareilles.
Par sa faueur nous faisons voir
Ce que nous auons de sçauoir :
C'est luy seul qui nous fait la langue,
Et donne la force à nos mains :
Pour nous faire admirer pendant vne harangue
Et pour vaincre aux combats le reste des humains.

Ce qui se verifia en ces deux redoutables armées : car les crimes des Soldats, & des Capitaines, ayás fait retirer le bras du Tout-puissant de leur parti, toutes leurs esperances plus asseurées auorterent à leur confusion. Et neantmoins il sembloit que le

Chapitre II. Section III.

le Ciel par des signes extraordinaires, vouloit re-
resigner l'Empire des Sultans, à la fortune des
Chrestiens: mais iamais Dieu ne promet du bon-
heur aux vicieux quand mesmes sa gloire y seroit
engagée auec celle des hommes.

IL vaut mieux ietter le voile de Thimante sur les calamitez de ces deux armées, que de les vou- loir dissimuler au desauantage de la verité. On ne peut toutesfois nier que le Roy estant arriué à la riuiere de Meandre bordée de belles prairies, ne rechercast les occasions auec toute son armée d'affronter l'ennemy, qui ne tarda pas de se faire voir de l'autre costé du fleuue. Nos François com- me Gerfaux acharnez à la proye des Sarrazins, vo- lerent aussi tost de là le fleuue, parmi les gresles des flesches que les Turcs décochoient en leur passage. Ayans en fin ioints ces Barbares, ils com- battirent en lions; & contre toute la resistance, leur addresse aux armes secondant leur courage couurit la campagne de Turcs, & les enrichit d'vn incroyable butin. Le Roy passa iusques en Hie- rusalem, où il fut receu du Roy Baudouin, & du Patriarche auec toutes les magnificences sortables à la venuë d'vn si genereux Monarque. Son arri- uée remplit tellement de ioye tous les ordres de la ville, que le Clergé chantoit: *Benit soit celuy qui vient au nom du Seigneur.* En vn mot l'Historien du temps rapporte qu'il y fut accueilly comme vn Ange de Dieu.

XXXI. *Louys VII. défait l'ar- mée des Sarrazins au- pres du fleuue Mean- dre.*

CES deux grands Princes, l'Empereur, & le Roy Louys, ne s'en voulans point retourner en

XXXII. *L'Empereur & le Roy assiegent la ville de Damas, mais ils sont trahis par les Chrestiēs de Syrie.*

Lllll 3 leur

leur pays sans remporter des Palmes de la Palestine, dignes de leurs courages, allerent assieger Damas auec le Roy de Hierusalem. L'assaut fut furieux d'vne part & d'autre, & les assiegez estans prest à se rendre, l'enuie des Chrestiens de Syrie leur rauit la gloire de ce triomphe, ayant conseillé aux François d'attaquer la ville du plus fort costé, sous asseurance qu'il estoit le plus foible, l'euenement ayant découuert la trame d'vne si lasche trahison. Tellement que l'Empereur, & le Roy ne penserent plus deslors qu'à leur retour, voyant que ceux-là estoient si mesconnoissans de leurs seruices pour qui ils prodiguoient si franchement leurs fortunes & leurs vies. L'Empereur ayant repris le chemin d'Europe, Louys ne partit qu'vn an apres, s'employant genereusement à guerroyer les Sarrazins, sans tesmoigner aucun ressentiment de la perfidie des Chrestiens de Syrie. Mais voyãt en fin que ses gens marchoient froidement à la guerre, detestans autant la perfidie des Syriens, que l'infidelité des Turcs, il reprit la route de France, ayant pû dire, [a] qu'il auoit esté la palme d'airain de Cypsele, attaquée à la racine par des grenoüilles, & par des hydres, c'est à dire par l'enuie des amis, & par la furie des ennemis estrangers.

[a] *Plutarchus in libello de Oraculorum silentio.*

XXXIII.
Philippe II. dict Dieudonné s'embarque auec le Roy d'Angleterre, pour secourir les Chrestiens de l'Orient.

LA troisiéme guerre Saincte recommença sous Saladin Sultan Roy d'Egypte, & de Syrie, qui ayant repris la Saincte Cité de Hierusalem, & plusieurs autres places en Syrie, Philippe II. dit Dieu-Donné, fut touché si sensiblement de cette perte, qu'il

Chapitre II. Section III.

qu'il se resolut d'accōplir son vœu, en prestant la main aux pauures Chrestiens du Leuant. Aussi n'est-il point de gloire plus digne d'vn grād Roy, que de secourir les miserables. Auant son depart, ᵃRigord escrit qu'il garda la loüable coustume des Roys ses predecesseurs, s'acheminant à l'Eglise de S. Denys pour y receuoir la banniere de l'Eglise surnommée l'Oriflame, qui estoit sur l'Autel, & prendre congé des victorieux Martyrs, les puissans tutelaires des armées Françoises. Il prit la route de Gennes l'an 1190. ayant fait son testament, & laissé pour regent du Royaume Adele sa mere, & Guillaume Archeuesque de Rheims son oncle maternel, & Richard Roy d'Angleterre enfila celle de Marseille auec vne armée de trente mille hommes de pied, & de cinq mille cheuaux; quoy que les Historiens François moins curieux, ne nous en ont point specifié le nombre. La tempeste ayant assailly furieusement les armées, la pluspart des Seigneurs de France furent contraints de soulager les vaisseaux par la perte de leur equipage, qu'ils abandonnerent à la mercy des flots. Mais Philippe en cest accident, pour ne point décourager son armée, fit paroistre sa liberalité autant que sa prudence, rendant à ces Seigneurs de quoy s'equiper de nouueau. Le Duc de Bourgongne eut mille marcs d'argent pour sa part; le Comte de Neuers quatre cens, Guillaume de Bar autant; Guillaume de Mello quatre cens onces d'or; l'Euesque de Chartres trois cens; autant en eut Matthieu de Montmorency; Dreux de

ᵃ *Rigord. de gestis Philippi Augusti. Fr. R.* Tandem cum lacrymis ab oratione surgens sportam & baculum peregrinationis de manu Guillelmi Rhemensis Archiepiscopi auunculi sui, Apostolicæ sedis legati deuotissimè ibidem accepit. Deinde desuper corpora Sāctorum duo sandalia decenter insignita pro memoria sanctorū Martyrum & tutela, contra inimicos crucis Christi pugnaturus propriis manibus accepit. Demùm orationibus fratrum se commendans, accepta benedictione claui, & spineæ coronæ, & sancti Simeonis brachij recessit, & feria quarta post octauas sancti Ioannis Baptistæ cum Rege Angliæ Ricardo apud Vissiacum venit.

de Mello en eut deux cens, & les autres à proportion de leur perte. Mais nous verrons bien tost que nous ne gaignons iamais dauantage que quand nous perdons tout pour l'amour de Dieu.

XXXIV.
Philippe Dieu-donné force la ville d'Acre & la butine.

SA Majesté Tres-Chrestienne qui auoit à cœur l'accomplissement de son vœu, cingla heureusement vers la Syrie, & prit terre au haure d'Acre la veille de Pasques. Cette ville estant bouclée depuis vn an par Guy Roy de Hierusalem, sans esperance de la pouuoir forcer, Philippe la pressa si fort, qu'il la contraignit de se rendre, & par ce moyen il recouura ce que la mer auoit englouti, par le riche butin qu'il tira du sac de cette ville. Mais sa Majesté Tres-Chrestienne qui recherchoit dauantage les despoüilles du Ciel parmi l'Orient, que les thresors de la terre, distribua sa part à ses Soldats, & particulierement au Duc de Bourgongne, preferant le merite de ses armes, & la gloire de la Croix à tous les gains du monde. Le bon-heur de la guerre ressemblant au calme de la mer, qui ne tarde pas long temps sans quelque orage, ne se monstra pas plus constant dans la bonace des armes de Philippe, qui se virent tout à coup accueillies de deux disgraces, l'vne de la dissenterie qui trauailla sa Majesté iusques aux extremitez de sa vie; l'autre de la mutinerie de Richard Roy d'Angleterre appellé cœur de Lion, dont l'arrogance se rendant tous les iours plus insupportable, obligea Philippe à retourner en France plustost que d'en venir aux mains, au grand scandale de toute la Chrestienté, qui n'attendoit

tendoit pas des euenemens si funestes de ceux dont il se promettoit le comble de son bon-heur. Il laissa sous la charge du Duc de Bourgongne dix mille hommes de pied, auec cinq cens hommes d'armes payez pour trois ans, cedant au bien de la paix tous les interests de ses armes. O l'heureuse guerre quand elle pointe contre les forteresses de l'Enfer! Iaçoit que la France n'eust remporté autres thresors que les merites de ses iustes intentions, elle aneantmoins acquis vne gloire si considerable parmi les mortels, que iamais on ne parlera de proüesses, qu'on ne loüe les faicts heroïques des François parmi l'Orient, & leur constance à reprendre si souuent les armes pour la querelle de la Religion Chrestienne.

SECTION IV.

Suite des Guerres sainctes des Roys de France contre les Infidelles de l'Orient.

QVAND Mars & Mercure, ces deux diuinitez des combats s'entre-accordent en vn Royaume, on n'y doit attendre que de grands Capitaines, & des foudres de guerre, capables d'ébranler les poles des plus puissans Empires. Car auec la langue & la connoissance des bonnes lettres Mercure aiguise les courages, & Mars auec les mains fait d'estranges proüesses. Ce sont ces deux puissances que l'Empereur Federic III. representation

XXXV.
L'eloquence & la force les deux principales pieces de guerre.
a *Sanctus Hieron. contra Vigilantium.* Informem Gerionem Hispaniæ prodierunt, sola Gallia monstra non habuit, sed viris semper fortissimis, & eloquentissimis abundauit.

presentoit par la figure d'vn bras armé appuyé sur vn liure, auec cette deuise ; *Hic regit, ille tuetur*; Cettuy-cy gouuerne, & celuy-là defend. Ce sont ces deux genies que les Gaules ont curieusement nourris, au rapport du grand Docteur sainct Hierosme, qui témoigne qu'elles ont tousiours également foisonné en personnages eloquens, & en esprits belliqueux. Nous mettrons cette verité en son iour, en découurant cy-apres comme les François par leurs prouësses, à l'oceasion de la quatriéme guerre saincte, se sont rendus maistres de Constantinople au grand étonnement de toute la nature.

XXXVI.
Quatriéme armement des François pour la Terre saincte.

CETTE guerre fut suscitée sous le mesme Roy Philippe à la sollitation du Pape Innocent III. qui comme vn bon Pasteur, touché des extremes miseres de ses oüailles de Syrie, exhorta les Princes d'Occident, & particulierement les Roys de France, & d'Angleterre, d'accourir au soulagement de leurs freres Chrestiens. Cette trompette du Ciel arma aussi-tost la France, & les plus zelez de la Chrestienté, qui choisirent pour chef de cette Croisade Thibault Comte de Champagne, à qui la mort coupa deuant ses pieds les lauriers qui l'attendoient en Orient. Mais Boniface Marquis de Mōtferrat luy ayāt succedé en cette charge, ressuscita en sa personne toutes les esperances qu'on auoit conceües en la valeur de Thibault.

XXXVII.
Les armes des François sont diuerties de la terre saincte par les Venitiens & Alexis.

CET armement auança plus les affaires des Venitiens & de Constantinople que celles du Christianisme ; car l'armée estant arriuée à Venise se pour faire voile en Syrie, au lieu de cingler en la terre Saincte, les Venitiens l'employerent à dompter les Iedriens, ou Zariens, peuples d'Esclauonie, qui s'estoient emancipez de l'obeyssance iurée à Bele Roy de Hongrie. Nos François, au lieu de poursuiure leurs desseins, executoient ceux des Venitiens, mais si promptement, qu'en peu de iours ils se rendirent Maistres de Sara, ville Capitale du païs. Durant ce sejour, Alexis, surnommé l'Ange, autrement appellé Commenne, ayant fait creuer les yeux à Isaac son frere, legitime Empereur de Constantinople, & ayant tyranniquement enuahi son Empire; le fils d'Isaac qui se nommoit aussi Alexis, ayant trouué moyen d'échapper des mains de son oncle, & de se rendre au camp des François, comme à son dernier asyle, traita si accortement auec les Comtes de Flandre, de Blois, & de sainct Paul, qu'ils luy promirent de restablir son pere, à condition qu'il s'obligeast qu'estant remis en son Empire il fourniroit à l'armée Françoise certaine quantité de viures, & de machines de guerre, auec cinquante galeres bien equippées pour leur voyage de la Terre saincte; & sur tout qu'il procureroit la reünion de l'Eglise Grecque auec la Latine. Ceux qui se voyent aux abois de leur fortune, ne trouuent aucune condition difficile à leur salut. Il promit tout ce qu'on voulut; mais il n'accomplit pas tout ce qu'il auoit promis. La Grece a tousiours esté artificieuse, mais en fin elle mesme s'est enlacée dedans ses pieges.

XXXVIII.
Les François assiegent Constantinople, & l'emportent.

LES François ne manquerent point à leurs paroles, & quoy que l'entreprise fust hors de toute apparence humaine, neantmoins auec deux mille hommes de pied, & cinq cens cheuaux, ils assiegerent Constantinople, cette autre Rome Orientale, qui nourrissoit tous les iours plus de quatre cens mille hommes portans armes, dont soixante mille estoient à cheual. Si les Historiens estrangers ne nous confirmoient ces prodiges de courage, iamais il ne m'entreroit en la pensée de croire qu'vne poignée de soldats eust l'asseurance d'affronter tant de citoyens dans ses remparts. Il est veritable que Nicete Historien Grec, pour couurir l'opprobre de sa patrie, escrit que les Latins, ainsi nomme-t'il les assiegeans, estoient en tout trente mille hommes de pied, & mille hommes d'armes, qui furent portez sur soixante galeres, & sur cent & dix vaisseaux legers, & soixante vaisseaux ronds, dont l'vn paroissoit d'vne grandeur demesurée, qu'on appelloit le monde. Apres plusieurs escarmouches sanglantes, les François rompirent la grosse chaine qui fermoit le port, démantelerent la ville auec la violence de leurs beliers, & y entrerent à viue force. Si iamais la loüange que ce grand Capitaine Iules Cesar a donnée à la valeur des Gaulois s'est verifiée, ce fut en cette conqueste. Car pour lors il pouuoit dire, Que le monde vniuersel ne pourroit faire teste au conseil de guerre des Gaulois. Ce qui se vid en ce siege de ville, où vn monde de peuple n'auoit pas dequoy s'opposer à la resolution de ces magnanimes François.

a *Iulius Cæsar lib. 6. de bello Gallico.* Gallorum consilio armato ne orbē quidem terræ posse obsistere.

ALEXIS

Chapitre II. Section III. 999

ALEXIS le Tyran, ayant trouué plus de salut en ses pieds qu'en ses mains se garantit à la fuite, & Isaac fut restabli en son Empire, auec moins de volonté que de pouuoir de satisfaire à ses promesses. Pendant qu'il amuse les François à reprendre les autres villes rebelles de Thrace, il s'en retourne à Constantinople, & laisse l'armée à la campagne, auec intention de l'y morfondre, ou de la faire tailler en piece, si l'impatience les portoit à quelque reuolte. Mais la fortune renuersa la medaille; car celuy qui à l'aide des François s'estoit affranchi de la tyrannie d'Alexis son frere, ne pût sans les François se racheter de la felonnie de ses subiects. Car se voyans deliurez de l'oppression des Latins, qui auoient vsé de toute sorte d'hostilité en leur surprise, & considerans qu'Alexis le ieune, & Isaac son pere estoient les autheurs de toute cette tragedie, ils en iouërent aussi vne à leur tour, le massacrans à mesme heure que son pere rendoit l'ame. Voilà comme la tromperie boit la premiere le poison qu'elle prepare aux autres. Mais nos magnanimes Heros ne sont pas encores montez au plus haut de la rouë de fortune.

XXXIX.
Isaac estant restably en son Empire trompe les François, mais à sa ruine.

ALEXIS Ducas surnommé Marzufle, s'estant fait proclamer Empereur, nos François ne pûrent digerer cette fascheuse escorne, de se voir pipez & par les vns, & par les autres. Ils rauagerét toute la campagne, mirent tout à feu & à sang, & s'estans rangez comme en bataille les enseignes desployées, ils heurterent si courageusemét

XL.
Les François reprennēt Constantinople, & font Baudoüin Empereur.

Mmmmmm 3 &

& heureusement cette grande Cité, qui tout fraischement auoit rehaussé ses murailles de trois toises, qu'ils l'emporterent au second assaut. Merueilleuses & incomparables proüesses. Il faut auoüer que ç'a esté de tout temps que la [a] France a porté des Hercules, & que les Grecs, & les Romains ont tousiours pû dire ce qu'ils auoient publié long temps auparauant: *Aye le François pour amy, & non point pour voisin.* Car en cet assaut de ville pour vn soldat assaillant, on contoit vingt citoyens. En vain fait-on la ronde à l'entour de la ville quand Dieu en delaisse la protection. C'est pourquoy Erric treziéme Roy de Sueue auoit bonne raison de faire grauer sur vne medaille vn sceptre qui tomboit du Ciel auec ces mots, *Deus dat regna & opes cui vult*, pour monstrer que c'est Dieu seul qui donne les richesses, & les Royaumes à qui luy plaist. Les François s'estans rendus Maistres de Constantinople, ne virent point de teste plus forte pour porter la couronne Imperiale de l'Orient, que celle de Baudoin Comte de Flandres; aussi estoit-il né pour les Empires. On ne parle par tout le monde que du courage des François, leur gloire éclate par tout, vous diriez que les victoires sont gagées à leur bon-heur, & que toute la nature se monopole pour conspirer à leurs triomphes. Et quoy qu'ils eussent à faire à vn peuple aussi mutin, que trompeur, si le tindrent-ils en bride l'espace de cinquante cinq ans. Enfin cette nation Gregeoise, ne songeant qu'à la ruine de leurs conquerans, nonobstant tous les

sermens

---

[a] *Eginhardus in vita Caroli M.* Tantus ille terror Gallici nominis tum fuit, vt & Græcis quondam & Rómanis quibus suspecta Francorum potentia locum fecit prouerbio. Τὸν Φραγκὸν φίλον ἔχῃς, γείτονα οὐκ ἔχῃς.

Chapitre II. Section III.

sermens de fidelité, confirmerent de plus en plus leur perfidie, & firent voir que n'ayans point de foy pour Dieu, ils n'en auoient pas dauantage pour les hommes. Car en vrays renards ils surprirent par trahison Constantinople, & mirent la couronne de l'Empire sur la teste de Michel Paleologue, dont la posterité l'a gardée depuis l'an 1259. iusques à l'an 1452. que Mahomet second l'enuahit sur Constantin Paleologue. Voila comme les armes Françoises ont triomphé de l'Empire d'Orient, & pris par deux fois Constantinople, auec autant de courage que de miracle.

QVE si pour le present, ils n'en tirent autre tribut, du moins la gloire de leurs hauts-faicts se perpetuera à iamais, qui est le plus cher butin que les grands Princes puissent remporter de leur cōquestes ; & la France conseruera à iamais le plus riche thresor que les Chrestiens pourroient recercher en ce monde, qui est vne piece du bois de la saincte Croix aussi espesse qu'on en pourroit tenir entre le pouce, & le doigt suiuant, vne piece des drappelets dōt IESVS-CHRIST fut emmaillotté en sa naissance, vn floccon des sacrez cheueux de sa tendre ieunesse, vne espine de sa couronne, vn lambeau de sa robbe, auec vne coste & vne dent de S. Philippe l'Apostre, que Baudoüin enuoya à l'Eglise de S. Denys en France. Quelles finances de Croesus, & quels Empires d'Alexandre sont comparables à ces diuines dépoüilles, qui attirent sur les Royaumes toute sorte de bon-heur?

XLI. *Ce que les François ont acquis en l'Orient.*

LE

XLII.
Le cinquième voyage des François en la Terre sainte.

LE Pape Pie II. a tout sujet de dire que le propre des Monarques François est de combattre contre les Turcs, de les vaincre, de recouurer la Terre saincte, de conseruer la foy Catholique & d'illustrer l'Eglise Romaine. Et à n'en point mentir, il faudroit plusieurs liures pour rapporter les faicts d'armes des François parmi les Orientaux, & si leurs courages se sont immortalisé en toutes leurs conquestes, ils n'ont pas moins merité de loüange en la cinquiéme guerre saincte qu'é toutes les autres precedentes. Cette croisade fut proiettée au Concile vniuersel conuoqué à Rome dans l'Eglise de Latran en l'An 1215. L'Empereur Federic II. fut vn des premiers qui se croisa, quoy que d'autres affaires le diuertirent de ce voyage. Ceux qui partirent de France furent les Archeuesques de Rheims, & de Bordeaux, l'Euesque de Beauuois, de Paris, d'Angers, de Limoges, Gautier Chambellan de France, les Comtes de Neuers, de Bar, de la Marche, qui tous arriuerent heureusement à la ville d'Acre. Ayans assiegé Damiette, ils la prirent, défirent le secours du Sultan, & firent plusieurs autres exploicts d'armes, que l'on pourra admirer dans les historiens qui ont décrit plus au long toutes ces guerres.

XLIII.
Les Chrestiens sont empeschez d'assieger le grand Caire par le debordement du Nil.

LA prise de cette riche ville aiguisa l'appetit aux Capitaines & aux soldats d'assieger le grand Caire, capitale de toute l'Egypte, & sans doute nos genereux Chrestiens l'eussent emportée, si le débordement du Nil n'eust inondé toute l'armée Chrestienne de la hauteur d'vne coudée. Cela arriua

Chapitre II. Section IV. 1003

riua par la malice du Sultan; qui fit rompre les digues qui retenoient ce Fleuue. De sorte que nos gens furent contraincts de ceder pluſtoſt au débordement des eaux qu'à la violence des armes de l'ennemi, & de rendre Damiette auec tréue pour 8. ans, que de se perdre entierement dás les flots d'vn impitoyable deluge. Cette diſgrace apporta du refroidiſſemét aux guerres d'Orient, iuſques à ce que noſtre magnanime Roy S. Louys les r'alluma plus que iamais, comme nous verrós cy-apres dans l'hiſtoire de ſes faicts heroïques, qui éclateront par deſſus la valeur de tous les Monarques de ſon ſiecle.

Tovs ces hauts-faicts de guerre des François en l'Orient ont laiſſé tant de terreur dans l'eſprit de ces peuples d'oultre-mer, qu'ils n'apprehendent rien tant ſous le Ciel que la nation Françoiſe. Ie me côtenteray d'en rapporter ce que Meyerus, aſſez ialoux de la gloire de France, en a luy meſme écrit. L'an mille quatre cens ſoixante & vn, le Patriarche d'Antioche, Legat du Pape Pie II. vint ſaluër le Roy Charles VII. auec les Ambaſſadeurs de Dauid, Empereur de Trapezonce, & de George Roy de Perſe, & d'autres de Meſopotamie, de l'Armenie mineure, des Georgites, du Preſtre Iean, & d'vn Royrelet appellé le petit Turc. Tous ces deputez demandérent vnanimement à ſa Majeſté, non point de l'argent, ni des forces militaires, ou d'autres munitions de guerre, mais vn Capitaine François qui portaſt ſeulement la banniere de France, eſtant certain que le

XLIV.
Les Turcs redoutent particulierement les armes de France.

a *Humbertus Mortu lib. de ſacris vnctionibus: Anno Domini* 1461. *Venit ad Carolum* 7. *Patriarcha Antiochiæ Pij* 2. *Pontificis Legatus: Venêre oratores Dauidis Imperatoris Trapezuntij, & Georgij Regis Perſarum, aliorum quoque multorum Regum, vt minoris Armeniæ, Meſupotamiæ, Georgianæ prouinciæ, Legatus Preſbyteri Ioannis ſiue Regis Indorum, & Legatus cuiuſdam Principis, quem paruum Turcam vocat Enquerranus, hi omnes (ait Meierus) licet Gallici nominis alienus, nullam petebant pecuniam ſed tātum ducem copiarum, & ſignum Regis Franciæ contra*

Nnnnnn grand

magnum Turcam Conſtantinopoleos vſurpatorem. Hæc enim duo plus prodeſſe poſſe dicebant, quàm centum millia pugnantium alterius nationis.

grand Turc vſurpateur de Conſtantinople ſeroit plus épouuanté à la veüe de ce drappeau que s'il auoit en teſte cent mille combattans. C'eſt merueille combien les Lys qui ne font voir que toute douceur & beauté, ſont terribles aux ennemis de IESVS-CHRIST. Mais conſiderez auſſi que les ſerpens, & les autres beſtes venimeuſes ne peuuent ſupporter l'odeur du Lys, auſſi bien que les Turcs les Lys de France.

XLV.
Mahomet III. enuoye ſes Ambaſſadeurs à Henry le Grand, pour rappeller de la Hongrie le Duc de Mercœur.

POVR vous découurir comme cette apprehenſion n'eſt pas encore perduë dans ces eſprits infidelles: Mahomet III. du nom, Empereur des Turcs, ayant eſté aduerti que le Roy de Perſe ſon ennemi, quoy que de meſme ſecte, auoit enuoyé deux Ambaſſadeurs l'vn Perſan, & l'autre Anglois de nation auec de rares preſens vers le Pape, l'Empereur, & le Roy d'Eſpagne pour ſe ioindre à ſes armes, dépecha auſſi-toſt les ſiens au Roy Henry le Grand, pour moyenner vne tréue entre l'Empereur d'Occident & luy, & retirer en France le Duc de Mercœur qui l'incommodoit grandement du coſté de la Hongrie. Cet Ambaſſadeur eſtoit le Medecin du grand Turc, Catholique de Religion, naturel François, & le premier qui ait eſté honoré d'vne telle charge en la Cour du grand Seigneur de Conſtantinople. Cela occaſionna le Roy de l'entretenir ſur diuerſes particularitez de la Turquie, & ſur tout ſi les Turcs redoutoient le Duc de Mercœur plus qu'vn autre de ſa ſorte. A quoy il repliqua que le grand Seigneur ſon maiſtre ne craignoit nul autre Prince

Chapitre II. Section IV. 1005

ce Chreſtien que le Roy de France, à raiſon qu'vne de leurs Propheties de grande autorité le menaçoit du bouleuerſement de ſon Empire par les armes des François, dont l'épée doit chaſſer les Turcs de l'Europe.

SA Majeſté tres-Chreſtienne ayant fait ſes plaintes de pluſieurs mauuais traittemens que les François auoient receus dans le domaine du grãd Seigneur de Conſtantinople, cela fut cauſe qu'apres le retour de l'Ambaſſadeur, le grand Turc priua Muſtapha Baſſa de la charge de Viceroy de Thunes, & Solyman Baſſa de celle de Viceroy d'Alger, en punition des déplaiſirs qu'ils auoient faicts aux François. De plus il manda au Roy de Fez, qui eſtoit Mahometain, d'empeſcher que les François ne fuſſent point vendus en qualité d'eſclaues, & que ſi quelques vns ſe retrouuoient dedás les fers, qu'on les remiſt auſſi-toſt en pleine liberté. Il écriuit apres cela au Roy Henry le Grand la diligẽce qu'il auoit apportée à luy donner toute ſorte de ſatisfactions, le ſuppliant de commander aux François de ne porter point les armes ſous le Roy de Vienne, ainſi appelle-t'il l'Empereur d'Alemagne, & de chaſtier les violateurs de ſon commandement. Voicy les tiltres dont il honoroit ſa Majeſté tres-Chreſtienne. *Empereur de France, Magnanime, grand ſeruiteur de Ieſus-Chriſt, & terminateur des differens qui ſuruiennent entre les Chreſtiens.* Voila comme les Monarques de France ſont reuerez & redoutez par les Empereurs de Conſtantinople, & comme leurs armes

XLVI.
Le grand Seigneur de Conſtantinople s'efforce de donner toute ſorte de contentement au Roy Henry le Grand.

Nnnnnn 2 ſont

font trembler les puissances de l'Enfer, dont les Turcs sont les plus fortes machines.

SECTION V.

Diuerses autres prouesses des Roys de France de la troisiéme race.

XLVII.
Les Monarques de France ont tousiours faict teste genereusement aux ennemis tant dehors, que dedans le Royaume.

LOVYS dixiéme, dit Hutin, voulant signifier qu'il n'apprehendoit aucun ennemi ny dedans, ny dehors son Royaume, prit pour deuise vne espée nuë, dont la pointe estoit sur le dos d'vne tortuë, auec ces mots; *domi forisque*: car la tortuë ayant l'escaille impenetrable; ainsi vouloit-il paroistre inuincible à l'encontre des assauts de tous ses ennemis, ne les craignant point ny dedans, ny au dehors son Royaume. Ce que Louys a dit de soy, cela pouuons-nous publier des autres Monarques François, aussi courageux hors de leurs terres, que magnanimes dans leur Empire. Nous auons vû iusques à present comme ils ont fait glacer le cœur des Sarrazins, & de tous les infidelles parmi les ardeurs de l'Orient. Maintenant il faut que nous admirions leurs prouesses dans leur Empire, & comme ils sont tousiours demeurez impenetrables comme la Tortuë dans sa maison. Les Anglois en donneront des preuues aussi honteuses à leur nation, que glorieuses aux armes des François. Car s'estans efforcez par plusieurs guerres sanglantes de faire bresche dans la France, ils ont tousiours donné de

la

Chapitre II. Section V. 1007

la teste côtre des murailles de brôze, & des cœurs de diamans. Quels trophées ont-ils acquis de la premiere guerre, qui commença sous Philippe premier? de la seconde sous Louys sixiéme? de la troisiéme, de la quatriéme, de la cinquiéme, & de la sixiéme sous Philippe Auguste? Qu'ils nous monstrent leur butin de la septiéme sous Louys huictiéme; sous S. Louys de la huictiéme, sous Philippe quatriéme de la neufiéme, de la dixiéme sous Charles quatriéme, de l'vnziéme sous Philippe sixiéme, de la douziéme sous Charles cinquiéme, & de plusieurs autres differents qui ne leur ont acquis en France qu'vn eternel reproche d'auoir voulu empieter l'Empire de son voisin.

IAÇOIT que les guerres d'Estat puissent acquerir de la reputation dans le sang des ennemis: toutesfois considerant qu'elles ne meriteront iamais la gloire qu'elles tireroient si elles estoient couuertes des estendars de la Pieté; cela m'occasionne auec le desir de la briefueté, de ne pas dresser de grands trophées aux victoires de Hugues Capet contre Charles Duc de Lorraine, ny à la vaillance de Robert contre Eudes Comte de Chartres, fils de Thibaud, dit le Tricheur, & contre Guillaume adopté d'Albert Duc de Lombardie. Ie passeray aussi sous silence les proüesses de Henry I. contre Eudes II. Comte de Champagne, & contre les Normans en faueur de leur Duc Robert; comme aussi celles de Louys VI. contre Regnaut Comte d'Auuergne, & contre

XLVIII.
La generosité de plusieurs Roys de la troisiéme race.

Guillaume Duc d'Aquitaine. Si ne puis-ie oublier la generosité de cettui-cy, qui estant abandonné des siens au plus fort de la bataille de Gisors, côbattit neantmoins si vaillamment, qu'on eust dit que luy seul deuoit deffaire tous les ennemis pendant cette escarmouche. Ne voicy pas vn Anglois qui arrestant le cheual du Roy par la bride, s'écria : le Roy est pris ; comment repartit le Roy, ne sçais-tu pas que mesme au ieu des eschecs le Roy n'est iamais pris ? Sa Majesté disant cela déchargea vn si pesant coup de massuë sur la teste de ce soldat, qu'il luy donna eschec & mat.

XLIX.
La generosité de Philippe Auguste en la Bataille de Bouuines.
a *Rigordus de Gestis Philippi Augusti Fr. R. Guillelmus Brito Armoricus Philippidos lib. X I. Papirius Massonius in Philippo Augusto.*

Le temps me defaudroit si ie voulois recueillir toutes les palmes que ᵃ Philippe Dieu-Donné arracha des mains de l'Empereur Othon, du Roy d'Angleterre, & du Comte de Flandres en la iournée de Bouines. Ie me contenteray de dire seulement que le Roy Philippe ne merita pas moins de loüanges auant la bataille, que d'applaudissemens apres cette glorieuse victoire. Les ennemis estans resolus d'affronter l'armée de Fráce, qui estoit en moindre nombre que celle de ces trois puissans Monarques, Philippe fit dresser vn Autel de bois au milieu de son camp, & en presence de tous les Princes, & les Seigneurs de sa suite, il prit sa couronne & la mit sur l'Autel, & se tournant du costé de ses Cheualiers ; *Ie vous coniure*, dit-il, *de donner ce diademe à celuy que vous croyez pouuoir plus dignement commander que moy. Ie luy obeiray tres-volontiers, pourueu qu'auiourd'huy nous conseruions l'honneur de la France, auec celuy du Ciel.*

Tous

Chapitre II. Section V. 1009

Tous admirans autant l'incomparable generosité du Roy, que son zele à la protection de la gloire de son Royaume, s'escrient hautement: viue Philippe ; viue à iamais Philippe. Nous luy confions nos courages, nos forces, nostre honneur, & nos vies, en luy iurant vne eternelle fidelité pour son seruice. Si [b] Antigonus Roy de Macedoine se rendit tant recommandable remettant sa couronne à la discretion de ses subiects, pour en disposer au bon-heur d'vn plus capable : quelle loüange ne deuons nous donner à la constance de [c] Philippe Auguste, qui abandonne les plus sensibles interests de sa gloire au contentement de l'honneur de la France, en remettant sa couronne sur la teste d'vn autre plus meritant que soy. Apres cela cet [d] Auguste Monarque prenant en main vne tasse d'or pleine de vin auec vn morceau de pain, s'escria en l'assemblée de tous les Seigneurs de son armée : *Voicy le commun hanap, ou de victoire, ou de mort glorieuse que ie vous presente: faites-moy raison.* Ces paroles encouragerent tellement tous ses Capitaines, qu'ils firent assez paroistre que Philippe estoit vn Roy donné de Dieu pour moissonner les lauriers à poignées, & meriter le nom d'Auguste sur tous les autres Roys de son siecle. Se tournant du costé des Soldats, il leur protesta que toute sa confiance se reposoit en Dieu : que [e] l'Empereur Otho auec toute son armée estoit excommunié du Pape, comme ennemi de l'Eglise, & qu'il ne soldoyoit son armée que des larmes, & du sang des pauures, & du butin des

b *De Antigono Fulgosius libr. 3. cap. 7.*

c *Ricordus in Hetruscis Annalibus.*

d *Ægid. Corrozetus de dictis & factis memorab.*

e *Rigord. de Gestis Philippi August. Fr. R. Rex autem Philippus antequam congrederetur hac breui & humili oratione suos milites fuit allocutus. In Deo tota spes, &*

Eglises

Eglises & du Clergé. Quant à nous autres, leur disoit-il, nous sommes Chrestiens, nous iouïssons de la Communion, & de la paix de la saincte Eglise ; & iaçoit que nous soyons pecheurs, toutefois nous n'auons qu'vn sentiment auec l'Eglise, nos armes n'ont point d'autre recompense que la liberté des Ecclesiastiques. D'où nous deuons bien esperer des faueurs de l'infinie misericorde, qui nous fera triompher de ses ennemis & des nostres. Sa Majesté ayant mis fin à ces propos, les Soldats luy demanderent sa benediction, sçachant tres-bien que la main d'vn si vertueux Roy ne pouuoit verser sur leurs testes que toute sorte de bon-heurs. Aussi tost apres l'air retentit de toutes parts des fanfares, des trompettes, & des clairons. Les voila comme des Lions sans peur qui se lancent sur l'ennemy. Le Chappelain du Roy, & vn autre Prestre, qui n'estoient pas loin de sa Majesté, entonnerent ces Pseaumes, *Benedictus Deus meus qui docet*, &c. *Exurgat Deus*, &c. *Domine in virtute tua lætabitur Rex*. Ie vous laisse à penser si apres tant d'actions pieuses la bataille pouuoit estre funeste à vn si braue Roy ? O que les puissances de la terre se trompent, qui comme des insensez Goliats establissent leur fortune en leurs bras ! C'est auec la fonde de la droite intention, & auec les pierres des prieres qu'on abbat ses ennemis. Auec telles armes Philippe Auguste mit en déroute l'armée Imperiale d'Othon, il deffit la royale de Henry, & dissipa la redoutable des Côtes de Flandres, de Brabant, de Henaut, & d'autres

fiducia nostra est posita, Rex Otho & exercitus suus à Domino Papa excommunicati sunt, qui sunt inimici & destructores rerum sanctæ Ecclesiæ, & pecunia qua eis stipendia ministrantur de lacrymis pauperum, & de rapina Ecclesiarum Dei & Clericorum acquisita est. Nos autem Christiani sumus, & communione & pace sanctæ Ecclesiæ fruimur ; & quamuis peccatores simus tamen Ecclesiæ Dei consentimus, & Cleri pro posse nostro defendimus libertates. Vnde præsumere fiducialiter debemus de Dei misericordia qui nobis licet peccatoribus dabit de suis & de nostris hostibus triûphare. His dictis petierunt à Rege benedictionem, &c.

Chapitre II. Section V.

tres Princes confederez. Representez-vous apres cela quels feux de joye on fit par toute la France, & combien de concerts d'actions de graces remplissoient les Eglises. Ie ferois tort aux merites de ce grand Roy si i'obmettois vn miracle que ᶠRigord n'a pû oublier sans faire bresche à son deuoir. Pendant que le Roy auec son armée campoit auprés du Chasteau de Bouuines, enuiron la Sainct Iean du mois de Iuin, ses chariots, & sa caualleric firent vn tel degast par toute la campagne preste à moissonner, qu'on n'esperoit aucune recolte. Les Chanoines d'Amiens se voyans frustrez de leur prebende par cette perte, eurent recours à leur Doyen, & à tout le Chapitre. La resolution fut prise qu'on attendroit la fin de la moisson, pour supputer auec plus d'equité le dommage de chaque particulier. Cas estrange, Dieu benit tellement cette campagne, qu'ils recueillirent cent fois plus de biens que la veuë ne promettoit. Les chalumeaux des épics qui auoient esté couppez pour la nourriture des cheuaux, en produirent de nouueaux, au grand éstonnement des hommes de toute la contrée. Mais au contraire où l'armée du Comte de Flandres s'estoit campée, on n'y trouuoit pas vn brin d'herbe qui ne fust sec. Voila comme le Ciel secondoit en bonheur la pieté de Philippe, & comme il a tousiours fauorisé la iustice de ses armes en tous les âges de sa vie. Il emporta en sa ieunesse sur les Sarrazins la ville d'Acon en Syrie : au progrez de ses iours il a domté toute sorte d'ennemis, & sa vertu estat

ᶠ *Rigordus de gestis Philippi Augusti.* Mira res & nimis stupenda, succedete itaque tempore, miraculosè Domino operante ita factum est, quòd contra omnium opinionem, messis quæ ab exercitu Regis fuerat conculcata, ita planè & abundanter eo anno restituta est, quòd post granorum excussionem & areæ ventilatione inuenerunt centuplum æstimatum, non tantum de spicis conculcatis, sed & de his quæ cum falculis sectæ fuerant, & equis totius exercitus ad comedendum datæ. In loco autem vbi exercitus Comitis Flandriæ collectus fuerat, ita omnia virentia sunt desiccata, quod & herba super terram eo anno ibi non est reperta.

au dessus de toute l'enuie, aussi ses faits se sont mō-strez plus hauts que ses loüanges, & le tiltre d'Auguste égal à ses merites.

L. Les faicts d'armes de Louys VIII. & de Philippe III.

Il n'a manqué à son fils Louys VIII. qu'vne longue vie pour aller de pair auec les conquestes de son pere ; & quoy que sa vie n'ait esté que de trente neuf ans, il a neantmoins fait leuer le siege à Iean Roy d'Angleterre deuant le Chasteau de la Roche au Moine, il l'a poursuiui durant neuf grandes lieuës, defait en diuerses rencontres, & conquis son Royaume, dont il en fut proclamé Roy dans Londres par l'assemblée generale de tous les ordres qui luy iurerent fidelité. Que peut on adiouster à cette vaillance sinon la prise de la Rochelle, qu'il emporta par composition, apres l'auoir rudement battuë plusieurs iours ? Tant de proüesses occasionnerent le Pape Honorius III. ayant fait publier la croisade contre les Heretiques Albigeois, de l'honorer du tiltre de General d'armée, dont il s'acquitta si genereusement, qu'il les defit plusieurs fois ; & ayant assiegé Auignon, vn de leurs plus forts donjons, apres l'auoir fait battre depuis le 11. Iuin iusques au 15. d'Aoust, il s'en rendit maistre, leur faisant ressentir les peines de leur rebellion. Tellement que la medaille qu'il fit forger ne dementoit point sa valeur, & le surnom de Lion qu'on luy auoit donné, s'accordoit tres-bien à la grandeur de son courage. Cette piece monstroit trois Lys semez sur vn bras qui tenoit vn sceptre, portant à la cime vn poignard auec cette ame : *Non sine causa*, declarant par cette

Chapitre II. Section V.

te deuise qu'il n'entreprenoit rien sans sujet, & que le mesme bras qui commandoit en qualité de Roy de France figuré par les trois Lys, & le sceptre, estoit celuy qui estoit armé pour se faire obeïr. Iamais la force, & le bon-heur ne se trouuerent mieux placées qu'en l'esprit de Philippe le Hardy fils du Roy S. Louys, qui pendant la vie, & apres la mort de son pere fit des proüesses tant en Afrique, qu'en France, dignes de son courage & de son nom. Sa deuise portoit vn croissant dans le Ciel auec cette ame, *Dum vixi*, pour témoigner que tandis qu'il a vescu il n'a cessé de procurer l'accroissement de sa fortune, & la gloire du Ciel.

CE seroit entreprendre vne longue Histoire, que de vouloir raconter tous les hauts faits de Philippe le Bel, de Philippe le Long, de Philippe de Valois, du Roy Iean, plus courageux que fortuné, & de son fils Charles V. également sage & vaillant. Ie me contenteray de rapporter seulement quelques vnes de leurs deuises pour marque de leur generosité. Philippe IIII. dit le Bel, pour signifier qu'il n'auoit pas moins d'inclination pour la guerre que pour la paix, portoit vne medaille, où l'on voyoit vne espée croisée auec vn rinceau d'Oliuier, auec cette parole, *Vtrumque*. Philippe VI. dit de Valois, auoit choisi vn casque & vne pique auec cette ame, *Vltorem vlciscitur Vltor*, monstrant qu'ayant esté agassé il auoit pris vengeance de ses ennemis. Il faut seulement voir la main de Charles VI. dans sa medaille, qui

LI.
La generosité de Philippe le Bel, & des autres Monarques suiuans.

Ooooo 2 serre

serre auec le poing trois serpens, ayant pour deuise ce mot, *Vtrumque* : pour asseurer qu'il portoit vne ame sans peur à reprimer la rebellion de trois Princes qu'il tenoit en sa puissance, non sans force & courage. Il faut auoüer que si nostre discours pouuoit donner iusques au dernier poinct de l'eloquence, il trouueroit de nouueau sujet de merueilles dans les proüesses de Charles VII. dit le Victorieux, de Charles VIII. de Louys XI. & de Louys XII. Ce magnanime Roy fit connoistre par effect & par paroles en son voyage d'Italie, que rien n'estoit capable de forcer sa constance, ny d'estonner son courage tandis que la Iustice des armes se rengeroit de son costé. Aucuns luy disans que l'ennemy s'estoit desia emparé d'Aignadel, & qu'il y alloit trop tard pour y loger : il respondit ; I'y logeray sur leur ventre, ou ils logeront sur le mien. Vn autre l'ayant aduerty qu'il s'estoit placé en vn lieu où l'artillerie commandoit, & qu'il feroit mieux de s'écarter de peur d'estre offencé : il repartit courageusement ; Que iamais Roy de France n'auoit esté frappé de coup de canon, & que si quelqu'vn auoit peur qu'il se mist derriere luy. Les victoires du Roy seruirent de sceau à la generosité de ses reparties, d'autant qu'il laissa sur la plaine huict mille des ennemis, il prit prisonnier Barthelemy d'Aluiane Duc de Venise, reprit sur eux ses villes de Bresse, de Bergame, de Cremone, & autres places dependantes de la Duché de Milan. Puis il fit rendre au Pape Iules les villes de Serine, de Rauenne, d'Imole,

Chapitre II. Section V. 1015

le, de Fauence, de Foreliue, & autres terres du domaine de l'Eglise. Ce qui semble luy auoir donné sujet de prendre pour sa deuise vn porc-espic, qui dardoit ses aiguillons contre vne couronne, auec ces trois mots, *Vltus auos Troiæ*, Le vangeur des Ayeuls de Troye. Ce Porc-Espic representoit la ville de Troye, qui portoit cet animal en ses armes; voulant signifier qu'il vouloit defendre les Italiens descendus de Troye, qu'il tenoit aussi pour ses Ayeuls en la ligne de Francus. On rapporte vn autre medaille du mesme Roy, qui faisoit voir vne couronne au milieu du collier de l'Ordre de S. Michel auec trois autres paroles : *Immensi tremor Oceani* ; pour faire entendre que l'Ordre de la Cheualerie de sainct Michel estoit la terreur des barbares sur l'Ocean. Il est fort croyable que si Charles neufuiéme eust vescu long-temps, il eust secondé glorieusement les bonnes esperances qu'on auoit conceües de son ieune courage, quand en ses premieres années on luy bailla pour deuise vn Hercules en forme de Samson qui tenoit deux colomnes, & qui auoit à ses pieds vn arc, & vne flesche auec cette inscription, *Major erit Hercule* : pour signifier qu'il seroit vn iour plus fort que Samson, & qu'Hercule.

CE que la France ne vid pas en ce Roy, la mort luy ayant enuié ce bon-heur, elle l'a admiré aux proüesses de Henry le Grand, qui a esté vû en cent & quarante combats qu'il a faicts de sa main, en trente-cinq rencontres d'armes, en trois

LII. *Les faicts d'armes de Henry le Grand.*

batail

batailles rangées, en trois cens sieges de places & mille autres faicts d'armes qu'il a entrepris, pour cóseruer le droict que sa naissance luy auoit donné à la succession de sa couronne. Pour ce sujet il semble qu'il choisit pour deuise vne Austruche qui tient sous ses griffes vn Epreuier auec ces deux mots, *Prouocatus pugno*; voulant declarer qu'ayant esté prouoqué à la guerre, il a en fin domté ses ennemis apres auoir digeré mille sortes de difficultez auec autant de courage que l'Austruche fait le fer & l'acier. Aussi sa valeur estoit si reconnuë de tous, qu'vn Seigneur des plus grands ennemis de son Estat ayant entendu sa mort funeste, dit en souspirant, *En esta dia è murio el major Capitan del mundo*. Si les langues les plus eloquentes n'ont pas assez de loüanges pour les proüesses de Iosué qui a domté trente & vn Roys, pour conquester la terre de promission; quels trophées ne deuons-nous dresser à la memoire de ce grand Monarque, qui a surmonté autant de Roys pour la possession du Royaume que son extractió luy promettoit, que la France auoit de Gouuerneurs aux principales villes de son Estat. Ceux qui ont mis en parallele Henry le Grand auec Iules Cesar ont choisi vn Parangon digne de sa vaillance. Mais si on considere que cettui-cy auoit à faire à des hommes sans addresse, & à des bestes sans courage, & que celuy-là deuoit combattre autant de Cesars, que la Ligue auoit de Capitaines, & autant de Pompées qu'elle auiot de soldats, on iugera que Henry a esté vn guerrier sans pareil

Chapitre II. Section V. 1017

pareil, & qu'il pouuoit peindre vn arbre aupres de la mer pour sa deuise auec Alphonse III. Roy de Portugal, auec cette ame; *Ni vndas, ni vientos.*

SECTION VI.
Les proüesses de Louys le Iuste.

APELLES ayant peint Alexandre le Grand, brandissant la foudre & les éclairs, comme s'il eust voulu ruiner l'Vniuers de fonds en comble: Lysippus vn autre fameux maistre censura sagement ce portraict, disant qu'il iniurioit pour iamais les merites d'Alexandre en luy donnant des armes, dont l'horreur feroit tenir pour fable ce que la verité deuoit publier auec gloire. Ce qui occasionna Lysippus d'effigier cet Empereur armé d'vn ordinaire iauelot, sçachant que la nuë verité releueroit dauantage la gloire de son courage parmi la posterité que toutes les hyperboles de grandeur qu'on pourroit médier de la côplaisance pour fauoriser l'humeur d'vn tel Prince. Plusieurs en cette saison ont dépeint Louys le Iuste à la façon d'Apelles, tonnant, bruyant, foudroyant comme vn fabuleux Iupiter; on ne voit en ses mains que feu, que carreau, & qu'éclairs; mais sa vertu dédaignant toutes les loüanges des hômes, & beaucoup plus toutes ces extrauagâces, reconnoit sagement que ce n'est pas au nombre des cheuaux & des chariots qu'on remporte les victoires, mais au nom du Seigneur des armées. Auec cette diuine force sa Majesté abandonnant

LIII.
La vaillance d'vn Prince doit estre representée conforme à la verité.

nant à la rigueur de la guerre les plus innocens plaisirs du printemps de sa vie, a faict sentir à ses ennemis vn grand cœur en vn tédre corps, & vne vieille experience en la delicatesse d'vn ieune âge.

LIV.
Louys le Iuste dés son ieune âge donne des preuues de sa valeur.

A peine auoit-il le diademe de France sur le front, estant encore en sa minorité, qu'on luy charge les épaules d'vne cuirasse, & les mains d'armes comme à vn autre sainct Louys à l'âge de douze ans : mais sa valeur estant mariée aussi étroitement auec la sage conduicte de sa Mere regente, comme estoit celle de S. Louys auec celle de sa Mere la Reyne Blanche, regéte du Royaume, pacifia heureusement tous ces troubles, qui menaçoient la France d'vn grand desordre. Il n'est pas plustost hors des années de sa minorité, qu'on luy tailla assez de besongne pour faire suër les plus vieux Roys; mais on en deuuida les difficultez par vn combat auprés du Pont de Sée, où Monsieur le Prince, & le Duc de Luynes, ne furent pas moins empeschez de retenir sa Majesté qui vouloit se ietter dans la mélée, que d'arrester la violence des ennemis. On pouuoit alors dire de luy ce que les Ambassadeurs des Gaulois respondirent au grand Alexandre, qui leur demanda si sa puissance ne leur donnoit point d'apprehension? Nous n'auons autre peur, repliquerent-ils, sinon que le Ciel tombe sur nous. Vous eussiez dit que Louys le Iuste auoit banny de soy toute autre crainte, hors mis celle là, & il a depuis témoigné la mesme asseurance en tous ses voyages, en tous ses sieges, & en tous ses combats.

QVELLE

Chapitre II. Section VI. 1019

QVELLE repartie ne fit-il à vn ᵃ Seigneur qui le vouloit destourner de son voyage de Normandie, sous des apprehensions qu'il n'y trouueroit que de la reuolte, & du mescontentement. *Vous n'estes pas de mon conseil*, luy dit-il, *i'en ay pris vn meilleur; & sçachez que quand bien les chemins seroient tous couuerts d'ennemis, ie leur passeray sur le ventre, puis qu'ils n'ont point de suiet de se declarer contre moy, qui ne les ay point offensez. Vous aurez le plaisir de le voir. Ie sçay que vous auez trop bien seruy le feu Roy mon pere pour ne vous en pas resiouyr.* Trois iours apres il fit son entrée dans Roüen, auec tous les applaudissemens qu'vne grande ville peut témoigner à son Roy. Le lendemain quelques vns de la ville de Caën luy ayant donné aduis, que le Gouuerneur du Chasteau s'estoit fortifié d'hommes & de viures pour soustenir vn siege, & que la pluspart des habitans n'y desiroient pas sa venuë. Sa Majesté autant valeureuse que iuste, mit sous ses pieds toutes ces alarmes, & comme son Conseil tardoit à se resoudre sur ce voyage, elle dit, *Si on sçauoit dans Caën que nous marchandassions nostre partement, on nous fermeroit les portes: c'est pourquoy mon opinion est d'y aller: car il y aura tousiours de la gloire d'entreprendre ce voyage, & il n'y aura que du peril à s'en retourner.* Quelqu'vn luy ayant remonstré les inconueniens qui s'ensuiuroient si on luy refusoit l'entrée, & que les premiers coups de canon qu'on tira sur Henry troisiéme, furent cause de faire resoudre les meilleures villes de son Royaume à luy fermer les portes. Le Roy repartit à

LV.
Sa Majesté appaise les troubles de Normādie.
ᵃ Iacques de Charron en son histoire vniuerselle des Gaulois, chap. 158.

PPPPPP cela,

cela ; *C'est tout vn : si cela arriue on plaindra mon malheur ; mais on ne me reprochera point de lascheté en mes desseins, comme on feroit si nous tardions dauantage.* Tellement qu'il fut conclud qu'on partiroit prõptement, sans attendre que ses ennemis se fortifiassent dauantage. Ainsi sa Majesté ayant sejourné deux iours à Roüen arriua au troisiéme à Caën au grand contentemẽt de toute la ville, & fit voir en cela la force de son iugement autant que de son courage, en arrestant si à propos l'occasion par le poil. Le Gouuerneur du Chasteau ayant esté bien asseuré que le Roy estoit dedans la ville, mit bas les armes, & luy fit entendre qu'il estoit prest de luy ouurir les portes, sans autre capitulation que celle d'vn humble subjet qui se remet à la clemence de son Prince. Cette soumission obligea le Roy à luy faire experimenter l'excez de sa bonté, en luy pardonnant sa rebellion, & celle de ses soldats.

LVI.
Les exploicts de guerre de Louys le Iuste aux Isles de Bretagne, & de Gascongne.

APRES que tous ces orages furent calmez en Normandie, en voicy d'autres qui commencent à gronder du costé de la Gascongne, & du Bearn. Mais en ayant desia parlé au Parangon de la Prudence, nous irons trouuer Monsieur de Soubise qui fait du Roy aux enuirons de la Rochelle. Nostre Iuste Louys, qui est né pour faire voir au monde, ce que peut la valeur quand elle est d'accord auec la pieté ; au bruit de cette nouuelle monta aussi tost à cheual, & en moins de six iours rendit son armée aux Isles de Bretagne, esloignées de Paris de plus de soixante lieuës. Ce fut

icy

icy où il donna la chasse à Monsieur de Soubise, nonobstant les bras de mer qui luy seruoient de fossez, & les volées de canon que la garnison de Ryé delascha sur l'armée Royale, dont vn boulet ayant passé à dix pas du Roy, & luy ayant esté apporté, on trouua qu'il pesoit vingt-cinq liures. Mais ny pour cela nostre Alcide François ne blesmit point : les dangers luy roidissent le courage, & l'effroy luy donne de l'asseurance. Tous les soldats animez d'vn si puissant exemple, ne combattent plus en hommes, mais en Geans. Le massacre est horrible, mais la vaillance du Roy semblable à l'huile du Lys, qui renforce les nerfs affoiblis auec sa douceur, apporta dans cette violence de la moderation, commandant qu'on prist à mercy tous ceux qui mettroient bas les armes. De maniere que les plus opiniastres n'y gagnerent rien que la mort, & l'armée Royale le canon de l'ennemy auec force butin. Nostre Mars François, qui sembloit mener vne armée d'Hercules plustost que de soldats, continuant le bon-heur de ses victoires assiegea Royan, ville maritime, à qui l'art & la nature sembloient auoir promis la resistance des choses eternelles : mais rien n'est imprenable deuant celuy qui a ioinct l'armée des vertus auec la force de ses armes. Cette ville estant prise il passa en Guyenne; & c'est icy qu'on peut conter à meilleur tiltre les iours de son depart de Paris par les villes reduites à son obeissance, que les ans d'Alexandre par ses batailles. Il se rendit Maistre des villes de Saincte Foy, de Clerac, de

Ppppp 2 Sainct

Sainct Iean d'Angely, de Negrepelisse, de Sainct Antonin, de Carmaian, & d'autres fortes places. Descendant au bas Languedoc il prit les villes de Lunelle, d'Aimargues, de Massiliargues, de Sommieres, de Montpelier, & autres refuges de rebellion, que la force & la rage auoient renduës redoutables. Mais qui pourroit raconter tous ses faicts d'armes dans le Poictou, le Bearn, la Xainctonge, le Berry, & le Dauphiné, & en plusieurs villes qui sembloient autant fermées à la force de son courage, qu'elles estoient inaccessibles à sa pieté. En fin apres auoir fait plier sous ses armes ce qui estoit au dessus des esperances humaines, il a par sa bonté serui de victoire à soy-mesme, pardonnant tousiours à ses ennemis, ayant pû dire, *Ie suis venu, i'ay veu, i'ay vaincu, & i'ay de plus triomphé de moy-mesme.*

LVII.
Louys le Iuste a domté des ennemis pleins de force & de courage.

QVE les Hebreux esleuent au plus haut poinct de la loüange leur Iosüé, leur Gedeon, leur Dauid, leur Iudas Machabée : que les Grecs se vantent autant qu'ils voudront de leur Achilles, de leur Diomedes, de leur Agesilaus, de leur Alcibiades, de leur Pericles, de leur Themistocles, de leur Philippe, de leur Alexandre, & d'autres grands Capitaines. Que les Romains dressent des arcs triomphaux, des obelisques, des colosses, des colomnes, & des pyramides qui percent les nuës à l'honneur de leur Camille, de leur Scipion, de leur Fabrice, de leur Fabie, de leur Sylla, de leur Marius, de leur Auguste, de leur Antoine, de leur Cesar, & de leur Pompée. Que les Carthaginois

trõpettent par tout le monde les proüesses de leur
Hanno, & de leur Annibal, les Barbares de leur
Cambyses, & de leur Cyrus, les Anglois de leur
Roy Artus, & du fabuleux Merlin: les Espagnols
de leur Alphonse, & de leur Ferdinand: les Allemands de leur Othon: les Turcs de leurs Achmets:
Quand bien la Fráce n'auroit que Louys le Iuste,
que la posterité appellera le victorieux, elle aura
dequoy tirer en admiratiom tous les peuples de
la terre, luy faisant entendre la generosité de son
esprit, & les conquestes de ses armes en vn âge,
en vne saison, & contre des ennemis que les plus
vaillans Roys ses predecesseurs auoient choqué
sans effect, & auoient redouté auec raison. Dauid
estonna le monde quand en sa ieunesse il attaqua
si genereusement le Geant Goliath, & defit plusieurs milliers de Philistins: Auguste merita des
lauriers eternels d'auoir arresté les armes d'Antoine en vn temps que tout luy rioit, & que la faueur luy deuoit mettre sur la teste toutes les couronnes de l'Empire de Rome. Scipion l'Africain
receut autant de gloire d'auoir renuersé les forces
d'Annibal que les Carthaginois estoient puissans
en courage, & redoutables en guerre. Mais Louys
le Iuste a luy seul combattu en Dauid, attaqué en
Scipion, & vaincu en Auguste. Il estoit plus ieune que Dauid, il auoit à faire à vn ennemy plus
fier qu'Annibal, il choquoit vn party qui deuoit
attendre des forces & au dedans, & au dehors du
Royaume; & toutesfois il n'a pas laissé que combattre cette hydre d'heresie, armée d'autant de

Pppppp 3   testes

testes de rebellion qu'elle auoit de villes d'hostage. On peut dire auec verité, que les six derniers Roys n'ont pas tant gagné sur le Caluinisme en soixante & dix ans par sept guerres sanglantes, par quatre batailles generales, par mille combats, mille sieges de ville, & cent Edicts, que Louys le Iuste a fait en deux saillies de huict ou de neuf mois chacune.

LVIII.
La Rochelle se confiant en ses forces est frustrée de toutes ses esperances.

L'HERESIE de France, qui n'a pû deuenir sage par les malheurs de ses voisins, au lieu de s'humilier, de faire son profit du desastre de ses freres de Boheme, s'est monopolée dauantage, a fait des assemblées, non plus dans les tenebres comme leurs peres, mais à la veuë du Soleil, & au desaueu de sa Majesté tres-Chrestienne, & a suiui en tout la piste des Protestans d'Allemagne, pour estre compagne de leurs miseres. La Rochelle grasse des butins de tant d'années, estoit adorée de tout le party, comme la Deesse de leur irreligion, elle donnoit des Commissions, publioit des Edicts, & ne pensoit pas moins que d'aller à l'Empire de la terre, & de la mer, apres auoir secoüé le ioug du Ciel, & de son Roy. Et sans mentir il sembloit qu'elle tenoit à gage tous les Elemens pour sa defense, & toutes les forces de la mer à sa deuotion. La terre la couuroit si puissamment de toute sorte de remparts, qu'on eust dit qu'elle la vouloit mettre dans ses entrailles pour la garantir de tout malheur. La mer, cest indomtable element, s'estoit reduë si fauorable à sa protectiō, qu'ō la pouuoit appeller la ville de Neptune, ne. L'air empesté de spacieux marests deuoit tuer les Geans quand ils l'eussent assiegée. Elle ne se contente pas de cela, elle souleue encore le feu, le plus mutin de tous les Elemens, afin qu'auec ses brusteaux il mette en cendre les hommes auec toutes les machines de guerre. Dieu eternel, qui n'apprehendera d'attaquer, non point vne telle Rochelle, mais vn rocher tant inaccessible! Vous diriez que l'enfer mesme y a côtribué ses chaisnes, ses canons, ses feux, & tout ce qu'il a de plus effroyable dans ses cachots pour la rendre plus formidable. Voila comme la rebellion ne se pouuant defendre par iustice, a besoin de recourir à ses plus grands ennemis, iusques mesmes à l'Anglois, que la Rochelle auoit eu en horreur par le passé plus que les serpens & les tygres. Mais l'innocence sera plus forte que toute la malice des hommes, la iustice de Loüys se rendra maistresse de l'iniustice, la clemence de la rage, & la vertu du Roy, de la rebellion. Cette Megere d'Heresie a besoin d'vne telle prison pour estre arrestée, en se pensant sauuer elle se trouuera captiue dans les chaisnes qu'elle a tenduës parmy ses carrefours. L'Anglois viendra, mais auec plus de force que de courage, & il apprendra tousiours qu'vne mauuaise cause ne peut estre long temps soustenuë, & que les leopards seront metamorphosez en lieures, tandis qu'ils attaqueront la pieté du Iuste. Voicy en fin la Babylone bouclée, la Reyne des villes Heretiques: ses pechez sont paruenus iusques au Ciel, le Seigneur s'est souuenu de ses iniquitez, ses playes,

&

& sa fin sont arriuées au iour que Dieu l'auoit ordonné. Les Elemens la trahissent pluftoft que d'offencer leur Createur. L'Ocean auoit promis de ne se point laisser captiuer par des digues, & voila qu'il se rend souple à la vertu du Iufte. L'air luy tesmoignoit toute sorte d'infection contre l'armée, & voila qu'on y vit plus alegrement que dans Paris. Le feu promettoit de brufler les ennemis de la ville, & lors qu'il faut combattre il respecte les gens du Roy, & tourne sa furie contre ses autheurs. Ces montagnes de terre chargées de canons demeurerent muettes, & les complices de sa rebellion la regardent sans luy oser tendre la main que de bien loin.

LIX.
Le bouclement de la Rochelle a efté vne entreprife hardie & magnifique.

LE Roy de Perse a autrefois dressé comme vne haye de vaisseaux sur le détroit d'Helespont. Autant en fit le troisiéme Empereur apres Augufte sur le sein de Bajane. Iules Cesar fit vne digue de corps morts sur le fleuue Munda, mais l'eau apres auoir changé de couleur fit breche de toutes parts à ces leuées de chair. Alexandre assiegea autrefois la ville de Tyr; par le moyen d'vn pont qu'il mit sur l'embouchure de l'Isle, mais apres auoir bien flotté, il fut en fin emporté par le vent Caurus, & bruslé pour vne seconde fois. L'antiquité nous raconte que l'Empereur Trajan, & Constantin ont trauersé le Danube & le Rhin auec de gros cartiers de pierres, mais l'entreprise n'est pas des plus admirables en des fleuues dormans. Neron a voulu autrefois conduire les eaux de Bayonne au lac d'Auuergne, mais quoy! il fut bien

bien tost vaincu par le trauail de son ouurage. Il n'appartient qu'au genereux Louys entre tous les grands courages, de boucler, non point des riuieres, mais la mer, de dresser des ponts, non point sur le détroit des Fleuues, mais sur les estenduës de l'Ocean, d'accoupler les vaisseaux, non point pour seruir de ioüet aux vents, mais d'arrest aux orages, & de barriere aux Anglois. Les peuples coniurez luy enuoyent deux armées naualeen diuers temps pour son secours ; la premiere n'attaqua la digue que des yeux, & la seconde enflée de gros vaisseaux accompagnée d'vn grand nombre de Brusleaux, comme si elle eust voulu embraser l'eau auec la terre, trouua neantmoins tant de resistance en vn petit nombre de nauires, qu'elle demeura échoüée, & ces brusleaux ne brulerent que pour échaufer le courage des François, & seruir de feu de ioye au triomphe de de l'inuincible Louys.

POVR témoigner à toute la posterité l'admirable alliance que le Ciel a fait de la Pieté auec l'art militaire en l'esprit de sa Majesté tres-Chrestienne, il faut remarquer que pendant qu'elle ordonne des prieres de quarante heures pour les souhaittables euenemens de ses armes, elle fait voir à son camp qu'elle sçait aussi sagement ranger vn armée naualle qu'vne bataille sur terre. La flotte Angloise ayant paru l'onziéme iour de May sur les quatre à cinq heures du soir, à demy lieüe de la pointe de Coreille ; dés le lendemain le Roy donna l'ordre qu'il vouloit estre obserué, en cas

LX.
Sa Majesté donne de grandes preuues de son esprit en la conduite des armées.

que les ennemis vouluſſent venir au combat, qui fut approuué & admiré de tous les Mareſchaux & de tous les Capitaines de mer. L'ennuy des longs diſcours m'oblige à vous renuoyer à l'année mille ſix cens vingt-ſept du Mercure François, qui a dequoy contenter voſtre eſprit ſur les beaux deſſeins de guerre que ſa Majeſté donna pour détruire ſes ennemis. Cependant elle enuoya reconnoiſtre la flotte de l'ennemy à la portée du mouſquet, à la rade du Chef de Baye, où commandoit le Mareſchal de Baſſompierre, auec vne batterie de neuf canons, que le Roy luy meſme auoit fait dreſſer contre l'aduis de pluſieurs Generaux de l'armée, & qui neantmoins ſeruit heureuſement : car de cinquante volées de canon, quarante endommagerent notablement leurs vaiſſeaux, & ſur tous celuy d'vn Colonel Anglois qui fut tué auec pluſieurs des ſiens. Le dix-huictiéme May, les nauires Anglois s'eſtans approchez à la portée du canon, délacherent force canonnades, comme auſſi les Rochelois qui entendirent bien toſt les Echos de France rendre le change au triple. Tellement que l'Anglois ſe voyant ſi mal accueilly, & ayant reconnu qu'il luy falloit franchir trois eſtacades, deux de vaiſſeaux flottans amarez auec les ancres, & liez de gros cables les vns aux autres ; pluſieurs vaiſſeaux enfoncez remplis de maçonnerie ; les chandeliers qui embarraſſoient le trauers du canal; la digue de pierre bien garnie de gens & de canons, les batteries qui eſtoient aux Forts & ſur les deux bords;

&

Chapitre II. Section VI.

& que de tous coſtez ils auoient à combattre vn grand nombre de vaiſſeaux de guerre; alors ils s'excuſerent auprés des Deputez de la Rochelle ſur l'impoſſibilité de l'entrepriſe, & ſur l'ordre qu'ils auoient d'eſcorter ſeulement les vaiſſeaux chargez de viures iuſques à la veüe de la ville. L'ennemi leuant l'ancre la nuict du dix-huictiéme May, ſe retira per le pertuis d'Antioche, prenant les plus courtes folies pour les meilleures. Sa Majeſté ayant preuenu ſon arriuée, auec des prieres de quarante heures, n'oublia pas auſſi d'autres prieres en actions de graces pour auoir detourné l'orage des eſtrangers, & la rage de ſes ſubjets rebelles.

CEPENDANT les Rochelois attendans du ſecours ſe trouuent attaquez de deux nouueaux ennemis, à ſçauoir de la faim & d'eux meſmes, ſe mutinans les vns contre les autres, & ſe rauiſſans biens & moyens pour ſe defendre de cet ennemy inteſtin. Ceux qui n'oſoient attaquer les viuans pour ſe repaiſtre, ſe iettoient ſur les morts, & par vne extreme rage déchiroient les charongnes de leurs freres. Ce n'eſtoit plus vne ville, mais vne voirie, autant de Bourgeois, autant de Cyclopes mange-chair, autant de Sandapilaires & de carnaſſiers Maſſagetes. Icy la furie de la faim reſtablit les autels de Buſiris, & les tables des habitans ſont changées en des créches de Diomedes, où l'on preſentoit la chair humaine aux hommes comme cettui-cy faiſoit aux cheuaux. La faim n'eſt elle pas paruenuë à cette extreme felonnie

LXI. *La famine des Rochelois a eſté extreme.*

Qqqqqq 2 que

que d'auoir renouuellé la cruauté de cette mere tigresse qui mangea son enfant pendant le siege de Hierusalem, remettant mort en son ventre celuy qui en estoit sorti viuant.

LXII.
Louys le Iuste domte la Rochelle, & la prend le iour de la Toussainct.

VOILA comme la capitale de l'Heresie, qui auoit tant de fois querellé nos Caresmes, nos abstinences, & nos ieusnes des quatre temps, est instruite à reuerer à l'aduenir les ordonnaces de l'Eglise. Helas! quel monstre de cruauté ne produit la desobeyssance quand elle se ligue auec l'opiniastreté? Cependant nostre Iuste Louys tient en bride celle que tant de Roys n'osoient toucher du doigt. Elle attendoit les equinoxes, les pleines Lunes, les flus & reflus; mais celuy qui attédoit tout son secours du Createur des Astres, s'est tousiours mocqué des vains efforts de toutes les creatures. Celle finalement qui s'estoit bandée contre tous les Saincts du Ciel, & contre tous les iustes du Purgatoire a esté en fin subjuguée la Feste de tous les Saincts; & le Pantheon Huguenot a esté consacré en vn Pantheon Catholique. A peine en pouuons-nous croire ce que nos yeux & nos oreilles nous en témoignent. Celle qui croyoit qu'vne eternité de siecles ne la pourroient ébranler a vû sa presomption abbatuë en treize mois, par le bras victorieux de Louys treiziéme, qui a bouleuersé dans cette ville iusques à treize mille des ennemis de Dieu. O Ciel, ô terre, que Dieu est iuste en ses conseils! Ce que la clemence du Roy tres-Chrestien auoit droict d'executer pour auoir receu toute sorte de desobeyssance, le Roy du Ciel

Chapitre II. Section VI.

Ciel l'a accompli puiſſamment par le bourreau de la famine. Viue donc Louys treiziéme, dont la vertu a merité que la iuſtice diuine victimaſt autant de milliers de ſes ennemis que ſon nom porte de nombres. Reſiouyſſez-vous peuples François puis que vos vœux, & vos prieres ont eu l'iſſuë telle que l'inſolence des rebelles meritoit. Ne faudra-t'il pas eſtre forcené iuſques à la rage pour vouloir encore conteſter auec vne puiſſance ſi legitime, auec vn Roy ſi iuſte, auec vne clemence ſi pitoyable, qui ne demande que ce qu'elle n'oſe obmettre ſans encourir l'indignation de celuy qu'elle apprehende d'offencer plus que la prunelle de ſes yeux ? Continuez touſiours Catholiques François à faire retentir les trompettes de vos prieres, iuſques à ce que les murailles de cette rebelle Ierico ſoient raiz pied, raiz terre. Le donjon eſt deſia abbatu, le reſte croule, & ioignans vos œuures pieuſes à l'arc du magnanime Louys, cóme le Prophete Eliſée à celuy du Roy de Syrie, nous verrons bien toſt l'hereſie à nos pieds, nous verrons auec ioye les Lys boutonner, où depuis tant d'années on n'a recueilli que de l'ivroye, qui auoit eniuré ſi follement ces pauures déuoyez. Dieu tout-puiſſant qui tenez en main les catara-ctes du Ciel, verſez à gros randons vos celeſtes faueurs ſur le terroir des fleurs de Lys, afin que noſtre nouueau Iſraël François qui tient deſſous ſes pieds le rebelle Eſaü, ſoit arrouſé de plus en plus de vos graces, & qu'apres tant de victoires il puiſſe germer comme vn Lys plantureux, & que

1032　*Parangon VIII. du Lys sacré,*
sa racine produise des fruicts dignes de sa personne, de son courage, de sa pieté, & de la gloire du Liban immortel. *Ero quasi ros, Israël germinabit sicut Lilium, & erumpet radix eius vt Libani.*

CHAPITRE TROISIE'ME.

Les hauts faicts de guerre du Roy sainct Louys.

SECTION PREMIERE.

La generosité de S. Louys à défaire ses ennemis auant la Croisade.

LXIII.
Les noms des anciens Roys de France leur estoient donnez selon leurs vertus.
a *S. Thomas 1.part.quæst. 13. art. 8. Quia Deus non est notus nobis in sui natura, sed innotescit nobis ex operationibus, vel effectibus eius, ex his possumus eum nominare.*

'EST vne marque autant manifeste de l'incomparable grandeur de Dieu, cóme vn euidét témoignage de la foiblesse de nos entendemens, qui ne pouuans prendre pied dans la profondeur de sa nature pour en tirer vn nom sortable à son excellence sont contraincts de le mendier des actions sensibles de sa diuinité. Nos anciens François traittans quasi à la mesme façon leurs Roys, les ont qualifié par les perfections, qui reluisoient dauantage en leurs deportemens. D'où est venu le nom de Pharamond, qui signifie bouche veritable; Marcomir, surintendant du pays; Meroüée, principal en dignité; Charles, qui signifie braue compagnon; Dagobert qui veut dire signalé aux armes,

Chapitre III. Section I.

mes ; Chilperien, secourable ; Childebert, celebre entre les vaillans ; Henry, robuste ; & Federic, s'interprete riche en paix.

MAIS pour ne faire plus longue procedure : d'où iugez-vous que le nom de Louys prend sa source ? Il est tiré de Luit-vuic, qui selon Beatus Renanus signifie homme fort & vaillant ; ou selon Goropius, l'asseurance du peuple. Ce qui me fait dire maintenant que sainct Louys a esté vn beau Lys arrousé diuinement comme Israël, puis qu'entre ces deux noms il y a beaucoup de rapport, Israël signifiant celuy qui est fort comme Dieu, & Louys la force mesme. Israël supplanta son frere Esaü, & nostre sainct Louys a supplanté la chair, sathan, & le monde trois freres étroitement liguez.[a] Israël pendant la nuict luitta si genereusement auec l'Ange, qu'il obtint pour dépoüilles sa benediction : & nostre magnanime S. Louys par les combats de ses oraisons, & par ses saincts exercices a obtenu de Dieu mille sortes de faueurs, qui semblent autant precieuses par dessus celles d'Israël, que Dieu est riche par dessus l'Ange. Mais voyons en particulier comme sainct Louys a esté veritablement fort, n'ayant point apprehendé la mort dés son ieune âge pour l'honneur des Autels, pour la defense de ses subiets, & pour l'auancement de la Religion Chrestienne.

L'AN[a] mil deux cens vingt-six, Louys huictiéme pere de nostre sainct Roy, ayant laissé par son trépas sa couronne à Louys son fils aisné, âgé d'enuiron douze ans, & la Regence du Royaume à la

LXIV.
L'etymologie du nom de Louys, conforme à sa vaillance.

a *Sanctus Thomas* 22. q. 123. art. 5. Pertinet ad fortitudinem, firmitatem animi præbere contra pericula mortis, non solùm quæ imminent in bello communi, sed etiã quæ imminent in particulari impugnatione, quę communi nomine bellum dici potest.

LXV.
Les Princes de France sont mécontés de ce que la Reyne Blanche est Regente du Royaume.
a Iean de Ionuille en l'histoire de S. Louys.

à la Reyne Blanche son Espouse, dont les merites laissoient autant au dessous de soy le reste de son sexe, que les plus sages & les plus genereux Princes passez au dessus le commun des mortels. Quoy que cette declaration fust authorisée par tous les estats qui furent tenus à Paris, ne laissa pourtant de faire voir comme les affections des hommes sont variables, & comme nostre ieune Roy a plus de valeur dans le cœur, que d'années sur la teste. ᵇ Philippe Comte de Boulongne, & de Clermont, oncle paternel du Roy, Thiebaut Côte de Champagne, Pierre Duc de Bretagne, Robert Comte de Dreux son frere, Hugues Comte de la Marche, Hugues de Chastillon Comte de sainct Pol, Simon de Dammertin Comte de Ponthieu, & les Comtes de Tholouse, & de Prouence, mécontens de voir qu'vne femme estrangere, Espagnole de nation, eust en main le timon d'vn si puissant vaisseau, susciterent de grandes tempestes tout au commencement de cette Regence; mais qui furent bien tost calmées par la sagesse de la Reyne Blanche, & par le courage de son fils Louys le ieune Roy.

Guillel. Nangius in vita S. Lud.
Paulus Æmilius.
b *Scipion Dupleix.*
Papyrius Massonius lib. 3. Annalium in Lud. 9. Philippus Bononiæ Comes, ægrè ferebat regni procurationem fœminæ demandatam, præsertim se præterito, qui Regis patruus esset. Cæteros quoque proceres pudebat muliebri imperio subesse, imprimis Robertum Comitem Druidum, & Petrum Britāniæ Armoricæ Ducem, Regis agnatos.

LXVI.
L'ambition & l'interest font soufleuer les Princes de France cōtre le Roy S. Louys, & sa Mere Regente.
a *Scipion Dupleix en son histoire de France.*

LE pretexte de ces orages estoit donné à cette Regence, mais c'estoit plustost le vent d'ambition, qui sousleuoit toutes ces bourrasques, que le gouuernemét de cette valeureuse Reyne. ᵃ Le Duc de Bretagne se promettoit qu'il restabliroit dans cette confusion sa souueraineté dés long-temps pretendue. Le Comte Philippe s'estant saisi d'vne partie des finances du Roy se persuadoit que la

plus

Chapitre III. Section I.

plus grande partie demeureroit parmi ses doigts. Le Comte de Tholouse n'estoit pas si fidelle au Roy, qu'il n'eust tousiours preferé ses interests particuliers à l'alliance du Roy. Ionuille nous donne à soupçonner tout ce mauuais ménage, asseurant que leurs déplaisirs prouenoient, de ce que la Regente leur auoit denié des terres du domaine, refus aussi iuste que la demande estoit coulpable. Quoy qu'il en soit les voila tous liguez, & aussitost aux champs qu'aux armes. D'abord ils se saisissent du Chasteau de S. Iacques de Beueron, & de Belesme. Le Comte de Boulongne se fortifie dans Calais, afin d'auoir vne porte derriere soy pour se sauuer en Angleterre. Le Roy & la Regente ne sont pas ignorans de tout cecy, ni moins tardifs à mettre sur pied vne puissante armée, qui effraya d'autant plus les rebelles, qu'ils n'attendoient pas tant de courage, & de diligence d'vne femme, & d'vn enfant. Cela fut cause que les Comtes de Tholouse, & de Prouence calerent voile, & que Philippe rongeant son frein fut contraint de tourner bride deuers le Roy son neueu. Le Duc de Bretagne & le Comte de la Marche furent ceux qui s'opiniastrerent en leur rebellion. Le [b] Roy pour ne les perdre point les fait assigner deuant sa Majesté à Chinon, puis à Tours, & finalement à Vandosme, leur presentant l'oliuier & le dard, auec la deuise de Rodolphe, *Vtrum lubet*. Eux n'acceptans ni l'vn ni l'autre demanderent vn abouchement à Vandosme, & qu'ils eussét libre accés auprés de sa Majesté pour se plain-

b *Paulus Æmilius in Lud. 9.* Dies illis Vindocinum ad causam dicendam dicta : quo cum Aulici proceres Regem ducerent, idque ita futurum compertum rei habuissent, ad Stempas tetenderunt insidias, si Regem ipsum in potestate haberent administratione ad se vocaturi.

dre des excez de la Reyne Regente, qui abuſoit de ſon authorité. Les méchans ne ſont iamais ſans artifice, mais quoy qu'ils faſſent bonne mine noſtre ieune Mars l'éuenta ſi bien, que toutes les embuſcades qu'ils auoient dreſſées entre Eſtampes & Corbeille pour le ſurprendre allant à Vandoſme furent ſagement contreminées.

LA [a] Reyne Mere entendant tout ce deſordre fait ſonner le tocſain dans Paris, publie par tout que ſon fils, qui par pure franchiſe s'eſtoit acheminé à la conference eſtoit aſſiegé au Chaſteau de Mont-le-Hery. A cette cloche d'alarmes les Pariſiens courent auſſi-toſt au fer, & aux trenchans; vous diriez qu'il n'eſt point de danger pour eux où il s'agit de la perſonne du Roy, tant ſon bon-heur auoit d'aſcendant ſur leurs eſprits; ce qu'ils témoignerent par effect, ramenans glorieuſement ſa Majeſté dás Paris, au milieu de leurs bataillons. Ces Ligueurs voyans leurs entrepriſes déferrées, tournerent la pointe dé leur colere contre le [b] Comte de Champagne pour ſe venger de ce qu'il auoit découuert leurs méches. Ils entrerent à teſte baiſſée en Chápagne du coſté de Brie, le Duc de Bourgongne ennemi du Comte de Champagne y fait auſſi paſſer toutes ſes forces, deſola le plat pays; & alla planter le ſiege deuant la ville de Troye. Le Comte ſe voyant mal-mené à l'occaſion du Roy, a recours à luy, le ſupplie de luy tendre la main, pour le deſengager des ſerres de deux puiſſans ennemis. Sa Majeſté n'oubliant point les bons aduertiſſemens du Comte, conduiſit

LXVII.
La Reyne Regente fait armer les Pariſiens pour ſecourir le Roy contre les Princes.
a *Robert. Gaguin. lib. 7. de Geſtis Francor.* Iter agentibus per agrū Aurelianum facienté Rege, nunciatur inſidias ſibi à Proceribus poſitas eſſe. Eam ob rem retro inde cedens Pariſium, verſus cum ad Montem-Hericum veniſſet, ad matre Pariſium agentem mittit, quæ filio timens, Pariſios ad arma excitat, quæ collecta rapti ex agris hominum multitudine ad Regem contendunt. Inſidiatores verò cognito Pariſiorum aduentu ſilentes abiere.
b *Papirius Maſſonius lib. 3. Annal. in Lud. 9.* Cōuenit inter eos vt Ludouicum matri auferrent, & abſtuliſſent, niſi Theobaldus Campaniæ Comes inſidias detexiſſet, & Pariſienſes correptis armis ad Regem periculo liberandum concurriſſent. Indicem coniurationis iidem Proceres bello proſequendū cenſuêre: ingreſſis Campaniam Trecaſſinorum clariſſimam vrbem obſidione cinxerunt. Rex opem Theobaldo etſi admodum iuuenis, veluti optime de ſe merito tulit, rebellibus Campania excedere coactis.

Chapitre III. Section I.

fit elle mesme vne puissante armée en Champagne qui donna tant de terreur à l'ennemi, qu'il fut contrainct de supplier le Roy de ne se ioindre point auec le Comte de Champagne, mais qu'il luy permist de le combattre auec moins de trois cens hommes d'armes qu'il n'en auoit en ses troupes. Le S. Roy fit vne repartie à cela pleine d'vn grand iugement. Ie suis venu pour deliurer mes subiets fidelles de l'oppression des rebelles, ie suis prest d'exposer ma personne pour la defense des vns, & pour le chastimét des autres. Au surplus ie n'oirray iamais aucune proposition de la part de mes subiets armez contre mes defenses, & possible contre ma personne. Cette responce estonna grandement les seditieux & leur desarma tellement le courage, qu'ils leuerent le siege qui estoit deuant la ville de Troye, & se retirerent à l'Isle, & de là à Iully; sa Majesté les tallonnant courageusement iusques à Langres.

TOVTES ces conspirations estans ainsi auortées, nostre [a] inuincible Roy poursuiuit sa pointe, passa en Bretagne, prit la ville d'Angers qui pour lors appartenoit aux Bretons, & de là entra en Bretagne, comme la foudre qui atterre ce qui resiste le plus, & qui pardonne à tout ce qui est souple. Le Comte de Dreux effrayé de ce nouueau tonnerre quitta son frere Pierre de Dreux, Duc de Bretagne, qui se voyant abandonné de tous, mais premierement de son bon sens, dit vn de nos Historiens, reconneut en fin sa faute, fit hommage au Roy, & par cette leuée de bouclier acquit

LXVIII.
Le ieune Roy S. Louys prend la route de Bretagne & fait plier les rebelles sous ses armes.
[a] Scipion Dupleix en son histoire de France.

le nom de Maucler, pour auoir si mal estudié en l'Vniuersité de Paris, que de faire vn si lourd pas de clerc. La renommée d'vn Roy qui tire sa plus grande force de sa naissance, se trouuant toute glorieuse dans le commencement des prouësses de S. Louys, donna par tout des opinions si auantageuses de son courage, que par tout on luy ouurit les portes, on luy fit hommage, & fut autant cheri des bons que redouté des rebelles.

LXIX.
Isabeau femme du Comte Hugues Comte de la Marche fait souleuer l'Anglois contre S. Louys.

[a] *Paul. Æmil. in Lud. 9. Alphonsum fratrem Ducem Pictonum creat: ac in eius verba illius præfecturæ Proceres iureiurando adigi iubet. Vxor Hugonis Comitis Marchiæ, quod mater Regis esset, ac Regis vxor extitisset, ac marito Comite Regina tamen salutaretur, deterrebat virum ne Regis Vitricus Alphonso Duci se sacramento deuinciret. Idem ibid. Tradunt misisse Hugonis vxorem in Angliam, qui specie sacrarum concionum gentem animo in Francos male pacato incitarent: eos reliquarum gentium nobilitate, & priuatam & Regiam bello persequi ac tollere conari. Anglos Normāniæ exegisse, omni ex Aquitania p[er]llere contenderet Lusinianorum Regiam domū opibus spoliaſſe: Hugenis filios quod fratres Regis sint,*

PENDANT cette cheuauchée, il erigea le pays de [a] Poictou en Comté, & le donna à son frere Alphonse; mais il faudra acheter bien tost ce tiltre de Comte, d'autant que Hugues Comte de la Marche, Seigneurie enclose dans le pays de Poictou, ne voudra point reconnoistre Alphonse pour Seigneur. Sa femme Isabeau mere de Henry Roy d'Angleterre, qui en premieres noces auoit espousé Iean Roy d'Angleterre, se monstrera encor plus retifue aux volontez du Roy que son mary, se persuadant qu'estant mere de Roy, & iadis femme de Roy, elle ne doit point ceder au Côte de Poictou. De sorte que voicy vne seconde tépeste non moins terrible que la premiere. Cette Comtesse toute bouffie d'orgueil, souffle aux oreilles du Comte de Lusignan, que c'est chose indigne qu'il fasse hommage à vn simple Comte de Poictou, luy qui est de maison Royale, & qui a donné à l'Orient des Roys de Hierusalem, & de Cypre. Elle allarme l'Angleterre, fait entendre au Roy que les François ont chassé tous les Anglois de Normandie & de Gascongne, qu'ils ont

Chapitre III. Section I.

saccagé la maison de Lusignan, qu'ils ont banni son mary le Comte de la Marche & ses enfans hors de leur terre, & qu'estans freres de leur Roy ils ne doiuent point viure apres vne injure tant atroce. En vn mot qu'vne telle guerre sera plus sainéte qu'aucune autre qu'on puisse entreprendre à l'encontre des Sarrazins, & des plus barbares de la terre.

AVSSI-TOST les [a] Anglois prennent feu à cette colere feminine, ils se mettent en armes, declarent la guerre à nostre Roy, passent en France, mais ils n'y rencontrér pas vn enfant emmailloté ainsi qu'ils se figuroient, mais vn Roy, qui tenant à gage la force & la iustice a tousiours l'euenement de ses desseins conformes à la pieté de ses desirs. En voicy les preuues: s'estant premieremét ietté sur le Comte de Lusignan, il assiegea trois de ses villes & s'en rendit le maistre. Cependant nostre Comtesse Ysabeau ne dort point, son ambition ardente l'en empesche bien, & sa mauuaise conscience luy met en main le poison & le couteau pour perdre nostre S. Roy, si Dieu qui est le protecteur des iustes ne l'eust miraculeusement preserué de la rage de cette Megere. L'Anglois estant descendu en France auec vne puissante armée ne tarda pas à faire connoistre ses desseins. Voicy les deux armées qui s'affrontent aupres de Taillebourg, Roy contre Roy, & frere de Roy contre frere de Roy. Les deux Roys tres-florissans en âge, & les deux freres tres vaillans Capitaines. C'est à qui allumera le courage de ses soldats,

patremque deturbare finibus conari, nõ moueri, non tangi, capiue misericordia ætatis, nobilitatisue in Francos fore sanétius bellum, quam quod sacrum in Syria gestum sit. Hæ erant subornatæ à femina, habitæ à viris conciones.

LXX.
Les Anglois attaquẽt nostre S. Roy mais en vain.
[a] Scipio. Dupleix.
Paul. Æmil. in Lud. 9.
At cùm in Galliam trãsmisissent, Angli sensérunt sibi cum fortissimo & iustissimo Regere fore, &c.

Paul. Æmil. in Lud 9.
Vterque Rex ætate florentissima fratribus acerrimis Ducibus præliabantur: suis aderant eos hortabantur, acuebant oratione, exemplo, consilio, audacia, cũ aliquot Francorũ cohortes, quæ præsidio pontis relictæ fuerant audito certamine subsidio suis accurrêre. Hæ procul conspectæ alacritatem suis addidêre, hosti terrôre iniicêtes; Isque se Sanctones, atque inde in Blauiam ex fuga recepit. Francus Rex ligum dedit ne cædes fieret eorum qui arma abiicerent manusque darét. Circiter quatuor millia hominum capta, Hugo non vltra audita vxore Franci Regis fidei se permittens venia donatur. Tria oppida cõcessa Metenium, Cretoia, Estardium. Comes in verba Duçis iurauit: & Dux Panagio iureiurando se Regi fratri obstrinxit Blancha Angli amitina erat, &c.

Rrrrr 3 de

Parangon VIII. du Lys sacré, de parole, de conseil, de hardiesse & d'exemple.

Louys poussoit les siens, les emplissant d'horreur,
Comme quand Alecton va soufflant la fureur
Aux entrailles d'Oreste, & qu'vne torche ardante
Luy r'allume au dedans sa coulpe renaissante.

Ce fut en cette iournée que ce grand Roy se mettant à la teste des siens la pique à la main, fit quitter le Pont de Charonte aux ennemis, & passant au delà soustint quasi tout seul les efforts de toute l'armé, iusques à ce que les soldats le suiuans à la file le vindrent ioindre pour seconder ses prouësses. Pendant que l'air retentit du tintamarre des combattans, les troupes Françoises qui auoient gagné le Pont s'aduancent, & renforçans leur parti, affoiblirent grandement le contraire. Les Anglois se voyans attaquez par vn Roy sans peur, & tout à fait opiniastre en ses conquestes quitterent le champ & s'enfuirent à Xaintonge, portans les nouuelles de leur déroute, apres auoir experimenté à leurs dépens combien les plus puissantes armées sont foibles quand elles sont dressées sur vne mauuaise cause, & conduites par l'animosité d'vne femme, qui a plus de presomption en ses desseins que de bon-heur en ses exploicts.

LXXII.
Le Roy tres-Chrestien commande qu'on prenne à mercy ceux qui se reconnoistroient.

LE Roy semblable à l'huyle du Lys, aussi pitoyable que courageux, ayant faict crier qu'on pardonnast à tous ceux qui mettroient bas les armes, fut cause qu'ō en prit à mercy iusques à quatre mille : De maniere que l'Anglois frustré de ses esperances se retira dans son Isle sans remporter autre

autre nouuelle que d'auoir recogneu par effect vn ieune Roy plein d'adreſſe & de valeur ; & qu'il eſt mal-ſeant a vn Seigneur de ſe laiſſer coiffer par ſa femme, & ſur tout au faict des armes, comme auoit fait Hugues Comte de la Marche. Tellement que cette paſſion ambitieuſe trouua auſſi-toſt ſon rabais dans le malheur de ſes armes que ſon eleuation dans les eſperances d'vn nouuel Empire : car Hugues fut encores bien content de faire hommage à Alphóſe Côte de Poictou, & de ſe courber aux pieds du Roy apres luy auoir laiſſé trois de ſes villes principales, & le Comté de la Marche annexé au domaine de France ; rare exéple pour les ſubiets, afin qu'ils apprennent à ne faire iamais la part à leur Seigneur, & à ne porter iamais leur conuoitiſe au delà des droicts que la naiſſance leur a preſcrits.

SECTION II.

Premier voyage de S. Louys en l'Orient & ſes faicts d'armes contre les Sarrazins d'Egypte.

CE n'eſt pas ſans ſujet que ceux qui ont diſcouru des ª quatre animaux que vid le Prophete Ezechiel auprès du Fleuue Chobar, ont dit que le Taureau repreſentoit myſtiquement la Temperance ; l'Aigle la Iuſtice, la face d'homme la Prudence, & celle du Lyon la Force Chreſtienne. Mais auec beaucoup de raiſon ils ont figuré cette

LXXIII.
La force doit eſtre accompagnée de vertu.
a *Sanctus Hieronymus in caput primum Ezechielis. Sanctus Gregorius homil. 4. in Ezechielem. Sanctus Ambroſius lib. 1. Offic. cap. 35.* Non enim ſeipſam committit ſibi, alioqui fortitudo ſine iuſtitia iniquitatis materia eſt.

cette derniere vertu par le plus courageux des a-nimaux, qui est le Lion, tenant la droite en cette vision; pour nous signifier que toute force n'est pas vertu, mais bié celle qui est du costé du droict, & qui ne s'écarte point de la face d'homme qui est la Prudence, de l'Aigle qui est la iustice, & de la Temperance du Taureau, à defaut dequoy la force n'est que brutalité, & le courage qu'vne allumette de furie. Cette verité fut recónuë par Charles le sage, Roy de France qui choisit pour symbole vn Soleil au dessus d'vne épée nuë & vne Lune, qui estoit au pommeau, qui portoit cette ame: *b Rectè & fortiter*: droicture & force; La force estoit figurée par le glaiue, & la vertu par ces deux celestes lumieres qui nous redressét au téps de la prosperité, ou pendant les tenebres de nos afflictions. Tellement que ce courage emporte le prix de la plus accomplie generosité, qui prend pour guide la Prudence, la raison pour maistresse, & la pieté pour flambeau en toutes ses entreprinses.

Lactantius lib. 1. de falsa Religione cap. 9. Ille solus vir fortis debet iudicari qui temperans est, moderatus & iustus.

b Iacob. Typotius in Symbolis Regum & Imper.

LXXIV.
S. Louys prend le chemin d'Orient auec plusieurs Seigneurs pour replanter la foy.

TEL a esté celuy de nostre magnanime *a* Roy sainct Louys, qui l'an vingtiéme de son Regne, entendát que les affaires de la Chrestienté estoiét fort debiffées au Leuant, se resolut de contenter son courage en satisfaisant à ses bons propos, qui s'estoient particulierement enflammez pendant les langueurs d'vne dágereuse maladie. Les Estats ayans deferé la Regence du Royaume de France en l'absence du Roy à la Reyne Blanche par le prejugé de son premier bon gouuernement, sainct Louys se croisa, & emmena auec soy la Reyne Margue

a Iean de Ioinuille. Historia Melitensis. Guillelmus Nangius. Chronicon S. Dionysÿ. Paulus Aemilius in Lud. 9. Cùm morbo grauissimo correptus pro mortuo deplorabatur, vocis vsu amisso, ac nullis relictis sensib. animus defecerat: cum omnium miraculo ipse ad se rediens primum omnium

Chapitre III. Section II. 1043

Marguerite sa femme, son frere Alphonse Comte de Poictiers, & de Thoulouse, & son autre frere Robert Comte d'Artois. Il conduisit aussi Odon Legat du Pape, Hugues Duc de Bourgongne, Guillaume Comte de Flandres, Guyon de Flandres son frere, Hugues Comte de S. Paul, Gautier son neueu, Hugues Comte de la Marche, les Comtes de Salbruk, de Vendosme, de Monfort, de Dreux, & Archambaud de Bourbon. Plusieurs autres Seigneurs de marque voulurent aussi estre de la partie, comme Iean de Ionuille Seneschal de Champagne, Hugues le Brun, & son fils, Gaubert d'Aspremont, Guillaume Morlet, Guillaume de Barres, les Seigneurs de la Voute, de Montlaur, de Tournon, de Crussol, & plusieurs autres braues Cheualiers, qui coururent [me]sme fortune, tenans à gloire de se pouuoir en[s]euelir dans leurs proüesses, & à faueur de victi[m]er leur vie au lieu où la mort auoit esté vaincuë. [L']armée se trouua grosse de trente deux mille [c]ombattans, aussi armez d'adresse, que renforcez [d]e bonne resolution. La Royne Blanche accompagnant son fils iusques à Lyon, ou comme d'au[t]res escriuent iusques à Marseille, arrousa les [c]hemins de ses pleurs, & remplit l'air de ses sou[sp]irs, tant cette diuision de corps bourreloit l'es[p]rit de cette mere. Il faudroit que les larmes [q]u'elle donna à la rigueur de ce depart pour com[p]laire à son amour, fussent changées en encre [p]our descrire dignement les regrets d'vn amiable [fi]ls disant adieu à sa mere, & les desplaisirs d'vne

omnium sacræ militiæ crucem depoposcit, à Parisiorum Pontifice accepit.

Sssss douce

douce mere entendant vn si sanglant adieu. Elle presageoit sans doute ce qui arriua peu d'années apres, que comme luy s'absentoit d'elle pour quelques temps, aussi elle auant son retour se departiroit de ce monde pour ne le iamais reuoir qu'en la compagnie des ames eternellement triõphantes. Il m'est sans mentir aussi difficile de penser à ces derniers adieux sans attendrissement de cœur, qu'à ces deux cœurs de se separer sans donner des larmes à la pieté pour gages de leurs amours. La mere ne peut assez embrasser son fils, le fils n'a pas assez de consolation pour sa mere, & moins encore pour soy, si la moderation de son esprit ne luy fournissoit ce que la nature luy auoit denié en cette separation rigoureuse. Mais le desir de domter les ennemis de Dieu, luy fit franchir toutes les Loix de la nature, pour satisfaire à celles de son Createur. Il quitta la terre pour le Ciel; sa patrie pour l'Egypte; les aises de son Palais pour les mesaises de la marine; & pour plaire à son Dieu, il aime mieux déplaire à soy-mesme, & perdre son ame icy-bas, pour la retrouuer là haut dans l'eternel sejour des esprits bien-heureux. Adieu donc mon cher Louys, adieu le cœur de ma vie, adieu ma ioye, adieu mon soleil, sans vous ie viuray dans de langoureuses tenebres.

LXXV.
Il arriue heureusement en l'Isle de Cypre, où plusieurs de ses gens meurent.
[a] *Paulus Æmilius in Lud. 9. Sanctus Rex cum*

APRES auoir receu la benediction du [a] Pape Innocent, qui pour lors estoit à Lyon, il vint à Marseille, où selon d'autres à Aiguemorte, où il s'embarqua le 25. d'Aoust, de l'an 1248. & de là il moüilla l'ancre fort heureusement, le 21. de Septembre

Chapitre III. Section II.

Septembre en l'Isle de Cypre, tenuë par Guy de Lusignan. Pendant qu'il attend là le reste de son armée, la peste tuë beaucoup de ses gens, & mesmes des plus signalez, comme Archambaud de Bourbon, Iean Comte de Montfort, & plusieurs autres Seigneurs, iusques au nombre de 240. outre plusieurs autres soldats de moindre consideration. Ce revers de fortune ne prouenoit pas des vices du Roy ; car si iamais il témoigna de la deuotion, & singulierement de l'humilité, ce fut pendant ce voyage ; sçachant tres-bien que Dieu s'oppose tousiours aux entreprises des ambitieux, & qu'il couronne de gloire les conseils des innocens. C'est pourquoy depuis son embarquement, disent nos Historiens, iusques à son retour il ne se voulut seruir d'éperons dorez, ny de bride & de selle dorée. Il quitta toute sorte d'habits de soye, ou de haute couleur, ou fourrez d'hermines. Son vestement estoit de simple camelot noir, ou gris ; & afin que sa modestie ne preiudiciast aux paures, qui se preualoient de ses habits, il leur assigna vne extraordinaire somme d'argent, afin qu'en s'enrichissant du merite de l'humilité, il ne perdist point les thresors de l'aumosne.

vxorem, cum duobus fratribus Roberto, & Carolo (Alphonsum verius dixisset) ac vtriusque vxoribus, & Odone Legato Romano Massiliam petiit.

CETTE perte de gens fut adoucie par la Diuine Prouidence, qui sçait quand il est temps de retirer & d'auancer sa main aux desseins de ses bons seruiteurs : car pendant ce seiour de Cypre, peu de iours auant les festes de Noël, arriua vn Ambassadeur de la part du grand Chan de Tartarie, la terreur des peuples d'Orient, qui hono-

LXXVI.
Le grand Chan de Tartarie enuoye vn Ambassadeur à S. Louys pendant son seiour de Cypre.

roit Sainct Louys de tous ces tiltres écrits en langue Persique: *Au Grand Roy de plusieurs Prouinces, braue defenseur du monde, le glaiue de la Chrestienté, la victoire de la Religion Apostolique, le Protecteur de la Loy Euangelique, mon fils le Roy de France.* Il luy signifioit par ses lettres le grand contentement qu'il auoit receu entendant sa venuë, tant il desiroit ioindre ses armes auec les siennes, pour le restablissement de la Religion Chrestienne parmy l'Orient à la ruine de l'infidelité Mahometaine. Ie vous laisse iuger quel plaisir saisit l'ame de nostre Sainct Roy au recit de ces bonnes nouuelles, & particulierement entendant de Dauid, Chef de l'Ambassade, que son Roy auoit embrassé la Foy Catholique depuis trois ans, & qu'Eyclathay son Lieutenant la professoit dés longues années. Au reste que l'authorité du Souuerain Pontife de Rome estoit constamment receuë de toute leur nation. Sa Majesté Chrestienne ayant fait voir à ces Ambassadeurs Tartares le Diuin seruice de Noël, il les renuoya auec les siens, accompagnez de quelques Religieux de l'Ordre de Sainct Dominique, & de Sainct François, qui porterent à ce Roy des Tartares vne Chapelle d'escarlate, où les principaux mysteres de la Religion Chrestienne estoient richement representez en broderie.

LXXVII.
Le retardement du Roy S. Louys en l'Isle de Cypre, n'est pas sans fruict, ny aussi sans danger.

DVRANT le retardement en l'Isle de Cypre, les Ambassadeurs du Roy d'Armenie vindrent saluër le Roy Sainct Louys, & luy ayant declaré la mauuaise intelligence qui se passoit entre leur Roy, & le Prince d'Antioche, au grand desauantage

Chapitre III. Section II. 1047

tage de la Religion Catholique, sa Majesté Tres- *Ionuille.*
Chrestienne moyenna aussi tost par ses Ambassa- *Nangius.*
deurs vne treue de deux ans, sous esperance qu'en *Chronicum S. Dionys.*
cette sursceance d'armes, les esprits se refroidissans
se rendroient plus capables d'vne bonne amitié. Pendant que ceux-cy pensent à la paix, le
Sultan de Babylone ayant apris que le Roy de
France trainoit apres soy vn monde de gensdar-
mes pour fondre sur ses terres, ne songea qu'à des
artifices effroyables pour perdre Sainct Louys, &
faire auorter toutes ses pieuses intentions au mespris de nos Autels, & à la gloire de ses Mosquées.
Il enuoya aussi tost des espions dressez à sa poste
pour empoisonner le Roy, & les plus releuez de
sa suite. Mais Dieu qui couuroit des aisles de sa
protection nos magnanimes Princes, descouurit
les sinistres desseins de ces ministres d'enfer, qui
ayant esté attrapez, & conuaincus d'vn si detestable forfait, finirent leur vie par des tourmens
sortables à l'horreur de leurs crimes. Ce long sejour dans cette Isle seruit d'Academie à Sainct
Louys pour apprendre l'estat des Princes de Syrie,
& dépaïser les plus nouueaux de son armée, qui
s'accoustumoient insensiblement à l'air, au viure,
& aux exercices du Leuant.

   En fin nostre [a] Magnanime Roy qui brusloit *LXXVIII.*
d'vn ardent desir de venir aux mains auec les infi- *Sainct Louys demare*
delles, leua les ancres de l'Isle de Cypre le Vendre- *de l'Isle de Cypre.*
dy deuant la Pentecoste, ou selon d'autres la feste [a] *Iean de Ionuille.*
de la Trinité. Sa flotte estoit composée de dix- *Guillelmus Nangius.*
huict cens vaisseaux, garnis de deux mille huict *Paulus Aemilius.*
Chron. S. Dionys.

Sfffff 3   cens

cens Cheualiers, tous Seigneurs de marque, & d'vn tres-grand nombre d'autres gens de guerre. Mais l'incomprehensible sagesse du grand Dieu des armées, qui tient en main les renes de nos prosperitez, permit qu'vne tempeste ayant accueilly cette redoutable puissáce, escarta bié loin vne partie des vaisseaux qui suiuoient ceux de sa Majesté. De maniere que le Roy estant descendu à la pointe de Limesson pour ouyr la Messe, & ne s'estant retrouuez que sept cens Cheualiers, apprehenda grandement la perte des absens, & la desolation des presens, qui se voyoient à la veille de rebrousser chemin, sans auoir soustenu autre combat que celuy des vents, & des marées. Mais celuy qui auoit permis toutes ces tourmentes, calma bien tost tous ces orages par l'arriuée du Prince de la Morée, autrefois appellé Peloponese, & du Duc de Bourgongne, qui auoiét hyuerné en cette contrée, & qui s'estans ioints à la flotte du Roy, arriuerent heureusement le Ieudy apres la Pentecoste deuant Damiette, premier obiect de leurs triomphes.

LXXIX.
L'armée de S. Louys arriue à Damiette.
[a] *Vuillelmus Tyrius de bello sacro.*
Iacobus de Vitriaco.

CETTE Cité est l'ancienne [a] Heliopolis, qui signifie Cité du Soleil, à raison qu'elle estoit consacrée à ce Roy des Astres, que les Egyptiens adoroient souuerainement. Elle est bastie sur la plus vaste embboucheure du Nil, qui se descharge dás la Mer Mediterranée. Elle est reuestuë de doubles murailles de brique du costé de la Mer, & de triples du costé de la terre, & ceinte de bons fossez. On eust pû dire en ce temps-là, voyant ses forces

tant

Chapitre III. Section II. 1049

tant au dedans, qu'au dehors de ses murailles, que si les oyseaux de l'air ne venoient en armes pour la surprendre, que tous les Roys Chrestiens en l'assiegeant laisseroient deuant ses portes autant de marques de leur foiblesse, que de trophés pour la gloire de Mahomet. Aussi nos magnanimes François voulans prendre terre aux enuirons de cette ville trouuerent à qui parler ; car à ce que dit Ionuille, les Mammelus bordans les riues de la mer, estoient resolus de faire acheter la descente au prix de leurs vies, & sembloient vouloir bouleuerser tout l'vniuers auec le tintamarre de leurs cris, cors, & naccaires. Au milieu de cette puissance, le Sultan y rayonnoit couuert d'armes dorées, suiuy d'vn grand nombre de soldats bien munis de toute sorte d'armes, & garnis de ruses, dont les plus dangereuses estoit la connoissance des stratagemes François, & d'autres addresses militaires qu'ils auoient apprises par les guerres passées. Quoy que les mains demangeassent dés long temps à nos genereux Chrestiens : toutefois ils ne voulurent point precipiter ce commencemét de guerre, qui deuoit seruir de base au succez de leurs victoires. On assembla le Conseil de la milice, qui pour la plus grande part iugea à propos d'attendre le tiers des vaisseaux écartez par la tourmente.

La valeur de nostre sainct Roy qui surpassoit celle de ses Capitaines autant que sa dignité la leur fit entendre à son conseil ; qu'en dilayant on encourageoit l'ennemy, & que n'estans point

LXXX.
L'armée Chrestienne attaque l'ennemy par l'aduis de S. Louys.

asseurez

asseurez du retour des nauires vagabondes, on s'exposoit en les attendant à receuoir vn pareil accueil de quelque bourasque inopinée, puis qu'ils estoient destituez aux enuirons de havre asseuré pour y jetter les ancres au temps de la tourmente; son auis fut aussi tost suiuy qu'admiré des plus sages Capitaines. Au lendemain dés l'aube du iour on fait sonner le depart, la galere qui portoit l'Oriflamme s'auance la premiere, les autres suiuent auec pareille ardeur, & tous allans fondre au port de l'ennemy, vous eussiez veu d'vne part, & d'autre des nuës de fleches qui ne menaçoient que d'vn sanglant deluge parmy les deux armées : on n'entend que tambours, que clairons, que fifres, & que fracas; la terreur est par tout, les Soldats plus que iamais portent sur leurs fronts l'horreur, en leurs yeux la cholere, dans la bouche les deffis; la mer tremble de toutes pars, l'air retentit de ces effroyables hurlemens, les nauires s'aduancent, l'ennemy tient ferme, l'on s'entrebat opiniastrement.

LXXXI.
S. Louys est des premiers qui prennent terre, & exploicte des faicts d'armes nompareils.

Mais en fin les plus courageux s'aduancent de plus pres, & l'enseigne de S. Denys ayant pris terre; alors nostre inuincible heros qui ne perdoit point de veuë ce sacré drapeau, nonobstant les dissuasions du Legat du Pape, sauta dedans la mer si auant qu'il s'y treuua iusques aux espaules portant le heaume en teste, l'escu à son col, & le coutelas au poing. Arriué qu'il est au bord, il court sur l'ennemy, il frape, il fausse, il renuerse tout à ses pieds, autant de coups autant de morts : iamais tourbillon,

lon, ou tonnerre ne renuersa tãt d'arbres, de maisons, & de tours, que cette espée Royale victima d'infidelles, à la gloire de ses armes.

De maniere que voila l'armée Sarrasine toute en déroute. Qui prend la fuite d'vn costé, qui se cale de l'autre, & qui rentre dans la ville de Damiete. Nostre infatigable Roy fait suiure les fuyards iusques aux portes, mais si viuement que la garnison preuoyant ce qui arriua, fit au lendemain vn trou à la nuict, & se sauua à la faueur des tenebres, apres auoir mis le feu dans les plus notables lieux de la ville. Nos François estonnez de cet embrasement decouurent à sa lumiere la peur de l'ennemy, & se voyans assistez de l'occasion, escaladent la ville & s'en emparent; estans apres cela plus soigneux à courir à l'eau, qu'à la noyer dans son sang par vne cruelle boucherie. Comme l'on veut poursuiure cette garnison, on rencontre le pont en pieces qui auoit seruy de planche à leur poltronerie. Cette heureuse conqueste auança beaucoup les affaires de l'armée Chrestienne, non seulement par le grand amas de froment qu'on y trouua, & d'autres prouisions de guerre, mais encore pour vn si fortuné succés; car la renommée qui fait sa plus grande force dans sa naissance, se trouuant redoutable dans son commencement, donna de grandes opinions du courage des François, & de la foiblesse des ennemis, dont les plus valeureux s'estoient comportez en Thersites. Le Sainct Roy fit son entrée en cette ville, non point l'espée à la main, y ayant le

LXXXII.
L'armée des infidelles se dissipe, & on prend Damiette.

Tttttt carnage

carnage sous ses pieds, ou en triomphateur, comme les anciens Empereurs de Rome, mais en deuot pelerin, ayant la teste & les pieds découuerts, suiuant la Croix, & le Clergé, qui chantoit des actions de graces au grand Dieu des armées, qui auoit donné passage au peuple François à trauers tant d'escueils, mis en fuite le Pharaon d'Egypte, & déconfit les Egyptiens de Damiette. L'armée estant logée, on ne démolit point les Mosquées des Sarrazins, mais elles furent conuerties en des Oratoires sacrés, dont le principal fut dedié à la memoire de la Bien-heureuse Vierge tousiours victorieuse des infidelles. Ainsi les vrays enfans de Dieu firét des lieux Saincts de leurs Téples profanes; mais les fils de Belial renuersent les maisons de Dieu pour les changer en des places profanes.

LXXXIV. *Le mespris du conseil de Sainct Louys sera le principe des malheurs qui arriueront à l'armée Chrestienne.*

NOSTRE inuincible Iosué voyant que le Ciel fauorisoit miraculeusement ses armées, estoit d'aduis qu'on ne laissast point refroidir le bonheur de ces premieres conquestes, ny moins encore qu'on donnast loisir à l'ennemy de se reconnoistre, mais qu'on allast de ce pas assieger le grand Caire, iadis appellé Memphis, se persuadant que l'armée Sarrazine toute couuerte de sang, s'estant refugiée en ce grand asyle, donneroit au reste des habitans vn grand preiugé de la force des François : & d'autre part, comme la teste du serpent estant vne fois froissée, on ne doit point apprehender le venin des autres parties du corps : de mesme cette ville capitale d'Egypte estant vne fois subiuguée, on n'auroit plus à craindre

Chapitre III. Section II. 1053

dre les autres forteresses du Royaume. Voila ce que le bon Genie de S. Louys suggeroit sagement: mais n'ayant pas esté secondé en ses propositions, il arriua à l'armée Françoise ce que Metellus pronostiqua à la ville de Rome, quand elle voulut iouyr trop voluptueusement de la prosperité de ses armes. Car les trouppes Chrestiennes estans dans Damiette, au lieu de prendre vn honneste rafraichissement, & reconnoistre par de sainctes actions le Dieu des victoires, qui les y auoit conduites par la main, elles se veautrerent si salement dans les plaisirs, que ce n'estoient que festins, que jeux, que dances, & que toutes sortes de dissolutions. L'yurongnerie estoit suiuie de la lubricité, la lubricité donnoit l'entrée au larcin ; les voleries frequentes contraignirent les Marchands, & les Viuandiers d'interrompre leur commerce ; & pour comble de tous ces crimes, le sainct Monarque estoit plus empesché à calmer les querelles particulieres, qu'à pouruoir à la generale de toute la Chrestienté. Mais ce qui est encore plus deplorable, ceux qui luy deuoient prester la main à chastier toutes ces infames débauches, en estoiét les partisans, & ny les sainctes remonstrances du Roy, ny l'exemple de ses diuins déportemens, ny la rigueur de ses menasses n'estoient point suffisantes d'arrester le flus de toutes ces abominations. Que peut faire vn seul Hercule contre tant de testes? Cependant Dieu tient registre de tous ces execrables mesfaicts, & il sçaura bien en son téps changer ces plaisirs honteux en douleurs ; ces ris

Tttttt 2   en

en larmes, cette gourmandise en famine, cette yurongnerie en disette, & toutes ces volontez en de sanglans regrets.

SECTION III.
Suite des batailles du Roy Sainct Louys au Leuant.

LXXXV.
Vn bon conseil est fort puissant en guerre.
a *Vegetius lib. 1. de re militari.* Consulebant quotidie trecentos viginti Consilium agentes semper de multitudine, vt quæ digna sunt gerant.
Machabæorum lib. 1. cap. 8. Et audierunt prælia eorum (Romanorum) & virtutes bonas quas fecerunt in Galatia, quia obtinuerunt eos, & duxerunt sub tributum: & quanta fecerunt in regione Hispaniæ, & quod in potestatem redigerunt metalla argenti & auri, quæ illic sunt, & possederunt omnem locum Consilio suo, & Patientia, &c.
Plutarchus an seni administranda sit Respub. ibi de Alexandro M.
Cleon. lib. 3. Thucididis. Ὅστις γὰρ ὦ βουλόμενος πρὸς τὰς ὁμαλὰς κρεῖσσον ἐστιν, ἢ μετ' ἔργων ἰσχυρὸν ἀβολα ἐσιῶν. Quicunque consiliis contra hostes iuuat potior est, quam qui ipsos sine prudentia pugnandi robore aggreditur.

IL n'est point sur terre de si braue guerrier, ny de si vaillāt Capitaine, qui ne soit tousiours homme, & partant necessiteux d'vn bon cōseil, s'il veut que le succés de ses armes soit celuy qu'il desire. Il n'estoit iadis nation sur la terre plus cauteleuse que la Grecque, dit ᵃVegetius, plus puissante que l'Espagnolle, plus robuste que l'Alemande, plus nombreuse que la Gauloise; & toutefois les Romains moindres en nombre, plus foibles en forces, & en argent, & plus ennemis des ruses, s'en sont rendus les maistres auec les bons auis de trois cens & vingt Senateurs. Aussi le fortuné conquerant des Royaumes Alexandre, estant interrogé, par quel moyen il s'estoit acquis vn si ample domaine, & en si peu de temps, repartit briefuement, que c'estoit par conseil, par eloquence, & par l'art de bien commander. Nostre Alexandre François, ambitieux non d'vn monde terrestre, mais d'vn Empire celeste, n'ignorant point le pouuoir d'vn bon conseil de guerre, recueillit les voix des plus anciens Cheualiers sur le siege du grand Caire; mais comme

Chapitre III. Section III. 1055

me il les trouua tous d'auis contraires au sien, il fit finalement ce que doit faire vn sage Roy, qui aime mieux faillir auec plusieurs, que d'estre sage tout seul. La pluralité des voix portoit, qu'il n'estoit point expediant de se ietter en vn pays inconneu, où l'ignorance des lieux les pourroit engager à quelque tardiue repentence, qu'il se falloit rafraischir, & ils ne le firent que trop. Qu'il conuenoit d'attendre la flotte du Comte Alphonse, ils l'attendirent trop long temps. Car sur ce retardement il arriua ce que le Sainct Roy auoit diuinement preueu, que le Sultan reprendroit ses esprits, qu'il representeroit à tous ses voisins, que puis qu'il s'agissoit du bien commun de toute la nation Sarrazine, qu'il falloit assoupir toutes les querelles particulieres pour espouser la generale de tout l'Orient. Ce qu'il fit, & si diligemment, puissamment, que voila aussi tost les pointilles qui diuisoient les affections des Satrapes de Halpe, & de Damas conuerties en bonne intelligence, pour le secours du Sultan de Syrie & d'Arabie. De maniere qu'au lieu d'attaquer vn ennemy, il aut se defendre contre plusieurs qui ne respirent ue le sang, & la mort de toutes les nations Chrestiennes.

Euripides in Antiope. Γράφην γὰρ ἀνδρὸς εὖ μὲν οἰκοῦσται πόλεις, Εὖ δ', οἷς τ' ἂν πόλεμος ἰσχύν μέγα. Σοφὸν γὰρ ἓν βούλευμα τὰς πολλὰς χέρας Νικᾷ, σὺν ὄχλῳ δ' ἀμαθία, πλέον κακόν. *Viri prudentia facit vt bene habitentur ciuitates, itemque familia; & ad bella magnum eius momentum est. Consilium enim sapienter initum, multas manus vincit; imperitia vero cum multitudine deferens malum.*

NONOBSTANT cela, le courage de nostre S. Roy demeure tousiours inébranlable, d'autant plus que sur ces entrefaites le Ciel fait surgir au port de Damiette à la fin d'Octobre son frere Alphonse Comte de Poictiers, qui auec l'arriereban de France auoit esté écarté des autres vais-

LXXXVI. *Alphonse frere du Roy arriue à Damiette, & l'armée tire deuers le grand Caire, mais trop tard.*

Tttttt 3 seaux

ceaux par la tempeste. Sa venuë resiouït grandement tous les Chrestiens, & sur tous le Roy qui voyoit son armée se decaler notablement de iour à autre. Alors on commença à gouster le premier proiet du Roy, qui portoit qu'on allast droit à Baldac, ou grand Caire : mais c'estoit desia trop tard, il falloit battre le fer au fort de sa chaleur. Sa Majesté ayant laissé vne bonne garnison dans Damiette, fait auancer son armée deuers ces Barbares, qui s'estoient campez au delà du fleuue Rixi, n'ayant point tant d'enuie d'assaillir nos François, que de les morfondre dans ces marets d'Egypte.

LXXXVII.
Le Sultan enuoye cinq cens de ses Cheualiers en l'armée Chrestienne, feignans qu'ils estoient mal-contens de leur party.

Le Sultan qui épioit tous les mouuemens des nostres, ne les osant choquer ouuertement, a recours aux artifices qui l'attraperont le premier. Il fait passer au delà du fleuue cinq cens de ses plus braues Cheualiers montez à l'aduantage. Ces Sarrazins demandent d'aboucher le Roy, sous couleur d'vn mécontentement receu du Sultan ; sa Majesté les entend auec son ordinaire douceur, quoy qu'il ne receust pas pour argent content toutes leurs bonnes mines. Elle defendit neantmoins qu'on ne les offençast point, mais qu'on s'en prist garde. Ces perfides voyans qu'on boucloit sagement toutes les aduenuës à leurs sinistres desseins, ne pouuans plus couuer leur rage, la firent en fin ressentir à l'improuiste sur vne cõpagnie de Templiers, vn peu separez du gros de l'armée ; mais ces magnanimes Cheualiers ayans attiré par leurs cris la Caualerie Françoise sur

Chapitre III. Section III. 1057

ces defloyaux, on leur chauffa de fi pres les efperons, qu'aucun d'eux n'eut le moyen de faire entendre au Sultan que les traiftres font toufiours mal-traictez.

LES noftres pourfuiuans leur fortune, arriuerent auprés d'vn bras du Nil, qui eft le fleuue de Rixi, ou Thanaos, qui ne s'eftant pas trouué gueable leur fit faire alte, & fonger au moyen de le trauerfer. Sa Majefté fit dreffer vne chauffée, & baftir vn pont fort artificiel: mais tout ce trauail eftoit auffi toft ruiné par leurs machines, qui lançoient de gros cartiers de pierre côtre les manœuures, fuiuis d'horribles feux Gregois capables de tout brufler. Ionuille fpectateur de ces foudres, dit qu'elles reffembloient à des dragons volans, gros au deuant comme vn tonneau, & fi luifans que la nuict fembloit le iour, par toute l'armée. Ce qui donnoit fujet à Sainct Louys de fe profterner en terre, & éleuer les mains au Ciel, fuppliãt l'infinie mifericorde de proteger fon armée, & fe rendre fauorable à fes deffeins. Aprés cela il enuoyoit auffi toft vn de fes Chambellans pour fçauoir le degaft de ces feux. Pour arrefter ce rauage il commanda qu'on fift deux beuffrois, ou rempars de bois, qui font appellez dans l'Hiftoire des Chats-Chateils: mais tout cela n'eftoit pas baftant de brider cet element, qui confommoit tout ce qu'on luy pouuoit oppofer.

PARMY l'horreur de ces feux, noftre S. Roy, & toute fon armée brufloient neantmoins d'enuie de ioindre l'ennemy: mais l'excez d'vn feu arreftoit

LXXXVIII.
S. Louys fait baftir vne chauffée, & vn pont pour aborder l'ennemy qui eftoit au delà du fleuue Rixi.

LXXXIX.
Sa Majefté paffe le fleuue au gué, & met en fuite l'ennemy qui empefchoit le paffage.

ſtoit la violence de l'autre. Dieu finalement les regarda au beſoin : car voicy vn Egyptien Beduin, qui moyennant cinq cens bezans d'or, qui valoient cinquante ſols pieces de noſtre monnoye, leur découurit vn gué qui leur ſeruit de paſſage, non ſans difficulté; car leurs cheuaux enfonçoiēt dans les marets iuſques aux ſangles. Se voyans au delà du fleuue, ie vous laiſſe penſer ſi les Turcs qui gardoient le pont, eurent beſoin de ſe garder eux meſmes; nos gens courans à bride abbatuë contre cette canaille, la firent bien toſt quitter ſon poſte, luy faiſant ſentir qu'ils auoient plus de feu dans le cœur qu'elle n'en auoit entre les mains. La chaſſe fut ſi violente qu'ils ne la quitterent point qu'au delà de Maſſore : par ou repaſſant pour ſe reioindre à l'armée, pluſieurs d'entre eux furent aſſommez du haut des maiſons à coups de pierre, & de tuilles. Le Comte d'Artois frere du Roy, & trois cens autres Cheualiers y moururent miſerablement, pour n'auoir pas fait vn pont d'argent à l'ennemy.

C L.
Nos gens liurent la bataille, où S. Louys fait des merueilles.

LES Sarrazins découurans nos gens au deçà du fleuue, ſe virent obligez à vne generale bataille, & il n'eſtoit pas moyen de s'en dédire, ny à nos ſoldats de reculer, puis qu'ils auoient à dos vn large fleuue, & en teſte vne puiſſante armée. Ce fut en cette iournée que noſtre Roy auſſi magnanime que Sainct déploya derechef les nerfs de ſon courage. C'eſt icy, où il parut vn Hercule en puiſſance, vn Hector en exploicts, vn Achille en addreſſe, vn Alcide en valeur, vn Typhée à cent bras

bras, vn Argus à cent yeux, & vn Dauid en proüesses. Tant plus grande est l'horreur de la guerre, tant plus l'honneur de la Religion Chrestienne aiguise sa valeur. Vous le voyez rompre les escadrons de l'ennemy, faire large à ses armes, & ioncher la terre d'autant de Sarrazins qui s'en rencontrent à la pointe de son espée :

Comme vn Sanglier qui trauerse   Garnier.
Quelques escadrons mutins
    De matins,
Qu'il abbat à la renuerse :
Ou comme dedans vn pré
    Diapré,
Le faucheur fait tomber l'herbe,
Et les espics trébuchans
    Par les champs,
Qu'il entasse dans sa gerbe.

Ainsi nostre valeureux Monarque fait choir autant de corps parmy les escadrons, que de testes qui s'opposoient à la roideur de ses bras. Le sieur de Ionuille parlant de ses faicts heroïques, asseure qu'il estoit affreux aux yeux des ennemis, & tout venerable à ses Soldats. La naïueté du discours de ce sage & vaillant Seneschal de Champagne donnera plus de grace aux proüesses de nostre Mars François, que tous les mots dorez de ce siecle. *Et tantost,* dit-il, *ie vy venir le Roy & toutes ses gens, qui venoit à vn terrible tempeste de trompettes, clairons, & cors : Et s'arresta sur vn haut chemin auec tous ces gens d'armes pour quelque chose qu'il auoit à dire. Et vous promets que onques si bel homme*
                 Vuuuuu   *armé*

armé ne veu. Car il paroissoit par dessus tous depuis les espaules en mont. Son heaume qui estoit doré, & moult bel, auoit-il sur la teste, & vne espée d'Alemagne en sa main. Soyez certains que le bon Roy fist celle iournée des plus grands faits d'armes que iamais i'aye veu faire en toute les batailles où ie fu oncques. Et dit-on que si n'eust esté sa personne, en celle iournée nous eussions esté tous perdus & destruits : mais ie croy que la vertu, & puissance qu'il auoit luy doubla lors la moitié par la puissance de Dieu : car il se boutoit au meilleu, là où il veoit ses gens en detresse, & donnoit de masses, & d'espée de grans coups à merueille. Et me conterent vn iour le sire de Courcenay, & Messire Iean de Salenay, que six Turcs vindrent au Roy celuy iour, & le prindrent par le frain de son cheual, & l'emmenoient à force : mais le vertueux Prince s'éuertuoit de tout son pouuoir, & de si grand courage frappoit sur ces Turcs, que luy seul se deliura.

XCI.
L'armée des Sarrazins déconfite par les nostres.

Vous pouuez découurir de cette franchise de discours, la grandeur de courage de nostre inuincible Roy. Cela fut cause, dit l'Histoire, que l'armée Chrestienne demeura victorieuse, qu'elle mit en fuite les Sarrazins, tua Scecedun le Chef de l'armée Sarrazine, s'empara du champ de la bataille, & prit tous leurs engins, machines, prouisions, & autre attirail de guerre, dont ils s'étoient serius à la ruine du Chas-Chastail de nos gens aupres du fleuue Rexi. Le Ciel donna cette victoire le iour de Caresme-prenant, & ceux qui l'ont décrite, asseurent que le combat n'a pas eu son pareil en carnage. Les Turcs estoient sans nombre, leur fureur sans pitié, leur rage sans remede,

mede, leur obstination sans fin, & leur perte sans ressource.

 Les Sarrazins se voyans dépoüillez d'honneur, de gens, & de leurs machines, qu'ils prisoient plus que toute autre perte, ioüans de leur reste taschent de recouurer pendant la nuict tout ce qu'ils auoient perdu le iour. Mais ils trouuerent nos gens aussi prests aux armes en dormant qu'en veillant, & ne remporterent de cette entreprise que des coups, & de la honte. L'on raconte qu'vn Prestre nommé Iean d'Vbasy, pour donner le change aux Sarrazins qui estoient venus donner l'alarme au camp des François pendant la nuict, ne manqua pas la nuict suiuante de s'en aller seul aux trenchées de l'ennemy, & estant bien armé il se iettaà corps perdu sur les premiers qu'il rencontra, tuant, & blessant plusieurs à coups d'espée; & donna vn tel effroy à tous ces Barbares, que plusieurs prirent la fuite aussi habilement deuant luy, que s'il eust chassé par les exorcismes vne trouppe de demons. Apres ces rudes Matines le bon Prestre retourna tout froidement dans le quartier des François, monstrant assez que le courage, & le Breuiaire ne sont pas tousiours incompatibles où la gloire de Dieu, & le salut des ames sont d'vn mesme party.

XCII.
Exploict remarquable d'vn Prestre François.

SECTION IV.

Autres batailles de Sainct Louys contre les infidelles d'Egyte.

XCIII.
Les Sarrazins employent les ruses à defaut de vaillance.

ON raconte que Lyſimachus auoit couſtume de dire, que quand il ne ſe pouuoit defendre auec la peau du Lion, il ſe couuroit de celle du Renard. Autant en fait le ſucceſſeur de Scecedun, qui pour reparer auec ſes ruſes, & tromperies les ruines que l'armée Chreſtienne auoit cauſée à tous ceux de ſa nation, ſe ſeruit de la cotte d'armes du Comte d'Artois, qu'on auoit trouuée dans la ville de Maſſore, où au retour de la chaſſe des ennemis, comme nous auons dit cy-deſſus, il auoit eſté tué à coups de pierres, & de briques. Ce nouueau General s'eſtant emparé de cette cotte, brochée de fin or, perſuada ayſément au reſte des Sarrazins, que cette cotte d'arme eſtoit celle du Roy Louys, Chef des Chreſtiens, qui nonobſtant toute ſa vaillance eſtoit demeuré mort en la derniere bataille, l'excez de ſon courage ayant trahy l'effort de ſa prudence. Et partant que les Chreſtiens ayans perdu le premier homme de leur party, il ne falloit point douter que ſi on reprenoit les armes contre les François, on les chaſſeroit d'Egypte, & de tout l'Orient, auſſi ayſément qu'vn trouppeau de brebis ſans Paſteur. Il adiouſtoit à toutes ces fables, que la plus part de la nobleſſe Françoiſe ayant dementy ſon ancien courage, eſtoit demeurée ſur le champ de
la

Chapitre III. Section IV. 1063

la bataille ; que le reste estoit à demy mort, pour la perte de leur Roy ; que les gens-d'armes Chrestiens estoient tous recreus de trauail, affoiblis de maladies, combattus de la faim, languissans de miseres, & pour comble de leur desastre, que le desordre n'estoit pas moindre parmy eux, que dans vn monde sans Soleil. Mais au contraire, que la bonne intelligence de leur armée, la faueur du grand Prophete Mahomet, l'abondance des vaillans Capitaines, le secours qu'il attendoit des autres Prouinces luy promettoit de voir vne fin de tous les peuples François, aussi honteuse à toute la Chrestienté, que glorieuse à toute leur nation.

CE peuple brutal, qui se conduit plus par les yeux que par la raison, prit aussi tost feu à la ferueur de ces belles paroles, & à l'esclat de cette cotte d'arme du Comte d'Artois, qu'il croyoit estre celle du Roy Louys, pensant desia tenir aussi asseurément les François entre ses mains, que cette cotte funeste. Mais nostre magnanime Roy, qui estoit informé par ses épions de toute cette farce, se resout d'autre part de iouër vne tragedie à leurs despens, leur faisant voir que le Comte d'Artois n'estoit pas le Roy de France, & que tel qu'on tient mort a suffisamment de vie pour en faire mourir plusieurs. Il donne ordre que tous les Capitaines soyent prests pour le Vendredy premier de Caresme, qui estoit le quatriéme iour apres la derniere bataille. Le General de l'armée Sarrazine ne manqua point à l'aube du iour de paroistre à point nommé à la teste de quatre mil-

XCIV.
Les Sarrazins se r'allient, & viennent se presenter en tres-grand nombre à l'armée Chrestienne.

Vuuuuu 3　　le

le cheuaux, suiuy de son infanterie, si nombreuse, qu'elle enuironnoit d'vn costé tout le camp des Chrestiens. Les vieilles troupes de Scecedun marchoient en l'arriere-garde auec toutes les forces d'Egypte, resoluës d'enseuelir tous les Chrestiens dedans le Nil, & ne leur donner autre sepulchre que le ventre des poissons.

XCV. *S. Louys dispose son armée à combattre l'ennemy.*

D'AVTRE costé nos inuincibles François animez de l'exemple de leur Sainct Monarque, se moquoient des rodomontades Sarrazines. Le Roy cependant diuisoit son armée en sept bataillons, outre les compagnies de reserue, qu'il garda au pres de soy pour le secours des plus pressez. Le premier bataillon estoit conduit par Charles Comte d'Anjou frere du Roy; le second par Guy de Grimelins, & Baudoüin son frere, qui conduisoient auec eux les Seigneurs d'outre-mer qui s'estoient venus ioindre aux François; le troisiéme auoit pour chef Gautier de Chastillon; le quatriéme combattoit sous la conduite de Guillanme Sonnat Maistre du Temple; Guy de Maluoisin menoit le cinquiéme; le sixiéme marchoit sous le commandement d'Alphonse, Comte de Poictiers; assisté des armes d'Arnaut de Comminge Vicomte de Coserans; le septiéme & dernier estoit commandé par Iosserand de Bourgongne, Seigneur de Brançon, qui s'estoit desia rencontré en trente sept batailles. Sa Majesté auoit ainsi diuisé son armée, afin que l'ennemy, qui trainoit apres soy vn monde de soldats, n'eust pas le moyen de l'enuelopper, & que les bataillons se pûssent secourir au besoin.

SVR

Chapitre III. Section IV.

Sur le midy, voila le General des Sarrazins qui fait sonner les naquaires, & les tambours, mais si effroyablement, qu'il sembloit que tout le Ciel deuoit fondre sur la terre, & la terre s'entr'ouurir pour engloutir tout le monde. Apres cela, il donna la charge, & de prime abord il assaillit le bataillon du Comte d'Anjou, auec telle furie, qu'ils en tuerent grand nombre, & le Comte mesme d'Anjou fut desarçonné, auec vn extreme danger de sa vie. La presse l'eust estouffé si le Roy n'eust accouru à ce desastre. Voicy comme en parle le sire Iean de Ionuille, *Quand la nouuelle vint au Roy, & qu'on luy dit le meschief où estoit son frere, le bon Roy n'eut en luy aucune temperance de soy arrester, ne d'attendre nully. Mais soudain ferit des esperons, & se boute parmy la bataille l'espée ou poing iusques au meillieu, où estoit son frere, & tres-aprement frappoit sur ces Turcs, & au lieu où il veoit le plus de presse. Et là endura-il mains coups, & luy emplirent les Sarrazins toute la culliere de son cheual de feu Gregeois. Et alors estoit bon à croire que bien auoit-il son Dieu en souuenance & desir: car à la verité luy fust nostre Seigneur à ce besoin grãd amy, & tellemẽt luy ayda, que par celle pointe que le Roy fist, fut recous son frere le Comte d'Aniou, & chasserent encore les Turcs de leur ost, & bataille.* Voila vn tesmoignage de la valeur de Sainct Louys, si notable, qu'on ne peut douter qu'en cette iournée il ne fit des exploicts de guerre par dessus la vertu des plus puissans courages.

XCVI.
Les deux armées s'entrechoquent, & Sainct Louys desengage son frere Alphonse d'entre les armes des Turcs.

C'est la verité que la victoire fut fort balancée; le bataillon des Templiers ayant esté défait; celuy

XCVII.
Les Chrestiens non sans perte de leurs gens, défont l'ennemy.

celuy du Comte de Poictiers rompu ; & si les viuandiers Chrestiens ne l'eussent desengagé des mains de l'ennemy, on l'emmenoit prisonnier. Le bataillon de Iosserand de Brançon, qui estoit le plus foible de tous, fut aussi rudement traicté par les Turcs, & ce bon vieillard fit des proüesses si vigoureuses en cette meslée, qu'elles surpasserent les loix de son âge, & l'esperance de toute l'armée. Il est veritable que ses grandes blessures auancerent ses iours, receuant pour guerdon ce qu'il auoit demandé à Dieu dés long-temps en l'Eglise de Mascon, au rapport de Ionuille son nepueu, où estant à genoux deuant le grand Autel, il s'écria auec affection : *Mon Seigneur, ie vous prie d'auoir pitié & mercy de mon ame, & qu'il vous plaise que ie meure vne fois pour vous, & en vostre seruice.* Les trois autres bataillons auec le Sainct Roy, soustindrent non seulement les efforts des Turcs, mais encore ils les repousserent si genereusement, qu'ils en firent vn horrible carnage, leur apprenans à leurs despens que Sainct Louys n'estoit pas mort, comme l'auoit publié faussement leur nouueau General, mais que sa vertu, & son courage surmôteroit la durée de la cotte d'armes du Comte d'Artois tué au passage de Massore.

XCVIII.
Le S. Roy exhorte l'armée à reconoistre Dieu autheur de leur victoire.
Ionuille.

Apres cette victoire le Sainct Monarque reconnoissant cette extraordinaire assistance du Ciel, assembla tous ses Barons, ses Cheualiers, & les autres Seigneurs de sa suite ; & leur fit cette remarquable remonstrance: *Seigneurs, & chers amis, vous auez vû à l'œil les graces signalées que le Dieu des*

des armes nostre Createur & Seigneur nous a faites depuis peu. Chacun sçait comme Mardy dernier iour de Caresme-prenant, nous auons contraint nostre ennemy de nous ceder le champ de bataille. Personne n'ignore que Vendredy passé nous luy auons fait teste, quoy qu'il eust sur nous tous les auantages de guerre. Apres tant de merueilles, qui ne haussera les yeux au Ciel pour reconnoistre auec toute l'estenduë de son cœur vne faueur si miraculeuse? Qui ne benira vn milion de fois le dispensateur des victoires, pour auoir mis entre nos mains l'honneur d'vne bataille tant importante? Le Sainct Roy tenoit tels propos, adiouste l'Historien, afin que son armée logeast ses esperances en la force du Ciel, & non point en la foiblesse des bras mortels & perissables. Mais ingratitude insupportable, au lieu que l'armée Chrestienne deuoit faire remonter des remerciemens à la source de toutes ses victoires, elle prend occasion de rendre des crimes pour des bien-faits, & des crimes si execrables, que l'excez estoit capable de iustifier les plus abominables Payés de la terre.

Dieu estant ce souuerain Esculape qui connoit les maladies de nos esprits, & qui en sçait le remede, appliqua le Collyre de l'affliction à cet aueuglement, afin que la souffrance ouurist les yeux à ces ingrats, que la prosperité des armes tenoit fermez à son deuoir. Tellement que les voila attaquez de maladies auec plus de iustice que de vengeance, & le spectacle en estoit d'autant plus lugubre qu'il estoit sans secours, & leur misere sans esperance de santé. Vous eussiez vû les iambes des soldats se deseicher tout ainsi que des

XCIX.
Dieu chastie l'armée Chrestienne à l'occasion de ses vices.

Xxxxxx sque

squelettes, leur peau se taueler comme celle des serpens, leurs bouches pleines de chancre, & leur souffle estoit si puant que la corruption en estoit insupportable à eux-mesmes. Pour comble de misere on leur voyoit perdre en mesme temps la vie auec la derniere goutte de leur sang. Mais ce qui estoit le plus funeste parmy tous ces desastres, c'estoit la connoissance que l'ennemy auoit de tous ces malheurs, n'ignorant point que la plus part des soldats François n'estoit pas plus capable de porter les armes, que de se porter eux-mesmes. Ce qui donna vn tel pied à leur insolence, qu'ils commencerent dés lors à voler & tuer les viuandiers, les marchands, & les Commissaires qui s'en alloient à l'armée Royale, soit par terre, soit par la riuiere.

c.
La necessité du temps oblige sa Maiesté de traitter la paix auec le Sultan pour obtenir le Royaume de Hierusalem.

DE maniere que sa Majesté voyant les sains priuez de tout ce qui est necessaire à la vie humaine aussi bien que les malades, fit ouuerture de paix au Sultan, qu'il accepta moyennant qu'on luy rendist Damiette, à la charge aussi de restituer aux Chrestiens le Royaume de Hierusalem. La capitulation sans doute n'estoit pas desauantageuse à vn estat calamiteux comme le nostre, puis qu'vn tel Royaume ne se pouuoit assez acheter: mais il arriua vne encloüure qui en arresta l'execution. Les Sarrazins s'estans opiniastrez d'auoir la personne du Roy pour ostage, & les Chrestiens ayans iugé leur demande inciuile, n'en voulurent point donner d'autre qu'Alphonse, ou Charles freres du Roy, de sorte que le Sainct Monarque

Chapitre III. Section IV. 1069

Monarque voyant cette paix auortée, & toute esperance de quelque heureux combat trespassée, fit sonner la retraite du costé de Damiette, qui fut le meilleur aduis qu'on pouuoit suiure en vne saison si fascheuse, & pour vn estat si deplorable.

MAIS desastre nompareil! vn mal en porte tousiours vn autre en croupe, ne voila pas que sa Majesté faisant marcher son armée vers Damiette en tres-bon ordre, les ingenieurs, & les Maistres Architectes s'oublierent contre l'exprés commandement du Roy, de rompre les ponts apres que toute son armée eust repassé la riuiere de Rixi. Ce qui fut cause que ces barbares prenans pour lascheté la retraite des François, les poursuiuirent auec toutes leurs forces, & se ietterent si furieusement sur les malades, & sur les sains, qu'ils en firent vne cruelle boucherie, estant tres-veritable qu'il n'est point de petite faute en guerre, & que les pechez d'omission pour veniels qu'ils soient, sont tousiours mortels en semblable rencontre. Quoy que nostre magnanime Roy ne fut exempt de la maladie de l'armée, si ne laissa-t'il pas que de receuoir le combat auec moins d'enuie que de necessité; & luy mesme mettant la main à l'espée, chamailla auec tant de valeur, & si constamment, qu'il ne fit treue d'en tuer, iusques à ce qu'il se vid seul auec Geofroy de Sergines, que d'autres ont appellé Gautier de Chastillon, tresvaillant Cheualier, qui ne le quitta point en cette extremité. Le Roy plus proche de la mort que de la vie, gaigna en fin vne petite ville nommée

CI. Sa Maiesté apres plusieurs accidens de guerre se retire à Casel tout accablée de maladie & de trauail.

Xxxxxx 2   Casel

Casel, habitée par les Chrestiens, où vne Parisienne le receut sur son giron. Pendant qu'on le soulage le Cheualier de Sergines vient toute vne ruë assez pres du Roy, repoussant les Sarrazins si courageusement, qu'ils ne pûrent le vaincre, iusques à ce qu'estant couuert de fleches, ils luy couperent la teste sur son cheual. Miracle de courage! plus admirable que celuy de Samson, qui ne peut estre abbatu qu'en luy separant de son corps non seulement sa cheuelure, mais la teste toute entiere. Comme plusieurs François s'estoient r'alliez parmy tout ce desarroy: voila, ô malheur sur malheur! vn chetif Huissier du Roy, qui leuant la main se prit à crier à nos genereux combattans, qu'ils missent bas les armes de la part du Roy, & qu'ils se rendissent aux Turcs, autrement qu'ils mettroient à mort sa Majesté. A ce cry tous rendirent leurs armes, & furent aussi tost massacrez, que desarmez, ou arrestez prisonniers par ces cruels Cyclopes.

CII.
S. Louys est en fin arresté prisonnier.

Ces forcenez continuant leur rage arriuerent au lieu où s'estoit retiré le Sainct Monarque, & n'y ayant trouué aucune resistance, ils se saisirent de sa personne destituée de forces, de secours, & de tous soulas horsmis de son bon sens. Les Romains ne furent point si glorieux de conduire en triomphe vn Roy de Macedoine tout vif, que les Sarrazins de tenir prisonnier, le premier Roy de la Chrestienté, quoy qu'à demy mort. Mais à l'instant que ie commence à descrire ce funeste accident, la main me tremble, mes yeux s'eclipsent,

mes

Chapitre III. Section V. 1071

mes esprits se dissipent, ne pouuans contribuer leur vsage à la memoire d'vn si piteux spectacle. Ie me seruiray donc en cette action si sanglate de la suiuante lettre, comme d'vn autre voile d'Agamemnon en la perte d'Iphigenie, pour couurir les deplaisirs de mon ame, dont les ressentimens ne peuuent estre depeints auec vne plume si languissante comme la mienne.

SECTION V.

La Lettre escrite d'Acon par le Roy S. Louys aux Seigneurs de France, touchant sa prise par les Sarrazins, & sa deliurance, tournée du Latin ioinct à la marge.

LOVYS par la grace de Dieu Roy de France, à ses amez & feaux, Prelats, Barons, Soldats, Citoyens, Bourgeois, & à tous autres residents au Royaume de France, qui verront les presentes, Salut.

Desirans de toute l'estenduë de nos affections, d'auancer les affaires de la Croisade à l'honneur, & à la gloire de Dieu; nous auons iugé qu'il estoit à propos de vous faire sçauoir qu'apres la reddition de Damiette, que IESVS-CHRIST nostre Seigneur par sa misericorde ineffable, auoit quasi miraculeusement soumise à la puissance des Chrestiens, comme ie crois que vous n'ignorez pas, d'vn auis commun de nostre Conseil de guerre, nous partimes de Damiette le vingtiéme du mois

B. Ludouici Regis de captione & liberatione sua, Epistola.

LVDOVICVS, Dei gratia Francorū Rex: Dilectis & fidelibus suis, Prælatis, Baronibus, militibus, ciuibus, burgensibus suis, & aliis vniuersis in regno Frāciæ constitutis, ad quos præsentes litteræ peruenerint, salutem. Ad decus & gloriam Domini nominis, Crucis prosequi cupientes negotium, totis affectibus vniuersitati vestræ duximus intimandum: Quòd post captione Damiatē, quam Dominus IESVS CHRISTVS, per ineffabilem suam misericordiam, quasi miraculosè præter vires humanas Christianæ tradiderat potestati, sicut vos credimus non latere, de

de Septembre passé, auec toutes nos troupes tant de mer, que de terre, pour aller combattre l'armée des Sarrazins campée en vn lieu nommé vulgairement Massore. Sur le chemin nous eusmes à soustenir plusieurs assauts de l'ennemy; mais tousjours auec vn notable dommage des siens, & vne fois auec la perte de plusieurs Egyptiens qui estoient venus trop temerairement à la rencontre des nostres. Depuis nous apprismes que le Soldan de Babylone estoit mort, apres auoir fait venir son fils des quartiers d'Orient, & luy auoir fait prester le serment de fidelité par les Chefs de son armée, dont au reste il laissa la conduite à vn sien Admiral nommé Farchardin.

Estans donc arriuez à Massore le Mardy deuant les festes de Noël, nous ne pûmes approcher les Sarrazins, separez de nous par vne riuiere qui se nomme Taneos, ou Rixi, qui prend sa source du grand fleuue (à sçauoir du Nil.) Nous campâmes donc entre les deux fleuues: où vn iour les deux armées estans venuës aux prises, force Sarrazins passerent par le fil de nos espées, & beaucoup plus se noyerent dans la profondeur de ses eaux. Nous connûmes par tels naufrages que la riuiere de Taneos n'estoit pas gueable, ce qui nous obligea de faire vne chaussée pour seruir de passage à nos soldats, & qui ne fut point paracheuée, qu'auec beaucoup de peine, & de despens. Les Sarrazins d'autre costé faisoient tous leurs efforts, opposants à nos desseins de grandes machines, qui delachoient des gros quartiers de pierre contre

libato communi consilio, de Damiata recessimus, vicesima die mensis Nouembris proximo præteriti; congregato tam nauali exercitu quàm terrestri, procedentes aduersus Sarracenorum exercitum, congregatum & castramentatum in loco, qui vulgariter Massoria appellatur; in ipso quidem itinere sustinuimus aliquos Sarracenorum insultus, in quibus assiduè detrimentum suorũ non modicum receperunt: quadam die nonnullis eorum, qui de exercitu Ægyptiorum nostris occurrerant, interfectis. Intelleximus autem in ipso itinere, Soldanũ Babyloniæ de nouo vitam miseram finisse, qui, sicut publicè dicebatur, miserat ad filium suum morantem in partibus Orientis, vt in Ægyptũ veniret; & eidem à cunctis sui exercitus maioribus fidelitatis fieri fecerat iuramenta: relicta totius suæ terræ exercitus custodia cuidam Admirato suo, nomine Farchardino. Hæc quidem, in accessu nostro ad locum prædictum, inuenimus vera esse. Accedentes igitur ad locum prædictum, die Martis, ante festum Natiuitatis Dominicæ, in primis accessum habere nequiuimus ad Sarracenos eosdem, propter quendam fluuium inter vtrumque exercitum defluentem, qui fluuius Thaneos dicitur, & in loco illo à magno flumine deriuatur. Inter vtrumque fluuiũ posuimus castra

Chapitre III. Section V.

tre nos ouurages de bois. Premierement ils les brisoient à demy, & puis y iettans du feu Gregois ils destruisoient le reste. Cest accident nous auoit presque osté toute esperance de passage, quand vn Sarrazin venant du camp des Egyptiens, nous monstra vn peu plus bas vn endroit où l'on pouuoit gueër le fleuue. Assemblans sur cela nos Capitaines le Lundy deuant le iour des Cendres, il fut resolu d'vn commun auis que le lendemain Mardy-gras à l'aube du iour, nous nous trouuerions au passage, horsmis vn nombre de soldats qui resteroient pour la garde du camp. Le lendemain donc apres auoir rangé nos battaillons, nous commençeâmes à trauerser cette eau non sans grand danger, le gué estant plus difficile qu'on ne nous l'auoit pas figuré. Nos cheuaux y perdoiét pied, & estoient contraints de nager, & la riue estant haute & boüeuse, rendit la sortie du fleuue aussi facheuse, que le traict en auoit esté perilleux. Estans arriuez où les Sarrazins auoient dressé leurs machines, nostre auant-garde mit en piece vn grand nombre des ennemis, & ayant arresté prisonnier le Capitaine de l'armée, & plusieurs Admiraux, cela rendit la victoire plus signalée. De là nos trouppes se diuisans, & aucunes ayans trauersé le camp des ennemis, donnerent iusques à vn village nommé Massore, où elles taillerent en pieces tous ceux que la fuite ne pût pas garentir. Mais en fin les Sarrazins prenans garde au peu d'ordre de nos gens reprirent courage, & tournans visage contre eux, les inuestirent, tellement

nostra protendentia à maiori fluuio ad minorem vbi aliquanto conflictu habito cum Sarracenis, multi ceciderunt ex ipsis, nostrorum gladiis interfecti; maxima insuper eorum multitudine submersa in aquis validis & profundis. Sané, quia memoratus fluuius Thaneos non erat vadabilis, propter profunditatem aquarum & riparum altitudinem, cœpimus facere super eum calciatam, vt per eam pateret transitus exercitui Christiano, ad hoc multis diebus cum immensis laboribus, periculis & sumptibus insistentes. Sarraceni autem, è contra totis resistentes conatibus, machinis nostris quas erexeramus ibidem, machinas opposuerunt quàm plures, quibus castella nostra lignea, quæ super passum collocari feceramus eundem, conquassata lapidibus & cófracta, combusserunt totaliter igne Græco. Quo facto, ferè omni spe & expectatione frustrata per calciatam illam taliter transeundi, tandem per quendam Sarracenum venientem ab Ægyptiorum exercitu, datum fuit nobis intelligi locum esse vadabilem aliquantulum inferius, quò poterat exercitus Christianus fluuium trásmeare. Inde communicato consilio Baronum & aliorum maiorum exercitu, die Lunæ Cineres, fuit sic ordinatum, die Martis Carnipriuij, summo mané conueniremus ad locum

lement

1074 Parangon V.III. du Lys sacré,

prædictum fluuium tran-
situri quadam parte ex-
ercitus ad castrorum cu-
stodiam ordinata. Die
itaque crastina, ordinatis
aciebus, venientes ad lo-
cum, transiuimus fluuium
non tamen sine graui
periculo. Nam profun-
dior & periculosior erat
locus, quàm nobis fuerat
intimatum: ita quòd ibi
oportuit natare equos
nostros: & propter altas
& lutosas ripas, pericu-
losus erat exitus fluminis
antedicti. Transacto ita-
que flumine, ventum est
ad locum vbi erant Sar-
racenorum machinæ, iux-
ta calciatam prædictam.
Et habito cum Sarrace-
nis aggressu, nostri qui
præcedebant, multos ex
ipsis trucidarunt gladiis,
non parcentes sexui vel
ætati. Inter quos Capi-
taneum eorundem, &
quosdam alios Admira-
tos interfecerūt ibidem.
Deinde verò dispersis
aciebus nostris, quidam
nostrorum per castra ho-
stium discurrentes, vene-
runt vsque ad villam quæ
Massora dicitur, quotquot
hostium occurrebāt gla-
diis occidentes. Sed tan-
dem Sarraceni, cognito
eorum inconsulto pro-
cessu, resumptis viribus
irruentes in eos, & cir-
cumuallantes vndique,
oppresserunt eosdem: vbi
facta est nostrorum stra-
ges non modica Baronū
& militum, tam religio-
sorum quàm aliorum, de
qua non immeritò do-
luimus, quamplurimùm
& dolemus. Ibi etiam il-
lum præcordialem &
præclarum fratrem no-
strum, recolendæ memo-

lement qu'il ny demouraſt pas peu de nos Barons, & de nos ſoldats, tant Religieux que d'autre condition : ce qui nous apporta autant de douleur, que noſtre victoire nous auoit cauſé de ioye. Nous perdimes là le Comte d'Arras noſtre frere tant aimable, tant excellent, & d'heureuſe memoire, ce que nous ne pouuons dire qu'auec regret; encore que nous deuions pluſtoſt nous coniouyr auec luy, d'autant que nous croyons qu'il s'en eſt enuolé au Ciel, où il reçoit auec les Saincts Martyrs vne egale couronne de gloire, pour auoir enduré courageuſement des ſouffrances pareilles. Ainſi les Sarrazins fondans ſur nous, & faiſans pleuuoir vne nuée de fléches, nous eûmes beaucoup à ſouffrir, ne nous reſtans que des boucliers pour nous defendre, & point de traicts pour les offencer.

En fin pluſieurs de nos gens eſtans bleſſez, & la plus part de nos cheuaux tuez, ou meurtris; auec l'aide de Dieu nous demeurâmes maiſtre du chāp de bataille; là nous r'alliâmes nos forces, & ayans fait vn pont de bois pour ſeruir de paſſage à ceux qui eſtoient au delà du fleuue, nous nous campâmes pour ce iour là aupres des machines de l'ennemy que nous auions gaignées, qui pour lors nous ſeruirent de marque de trophées, & de lieu d'aſſeurance. Le lendemain pluſieurs de nos gens ſe rendirent pres de nous par noſtre commandement, & alors détruiſans les machines des Sarrazins, nous en fiſmes des planches, & vn pont de bois pour ſeruir de paſſage à l'vn & à l'autre camp.
Le

Chapitre III. Section V.

Le lendemain iour de Vendredy, ces hommes de perdition ayant ramassé toutes leurs forces, auec intention d'exterminer la gloire du Christianisme, parurent en si grand nombre, & menerent vn tel bruit, que non seulement les nostres, mais les leurs mesmes en eurent peur, ne se souuenát point d'auoir iamais vû, ny ouy choses semblables. Nous les repoussames neantmoins, & en défimes vn grand nombre, Dieu nous aidant, & faisant paroistre en nous ce que peut vne poignée de gens auec son secours, contre vn nombre infiny d'ennemis, qui n'ont autre Dieu que leur force & leur superbe.

Peu de iours apres le fils du Sultan venant des confins de l'Orient arriua à Massore. A sa venuë les Egyptiens iouans du cistre, & dansans au son de leurs instruments, témoignerent tant de ioye, qu'ils sembloient le vouloir receuoir, non tant pour maistre, que pour quelque Dieu. Depuis ce temps-là leurs affaires commencerent d'aller mieux, & les nostres, ie ne sçay par quel iugement du Ciel, d'empirer de iour à autre. Et afin que rien ne manquast à nos malheurs, la maladie, & la mortalité, affligea tellement les hommes, & les cheuaux mesmes, qu'à grand peine trouuoit-on vne personne en l'armée qui se voyât en vie, ne regrettast la mort de quelqu'vn des siens, & pour comble de nos miseres, la disette des viures en peu de iours fut telle, que ceux qui resisterent à la maladie, furent surmontez par la faim. Plus de vaisseaux ne venoient de Damiette vers

riæ, Attrebatensem Comitem, temporaliter amisimus: quod cum cordis amaritudine recolimus, & dolore, licet de ipso gaudendum sit potius quàm dolendum; Quoniam pro certo credimus & speramus eum, corona martyrij, ad cœlestem euolasse patriam, & ibi cum SS. martyrib. perenniter congaudere. Itaque die illa, Sarracenis super nos irruentibus vndiq;, ac imbrem emittentibus sagittarum, graues insultus sustinuimus eorundem vsque circiter horam nonam, deficiente nobis omninò balistarum subsidio, & tandem, multis ibidem vulneratis ex nostris, & equis nostris pro maiori parte diuersis sauciatis vulneribus aut occisis, Domino auxiliante, campum retinuimus, nostrorum viribus recollectis: & ibi, iuxta Sarracenorum machinas, quas adquisiuimus, eadem die castra nostra posuimus: vbi cum paucis moram fecimus die illo, facto ibi priùs ponte de lignis, per quem possent illi ad nos qui erant vltra fluuium transmeare. In crastino verò plures è nostris de mandato nostro, fluuium transeuntes, castrametati sunt iuxta nos: & tunc, destructis Sarracenorum machinis, licias fecimus ad pontes nauales, per quos nostri de vno exercitu ad alium transire liberè poterant & securè. Sequenti autem die Veneris, filij perditionis, congregatis ex omni parte viribus suis, Christianum exercitum om-

vers nous, les Sarrazins en empeschans l'abord par le moyen de quelques bateaux qu'ils auoient trainez dedans le fleuue. Ainsi ayans surpris plusieurs de nos vaisseaux, & attrapé deux de nos carauanes chargées de viures, & d'autres commoditez, ils les firent seruir de proye à leur auarice, & pour assouuir en mesme temps leur cruauté, ils massacrerent les mariniers, & vn bon nombre d'autres personnes qui venoient viure, ou mourir auec nous. Depuis ce temps-là les munitions nous manquans tout à fait, & le fourage à nos cheuaux, nous tombâmes aux extremitez du malheur, sans grande apparence de remede. Ce fut cette necessité qui nous contraignit de partir de ce lieu pour retourner à Damiette, si Dieu n'en eust disposé autrement. Mais comme ainsi soit que les voyes de l'homme ne soyent point en sa puissance, ains seulement entre les mains de celuy qui nous conduit où il luy plaist, & souuent où nous ne sçauons pas: comme nous estiõs sur le chemin de nostre retour, vne multitude innombrable de Sarrazins assaillit nostre armée, & Dieu le permettant ainsi, & nos pechez le requerans, nous tombâmes entre les mains de nos ennemis; nostre personne, nos tres-chers freres, les Comtes de Poictiers, & d'Anjou, & beaucoup d'autres qui retournoient auec nous, dont pas vn n'eschappa la prison, ou la mort. Dauantage ceux-là mesmes qui retournoient par le fleuue, se virent perdre sur l'eau en mesme temps que nous nous perdismes sur terre. Car ce qui est lamenta

Chapitre III. Section V.

mentable à reciter, ces Barbares ayans mis le feu en nos vaisseaux, vn grand nombre de malades moururent en mesme temps dans l'eau, & dans les flammes. Nonobstant tout cela, & que nous fussions prisonniers, le Sultan nous fit rechercher de treues, demandant instamment que nous eussions à luy rendre Damiette, auec tout ce que nous y auions trouué en la prenant, que nous eussions à le rembourser de tous les frais qu'il auoit fait depuis la prise de Damiette, iusques à ce iour là, & qu'en contre-change il nous rendroit ce que nous n'eussions pas osé demander. En fin apres plusieurs traictez, nous fismes treues pour dix ans sous cette forme.

Premierement que nous auec tous ceux qui auoient esté pris par les Sarrazins depuis nostre venuë en Egypte, tous ceux qui furent faits prisonniers au Royaume de Hierusalem depuis la paix concluë entre l'Empereur, & le Sultan Koyemel, ayeul du Sultan d'auiourd'huy, en quel nombre, & de quelque part qu'ils fussent, seroient mis en pleine liberté pour aller où bon leur sembleroit. En second lieu, que toutes les terres que les Chrestiens tiennent au Royaume de Hierusalem auec toutes leurs appartenances demeureroient paisibles; que tous nos biens, meubles, & des autres Chrestiens que nostre depart laisseroit à Damiette, demeureroient sous la sauuegarde du Sultan, pour estre transportez en terre Chrestienne, quand l'opportunité se presenteroit. En outre, que tous les Chrestiens mala-

Saracenorum galeis & vasis piraticis, quæ per terram in flumine collocauerant antedicto. Sicque compluribus vasis nostris priùs captis ab eis in flumine, tandem duas successiuè carauanas, victualia & alia multa bona ad exercitum deferentes, cæsa marinariorum & aliorum multitudine, ceperunt, in totius exercitus detrimentum. Vnde deficiente omninò victualium, & annonæ equorum suffragio, cœperunt in exercitu deficere ferè omnes, in desolationem & terrorē non modicum incidentes. His igitur arctatos incommodis, tam propter ciborum carentiam & equorum annonæ, quàm propter casus superiùs annotatos, ineuitabilis necessitas nos induxit à loco prædicto recedere, & ad partes Damiatæ redire, si Dominus prouidisset. Sed, cùm vix hominis non sint in eo, sed potiùs in illo, qui quorumque gressus dirigit, & disponit iuxta suæ placita voluntatis: dum essemus in itinere reuertendi, quinto scilicet die mensis Aprilis, & Sarracenis totis suis viribus congregatis in vnum, cum multitudine infinita aggressi sunt exercitum Christianum; &, sicut accidit permissione diuina, peccatis nostris exigentibus, in manus inimicorum iacidimus: nobis, & carissimis fratribus nostris, A. Pictauensi, & R. Andegauensi Comitibus, & cæteris qui nobiscum reuertebantur per terram,

Yyyyy 2 des

nemine penitùs euadente, captis & carceribus mancipatis, non sine maxima strage nostrorum, & effusione non modica sanguinis Christiani: maiori parte illorum qui reuertebantur per fluuiū, similiter capta, aut gladio interfecta; vasellis naualibus, vt plurimum incendio dissipatis, in quibus incendij flamma combussit ægrotantum multitudem dolorosam. Sanè post captionem nostram, per dies aliquot iam dictus Soldanus requiri nos fecit de treugis faciendis: petens instanter, non sine minis & austeritate verborum, quòd sublato moræ dispendio, faceremus sibi restitui Damiatam, cum omnibus rebus ibidem inuentis; & resarciremus omnia damna, & expensas quas fecerat vsque ad tempus illud à die qua receperant Damiatam Christiani. Tandem verò post multos tractatus, treugas iniuimus vsque ad decennium, sub hac forma, videlicet, Quòd idem Soldanus nos, & omnes qui capti fuerant à Sarracenis postquam venimus in Ægyptum, Christianos captiuos, nec non, & omnes alios de quibuscumque partibus oriundos, qui capti fuerant à tempore quo Soldanus Kyemel, auus eiusdem Soldani Caym, cum Imperatore treugas iniret, de carcere liberaret, & liberos abire permitteret vbi vellent; & quòd terras, quas Christiani in regno nostro, cum omnibus pertinentiis, in ea-

des, & autres, qui pour la vente de leurs biens arresteroient à Damiette, pourroient se retirer auec toute asseurance sans empeschement, ou opposition quelconque par mer, ou par terre, & que le Sultan seroit tenu de donner sauf-conduit aux vns & aux autres des vaisseaux auec vn passeport. Nous d'autre part obligions nostre foy à luy rendre Damiette auec huict cens milles besans Sarrazins, pour la deliurance des prisonniers, & pour les frais de guerre, dont nous en auions desia payé la moitié.

• CES tréues ayans esté concluées, & solemnellement iurées de part & d'autre, comme desia le mesme Sultan auec son armée s'acheminoit à Damiette pour l'execution du traicté, il arriua par vn grand iugement de Dieu que certains soldats Sarrazins non sans l'adueu de la pluspart de l'armée, se iettans sur la personne du Sultan à la fin de son disné le blesserent inhumainement. Et comme il sortoit de son pauillon pour se sauuer à la veüe de tous les Admiraux, & de toute l'armée ils le massacrerēt barbaremēt: apres quoy les mesmes soldats encore pleins de sang & de colere, se iettans à la foule dans nostre camp donnerent à penser à plusieurs que c'estoit pour y décharger le reste de leur rage: mais Dieu detrempant leur courroux, & corrigeant leur dessein, au lieu de nous faire la guerre, ils commencerent à traitter la paix, nous prians selon les tréues passées de prēdre nostre liberté & leur rendre aussi-tost Damiette. Parmy ces prieres, & ces menaces, Dieu qui
con

Chapitre III. Section V. 1079

console les affligez, & entend les gemissemens des captifs nous assista, & nous leur liurâmes, & eux à nous, les mesmes treues que nous auions conclues auec le Sultan, adioustans aux autres conditions celle-cy, que les prisonniers seroient deliurez de part & d'autre en mesme temps que Damiette seroit rendue. Ce nous estoit vne chose bien griefue de rendre cette ville qui nous auoit cousté tant de trauaux & tant de sang: mais & nous qui n'y estions pas, & ceux qui estoient dedans auoient perdu toute esperance de la tenir plus long-temps, nous estans prisonniers parmy les Sarrazins, & eux comme bouclez dedans la ville. Ainsi par l'auis des Barons de France & de plusieurs autres, nous iugeâmes qu'il estoit plus expedient de perdre librement vne ville, que de perdre auec elle nostre personne & la liberté de tant de Chrestiens.

Le iour donc prefix estant venu, les Admiraux susnommez reprirent la ville & rendirent la liberté à nous, à nos freres, aux Comtes de Bretagne, de Flandre, de Soisson, & à plusieurs autres Barons de France, de Hierusalem, & de Cypre. Ce fut pour lors que nous conceûmes vne ferme esperance qu'ayans deliuré les principaux prisonniers, ils relacheroient tous les autres, & qu'ayans accomplis les premieres conditions, ils ne manqueroient point aux dernieres. Cela s'estant passé d'vne part & d'autre, nous partismes d'Egypte, & tost apres nous enuoyâmes nos Deputez pour le recouurement de nos prisonniers, & pour la gar-

rum pace tenerent. Nos autem tenebamur ei reddere Damiatam, & octoginta millia Bisantiorum Sarracen. pro liberatione captiuorum, & damnis, & expensis prædictis, de quibus iam soluimus quadringentos: & liberare omnes Sarracenos captos in Ægypto à Christianis, postquam illuc venimus: nec non & eos qui capti fuerant in regno Ierosolimitano, à tempore treugarum olim factarum inter Imperatorem & Soldanum prædictum. Adiecto, quòd omnia bona nostra nobilia, & omnium aliorum apud Damiatam remanentia post recessum nostrum, salua forent, & sub custodia & defensione eiusdem Soldani, portanda ad terram Christianorum quandocumq; oportunitas haberetur. Omnes etiam Christiani infirmi, & alij qui pro vendendis rebus suis quas, ibi habebant, in Damiata moram traxerant, tuti similiter essent, recessuri per terram vel per mare, quando vellent sine impedimento vel contradictione quacumque. Et omnibus illis qui per terram vellent recedere, tenebatur idem Soldanus vsq; ad terram Christianorum securum præstare conductum. Vnde cùm huiusmodi treugæ inter nos & Soldanum prædictum, præstitis iuramentis hinc inde firmatæ fuissent: & iam idem Soldanus esset cum suo exercitu in itinere veniendi aduersus prope Damiatam, pro com-

de des meubles que nous auions laissés faute de nauires. Peu de temps apres ayans tousiours sur le cœur la deliurance des autres Chrestiens, nous enuoyames d'autres Agens, & des nauires en Egypte, pour ramener les prisonniers, leurs biens, & les nostres qui y estoient restez, comme machines de guerre, armes, tentes, pauillons, certain nombre de cheuaux, & autres hardes: mais les Admiraux amuserent long-temps nos Deputez à Babylone sous pretexte d'interiner de iour à autre leur requeste.

APRES vn long delay de tous nos prisonniers que l'on asseuroit monter à douze milles depuis les treues de l'Empereur iusques à nostre temps, ils en élargirent seulement quatre cens, & plusieurs de ceux-cy pour sortir de prison adiousterent vne somme d'argent par teste. Quant au reste ils n'en ont rien rendu; voire mesme ce qui est le plus execrable, apres tant de sermens solemnellement prestez, comme nous auons appris de nos Deputez, & de quelques prisonniers dignes de foy, ayans faicts choix de quelques ieunes hómes Chrestiens, ils les ont mené comme victimes deuant l'autel de Mahomet, où mettans sur leurs testes la loy de ce faux Prophete, ils les ont contraints d'abjurer nostre foy pour professer la leur. De ce nombre plusieurs se sont laissez gagner sans tourmens, les autres comme courageux athletes, ont surmonté tous les supplices, & combattans legitimement ont receu la couronne du Martyre empourpree de leur sang, qui comme nous croyós

plendis omnibus supradictis: accidit, diuino iudicio, quòd quidam milites Sarraceni, non sine conniuentia vel maioris partis exercitus, irruentes in Soldanum prædictum surgentem in mane de mensa, post prandium, ipsum immaniter vulnerauerunt; & de suo tentorio exeuntem, vt posset fugæ beneficio liberari, videntibus ferè omnibus Admiratis, & aliorum Sarracenorum multitudine, frustratim gladiis trucidarunt. Quo perpetrato, statim multi Sarraceni armati, in illo furoris æstore, venerunt ad nostrum tentorium, ac si vellent, vt timebatur à multis, in nos & alios Christianos desæuire: sed diuina clementia eorum furiam mitigante, super firmandis treugis præhabitis cum Soldano, & ciuitatis Damiatæ liberatione festina, nos requisierunt instanter. Cum quibus, præmissis tamen ab eis verborum & comminationum tonitruis, tandem sicut Domino placuit, qui tanquam pater misericordiarum, & pius in tribulationibus consolator, gemitus cópeditorum exaudit, firmauimus cum iuramentis treugas quas feceramus antea cum Soldano, & ab omnibus & singulis eorum recepimus iuramenta, iuxta legem eorundem super treugis nostris obseruandis: determinatis certis temporibus, infra quæ captiui liberarentur hinc inde, & Damiatæ ciuitas redderetur. In cuius redditio-

certai

Chapitre III. Section V. 1081

certainement, criera vengeance pour le peuple Chreſtien, & prenant vne langue ſera noſtre Aduocat pour plaider noſtre cauſe au Parquet du Ciel, deuant le ſouuerain iuge contre les ennemis de ſa Foy, & ainſi au lieu de les auoir perdus nous y aurons gaigné, eux nous eſtans plus vtiles au Ciel, qu'ils n'eſtoient en terre. De plus pour ſe défaire des Chreſtiens qui eſtoient à Damiette, & dont ils auoient pris charge, ils en ont faict mourir quelques vns & empeſché la gueriſon des autres. En vn mot de toutes les autres conditions de tréues, ils n'en gardent aucunes, & nous les accompliſſons toutes, pour faire voir qu'ils ſont autant perfides que nous ſinceres & fidelles.

CEPENDANT apres le traitté de paix nous croyons qu'apres noſtre deliuráce les terres d'outre-mer que les Chreſtiens tenoient demeureroient paiſibles, ſuiuant noſtre capitulation, & en effect nous auions pris reſolution de retourner en France, & nos vaiſſeaux eſtoient deſia equippez; mais preſageans les choſes futures par les paſſées; voyans que ces Admiraux contreuenoient à leurs promeſſes, & violoient leur foy ſe mocquans de celle des Chreſtiens, nous demandâmes ſur cela l'aduis des Barons de France, des Prelats & des Maiſtres du Temple, des Hoſpitalliers de S. Iean, & de ſaincte Marie, des Allemans, des Barons du Royaume de Hieruſalem, & d'autres qui d'vn commun aduis aſſeurerent que ſi nous quittions les terres nous les perdrions, & qu'en nous retirans en cette ſaiſon, nous expoſions la vie des Chreſtiens

ne, & tunc cum Admiratis eiſdem, & antea cum Soldano ea de cauſa non ſine difficultate conuenimus, quia ſpes nulla erat de retinenda ciuitate iam dicta, ſicut certiſſimè per illos intelleximus qui ad nos de Damiata venerant veritatem nullatenus ignorantes: propter quos, de conſilio Baronum Franciæ, & quamplurium aliorum, potius elegimus Chriſtianitati fore conſultius, nos & captiuos alios pro treugis huiuſmodi liberari, quàm ciuitatem taliter amittere cum reſiduo populi Chriſtiani exiſtentis in illa, quàm nos & alios ſub tantis periculis in carcere remanere. Die igitur ſtatuta receperunt Admirati prædicti ciuitatē eandem, qua recepta, liberauerunt nos, & fratres noſtros: nec non Comites Britanniæ, & Flandriæ, & Sueſſion. & multos alios Barones, milites de regno Franciæ, Ieroſolymorum, & Cypri. Et tunc ſpem firmam habuimus, ex quo nos liberauerunt & alios ſupradictos, quòd de reddendis & liberandis omnibus aliis Chriſtianis iuramenta ſua firmiter obſeruarent, ſecundùm continentiam treugarum. His itaque peractis, à partibus Ægypti receſſimus, certos nuncios dimittentes ibidem ad recipiendum captiuos à Sarracenis, & ad cuſtodiam rerum quas ibidem dimiſimus: & quòd non habebamus nauigia quæ ſufficerent ad portandum

Postmodum autem, venientes in actu de rehabendis captiuis, quod multum insidet cordi nostro sollicitè cogitantes, remisimus alios solemnes nuntios & nauigia in Ægyptum, ad reducendū captiuos, & res alias quas dimiseramus ibidē: scilicet, machinas nostras, arma, tentoria, quandam quantitatem equorum, & alia multa bona. Sed Admirati prædicti nuntios nostros, cum instantia postulantes reddi sibi captiuos iuxta formam treugatū & alia supradicta, detinuerunt diutius in Babylonia, sub spe reddendi omnia quæ petebant. Tandem verò post expectationem diuturnam de captiuis omnibus quos reddere tenebantur, qui sunt, vt firmiter dicitur, numero plus quàm duodecim millia, inter antiquos & nouos, non liberauerunt nuntiis nostris nisi tantummodo quadringentos; de quibus pars quædam exiuit de carcere pecunia mediante. De cæteris tantùm rebus, nihil omninò reddere voluerunt. Immò, quod est detestabilius, post treugas initas & iuratas, sicut intelleximus per nuntios nostros, & per captiuos quosdam fide dignos de illis partibus redeuntes, electos iuuenes de Christianis captiuis ducendo ad victimam, tanquam oues, quantum in eis erat, compellebant apostatare à fide Catholica, appositis gladiis super eorum ceruicibus, & clamare le-

Chrestiens à la desloyauté, & à la tyrannie des Sarrazins. Pour les Chrestiens qui estoient detenus dans les prisons des infidelles, que c'estoit faict de leur salut, & qu'apres nostre depart, ils ne deuoient esperer autre liberté, que celle que la mort leur donneroit. Au contraire si nous seiournions encore quelque temps en ces quartiers nous serions cause auec l'aide de Dieu de la deliurance des Chrestiens prisonniers, du recouurement du Royaume de Ierusalem, de ses appartenances, & de plusieurs autres biens auantageux à toute la Chrestienté. Nommément qu'entre le Sultan d'Alepe, & celuy de Babylone estoient suruenus de grands differens, & que celuy-là ayant leué toute sa gendarmerie s'estoit saisi de Damas, & de beaucoup d'autres places, qui releuoient du Seigneur de Babylonne. De plus qu'il estoit sur le poinct de passer outre, & venir en Egypte pour venger la mort du Sultan qu'on auoit massacré & prendre possession de ses terres.

APRES auoir meurement pesé toutes ces choses, portans compassion au desastre de cette Terre-saincte, dont le soulagement nous auoit faict entreprendre le voyage d'outre-mer, & regrettans la captiuité de ceux qui auoient perdu la liberté en nostre compagnie, contre l'auis de plusieurs qui nous dissuadoient de seiourner en ces quartiers, nous auons mieux aimé dilayer pour vn peu l'esperance de nostre retour, que de mettre au desespoir les affaires de Cyrie, & la vie & la liberté de plusieurs Chrestiens. Quant à nos tres-

Chapitre III. Section V.

tres-chers freres Comtes de Poictiers, & d'Anjou nous auons iugé à propos de les renuoyer à nostre Dame, & mere pour la consoler, & à leurs prouinces pour les soulager.

PARTANT, comme ainsi soit que plusieurs participans au nom Chrestien doiuent aussi prendre part au zele de cette Croisade, & vous autres Gentils-hommes, qui descendez du sang de ceux que Dieu a choisis pour conquerir cette terre, & luy estes coheritiers en la conqueste d'vn pays qu'il appelle son propre heritage, nous vous inuitons au seruice de celuy qui vous a serui en la Croix, & pour vous racheter n'a voulu donner autre prix que soy-mesme. Si l'honeur de la Croix vous touche, accourez vistement icy, où vne nation barbare, & sacrilege à la veüe des Chrestiens bat à coups de fouet, honnit de crachats, & foule sous ses pieds profanes le bois que nostre Seigneur a consacré par l'attouchement de tous ses membres. Courage donc soldats de IESVS-CHRIST, armez-vous d'vn grand cœur, & soyez hommes si vaillans que vous puissiez vanger les querelles de Dieu. Remettez-vous en memoire les faicts illustres de vos ancestres, qui pour estre zelez à la gloire de la foy, & sinceres à l'obeyssance de leurs Seigneurs temporels, ont remply la terre de leurs merueilles, & le Ciel de leurs vertus. Nous vous auons deuancés au seruice de Dieu, suiuez-nous donc; nous sommes allez les premiers, venez les seconds, afin qu'auec nous, vous meritiez deuant le pere de famille la recompense qu'il promet aux

gem, sceleratissimi Machometi; quorum multi imbecilles & fragiles exorbitauerunt à fide, legem illam detestabilem profitendo. Cæteri verò, tanquam Athletæ fortissimi, in fide radicati, & in firmo proposito constantissimè persistentes, minis vel flagellis hostiū superari nullatenus potuerunt: sed certantes legitimè, coronas martyrij receperunt sanguine rubricas: quorum sanguis, vt pro certo tenemus, clamabit ad Dominum pro populo Christiano, & aduocati nostri erunt corā summo Iudice in cœlesti curia, in causa quam agimus contra fidei inimicos, vtiliores nobis in illa patria quàm si nobiscum conuersarentur in terris. Multos etiam Christianos, qui apud Damiatam remanserant ægrotantes, gladiis trucidarunt. Nec de liberandis captiuis Christianis, nec de rerum restitutione nostrarum, aliquam certitudinē habebamus, quáuis plenè seruauerimus conditiones & pacta quæ cum eis habnerimus, & parati fuerimus obseruare. Ad hoc cùm post treugas initas & liberationem nostram, firmam haberemus fiduciā, quòd liberatis captiuis, terra transmarina, quam Christiani tenebant, in statu pacifico permaneret, vsque ad tempus in treugis diffinitum: voluntatem & propositum habuimus ad partes regni Franciæ reuertendi: & iam disponi feceram de nauigio, & aliis, quæ ad nostrum passagium necessaria videbantur. Sed

aux premiers, & aux seconds ouuriers. Non seulement vous meriterez tout cela deuant Dieu, mais outre l'Indulgence generale concedée à tous ceux qui prennent la Croix venans à nostre secours, & nous amenans des forces suffisantes pour recouurer ce que nous auons perdu, vous acquerrez vn renom immortel en la memoire des hommes. Mais il est expedient que tous ceux à qui Dieu inspirera vne si haute resolution, & vn si heroïque courage se treuuent prests pour passer la mer dans le mois de May ou d'Auril prochain; & ceux qui ne le pourront pour ce premier voyage, qu'ils soient pour le moins disposez pour le second de la S. Iean. La diligence est tousiours bonne, mais sur tout elle est necessaire en cet affaire de la Croix. Quant à vous, Prelats & autres fidelles Chrestiens, si vos mains ne trauaillent en cette affaire, que vos langues & vos cœurs cóbattent pour nous dans le Ciel ; & non seulement priez vous mesmes pour nos affaires, mais employez les prieres de tous vos subiets, afin que les desseins dont les pechez empeschent l'execution, soient par la faueur de Dieu & de vos prieres conduicts à vne heureuse fin. De la ville d'Acon au mois d'Aoust de l'An de nostre Seigneur mil deux cens cinquante.

apertè videntes, per ea quæ superiùs sunt expressa, quòd Admirati prædicti apertè contra treugas veniebant, & contra propria iuramenta nobis & Christianitati illudere non verentes, requisimus consilia Baronum Franciæ, Prælatorum, domorú Templi, Hospitalium Sancti Ioannis, & Sanctæ Mariæ Teutonicorum, & Baronum regni Ierosolimitani : & communicatú quidé esset nobis ineuntibus huiusmodi faciendum: quorum maior pars concorditer asserebat, quòd si nos recedere cótingeret his diebus, prædictam terram dimitteremus omninò in admissionis articulo constitutam; & noster recessus nó esset aliud, nisi eam totaliter exponere Sarracenis: maximè cùm in statu tam debili, & tam miserabili his diebus esset, proh dolor! constituta: Captiui etiam Christiani qui ab infidelibus detinentur, post recessum nostrum poterant pro perditis reputari, omni spe deliberatione ipsorum sublata. Si autem contingeret nos morari, sperabatur quòd ex mora nostra posset aliquod bonú euenire : ex quo etiam liberatio captiuorum, & castrorum & villarum regni Ierosolimitani retentio, & quædam alia toti Christianitati vtilia possent, auctore Domino, prouenire: maximè cum inter Soldanum Halapiæ, & Babyloniæ grauis discordia sit exorta. Qui Soldanus, congregatis suis exercitibus, iam cepit Damascum, & quædam castra sub dominio Babyloniæ constituta: processurus, vt à multis asseritur, in Ægyptum ad vindicandum mortem interfecti Soldani, & ad terram illam quantum poterit occupandam. His igitur consideratis attentè, prædictæ Terræ Sanctæ compatientes miseriis & pressuris, qui ad eius subsidium veneramus, ac captiuorum nostrorum captiuitatibus & doloribus condolentes, licet nobis dissuaderetur à multis morari in partibus transmarinis: maluimus tamen adhuc differre passagium, & morari per tempus aliquod in regno Syriæ, quàm negotium CHRISTI totaliter relinquere desperatum, & captiuos nostros in tantis periculis constitutos. Karissimos autem fratres nostros A. Pictauiensem, & K. Andegauensem Comites,

mites, ad kariſſimæ dominæ ac matris noſtræ, nec non & totius regni conſolationem, in Franciam duximus remittendos. Cùm igitur omnes qui in nomine Chriſtiano cenſentur, zelum habere debeant ad negotium memoratum, & vos præcipuè, Clerici, qui de illorum ſanguine deſcendiſtis, quos Dominus ad Terram Sanctam acquirendam, tanquam populum peculiarem elegit, quam acquiſitionis titulo proprium reputare debetis, vniuerſitatem veſtram ad illud ſeruitium inuitamus, qui nobis in Cruce ſeruiuit, & pro redemptione veſtra ſanguinem proprium effundendo, extitit, ita quod corda veſtra noua in CHRISTI IESV. Gens enim illa ſceleratiſſima, in contumeliam Creatoris, præter blaſphemias quas dicebant in conſpectu populi Chriſtiani, Crucem flagellis cædebant, ſpuebant in eam, & deinde viliter pedibus conculcabant, in opprobrium fidei Chriſtianæ. Eya ergo, milites CHRISTI, peculiaris Papæ DEI viui, accingimini, & eſtote viri potentes ad vindicandas iniurias & opprobria ſupradicta, actus veſtros ad anteceſſorum veſtrorum exempla reducite, qui ſpecialiter inter cæteras nationes fuerunt in fidei exaltatione deuoti, & ſinceritatis affectu dominis ſuis temporaliter obſequentes, totum orbem geſtis inſignibus impleuerunt. Præceſſimus vos in obſequium DEI: venite & vos, aſſequimini nos pro DEO, tandem nobiſcum, licèt tardiùs deueneritis, recepturi, Domino largiente, mercedem, quam Euangelicus Paterfamilias primis donauit vineæ ſuæ operariis, & extremis. Inſuper, præter indulgentiã generalem Cruce ſignatis indultam, venientes, vel competens ſubſidium, tranſmittentes in noſtrorũ ſubſidiũ, immo potius Terræ Sanctæ, dum ibi præſentes fuerimus, apud DEVM, & homines multũ ſibi fauoris & honoris acquiret. Expedite autẽ negotiũ: vt illi, quibus virtus Altiſſimi inſpirabit venire vel mittere in ſubſidiũ memoratũ, præparet ſe vēturos vel miſſuros in Paſſagio inſtantis menſis Maij vel Aprilis: Ipſi autẽ qui parati eſſe non poterunt ad tranſmittendũ in illo paſſagio, ſaltẽ in ſecundo ſequenti paſſagio ſancti Ioannis transfretare procurent in ſubſidium memoratum. Acceleratione enim opus eſt, & mora diſpendioſa videtur, iuxta negotij qualitatem. Vos autem, Prælati & alij CHRISTI fideles, pro nobis ac memorato negotio Terræ Sanctæ ſpecialiter orationum inſtantia interpellare velitis Altiſſimum; ac in locis vobis ſubiectis faciatis ſpecialiter exorari, vt quod noſtra peccata præpediunt, diuinæ ſuæ propitiationis annuente clementia, veſtrarum aliorúmque bonorum orationum ſuffragiis valeat. Actum Acon, Anno Domini M. C C. quinquageſimo, menſe Auguſto.

SECTION VI.

Second armement de S. Louys contre les Infidelles d'Afrique, & ſes glorieuſes conqueſtes ſur l'ennemy.

CIII.
La vertu s'anime par les afflictions & languit par le repos.

S'IL eſt veritable que les ᵃ aiſes du corps, & la douceur de la proſperité ſoient les plus mortels ennemis de la vertu, & le poiſon qui luy donne la mort; il eſt auſſi tres-aſſeuré que c'eſt par la rigueur du trauail, & par les orages de l'aduerſité qu'elle prend force & ſe rend immortelle. ᵇ *La vertu ſe baſtit par l'aſpreté*, dit Tertullien, *& tombe en ruine par les delices.* ᶜ Edoüart ſecond Roy d'Angleterre pour exprimer cette verité, auoit fait

a Σῶμα ἄχϑει τὴν ψυχὴν ἀμελέτητος, Otium tabefacit corpus, animum verò incuria. *Euſebius.* Materiamque tuis triſtẽ virtutibus imple, Ardua per præceps gloria vadit iter. *Ouid. Triſt. lib. 4. Ecl. 3.*
b *Tertullianus ad Martyres.* Virtus duritia extruitur, mollitia verò deſtruitur.
c *Iacobus Typotius in ſymbolis Regum, &c.*

fait peindre pour deuise vne Aragnée, qui plus elle estoit combattuë des vens, plus elle s'éuertuoit de tistre sa toile auec toute diligence; ce que l'inscription signifioit par ces mots, *Ardentior ibo*, plus ardamment l'on m'attaquera, plus ardammét ie courray. Autant en vouloit dire Hippolyte de Medicis frere de Clement VII. ayant fait grauer vn balon qui sembloit rebondir, d'autant plus haut qu'on l'auoit ietté en terre auec plus de roideur, ce que son inscription témoignoit, *Emergit pressa*. A mesme dessein Guy Duc de Ferrare portoit pour deuise dans vne medaille vn puys auec ces paroles, *Motu clarior*; que l'eau du puys s'éclarcissoit par le mouuement. Que si nous voulons authoriser par l'experience la verité de ces symboles; nostre genereux & magnanime Roy S. Louys nous en fournira vn Royal exemple, rehaussant d'autant plus son courage par dessus soy-mesme que plus il est atterré au dessous de ses ennemis, *Emergis pressa*; Plus il est meu & allarmé par les Turcs, plus il paroist illustre & rayonnant en vertu, *Motu clarior*; & comme l'Aragnée, *Ardentior ibit*; plus il sera assiegé des vens d'afflictions, plus il se roidira cötre ces Aquilös de mal-heur. Les Hercules & les Geans deuoiét perdre l'escrime apres tant de maladies, de rançons, & de fatigues; mais tout au contraire il ressemble à la ᵈ pierre Gagates qui s'allume dedans l'eau, & s'esteint dedans l'huyle.

ᵈ *Plinius lib. 36 cap. 19.*

CIV.
S. Louys se croise pour la seconde fois pour aller en Afrique.

CELA paroit par cette missiue cy-dessus rapportée, où pour conclusion de tant d'infortunes,

Chapitre III. Section VI.

il conuie tout le monde de se ioindre à ses armes, pour combattre l'insolence des ennemis de nostre Religion. Il est tout asseuré, dit Ionuille, que si la France ne l'eust r'appellé auec beaucoup d'instance apres le decez de la Reyne Blanche sa mere, il ne fust point party d'Egypte auāt la fin de ses iours, ou de l'infidelité Mahometaine. Car apres son retour en France, il n'eust pas plustost mis ordre aux affaires de son Royaume, qu'il porta ses pésées en Afrique, & fit battre derechef le tābour pour la ruine du Mahometisme. Vous le voyez se croiser le premier, apres luy ses fils, Philippes l'aisné de tous, Pierre Comte d'Alançon, Iean Comte de Neuers, surnommé Tristan, & plusieurs autres Seigneurs, dont le nombre auec d'autres soldats arriuoit iusques à quarante mille cōbattans. Il laissa la regence de son Royaume à Simon de Noële, & à Matthieu de Vandosme vniquement affidez à sa couronne, s'estant apres cela embarqué à Aiguemorte, il fit voile du costé d'Afrique; mais comme les Elemens ne respectent point les diademes, vne rude tempeste assiegea si brusquement le Roy & son armée, qu'elle eut de la peine de ietter les ancres en Sardaigne, & de là à Carthage, ville rebastie sur les ruines de l'ancienne.

LES Mores découurans cette flotte de Chrestiens l'apprehenderent dauantage que tous les Lyons & les Tygres d'Afrique. Ils camperent sur les cotes de la mer pour l'arrester à la descente, ou descendre plustost tous vifs aux enfers que d'en

CV.
Les Africains s'opposent à la descente de l'armée Chrestiēne, mais en vain par la bonne conduite de S. Louys.

differer la ruine, on se battit furieusement de part & d'autre; quelques vaisseaux François firent debris, & se perdans dans les vagues ne firét pas perdre pourtant courage au reste de l'armée. Nostre magnanime Roy donc si bon ordre à toutes choses, encourage si puissamment les siens, & de paroles & d'exemples, qu'ils franchissent toutes les barrieres des ennemis, & eurent aussi-tost les mains sur les Mores que les pieds sur leurs terres; C'est icy où la valeur de nostre Roy n'a point de pareille en proüesse, & qu'il se plait de rompre les obstacles pour donner cours à la Religiō Chrestienne. Il se rend maistre du port, occupe la coste, met en fuite ces demi-diables, & sans delay va assieger Carthage, ville maritime, bastionnée de toutes parts & gardée par gens non moins duis aux ruses de guerre qu'au maniement des armes. Les Carthaginois se defendent non seulement au dedans de la ville, mais encore au dehors, iettans à la campagne vne armée, qui attaque souuent la nostre, & qui souuent reçoit du pire, s'opiniastrant en sa perte sous esperance de matter nos Chrestiens par vne longue resistence. Mais nostre sage Roy les voyant aheurtez à leur malheur, les atterra en vne assiette plus ouuerte, sous feinte d'vne retraite, & ayant aduerty le Maistre de Camp de faire l'aisle de l'armée, & de les enueloper à son apoint, les chargeant en queuë, luy d'autre part les attaquant à la teste, ils en firent vn massacre du tout épouuentable.

CVI.
Les Chrestiens surprennent la forteresse de Carthage & la ville se rend au Roy S. Louys.

PENDANT que tous ces horreurs amusent
les

Chapitre III. Section VI.

les Carthaginois à contempler au deſſus de leurs murailles la cataſtrophe de ces deux armées, la nauale des Chreſtiens ſe dérobant de la veuë des ennemis, ſe ietta inopinément ſur la forterʳeſſe de la ville, & de plein ſault l'emporta de viue force. Cette ſurpriſe aſſomma tellement le courage de ces Africains, qu'au lieu de ſe defendre, ce fut à qui fuiroit le mieux: mais toutes les aduenuës leur eſtant bouclées par l'armée Françoiſe, la deffaite fut ſanglante, & l'euſt encore eſté d'auantage, ſi la pitié allant au deuant de la valleur, n'euſt touché le cœur de noſtre Victorieux, qui crioit qu'on donnaſt la vie à qui rendroit les armes. La ville conſiderant ſa citadelle priſe auec vne notable perte de ſes gens, aima mieux flechir ſous l'obeïſſance du Roy, que de ſe roidir dauantage contre la rigueur de ſes armes, au grand deſauantage de toute la Prouince. Il vaut touſiours mieux experimenter vne douce ſeruitude, qu'vne liberté cruelle: ce n'eſt pas le nom de ſerf qui nous rend miſerable, ny celuy de libre qui nous fait bien heureux; mais les biens & les maux nous font ce que nous ſommes. A peine ſa Majeſté auoit fait ſon entrée dans Carthage, qu'elle proiette le ſiege de Thunes, capitale du Royaume, & le ſejour des Roys d'Afrique.

L'ARMEE Françoiſe prenant la route de ce coſté-là, voicy venir les Mores auec leur Roy, reſolus de mourir ou de reparer leur honneur, que le ſiege de Carthage auoit honteuſement fleſtry. Il faut icy derechef mettre la main aux armes, Roy contre

CVII.
Pendant que les habitans de la ville de Thunes capitulent ſur la reddition de leur ville, la Peſte s'allume au Camp des Chreſtiens, & faict mourir le ſainct Roy.

contre Roy, armée contre armée, & en vn climat peu fauorable à S. Louys. Nonobstant tout ce desaduantage, la valeur de nostre S. Monarque ne laissa pas que de se desployer en cette rencontre auec tant d'ardeur, que vous eussiez dit que sa vie appartenoit à vn autre, & qu'apres celle-là il en auoit à gage mille autres. Car il ne donna aucun repos à ses bras qu'apres la deffaite de dix mille Turcs. De là on boucla la ville, & la serra-t'on de si pres tant par terre, que par mer, qu'on empescha toute sorte de secours, & de rauitaillement. La voilà au sixiéme mois reduite à la famine, & à vne honnorable capitulation : mais pendant qu'on dispute sur les articles, les crimes de plusieurs soldats Chrestiens empestent l'air, qui se glissant dans la tante de Iean surnommé Tristan fils de S. Louys, luy rauit la vie ; & peu de iours apres gaignant le pauillon de nostre Sainct Monarque, surmonta celuy que la violence des armes n'auoit iamais pû faire blemir.

CVIII. *Lamentation sur le trespas de S. Louys, & consolation sur sa beatitude.*

O funeste iournée, qui dérobe à l'Afrique le restaurateur de sa premiere pieté! O heure cruelle qui eclipse au Midy le plus resplendissant Soleil de la terre! Pauure France, quels sanglots ne ietteras-tu, quand tu entendras qu'auec ton Roy tout ton bon-heur est trespassé? Royne toute desolée, qui sera capable d'arrester vos larmes parmy l'excez de ces detresses! Deplorables Cheualiers, qui vous consolera sur le trespas non point d'vn Roy imperieux, mais de vostre pere amiable? Ce ne seront point les Princes François ; car ils n'ont

pas

Chapitre III. Section VI. 1091

pas assez de mains pour essuyer leurs yeux, ny de poictrine pour fournir de souspirs à leur douleur, ny de bouche pour se plaindre de cette forcenée meurtriere, qui ne respecte pas dauantage les sceptres que les houlettes, & la pieté que les vices. O deplorable nouuelle! qui nous asseure que le premier Roy de son siecle est mort, que la generosité est trespassée auec S. Louys, que nostre ioye est abbatuë auec toutes nos esperances, & que le cœur de nostre cœur nous manque, quand celuy qui donnoit la vie à toute son armée par la vigueur de sa pieté est venu à nous manquer. Il est donc mort ce grand Monarque, il est mort ; ce grand guerrier est mort, ce grand Sainct est mort, la vaillance est morte quand Sainct Louys est mort. Mais que dis-ie, il est mort, il n'est pas mort. Celuy qui donnoit vne face d'or à son Royaume par les rayons de ses vertus, remplit maintenant le Royaume des Cieux par les lumieres de sa gloire. Il ne meurt plus icy-bas de regret voyant le Ciel iniurié ; il vit heureusement, il regne paisiblement, il triomphe tout enuironné de gloire, n'entendant plus à present que les Cantiques des Seraphins à l'entour du throne de Dieu. Si le Maistre des Roys luy a changé vne couronne mortelle en vne autre perdurable ; s'il l'a dépoüillé d'vne pourpre corruptible pour le reuestir de l'escarlate des Anges ; s'il luy a osté des mains le sceptre de toute l'Afrique pour regner à iamais sur tous les Empires du monde, quel sujet auons-nous de quereller l'infinie liberalité du Ciel pour des fa-

Aaaaaaa   ueurs

ueurs tant excessiues? France, qui as tant cheri ce grand Roy, tu fais tort à sa memoire, si pour contenter tes regrets, tu ne t'esiouys de son bonheur eternel. Grande Royne Marguerite, chere espouse de S. Louys, nous emploirions des complimens iniurieux, si pour appaiser vostre tristesse nous voulions calomnier la prouidence du Ciel, qui ne se depart iamais de sa Iustice. Pourquoy voudriez-vous que la mort suiuist les affections de vostre cœur, & le mouuement de la nature; elle qui a charge de la destruire, & plein pouuoir de nous separer de nos plus affidez amis? Vous auez perdu sur terre vn bon mary, vn fils tres-aimable le pauure Tristan: mais maintenant vous auez acquis vn Sainct dans le Ciel qui est tout vostre, & vn Ange deuant Dieu qui aura soin de vous. Voudriez-vous r'appeller icy-bas l'innocent Tristan, qui a changé ce nom fatal auec sa condition en vn estat bien-heureux? Voudriez-vous le soumettre derechef à cette qualité si funeste, & amener vne vie sortable à vn nom si triste? Il faut vouloir ce que Dieu veut, & Dieu ne voudra que vostre gloire. Nous auons des sondes pour les abysmes de l'Ocean, mais non point pour les secrets du Tout-puissant. Princes infortunez, que gaignerez-vous apres que vous aurez abandonné vos esprits au desespoir pour complaire à vostre douleur? Ne sçauez-vous pas que la necessité de la mort n'ayant point de remede, sa rigueur est aussi sans exception des couronnes? La mort n'a point d'yeux pour distinguer la brocatel du gros bureau; elle n'a point d'oreilles pour les persuasions; elle est sans chair pour n'auoir point pitié de son sang; elle est sans langue pour n'estre point contable de ses actions; c'est vne hideuse squelete qui ne monstre que les dents pour deuorer toutes choses, & n'a point d'autres armes que vne cruelle faulx qui tranche les belles fleurs aussi bien que le foin. Soyez asseurez qu'apres que vous aurez desolé tous vos amis de vos plaintes, & que vous mesmes en aurez receu les plus cuisans deplaisirs, le temps en fin obtiendra de vous ce que vous deuez maintenant accorder à l'incomprehensible sagesse du Createur. Affligez Cheualiers, & desesperez soldats, si vos langueurs n'estoient ce qu'elles sont, elles ne seroient pas ce qu'elles doiuent estre: mais en fin ne faites pas qu'on vous demande ce qu'est deuenu vostre courage parmy ces accidens? Pour vn Roy que vous auez perdu, vous en auez maintenát deux autres: vn qui combat plus puissamment das le Ciel pour vous, qu'il n'a iamais fait sur la terre; vn autre sur terre, qui est le Roy Philippe son fils heritier de sa couronne auec ses vertus. Si vous auez aimé le premier, aimez le second pour l'amour du premier: si vous auez seruy fidellement Sainct Louys, rendez le deuoir à celuy qu'il à laissé apres soy pour vostre Monarque. S. Louys est mort il est vray: ce Lys celeste est fané, il est vray, mais c'est deuát nos yeux; car deuant Dieu il éclatte sur toute la splendeur des Astres. Ce diuin Lys n'embaume plus nos sens, mais il exhale dás nos ames de celestes parfums de

Aaaaaaa 2   Sain

Sainêteté qui resiouyront à iamais l'Eglise Militante auec la triomphante des ames bien-heureuses.

SECTION VII.

Tant s'en faut qu'on doiue blasmer les armes de S. Louys pour n'auoir point iouy d'vn si heureux succez en Orient qu'on desiroit; qu'au contraire il a obtenu tout ce qu'vn grand Prince peut desirer.

CIX.
Les bons Roys sont fort subiets à la censure des calomniateurs.

L'en prend bien aux Roys de la terre, de n'auoir autre Iuge que le grand Roy des Cieux; car souuent les hommes prononceroient contre eux des arrests peu fauorables, comme on peut reconnoistre en S. Louys, dont l'integrité de ses mœurs iustifiant sa vie, n'emousse pas pourtant le venimeux aiguillon de quelques mauuaises bouches. Il est vray que la vertu ne seroit pas de bon aloy si elle ne passoit par la fournaise des opprobres, dont les vitieux sont les boutefeux, & la calomnie les flammes ardentes qui la bruslent sans la consommer.

CX.
L'entreprise de sainct Louys pour la guerre saincte est pleine de iustice, de sainêteté & de gloire.

POVR donc authoriser les armes de nostre magnanime Roy, il faut supposer que son courage ne s'estant point proposé vne vaine ostentation de valeur, comme vn Antoine, & vn Auguste; ni vn applaudissement de ses armes comme vn Iules Cesar, & vn Pompée; ni l'éclat d'vn triomphe comme vn Camille, & vn Marc Aurelle; ni la possession des Royaumes de la terre comme

Chapitre III. Section VII.

me vn Philippe & vn grand Alexandre; ni la conuoitife de l'or comme vn Craffus & vn Crœfus; mais feulement la destruction de l'Empire de Sathan, & le restablissement du Royaume de IESVS-CHRIST, vne semblable entreprise ne peut estre animée que d'vne fin toute iuste, toute sainte, & pleine de loüange. Elle est tres-iuste, car elle veut rendre au Christianisme son ancien patrimoine, vsurpé par la violence des Ottomans, & tyrannisé par la felonnie des Turcs & des Sarrazins. Elle est tres-saincte, puis qu'elle n'a autre interest que la plus grande gloire de celuy, qui en ces lieux auoit repandu son sang & sa vie pour le salut des hommes. Elle est recommandable, car il y va de la conqueste d'vn floriffant Royaume. Le conseil d'Auguste n'est point à méprifer, qui n'approuuoit iamais qu'on fift la guerre, si l'esperance du gain ne surpassoit de beaucoup la crainte de la perte ; à cause disoit-il, que ceux qui hazardent beaucoup pour peu de chose, ressemblent à ceux qui peschent aux petits poissons auec vn hameçon d'or, qui se perdant ne peut estre recompensé par vne si chetiue proye. L'Empire d'Orient & de la Terre-saincte n'estoit pas vn petit poisson, c'estoit vne mere-perle qui enserroit en soy les lieux les plus augustes de nostre Redemption : tellement que la possession en estoit aussi auantageuse au conquerant, que iuste, & saincte deuant les yeux de Dieu.

SI la prudence humaine desire de toucher au doigt vne honneste obligation, & vne douce cõtrainte

CXI.
S. Louys a esté prié d'entreprendre le voyage de Syrie par le Concile de Lyon & par le Legat du Pape.

Aaaaaaa 3

trainte qui engageoit entierement sa Majesté à cette guerre; qu'elle considere que le sacré Concile de Lyon, comppsé des meilleures testes de l'Eglise, & nommément de la France, entendant tous les iours les calamitez de l'Eglise Orientale, auoit prié, & conjuré nostre S. Roy d'accourir au plustost à son secours, & d'entreprendre la protection de la Syrie, qui gemissoit sous le cruauté des Sarrazins. Cette saincte assemblée luy auoit rerepresenté l'estat lamentable de la ville de Hierusalem, comme ces barbares auoient tout saccagé & bruslé, horsmis le S. Sepulchre, & la Tour de Dauid. Le Cardinal de Chasteau-Raoul Legat du Pape vint trouuer le Roy à Paris au temps d'vne celebre assemblée, qui s'y tenoit au mois d'Octobre 1246. luy faisât entendre les desastres du Christianisme au Leuant; & qu'vne telle guerre ne luy seroit pas moins glorieuse & pleine de merite qu'à plusieurs Empereurs, Roys & Princes qui autrefois auoient entrepris ce voyage, auec l'applaudissement des plus sages de l'Europe. Qu'il consideraft que les Princes & Seigneurs de France portoient impatiemment ce delay, & que plupluſieurs d'entr'eux ennuyez de son retardement auoient desia fait voile en Orient. Que l'Empereur Federic II. auoit fait passer outre-mer vne puissante armée, & que tous les Chrestiens le regardoient comme le restaurareur de la Religion, le Pere des oppressez, & le second Messie de la Palestine.

CXII.
Autres motifs qui ont persuadé à S. Louys d'entreprendre la guerre en Syrie.

QVANT bien nostre S. Roy n'eust point eu de

de zele pour la Foy Catholique : toutefois estant animé par tant de voix & attiré par les prodiges de tant de Croix que l'Alemagne auoit veuës en l'air, qu'elle prenoit pour pronostique du triomphe de la Croix, il ne pouuoit refuser d'estre le premier en cette glorieuse entreprise. Les bons sentimens qu'il auoit eu peu auparauant pendant sa maladie luy estoient autant d'esperons qui luy faisoient redoubler le pas pour accourir aux miseres des Chrestiens de Syrie. Il consideroit sagemét qu'il n'estoit pas moins redeuable à la saincte Eglise que Philippe Auguste son ayeul, que Louys VII. son bisayeul, que trois Empereurs, qu'vn Roy de Hongrie, que plusieurs Princes d'Angleterre, & d'Allemagne, & particulierement que Godefroy, qui auoit marqué auec son épée les effets de son courage en tant d'endroits de la Palestine. Il se representoit vn Charles Martel, la foudre des batailles, qui autrefois auoit tué trois cens soixante quinze mille de ces barbares en la bataille de Tours. Il voyoit que Charlemagne l'épée & le bouclier de la Chrestiété, n'é auoit pas moins défait à sa part: que les Roys de Castille, d'Arragõ & de Nauarre en auoiét fait passer deux cés mille par le fil de l'épée à la iournée de las Nauas. Tous ces motifs estoient de perçans aiguillõs à vn cœur également plein de pieté & de courage; & ie vous laise à iuger si honnestement il s'en pouuoit dédire, & si c'eust esté vn trait de Prudence de se bander contre les voix & les vœux de toute l'Europe? C'est sans doute que le blasme luy eust esté eternelle nel, & l'Ocean n'euſt pas eu aſſez d'eau pour lauer cette tache, s'il ſe fuſt oppoſé à l'inclination de tous les plus vaillans hommes de ſon Royaume, & des plus zelez de ſon ſiecle.

CXIII.
La façon qu'a tenu S. Louys à mettre ſur pied ſon armée eſt pleine de iuſtice & de Prudence.

QVANT aux moyens qu'il a employez à la conqueſte de la Terre-ſaincte, ils ſont tous equitables & appuyez ſur de fortes raiſons. Premierement pour dreſſer ſon armée, & pour payer ſa rançon, il ne toucha nullement à l'argent de ſon épargne, comme témoignent Matthieu Paris, Scipion Dupleix, auec d'autres Hiſtoriens : tant s'en faut qu'il épuiſaſt ſes finaces, comme ont voulu dire quelques fabuleux Eſcriuains. Secondement la guerre s'eſt entrepriſe ſans obliger perſonne, ou le violenter à prendre les armes contre ce peuple barbare. Il a preſenté la carte blanche à tous les Princes Chreſtiens pour s'enroller en cette ſacrée milice, le ſeul zele & la valeur leur ayant faict épouſer les armes pour la iuſtice de ces deux expeditions. Le Roy d'Eſcoſſe y enuoya la fleur de ſa nobleſſe. Les Comtes de Bretagne y ioignirent leurs armes, ſuiuies d'vn grand nombre de Gentils-hômes & de Seigneurs de leur domaine. Autant en firent les Comtes de Champagne, de Bourgongne, de Bar, de Neuers, de Montfort, & de Maſcon. Robert Comte d'Artois courut la meſme riſque, pareillement Iean fils de Pierre Comte de Bretagne, Hugues Comte de la Marche, Hugues de Caſtillon Comte de S. Paul, & de Blois, Gautier ſon nepueu, Iean de Barres, Gilbert Archeueſque de Rhelms, Philippe Archeueſque

Chapitre III. Section VII.

uefque de Bourges, Robert Eftienne de Beauuais, Garnier Euefque de Laon, & Guillaume Euefque d'Orleans. Roger Rotfer Comte de Foix y conduifit les plus vaillans de la nobleffe de Gafcongne, & n'eftoit perfonne qui ne tinft à hôneur de porter les armes fous les drapeaux d'vne fi fainte & genereufe entreprife. Pour troifiéme & derniere remarque; l'armée fut dreffée auec vn tres-bon ordre, les vaiffeaux font equippez de tout ce qui eft requis pour l'entretien d'vne fi grande puiffance; Les Peres fpirituels n'y manquent point pour la confolation des malades, outre les Archeuefques & les Euefques, & grand nombre de Preftres, & de Religieux pour le foulagement des foldats.

QVELQVES vns ont voulu affeurer fur des legers rapports, que l'iffuë peu fortunée de cet armement prouenoit de ce que S. Louys confentit aux refpits des debtes de tous ceux qui s'eftoient croifez. Mais les Hiftoriens de fon temps n'en parlent point, ce qu'ils n'euffent pas oublié, la franchife & la verité leur eftant trop naturelle. Mais quelle apparence qu'vn Monarque fi vertueux vouluft rendre feruice à Dieu auec tant d'iniuftice? Ce grand fainct n'eftoit pas ignorant du dire de Salomon: que *la Iuftice éleue les peuples, & que le peché les rend miferables*. Il eft bien vray que la profperité de la prife de Damiette apporta dedans l'armée du Roy tant de luxe, que la lubricité s'y eftoit épanchée iufques auprès du pauillon Royal, difent nos Hiftoriens, & les foldats qui n'auoient dequoy nourrir cette continuelle diffolution, ran-

CXIV.
Diuerfes obiections côtre le voyage de fainct Louys en Orient font nulles.

Bbbbbbb çonnoient

çonnoient les Marchands, & les Viuandiers, au lieu de les proteger pour la conseruation de leur propre vie. Le Roy, me direz-vous, y deuoit mettre ordre : mais ne sçauez-vous pas qu'on dit souuent aux Roys que tout va bien quand tout est en desordre ? & si ceux qui l'en deuoient aduertir estoient les complices de ces honteuses débauches : & si S. Louys commandoit qu'on chastiast les coupables, & que les Officiers en fussent eux-mesmes les fauteurs, que pouuoit là dessus faire le plus sainct homme du monde, que de coniurer le Ciel à nettoyer la terre de ces execrables criminels, qui par leurs pechez enuenimoient l'air, & le monde ? Qui doute que ce tres-sainct Monarque preferant l'honneur du Createur à la vie de toutes les creatures n'aimast mieux voir le carreau sur les fidelles sans loy que sur les hommes sans foy, l'ignorance iustifiant ceux-cy, & la science condamnant ceux-là. Si donc les succez de cette guerre, n'ont pas esté si fauorables que l'appetit humain pouuoit souhaitter, il n'en faut pas reietter la faute à la generosité de nostre S. Roy, mais à la corruption de ses Gens-d'armes ; car si le seul larrecin [a] d'Achan, fils de Charmi causa la mort à trois mille Israëlites, & refroidit entierement la bien-veuillance de Dieu à l'endroit de l'armée du sainct & du magnanime Iosué ; que ne deuoient faire les abominations de tât de soldats, & de Capitaines, quoy qu'ils combattissent sous les estendars d'vn autre Iosué. Le Ciel chastie souuent les peuples pour les pechez des Roys, mais icy

[a] *Iosue cap.* 7. Nec poterit stare Israël ante hostes suos eosque fugiet, quia pollutus est anathemate, non ero vobiscum donec conteratis eū qui huius sceleris reus est, &c.
Responditque Achan Iosue & dixit ei : verè ego peccaui Domino Deo Israël, & sic & sic feci : vidi enim inter spolia pallium coccineum valdè bonum, & ducentos siclos argenti, regulamq; auream quinquaginta siclorum & concupiscens abstuli, &c.

Chapitre III. Section VII.

icy le Roy patit pour les crimes de son peuple.

D'AVTRES ont dit que la source de tous ces mal-heurs fust l'auarice des Princes & des Capitaines, qui au lieu de distribuer aux hospitaux les deux tiers du butin se reseruoient le tout, contre la coustume des premieres guerres. Mais qui peut blasmer sagement nostre sainct Roy en cecy, puis qu'il estoit conseillé d'en disposer autrement par des personnes dont la sagesse s'estoit iusques alors renduë irreprochable. Il est veritable que le butin de Damiette ayant esté mis dans le logis du Legat fut si mal ménagé, qu'on n'en tira que six mille liures, somme peu considerable entre tant de gens de guerre qui attendoient du Roy de grandes recompenses.

AVCVNS reiettent la faute sur la trop grande presomption des Mareschaux de Camp, qui refuserent les offres du Sultan de Babylonne, qui redoutant le plus fort ennemy qu'il eust en tout le monde, offrit de rendre la Terre-saincte aux Chrestiens, & tout ce qu'ils auoient tenu en Syrie, pourueu qu'on luy rendist la ville de Damiette. Le Comte d'Artois & autres plus signalez de l'armée en dissuaderent sa Majesté, disans qu'il falloit prendre Alexandrie, & de là passer aux autres places. Les personnes pleines de courage ne se contentent pas de peu; ou rien ou Cesar: mais Matthieu Paris remarque que cela dépleut à celuy dont la iustice ne peut souffrir la fierté des Chrestiens qui se deuoient contenter de recouurer le patrimoine de IESVS-CHRIST, sans

CXV.
Autres obiections resolues & aneanties.

CXVI.
On ne doit point imputer à S. Louys les fautes d'autruy, ni pouuant remedier.

donner plus d'eſſor à leur ambition. Auſſi les Sarrazins diſoient, laiſſons-les faire, leur Dieu qui chaſtie les hautains & punit l'auarice, les exterminera. La prophetie ne fut pas vaine, on s'alla camper dans des marets par vn iuſte iugement de Dieu, qui tuerent plus de ſoldats que les armes des ennemis. Sainct Louys ne doit point eſtre mis au catalogue de ces cupables, puis que ſa vertu le rendoit recommandable à ſes ennemis, & ſon humilité à ceux-là meſme qui ne la vouloient pas ſuiure. Que s'il acquieſça à ſon conſeil, la prudence luy interdiſoit tout autre auis; car iamais Prince n'a eſté blaſmé d'auoir fait cas des iugemens de ſon Conſeil: mais tout bien conté, i'eſtime que cette diſſolution ſoldateſque, incapable de grande proſperité, offença l'infinie bonté, qui demandoit de la reconnoiſſance, & non pas du mépris iuſques à la brutalité. Le premier bon-heur, ſans doute euſt eſté ſuiui d'autres heureux ſuccez, ſi la premiere deuotion de l'armée ne ſe fuſt chágée en des abominations qui iuſtifioient les Payés. *Si vous m'eſcoutez*, dit Dieu, *& ſi vous gardez mes commandemens, ie vous rendray maiſtre de vos ennemis, & mille de vous autres en mettront en déroute dix mille des autres; vous viendrez d'vn coſté & ils s'enfuiront de l'autre.* Dieu auoit deſia donné de grands gages de ſa parole à nos Chreſtiens, mais qui manque à ſa promeſſe, merite auſſi qu'on l'oublie.

CXVII.
S. Louys a cauſé de grands biens pour les Chreſtiēs par ſes voyages d'outre-mer.

Av bout du conte comme en tout cecy ne ſe retrouue nul defaut du coſté de noſtre S. Roy, auſſi en ſon particulier il n'a encouru nul deſ-
auanta

Chapitre III. Section VII.

auantage, mais au contraire il s'eft acquis vne palme immortelle, & à la France des lauriers qui ne fe flaiftriront iamais. Car au premier voyage le Roy defit les Sarrazins en deux batailles rangées, & en plufieurs rencontres. Il prit Damiette, vne des plus fortes places d'Egypte. Il fortifia en Syrie à la barbe de l'ennemy quatre bonnes places. A fon occafion les ennemis deliurerent vne infinité de captifs, dont la plufpart peu foigneux de l'Eternité, euffent racheté la liberté de leurs corps par la perte de leurs ames. Le fecond voyage luy a efté tres-glorieux pour auoir domté les Africains, qui par le paffé auoient fait trembler l'Italie, la Grece & l'Efpagne. Si la mort n'euft efté ialoufe de fes lauriers, il euft auffi aifément triomphé des autres villes d'Afrique comme de Carthage & de Thunes, qui trouua fon falut dans le mal-heur de nos maladies.

Qvoy qu'il en foit il eft affeuré que noftre diuin Monarque a receu les plus glorieufes couronnes qu'vn Roy puiffe efperer de fon bon-heur, auec tant d'auantage, que tandis que les hommes parleront, ils n'auront pas affez de langues pour publier les merites de fes hauts-faicts. Iamais la reputation des Cefars, des Alexandres, des Daries, & des Cyrus, n'eft montée à vn fi haut poinct de gloire dans l'efprit des mortels que noftre grád Roy parmi les hommes & les Anges. Combien de Chreftiens ignorent le nom & le renom d'vn Alexandre, qui n'ignorent pas les merites de noftre Monarque? Mais ce qui eft calamiteux à ces

CXVIII. *S. Louys a enfin receu tout ce que les grands Princes peuuent fouhaitter en cette vie.*

pauures Princes Payens; c'est qu'ils sont prisez où ils ne retourneront pas, & sont suppliciez d'où ils ne partiront iamais. Qu'on me monstre vn brin des cendres de ces grands personnages, qui ont fait tremousser le monde de leur presence tout cela s'est éparpillé auec le bruit de leur pope: mais celles de S. Louys sont reuerées dans nos Eglises auec vn incroyable fruict pour ceux qui cherissét la memoire d'vn si grand S. & qui employent son credit aupres du Tout-puissant. Vos amis ô grand Dieu, disoit le Roy Dauid sont excessiuemét honorez, & leur Principauté s'est renduë inuiolable.

CXIX.
La gloire des anciens Princes n'est point cóparable à celle du Roy S. Louys.

VOVLEZ-vous sçauoir quels sont les butins qu'il a rapportez de l'Orient? sont les inestimables tresors des ames conuerties de plusieurs pauures Sarrazins, dont vne seule vaut mieux que tout vn monde. Il a obtenu la deliurance de plusieurs Chrestiens, les reliques de plusieurs Saincts, dont sa Chapelle de Paris est encore enrichie. Nos Bibliotheques luy sont redeuables d'vn grand nombre de liures que la poussiere couuroit, & que les vers rongeoient parmi ces peuples infidelles. Finalement la ᵃ France n'a iamais sauouré plus delicieusement les fruicts de paix, que pendant les quarante-quatre ans du regne de nostre S. Roy. Mais particulierement apres son retour d'Orient, mille bon-heurs l'ont accueilly, comme i'ay faict paroistre aux premiers Parangons; & son fils Philippe a recueilli auec sa Royale posterité mille faueurs du Ciel & vn million d'autres, qui frappent tous les iours nos yeux si la stupidité ne nous en

a *Guilielmus Nangius de Gestis Lud. Fr. R.* Sicut legitur de rege pacifico Salomone, quod habuerit pacem vndiquaque per circuitum regni sui: sic & ipse Rex Christianissimus Ludouicus ex tunc habere meruit Domino largiente, quam post mortem ipsius Philippo eius filio in regno succedenti, quandiu regnauit per merita sancti Regis Dominum credimus concessisse.

Chapitre III. Section VII. 1105

en oſtoit le ſentiment; car noſtre Dieu eſt cette ſalutaire, & diuine roſée qui fait germer les iuſtes, comme des forts Iſraëlites & les rend floriſſans en biens comme des ſacrez Lys & des Cedres inebráſlables ſur le Liban de la vraye gloire. *Ero quaſi ros, Iſraël germinabit ſicut Lilium, & erumpet radix eius vt Libani.*

CONCLVSION DV PArangon VIII. monſtrant que les Princes les plus vertueux ont eſté les plus genereux & les plus fortunez en guerre.

ADMIRE qui voudra les conqueſtes des Roys de la Grece; qu'on importune nos oreilles de la vaillance des Ceſars Romains, il eſt aſſeuré qu'ils n'ont rien faict de comparable aux proüeſſes des Monarques François, & que touſiours leurs armes reuereront celles de France. A peine Alexandre s'eſt fait voir hors de l'Aſie, & Iules Ceſar de l'Europe; mais ces inuincibles Monarques ont fait ſentir la douce-force de l'huyle des Lys par toutes les parties de la terre. En Europe ils ont combattu & chaſſé les Gots, les Viſigots & les Arriens. En Aſie ils ont défait les Turcs. En Afrique ils ont domté les Mores, & noſtre S. Roy Louys a fait trembler luy ſeul toutes ces côtrées. En Europe il a combattu les Anglois, les Bretons, les Comtes de Champagne, de Boulogne, de Dreux, & de la Marche. L'Aſie, l'Egypte,

CXX.
Que tous les anciens conquerans n'ont point approché à la valeur des Roys de France & nommément de S. Louys.

a *Paulus Æmil. in Lud. IX. Cùm nullo ſancti Regis munere domi non perfunctus eſſet, cùm Europam miraculo ſui impleſſet, cùm in Ægypto, cùm in Aſia barbaris Regibus exemplum Chriſtianæ Religionis perpeſſionisque præbuiſſet, illiſque etiam ſanctus haberetur: Africa ſuperarae cui ſui ſpecimen daret.*

admi

la Iudée, la Palestine, la Syrie, & autres pays ont admiré son courage l'espace de cinq ans. L'Afrique peut témoigner ses exploicts en diuerses & grandes batailles, au siege de Carthage, & de Thunes, Capitales du Royaume; & si les Indes, & l'Amerique eussent esté conneuës en ce temps-là, quels miracles n'eussent suiui sa valeur pour la conqueste des ames? N'estoit-ce pas vn effect d'vn courage indomtable, estant retourné d'Egypte en France, de reprendre les armes apres mille hazards, dont il auoit surmonté la rigueur auec mille peines & fatigues.

CXXI.
L'homme vertueux doit auoir plus de courage que le méchant.
a *Sanctus Augustin Epist. ad Bonifacium Comitem qua est 4 in appendic.* Non dabit diuinitate iuuante Catholicus hæretico terga (Ioanni scilicet tyranno Africæ inuasori) tui cordis intentio dirigatur ad Dominum, non militem timebit, nõ Gothum, non Hunnum.

Qv'on ne dise plus qu'il est bien difficile d'estre bon Capitaine, & bon soldat de IESVS-CHRIST; Car si la force prend son merite d'vn genereux mépris de la mort, il est asseuré que sa seule image doit faire trembler le Chrestien, qui est disgracié de son Createur, puis qu'en luy tranchant le filet de cette vie mortelle, elle luy retranche tous les moyens de l'eternelle felicité, & le confine à des supplices perdurables. O Dieu du Ciel, & de la terre! quel cœur peut auoir vn tel Gendarme s'il n'est plus stupide que les bestes? Mais quelle viuacité de Geant ne renforcera l'esprit d'vn pieux Capitaine, sçachant que l'épée de son ennemy luy seruira de clef pour entrer en la vraye gloire, & qu'autant de playes seront autant d'escarboucles qui enrichirõt sa derniere courône.

CXXII.
Dieu fauorise particulierement en guerre les Iustes.
a *Lib. 2. Machab. 15.*

MAIS puis que la force est vn don du Ciel, & la victoire vne de ses faueurs, qui en receura plustost la [a] gloire sinon les plus auantagez en vertu.

A rai

Chapitre III. Section VII.

A raison dequoy Cesar demandoit vn soldat qui ne fust pas moins vertueux que vaillant. Auec quelles armes est-ce que Otto Roy des Allemans mit en déroute vn nombre presque infini de Hongrois? Ne fut-ce pas auec le corselet d'vne bonne conscience, & le bouclier du sacré Corps du Fils de Dieu, dont il arma toutes ses troupes? Auec quelles forces est-ce que Catalacus chassa les Sarrazins qui estoient venus d'Afrique l'an mille quarante? Ce fut auec le sacré pain des forts, qu'il fit prendre à tous ses soldats auant que d'entrer en bataille? quels estoient les coutelas des Empereurs Theodose, & de Henry IX? la deuotion, & la pureté de vie. [b] Henry enuoya des Ambassadeurs à sainct Romualde pour l'assister par ses prieres. [c] Theodose à S. Iean l'Anachorete, & tous deux apres auoir sanctifié leurs soldats, firent des exploicts par-dessus toutes les opinions des hommes. Mais entendons quels forts, & quelles lignes de communication [d] l'Empereur Theodose dressa auant que de combattre Eugenius. Il monta sur vne colline d'où il pouuoit estre vû des deux armées, dit Rufin, & ayant mis bas ses armes il presenta cette requeste à la diuine Majesté. *Dieu Tout-puissant vous sçauez qu'au nom de Iesus-Christ i'ay entrepris cette guerre par vne iuste vengeance contre vos ennemis. Que si mon intention est autre, faites retourner la vengeance contre moy. Que si ie me porte en ce combat auec iustice & confiance en vostre bras tout-puissant, faites que i'en experimente le secours, afin que ces peuples ne dient point: Où est leur Dieu?* Le Pere des mi-

Considerans Machabæus Aduentum multitudinis, & apparatum varium armorum & ferocitatem bestiarum, extendês manus in cælum, prodigia facientem Dominum inuocauit, qui non secundùm armorum potentiâ, sed prout ipsi placet dat dignis victoriam.

[b] *Baronius tom. 10. ad Annum Christi 955. n. 5. ex Vdalrico qui res Ottonis præclarè gestas fideliter conscripsit.*
De Catalaco refert Bar. tom. 11. Anno 1040. n. 3. ex Curopalato & Cedreno.

[c] *Idem tom. 11. Anno 1012. ex Petro Damiano & Bonfin. de reb. Hungarici decad. 2.*

[d] *Theodoretus lib. 3. hist. cap. 3. Rufinus lib. 2. c. 33. Tu, inquit Theodosius, omnipotens Deus nosti quia in nomine Christi Filij tui vltionis iustæ vt puto, prælia ipsa suscepi si secus in me vindica: si verò cum causa probabili & in te confisus huc veni, porrige dextram tuis: ne forte dicant gentes, vbi est Deus eorum.*

sericordes ayant agréé cette deuote priere, redoubla tellement le courage de tous les Capitaines, & des soldats, qu'ils firent merueilles à la perte des ennemis. O la tranchante lame que la pieté d'vn Capitaine! Elle peut faire plus d'exploicts dans son fourreau que les autres toutes nuës; elle est plus forte en la main des dormans que des veillans. C'est ce que vouloit signifier ᵉHieremie au vaillant Machabeé luy mettant en main vn glaiue d'or pendant qu'il sommeilloit; comme s'il luy eust voulu enseigner ce que le ᶠRoy Asa disoit en sa priere auant que de combattre Zara, Roy d'Ethiopie, *Seigneur il n'est point de difference en vous, soit que vous secouriez auec plusieurs ou auec peu de personnes. Vous pouuez aussi bien donner la chasse à nos ennemis quand nous serons endormis qu'ayans les armes au poing.* Les effects témoignerent ce que ce Roy auoit dit; car Dieu combattant auec luy, il défit Zara, qui trainoit apres soy vn million de combattans, & vn grand nombre de chariots.

CE n'est pas encore assez, ie vois que ces Salmonées ne se tiennent pas encore vaincus. Il faut que ie leur mette deuant les yeux les conquestes de tant de saincts & de vaillans Capitaines, qu'en fin ils se rendent à cette indubitable verité. Qu'ils me dient par quelle maxime de guerre est-ce ᵃqu'Abraham auec trois cens & dix-huict soldats défit cinq Roys infidelles? N'est-ce pas auec sa foy toute-puissante? Auec quel belier est-ce que ᵇIosué mit par terre les murailles de Ierico, sinon auec sa Pieté? Qui a donné à Gedeon tant de victoires

e Machabæor. lib. 2. cap. 5. Accipe sanctum gladium, munus à Deo in quo deiicies aduersarios populi mei Israël.
f Paralipomenon lib. 2. c. 14. Et inuocauit (Asa) Dominum Deum & ait, Domine non est apud te vlla distantia, verum in paucis auxiliaris, an in pluribus: adiuua nos Domine Deus noster, &c. Et persecutus est eos Asa, & populus qui cum eo erat vsque Gerara: & ruerunt Æthiopes vsque ad internecionem, quia Domino cædente contriti sunt.

CXXIII.
Diuers exemples de l'Escriture saincte qui témoigne que les plus braues Capitaines ont esté les plus pieux.

a Sanctus Ambr. lib. 1. de fide ad Gratianum Imper. hortatur fide & spe in Deo magis pugnandum quàm robore idque exemplo ostendit Abrahæ, Iosue, &c.
b Theodoretus lib. 4. hist. cap. 33. Deum namque semper victoria sequitur, & ad eos accedit, quibus se Deus Ducem præbet.

Chapitre III. Section VII.

ctoires contre les Madianites, sinon la force des Anges qui combattoient auec sa vertu? ne furent-ce pas cinq Anges qui se ioignirent auec les armes du Machabeen? n'estoit-ce pas Dieu qui renforça le courage à Dauid contre les Ours, les Lions, les Geans & les Philistins? n'est-ce pas la pieté qui a rendu Iosaphat si formidable aux Ammonites? peut-on nier que le Roy Ezechias n'ait égorgé cent & octante cinq mille soldats du Roy Sennacherib, plus par ses deuotions que par ses armes.

CAS estrange que Dieu enrolle les Anges sous les drapeaux des Princes vertueux pour fauoriser leurs armes? N'est-ce pas ces esprits bien-heureux qui défirent la puissante armée de Roilas Duc des Scythes, qui venoit surprendre le pieux Theodose le ieune? Le mesme secours ne déconfit-il pas les Perses & les Sarrazins, dont cent mille saisis de frayeur aymerent mieux se donner en proye aux flots de l'Euphrates qu'au trenchant des armes de Theodose, & d'Ardoburius General de l'armée. Les Arabes & les Africains se mocquans d'Antolinus, chef de l'armée d'Espagne, de ce que la peur le faisoit retirer en vne Eglise, le Sanctificateur de nos Autels leur fit ressentir, cõbien la deuote priere de ce Magnanime General, & l'integrité de sa vie luy estoit agreable? car pendant qu'Antolinus demandoit secours du Ciel en cette Eglise, Dieu enuoya vn Ange qui prenant la figure d'Antolinus donna la bataille, mais si viuement que l'ennemy fut contraint de faire large à

c *Machab. lib. 2. cap. 15.*
Dixit autem Machabæus inuocans hoc modo: Tu Domine qui misisti Angelum tuum sub Ezechia Rege Iuda, & interfecisti de castris Sennacherib centum octoginta quinque millia; & nunc dominator Cælorũ mitte Angelum tuum bonum ante nos in timore & tremore magnitudinis brachij tui, vt metuant qui cùm blasphemia veniunt aduersus sanctum populum tuum.

CXXIV.
Plusieurs batailles gaignées par la pieté des Capitaines.
a *Nicephorus lib. 14. cap. 38. Theodoretus lib. 5.* Atque ex his pietatis seminibus fructum continuũ percepit (Imperator Theodosius) nam hac de causa omnium moderator Deus, cuius saluti sedulo prospexit. Etenim cùm Roilas Rex Scytharum, qui Nomadæ dicuntur, traiecto Istro, cum ingentibus copiis Thraciam populari & prædas agere inciperet, Constantinopolim vrbem primariam obsessurum, momentoque temporis capturum atque adeò solo æquaturũ minaretur, Deus fulminum iactu & facibus cælitus demissis, cùm illum combussit, tùm vniuersũ eius exercitum penitus absumpsit.

ce miraculeux Capitaine qui en abbatoit autant qui se presentoient deuant ses armes. Que ne pouuons-nous entendre parler le deuot [b] Venceslaus Roy de Boheme, il nous declareroit que Dieu luy enuoya des Anges pour domter l'arrogance de son ennemi Corrinus? L'Empereur Honorius en diroit autant, ayant défait miraculeusement deux cens mille Scythes, qui s'estoient iettez en Italie sous la conduite de Radagarysus. Et qui fit perdre la bataille à l'Empereur Valens, à l'encontre des Gots & des barbares, que son impieté Arrienne, comme luy reprocha Trajanus vn de ses Capitaines aussi bon Catholique que bon homme de guerre?

Ne fust-ce pas vn faict miraculeux l'an 1200. de voir que les Chrestiens en Orient n'ayans dequoy faire teste à vn monde de [a] Sarrazins, d'Arabes, de Turcs, & de Perses, qui combattoient sous Corbona Capitaine Persan; Dieu deputa vne troupe d'Anges, montez sur des cheuaux blács qui firent galoper deuant eux ces barbares plus viste que le pas, apres auoir mis par terre cent mille hommes de cheual, & vn nombre innombrable de gens de pied. Ie serois iniuste à la generosité de mon tres-valeureux Patron S. George, si ie ne racontois pas la victoire qu'il mit entre les mains de [b] Iacques Roy d'Aragon combattant contre les Sarrazins, s'estant luy-mesme presenté en cette bataille, armé de toutes pieces, monté à l'auantage, & se comportant si vaillamment qu'il défit cette nation infidelle. Qui donna [c] au Roy du

---

Nicephorus lib. 14. Annal. Hisp. Anno 998.

[b] *Annales Bohemia. Theodoretus lib. 4. hist. c. 33. Non ego sum victus (inquit Traianus valenti) sed tu victoriam corrumpis, Imperator qui aduersus Deum aciem instruis & fortunam belli conciliat barbaris, quia enim tu bello persequeris eum, transit ad Barbaros, quem & victoria sequitur consequunturque eam Deo Duci parentes.*

CXXV.
Les Anges & Iesus-Christ fauorisent en guerre les Princes vertueux.
[a] *Robertus Monachus in sua hist. Anno 1100.*

[b] *Bernardinus Gomesius.*

[c] *Annales Portugall. Ann. 1112.*

Chapitre III. Section VII.

de Portugal, Alphonse I. vne signalée victoire contre cinq Roys Sarrazins que IESVS-CHRIST mesme, qui luy apparut en songe, & l'encouragea sur les esperances de sa conqueste? La Pieté d'Alphonse VIII. ne fit-elle pas que le mesme Sauueur luy apparut en Croix, l'asseurant du bon-heur de ses armes, qui mirent à mort iusques à deux cens mille Sarrazins?

QVI se pourroit ennuyer en ce discours, autant exquis en son sujet, qu'il est necessaire en ce siecle, qui veut mettre la pieté sous les pieds des Capitaines & mener en triomphe la fureur & le carnage comme les autheurs des proüesses. Qu'on me dise au nom de Dieu, auec quelles forces & ruses de guerre est-ce que Ferdinád III. Roy d'Espagne domta les Mores & défit tant d'ennemis qui estoient tous les iours à ses portes, & qui le deuoient perdre mille fois? Qui est celuy qui luy a presté la main pour ioindre le Royaume de Leõ & de Castille à celuy d'Espagne? Auec quelles armes a-t'il soustrait de la tyrannie des Mores les villes de Seuille, de Cordoüe, d'Andalousie & la Betique? quelles armes a-t'il employées pour subiuguer en peu de temps le Roy de Grenade? C'a esté auec les forces de son S. zele, & de ses puissantes vertus. Car en combattant l'ennemy, vous l'eussiez entendu prononcer ces mots : *a Dominus mihi adiutor, non timebo quid faciat mihi homo* : Le Seigneur est mõ secours, ie ne craindray point tout ce que l'homme me pourroit faire. On luy demanda vn iour d'où venoit qu'il estoit plus for-

CXXVI.
Conquestes des Rois Chrestiens plus par leurs vertus que par leurs armes.

a *Psalm.* 55.

tuné

tuné que tous ses predecesseurs ? *Il se peut faire*, dit-il, *que mes Peres combattoient plustost pour la gloire du Royaume temporel, que pour l'establissement de la Foy Catholique, plus pour l'accroissement de leurs subiets, que pour celuy du seruice diuin, en quoy ils se sont mépris en leurs desseins.* Aussi [c] Rodericus rapporte qu'estant en guerre, il auoit coustume d'éleuer les yeux au Ciel, & de dire: *Seigneur qui connoissez les cœurs, & penetrez iusques au fond de nos pensées: vous sçauez que ie ne recerche point tant l'estenduë des Royaumes passagers, que celle de la Foy Catholique, & de la Religion Chrestienne.* O si les Princes combattoient auec ces armes dorées d'vne pure intention, ils n'auroient plus besoin d'vn si grand attirail de guerre, qui entraine apres soy plus de perte, que d'accommodement à leur Estat ! Auec cette sincerité de cœur Emanuel Roy de Portugal a faict plier sous ses loix plusieurs peuples d'Afrique, de Perse, d'Arabie, de l'Inde tant deça que delà le Gange. Quelles victoires n'ont suiui la pieté d'vn Edoüart III. Roy d'Angleterre, d'vn S. Estienne Roy de Hongrie, d'vn Ladislaüs Roy de Boheme, d'vn Cazimire Roy de Polongne, & d'vn Canutus Roy de Dannemarc ? Les Princes mesmes Payens n'ont point esté frustrez des fruicts de leurs vertus, ainsi que témoignent les autheurs Chrestiens, comme Cassiodore & Eusebe, mais encore les Idolatres comme [d] Vopiscus de l'Empereur Probus ? Ce Prince gentil ayant rendu à l'Eglise le calme de la paix, que la rage des Empereurs Valerianus, Galienus & Aurelianus auoit raui;

b *Rodericus part. 3. hist. Hisp.* Patres mei fortassis animo gerebant Principatum terrenum exaltare potius quam fidem plantare, augere sibi populum multum, sed non stabilire diuinum cultu: ideo decepti sunt in adinuentionibus suis.
c *Idem ibidem.* Tu Domine qui scis corda & renes hominum nosti, quia non meam sed tuam gloriam requiro, non tam caducorum Regnorum, quam fidei Catholicæ, & Christianæ Religionis augmentum desidero.

d *Vopiscus in vita Probi Imperatoris.* Cæsis propè quadringentis millibus, qui Romanum occupauerunt solum, reliquias vltrà fluuium nigrum & Albim remouit.

Chapitre III. Section V. II.

raui, Dieu le combla de tant de courage & d'adresse qu'il repoussa au delà du Fleuue noir & d'Albe quatre cens mille combattans qui s'estoient épanchez sur les terres de Rome.

TELLEMENT qu'on ne peut douter, si on n'est entierement dépourueu de foy, & demonté de iugement, que ce que disoit le Payen Achior Capitaine des Ammonites au Roy Holofernes, durant le siege de Bethulie ne soit veritable.[a] *Toutes & quantes fois que ce peuple choisi de Dieu a battu au champ sans arc, sans fleche, sans rondache, & sans coutelas, leur Dieu a combattu pour luy, & a remporté la victoire; & personne n'a pû faire teste à cette nation, mon lors qu'elle s'est retirée de son Dieu. Mais quand ils ont adoré vne autre diuinité que la leur, ils ont esté liurez entre les mains de leurs ennemis, & donnez à la mercy de toute sorte d'opprobres. Et partant, Sire informez-vous s'il n'y est point quelque méchanceté qui regne parmi eux à la face de leur Dieu. Car les attaquant il les rangera sous vostre puissance; Que s'ils ne l'ont point offensé nous ne resisterons iamais à leur courage, d'autant que leur Dieu les defendra & nous seruirons de fable, & d'opprobre à tout le monde.* Iamais Payen ne proferera parole plus veritable: car Iudith fit experimenter à cette armée d'Holofernes combien la foiblesse est forte quand elle est armée des trenchans du Ciel;

[c] *L'euenement de l'entreprise*
Qui succede au desir humain,
C'est vn ouurage de la main
Du Dieu seul qui la fauorise.

CXXVII.
Dieu n'abandonne iamais ceux qui le seruẽt.
a *Iudith c.* 5. Vbicunque ingressi sunt (scilicet filij Israël) populus Dei electus sine arcu & sagitta & absque scuto & gladio Deus eorum pugnauit pro eis & vicit, & non fuit qui insultaret populo isti nisi quando recessit à cultu Domini Dei sui. Quotiescunque autem præter ipsum Deũ suum alterum coluerunt, dati sunt in prædam & in opprobrium, quotiescumque autem pœnituerunt se recessisse à cultura Dei sui, dedit eis Deus virtutem resistendi, &c. Deus enim illorum odit iniquitatem.
b *Ibid. vers.* 24. Nunc ergo mi Domine, perquire si est aliqua iniquitas eorum in conspectu Dei eorum: & ascendamus ad illos, quoniam tradens tradet illos Deus eorum tibi: & subiugati erunt sub iugo potentiæ tuæ. Si verò non est offensio populi huius coram Deo suo, non poterimus resistere illis: quoniam Deus eorum defendet illos & erimus in opprobriũ vniuersæ terrę.
c *Pindar. Pith. Ode* 5.
Διός τοι νόῳ μέγα κυβερνᾷ δαίμων ἀνδρῶν φίλων

Et

1014　*Parangon VIII. du Lys sacré,*

Et partant voulons-nous brauer les puissances du monde & de l'Enfer, ne separons point la ᵈ Croix de l'épée, portós des coutelas à la trempe du Ciel, bastissons nos forteresses auec le ciment de la pieté; fourbissons nos armes auec l'huyle du Lys, qui rend inuincibles les Pygmées, & change les Thersites en Hercules. Auec ce diuin Suscinum nous ferons mourir nos plus cruels ennemis: nous asseurerons nos victoires aussi genereusement qu'Israël fit la sienne contre son frere Esaü: nous florirons en vaillance comme les Monarques François ces magnifiques Lys; nostre racine germera des palmes & des lauriers, qui se releueront au dessus des Cedres du Liban. *Ero quasi ros, Israël germinabit sicut Lilium, & erumpet radix eius vt Libani.*

d *Anastasius Papa ad Anastasium Imper. Epistol.* Virtus Principes in hac vita de hostibus efficit victores, & in cælo sempiterna gloria coronat.

PARAN

PARANGON IX.
LES SEPT VERTVS MORALES DE S. LOVYS ET DES AVTRES
Roys de France, representées par les sept massettes encloses dans la fleur du Lys, qu'ils ont employées comme d'autres Hercules pour domter l'Hydre aux sept vices capitaux.

CHAPITRE PREMIER.

Le peché est un monstre à sept testes que les Monarques François ont assommé auec les sept massettes des vertus d'Humilité, de Liberalité, de Chasteté, de Sobrieté, de Clemence, de l'Amour du prochain, & de la Deuotion.

SI la mort est la chose la plus terrible des terribles; Si les demons sont estrágement affreux ; Si les Basiliques nous enueniment de leur regard ; quel plus hideux & quel plus redoutable & plus sanglant obiect que le peché qui a ouuert la porte à la mort;

1.
Il n'est rien de plus espouuantable & pernicieux que le peché.
Ἔσχατον, ἔσχατον φοβερῶν φοβερώτατον. *Aristot.*

Dddddd

mort, qui a empesté les Aspics, & les Basiliques, & qui a noirci, & defiguré Lucifer auec toutes ses troupes ambitieuses ? Que si toutefois nous luy voulons donner vn corps comme fait S. Paul, nous n'en pouuons choisir vn plus naïf que celuy du monstre dépeint au Chapitre treisiéme de l'Apocalypse qui porte sept testes armées de dix cornes, & sur chasque corne vn diademe, & sur ces testes les noms de blaspheme & d'impieté ; Il ressembloit à vn Leopard, ses pieds estoient pareils à ceux de l'ourse, & sa bouche à la gueule d'vn Lion, vomissant mille blasphemes contre Dieu, contre son tabernacle, & contre tous les Saincts. Finalement cette beste monstrueuse, en punition de ses execrables forfaicts, fut precipitée en vn estang remply de feu, de flammes, & de souffre. Laissant à part l'opinion de quelques Docteurs qui soustiennent que ce monstre estoit le pourtraict de l'Antechrist, ou de *l'Heresie, ie concluds auec Richard de S. Victor, le venerable Bede, Primasius, Ansbertus, & plusieurs graues autheurs, que ce monstre est l'image du peché en general pere de l'Antechrist, & de toutes les heresies, plus monstrueuses mille fois que les monstres d'Afrique & de Lybie. Car comme dit sagement le Chancelier *Gerson*. *Le Pecheur est vn monstre horrible qui se guerroye soy-mesme, méchant à l'endroit de tous, & pire encore à soy-mesme.* Le Pecheur, dit Hugues du Pré, *a les yeux tousiours attachez aux obiects illicites, les oreilles ouuertes à de vains propos, la bouche beante à des viandes defendues, les*

Sanctus Paul. Roman. c. 6.
Vt destruatur corpus peccati.

a *Apocalyps.* 13. Et vidi de mari bestiam ascendentem, habentem capita septem, & cornua decem, & super cornua eius decem diademata, & super capita eius nomina blasphemiæ. Et bestia quam vidi similis erat Pardo, & pedes eius sicut pedes vrsi, & os eius sicut os Leonis.

b *Vide Blasium Viegam in cap.* 13. *Apocal. sect.* 1.
c *Gerson tract.* 11. *super Magnificat.* Peccatū mōstrum horrendum qui secum dissidet, qui dissipatur curis, sceleribus, flagitiis sine modo, sine ordine, sine pondere & mensura in se subsistens, se odit, in se sæuit malus omnibus, pessimus sibi.
d *Hugo Pratensis serm.* 7. Peccator oculos habet pronos ad illicita videndum, & aures ad vana audiendum, & os ad prohibita comedendum, & manus ad mala exercendum, & pedes ad mala loca eundum, & memoriam ad iniurias recolendum & intellectum ad proximum decipiendum per mirabiles industrias.

Chapitre I. Section I.

mains toutes prestes aux actions mauuaises, les pieds dispos pour courir aux lieux dangereux, la memoire fraische aux iniures, & l'entendement subtil aux tromperies. ᵉ Il ne se repaist que de meurtre & de rapine, iusques à ronger sa propre chair, dit Olympiodorus.

MAIS pourquoy est-ce que le S. Esprit le nous represente sous la figure d'vne si horrible beste? C'est pour nous instruire que le vice est laid & difforme non seulement en soy, mais encore en ce qu'il metamorphose nos ames en bestes & en monstres, non par nature, mais par conformité de vie. ᵃ Quand l'homme estoit en honneur, il s'est méconneu, il a esté mis en parangon auec les iumens, & s'est rendu semblable à elles. Il semble que les ᵇ Princes des Poëtes Grecs & Romains auoient cette mesme pensée, quand ils ont feint ingenieusement que l'infame Circé changeoit les hommes en Ours, en loups, & en porceaux, pour signifier que l'homme ayant perdu la raison & ne luy restant seulement que la figure humaine est changé en beste dont il porte la passion. Voire mesme s'il n'i prend garde; d'image de Dieu il deuient diable, non point substantiellement à la façon de Tertullian, mais moralement comme disoit nostre Seigneur à ses Apostres parlant de Iudas: ᶜ Ne vous ay-je pas choisi au nombre de douze, & vn de vous autres est diable. Le peché donc est est depeint sous la figure d'vn Leopard, d'autant que comme cet animal est si forcené de colere contre l'homme, que s'il rencontre son pourtraict il le met en pieces: de mesme le peché est si enne-

e *Olympiodorus Monach. in cap.* 4. *Ecclesiast.* Stultus cùm diligat turpes suas actiones, & amplectitur, proprias deuorat carnes, ipse sibi iustum supplicium parans.

I I.
Le Peché nous change en beste, & nous cause mille maux.

a *Psalm.* 48. Homo cùm in honore esset non intellexit, comparatus est iumentis insipientibus & similis factus est illis.
b *Homerus Odiss.* 10. Οἴνωι τε ζ᾽ ἴχεν κεφαλὰς φωνήν τε ἴδματας, ε τέιχας, &c. Habebant socij Vlyssis capita corpus & vocé porcorum.
Virgilius Æneid. 7.
Hinc exaudiri gemitus iræquæ Leonum,
Vincla recusantum & sera sub nocte rudentû,
Setigeræque sues, atque in præsepibus vrsi,
Sæuire ac formæ magnorum vlulare Luporum,
Quot hominum ex facie
Dea sæua potentibus herbis,
Induerat Circe in vultus ac terga ferarum.
c *Ioannis* 6. Nonne ego vos duodecim elegi & ex vobis vnus diabolus est.

mi de Dieu, qu'à defaut de luy quand il peut attraper son image qui est l'homme, il le fait cruellement mourir, [d] *Quand le peché est commis il engendre la mort*, dit S. Iacques. C'est pourquoy le S. Esprit nous auise de l'euiter, comme la vipere qui tue de son venim ceux qu'elle pique. Mais il faut remarquer que tout ainsi que l'aiguillon en est si doux, qu'à peine la reconnoit-on que par l'effect de son venin : de mesme le peché à son abord ne témoigne que sucre ; mais tost apres il faict assez ressentir qu'il porte vne piqueure plus cruelle que les dens de Lyon, & les trenchans à deux costez, dit [e] l'Ecclesiastique. Cette admirable Philosophie nous est mysterieusement representée par les pattes d'Ours, & par la gueule du Lyon que porte ce monstre de l'Apocalypse. Car l'Ours estât vn animal également cruel & rusé, & ayât les [f] pattes semblables aux doigts de l'homme, S. Iean ne faict mention que de ses pattes, pour nous apprendre vne tromperie du vice, qui en ses premieres approches met en auant, non des griffes de Lion, ou de Leopard, mais des pattes d'Ours d'vne feinte humanité pour deceuoir plus accortement nos ames, en les faisant mourir pour iamais.[g] Le peché, dit Bostrensis, nous dorlotte pour vn peu de temps ; mais apres cela il nous bourrelle à iamais. Le Lion entre les animaux est le plus rogue : & l'iniquité est la superbe mesme. Quand [h] le Lion a plâté sa dent en quelque partie du corps humain, il l'infecte tellement, qu'outre la douleur qu'il y laisse, il en faut couper la piece, ou bien

[d] Peccatum cùm consummatum fuerit generat mortem. S. Iacobus cap. 1.

[e] Ecclef. 21. Quasi à facie colubris fuge peccata, & si accesseris ad illa suscipient te. Dentes leonis, dentes eius interficiétes animas hominum. Quasi romphæa bis acuta omnis iniquitas plagæ illius non est sanitas.
[f] Et pedes eius sicut pedes vrsi. Apocal. 13.
[g] Titus Botrensis ad cap. 15. Lucæ. Peccatum non iniuria assimilatur siliquis. Nam vt harum gustus suauis est, & tamen adiunctam habet nonnullam asperitatem, ita peccatum ad breue quidem tempus oblectat, verum postea cruciat prolixè : paucis delectat momentaneè sed flagellat æternè.
Lucanus lib. 7. Heu quátum pœnæ misero mens conscia donat.
Isaya 66. Vermis eorum non morietur.
[h] Concilium Trullanum habitum Anno 710. can. 102. Non enim est simplex morbus peccati sed varius & multiformis, & multas incommodi propagines germinans, ex quibus malum multum diffunditur & vlterius progreditur donec viribus medentis resistatur.

Chapitre I. Section I.

bien perdre la vie: mais Dieu Eternel, quand le peché a mordu quelque pauure ame, quelle bourrellerie ne la trauaille interieurement, & si le cousteau de la Penitence n'en retranche l'infection, combien est-ce que cette playe est desesperée? Aussi le texte de ⁱ l'Apocalypse ne fait mention que de la bouche seule du Lion; dont ie diray encore, que comme entre tous les animaux, le Lion a la ᵏ bouche plus puante; de mesme l'impieté n'a que des paroles execrables contre le Createur cōtre l'Eglise son diuin tabernacle, & contre l'honneur des plus grāds Saincts du Ciel & de la terre. Les sept testes & les deux cornes couronnées, nous figurent les sept vices mortels contenus au peché, qui se bandent contre Dieu auec autant de cornes qu'on retrouue de commandemens au Decalogue. Mais que veulent dire ces dix couronnes sur châque corne? Le secret en est rare, & l'intelligence salutaire; c'est pour nous aduertir que le pecheur n'enfraint iamais les ordonnances du Createur que sous couleur de quelque felicité. La maxime du ˡ Philosophe Chrestien Boëce estant tres-veritable, que l'appetit de l'homme ne poursuit le mal que sous le masque de quelque bien. Tellement que si l'Enfer a iamais enfanté dans le monde vne Hydre sanguinaire, terrible & redoutable, c'est le peché, Lerne à sept testes, & qui demande des Hercules pour les abbatre.

LES Monarques François en cette milice spirituelle, ont déployé si genereusement la valeur spirituelle de leurs courages à l'encontre de ce monstre

i Et os eius, sicut os Leonis Apoc. 13.

k Plus fœtet anima peccatrix quàm cadauer putridum. S. Greg.

l Boëtius lib. 3. de consol. Est enim veri boni naturalis & insita cupiditas, sed ad falsa deuius error deducit.

III.
Les sept massettes du Lys figurent sept vertus, auec quoy les Roys de Frāce ont surmonté les sept vices cōtraires.

monstre; qu'on ne vid iamais de plus aspres combats pour la terre, que ceux-cy ont esté pour le Ciel. Les armes qu'ils ont employées en cette diuine guerre sont tirées de l'arcenal du Lys, qui nonobstant les attraicts de sa beauté naturelle, ne laisse pas que d'enserrer en sa fleur sept massuës argentines aux boutons d'or, que d'autres appellent vergettes, ou martelets, ou massettes, qui nous figurent sept rares & puissantes vertus, qui ont serui de massuës aux magnanimes Roys, pour guerroyer & assommer ce diable de monstre à sept testes enuenimées. Auec la premiere massuë ou massette du Lys qui figure l'Humilité, les Roys de France ont domté si glorieusement la Superbe du monde, & brisé ses cornes, qu'on n'a rien vû de plus triomphant en l'humilité. Auec la massete de leurs largesses & aumosnes, & ils ont reprimé si viuement l'insatiable cupidité de l'auarice, qu'il est bien difficile de voir des proüesses de liberalité plus magnifiques à l'endroit des pauures, des Eglises, & des Religieux que celles des Monarques François. La troisiéme qui est comparée à la debonnaireté royale a surmonté si puissamment la rage de la colere, qu'il semble que la clemence ait choisi le throne de France pour y prononcer ses Arrests. Auec la quatriéme massuë du Lys, representant la bonne intelligence des Monarques François auec tous les Chrestiens, ils ont banni de leurs ames l'enuie, ce noir corbeau de Promethée ennemi de tout repos. La chasteté de corps, & d'esprit a esté la cinquiéme massuë du Lys, qui

a fait

Chapitre I. Section I.

a fait teste à cette blandissante brutalité, & qui a chassé de la France les harats d'impudicité, ennemis de la blancheur des Lys. La massuë sixiéme du ieusne & de l'austerité corporelle, & écarboüille la teste de la gloutonnie mere de la lubricité. Les sainctes ferueurs, & deuotions de ces pieux Roys ont esté la septiéme massuë du Lys qui a mis en fuite l'oisiueté peste du genre humain, & l'égout de tous les vices du monde. Ainsi nos Hercules Gaulois, & sur tous nostre incomparable Geant Sainct Louys, ont sainctement combattu & glorieusement triomphé de ce Lion, & de cet Ours, à sept testes & à dix cornes; comme témoigneront les discours suiuans.

CES diuines vertus seruiront comme de sept trophées de gloire pour perpetuer en tous les siecles la saincte generosité des Roys de France, & pour nous rendre imitateurs de leurs heroïques vertus, si nous ne voulons laschement ceder le droit que nostre naissance nous a donné à la couronne du Royaume eternel. Mais qui s'oseroit vanter du nom de François tres-Chrestien, se comportant si froidement dans les combats spirituels parmi tant de genereux Hercules? Ne faudroit-il pas dire à ces cœurs de poule, ce que disoit Lycurge aux Lacedemoniens, puis que vous faitez vanité d'estre descendus d'Hercules, que n'imitez-vous les grandes vertus de ce domteur de monstres? Entrons donc genereusement dans ce champ d'honneur, pour apprendre de tant de braues Monarques à massacrer ces monstres,

IV.
Les vrais François imitent la valeur de leurs Roys en la ruine des vices.

stres, & de leur mort en retirer vne vie bien-heureuse. Le Ciel nous presente les rosées de ses graces pour rafraichir nos cœurs dans les ardeurs de ces combats. Il nous promet du secours comme à d'autres Israëls vainqueurs d'Esaü, il nous presente desia la gloire plus resplendissante que les Lys, & nous asseure que nos couronnes sont plus magnifiques dans le Ciel que les cedres qui piaffent sur le Liban. *Ero quasi ros, Israël germinabit sicut Lilium, & erumpet radix eius vt Libani.*

CHAPITRE SECOND.

L'humilité des Roys de France.

SECTION PREMIERE.

La Superbe est vn monstre que Clouis, & ses Successeurs ont atterré auec la massuë de l'Humilité.

V.
Effigie du monstre de Superbe.
Apocalypsis cap. 12. Et visum est aliud in cælo, & ecce Draco magnus, rufus, habens capita septem, & cornua decem: & in capitibus eius septem diademata. Et cauda eius trahebat tertiam partem stellarum cæli,& misit eas in terram.

SI le monstre que ᵃ S. Iean a representé cy-dessus, nous a donné de la terreur; celuy que le mesme Sainct Apostre décrit au Chapitre 12. n'en iettera pas moins dedans nos ames, si nous auons l'asseurance de le contempler Chrestiennement. Nous le considererons, mais ce sera à la façon que regardoient les Lacedemoniens leurs esclaues surpris de vin

Chapitre II. Section I.

vin, de leur intemperance découuroient la valeur de la sobrieté. C'est vn Dragon roux & embrasé, qui a sept testes armées de dix cornes, & sur chasque corne vn diademe : mais sa queuë est d'vne longueur si demesurée, qu'elle attire apres soy la troisiéme partie des estoilles. Helas, quel coup de rasle est cela ! [b] Plusieurs ont dit que le sens plus literal de ce Dragon portoit l'image du diable, monstre à cent mille testes enragées, & à dix millions de cornes impitoyables : mais neantmoins quand ie considere que S. Iean l'a vû dedans le Ciel, arrachant la troisiéme partie des estoilles, il faut auoüer qu'en sens mystique il nous signifie le peché de superbe, qui ayant pris naissance dedans le Ciel, a entrainé apres soy la troisiéme partie des Anges ambitieux. Ce monstre est appellé Dragon, d'autant que comme cet animal en ses premieres années, n'est qu'vn serpent que l'âge grossit monstrueusement, auec des aisles si puissantes, qu'il prend l'essor dedans l'air l'infectant de son haleine mortelle : de mesme la superbe est vn vice, qui se forme de [c] petites vanitez qu'on n'écrase pas aux premieres rencontres; mais que le mépris de la perfection Chrestienne laisse bouffir iusques à prendre des aisles pour voler par dessus ceux qui luy deuroiét marcher sur la teste. Ce Dragon est rougeastre, & plein de feu, d'autant que l'arrogance est vne passion ardante, suiuie de la colere qui bruslera & reduira en cendres les choses plus sacrées, pourueu qu'elle se puisse faire adorer.

[b] *Consule Blasium Viegam in cap. 12. Apocalyp. sect. IX.*

[b] *Qui spernit modica paulatim decidet. Ecclesf. 19.*

Eeeeee Nos

VI.
Les maux que la Superbe cause à l'homme, & le moyen de la vaincre.
a *Blasius Viegas in c. 12. Apocalyps. sect. IX. n. 1.*

Nos ᵃ Docteurs qui ont écrit sur ce passage rapportent que la demeure ordinaire des plus horribles Dragons est la tour de Babel dans les deserts de Babylonne : & ie dis là dessus, que l'autheur de la nature semble auoir voulu conseruer la memoire de la honteuse défaite des anciens batisseurs de cette Tour, faisant naistre ces bestes orgueilleuses au lieu de leurs desseins outrecuidez, pour témoigner à leurs semblables les mal-encontreux succez de la presomption. Sainct Ambroise écrit que le Dragon en veut à l'Elephant, & que le rencontrant à son auantage il l'enlace si étroitemét dans les replis de sa queuë, qu'il ne le lasche point qu'apres luy auoir tiré le dernier souffle de sa vie. Mais c'est particulierement contre les Elephans du monde que la superbe bande ses cornes, ie dis contre les plus puissans & les plus riches, comme les Roys, & les Princes que le trop grand pouuoir engage souuét dans les pieges de l'ambition, d'où ils ne se desembarrassent qu'auec la perte de leur vie. Demandez au presomptueux Absalō comme il luy en a pris, si son orgueilleuse perruque ne l'a pas pendu à vn arbre ? L'ambition a-t'elle traitté plus courtoisement Aman, l'étouffant en vn gibet éleué de cinquante coudées ? N'est-ce pas ce Dragon de superbe, qui par sa puante haleine a changé Nabuchodonosor en beste ; qui a écrasé Abimelec sous vne tuille apres s'estre enyvré du sang de soixante & dix de ses freres ? Qui a enseueli tout vif Pharaon & sa cauallerie sous les eaux de la mer rouge ?

Quelle

Chapitre II. Section I.

Quelle recompenſe ont receu de leur ambition Antiochus, Nicanor, Eliodore, Herodes, Pompée, Ceſar, Caligula, Iulien l'Apoſtat, & mille autres robuſtes Elephans que les Empires de Grece, & de Rome ont nourry auec autant de pompe que la ſuperbe les a fait mourir auec d'opprobre? O le cruel Dragō que la ſuperbe! L'Elephant trouue en fin ſa liberté dans ſon treſpas; mais l'arrogant apres ſa mort paſſe de la tyrannie de ſa paſſion aux ſupplices de ceux dont il a imité l'orgueil. Que ſi vous deſirez d'apprendre vn ſage ſtratageme pour arreſter la felonnie de cette mōſtrueuſe beſte, l'Elephant vous en découurira le ſecret, qui par vn inſtinct merueilleux ſe ſentant enlacé dans les funeſtes contours du Dragon, ſe laiſſe bruſquement choir ſur ſa teſte, & luy rendant le change il le ſerre ſi violemment qu'il écraſe la teſte de l'ennemy qui le tenoit au collet, & demeure en fin victorieux de celuy qui triomphoit deſia de ſa vie. Il faut vſer de meſme ruſe à l'endroit des ſurpriſes de la ſuperbe, ſi le bonheur de voſtre naiſſance vous a mis ſur la teſte les couronnes, ou ſi voſtre induſtrie s'eſt acquiſe quelque merite par deſſus le commun: [b]*Iettez-vous* dit S. Chryſoſtome, *ſur la terre, d'où voſtre nature eſt petrie; imitez le ſage & le riche Abraham, qui ne pouuant prendre occaſion d'humilité du defaut de ſes mœurs, ſe tourne contre l'infirmité de ſa baſſeſſe naturelle; & d'autant qu'il eſtimoit que le nom tiré de la terre n'eſtoit pas aſſez fort pour luy donner de la modeſtie, il adiouſte à ſes tiltres celuy de pouſſiere, ſe qualifiant genereuſement*

[b] *Sanctus Chryſoſtomus hom. 23. in poſteriorem epiſtolam ad Corinthios expendens illa verba Gen. 18. Ego autem ſum terra & cinis. Quoniam nō habebat Abraham peccata quæ diceret, ſed vndique bonis operibus fulgeret, circuncurſans & nihil contra ſe inueniens ad naturam ipſam confugit: & quoniam terræ nomen videtur quodammodo honeſtum eſſe, cineris addidit.*

reusement terre & cendre. Autant en faisoit le grand Roy Dauid, qui se vantoit par humilité d'estre vn vermisseau de terre, & non pas vn homme. Mais faute de cette veritable pensée, combien a-t'on vû de personnes, qui au lieu de vaincre ont esté prises? combien de Religieux & de Prestres, dit [b] S. Hierosme, ont esté perdus par les ruses de ce Dragon; mais les plus auisez, & les plus resolus executent genereusement ce que dit Dauid: Vous auez écarboüillé la teste du Dragon dedans les eaux. Ces eaux sont les larmes de Batesme & de Penitence, qui étouffent bien tost toutes les saillies de la superbe. Ceux qui se comportent en telle sorte trouueront à la fin dans la teste du [c] Dragon mort vne pierre precieuse appellée Draconites, doüée de plusieurs vertus, & sur tout d'vne beauté si excellente, disent les Naturalistes qu'il n'est pas besoin d'employer l'industrie du Ioüalier pour luy donner plus de lustre. Telle est la recompense des ames victorieuses de la superbe, car Iesvs-Christ leur garde vne pierre blanche, dont la douceur ne se peut priser que par l'experience.

Ce Dragon à sept testes couronnées, & à dix cornes est le naïf symbole de l'arrogance mere des sept vices capitaux, qui à tous momens donnent des cornes contres les dix commandemens de la Loy. Car tous les pechez estans conceus de deux notables defauts, l'vn qui est la forme du peché, que les [a] Theologiens appellent auersion du Createur, & l'autre la matiere qu'ils nomment

conuer-

Psalm. 103. Draco iste quem formasti ad illudendum ei. *In quem locum ait D. Hieronymus.* Datus est in hoc mundo ad illudendū nobis. Quātos enim Monachos, & Clericos præcipitauit. *Sanctus August. in Psalm.* 73. Contribulasti capita Draconum in aquis: tu confregisti capita Draconis, dedisti eum escam populis Æthiopū. Draconum capita; id est dæmoniorum superbias à quibus gentes possidebantur, contriuisti super aquam, quia per eos baptismum liberasti. Deinde caput Draconis confregisti, id est superbiam quæ est initium omnis peccati, & veluti caput serpentis.

c *Blasius Viegas in cap.* 12. *Apocalyps. sect.* IX. *n.* 2. Ex Draconum cerebro extrahitur lapis, qui dicitur Dracontias, siue Draconites, sed non durescit in lapidem, nisi detrahatur viuenti Draconi: nam si prius Draco obeat soluitur illius durities. Huius lapidis meminit *Tertullianus lib. de habitu mulierum cap.* 6.

VII.

La superbe entraine apres soy plusieurs autres pechez.

a *Sanctus Thomas* 22. q. 162. art. 7. Illud quod est per se, est primum in quolibet genere, auersio autem à Deo quæ formaliter complet rationem peccati, pertinet ad superbiam de se, ad alia autem peccata ex consequenti. Et inde est quod superbia habet rationem primi peccati, & est etiā principium omniū peccatorum.

Chapitre II. Section I.

conuersion de la creature, qui met le Createur sous les pieds de la creature, il est certain que la superbe en ce qui est de l'auersion est comme la cause formelle de tous les vices, les faisant ce qu'ils sont, si tant est que leur difformité puisse entrer en partage auec les esseces des choses. Voila pourquoy le S. Esprit a diuinement parlé, disant que [b] la source de tous les vices est la superbe racine d'iniquité & fondriere de toute sorte d'ordures. Aussi l'homme orgueilleux, s'il n'est attaint de plusieurs crimes, ne tardera pas de s'en rendre coupable. De maniere qu'on peut legitimement attribuer à la superbe dix cornes, & sept testes couronnées pour monstrer, que comme les Roys chargez de diademes sont tousiours suiuis d'vn grand train, aussi [c] la Superbe n'entre iamais dans l'esprit d'vn homme, qu'elle n'y attire tous les autres vices qui releuent de ses sept couronnes. Ce qui a donné sujet au docte [d] Euagrius de publier que l'orgueilleux est l'hostellerie des larrōs; & [e] Prosper d'Aquitaine a pris garde que l'Escriture saincte ne dit pas que la superbe est mere de quelque vice, mais de tous les mefaicts qui ont esté, & qui formilleront dans le monde. [f] Les heresies, les schismes, les detractions, les enuies, les animositez, l'ambition, l'arrogance, la presomption, la vanité, l'inquietude, le mensonge, le periure, & tous les autres forfaicts, naissent de la superbe, dit Rabanus. Et bien qui deniera à ce monstre les sept testes horribles que S. Iean luy a vû porter orgueilleusement, & qui doutera qu'il n'ait

b *S. Gregorius lib. 3. moralium* 31. *cap.* 5. Radix cuncti mali superbia est, de qua scriptura attestaste dicitur. Initium omnis peccati est superbia. Primæ autem eius soboles septem, nimirū principalia vitia de hac virulenta radice proferuntur, scilicet inanis gloria, inuidia, ira, tristitia, auaritia, ventris ingluuies, luxuria. Sed habent contra nos hæc singula exercitum suum. Nā de inani gloria, inobedientia, iactantia hypocrisis, contentiones, pertinaciæ, & nominatim præsumptiones oriuntur.
c Initium omnis peccati superbia. *Ecclef. cap.* 10.
d *Euagrius*: Υπερήφαν@ ψυχὴ, πανδοχεῖον λῃσῶν.
e *S. Prosper Aquitanicus lib. 3. de vita contemplatiua cap.* 7. Nullum peccatum sine superbia aut est, aut esse potuit.
f *Rabanus Maurus lib. 3. in Ecclesiast. cap.* 3. De superbia nascuntur, hæreses, schismata, detractiones, inuidia, verbositas, iactantia, contentiones, animositates, ambitio, elatio, præsumptio, vanitas, inquietudo, mendacium, periurium, & cætera eiusmodi.

n'ait la teste herissée de dix cornes, puis que l'esprit de superbe heurte à toute heure les dix commandemens de Dieu, que l'humble garde sainctement dit g l'Abbé Smaragdus? Ne voila pas vne horrible Megere que le peché d'orgueil? & qui ne s'armera à l'encontre de sa rage? Les magnanimes Roys de France nous seruiront de Capitaines en cette guerre Saincte, puis qu'auec la massuë de leur humilité, ils en ont remporté tant de victoires, qu'elles feront à iamais gemir le Prince des superbes, & resiouyront eternellement le Roy des humbles.

CLOVIS estant le premier Roy de France qui s'est enrollé en la milice du Ciel pour combattre les vices, a esté aussi des premiers à faire teste à l'insolence de la superbe auec les armes de son humilité. Le iour de son Baptesme fut la premiere iournée de ses conquestes sur l'Empire de l'orgueil. Il se presenta à ce diuin sacrement auec beaucoup de gloire, croyant qu'il ne pouuoit mieux honorer vn si diuin sacrement, qu'en s'en approchant auec toute la splendeur royale qu'auoient coustume d'employer les Roys de France en leurs festes plus celebres. S. Remy qui sçauoit que la porte du Christianisme estoit l'humilité, le voyant reuestu pompeusement, & marcher auec beaucoup de faste, luy remonstra auec toute franchise, qu'il falloit s'approcher de ce Sacrement auec modestie, puis que son autheur detestoit les superbes, & qu'il n'auoit point égard en cecy à la qualité des personnes. Icy ce nouuel astre de l'Eglise

g *Abbas Smaragdus ad c. 4. Regula S. Benedicti.* Initium omnis peccati superbia.
Ecclesi. c. 10. Non ait alicuius, sed omnis peccati, vt euidenter ostenderet ipsam esse omnium peccatorum causam: quoniam non solum peccatum est ipsa, sed etiam nullum peccatum fieri potuit, potest, aut poterit sine superbia. Superba voluntas facit præcepta Dei contemni, humilis custodiri.

VIII.
De l'Humilité du Roy Clouis.

glise commença à ietter les premiers rayons de son humilité, qui allerent en apres croiſſans comme le iour : car d'vn viſage ſerain & plein de reſpect il prit en bonne part cette charitable remonſtrance, faiſant briller exterieurement la clarté des graces interieures, qui commençoiét à échaufer ſon ame. Il ſeroit difficile de raconter auec quelle veneration il traitta déflors les myſteres diuins, auec quelle ſoumiſſion il entretenoit les gens d'Egliſe, & ſingulierement S. Remy ; auec quelle affabilité il hâtoit toute ſorte de perſonnes iuſques à plier à toutes les volontez de ſaincte Geneuiefue qui viuoit fort religieuſement en la ville de Paris. Voila comme Clouis commença à declarer la guerre à cette fiere beſte au nom de tous les Roys ſes ſucceſſeurs, & comme genereuſement il l'a bannit de ſon ame, auec autant de ſaincteté que de conſtance.

SECTION II.

L'Humilité de Clotaire, & des autres Roys de la premiere race.

IX.
Clotaire s'humiliant deuant S. Germain eſt deliuré de ſa fiévre.

C'EST vne fable que la rouë d'Ixion ; mais les ſupplices que doiuent attendre les ᵃ ſuperbes en cette vie ſon autant aſſeurez que nous en auons de preuues dans les deſaſtres de Nembroth, d'Abſalon, d'Aman, de Pharaon, de Sennacherib, d'Antiochus de Nicanor, d'Eliodore, de Pompée, de Iules Ceſar, de Caligula ; &

a *Nilus Abbas de octo vitioſis affectionibus cap. de Superbia.* Grauiſſimus atque omnium truculentiſſimus eſt ſuperbiæ affectus.
Petrus Damianus epiſt. 16. cap. 29. Superbia ſemper ſibi non aliis ruinam facit.

de

de mille autres Princes plus pleins d'ambition que de sagesse. C'est pourquoy elle est qualifiée par nos Docteurs la passion la plus cruelle de toutes, d'autant qu'elle destruit plus son sujet qu'elle n'offence les autres. Clotaire fils de Clouis luy ayant donné tant soit peu d'entrée en son ame experimenta aussi tost les effects de sa felonnie: car n'ayant pas rendu le respect à [b] S. Germain Euesque de Paris tel que ses predecesseurs auoient coustume de faire en leur entrée à Paris; la nuict suiuante cette Megere d'arrogance luy fit asprement ressentir les ardeurs de sa furieuse rage, l'ayant supplicié toute la nuict d'vne fiévre si bruslante, qu'il ne pouuoit assez tost voir le iour pour recourir à l'humilité son vnique antidote. [c] Il enuoya querir le S. Euesque, & luy auoüa franchement, que cõme la superbe en son endroit l'auoit iustement reduit en ce piteux estat, il le supplioit aussi que l'humble confession de son crime le deliurast de ses estrages douleurs. Vous eussiez vû sa Majesté baiser le bout du manteau du S. Prelat auec toute reuerence, le lescher & succer comme vne douce mammelle de rafraichissement, puis l'appliquer sur les parties de son corps les plus affligées. O Ciel, & terre, qu'vn traict de presomption déplaist aux yeux du Createur, puis qu'il le chastie si rigoureusement, & le punit tous les iours auec tant de honte pour ses autheurs. Mais aussi combien est-ce que l'humble reconnoissance de sa faute luy est agreable, puis qu'il rendit sur le champ aux larmes du Roy, ce que le mépris

[b] *Baronius tom. 2. Ann. 507. Clotharius Parisios veniens & in morbum repente incidens, à sancto Germano eius ciuitatis Episcopo, cuius contemptus causa ille diuinitùs immissus erat, curatur.*

[c] *Fortunatus in vita S. Germani c. 24. apud Surium tom. 3. Tunc Rex vix assurgens de lectulo, cæsum se diuino flagello conqueritur, allambitque palliolum, & vestem sacerdotis deducit gaudens per loca doloris, culpam namque confessus est criminis, & sic dolor omnis fugatur. Itaque actum est, vt cuius incurrebat de contemptu periculum, sentiret de contactu remediũ.*

Chapitre II. Section II.

pris du S. luy auoit soudainement raui. Quand l'homme est en honneur, il se méconnoit tellement, dit vn grand Roy: qu'il iustifie par ses crimes la brutalité des animaux, qui regimbent dans l'engrais. Clotaire franchit cette mauuaise loy, car tant s'en faut que la succession du Royaume de son frere Childebert luy donnast du mépris pour la vertu, & de l'insolence en ses prosperitez, qu'il prit de là occasion de modestie, honorant par sa visite S. Medard qui estoit malade, & ayant porté luy-mesme en terre sur ses épaules le corps du S. apres sa mort. Action si rare en la personne d'vn Roy, qu'à peine en trouuera-t'on vne pareille dans toute l'histoire du monde.

CE Roy ayant témoigné plusieurs actiós d'humilité en toute sa vie, en a exercé plus que iamais au temps qu'il est le plus necessaire; Car sentant ses derniers iours approcher, il s'en alla par deuotion à S. Martin de Tours, où il fit paroistre auant sa mort d'extraordinaires sentimens de cette vertu, accompagnez d'vne generale Confession de ses pechez; ayant pris de là le chemin de Compiegne, il y fut saisi d'vne fiévre si ardante, qui luy redoubla plus que iamais le mépris de soy-mesme, & de toutes les grandeurs de la terre. Helas! disoit-il, qu'il est bien veritable que l'homme n'est qu'vne fleur qui se pourrit bien tost, vne fumée qui s'éuanouyt soudainement, vne ombre qui s'écoule sans qu'on y prenne garde, vne glace qui se fond insensiblement, vn vent qui passe auec vne extreme vitesse, vn feu errant qui trom-

[XI.
Exploicts d'humilité de Clotaire aux derniers iours de sa vie.
a *Gregorius Turon. lib. 4. hist. Franc. cap. 21.* Exia egressus (scilicet Turonis) quinquagesimo primo regni sui anno, dum in Cotia sylua venationem exercet, à febre corripitur & exinde compédium villam rediit; in qua cùm grauiter vexaretur à febre, aiebat, vah, quid putatis? qualis est ille Rex cælestis, qui sic tam magnos Reges interficit, in hoc enim tædio positus spiritum exhalauit.

Ffffff pe

pe malicieufement les voyageurs de ce monde. Ha combien puiffans penfez-vous que foit ce grand Roy du Ciel, qui abbat fi facilement l'orgueil des Roys de la terre par la mort ineuitable? Si les Princes penfoient fouuent à cette derniere cataftrophe, combien feroient-ils foupples deuāt la Majefté de ce grād Roy qui nous rauale fi bas à cette derniere heure de noftre vie. Il eft certain que fi les plus fiers iettoient fouuent les yeux fur le mirouër de la mort, leur vanité s'eftonneroit de fa propre folie: car elle découuriroit dans cette funefte glace, que toutes les couronnes, les fceptres & les pourpres font des éclairs d'Efté qui effrayent les hommes, mais qui difparoiffent auffitoft qu'ils paroiffent. Ils y verroient les Roys comme des foudres qui font trembler le monde, mais qui dans leur effroy fe deffont eux-mefmes. Ils y apprendroient, que tel eft auiourd'huy Roy qui fera demain rien; & qu'en fin tout homme quelque braue qu'il foit eft le joüet des temps: & le butin des vers. Si les dernieres penfées de Clotaire eftoient les premieres des Monarques du monde quand ils acceptent les fceptres, pour gouuerner les peuples, tant s'en faut que la terre fut trop petite pour leur ambition, qu'au contraire leur ambition ne feroit pas affez grande pour conuoiter plus de terre, que de la longueur de leur tombeau. On dit que Chilperic euft les mefmes reffentimens que ce Roy Clotaire au depart de ce monde, & la deuife de Childebert fecond décriuoit en quatre mots toute cette fainéte Philofophie.

Chapitre II. Section II.

phie. *Reliqui volitamus vt vmbræ*; Noſtre vie s'enuole comme l'ombre.

Si Clotaire II. a faict reluire durant ſa vie pluſieurs rares exemples d'humilité à l'endroit de S. Colomban, & de S. Arnoux Eueſque de Mets, il n'a pas moins témoigné de reſpect à l'endroit de S. Loup Eueſque de Sens. Ce S. Prelat n'ayant point receu Farulfus auec tant de reuerence que la preſomption de ce Seigneur attendoit, pour s'en venger, il noircit l'innocence du S. Eueſque de tant de calomnies, & le blaſma ſi atrocement auprès du Roy auec l'aide de Medegiſile, qui ambitionnoit ſon Eueſché qu'ils le luy firent perdre. Mais la verité reſſemblant au lac Apuſcidame qui découure toſt ou tard tout ce qu'on y iette, ne pouuant rien tenir caché, fit reconnoiſtre à Clotaire qu'à tort on auoit blaſmé & proſcrit le S. Eueſque, de ſorte qu'il le renuoya querir auſſi toſt, & le receut auec tant de ſoumiſſion qu'on vid le Roy à deux genoux deuant l'Eueſque luy demandant pardon. [a] Baronius remarque que le Roy voyant la face de ce bon Prelat toute décharnée, ſa perruque chenuë, ſes ſourcils touffus, ſon viſage pluſtoſt d'vn homme mourant que d'vn viuant, commença à trembler & à s'écrier auec beaucoup de larmes : Ha Roy deſaſtreux que ie ſuis, à quoy penſois-je d'eſtre l'autheur des ſouffrances de ce S. Eueſque, où eſtois-je preſtant l'oreille aux ſiflemens des impoſteurs! ou ie n'auray point de pouuoir, ou à l'auenir ſa gloire reluira d'autant plus que la calomnie a voulu obſcurcir la pureté de ſa vie, & ſi i'ay des foudres en ma iuſtice, elles accableront l'iniuſtice

XIII.
Reuerence extraordinaire de Clotaire II. à l'endroit de S. Loup.

[a] *Aimoinus lib. 4. cap.* Contemplatúſque eum Rex pietate flexus, ad pedes eius humi proſternitur, veniámque ab illo deprecatur. Cernens verò eum afflictum, corpus eius macie confectum, caput intonſum, barbámque minimè raſam ob cumulandum abſtinentiæ rigorem, tremens & eiulans Rex cum multo gemitu eius miſeriæ ſe reũ fatetur, & ſancti viri delatoribus dira imprecatur, iubétque eum honorificè tractari, comam que & barbam tonderi. Poſtquam autem ei decor

de la medisance, Sa Majesté commanda là dessus qu'on le traittast & reuestit à l'auenant de sa dignité, & qu'on dressast vn solemnel festin pour honnorer auec tout le Clergé le retour de S. Loup, & se resiouyr de sa venuë. Croiriez-vous que pendant le repas sa Majesté luy voulut seruir de Maistre d'hostel, & apres le disné en presence de toute l'assemblée, il luy demanda derechef pardon les genoux en terre. L'histoire porte que le S. Euesque le releua de la poussiere, & qu'ayant receu de luy plusieurs rares presens pour orner son Eglise, il fut renuoyé en son Euesché auec plus de splendeur qu'il n'en estoit parti auec d'opprobres. Tant est veritable ce que disoit S. Ambroise que *les persecutions des Empereurs sont plus honnorables aux Euesques que leurs affections & leurs applaudissemens.*

LA riche parole de ce grand [a] Archeuesque de Milá sera confirmée par vn autre humble reconnoissance que Dagobert exerça à l'endroit de S. Arnoux Euesque de Mets apres l'auoir brusquement rebuté. Le Sainct ayant dés long-temps nourri en son ame vn ardant desir de la vie solitaire vint en fin trouuer le Roy, dont il auoit esté gouuerneur en sa ieunesse, pour en obtenir le congé. Cas estrange que nos bons propos, & particulierement ceux de la vie religieuse ne sont iamais sans aduersaire. Sa Majesté entendant la proposition d'Arnoux fut si soudainement saisie de colere, que mettant la main à l'épee peu s'en fallut qu'il ne l'offençast, mais le sainct ayant diuinement gauchi le coup, addoucit tellement auec sa constance cette violente humeur, que le Roy

---

redditus est, eius Clerum voluit Rex conuiuio interesse. Ibi tum, Christo agente, repentina conuersione cernere erat Regem ex persecutore factum ministrum beati viri, & suis manibus ei cibum porrigentem, qui antea illi penuriam attulerat. Rursus verò petens sui facinoris veniam à sancto Episcopo leuatur è puluere, multaque ei offert munera Ecclesiæ vsibus profutura, atque ita demum iubet eum ad suam vrbem se recipere.

b *S. Ambros. in Orat. de obitu Valentiniani.*

XIV.
Dagobert reconnoist humblement sa faute, & en demande pardon.
a *Baronius tom. 8. Anno Christi 631. ex Iona Abbate huius sæculi Scriptore.* Instinctu diaboli commotus aduersus eum Rex cum ei die quadam nimis importunus in petendo fuisset, arrepto mucrone voluit eum sauciatum à se remouere. Tunc ille paruipendens iram morituri Regis, constanter dixit. Quid agis miser? mala pro bonis mihi repédere vis? Nunc autem quandoquidé ita placet, sauias in me quátum velis: ego pro illius amore mori non dubito, qui mihi vitam dedit & pro me mortuus est.

Chapitre II. Section II.

Roy reprenant son bon esprit luy témoigna autant de soumission & de regret, qu'il luy auoit monstré d'arrogance & de mépris. Car aussi-tost luy & la ᵇ Reyne se iettans à ses pieds luy demanderent humblement pardon, faisans ruisseler deux fontaines de larmes sur les pieds du Sainct, pour lauer la laideur de cette noire passion. Vous eussiez entendu ces deux Royales bouches, qui entre-couppans leurs sanglots disoient ; allez-vous en au desert selon vostre desir, mon bon Seigneur, soyez-nous amy & fauorable, nous auoüons franchement que nous vous auons iniustement offensé, mais à tout peché misericorde. Tels furent les déplaisirs que Dagobert conceut de sa faute ; aussi n'est-elle pas legere quand on veut empescher Dieu de nous donner les astres pour vn morceau de terre que nous quittons en ce monde. Le sainct personnage ayāt franchi vne si forte barriere passa à l'execution de son dessein, & Dieu le couronna de plusieurs actions miraculeuses qui suiuirent le trepas de ce genereux Athlete.

b *Idem ibidem.* Interea superueniente Regina, vt audiuit commotionem qua contra virum Dei sine causa incanduerat (scilicet Rex) prostrauit se vnà cum Rege pedibus eius, & vt sui misereretur remittendo illatam iniuriam ; cum lacrymis postulauere dicentes : Perge Domine ad Eremum, sicut desideras tantum te placatū habeamus quem iniustè offenderamus.

SI ce bon Roy donna de grandes preuues de sa vertu à S. Arnoux, il n'en fut pas moins liberal à l'endroit de ᵃ S. Amand pour reparer la bresche qu'il auoit faicte à la reputation de son integrité. L'ayant donc faict retourner en France pour baptiser son fils Sigebert, il alla au deuant du Sainct, & s'approchant de luy il se ietta à ses pieds auec beaucoup de regret du crime qu'il auoit commis en son endroit. Les Saincts qui reçoiuent les maledictions cōme des benedictiōs, & les offences cōme des graces du Ciel, croyēt qu'il n'est point de si grand

XV.
Il prattique le mesme acte d'humilité à l'endroit de S. Amand.
a *Baronius tom. 8. Anno 639. ex Baudemundo de rebus gestis S. Amandi apud Surium tom. 1. die 6. Februarij.* Viso Rex beatissimo Amando magno repletus est gaudio, prostratúsque pedibus beati viri deprecabatur, vt tanto sceleri, quod in eum perpetrauerat veniā largiri dignaretur, sed ille vt erat mitissimus, atque supra modum patiens, citius eum eleuauit de terra.

grand peché qui ne merite pardon. C'est pourquoy S. Amand releua aussi tost le Roy de terre, qui ne cessoit de dire au sainct Euesque; [b] *Ie suis fort desplaisant de la folie que i'ay exercée en vostre endroit, ie vous supplie d'oublier toutes les iniures que mon impieté a commises à l'encontre de vostre innocence, & me rendant le bien pour le mal, faites moy ceste faueur que de baptizer vn fils que l'infinie Clemence m'a donné, & d'estre pere de son ame comme ie le suis de son corps.* Le Sainct ne fut point chiche de pardon, mais il ne voulut point entēdre à baptiser son fils, apprehendant que cette action, quoy que pleine de merite, ne l'engagea à demeurer à la Cour, où les plus innocentes intentions treuuent souuent des bancs, des escueils, & des Syrenes qui les empeschent d'aborder le haure de salut. Mais en fin le sainct Prelat flechit aux persuasions, non tant du Roy que des saincts Personnages Adon, & Eligius, qui l'asseurerent que cette entremise seruiroit de planche à la Predication de l'Euangile, pour passer en plusieurs prouinces encore payennes. C'est vne puissante amorce que le salut des ames à ceux qui en sçauent le prix, l'on voudroit estre anatheme pour établir ses freres dans les frāchises du Ciel. Cela seul arresta [c] S. Amand, & Dieu pour témoigner cōbien son zele luy agreoit, permit que le S. baptisant le fils du Roy appellé Sigebert, & personne des assistās ne respondant Amen, l'enfant âgé seulemēt de quarante iours le prononça distinctement au grand estonnement de toute l'assistance. Sa Majesté n'ayant pas pris

moindre

[b] *Idem ibidem.* Tunc Rex ad sanctum ait Amandum: Pœnitet me valdè, quòd stultè aduersum te egerim. Precor igitur ne memineris iniuriæ, quam tibi irrogaui, atque preci meæ quam summoperè postulo ne dedigneris annuere. Dedit mihi Dominus filium, non meis præcedentibus meritis: precorque vt eum sacro digneris abluere baptismate, atque in filium spiritualē recipere. Quod vir Dei vehementer renuens, scilicet sciens esse scriptum, militantem Deo non oportere implicari sæcularibus negotiis, & quietum atque remotum non debere Palatia frequentare Regis, è conspectu Regis abscessit.

[c] *Idem ibid.* Accepit igitur vir sanctus in manibus puerum, & benedicens eum Catechumenum fecit. Cùmque finita oratione, nemo ex circunstanti multitudine respondisset, Amen: aperuit Dominus os pueri, atque audiētibus cunctis clara voce respondit Amen. Statimque eum

moindre part aux rauiſſemens que tous les autres, ne receut pas auſſi moindre ioye de ce miracle, reconnoiſſant par là, que les ſoumiſſions qu'il auoit faites à ce grand ſeruiteur de Dieu eſtoient honorées par vne telle faueur, qui ne s'eſtoit iamais entenduë, & que c'eſt aux humbles que Dieu élargit l'abondance de ſes graces, dont les orgueilleux n'en experimentent point la douceur.

*regenerans ſacro baptiſmate, impoſitóque nomine Sigeberto, Regem, atque omnem eius exercitum tunc ſanctus Amandus magno repleuit gaudio.
Aimoinus lib. 4. cap. 10.
Hugbaldus monachus in Actis. S. Rictrudis Narcianenſis apud Surium die 12. Maij.*

SECTION III.

L'humilité des Roys de France de la ſeconde lignée.

TANT s'en faut que l'humilité ſoit indigne d'vn Roy, qu'au contraire il n'eſt rien au monde qui le puiſſe rendre plus grand qu'en s'abbaiſſant au deſſous des autres, pour ſe conformer aux ſentimens de celuy, qui eſtant le Roy de gloire s'eſt aneanti pour le ſalut des hommes. Auſſi quelques braues Docteurs ont ſubtilement remarqué que le S. Eſprit rapportant la genealogie du Fils de Dieu, ſelon ſon humanité entre pluſieurs Monarques qui s'y retrouuent, Dauid y eſt ſeul qualifié du nom de Roy. *Le Roy Dauid a engendré Salomon, Salomon a engendré Roboam, Roboam a engendré Ioſias.* Pourquoy eſt-ce que Salomon & les autres ne ſont point honorez du tiltre de Roy auſſi bien que Dauid? par ce, diſent-ils qu'il a eſté le plus modeſte de tous, & que celuy-là deuant Dieu eſt autant Roy qui eſt veritablement

XVI.
L'humilité du Roy Pepin.
a *S. Greg. lib. 6. cap. 6. 8. in hæc verba Iob. 5. Qui ponit humiles in ſublimi. In ſublimi humiles ponuntur, quia cùm ſe ex humilitate ſubſternunt, altæ mentis iudicio cuncta temporalia tranſcendunt: & cùm ſe indignos in omnibus æſtimant, recte cogitationis examine huius mundi gloriam tranſcendentes calcant.*

ment humble. Cela estant il est asseuré que Pepin a excellé en cette vertu, puis que Dieu l'a fait monter au throne de la France, en rebutant ceux que leur naissance fauorisoit dauantage pour vne telle gloire. Ce qu'il a témoigné par la douceur de sa conuersation, non seulement auant que de porter la couronne, mais particulierement apres auoir receu tous les honneurs de la France, dont les moindres estoient capables d'enfler les plus modestes. Ayant remporté vne signalée victoire contre les indomptables [b] Saxons & les Vesphales pour témoigner à tous qu'il ne s'en donoit point la gloire, mais qu'il la faisoit remonter à sa source, il visita pieds nuds le Sepulcre de S. Humbert auec tous les Princes & Seigneurs de sa Cour, qui ne sçauoient qu'admirer dauantage, ou la profondeur de son humilité, ou la hauteur de son courage. Si ie n'auois desia raconté amplement au Parangon premier l'accueil que Pepin fit au Pape Estienne quand il vint en France, i'aurois icy vn notable suiect de le faire paroistre vn magnifique Roy, dás la pompe de son humilité, puis qu'il ne dedaigna point d'aller au deuant de luy vne lieuë & demie, de se ietter à ses pieds, de prendre les resnes de la mule du S. Pontife, & de le conduire à pieds iusques dás son palais de Pontignó. C'est pour lors qu'on pouuoit dire de cette ame Royale. [c] *Combien illustres sont vos pas en cette humble chaussure, fille du Prince.* Car sans mentir nos ames possedent le plus grand Empire de l'Vniuers qui est Dieu, quand elles suiuent cette ame royale par

[b] *Baronius tom. 9. sub finem anni 750. Ex scriptis Ludgeri Episcopi Monasteriensis: qui ad Rixfridum Traiectésem Episcopum de miraculis sancti Suuiberti Episcopi Epistolam scripsit, quae extat apud Surium in appendice ad vitam S. Suuiberti die 1. Mattij. Pipinus Vuerdam cum suo exercitu humiliter intrauit, discalceatúsque cum suis inclytis primoribus, & praecipuis ministris, sepulcrum sancti Suuiberti regalibus muneribus, & oblationibus visitans benedixit Deum & S. Suuibertum, qui absque effusione sanguinis humani victoriam sibi cótra perfidos praestitisset.*

[c] *Quàm pulchri sunt gressus tui in calceamentis filia Principis. Cant. 7. Ioannes Gerson 2. parte serm. in Cœna Domini cósiderat. 1. Quantum est humilitatis, dominium habere omnia sub pedibus per generosum contemptum iuxta illud Deuteronom. XI. Omnis locus quem calcauerit pes vester, vester erit. Quid maius? & quàm latum imperium nihil aliud à Deo magni pendere, nullique alteri rei subiici.*

[c] *Trithemius lib. 3. de viribus illustribus c. 263.*

Chapitre II. Section III.

par le mépris des honneurs de la terre.

C'est ce que Pepin a exercé pendant sa vie, & singulierement à l'endroit des Prestres & des Religieux, dont il honoroit l'estat plus que toutes les grandeurs du monde. Ce ne faut-il pas tenir pour vray que [a] Pepin Roy de France se confessast à S. Viron pieds nuds comme quelques vns ont écrit; nous auons assez de témoignage de la vertu du Roy Pepin sans en emprunter du mensonge. [b] Trithemius n'ayant pas bien pris ses mesures a ietté cette faute dans les Martyrologes; mais le fidelle Baronius nous monstre en cette marge prochaine que S. Viron d'Escosse viuoit sous Dagobert l'an 631. & Pepin Roy de France regnoit l'an 716. Mais au lieu du Roy Pepin, il faut prendre Pepin fils de Carloman, Maire du Palais sous les Roys Clotaire II. Dagobert & Sigebert, qui selon le témoignage de l'Abbé Estienne, estoit vn Prince plein de pieté, de iustice, & de constance à reprendre Dagobert, lors qu'aux premiers ans de son regne, il viuoit moins vertueusement qu'on n'attendoit d'vne dignité si eminente. Les deux autres Pepins sont descendus de ce braue Maire, dont le premier a esté son petit fils par le mariage de sa fille Begga auec Ansegise fils de S. Arnulf, qui engendrerent Charles Martel pere de Pepin, premier Roy de la seconde lignée de France. Tellement que pour n'auoir point fait cette digression sans fruict, nous recueillerons que Pepin Roy de France tenoit de ses Ayeuls la vertu d'humilité comme hereditaire, puis que son ar-

XVI.
Pepin tient l'Humilité hereditaire.

a *Baronius tom. 8. Anno Christ. 631. ex Stephano Abbate in vita S. Modoaldi lib. 1. apud Surium die 12. Maij.* Clarebant tunc temporis in palatio viri strenuissimi, iidémq; religiosissimi inter quos eminebat Pipinus Caroloманni filius Dux clarissimus, & Maior domus sub Clotario, Dagoberto, & Sigeberto potentissimis Regibus.

b *Idem eodem anno ex rebus gestis S. Vuironis, quæ extant apud Surium, die 8. Maij.* Dux autem Pipinus tantæ eum (scilicet S. Vuironem) habuit venerationi, vt tanquam præsuli animæ suæ, nec erubuerit ad faciendam Confessionem, detractis calceis eum adire, eiusque oris imperio parere: sæpius etiam volebat eum interesse communibus consultationibus.

riere-grand-pere en rendoit de si magnifiques preuues, qu'à peine en trouuera-t'on de pareilles en toute l'histoire. En second lieu nous reconnoistrons en la fortune de Pepin I. combien la vertu des peres est salutaire aux fils, Dieu ayant fait naistre d'vne si profonde humilité des Roys & des Empereurs si releuez, cōme ont esté Pepin, Charlemagne, Louys le Debonnaire, & leur posterité.

XVII.
L'humilité de Charlemagne a esté incomparable.
a *Anastasius apud Baronium Anno Christi 774.*

Pvis que le Roy est autant Roy qu'il est huble, Charles premier a monstré qu'il estoit vn vray [a] Charlemagne, puis qu'il a esté aussi grand en cette vertu, que releué en toutes les autres. Car qui ne l'admirera le voyant mettre pied à terre dés aussi tost qu'estant à Rome il apperceut de loin le Sainct Pontife Adrien? qui ne s'extasiera le voyant baiser autant de marches qu'il en monta iusques à ce qu'il aborda le S. Pere? Qui ne loüera cette incomparable humilité, qui luy fait courber la teste iusques aux pieds du Pape pour les baiser auec toute reuerence? Quels rayons de modestie ne dardoit-il par toutes les ruës de Rome visitant les saincts lieux, & le sepulcre de S. Pierre? Mais ce fut en son couronnement Imperial que ce grād Monarque fit amplement reconnoistre ce que

b. *Petrus Chrysologus serm. 142. Deuotus animus insulis beneficiorū crescit ad obsequium, augetur ad gratiam, non ad arrogantiam proficit.*

[b] Pierre Chrysologue a autrefois écrit, *que l'homme vertueux croissant en honneur s'approfondit en humilité, & que les diademes & les mitres luy grossissent l'ame non point d'arrogance, mais d'obeyssance & de graces.* Car comme recite Eginhart qui fut present à ce Sacre, Le Pape Leon ayant resolu ce couronnement à l'insceu

Capitre II. Section III. 1141

l'insceu de Charles, iamais homme ne fut plus estonné que luy, quád il se vid assiegé des Prelats, & des Seigneurs de Rome, qui l'enleuerent pour le reuestir de la pourpre Imperiale, & luy donner ce que les autres poursuiuent auec tant d'ambition. Et à vray dire qui ne reiettera les couronnes de ce monde qui ressemblent à la^c pomme d'or de Fenella toute greslée de pierrerie, qu'on ne pouuoit toucher sás qu'elle ne dardast aussi tost des fleches qui meurtrissoient à mort celuy qui la manioit. Apres que ^d Xerces fut échappé du naufrage, il donna vne couronne d'or au matelot qui luy auoit sauué la vie : mais aussi-tost apres il luy fit trencher la teste, pour auoir donné aduis de soulager le vaisseau par la décharge des voyageurs si on vouloit sauuer le Roy. Ainsi en fait le monde, il nous couronne pour peu de temps, mais souuent il nous garde vne fin desastreuse. C'est ce que redoutoit Charlemagne ressentant desia le faix de sa couronne royale sans l'appesantir d'vne plus facheuse. Aussi refusa-t'il le tiltre d'Empereur, & protesta que s'il eust esté aduerti des intentions du Pape, il n'eust pas mis le pied ce iour là dans l'Eglise, quoy que ce fust la Feste de Noël. Si ce grand Empereur, vne des fortes testes du monde a fremi deuant les couronnes, qui mesme luy estoiët enuoyées de Dieu par la main de son Lieutenant en terre, quelle frayeur ne doit saisir ces testes mal-timbrées quand la seule ambition leur presente les sceptres ? mais il n'appartient qu'aux grands courages de refuser les grands honneurs.

c *Cardanus lib. 12. de rerum varietate cap. 56.*

d *Sabellicus lib. 1. Enne.*

Ggggggg 2 C'est

C'est la pierre d'achoppement des ames foibles, d'autant que personne n'a iamais obtenu par conuoitise les dignitez mondaines que la fin n'en ait esté aussi mal-encontreuse que le commencement ambitieux.

XVIII.
Charlemagne deteste la pompe des habits.

SI les anciens ont admiré la modestie d'Auguste Cesar en ses accoustremens qui n'auoient point d'autre façon que celle que les mains de sa femme, de sa sœur, & de ses filles y contribuoient. Si l'Empereur Vespasien ne pouuoit vestir autre habit que celuy d'vn simple soldat: si l'Empereur Tacitus prenoit plaisir de voir ses vestemens pareils à ceux du vulgaire: Si l'Empereur Aurelian ne voulut iamais porter d'accoustremens de velours? Qui n'admirera nostre grand Empereur Charlemagne qui ne peut souffrir sur soy aucun ornement, ni aucun somptueux habit sur ses subiets & domestiques? car ayant rencontré [a] certains qui portoient des brayes trop mignardes, quoy qu'elles eussent esté acquises sur l'ennemi, neantmoins il n'en pût dissimuler le luxe. *Et quoy* disoit-il, *comme se peut-il faire, que des François libres de condition piasent de la vanité de leurs infames vaincus? Quel vestement est cela qui ne couure pas entierement le corps, & qui ne le peut defendre contre la pluye & le vent?* Si ce sage Empereur eust vû les François de son siecle couuerts de ces pourpoins balafrez, de ces chappeaux de Castor qui ne couurent que le bout de la teste, & de mille autres qui seruent plus de parade que de couuerture, quelle inuectiue n'eust-il pas fait, particulierement con-

[a] *Auent. lib. 4. Annaliũ Boiorum.* Carolus Magnus visa quondam Brachatorum turba, indignabundus exclamauit. En liberos Francos, qui eorum quos vicêre, vestimenta inauspicato vsurpant, &c.

Chapitre II. Section III. 1143

tre ceux que la nature fait naiftre au monde pour viure dans les armes, pour mourir dedans l'honneur, & pour eftre enfeuelis parmi les palmes? Pour bannir de fon domaine cette eftrange forte d'accouftremens il en defendit l'vfage & la vente fous de grieues peines à quiconque s'en feruiroit.

PASSANT l'hyuer à Freieu en Prouence, & voyant que quelques Seigneurs eftoient reueftus de pelices non encore veuës en France, & qu'ils achetoient des marchands de Venife certains habillemens du tout extrauagans, pour leur en faire perdre l'éuie il les mena à la chaffe lors que l'air fe difpofoit à la pluie; iamais hommes ne furent plus honteux de leur vanité que ces braues chaffeurs. Car les ayans faicts broffer à trauers les ronces, les halliers, & les boües, ils fe trouuerent au retour plus chargez de honte que de venaifon, d'autant que l'éclat de leurs mignards accouftremés eftoit non feulement tout fletri par la pluye, mais encore tout dechiré, rompu, & defiguré. Leur ayant commandé de fe reprefenter au lendemain en fon palais auec les mefmes accouftremens, Dieu fçait fi ce iour là fe paffa ioyeufement, car tout le monde, voyant ces beaux habits tous pelez, dechirez & ridez, fit vne plaifante farce fur le theatre de la vanité de ces poupins chaffeurs, qui auoient pris plus de crottes que de gibier. Mais Charlemagne venant iouër fon perfonnage à fon tour, leur prefenta vne peau de loup bien conroyée auec cette verte mercuriale. Infenfés que vous eftes, à quoy penfez-vous? quel accouftrement eft plus

XIX.
Charlemagne fait connoiftre à certains Seigneurs de fa Cour la vanité de leurs habits fomptueux.
a *Anentinus libr. 4. Annalium Boiorum.* Vbi hæc indumenta partim imbre, pluuia, fentibus dilacerata, partim igne, rugis conftricta, & proinde rupta confpexit: Lupinas pelles integras oftendit. En ftolidi, inquit, quod veftimentum nunc vtilius eft? meumne drachma comparatum, an veftra tot libris atque integro patrimonio coëmta.

Ggggggg 3 vtile

vtile, ou celuy-cy qui ne couste que quelques deniers, ou ceux que vous portez qui vous coustent tant d'argent, & vostre patrimoine entier. La piece ne fut pas mal mise sur ces habits delabrez. On auroit besoin en ce siecle d'vn pareil tailleur pour rongner cette écarlatte qu'on voit brosser parmi les forests apres les bestes sauuages, & qui ne paroissoit autrefois que dedans les thrones des Roys.

XX. *Charlemagne s'habilloit comme vn simple Bourgeois.*

CE n'est pas de merueille si ce grand Empereur detestoit la pompe des habits en ses subiets, puis que mesme il ne la pouoit souffrir en sa personne, quoy que la dignité Imperiale luy rendoit legitime ce qui estoit criminel aux autres. Il estoit tousiours habillé à la façon des plus simples bourgeois de Paris, sinon quand il donnoit audience aux Ambassadeurs, où la bien-seance l'obligeoit de rendre l'honneur à ceux qui venoient pour l'honorer. Nos vieilles Chroniques décriuans ses accoustremens, disent qu'il s'habilloit à la Françoise, couurát sa chair d'vne chemise & de brayes ou haut-de-chausses de Lin, car auant les courts habillemens, on n'vsoit point de haut-de-chausses de drap. Il portoit dessus cela vne tunique, ou iuppe de soye, qui ne passoit point les genoux estant de simple laine à vn bord de soye. Le reste estoit couuert de bas de chausses liez auec des iartieres, & ses souliers estoient à courroies. En hyuer il couuroit ses épaules & l'estomac d'vn surcot ou pourpoint faict de peaux de loutres. Só saye estoit de couleur d'azur, & ceignoit dessus vne épée dont

la

Chapitre II. Section III.

la poignée & la garde estoit d'or ou d'argent, & quelquefois garnie de pierreries, & ce seulement aux festes principales. Pour honorer les festes solemnelles il portoit en ces iours là vne robbe de drap d'or, vne chaussure brodée de pierreries, auec vne ceinture à boucles d'or qui luy serroit son saye, & vn diademe d'or sur la teste. Il ne faisoit point d'estat des vestemens estrangers quelques beaux qu'ils parussent; tellement qu'il ne fut iamais possible estant à Rome de luy faire changer son ordinaire habit pour se reuestir de celuy des Romains qui estoit plus splendide & plus maiestueux. ᵃ Il fallut que celuy à qui tous Chrestiens obeyssent l'en priast & pressast, ce qui fut cause qu'vne fois à la requeste du Pape Adrian, & vne autre fois à la priere du Pape Leon il vestit vne robbe longue, chaussant des souliers à la Romaine. Le naturel des Monarques François a tousiours esté tel depuis que S. Remy dit à Clouis en le baptizás : *mitis depone colla Sicamber*. Car les plus vieux Historiens racontent que la plus part des Roys ne s'habilloient iamais de Brocatel, se contentans de la mode plus commune. Ce que nous pouuons aussi témoigner des derniers Roys que nous auós vû, & que nous admirós tous les iours reluire dauantage dans l'humilité d'vn simple habit, que parmi le clinquant & les pierres precieuses. Aussi est-ce chose mal-seante à vne ame genereuse de rechercher plustost de la gloire des dépoüilles des bestes & des excremens de la vermine, que du fin or des vertus. Romulus s'habillant d'écarlatte perdit

a *Auentinus lib. 4. hist. Boiorum.* Peregrina & exotica vestimenta pretiosa licet, omnino contempsit Romæ bis dumtaxat Hadriano, itemque Leone Pont. enixius orátibus togam, chlamydem calceósque more Romano sumpsit.

dit l'affection des siens, aussi bien que Hieron de Syracuse, qui se rendit odieux à tout son peuple par le luxe de ses accoustremens. Charlemagne ayant vescu d'vn autre air, n'a pas seulement foulé le faste du monde pendant sa vie, mais encore apres sa mort. Car comme on luy demanda quelques heures auant son trepas, quel trophée il desiroit qu'on dressast sur son sepulchre? il repartit qu'il n'en vouloit point d'autre qu'vn simple suaire, afin que tous les hommes reconneussent que le monde ne salarie pas dauantage les plus grands Princes apres mille trauaux, que les plus roturiers de la terre. A l'imitation de ce grand Empereur on dit que le redoutable Tamburlam, autrement appellé Saladin, estant au lict de la mort fit porter sa chemise par tous les carrefours de la ville, commandant au Heraut de crier, voicy toutes les dépoüilles que le vainqueur de l'Orient emporte en l'autre monde. Mais le pauure Prince se méprenoit lourdement, ne preuoyant pas qu'vne armée de vers l'attendoit au passage, pour ne luy rien laisser qu'vne carcasse puante.

XXI.
La profonde humilité de Louys le Debonnaire.

a *Tegan. de gestis. Lud. Imper.* Nunquam in risu exaltauit vocem suam, nec quando in festiuitatibus ad lætitiam populi procedebant themelici scurræ, & mimi cum coraulis & citharistis ad mensam coram eo. Tunc ad mensam coram eo ri-

Si c'est vne marque d'humilité que le ris moderé & vn témoignage de superbe que les éclats de voix, comme nous enseignent les Maistres de la perfection Chrestienne; il faut auoüer que Louys le Debonnaire s'estoit moulé sur les plus accomplis patrons de cette vertu, puis qu'il a se rejouyssoit auec tant de modestie, qu'il ne faisoit iamais entendre sa voix pour tous les plus ridicules traicts de boufonnerie qu'on luy pouuoit representer

Chapitre II. Section III.

presenter, se contentant de faire seulement rayonner sa ioye en ses yeux, & en sa face, tandis que son cœur s'épanouïssoit d'aise. Non seulement sa voix rendoit des témoignages de son humilité, mais encore toutes ses actions de la iournée. b Entrant au matin dans l'Eglise, mettant les genoux en terre, il panchoit tellement la teste en bas, que son front touchoit le paué de l'Eglise, & ce qui est tres-rare en des personnes de sa sorte, il faisoit ses prieres en cette posture, arrousant par fois le paué de ses larmes. Si nous considerons ses c ornemens Imperiaux, nous ne pourrons assez admirer la moderation de ses accoustremens, qui n'éclatoiét point en or sinō qu'aux bonnes festes, pour garder la coustume de ses Ayeuls. Sçauez-vous quelles estoient ses occupations, ses ieux ordinaires, ses carrousels & ses tournois? Vn Historien de son siecle dit, que c'estoient les exercices de pieté, n'estimant rien de plus auguste en ce monde que d'imiter l'humilité de IESVS-CHRIST dans la pompe du monde. Ce qui donna sujet aux Euesques & aux Ecclesiastiques de ce temps-là, de mettre bas leurs ceintures & baudriers dorez, leurs habits trop affectez, & leurs sperons trop magnifiques.

MAIS à quel propos m'arreste-ie à éplucher ces plus minces deportemens, pour authoriser sa modestie, puis que le Pape Estienne estant en France ne l'a pû assez admirer, voyant deuant soy cet a auguste Roy en la plaine de Rheims, mettre pied à terre, & courber son corps par trois fois

debat populus, ille nunquam vel dentes candidos suos in risu ostendit.
b *Tegan. de Gestis Lud. Imper.* Quoties manè in quotidianis diebus ad Ecclesiā perrexerat causa orationis, flexis genibus fronte tetigit pauimentum, humiliter diu orans, aliquando cum lacrymis, & omnibus moribus bonis semper ornatus.
c *Tegan. de Gestis. Lud. Imp.* Erat in indumentis suis moderabilis, nunquam aureo resplenduit indumento, nisi tantùm in summis festiuitatibus sicut patres eius solebant agere.
d *Incertus auctor vitæ Lud. Imper. sed coætaneus, ex Bibliotheca Pithœi.* Hæc erat sancti Imperatoris exercitatio ; hic quotidianus ludus, hæc palæstrica agonia, spectante Deo, quo eius vita in sancta doctrina & operatione clarius eniteret, qui in pomparum sublimitate constitutus imitando Christum humilitate, altius eminebat. Denique tunc cœperunt deponi ab Episcopis & clericis cingula balteis aureis, & gemmis cultris onerata, exquisitæq; vestes, sed & calcaria talos honorantia relinqui. Monstro enim, &c.

XVIII.
Louys le Debonnaire se iette aux pieds du Pape & des pauures.
a *Tegan. de Gestis Ludou. Pij.* Princeps (scilicet Ludouicus, se prosternens omni corpore in terram tribus vicibus ante pedes tanti Pontificis : & tertia

1148 *Parangon XI. du Lys sacré,*

vice erectus salutauit istis verbis dicens: Benedictus qui venit in nomine Domini Deus Dominus, & illuxit nobis. Et respondit Pontifex, Benedictus sit Dominus Deus noster, qui tribuit nobis secundùm Dauid regem videre.

iusques à terre, luy disant; *Benit soit celuy qui vient au nom du Seigneur.* Et qui ne loüera son humilité, qui d'Empereur se fait valet, soustenant par dessous les bras le Vicaire de IESVS-CHRIT, iusques à ce qu'il fust placé dedans le throne qu'õ luy auoit preparé en l'Eglise de Rheims ? Ce furent là de grands coups de massuë que l'Empereur déchargeoit sur les cornes de la superbe, tandis qu'il s'abbaissoit à tous ces humbles deuoirs.

b *Sanctus Bernardus. hom. 4. super missus.* Non magnum est esse humilem in abiectione, at magna prorsus & rara virtus humilitas honorata.

b *Ce n'est pas grande merueille,* disoit S. Bernard, *d'estre humble en vn estat rauallé ; mais de voir l'humilité dans la Royauté, c'est vne grande vertu.* Pour ce sujet l'Empereur Lothaire, fils de Louys le Debonnaire, a merité toutes les loüanges des plus diserts, puis qu'il a mis sa couronne Imperiale, non seulement aux pieds des Papes lieutenans de Dieu, mais encore aux pieds des pauures médiás. L'Abbé d'Vrspergue témoigne qu'il l'a vû souuent auec sa femme l'Imperatrice lauer les pieds des orphelins, les essuyer auec sa perruque, les baiser, & les seruir charitablement à table. Ie ne sçay pas quel plus beau patron d'humilité recerche celuy qui n'imitera & n'admirera point les hautsfaits de ce grand Empereur ?

XIX.
L'Empereur Charles le Chauue a eu de grands sentimens d'humilité.

a Iacques de Charron chapit. 15. de l'Histoire vniuers. des Gaulois.

ADIOVSTONS à toutes ces grandes lumieres de vertu la riche deuise de Charles le Chauue, qui portent ces deux diuines paroles ; *Deus imperat,* Il ne faut pas, disoit cet Empereur François, que les hommes pour braues qu'ils soient rapportent la gloire de leurs heureux succez à la vanité de leur sagesse, ou de leur vaillance : C'est à Dieu
sou

Chapitre II. Section III.

souuerain gouuerneur qu'on doit rendre l'honneur de nos bônes fortunes; c'est luy qui donne la sagesse aux sages, le courage aux magnanimes, & le bon-heur à qui luy plait. Si Denys Roy de Syracuse eust enchassé ces deux belles escarboucles en sa couronne, sa presomption ne l'eust point fait descendre d'vn throne royal dás la poussiere pour enseigner des enfans en la ville de Corinthe, afin de se garantir de la famine. Que si nous voulons entierement iustifier les merites de l'Empereur Charles le Chauue contre les mauuaises plumes de certains Allemans, arrestons-nous aux loüanges que le Pape Iean VIII. la premiere voix du monde luy donna le iour de son couronnement, & nous entendrons à quel poinct de gloire son humilité estoit arriuée par dessus celle des Princes de son siecle: [b] *Cet Empereur, dit-il, digne de l'immortalité, ne s'est point violēment porté à ces honneurs tant releuez ; il n'a point aspiré à cette dignité Imperiale par tromperie ni par brigue, ni par ambition : il ne la reçoit point auec presomption ; mais il est venu icy par humilité & par obeyssance, ayant esté desiré & appellé de nous, & de Dieu, & honoré de cette charge pour la defense de la religion, pour la protection des seruiteurs de Dieu, pour operer & confirmer la paix, la tranquillité, la iustice & la ioye en l'Eglise de Dieu.* Ceux qui montent aux dignitez presentes par de semblables marches, meritent de passer iusques aux plus releuez honneurs de l'immortalité des ames bien-heureuses.

[b] *Ex fragmentis Pithœi, & ex Bibliotheca Nauarrorum schola.* Denique non hic perpetuus Augustus ad tanta fastigia, se velut improbus intulit, non tanquam importunus fraude aliqua & praua machinatione : aut inhienti ambitione, ad Imperialem apicem aspirauit, absit, neque enim præsumptuosè assūpsit, vt Imperator fieret, sed tanquam desideratus, optatus, postulatus à nobis, & à Deo vocatus, & honorificatus ad defendendam religionem, & Christi vbique seruos tuendos humiliter atque obedienter accessit, operaturus & roboraturus in Imperio summam pacem & tranquillitatem, & in Ecclesia Dei iustitiam & exultationem.

SECTION IV.

L'Humilité des Monarques François de la troisiéme race.

XX.
L'humilité de divers Empereurs à l'endroit des Evesques.
2 S. *Paulus* 1. *Chorint.* 4. Sic nos existimet homo vt ministros Christi & dispensatores mysteriorum Dei.
Malachiæ c. 2. Labia sacerdotis custodient sciétiam, & legem requirent ex ore eius; quia Angelus Domini exercituum est.

SI les hommes, & les plus grands Princes doiuent auoir de l'humilité pour quelque personne, c'est principalement pour les gens d'Eglise, les Commissaires du Ciel en terre, les Gardeseaux de Dieu, les Iuges de nos consciences, les Depositaires de la science & de la loy de Dieu, & les Anges du Seigneur des armées. L'Empereur Philippe, qui selon Cuspinian est le premier Cesar qui a professé la Religion Chrestienne, témoigna aux festes de Pasques qu'il auoit du respect pour les Prestres, quand il s'humilia & obeyt à son Prelat, luy ayant refusé l'entrée de l'Eglise, s'il ne purifioit ses crimes par vne saincte penitéce. L'Empereur Theodose rendit de pareilles preuues de soûmission à S. Ambroise, quand il luy interdit l'entrée du chœur de son Eglise, iusques à ce qu'il auroit suiui S. Pierre en sa penitence, comme il l'auoit imité en son forfaict. Iean Zimisces donna de grandes asseurances de son humilité au Patriarche Polyentus, qui l'arresta à la porte de son Eglise lors qu'il y vouloit entrer, pour y receuoir la couronne Imperiale, apres auoir plongé ses mains dans le sang de l'Empereur Phocas. Mais quels hauts-faicts d'humilité n'ont témoigné les Monarques François de la troisiéme race, à l'endroit

Chapitre II. Section III.

des souuerains Pontifes, & sur tous Hugues Capet à l'endroit du Pape Iean XV.

LES ᵃ Euesques de France en vne assemblée generale, Ayant fait quitter à Arnulphe son Euesché de Rheims, Hugues apprehédant quelque refroidissement de la bien-veüillance du souuerain Pontife en son endroit, luy écriuit auec tant de soumission qu'vn fils ne peut dauantage s'humilier sous la main de son pere, qu'il s'abbaissa sous la houlette de Sainct Pierre. Si ie n'auois desia employé ses precieuses paroles d'humilité pour enrichir le discours de sa religion, ie les enchasserois icy auec autant de grace d'vne rare eloquéce, que de loüange pour sa Majesté tres-Chrestienne: mais Robert son fils nous fournira d'assez amples sujets pour reuerer de plus en plus la rare humilité des Roys de France, à l'endroit des Prelats de l'Eglise & de toutes autres personnes.

CE deuot ᵃ Monarque assistant à vne assemblée des Prelats de son Royaume, comme il apperceut que l'Euesque de Langres, personnage de rare vertu & de singuliere erudition, appuyoit vne de ses iambes sur l'autre; touché de compassion de la foiblesse de ce bon vieillard, sans ceremonie, prit vn marche-pied, & le luy porta, ne voulât point permettre qu'autre que luy l'agéçast sous les pieds du S. Euesque. Cette grande courtoisie ietta tant d'admiration dans les esprits de toute la compagnie & de bonne edification parmi tous ces saincts Prelats, qu'on ne pouuoit assez benir Dieu qui auoit donné à la France vn si rare

XXI.
L'humilité de Hugues Capet.
a *Papyrius Massonius lib. 3. pag. 201. in Hugone Capeto.*

XXII.
Les exploicts d'humilité du Roy Robert.
a *Baron. tom. 11. Anno 1004. n. 2. Pietate ductus è longè quærens suppedaneum reperit vnum, quod manibus, Deo & hominibus charus, apprehendens, illud tanto Pótifici offerre non recusauit, & sub pedibus eius ponere non est dedignatus.*
Isidorus lib. 16. Originum cap. 23.

miroüer d'humilité, enchassé dans la premiere persône du Royaume. La pierre Chrysopase ne rauit iamais tant nos yeux par l'éclat de sa beauté, qu'au temps plus sombre de la nuict: le iour luy sert de nuict, & la nuict luy donne son iour: & les Rois quelques precieux qu'ils soient, n'éblouyssent iamais tant nos entendemens par la splendeur de leurs couronnes, que dans l'obscurité des actions viles & humbles; tant plus ils se veulent obscurcir, tant plus ils reluisent. Ainsi arriuoit-il au Roy Robert, qui pour s'abbaisser dauantage ne se contentoit pas seulement de se pancher aux pieds des Euesques, mais encore au dessous de ceux des plus pauures de son Royaume. b Helgaldus Religieux de Florieux témoigne qu'il conduisoit en tous ses voyages douze pauures à l'honneur des douze Apostres. Dieu sçait, quels rayons de lumiere cette royale Chrysopase dardoit par tous les lieux qu'elle passoit; mais que dis-je Chrysopase, il faut dire ce soleil des Princes, qui marchoit auec plus de pompe au milieu de ces douze bribeurs, que ne fait le Roy des Astres parmi les douze Signes du Zodiaque. Vne des grandes merueilles de la vertu de Robert, c'est qu'il distribuoit de sa main propre les d aumosnes, baisoit les mains rôgneuses de ces pauures gueux, leur lauoit les pieds, les torchoit & les essuyoit auec sa cheuelure, qui sans doute rayonnera vn iour dans le Ciel auec plus de verité & de gloire, que celle de Berenice. Apres auoir charitablemét caressé ces pauures, il leur donnoit à chacun vne honneste

b *Helgaldus in fragmentis hist. Franc.* Ad horum, (scilicet Apostolorum) duodecim pauperes secú ducebat, quos specialius diligebat, quibus ipse erat vera requies post labores. Nam his sanctis pauperibus comparans fortissimos asinorum pullos ante se vbique pergebant lætantes, Deū laudantes, &c.

c *Baronius tom.* 11. *Anno* 1033. *n.* 10. Dabat eleemosynas manu propria, ore proprio figens eorum manibus oscula. Medebatur illis, dū manu tangens eorum vulnera, signansque signo Crucis omnem ab eis auferebat dolorem infirmitatis.

d *Idem ibidem.* Centum sexaginta & eo amplius numero ad exemplum Domini eorum pedes lauans capillis capitis tergebat, &c.

Chapitre II. Section III.

honneste aumosne, pour seruir de seau à toutes ses actions religieuses. De maniere ᵉ qu'Helgaldus a eu tout sujet de dire que Robert le bien-aimé de Dieu, sçauoit tres-bien qu'il estoit écrit que l'humilité estoit la vertu de science, & la gardienne de la vertu. C'est le secret que ᶠ S. Hierosme enseigna à Celentie: *Nayez rien tant en affection que l'humilité, car c'est la souueraine gardienne & tutrice de toutes les vertus, & rien ne nous rend tant aimables aupres des hommes, & deuant le Createur, que quand nous souhaittons les derniers rangs, lors que nostre merite nous appelle aux premiers.* Ce que le Roy Philippe I. exerça sainctement, & sur tout aux derniers iours de sa vie: car mourant en la ville de Melun, il voulut que son corps fust enterré en l'Abbaye de Fleury, autrement dite de S. benoist sur Loire, adioustant pour toute raison qu'il s'estimoit indigne d'estre inhumé en la compagnie de tant de braues Roys, qui sont à S. Denys: à cause qu'il n'auoit point faict en toute sa vie d'exploict digne de memoire. Et cependant sa valeur s'estoit assez fait connoistre aux Gascons, & aux Anglois, & son obeyssance au Pape Vrbain II.

IAMAIS le Cerbere de superbe ne receut vn plus violant coup de massuë que celuy qui fut délaché par ᵃ Louys VII. non seulement quand le Pape Alexandre vint en France, mais mesmes à l'endroit de S. Thomas de Cantorbie; lors qu'il l'enuoya querir pour luy demander pardon du mauuais conseil qu'il luy auoit donné. Le sainct estant venu saluër le Roy par son commandemét,

e *Helgaldus in Roberto Rege.* Rex dilectus Deo Robertus semper meminit sanctæ legis, &c. Sciebat enim scriptum: scientiæ virtus custos virtus humilitas.

f *Sanctus Hieronymus Epist. 14. ad Celentiam.* Nihil habeas humilitate præstantius, nihil amabilius. Hæc est enim præcipua conseruatrix, & quasi custos quædam virtutum omnium: nihilque est, quod nos ita & hominibus gratos, & Deo faciat, quam si vitæ merito magni, humilitate infimi simus. Propter quod scriptura dicit. Quanto magnus es, humilia te in omnibus, & coram Deo inuenies gratiam,

g Iacques de Charron en son histoire vniuers. ch. 128.

XXIII.
Remarquables actions d'humilité du Roy Louys VII. à l'endroit de S. Thomas de Cantorbie.
a *Baron. tom. 12. Anno 1162. n. 12.*

sa

1154 *Parangon IX. du Lys sacré,*

sa ᵇ Majesté ne l'eust pas plustost apperceu à l'entrée de sa chambre, qu'elle perdit toute contenance, tát ce triste obiect au premier regard luy perça le cœur de regrets & de fascheries. Mais en fin se leuant soudainement de son siege, la vehemence de sa douleur fit sortir de ses yeux deux torrens de larmes, qui s'espandirent le long de ceste face royale; puis se leuant de son siege auec mille souspirs, & vn million de sanglots, il se ietta aux pieds du Sainct auec tant d'amertume qu'il n'estoit personne qui ne prist part à l'affliction du Roy le voyant abysmé en de si cuisans desplaisirs. Le Sainct n'entra pas moins auant dans ces douleurs communes, & s'y plongea d'autant plus, que toutes ces reuerences s'addressoient à sa personne. Aussi tost il releua le Roy de terre, l'embrassa, le consola, luy demáda mesme pardon : mais Louys ayant repris haleine dit au sainct Prelat : *Monsieur mon Pere, vous seul auez vû la presse & la violence de mes angoisses; nous auons esté plus qu'aueugles vous donnant conseil contre Dieu, à ce qu'en vostre cause, ou plustost en celle de nostre Dieu, vous remettiez l'honneur du Createur sous les pieds de la creature : nous en sommes reduits iusques dans les extremitez du desplaisir, & la repentance de nostre faute est sans comparaison. Ie vous prie par les excés de la misericorde diuine d'vser de pardon en mon endroit, & de m'absoudre, miserable que ie suis, de l'enormité de ce crime. I'offre dés maintenant à Dieu & à vous mon Royaume, & ie vous promets que tandis qu'il plaira au souuerain Createur de l'vniuers de me conseruer la vie, ie vous donneray secours &*
à tous

ᵇ *Baron. tom. 12. Anno 1168. 72.* Rex obortis lacrymis profiliens cum singultu, proiecit se ad pedes Domini Cantuariensis, obstupentibus iis qui aderant, & Domino Cantuariensi se inclimante ad erigendum Regem. Vix tandem ad se reuersus Rex præ angustia : verè ait domine mi pater tu solus vidisti, Nos autem cæci fuimus, qui contra Dominú dedimus tibi consilium, vt in causa tua: immò Dei, ad nutum hominis honorem Dei remitteres, pœnitet nos pater & grauiter pœnitet. Ignosce rogo, & ab hac culpa me miserum absolue : Sed & Deo & tibi me ipsum & regnum meum expono, & ab hac hora promitto, quod tibi vel tuis non deero, quandiu Deo auctore vixero. Hæc ex A. lano in quadripartita.

Chapitre II. Section IV. 1155

à tous les vostres. Ie vous laisse à penser combien cette humble confession gaigna le cœur du S. Euesque, & auec quelle promptitude il luy departit sa benediction. Mais d'autre-part sa Majesté n'oublia point ses bons propos, fournissant royalement au S. Euesque dequoy s'entretenir, & toute sa maison. De plus le Roy d'Angleterre ayant entendu l'honorable accueil que Sainct Thomas auoit receu en la Cour de Fráce, ne tarda pas d'enuoyer des Ambassadeurs à sa Majesté Tres-Chrestienne pour luy signifier qu'il ne deuoit point recueillir en son Royaume celuy qui refusoit la paix à son propre Roy. Mais sa Majesté luy fit vne repartie accompagnée d'autant d'humilité pour le Sainct, que de mépris pour les menaces de l'Anglois.[a] *Allez dire à vostre Roy*, respondit Louys aux Ambassadeurs, *que s'il est resolu de ne point abolir les vieilles coustumes, qui ne sont point conformes, comme l'on dit, à la loy diuine, ie ne suis pas moins determiné à maintenir le droit de cette liberalité, dont i'ay pris possession par droit hereditaire, auec la couronne de mon Royaume. Car la France de tout temps a coustume de receuoir, & de proteger tous les affligez, & particulierement ceux qui sont bannis de leur pays pour la defense de la iustice. Auec l'aide de Dieu tandis que ie viuray, personne n'empeschera que l'Euesque de Cantorbie ne iouysse de l'honneur, & du bon-heur de cette grace.* Tellement que cette sublimité de courage de Louys VII. soustenuë d'vne si profonde humilité, me contraint de crier auec S. Bernard, *Quelle est cette releuée humilité qui ne se débauche point dás les honneurs, & qui ne sçait que c'est*

[a] Baron. tom. 2. Anno 1168. n. 72. ex Alano in Quadripartita, siue Quadrilogo ex Hereberto. Ad hæc Rex Franciæ. Ite inquit, Nuntij, Regi vestro annunciantes: Quia si Rex Angliæ, auitas quas vocant consuetudines, licet minus vt aiunt, legi diuinæ congruas, tamen vt ad Regiam dignitaté spectantes, non sustinet abrogari, multò minus mihi licet ius illius liberalitatis dimittere, quod cum corona Regni mihi iure competit hæreditario. Consueuit siquidem Francia ab antiquis temporibus omnes miseros, & afflictos, & maximè pro iustitia exulantes recipere, & donec pacem habuerint, fouere, tueri, & defendere. Cuius honoris & excellentiæ gratia, Deo propitio, me viuente, ad nullius personæ suggestionem Cantuatiensi exuli derogabitur.

Iiiiiii *de*

XXIV.
L'humilité du Roy Philippe I.
a Claude Fauchet en ses Antiquitez Francoises rapporte de la vie de S. Gautier.

JE veux clorre ce discours par vn trait aussi notable de l'humilité du Roy Philippe I. que de la generosité de S. Gautier. Certains ieunes hommes s'estans assemblez prés du chasteau de Pontoise pour viure religieusement, & n'ayans pû obtenir de S. Gautier, qui estoit Religieux en l'Abbaye de Rabais, qu'il acceptast la charge d'Abbé en leur Conuent, ils eurent recours au Roy, qui en fin moyenna aupres de l'Abbé de Rabais que Gautier pliast les épaules sous cette dignité. Le Roy qui sejournoit d'ordinaire au chasteau de Pontoise voulut assister à cette creation d'Abbé, & donner luy-mesme la croce à S. Gautier, qui la prit, mais en telle façon qu'il mit la main au dessus de celle du Roy, disant, *Non à te, sed de sursum*; Ce n'est point de vous, SIRE, que ie la reçois, mais du Ciel. Tant s'en faut que le Roy se piquast d'vne replique si hardie, qu'il en loüa le S. & en s'humiliant sous la main de ce genereux Abbé, il témoigna qu'il auoit autant de modestie, pour les superieurs Ecclesiastiques, que l'autre de courage pour la gloire de Dieu.

d *S. Bernardus hom. 4 super missus. Quæ est ita tã sublimis humilitas quæ non nouit honoribus insolescere gloriari nescit.*

SECTION

SECTION V.

Les exploicts d'Humilité de Louys XI. & des autres Roys suiuans.

LOUYS XI. ayant entendu que parmi les Perses, celuy-là n'estoit pas beau fils, qui n'auoit pas le nez crochu comme Cyrus leur Monarque, & qu'Alexandre le grand portant vn col de trauers, ses Courtisans n'auoient pas bonne grace, s'ils ne faisoient les torticollis : pour reprimer l'insolence du fast de certains Seigneurs de sa Cour, iugea sagement, qu'il ne pouuoit employer de plus puissans Predicateurs pour leur faire quitter, que la voix muette de son bon exemple. Il se fit donc tailler vn pourpoint de futaine, il s'habilla le plus populairement du monde, il detesta en sa chambre toute parade de lict, & se fit engraisser ses bottes pour les faire durer plus long-temps. Qu'ainsi ne soit l'on monstre auiourd'huy à Paris en la maison d'vn Conseillier d'Estat le lict où il prenoit son repos, qui condamne visiblement la bobance insupportable de ce siecle. Il est de damas iaune, & incarnat sans aucun clinquant ni passement. Bodin rapporte que par moquerie il portoit vn chappeau gras, & qu'il s'habilloit de la plus vile étofe de son temps. On trouue en la chambre des Comptes vn article de sa dépense, qui porte vingt sols pour deux manches neuues cousuës à son vieil pourpoint ; & vn

XXV.
Louys XI. deteste le luxe des habits.
Philippes de Comines en l'histoire de Louys XI.
Pierre Matthieu en la vie de Louys XI.

Paulus Æmilius lib. 10. hist. Franc. Ludouicus XI. ornatu corporis, neminem suorum vnquam antecessit.

autre

autre article de quinze deniers pour vne boitte de graiſſe pour engraiſſer ſes bottes. Tellement que nos mœurs eſtans les vrais characteres de nos ames, il eſt tout viſible que Louys XI. a deteſté ſans meſure le faſt & la ſuperbe.

XXVI.
Louys XI. ne s'oublie point de la bien-ſeance royale dans le mépris des bobaces de la Cour.

Pierre Matthieu en la vie de Louys XI.

Av bout du conte cette eſtrange humilité n'empeſchoit pas qu'il ne fiſt paroiſtre de grandes magnificences, quand l'occaſion l'obligeoit à receuoir les Princes eſtrangers. Le Roy de Portugal le reconneut par experience, comme auſſi la Reyne d'Angleterre, le Prince de Galles ſon fils, René d'Anjou Roy de Sicile, le Duc de Sauoye, les Princeſſes de Sauoye, Anne, Louyſe, & Marie. Que ſi la prudence luy conſeilloit ſouuent de trencher du grand auec les grands, auſſi ſon humilité n'auoit pas moins d'audience au cabinet de ſon cœur pour luy perſuader l'affabilité, & la douceur pour les petits. Il deſcendit vn iour en ſa cuiſine, où il rencontra le marmiton qui tournoit la broche, luy ayant demandé comme il ſe nommoit, d'où il eſtoit & ce qu'il gagnoit, le ieune garçon qui ne le connoiſſoit pas, luy dit ſon nom, celuy de ſon pere & de ſon village: mais comme le Roy le preſſoit de dire ce qu'il gagnoit: *Ie gagne*, reſpondit-il, *autant que le Roy: car le Roy n'a que ſa vie non plus que moy, Dieu nourrit le Roy & le Roy me nourrit.* Cette repartie pleut au Roy, qui fit monter ce pauure garçon aux ſeruices de chambres, & de là à vne grande fortune.

XXVII.
Louys XI. conuerſe familierement auec tous, & demande pardon

Cette conuerſation populaire luy profita beaucoup à poſſeder les cœurs des Pariſiens, que le

pretex

Chapitre II. Section V. 1159

pretexte du bien public auoit fort ébralez. [a] Auſſi n'eſt-t'il rien ſi fort pour ſapper l'affection des plus reueſches que de les miner par l'humilité, qui reſſemble à ce petit vermiſſeau de Salomon appellé Tamir, qui briſoit les plus aſpres rochers. L'hiſtoire porte, qu'eſtant arriué à Paris il alloit diſner chez l'vn, ſoupper chés l'autre, parloit fort priuement à chaſcun, & ne prenoit iamais ſon repas, qu'il n'euſt pour le moins ſept ou huict perſonnes à ſa table. Luy [b] eſtant vn iour échappé vne parole aſſez piquante contre quelqu'vn de ſes Courtiſans, il ne fut point honteux de s'en dedire, & reconnoiſtre l'intemperance de ſa langue, au milieu de toute l'aſſemblée : puis ſe tournant deuers celuy qu'il eſtimoit auoir offenſé, il luy dit auec grande modeſtie : Vrayement il faut que i'aduoüe, que ma langue m'ayant ſouuent rendu de bons ſeruices auſſi me nuit-elle par fois ; & maintenant qu'elle a manqué, il eſt raiſonnable que ie la corrige, & que ie m'amende, & pour ce ſujet voila vn preſent que ie vous fais pour reparation de ma faute. Ne voila pas vn contre-poids à l'eleuation d'vn courage ſi releué, comme celuy de Louys XI ? Voicy vn autre eſſay d'vne pareille vertu. Apres auoir conclu le traitté de Piquigny, auec Edoüart IV. Roy d'Angleterre, & l'ayant renuoyé en ſon Iſle, moyennant cinquante mille eſcus de penſion, il arriua que ſe railliant de cette facilité du Roy d'Angleterre, en la preſence d'vn marchád de Gaſcongne, marié en Angleterre, qui le ſuiuoit pour luy demander permiſ-

[a] *d'vne parole qui luy eſtoit échappée* Philippe de Comines liu. 1.

[b] Philippe de Comines liu. 4. chap. 10.

ſion

sion de tirer certaine quantité de vin de France, sans payer aucun droit, apprehendant qu'il pourroit auoir ouy son discours, non seulement il luy octroya la permission qu'il luy demandoit, mais encore pour luy gaigner entierement son affectiõ & le diuertir de ne point rapporter au Roy d'Angleterre ce qu'il auoit raconté de luy, il luy donna mille escus contant, & vn office honorable en la ville de Bourdeaux, moyennant qu'il ne retournast plus en Angleterre, & qu'il y enuoyast son frere pour ramener sa femme en Gascongne. Qui est le ver de terre qui reconnoisse ses déuoyemens auec tant de franchise, & qui les repare si liberalement ?

XXVIII.
Louys XI. abbaisse les hautains.
a Pierre Matthieu.

ENTRE autres hommes vulgaires le Roy caressoit plus familierement vn Marchand, appellé Sire Iean, lequel il faisoit manger à sa table pour causer plus librement. Mais ce bon homme se voyant honoré par dessus plusieurs autres Seigneurs, commença à se deplaire de sa profession, & à dédaigner le nom de Sire Iean. C'est pourquoy il supplia sa Majesté de le faire Ecuyer. Le Roy luy accorda des lettres d'annoblissement. Le Marchand changea son aulne en vne épée, & s'habilla à l'auenant, il pensoit desia tenir vn estat de Mareschal de Camp. Mais il contoit sans deux sages hostes, Dieu & le Roy, qui abbaissent ceux qui se veulent trop enorgueillir, & qui glorifiét les humbles de cœur. Nostre Gentil-homme de la plus nouuelle impression se presenta aussi tost au Roy, estimant que l'accroissement de sa fortune luy

Chapitre II. Section V. 1161

luy augmenteroit ses bonnes graces, & qu'estant éleué sur l'epicicle de Mars, il se porteroit bien tost sur le zenit des premieres dignitez de la Cour. Mais Louys qui se plaisoit dauantage à la premiere profession de sire Iean, qu'au fait de Monsieur l'Escuyer, ne daigna pas seulement le regarder, & le laissa debout parmi les autres Courtisans, sans aucune demonstration d'amitié, non pas mesme de connoissance. Voila nostre iadis marchand bié estonné, n'ayant pas assez de courage pour digerer cette froideur du Roy, il s'en plaignit à luy-mesme. Mais sa Majesté qui ne pouuoit applaudir aux esprits vains, luy repartit sagement, quád ie vous faisois asseoir à ma table, ie vous tenois comme le premier de vostre condition, & ie ne faisois point de tort aux Gentils-hommes de vous honorer en telle qualité: maintenant que vous voulez trencher du Cheualier, vous estes inferieur à plusieurs autres qui possedent dés long-temps cet honneur par les tiltres de leur naissance, & par leurs propres merites à qui ie ferois tort, vous appariant auec eux. Et partant retirez-vous monsieur le Gentilhomme.

Il faut qu'un homme se mesure,
Et qu'il regle sa passion,
En considerant la nature
De sa basse condition.

b *Pindar. Pyth. Ode* 2
χρὴ δὲ κατ' αὐτὸν αἰεὶ παντὸς ὁρᾶν μέτρον.

Tandis que nostre sire Iean viuoit en la modestie de son trafic, il estoit en quelque consideration auprés des plus grands de la Cour, mais a-t'il chágé de casaque, tous les plus petits de la maison du Roy luy courent deſſus. L'Empereur Maximilian eut bonne grace reſpondant à vn Marchand qui le prioit d'eſtre annobli; Ie te peux faire beaucoup plus riche marchand que tu n'es pas, mais il n'eſt pas en ma puiſſance de te faire noble : voulant declarer que la vraye nobleſſe depend du merite de celuy qui la recherche, & non pas de celuy qui la donne.

XXIX.
Louys XI. ſe moque des vanteurs, comme auſſi Louys XII.
a *Corrozetus de dictis & factis memorabil.*

BREF Louys XI. perſecutoit tellement les orgueilleux, qu'ayant vn iour entendu que ᵃ certain Ambaſſadeur qu'on vouloit enuoyer à Veniſe ſe donnoit pluſieurs tiltres de grandeur, qu'il ſe nommoit Eueſque d'vne telle ville, Seigneur de l'autre, Abbé d'vn tel lieu, Prieur d'vn autre: apres auoir entendu cette longue liſte de tiltres, il conclud ſubtilement ; où il y a tant de tiltres, il y a peu de lettres ; marquant par cette parole que là ſe retrouue plus de vanterie où l'on voit moins de merite. La rencontre qu'il fit ſur celuy qui faiſoit trophée de ſa doctrine par vn grand nombre de liures eſt auſſi aiguë que la precedente, & témoigne autát le mépris que ce Roy faiſoit des preſóptueux en ſciéce, que des autres qui ſe bouffiſſét de leur nobleſſe. Il dit donc à ceux qui l'accompagnoient ; Celuy-là reſſemble aux boſſus qui portent continuellement leur boſſe ſur leur dos, & & ne la voient iamais. C'eſt bien la verité que les grandes Bibliotheques ne font pas les grands docteurs, mais le grand trauail ſecondé d'vn bon eſprit rend les hommes ſçauans. Louys douziéme ne fut pas moins ſubtil à piquer tels balons remplis

plis de vanterie que son Ayeul Louys onziéme. Entendant vn certain qui prenoit de la vanité dés balafres qui paroissoient sur sa face, il luy rabbatit son caquet en cette sorte: Ces cicatrices que vous monstrez en vostre visage vous doiuent faire souuenir cy-apres qu'en fuyant il ne faut point tourner la teste en derriere. Digne mercuriale d'vn tel superbe Tarquin, qui a plus de rodomontade en bouche, que de generosité dans le cœur.

IE ne trouuerois point de fonds en l'humilité des Monarques François si leur modestie ne m'imposoit silence, qui se deplait autant en ces iustes loüanges, que les autres se plaisent au bruit de leurs proüesses. Si ie mets fin à ce discours, ce sera plus par deuoir, que par faute de sujet qui ne manque point dans l'histoire de François I. de Henry II. de François II. de Charles IX. & de Henry III. tous Rois pleins d'vne incroyable moderation. L'éclat neantmoins de cette vertu qui brille extraordinairement dans la vie de Henry le Grand, m'attache tellement à sa beauté, que i'en admire d'autant plus le prix que sa ieunesse s'estoit passée en deux écoles bien contraires à cette vertu. Car l'heresie estant bouffie de superbe, & la guerre accompagnée de vanterie, il falloit vne ame tout à fait docile pour y auoir esté éleuée sans en retenir leur mauuaise doctrine. Ceux qui ont eu l'honneur de s'approcher de ce grand Roy, sçauent combiẽ il detestoit ces esprits d'arrogance, qui ne veulent parler que de leurs hauts-faits, & rien entendre que ce qui flatte

XXX.
L'Humilité de Henry IV.

leur presomption. Il n'auoit pas moins de haine pour ces ames imperieuses, qui donneroient volontiers vn autre cours aux astres, & toutes autres loix à la Nature, pour s'accommoder à leur ambition. Il dit vn iour à quelqu'vn qui s'estonnoit de sa grande familiarité auec ses subjets. Les pompes & les parades sont pour ceux qui n'ont autre moyen de se faire estimer : mais Dieu par sa grace, a mis en moy assez dequoy faire connoistre ce que ie suis, & en tout cas i'aime mieux estre aimé que redouté. Et en effect sa moderation estoit telle qu'il sembloit que chascun fust son pareil, & que les estrangers fussent ses domestiques. Les Princes qui ne reconnoissent leur fortune que de leur épée, & qui ont iouy long-temps de ses faueurs, se rendent souuent autant insupportables à la fin de leur regne, qu'ils estoient gracieux au commencement. Mais Henry le Grand ne tenoit pas son cœur plus haut pour tant de trophées qui couronnoient ses armes, ni sa veüe plus éloignée de ses subjets pour tous les bon-heurs de son regne. Alexandre le grand ne donnoit point de Salut en ses lettres apres la déroute de Darius, qu'à Phocion & Antipater ; Tibere & Neron se rendirent autant odieux au declin de leur Empire, qu'ils auoient donné de bonnes esperances en leur commencement : mais plus le temps enrichit de gloire Henry IV. plus il s'abbaisse soy-mesme, racontant en temps & lieu ses infirmitez, les deplorant amerement, & s'égalant en cette reconnoissance aux choses qui sont plus proches du rien. Cette rare

Chapitre II. Section V.

rare douceur donnoit tant d'estonnement aux Ambassadeurs estrangers, qu'au sortir de sa chambre on a entendu quelques vns qui s'émerueilloient de ce que les pierres & les rochers ne se remuoient point pour seruir vn si bon Prince.

Si la douceur a tant de force pour se faire obeyr, ie ne m'estonne plus si ie vois auiourd'huy fondre tous les Estats de la France au seruice de Louys le Iuste, puis qu'il semble n'estre grand que pour obliger les petits, & se rendre compagnon de tous comme Cesar, sans point affoiblir la grandeur d'vn Roy. Il est si modeste en paroles, qu'on n'entend point sortir de rodomontades de sa bouche, & s'il parle de ses conquestes, c'est seulement pour en rendre la gloire au grand Dieu des armées. Et cependant qui a plus de sujet que luy d'abbatre la teste des Colosses, & des Dieux de l'antiquité pour y planter la sienne? mais tant s'en faut que cette pensée se loge en son esprit, qu'il n'a pas plustost remporté vne victoire, qu'il fait aussi-tost hommage de tous ses trophées à la Reine des Cieux, luy consacrant tous les drapeaux qu'il enleue sur l'ennemy. On luy perce le cœur, quand on luy parle des miraculeuses cures des aueugles, & des muets arriuées extraordinairemēt en l'attouchement des écroüelles: & comme il sçait que ce sont graces gratuites, aussi en tire-t'il d'autant plus d'occasion d'humilité qu'il reconnoit auoir d'obligation d'vn bien qui surpasse le merite de l'homme. Si on mesure son humilité par ses habits, qui sont neantmoins la plus gran-

XXXe.
Les rares preuues d'humilité de Louys le Iuste.

Sanctus Hieron. epist. 16. ad Theophilum. Cito indignatur libertas si opprimitur. Nemo plus impetrat à libero quam qui seruire non cogit.

de partie du faste de ce siecle, on peut dire qu'il est le plus humble de toute sa Cour, puis qu'il est le moins soucieux de cette pompe. C'est sa Croix que de changer d'habits, & les plus modestes luy sont tousiours les plus agreables. Aussi deteste-t'il ceux qui font les Paons dans vn plumage emprunté, dont ils doiuent l'étoffe aux marchands, & la façon aux pauures artisans, les payans tous deux d'oubliance, ou de menaces. Sa conuersation est si suaue, que ce qu'il est aupres des grands, il ne l'est pas moins aupres des petits, & les écoute auec tant de tranquillité, qu'il fait assez connoistre qu'il est plein de l'esprit de ce grand Roy de l'vniuers, qui se plait en la hantise des humbles, & qui leur donne plus volontiers accez qu'aux plus magnifiques du monde. Vous le verrez par fois entretenir de pauures gens, s'enquerant de leur pays, de leurs conditiós & de leurs maladies. Le respect qu'il porte à tout le monde, & la reuerence qu'il rend iusques au moindre Gentilhomme qui le saluë, témoigne assez qu'il ne se dóne rien au delà du commun des hommes, & que s'il est Roy, ce luy est vne obligation plus grande d'aymer dauantage l'Autheur de ce bien-faict. Il ne se peut dire auec quelle reuerence il accueille les Prestres & les Religieux, & ne peut supporter leur genuflexion deuant sa face, dequoy i'en suis témoin fidelle, & il ne respecte pas moins la bóne vie d'vn Prelat qu'il fait sa dignité. S'il rend de l'honneur à ses Peres spirituels, il n'en a pas moins pour cette gráde Reyne, à qui il doit la gloire de sa naissance, &

l'obli

Chapitre II. Section V. 1167

l'obligation de ses bonnes mœurs. Car s'il entroit en sa chambre dix fois le iour, ce seroit auec autant de respect, comme s'il ne l'auoit point veuë depuis dix ans. Il ne se couurira iamais en sa presence, qu'apres plusieurs pressans commandemens de cette sage Mere. Si quelqu'vn parlant à sa Majesté tourne le dos à la Reyne Mere, il luy fait prendre aussi-tost vne autre posture, tant il apprehende d'offenser l'honneur qu'il doit à cette grande Princesse, & l'amour qu'il porte à la vertu d'humilité sa tres-chere nourrice. En vn mot, nous pouuons dire de luy ce qu'Aurelius Victor publioit à la loüange de Theodose, que tant plus qu'il alloit croissant en puissance, & que sa gloire s'augmentoit par ses victoires, tant plus aussi se perfectionnoit-il en toute sorte de vertu : ce qui n'est pas vne petite loüange, disoit son Panegyriste. Que s'il m'est loisible de contribuer mon symbole à la gloire de Louys le Iuste, ie ne doute point que Dieu qui glorifie les humbles, & qui abysme dans la confusion les Pharaons, ne surhausse autant son bon-heur par dessus celuy de ses deuanciers. Qu'il humilie son cœur au dessous de tous ; Car ce sont les humbles qui seront infailliblement arrousez des graces du Ciel, ce sont ceux qui foisonneront en bon-heur comme Israël, & seront glorifiées sur le Liban celeste aussi magnifiquement qu'ils se sont courageusement aneantis sur terre pour imiter IESVS-CHRIST. *Ero quasi ros, Israël germinabit sicut Lilium, & erumpet radix eius vt Libani.*

CHAPITRE TROISIEME.

De l'Humilité incomparable du Sainct Roy Louys IX.

SECTION PREMIERE.

Diuers traits d'Humilité que S. Louys a prattiquez dés son ieune âge parmi les Hospitaux & les Monasteres.

XXXII.
L'humilité nous garantit de tous les dãgers de l'ame.
a S. *Athanasius in vita S. Antonij.*
Sanctus Chrysost. hom. 20. in Acta Apost. Humilitas omnibus diaboli machinamentis sublimior facta, contingere volentibus insuperabiles facit.

LE deuot contemplatif[a] S. Antoine, le Prince des Hermites, & le maistre de mille bons Religieux, estant vn iour raui en extase, Dieu luy fit voir tout le monde couuert d'vn si grand nombre de pieges que le S. personnage tout estonné s'écria aussi tost, *Qui pourra se garantir de tant d'embusches & de filets?* Alors vne voix luy repartit, *Demissio*; ce sera l'humilité. Par cette vision l'infinie bonté du Createur luy vouloit declarer qu'il se retiendroit d'autant de perils d'offencer Dieu parmi le monde, qu'il se retrouuoit de rets & de filets : mais que l'humilité comme vn autre Ariadné desengageroit de ces labyrinthes les vertueux Thesées, apres auoir tué le monstrueux Minotaure de la superbe. Ce sont aussi les humbles que Dieu éclaire de ses graces pour se desembarrasser des lacs de Sathan, & se retirer en lieu d'asseurance.

VOILA

Chapitre III. Section I. 1169

VOILA pourquoy le souuerain protecteur de nos ames voulant garantir S. Louys de tous ces dangers spirituels, dont le monde est rempli, & particulierement la Cour des Princes, imprima de bonne heure dans son cœur le salutaire caractere de l'humilité, afin que ce monstre d'arrogance ne pût ietter sa griffe sur cette belle ame, que le Ciel reseruoit pour seruir de flambeau aux autres Monarques de la terre. C'est ce que nous témoigne l'Oracle de Dieu en terre en la Bulle de sa canonization. *Estant encore sous la discipline de son gouuerneur, il se rangeoit auec tant d'obeyssance, de respect & d'humilité, qu'il estoit facile à iuger que le Ciel l'auoit pourueu des rosees de ses diuines graces. Il guerroyoit ce Lion à sept testes, & à dix cornes, non seulement au dehors, mais encore au dedans,* dit le Pape Boniface, *il le combattoit par paroles, par pensées, & par feruentes oraisons. Nous pouuons dire de luy auec toute asseurance,* adjouste cet eloquent Pontife, *que la douceur & la debonnaireté de sa face, rayonnant en graces declaroit visiblement, qu'il respiroit vne vie plus qu'humaine.*

QVE fera à l'aduenir ce ieune Hercule qui froisse desia en son berceau les serpens de superbe? Il attaquera sans doute les fiers Dragons de l'orgueil du monde parmi les deserts des Monasteres, & des Hospitaux. En voulez-vous voir les prouësses? Figurez-vous auec toute verité qu'aussi tost qu'il estoit arriué en quelque ville, sa premiere pesée s'enuoloit dans l'Hospital, & ses pieds aussi tost la suiuoient. Il arriua qu'vn iour il rencôtra

XXXIII.
S. Louys a esté humble dés ses ieunes ans.
b *Bulla Canonizat. S. Ludou. Et sub magistri ferula positus sic ei obediens, & reuerens existebat, sic illius humiliter recipiebat disciplinam, quod superna præuentus gratia profecit laudabiliter in vtrisque.*

Bonifacius VIII. in serm. secundo de Canonizatione S. L. R. Ipse verò humiliauit se intus & extra, in lingua, in corde, in veste, in orationibus. Et hoc possumus securè asserere, quod facies sua benigna & plena gratiarum docebat eum esse supra hominem.

XXXIV.
Grande humilité de S. Louys, pratiquée en l'Hospital de Compiegne.

vn

Parangon XI. du Lys sacré,

vn[a] pauure malade tourmenté de la maladie de S. Eloy, en l'Hospital de Compiegne: quoy qu'il fust desia tout recru de trauail, dit la Bulle de sa Canonization, toutefois aussi ioyeux, que s'il eust abordé Iesus-Christ, il se ietta aux pieds de ce pauure miserable, il les embrassa comme s'il eust tenu à deux mains les deux poles du Paradis. Ayāt fait apporter de la viande, luy-mesme la voulut presenter & l'appliquer à la bouche de ce pauure affligé, au grand estonnement des plus zelez de sa compagnie. Pendant tous ces pieux seruices, il arriua ce à quoy ie n'ose presque penser, mais si faut-il que toute la posterité l'admire si elle ne le veut imiter; [b] Ne voila-pas que le cerueau de ce corps pourri rompant ses digues se ietta par ces deux narines vne infection si sale, & si puante sur les mains de S. Louys, qu'elle faisoit horreur aux plus constans cette la compagnie. Mais le S. Monarque qui en deuoit conceuoir plus d'horreur que tous les autres, sans changer de face fait apporter de l'eau, & apres auoir laué ses mains plus qu'angeliques, il poursuiuit genereusement son premier exercice, iusques à ce que le malade eust paracheué son repas. O inuincible courage! quels brusques reuers délachezvous sur la creste arrogante de la superbe? quelle terrible saignée faitez-vous parmi ces Hospitaux? O cœur sans peur! qui a iamais vû vn tel personnage s'abbaisser à des deuoirs si viles? Mais ce qui est de plus diuin, c'est dit le S. Pape Boniface, que rien ne prenoit part en toutes ces humiliations

[a] *Bulla Canonizat. S. L. R.* Cùm dictus Rex hospitale Compendiense ingressus, & ad impendendum humilitatis obsequium infirmis in illo degentibus, iam sessus nō modicum ex labore, infirmum quemdam iuxta se positum conspexisset, morbum qui sancti Eligij dicitur patientem, & flexis genibus coram ipso, & morsellum piri remoto cortice poneret in os eius, de illius naribus defluens fœdauit turpiter manus Regis: qui piè benignéque id tolerans, nec in aliquo exinde mutatus, lotis illicò manibus suis, salubrè quod inchoauerat obsequium benigne est prosecutus.

[b] *Bonifacius VIII. in serm. de Canonizat. S. R. Lud.*

miliations que la seule gloire du Ciel, rapportant tous ses exercices à Dieu, luy en rendant graces suiuant le sentiment du Psalmiste royal, qui dit: *Ce n'est point à nous, Seigneur, qu'il faut rendre la gloire, mais à voſtre S. nom.* O Humilité, pierre precieuse cachée dans le champ de l'Euangile! combien peu estez-vous conneuë, & prisée, non seulement dans les palais des grands, mais encore dans les cabanes des plus petits! O siecle! ô mœurs! à peine a-t'on la patience d'arrester la veuë sur la misere des souffreteux, tant s'en faut qu'on les voulust seruir à table, & leur lauer les pieds!

C'est assez demeuré en ces Hospitaux, suiuons nostre ᵃ S. Roy dans les Conuents, & parmi les Monasteres: mais que fera-t'il là? loüera-t'il seulement leur institut? admirera-t'il leur austerité? prisera-t'il les faueurs incomparables de ceux qui viuent dans les sacrez palais de la Religion, sans vouloir toucher du bout du doigt la moindre de leurs mortifications? Il fera d'autres merueilles; il s'abbaissera aux pieds de tous, il voudra lauer les pieds de tous, & les surpassant tous en vertu, il se reputera le plus vil, & le plus impie de tous les autres. Venons aux effects, mais quel moyen de les raconter tous: ᵇ Geoffroy de Beaulieu Confesseur du S. Roy écrit que s'il vouloit entreprendre de les rapporter tous, qu'il feroit vn liure, qui outrepasseroit toute mesure. Si ne faut-il pas obmettre ceux qui suiuent. Vn iour de Samedi, en l'Abbaye de Clairuaux, comme les Religieux se lauoient les pieds l'vn l'autre, suiuant leur

XXXV.
S. Louys veut lauer les pieds des Religieux de Clairuaux.

a Guillelm. Nangius de Gestis S. L. Fr. Reg.
b Gaufridus de Bello-loco cap. 9. de vita & conuersat. Sancti L. Reg. Ipse verò, ex humilitate sua pluries voluit capam deponere, & flexis genibus manus apponere ad pedes seruorum Dei humiliter abluendos. Sed quia plures Magnates nō sibi multum familiares tunc sibi adstabant, de cōsilio ab hoc humilitatis officio supersedit.
Idem ibidem. De eximia humilitate ipsius benignitate, mansuetudine: atque sapientia plurima possent dici, & ad ædificationem multorum exēpla subiici. Sed præsens opus excederet modum posset. In prædictis enim virtutibus nescio si secūdum statum suum parem haberet in mundo.

leur saincte coustume, voila nostre incomparable Monarque, qui s'y trouua auec plusieurs autres Seigneurs estrangers : mais luy qui ne vouloit pas estre seulement spectateur de la vertu d'autruy, se ietta aussi tost aux pieds de ces bons Religieux, & ce que tous faisoient ensemblement, luy seul le vouloit accomplir à l'endroit de tous. Mais en fin apres auoir desia mis bas son chappeau & flechi les genoux deuant cette troupe, tous le supplierent de ne point confondre ces autres Princes estrangers, qui n'auroient point la veüe assez forte pour supporter deuant leurs yeux vn si luisant cristal d'humilité. ᶜ Ce n'estoit que son ordinaire de visiter les familles religieuses & en plein Chapitre de se mettre à genoux deuant toute l'assemblée, & de luy demander auec tant de reuerence assistance de ses prieres & de ses sacrifices, pour soy & pour ses amys Trespassez, qu'il n'estoit personne qui ne fondit en larmes de voir en vne si éclatáte dignité tant de mépris des grandeurs mortelles.

IE ne dis rien encore racontant cecy, eu égard à ce que ie pretends de vous rapporter maintenant, appuyé du témoignage de six Religieux du Monastere du Mont-royau au Diocese de Blois. Ce fut en cette Religieuse maison, dottée par la liberalité de nostre Sainct Louys, qu'il déchargea de rudes coups sur la teste de ce monstre. Là viuoit, ou plustost mouroit en viuant vn Religieux nommé Lieger, dont le corps estoit si horriblement gasté de lepre, & si pourri d'vlceres, qu'il faisoit horreur non seulement

---

c *Guillelm. Nangius de Gestis S. Lud. Reg.* Congregationes religiosorum frequenter ac deuotissimè visitabat, & ab eis pro se & amicis suis viuis & defunctis piarum orationum, & Missarum suffragia humiliter & flexis genibus in capitulis eorum postulabat, ita quod ex humilitate sua personæ religiosæ frequenter ad lacrymas mouebantur.

XXXVI.

Admirable traict d'humilité de S. Louys prattiqué au Monastere de Môt-royau, ou Mont-royaux.

a *Ex Bulla Canoniz. S. L.* Præfatus Rex præmisso benignæ salutationis alloquio, flexit genua corá ipso, & scindens manibus propriis carnes eidem appositas bolos in os eius studiosissimè mittebat, & huiusmodi non contentus obsequio allatis eius iussione dapibus regali-

Chapitre III. Section I. 1173

lement aux seculiers, mais encore aux plus austeres de toute la maison. Ses yeux se iettoient hors de sa teste tant la pourriture les auoit rongez, la couronne de la paupiere, son nez estoit vn horrible vlcere qui suppuroit continuellement, ses lévres enflées cóme de grosses lippes faisoiét peur à ceux qui les regardoient, tout le reste du corps estoit pareillement gangrené & hideusement sale. Tellement que la puanteur de ce corps à demy pourri, s'estant renduë insupportable, à tous les autres Religieux, on l'auoit sequestré de la compagnie, comme vne voirie qu'on ne pouuoit souffrir. Nostre magnanime Roy entendant le calamiteux estat de ce pauure frere demanda aussi tost de le voir, & en pressa l'Abbé si constamment, que nulles considerations ne pûrent diuertir ce magnanime cœur de se ietter dans la cellule de ce patient. Mais quoy? abysme d'humilité! representez-vous que cet auguste Roy n'eust pas plustost mis le pied dans l'infirmerie, qu'aussi tost il se prosterna à deux genoux deuant ce corps tant defiguré, & le saluät auec beaucoup de douceur, il executa ce que personne n'osoit entreprédre: car l'ayant rencontré au temps qu'il prenoit sa refection, le S. Roy commença à luy trencher sa viande, la luy mettre dans la bouche, luy verser à boire, luy faire apporter des mets plus delicieux, & l'encourager à faire bonne chere. Ce n'est pas tout, apres le repas il luy laua les pieds ; & à quoy personne n'osoit penser, il les baisa auec autant d'affection & de reuerence, que s'ils eussent

bus, de ipsis eidem Monacho ministrabat, loci aut ægri qualitatem horribilem non euitans eodem Abbate vehementi stupore concusso, quod tanti sublimitas Principis talibus quantuncunque salubribus inuolui studiis, ac seruitiis poterat occupari.

esté ceux de quelque grand Pontife. Qu'on nous loüe maintenant l'humilité d'vn Epaminondas, qui apres s'estre gorgé d'honneur, fait le modeste, & le piteux le lendemain; qu'on fasse estat d'vn Antigonus, qui se reconnoit mortel apres auoir esté à deux doigts prés des portes de l'Enfer. Tout cela n'est que tenebres d'orgueil, aussi bien que l'orgueil de cet insensé Philosophe qui se vantoit de fouler le faste de Platon. Mais c'est en la royale Academie de [b] S. Louys, qu'il faut apprendre la vraye humilité. C'est en ce sacré licée que le S. Pere Boniface, ayant reconnu cette vertu accomplie en toutes dimensions, adiouste que S. Louys, s'estant profondement rauallé, est maintenant si releué deuant Dieu, qu'on peut dire de luy comme d'vn autre Samuël, qu'il a esté magnifié deuant le Seigneur.

MAIS que deuiendras-tu balon de vanité? vessie pleine de noire fumée, verruë du genre humain, monstre sans bride, qui as brisé dés ta naissance le joug de Dieu, & qui as eu assez de front pour dire, ie ne veux point seruir. [a] *Ie prendray, dit Dieu, les armes de ma iustice à l'encontre de toy, par ce que tu as dit, ie suis sans peché, tu seras confus par le peuple d'Egypte, comme tu l'as esté de celuy d'Assur.* Les vanitez mesmes que tu as suiuies, & le faste que tu as embrassé, te feront rougir deuant la face du Ciel, [b] *Malheur à la couronne arrogante des enfans enyurez d'Ephraïm.* Quand tu serois aussi glorieuse que la statuë de Nabuchodonosor, haute de soixante coudées, Dieu te renuersera par terre. Quand

---

[b] *Bonifacius VIII. Papa in serm. secundo. de Cœn. S. L.* Tertio dicitur Magnus, quia profundus, & hoc per humilitatem. Quaró enim magis profundè se humiliat homo, tantó maior apud Deum reputatur, secundùm id quod dicitur Lucæ XIV. Omnis qui se exaltat humiliabitur, & qui se humiliat exaltabitur. Et quia ipse profundissimè se humiliauit, ideo apud Dominum merito magnus extitit. Vnde potest exponi de ipso quod dicitur 1. *Reg.* 2. *de Samuele.* Magnificatus est Samuël apud Dominum.

XXXVII.
Inuectiue contre l'insolence des orgueilleux.

[a] *Hieremia cap.* 2. A sæculo confregisti iugum meum. Rupisti vincula mea & dixisti, non seruiam. Ecce ego iudicio contendam tecum, eo quod dixeris non peccaui: Quam vilis facta es nimis iterans vias tuas. Ab Ægypto confunderis sicut confusa es ab Assur. [b] *Isayas c.* 28. Væ coronæ superbiæ ebriis Ephraïm, & flori decidenti gloriæ exultationis eius, qui erant in vertice vallis pinguissimæ errates

Chapitre III. Section I.

Quand tu aurois la teste d'or, & que tu serois Roy de Babylonne : quand tu aurois le ventre d'argent, que rien ne te manqueroit aussi bien qu'au Roy de Perses; quand tu aurois les cuisses de brõze comme les Roys de Syrie & de Grece, Dieu t'humiliera & t'accablera, nõ point à coup de foudre; car il te feroit trop d'honneur, mais auec vne petite pierre, il te fera mordre la terre & te reduira en poussiere pour seruir de jouët à tous les Aquilons. Ce sont les plus fiers animaux que Dieu foudroye, disoit vn ancien, & qu'il ne laisse pas viure à leur phantasie, comme il permet les plus petits. Ce sont contre les palais à plusieurs estages, & contre les arbres sourcilleux que le Ciel lance ses iauelots. Car Dieu a de coustume de chastier ce qui est trop eminent, d'autant qu'il ne permet point qu'vn autre que soy ait des pensées plus releuées que les siennes. Et par effect, qui a renuersé ces puissans Roy de Babylonne ? qui a terrassé ces orgueilleux Roys de Perse ? qui a subjugué les Roys des Assyriens ? qui a domté les Monarques de Grece. Qui a bouleuersé l'Empire de Rome ? leur fierté. Qui a rangé Nabuchodonosor au ratelier des bestes ? la superbe. Qui a pendu Absalon aux branches du chesne ? sa perruque orgueilleuse. Qui a dressé le gibet d'Aman haut de cinquante coudées ; & qui a esté le bourreau qui l'a étranglé ? sa vanité insupportable. Quelle a esté cette femme qui écarboüilla la teste d'Amalec auec vne tuile ? son ambition. Qui a fait mourir soixante & dix de ses freres ? qui a égorgé Cesar au milieu du Senat?

à vino. Ecce validus & fortis Dominus sicut impetus aquarum multarũ inũdantium & emissarũ super terram speciosam. pedibus conculcabitur corona superbiæ ebriorũ Ephraïn, & erit flos decidens gloriæ exultationis, &c.
Septuaginta sic habent.
Καὶ τοῖς περὶ καταπατηθήσεται ὁ στέφανος τῆς ὕβρεως ἡ μισθωτοὶ τ̃ Εφραιμ. Verterunt septuaginta; Mercenarij Ephraym. Quia superbi vt gloriam aliquam adipiscantur instar mercenariorum quodlibet opus seruorum instar aggrediuntur.
Chaldaïcus Paraphrastes,
Pedibus conculcabitur corona superbiæ insipiẽtis Principis. Magna profecto insipientia gloriæ humanæ studere.

c *Herodotus libr.* 1.
Οὐ γὰρ ἐᾷ φρονεῖν ὁ θεὸς μέγα ἄλλον, ἢ ἑαυτόν. Non enim sinit Deus alium præter se altum sapere.

Senat? le desir de regner. Qui a fait mourir Pompée honteusement? les montagnes d'or qu'il portoit en ses triomphes. Qui a perdu vn Balthazar, vn Adonias, vn Sejan, vn Bellissaire, vn Antiochus, vn Nicanor, vn Bajazet, vn Herode Agrippa, & mille autres Princes insolens? l'orgueil, la vanité, les bobances, le luxe, le faste, l'arrogance, vne furieuse ambition. Iamais Pindare ne parla mieux qu'à ce coup.

d Pind. Ode IV. Isthm.
Τὰ μακρὰ δ᾽ εἴ τις παπταίνει βραχὺς ἐξικέσθαι χαλκόπεδον θεῶν ἕδραν· ὅ τοι πτερόεις ἔρριψε Πάγασος.

d Que si quelque vaine asseurance,
Nous fait trop loin ietter les yeux
Sur les desseins ambitieux,
Que les aisles de l'esperance
Poussent en vn moment
Iusques aux thrones des Dieux:
Souuenons-nous de quelle sorte
Pegase fit precipiter
Bellerophon de bien prés de la porte
Du grand Conseil de Iupiter.

SECTION

SECTION II.

L'Ordre de Cheualerie de la Cosse de Genest institué par le Roy S. Louys, l'An M.CC. XXXIV. en faueur de la vertu d'Humilité dont il a donné de rares témoignages iusques aux derniers souspirs de sa vie.

XXXVIII.
L'origine de diuers Ordres de Cheualerie.

AMAIS les Princes de la terre n'ont estably des Ordres de Cheualerie que sous des intentions de mettre en credit l'obiect de leurs plus tendres desirs, & de faire lire sur le collier de leurs Ordres les plus ardantes passions de leurs ames. Ainsi Louys vnziesme institua à Amboise l'Ordre de S. Michel l'an 1463. inuité par la deuotion qu'il portoit à cet inuincible Colonnel des escadrons du Ciel. Ainsi Henry troisiesme fonda l'Ordre du Sainct Esprit à Paris, l'an 1579. eschauffé du celeste feu de ce diuin Esprit. Ainsi Philippe Duc de Bourgogne dressa la Cheualerie de la Toison d'or l'an 1429. en memoire de la valeur de la toison miraculeuse du genereux Capitaine Gedeon, ou de ces preux Heros conquerans de la toison de Colcos. De là ont pris naissance les Cheualiers de sainct George instituez par Federic Duc d'Austriche l'an 1245. Par mesmes maximes la Cheualerie du nom de Iesus a esté erigée par Magnus IV. du nom, Roy
de

de Suede l'an 1334. Pareillement l'Ordre de l'Annonciade institué par Amedée VII. Duc de Sauoye, l'an 1434. qui estoit auparauant appellé l'Ordre du lacs d'amour sous Amedée V. Ainsi plusieurs Ordres de Cheualerie ont pris commencement par l'affection particuliere des Souuerains qui les ont voulu rendre recommandables à toute leur Noblesse.

XXXIX.
S. Louys a establi l'Ordre de la Cheualerie du Genest, pour accrediter la vertu d'Humilité parmi la noblesse & les particularitez de cet Ordre.
a *Consule Andraam Fau. in tract. de equest. Ordin. Regum Gall.*
b *Qui se exaltat humiliabitur, & qui se humiliat exaltabitur. Matth. 23. Luc 14. & 18.*

NOSTRE S. Monarque pour faire refleurir parmi les Grands de la Cour la vertu d'humilité qui se flaistrissoit de iour à autre, ne trouua point d'expedient plus auguste, que d'instituer vn Ordre de cette saincte vertu, sous le nom de la ^a Cosse de Genest, qui portoit pour sa deuise, ^b *Deus exaltat humiles*; Dieu rehausse les humbles. Les Naturalistes nous marquent diuerses especes de Genest, ou Geneste, mais celuy dont il est maintenant question s'appelle *Genistella* en Latin, & en Grec *Spartion*, ainsi qu'on peut reconnoistre par la mouleure du collier de cet Ordre. Cet arbrisseau est petit en hauteur, & vulgaire en son vsage, particulierement aux terres maigres & sablonneuses. Ses feüilles sont vertes, ses fleurs iaunes, sortans d'vne cosse longuette qui s'épanouyssent au Printemps & en Automne. S. Louys donc passionné pour l'honneur de la saincte humilité auoit composé son collier de ces petites fleurs entrelassées de fleurs de Lys, enchassées dans des losanges clechées, émaillées de blanc, enchaisnées entre chasque fleur de Genest; & au bas du collier pendoit vne croix florencée d'or. Cet Ordre commença

Chapitre III. Section II. 1179

ça au couronnement de Marguerite son espouse, voulant couronner en mesme temps l'Humilité, comme estant la plus belle marguerite du Ciel. S. Louys estant Chef de l'Ordre voulut receuoir le premier collier de la main de Gautier Archeuesque de Sens, & apres luy les principaux Seigneurs de sa Cour. Les Cheualiers de cet Ordre estoient reuestus d'vne cotte de damas blanc auec vn chaperon violet, & le nombre de ces Cheualiers n'auoit point d'autre limite que la volonté du Roy.

XL. *Recit d'aucuns plus notables de l'Ordre de la Genest. Hac apud Andream Fauinum.*

ᵃGvillavme Nangis recite que l'an 1238. sa Majesté y receut son frere Monsieur Robert de France en l'Eglise Abbatiale de S. Cornille à Cópiegne, le lendemain de son mariage auec Mahault fille du Duc de Braban en l'assemblée des Estats generaux tenuë à Paris l'an 1267. Il honnora du Collier de cet Ordre Monsieur Philippe de France, son fils aisné, & son nepueu Robert Cóte d'Artois, & plusieurs autres Seigneurs & Barons du Royaume. Cet Ordre a continué longues années apres le trespas de S. Louys, comme il se verifie par les lettres d'octroy que Charles V. dóna à l'vn de ses Chábellans, appellé Messire Geoffroy de Belle-ville. A l'entrée de la Reine Isabeau de Bauiere à S. Denys en France, l'an 1389 suruint la Reine de Sicile, Marie de Blois, vefue de Monsieur Louys de France, Roy de Sicile, I. du nom, qui presenta à Charles VI. ses deux fils. Louys II. du nom, Roy de Sicile, & Charles VII. Prince de Tarente, afin d'estre admis en l'Ordre

Mmmmmm des

des Cheualiers de la Coſſe de Geneſt, & de l'Eſtoille: ce qu'on luy accorda auec beaucoup de magnificence, tant pour eſtre couſin du Roy que pour eſtre vn Prince eminant en toutes qualitez royales.

XLI.
L'ardante affection de S. Louys, à l'endroit de la vertu d'Humilité.

QVI ne recónoiſtra par cette ſacrée Cheualerie le zele de S. Louys à l'honneur de l'humilité Chreſtienne? Quel artifice plus innocent pouuoit-il employer pour donner vogue à cette diuine vertu, que de rendre honorable le mépris des honneurs meſmes? Le Ciel pouuoit-il ſuggerer à S. Louys vne inuention plus forte pour accrediter cette vertu que de faire vne profeſſion publique; *Deus exaltat humiles*? N'eſtoit-ce pas les obliger à l'humilité, ou les rendre indignes de tous honneurs, & de la liurée de leur Cheualerie. Mais cóme S. Louys eſtoit chef de ce noble Ordre, auſſi eſtoit-il le Capitaine à combattre les horribles monſtres de vanité. [a] Geoffroy de Beaulieu qui a eſté ſpectateur de ces diuines proüeſſes l'eſpace de vingt ans, & qui preſidant à l'eſtat de ſa conſcience a eſté iuge de ſes cóbats, ne parle point de l'humilité de ce magnanime Roy qu'auec des paroles d'extaſes. *Point de iactance*, dit-il, *point de preſomption en ſes penſées, point de complaiſance en ſes actions, point de ſourcil en ſes yeux, point d'arrogance en ſon marcher, & point de faſte en ſes habits. Depuis ſon premier voyage d'Egypte il reietta tous accouſtremens de couleur, n'en deſirant point d'autres que de noir, ou de brun. Il ne vouloit pas meſme vſer d'eſperons dorez, ou argentez, ou damaſquinez; mais les plus naïfs luy eſtoient les plus honorables,*

[a] Ganfrid. de Bello-loco c. 8. Ex quo prima vice viā arripuit tranſmarinam nunquam indutus eſt ſqualeto, vel panno viridi, ſeu bruneto, nec pellibus variis: ſed veſte nigri coloris, vel camolilini, ſeu Perſei. Et quia veſtes huiuſmodi valoris eſſe videbantur ad dandum pauperibus, quàm aliæ pretioſiores, quibus in iuuentute vti ſciebat. Inſtituit, quòd ad recompenſationem eleemoſynariis ſuis quolibet anno haberet ſexaginta libras paratas ad dandum pro Deo, vltra id habere ſolebat. Nolebat pius Rex quòd propter humilitatem ſuam exteriorem

Chapitre III. Section II. 1181

norables, comme aussi les bottes les plus simples luy estoient les plus glorieuses. De sorte qu'il ne faut nullement douter, que si les sandales de Iudith rauirent les yeux & l'esprit d'Holofernes, qu'à plus forte raisõ l'humble chaussure de ce grand Roy, brillante en humilité remplissoit d'estonnement ces troupes Angeliques tutelaires des hũbles. Mais pour ne point couurir sous cette humilité d'habit vne mesquine épargne, il commanda qu'on donnast aux pauures le surplus de la dépense, qu'il eust faicte en se parant sortablement à la splendeur de sa conditon. O humilité digne de double couronne!

aliquid pauperibus deperiret, similiter ex tunc nunquam vti voluit calcaribus vel frænis, nisi omnino albis, & ferreis, absque aliqua auratura, nec sellis ad equitandum nisi albis & sine omni pictura.

LES ornemens de cette sacrée vertu ne paroissent pas seulement sur ses habits, mais encore ils éclatoient en sa maison, comme les plus fines pierreries des ames vertueuses. Si ces *trois pauures vieillards qui ne quittoient point S. Louys, pouuoit rajeunir, que ne diroient-ils des excez de son humilité? Ils nous raconteroient auec larmes de consolation que ce deuot Monarque leur donnoit à lauer, leur essuyoit les mains, les baisoit tendrement, les faisoit asseoir à sa table, les seruoit, & apres le dessert leur donnoit de bonnes aumosnes. Ils nous asseureroient que tous les Samedys il leur lauoit les pieds auec plusieurs autres mendians, mais qu'il les lauoit les deux genoux à terre, les torchoit & les baisoit auec autant de reuerence que s'ils eussent esté les pieds de son Sauueur. Ils nous témoigneroiét que pour fermer toutes les auenuës à la vaine gloire, il s'efforçoit tant qu'il luy estoit possible de n'auoir point d'autres témoins des victoires de son humilité que

XLII.
Diuers autres traicts d'humilité de S. Louys prattiquez à l'endroit des pauures.
a *Gaufridus de Bello-loco cap. 9. de vita S. L. Reg.* Quolibet sabbatho consueuerat pedes abluere in loco secretissimo humiliter & deuote flexis genibus trium pauperiorum seniorum hominum qui poterant inueniri, & post ablutionem, pedes extergere & humiliter osculari, similiter aquam porrigebat eorum manibus abluendis quas eodem modo osculabatur. Et post, cuilibet certam summam denariorũ erogabat, & ad comedendũ ipsemet eis ministrabat. Si autem propter corporis infirmitatem hæc pietatis obsequia facere non posset, volebat, quod vice ipsius Cõfessor suus præsente Eleemosynario prædicta simili modo exequeretur.
Guillelm. Nangius de Gest. S. L. Fr. R.

Mmmmmm 2   Dieu

Dieu & les saincts Anges. Que si quelques affaires le diuertissoient de cette accoustumée deuotion, ou que la maladie ne luy permist pas d'y satisfaire, il vouloit que son Pere Confesseur, ou son Aumosnier suppleast à son deffaut, & que nulle occurrence, ni interest du monde trauersast le cours ordinaire de ses diuins exercices.

XLIII. *Les humbles sont cheris de toute la Cour Celeste.*

O ame deuote! Si tu pouuois découurir la lueur de ta gloire, tu te verrois plus éclatante dedans l'obscurité de ton mépris que les Astres au milieu de la nuict. Tu verrois Dieu qui ne te peut assez aimer lors que tu foules aux pieds toutes choses pour l'amour de luy. Tu verrois les Anges qui ne te peuuent assez honorer lors que tu te méprises pour glorifier leur Roy. C'est alors que les Archanges font estat de toy quád tu ne fais point conte de toy-mesme. Les Cherubins & Seraphins t'admirent quand en connoissant ton neant tu te fais marche-pied de tout le monde. Que ne connois-tu l'honneur que te font les Apostres quand tu te soufmets volontiers à l'obeyssance de leurs successeurs. Combien de loüange te donnent les Martyrs quand tu te laisses pluftost martyriser que de t'enorgueillir? Combien te prisent les Confesseurs quand tu confesses de bouche & protestes de cœur que tu es le moindre de tous les mortels? Quel cas font de toy les SS. Docteurs de l'Eglise, quand tu ne t'enfles point de ta science? En quel respectes-tu parmi les chœurs des Vierges te voyāt humble parmi la blancheur des Lys de chasteté? Mais si tu pouuois maintenant apperceuoir vn rayon

Capitre III. Section II.

rayon de la gloire qu'on te prepare en l'Eglise triomphante, apres les opprobres de cette milice mortelle, Dieu Tout-puissant! que ne ferois-tu pour estre reputé l'anatheme du monde.

TELLES pensées enflammoient si puissamment la deuotion de ᵃ S. Louys, qu'il ne fit point de difficulté aux funerailles de sa sœur la biê-heureuse Isabeau, de garder la porte pour arrester la foule du peuple. Il ne vouloit point aussi permettre que son Confesseur estant en sa presence fermast vne porte, ou vne fenestre: mais luy-mesme y accouroit pour faire le portier. Que si son pere spirituel témoignoit du déplaisir le voyát si prompt en ces offices si bas, le S. Roy luy repliquoit auec toute reuerence, il faut que ie m'acquitte de ce deuoir en vostre endroit, car vous estes le pere, & moy le fils. Outre ses ᵇ Peres spirituels il choisissoit tousiours quelques vns pour luy découurir auec toute franchise ce qu'ils iugeroient dignes de reprehension en luy, ou ce qu'ils en auroient entendu; & qu'ils ne l'épargnassent nullement. Quant à luy il receuoit tels aduertissemens auec toute patience & debonnaireté.

CES humbles sentimens de S. Louys à l'endroit de ses Confesseurs ne partirét point de son cœur, qu'auec les derniers souspirs de sa vie, car ce qu'il recommanda affectueusement à son fils Philippe en cette derniere heure fut vn grand respect, & vne singuliere docilité à l'endroit de ses peres spirituels, l'exhortant de les choisir tels, qu'ils eussent l'asseurâce de le reprendre, & de luy enseigner ce qu'il

XLIV.
Sainct Louys supporte ioyensement toutes les reprehensions.
a *In vita sanctæ Isabellæ. Gaufridus de Bello loco de vita S. L. R. cap.* 10. Côfessores suos in magna reuerentia semper habebat, ita quòd aliquando postquam iam federat coram Confessore ad côfitendum, si ostium aliquod vel fenestram vellet claudi, vel aperiri, ipse à loco Confessionis festinanter surgebat, quasi præueniens Confessorê exibat humiliter ad claudendum, vel aliquid huiusmodi faciendum. Qui cùm à Confessore, &c.
b *Gaufridus de Bello loco de vita. S. L. Reg. cap.* 9. Præter Confessores suos aliquem, vel aliquos etiam sibi eligebat, quos affectuosè rogabat, quòd si quæ viderent, vel ab aliis audirent digna reprehensione in ipso fideliter intimarent, nec sibi parcerent vllo modo. Ipse verò, &c.

XLV.
S. Louys recommande à son fils d'estre respectueux & humble à l'endroit de ses Peres Spirituels.
b *Apoll. l.* 4. *Argonautic.*

qu'il deuroit fuyr. De plus qu'il fist prouision d'amis qui eussent la hardiesse & la prudence de le corriger, & de luy monstrer tous ses deffauts. Cet auis est d'autant plus à priser, que son mépris a precipité plusieurs grāds Monarques dās des abysmes de malheurs. La fable de Phaëton ne s'est que trop verifiée dans les malheurs de plusieurs Princes ambitieux.

Povr conclusion nostre magnanime Roy ayant combattu cette fiere beste d'orgueil pendant toute sa vie, ne voulut pas mesme luy accorder vne tréue apres sa mort, ordonnant par son testament qu'on ne dressast aucune magnificence sur son tombeau, dont les dépenses seruent plustost de consolation aux viuans, que de soulagement aux Trespassez. Mais ce qui est de plus rare, & digne d'estonnemēt, tout mourant qu'il estoit il décocha neātmoins de si pesans coups de massuë sur la teste mōstrueuse de la superbe, que ce fut sās doute en ses derniers souspirs qu'il l'assōma entierement. Quel reuers plus furieux sur les dix cornes des vanitez du monde, que de vouloir mourir couché, non point sur le velour, ou sur le damas; mais sur la cendre, pour témoigner aux plus grands de la terre qu'ils ne sont que cendre petrie, & poussiere ramassée: & que mourant sainctement sur la cendre de l'humilité, ils reprendront comme le Phœnix vne vie comblée de gloire, & suiuie de felicité. ᵃ *Ie mourray en mon petit nid*, disoit le S. Personnage Iob, *& ie multipliera y mes iours comme le Phœnix*. Le petit nid est la cendre de

---

διὸ, καὶ ἴλυ ἐω πεϱὶ τεκμὶ ϱοιὸ αἰθοϱὁ᾽ oιo βαϱὺυ ϰοϋκέκιεν ἀτμιον. Vltima ad Eridani Minyæ fluenta. Pectus quod ardenti percusus fulminis igne, Semiustus cecidit Phaëton, currumque paternum liquit in aëriis campis, ibi nunc quoq; flu-ctus olent vstum grauiter, fumosque vaporant.

XLVI.
A l'heure de la mort S. Louys prattique encore de grandes actes d'humilité.

ᵃ *Iob. e.* In nidulo meo moriar & sicut palma multiplicabo dies meos. Alia versio habet & sicut Phœnix.

Chapitre III. *Section* II. 1185

de son humilité, & quiconque clorra ses iours en telle sorte, les finira sans plus trouuer de fin dans le seiour des Bien-heureux. Nostre version vulgaire porte: *Ie mourray en mon petit nid, & comme la palme ie multipliery mes iours.* O palme d'honneur, de victoire, & de trophée! Apres qu'on vous a flechi iusques en terre, vous redressez vos branches d'autant plus hautes, qu'elles auoient esté rauallées. C'est la deuise de nos magnanimes Cheualiers de S. Louys, *Dieu exalte les humbles.*

Covrage donc victorieux Athletes d'humilité, si vous viuez, & mourez dans la cendre, vous reuiurez en l'Arabie heureuse, comme le Phœnix, & Dieu vous rehaussera par dessus toutes les palmes & les triomphes des Cesars. *Deus exaltat humiles.* O ᵃ piperie du monde, qui croit déchoir beaucoup lors que sainctement il s'abbaisse! qui sont ceux qu'on loüe pendāt leur vie & apres leur trépas, sinon les vrais Cheualiers du Genest? Abraham se repute cendre & poussiere & voila sa posterité plus éclatante & plantureuse que toutes les estoilles. ᵇ Moyse se confesse indigne de parler à Pharaon, & le Tout-puissant l'establit le Dieu de Pharaon, non point pour estre adoré de luy fidellemēt, mais pour estre redouté auec vne crainte seruile; Dauid se persuade qu'il est vn ver de terre, & Dieu fait briller sa pourpre par dessus celle de tous les Monarques du monde. Si le Fils de Dieu a panché sa teste iusques aux torrens de nos miseres il l'a releuée par dessus tous les Astres. Apres que les ᵈ Saincts Prophetes se sont extasiez le

XLVII.
Dieu rend glorieux les humbles.
ᵃ *S. Chrysost. hom.* 39 *ad populum Antiochenum. Cùm nos humiliauerimus, ne nos à dignitate nostra decidere putemus tunc enim magis merito exaltamur, & maximè tunc admirationi licet esse.*

ᵇ *Ait Moyses coram Domino. En circumcisus labiis sum quomodo audiet me Pharao. Exod. cap.* 6. 7. *Dixit ad Moysem. Ecce constitui te Deum Pharaonis. Super hæc verba addit Rupert. lib.* 1. *in Exodum cap.* 25. *Non quem ille fideliter adoret, sed quem seruiliter formidet.*
ᶜ *De torrente in via bibit propterea exaltabit caput. Psalm.* 109.
animalium cognosceris, hæc versio est ex septuaginta. Vnde sanctus Au-
ᵈ *Abneuc. cap.* 3. *Consideraui opera tua & extirpaui in medio duorum*

consi

considerans en vne creche entre vn beuf & vn asne, ils ne peuuent assez admirer l'éclat de sa gloire, le voyans assis sur vn throne de saphir plus rayonnant que les escarboucles & portant vne face d'ambre, qui attire à soy non point les pierreries du monde, mais les petits brins de paille des cœurs humbles & debonaires. *Deus exaltat humiles.*

gustinus ait, ad quid Propheta expauit ? Num mundi machinam contemplatus expauit ? Non sed in medio duorum animalium cognosceris. *Ezechiel. cap.* 1. Super similitudine throni similitudo quasi aspectus hominis desuper, & vidi quasi speciem electri.

XLVIII.
S. Louys s'estant humilié pendant sa vie, Dieu l'a rehaussé en gloire apres son trespas.

QVI nous donne sujet maintenant de remplir tant de cayers des loüanges de S. Louys. Le peu d'opinion qu'il auoit de ses merites, car s'il eust nourri de la vanité dans son esprit, on ne parleroit plus de luy que pour le blasmer; mais estant descendu iusques aux plus bas degrez d'vn sainct mépris de soy-mesme, Dieu l'a fait monter aux plus hautes marches des grandeurs du Ciel & de la terre. O bien-heureux Roy vous desiriez auec toute sincerité d'estre tenu le plus vil des hômes, & vous serés reputé le premier de tous les Monarques de la terre ! Vous affectiez la compagnie des pauures, & vous viurez glorieux parmi les Princes du Ciel. Vous n'abitiōniez que de nettoyer la crasse des souffreteux, & vous possederez les joyaux de la beatitude eternelle. Vos mains qui ont manié si courageusement les ladres, seront plus luisantes que l'or & que les hyacinthes. Ces lévres qui ont tant de fois baisé les pieds des malades seront plus florissantes que les Lys & les roses. Ces pieds qui n'ōt point refuy les Hospitaux & les maisons lepreuses, se reposeront sur l'azur des lambris celestes. Il falloit anciennement que les Sultans d'Egypte auant que de porter le tiltre de Roy

eussent

Chapitre III. Section II.

eussent fait le deuoir d'esclaues, & que la main qui deuoit porter le sceptre, eust au prealable manié l'estrille sur le dos de quelque vieille mule. Le Royaume des Cieux merite bien dauantage : Les affronts s'écoulent, & la gloire du Ciel est perdurable. Ceux qui vous baffoüent en ce monde, seront vos Orateurs en l'autre. Leurs voix de medisances seront les trompettes de vos celestes vertus. Tant il est veritable, que si les hautains sont tousiours honteusement raualez, les humbles Israëlites seront d'autre part glorieusement exaltez. Car Dieu a dit ; *Ero quasi ros, Israël germinabit sicut Lilium, & erumpet radix eius vt Libani.*

CHAPITRE QVATRIEME.

La Clemence des Monarques François, representée par la seconde massette du Lys, dont ils se sont seruis pour reprimer la colere.

SECTION PREMIERE.

La colere est vn Monstre que les Roys de la premiere race ont estouffé.

XLVIII.
La Colere est comparée aux monstres du chap. 9. de l'Apocalypse, iettant le feu par la gueule.
a *Pythagoras in præceptis.*
b *S. Chrysost. ad populum Antiochenum homil. 29.* Ignis est vehemens ira, omnia deuorans, nam & corpus perdit, & animam corrumpit.
c *S. Gregorius lib. 5. Moral. cap. 31.* Iræ stimulis accensum cor palpitat, facies ignescit, exasperantur oculi, & nequaquam recognoscutur noti. Lingua quidem clamorem format, sensus quid loquatur, ignorat. In quo itaque iste abreptitiis longè non est, qui actionis suæ conscius non est.

CELVY [a] qui a dit qu'il ne falloit pas allumer le feu auec l'épée nous vouloit à mon auis, enseigner qu'il ne falloit pas offenser dauantage l'homme qui brusle de colere, representée par le feu, le plus ardant de tous les elemens, [b] ainsi que cette passion est la plus viue de tous les mouuemens de l'ame. Aussi les Prestres d'Egypte, pour signifier vn esprit colerique figuroient vn cœur grillé sur vn brasier, & les Hebreux tousiours mysterieux en leur langue, appelloient la colere *Chuma*, qui signifie aussi du feu, pour declarer que l'ire est vn feu enflammé dans le sang, & dans les esprits qui sont aux enuirons du cœur, & qui c allumé par la bile & le fiel, qui en l'excés de cet chaleur venant à s'exhaler, & à gagner le cerueau troub trouble nostre imagination, renuerse le siege de nostre iugement fait tremousser le corps, rend la langue begueyante, effarouche les yeux, rend l'homme sans raison, & peu dissemblable aux Energumenes. Que si ᵈ l'image exterieure de l'homme bruslant de colere est si difforme, qu'elle sera l'interieure de l'ame, dit le Philosophe Seneque ? Elle ressemblera sans mentir à ces monstrueux cheuaux de ᵉ l'Apocalypse, qui portent vne teste de Lion, qui vomissent par la gueule du feu & de la fumée, & des brandons de soulfre, & qui trainent vne queüe à teste de vipere. Et en effet quel cheual galoppe plus viste que la colere, & quel Barbe échappé nous transporte plus furieusement hors des barrieres de la raison que cette passion colerique? La rage n'allume pas tant de feu en la gueule du Lion, que la colere en la bouche d'vn esprit agité de cette passion, & l'aiguillon du serpent n'est pas plus mortel, que la langue enuenimée de courroux.

Pour ce sujet S. Louys & tous les Monarques François reconnoissans les grands desordres de ce monstre, ont bandé tous leurs nerfs, & tendu toutes leurs veines, pour reprimer ses violens assauts auec la massuë d'vne clemence royale, plus forte & plus redoutable que la massuë de bois d'oliuier, symbole de clemence, dont estoit faite celle d'Hercule, cet inuincible domteur de monstres. Car estant le propre de la mauuaise colere de transporter l'homme en ses chastiemens hors

ᵈ *Seneca lib. 1. de Ira, c. 35.* Qualem putas esse animum, cuius externa imago tam foeda est.

ᵉ *Apocal. cap. 9.* Et capita equorum erant tanquam capita leonum, & de ore eorum procedit ignis, & fumus, & sulphur: & caudæ eorum similes serpentibus habentes capita, & in his nocent.

XLIX.
La Clemence des Roys de France les fait aimer de leurs subjets.

a *S. Thomas 2.2. q.157. a. 2.* Tam clementia quàm mansuetudo virtutes sunt, per quas secundùm rectā rationem moderamur affectum iræ.

Arist. lib. de virtutib. Πραότης δ' ἐστὶν ἀρετὴ θυμοειδοῦς καθ' ἣν ὑπὸ ὀργῆς γίνονται δυσκίνητοι προστάται· δι' ἣν, τὸ φέρειν μὴ

hors des loix de la raison, & la clemence les moderant auec la balance de l'equité, il appert assez que les plus fortes armes pour combattre cette passion frenetique est cette vertu digne des sceptres & des couronnes. Aussi les plus braues Princes ont tousiours esté les plus debonnaires, comme les Iules Cesars, les Tites, les Vespasiens, les pieux Antonins, les jeunes Theodoses, les Alexius Angelus, les Rodolphes premiers, les Alphonses, & singulierement les Monarques François, qui ne sont point descendus à la vengeance que par la contrainte de la Iustice. A raison dequoy ils ont esté surnommez Roys des François, leur rare mansuetude ayant captiué si estroitement les cœurs de leurs subiects, qu'ils donneroient mille vies pour leur salut si la nature les leur auoit departies. C'est pourquoy le peuple de France auoit coustume d'establir deux habitans de Paris aux deux costez du Roy quand il alloit à la guerre, comme a remarqué Oliuerius Marchianus, qui ne quittoient point la bride de son cheual qu'auec la vie. Ce qu'ils firent connoistre en la iournée de Monthaineault; quand Philippe le Bel emporta vne memorable victoire cótre les Flamans, ayans plustost accepté mille coups d'épieu, que de voir le Roy tant soit peu offensé, seellans glorieusement leur fidelité au prix de leu sang & de leur vie.

CELVY qui a dóné de plus heroïques preuues de sa cleméce a esté Clouis le pere des Roys Chrestiens, nonobstant que l'aspreté de ces peuples anciens,

τρίας ἐγκλινομένη, ᾗ τὸ ἄλλως μείζονος, ᾗ τὸ μὲν ἐχιον, ἡμῶν ἐπὶ τὰς ἱκεσίας, ᾗ δυσκίνητον τινὰς πρὸς τὰς ὀργὰς, ἀπαντῆσαι δὲ καθ' ὃ ἀφιλόνεικον ἠρεμαῖον ἐν τῇ ψυχῇ, καὶ τὸ ἡρεμοῦν ἐν τῇ ψυχῇ, καὶ τὸ πρᾶμμα: Mansuetudo virtus est animosæ partis, qua præditi ægrè mouentur ad iram. Mansuetudinis autê est posse ferre moderatè obiecta crimina & contemptus, nec celeriter rapi in vltiones, nec facilè moueri ad iras, moribus comem esse mitemque, ingenio quieto & stabili.

L.
La Clemence de Clouis à l'endroit de ses ennemis les Allemans.

Chapitre IV. Section I.

anciens, qui retenoient encore de la ferocité payéne, obligeaſt les Roys à déployer plus ſouuent l'aiguillon de la rigueur que le miel de la clemence. Neátmoins noſtre grãd Clouis monſtra aſſez qu'il auoit l'ame ornée de cette royale vertu, quand il ſe laiſſa fleſchir à pardonner aux Allemans vaincus, qui auoient paſſé le Rhin auec reſolution de s'emparer de la France, s'il n'euſt arreſté la violence de leurs armes par vne notable victoire, que le Ciel luy donna en la plaine de Tolbiac. Voicy comme Theodoric Roy d'Italie, coniura la clemence de Clouis à quitter la iuſtice de ſa cauſe aux conſiderations de ſa clemence. Voſtre victoire [a] eſt tout à fait miraculeuſe, puis que l'Alleman, quoy que belliqueux en a receu tant de terreur que vous le contraignez à vous demander la vie. Soyez contét que ce Roy Alleman ſoit par terre, & que l'orgueil de ſa nation ſoit honteuſement humiliée. Qu'il vous ſuffiſe qu'vn peuple innombrable ſoit domté, tant par les armes, que par la ſeruitude. Car ſi vous cõbattez auec les autres, vous ferez paroiſtre que vous ne les auez pas entierement abbatus. Clouis qui bruſloit d'vne ardante chaleur de courage à raualler l'arrogance de ſes ennemis prefera neantmoins la victoire de ſoy-meſme, à celle que ſa colere luy promettoit, en ſe vengeant de leur inſolence. Autant en fit-il à l'endroit des habitans de [b] Verdun quoy qu'il ne leur vouloit pas beaucoup de bien, à raiſon qu'ils auoient touſiours ſouſtenu le party de Siagrius ſon plus cruel ennemy. Neantmoins

[a] *Papyrius Maſſonius in Clodoueo ex Caſſiodoro, lib.* 2. Memorabilis triũphus eſt, Alamannum cecidiſſe, acerrimum ſic expauiſſe vt tibi eum cogas de vitæ munere ſupplicare. Sufficiat illum Regem cum gentis ſuæ ſuperbia cecidiſſe: ſufficiat innumerabilem natione partim ferro, partim ſeruitio ſubiugatam: nam ſi cum reliquis cõfligis, adhuc cunctos ſuperaſſe non crederis.

[b] *François de Belleforeſt liur.* 1. ch. 8. *des Annales de France.*
In vita S. Euſpicij apud Surium.

après sa conuersion au Christianisme, ayant assiegé leur ville, & l'ayant reduitte à la veille d'vn sac sanglant, il laissa vaincre ses ressentimens aux soumissions des Virdunois. Car S. Eufpice qui estoit pour lors Principal de leur College, s'estant ietté aux pieds du Roy auec les principaux de la ville, harangua fort à propos, le coniurant au nom de IESVS-CHRIST, dont il auoit tout nouuellement embrassé la doctrine, qu'il fist en leur endroit ce qu'il auoit exercé à l'endroit de ceux qui le crucifierent. Clouis fut tellement touché de cette digne remonstrance, qu'effaçant de son esprit tous les déplaisirs qu'il auoit receus de cette ville par le passé, contracta dez-lors vne saincte alliance auec les habitans de Verdun, receut le serment de fidelité, & leur donna pour Euesque S. Eufpice en reconnoissance de cette reconciliation qu'il auoit si dextrement prattiquée. Pour donner place à la debonnaireté des autres Monarques de France, ie passe sans scrupule d'autres essais de la clemence de Clouis à l'encontre de cette furieuse passion, & ce particulierement depuis que la miraculeuse onction de la saincte Ampoulle eust addoucy ses humeurs Payennes.

LI.
La Clemence de Cherebert & de Clotaire II.

ENTRE autres loüanges que nos Historiens donnent à la memoire du Roy Cherebert fils de Clotaire I. ils auoüent que sa debonnaireté fut remarquable à l'endroit de Vltrogote, & de ses Tantes que son pere Clotaire auoit releguées en exil, après la succession du Royaume de son frere. Mais nonobstant cela il ne laissa pas que d
les

Chapitre IV. Section I.

les honorer, & leur prester la main en toute leurs difficultez. Ce Roy estoit ⁎ si porté à la douceur, qu'il detestoit d'autant plus la guerre, qu'il portoit toutes ses affections à la paix, aux bonnes lettres, & à la iustice. Aussi estoit-il bien versé aux sciences humaines, & en la connoissance de la la langue Latine, d'où la moderation des esprits prend sa plus forte teinture.

CLOTAIRE II. ayát affrachi son ᵃ Royaume de la tyrannie de Fredegonde, de Brunehaut, & des ieunes Princes, tant legitimes que bastards, ne trouua moyen plus puissant, ni plus doux pour le calmer entierement, que de publier vne amnistie generale de tous les desordres passez, protestant deuant Dieu qu'il mettoit sous ses pieds toutes les offenses passées, sans en rechercher aucune vengeance, preferant la conseruation d'vn citoyen à la perte de mille ennemis. L'effect de ses promesses gaigna tellement le cœur de ses sujets, que les Austrasiens, & Bourguignons ne chererent iamais Roy plus tendrement qu'ils firent Clotaire. Aussi apres auoir fait mourir ses ennemis, Theodoric, & Theodebert, il donna aux Lorrains pour Gouuerneur Rhadon Mareschal de Camp, personnage également vaillant en guerre & debonnaire en paix. Il establit Vernarius, gouuerneur de la Bourgongne, qui dés long-temps possedoit leurs cœurs. Herpon eut soin des pays qui sont delà le mont Iura. Il accorda à ces peuples rebelles d'assembler leurs Estats; & qui est dauantage, il consentit amiablement à toutes leurs demandes,

c *Papyrius Massonius lib. 1. in Chereberto.* Cùm bella odisset, pacem & literas ac iustitiam amabat. Primus enim Regū nostrorum Latinè sciuit, cùm parens atque auus Sicambricè tantum locuti sunt.

LII.
Clotaire gagne par la douceur les Bourguignons & les Lorrains.
a *Paulus Æmilius lib. 1. de Gestis Franc.* Deposito in omnes odio parentis verius quàm Regis animum ibduit, obliuionémque iniuriarum & præstitit & exegit.

demandes, en telle sorte qu'il effaça bien toſt de la memoire de ces peuples la reſſouuenãce de leurs anciens maiſtres Theodebert, & Theodoric; tant l'intereſt à de force ſur les eſprits vulgaires, degarnis de vertu. D'autre-part les ſouuerains font ſagement de ne pas touſiours rompre l'anguille aux genoux, [b] François Marcion, braue Iuriſconſulte, ayant eſté enuoyé de la Republique de Gennes au Duc de Milan pour traitter quelque accord entre luy & les Genois: le Duc ſe monſtrant trop auſtere, l'Ambaſſadeur luy preſenta vne poignée d'Ocyme, autrement appellé Baſilic. Le Duc ne pouuant comprendre cette ceremonie, Marcion luy dit que cette plante eſtant doucement maniée exhaloit vn ſuaue parfum, mais qu'eſtant froiſſée elle perdoit toute ſa grace, & n'engendroit par ſon odeur que des ſcorpions, ainſi que font les eſprits des Citoyens de Gennes, qui ne reſpirent que ſeruices eſtans traittez doucement, mais qui ne produiſent que baſilics & ſcorpions quand on les manie trop bruſquemeut. Ce ne ſont pas ſeulemen les Gennois qui adorent la douceur; la plus part du monde ſe laiſſe pluſtoſt prendre auec le miel qu'auec le vinaigre, ſur tout nos Bourguignons à qui la rigueur roidit le courage, & la douceur amolit la colere, iuſques aux petits enfans. La ſeule hereſie eſt celle qui ayant fait banqueroute à toute humanité, ſe fait ſage à coups de baſtons, & ſe rend inſupportable ſous la patience des Princes, & furieuſe eſtant nourrie de ſucre.

[b] *Iuſtinianus Gennenſis Hiſtoriograph. libr. 6.*

SECTION

SECTION II.

La Clemence des Souuerains de France de la seconde race.

LIII.
Les Princes doiuent auoir de la Clemence pour les bons & de la rigueur pour les mutins.

a André Theuet en sa Cosmographie.

VN de nos ^a Cosmographes écrit qu'au temps de l'Empereur Maurice, il arriua vn si épouuantable tremblement de terre en l'Isle de Malte, qu'vne tour n'en pût euiter sa ruine, quoy que puissamment bastie par l'Empereur Tite, fils de Vespasien, pour tenir en bride le Royaume de Sicile, apres son retour de la Palestine. Aux fondemens de cette tour on trouua des medailles d'or, d'argent, & de cuivre qui representoient en leur face vne deesse assise sur vn char de triomphe, tenant vn enfant sur son giron & ayant à l'entour de soy quatre autres qui s'entredonnoient les mains fort gracieusement. Au reuers de la medaille se voyoit la teste d'vn Lion vomissant feux & flammes ; l'autheur écrit qu'il a cinq de ces medailles en sa maison. Par ces riches emblemes qui ne découure les intentions de Tite vn des plus courtois Princes de son siecle, qui vouloit signifier qu'vn Prince doit porter en son ame autant d'amitié, & de clemence pour ses bons sujets, qu'vne charitable mere en peut auoir pour ses enfans ; mais qu'aussi il doit monstrer vne rigoureuse face de Lyon aux rebelles, capable de lancer autant de feu & de colere contre les déloyaux, que d'amour, & de faueur pour les esprits dociles.

Ooooooo   PEPIN

LIV.
La Clemence de l'Empereur Charlemagne à l'endroit de Thassillon, Duc de Bauiere.
a *Bonfinius lib. 9. Decad.*

b *Eginhard. in vita Car. M. Tanta magnanimitas Regis, & in aduersis & prosperis constantia, nulla eorum mobilitate, vel vinci poterat, aut ab iis quæ agere cœperat defatigari.*

PEPIN & Charlemagne son fils estoient de telle humeur, sçachans tous deux changer leur visage en Lion colerique pour foudroyer l'opiniastreté des ᵃ Heretiques, & des ennemis des Papes: mais aussi reprendre la premiere douceur pour la faire sentir à ceux qui se iettoient aux pieds de leur iustice. Les ᵇ Saxons seront des premiers qui pourront donner autāt de gloire à la debōnaireté de Charlemagne qu'à la grandeur de son courage. Car s'estans rebellez presque tous les ans l'espace de trente-trois ans, ont neantmoins experimenté sa clemence aussi preste à les receuoir à merci qu'eux à s'oublier de leur deuoir. Thassillon Duc de Bauiere le pourra pareillement certifier, qui apres plusieurs offenses a tousiours trouué sō pardon aupres de ce grand Empereur, toutes fois & quantes qu'il a eu recours aux autels de sa misericorde. Ce perfide Duc apres plusieurs recheutes, fut en fin appellé au Parlement de Charlemagne, conuocqué au bourg d'Ingelhein prés de Mayence, pour comparoistre deuant sa Majesté, & fut condamné à la mort auec Teudon son fils. Mais la clemēce de l'Empereur qui n'auoit point de limites, considerant que leur pardon n'estoit pas encore arriué à la septante-septiéme fois, leur ouurit encore pour cette fois les portes du temple de paix, aimant mieux auec Theodose le jeune rappeller à vie les morts, que d'enuoyer à la mort les viuans. Ayant donc demandé au Pere quelle estoit sa derniere resolution? Le Duc qui sentoit sa consciēce outrée de plusieurs forfaicts, luy responpondit qu'il desiroit reparer les fautes de sa vie passée dans le Monastere d'Otton auec son fils, & là exercer par vertu ce qu'on luy pourroit imposer par la rigueur de la iustice. Charlemagne luy accorda sa demande, & tous deux paracheuás leurs iours dans l'obseruance de la Religion, se rendirent aussi riches en graces, qu'ils auoient esté abondans en tous pechez.

Voicy vn autre essay de sa clemence aussi rare que les hommes sont chatoüilleux de l'honneur de tout ce qui les touche. [a] Eginhard maistre de sa caualerie ayant esté reconneu la nuict par Charlemagne, abusant d'vne de ses filles, l'Empereur dissimula cette insolence iusques au lendemain : voire mesme comme c'estoit au temps de la neige, il commanda qu'on couurit les vestiges de cet impudique Seigneur, qui s'estoit porté au cartier des Dames, & des Damoiselles, afin qu'on ne découurist vn si sale crime. Au lendemain il assembla son Conseil, & leur raconta ce dequoy il estoit témoing. Chacun condamna à la mort Eginhard, & sa maistresse ; mais cas estrange de la douceur de cet Empereur, ayant fait comparoistre ces deux ames charnelles en sa presence, il dit à Eginhard, puisque tu es si assotté de cette fille, ie te la donne en mariage, prens la, & sois vne autre fois plus sage. Ce ne fut pas seulement à endroit de sa [b] fille qu'il vsa de clemence, mais ncore à l'endroit de son frere Carloman, qui uy ayant manqué de parole au secours qu'il luy uoit promis contre Hunoldus Roy d'Aquitaine,

LV.
Eginhard, Caroloman & Plectrude ont experimenté combien Charlemagne estoit debonnaire.
a *Iacobus Curio lib. 2. Chronolog.*

b *Auent. lib. 4. Annal. Boier.*

nonobstant cet affront il iugea que si nous auons de l'humanité, nous en deuons vser à l'endroit de ceux que la Nature a vny plus étroittement auec nous, pardonnant cette-cy à son frere, apres en auoir dissimulé plusieurs autres. Il se comporta aussi en fils debonnaire à l'endroit de sa maratre ᵉPlectrude, qui ne degenerant point de la complexion de semblables femmes, n'auoit pas assez d'artifices & d'embusches pour arrester le cours de la bonne fortune de Charlemagne, que luy auoit de patience à ne s'en point ressentir. Car plus cette maratre se comportoit en furie, plus Charlemagne se faisoit voir vn fils humble & debonnaire : aussi la gloire est plus miraculeuse d'estre vaincu en pareille occasion, que de vaincre auec vengeance.

e *Blondus Decad. 1. lib. 10.*

LVI.
Louys le Debonnaire a esté incomparable en debonnaireté.

Si la clemence rend les Princes semblables à celuy qui fait luire son soleil sur les impies aussi bien que sur les bons, il faut auoüer que Louys le Debonnaire Roy de France, & Empereur d'Allemagne a esté vne viuante image de la diuinité, puis qu'entre tous les Princes de son siecle, il a possedé & de nom & d'effect la diuine vertu de Clemence. ᵃ*Son corps*, dit Tegan, *estant doüé de force, d'agilité & de promptitude, son esprit n'estoit pas moins tardif à la colere & facile à la misericorde.* I'ay raconté cy-dessus comme il auoit esté faussement accusé de diuers crimes ; condamné comme vn Sacrilege en plein Synode ; depossedé de son Empire comme vn Tyran ; detesté de ses subjets comme vn scelerat, persecuté de ses propres enfans comme

a *Tegan. de Gest. Lud. Imp.* Erat fortis in membris suis, agilis, & impiger, tardus ad irascendũ, facilis ad miserandum.

Chapitre IV. Section II.

me vne vipere, emprisonné par trois fois comme vn brigand : mais maintenant i'asseure que ce debonnaire Empereur oublieux d'vn si cruel traitement, pardonna à la fin à tous ses ennemys, receut à mercy les plus rebelles Seigneurs de sa Cour, remit en grace tous ses fils, auec autant de misericorde, qu'ils auoient exercé de cruauté en son endroit. N'estoit-ce pas là se comporter en petit Dieu sur terre, suiuant de si prés le grand Dieu de l'Vniuers, qui a son throne enuironné de l'Arc-en-Ciel de la misericorde? [b] Ceux qui en ce temps-là n'estoient pas éclairez de tant de lumieres, ne pouuans comprendre cette inuisible Philosophie des Saincts, taxoient ce diuin Empereur de trop de foiblesse. Mais ils ne sçauoient pas bien que c'estoit d'estre Chrestien & d'estre pere, l'vn nous faisant aimer nos ennemis par vertu, & l'autre par nature. Il est veritable que les Princes doiuent estre clemens, mais il faut aussi qu'ils marient la [c] palme auec la foudre de Maximilian, & qu'il fassent ressentir sa deuise; *In tempore vtrumque*. Car la clemence sans iustice est lascheté, & la iustice sans clemence est cruauté. Il faut donc que le [d] Roy pour bien gouuerner ressemble au Basilic que les Egyptiens adoroient, qui ouurant les yeux resiouyssoit tout le peuple, comme ayant receu du Ciel vn presage d'vn grand bon-heur; & les fermant emplissoit leurs cœurs de tristesses, come estant vn pronostique de quelque grand malheur. Mais le Prince qui regarde aussi fauorablement les méchans que les vertueux perdra bien

b *Incert. auctor vitæ L. Imper. sed coætaneus.* Iam verò virtus adeò ei coaluerat, vt ror, ac tantis pulsatus malis lacessitus, tam priuatis quàm externis iniuriis nullo tamen, Deo custode, pectus eius inuincibile potuit iniuriarum pondere frangi. Vni tantummodo ab æmulis adscribebatur culpæ succubuisse, eo quod nimis clemens esset. Nos autem cum Apostolo dicamus talibus. Dimitte illi injuriam.
c *Iacob. Typotius in symbolis Imper.*
d *Epies apud Eusebium lib. 1. cap. 7. de præparat. Euang.*

toſt, & les vns & les autres. Il eſt certain que l'Empereur Louys panchoit plus du coſté de la clemence que de la rigueur, auſſi en a-t'il remporté le tiltre de Louys le Debonnaire, qui eſt touſiours moins reprehenſible en ſon excés que celuy de rigoureux; car il ſemble que ce bon Empereur des deux parties de la iuſtice ne reconnoiſſoit que celle qui pardonne. ᵉ L'An 817. ayant faict vne celebre aſſemblée en la maiſon champeſtre de Theodon, chacun attendant des peines ſeueres pour pluſieurs qui auoient conſpiré contre ſa vie, tant s'en faut qu'ils en receuſſent du deplaiſir en leur vie, qu'ils n'en receurent pas meſme en leur fortune, les ayant abſous publiquement de leur crime, & remis en pleine iouyſſance de leurs biens. Ie ne vois point le ſujet d'vne ſi exceſſiue indulgence, ſinon qu'en cette aſſemblée il épouſa ſon fils aiſné Lothaire à Ermingarde, fille du Comte Hugues, n'ayant point voulu mêler la ioye d'vne feſte ſi ſolemnelle aux lamentations d'vne iuſtice ſanglante. Quoy qu'il en ſoit ᶠ Louys eſtoit appellé auec raiſon le Debonnaire, d'autant qu'vne ſedition s'eſtant vne autre fois ſouſleuée contre luy, & en ayant arreſté les autheurs, il ne voulut pas toutefois qu'on les condamnaſt à la mort, mais il vſa, dit l'hiſtoire de ſa clemêce ordinaire, faiſant tondre les hommes ſeculiers dans des lieux ſortables à leurs conditions, & les Eccleſiaſtiques dans des Conuents. De maniere que ſi la miſericorde du Ciel tient le parti de ceux qui l'ont exercée ſur la terre, il ne faut pas douter que l'Em

ᵃ *Ex incerto Auctore, ſed coætaneo Lud. Pij ex Bibliotheca Pithœi* Imperatoris porrò clementia cùm in aliis rebus, ſemper admirabilis claruit in hoc conuentu quam maximè quanta in eius eſſet pectore manifeſtè patuit. Nam reuocatis omnibus qui contra vitam ſuam regnumque coniurauerant, non modo vitam & membra donauit, ſed & poſſeſſiones quibus legaliter fuerant priuati cum magno liberalitatis teſtimonio reſtituit, &c.

ᶠ *Idem paulò inferius.* Cùm Neomagi ſeditio orta fuiſſet in Imperatorem Ludouicum Pium, tandem ſedata omnes illos huiuſ conſpirationis Principes ſub priuata cuſtodia adſeruati præcepit. Quos poſtea ad iudicium adductos cùm omnes Iuris cenſores, filiiſque Imperatoris iudicio Legati tanquam reos maieſtatis decernerent, capitali ſententia feriri nullum permiſit, nec ex eis occidi vſus vt multis viſum eſt leuiori quam debuit pietate, ſibi tamen conſueto benignitatis & clemêtiæ more, laïcos quidem præcepit locis opportunis adtonderi, Clericos verò in Conuentibus ibidem & monaſteriis cuſtodiri.

l'Empereur Louys le Debonnaire n'ait obtenu de glorieuses couronnes deuãt le Tribunal de Dieu, puis que la misericorde parmy les œuures de Dieu triomphe sur la iustice.

SECTION III.

La debonnaireté des Monarques de France de la troisiéme lignée.

VN des plus doux & des plus puissans moyés que les Roys puissent employer pour conseruer leurs Estats est le charme de l'amitié, selon le sentiment de ce [a] Prince, qui choisit pour sa deuise vne courõne entre deux boucliers & quatre hallebardes, auec ce mot, *Beneuolentia;* voulant monstrer que la bien-veüillance maintenoit dauantage les courõnes que la force des boucliers & la violence des armes.[b] Si Roboam eust épousé ce bon aduis auec sa couronne, les dix Tribus ne luy eussent point tourné le dos, & il eust experimẽté que le Conseil des Vieillards estoit meilleur que celuy des ieunes, & que son pere Salomon auoit sagement dit,[c] *La douce responce rompt la colere, & la reuesche embrase la fureur.*

[a] Hugues Capet, premier Monarque de la troisiéme race, fut plus aisé à l'ouuerture de son nouueau Royaume : car iaçoit qu'aucuns Seigneurs piquez de leurs propres interests, se passionnassent pour Charles de Lorraine, n'en voulant point reconnoistre d'autre, neantmoins Hugues amortit

LVII.
La Clemence a beaucoup de pouuoir sur les hommes.
a *Babo Comes Haspurg. in symb. Iac. Typot.*

b 3. *Reg.* 12. n. 7. Si locutus fueris ad eos verba lenia, erunt tibi serui cũctis diebus. Qui dereliquit consilium senum, quod dederant ei, &c.
c *Prouerb.* 19. Responsio mollis frangit iram, sermo verò durus suscitat furorem.

LVIII.
Hugues Capet a témoigné beaucoup de clemence à l'endroit de Charles de Lorraine.
a *Paulus Æmilius de Gestis Franc.*

tit si sagement leur colere par les effets de sa clemence, que ceux-là qui le rebutoient le plus, furent en apres les protecteurs de sa couronne. Le Duc Charles qui n'auoit rien oublié pour atterrer la fortune de Hugues, tombant à la fin en la puissance de ses armes, au lieu de luy rauir la vie comme au plus opiniastre ennemi de sa fortune, il se contenta d'arrester ses sinistres desseins, & luy donner loisir de reprendre son bon sens dans vne Chartre. Plusieurs estoient d'auis que le Roy deuoit empescher toute accointance de Charles auec sa femme, mais la douceur de Capet surmonta la iustice des autres, permettant à son captif toute familiarité auec sa femme, sçachant tres-bien que la posterité de Charles ne luy rauiroit iamais ce que Dieu luy auoit donné par les merites des Saincts Richard & Valeric qui en auoient esté long-temps auparauant les Saincts Prophetes. Charles eut deux fils pendant sa prison qui se nómoiét Louys & Charles, & quoy que Hugues eust sujet d'apprehéder leur âge virile, neátmoins cette consideration n'altera point sa clemence, sçachát tres-bien auec Cesar, qu'en conseruant les statuës de son ennemy, il ne pouuoit dresser les siennes auec plus de gloire. Il passa encore plus auant, car quoy qu'il sçeut les mauuais desseins de Charles en son endroit si n'estendit-il pas pourtant sa haine sur ses parens, ayant choisi pour Archeuesque de Rheims son nepueu Arnould bastard du Roy Lothaire, qui se monstra aussi oublieux de cet excés de faueur, que du serment de fidelité qu'il auoit

Scipion Dupleix tome 1.

Chapitre IV. Section III.

auoit presté à Hugues, l'ayant violé six mois apres en faueur de son Oncle Charles.

IE monstrerois qu'il est iour en plein-midy, si ie m'efforçois de preuuer que [a] Robert qui cherissoit le prochain, comme sa vie hayssoit la vengeance comme la mort, & qu'il estoit incomparable en douceur, non seulement à l'endroit de ses subjets, mais encore à l'endroit de ses ennemis. L'action suiuante en iustifiera la verité. Passant les [b] Festes de Pasques à Compiegne, il fut aduerti que le Ieudy S. douze traistres enchantez par sathan luy auoient machiné sa mort. Dieu n'ayant point voulu qu'vn attentat si horrible demeurast inconnu, permit que ces furies d'Enfer furent attrappées & conduittes deuant le Roy. Mais clemence incomparable! ceux qui meritoient d'estre plongez dans les huyles boüillantes, sont conduicts par le commandement de sa Majesté en la maison de Charles le Chauue, & traitez royalement attendant la derniere sentence. Le iour de Pasques le Roy les fit confesser & communier, & le second Samedy il les mit entre les mains des Iuges, dont la condamnation de mort fut aussi tost prononcée de tous. Pendant que tout le monde les tient coupables de mille morts, le Roy plus debonnaire que tous, & le plus interessé, quitta neantmoins la iustice de sa cause aux considerations de la pieté, n'estimant pas que ceux-là deussent mourir, qui tout fraichement auoient receu en la table du Sauueur le pain de vie, & au Sacrement de la Penitence l'absolution de tous

LIX.
La Clemence du Roy Robert.
[a] *Scipion Dupleix.*

[b] *Helgaldus siue Helgandus Floriacensis Monachus in vita Roberti Reg.* Sanctum Pascha illo in loco (scilicet Compendij) Rex amabilis celebraturus in die cœnæ Domini, à duodecim iniquæ conspirationis ducibus mors ei iuramento promittitur, vita abstrahitur, honor regius tollitur. Capi eos & adduci ante se iubet Rex mitissimus. Percontatus eos, mandat seruari domo Caroli Calui, & regalibus dapibus opulenter refici, & in die sanctæ resurrectionis perceptione corporis & sanguinis Domini nostri Iesu Christi insigniter præmuniri, &c. Audiuit ista Princeps Dei, pius & prudens, sciens & intelligens, & ipsos propter benignum Iesum absoluit, dicens, non debere damnari, qui fuerant præmuniti cibo, potúque cælesti.

leurs

leurs crimes. Mais afin de leur laisser à l'auenir de la frayeur d'vn si abominable forfaict, auant que de les renuoyer, il exaggera leur faute si puissamment que les Tigres en eussent pris de l'apprehension, & les moins raisonnables de l'horreur pour iamais. Qui n'admirera & n'aimera vne Debonnaireté si demesurée?

LX.
La douceur de Robert.

AVSSI a-t'il experimenté ce que disoit Tibere le Ieune à l'Empereur Maurice, que pour gagner l'affection de ses peuples il falloit ressembler au Roy des Abeilles, qui n'a point d'aiguillon, ou s'il en a, il en vse si rarement qu'il semble n'en auoir point. Tel estoit[a] Robert le bien-aimé de tous, à qui vn pauure ayant couppé le carquant de sa chaine d'or, qui luy pendoit du col iusques sur ses genoux, & ce pendant qu'il disnoit, ne s'en troubla nullement. Mais la Reyne prenant garde à cette perte. Helas SIRE, dit-elle, qui vous a raui vostre enseigne d'or, & qui est le galand si effronté qui vous a faict vn tel affront? Le Roy qui possedoit par effect ce que Constantia sa femme n'auoit seulement que de nom, luy repliqua d'vn visage serain; m'amie personne ne m'a des-honnoré, car celuy qui a pris mon joyau en ayant plus besoin que nous l'a emporté par la permissiō de Dieu. Apres cela sa Majesté s'estant retirée à l'Oratoire se resiouyt de son carquant perdu, & des paroles de la Reyne en la presence de Guillaume Abbé de Dijon, & d'autres remarquables Seigneurs. Le traict suiuant n'est pas moins remarquable. Sa [b] Majesté priant Dieu en Eglise,

comme

[a] *Helgaldus in vita Roberti Regis.* Cùmque surgerent à mensa, aspicit Regina dominum suum, fraudatum gloria, & turbata est, contra sanctum Dei non Constantia protulit verba. Heu senior bone, quis inimicorum Dei vos aureo vestitu deturpauit honesto? Mé inquit aliquis non deturpauit, sed illi qui abstulit necessarium magis quàm nobis volẽte Deo, proficiet. Sedatis his vocibus, collocat se in Oratorio Rex Dei dono, lætificans se de suo perdito, & de suæ coniugis dicto.

[b] *Idem ibid.* Recede ab hinc, recede, sufficiat tibi quod abstulisti, quia &

Chapitre IV. Section III. 1205

comme elle estoit reuestuë d'vne pelice tres-rare, vn larron fut si hardi que de luy coupper la moitié de cette robbe ; & quoy que le Roy s'en prist garde, neantmoins il supporta cette volerie auec tant de douceur, qu'au lieu de faire apprehender le larron, il luy commanda de se retirer habilement, luy disant ; contente-toy d'auoir la moitié de mon habit, car le reste sera necessaire pour vn autre, sauue-toy viste auec ton butin. Tellement qu'il sembloit que Robert prit plaisir pour l'amour de nostre Seigneur de se voir dépouillé de ses accoustremens pour en reuestir les pauures.

alteri necessarium erit quod reliquum est. Confusus latro abscessit ad imperium sancti viri, qui periclitantibus & pauperrimis hoc consentiebat ex more pro Dei amore, vt haberet eos apud Deum Intercessores, quos sciebat iam factos Dei ciues.

PHILIPPE II. appellé Dieu-donné fit fauorablement sentir la douceur de sa clemence aux Seigneurs du pays du Mayne, d'Anjou, de Poitou, & d'autres qui auoiét épousé le parti de l'Anglois contre la France. Cet auguste Roy apres auoir surmonté ses ennemis, se surmonta encore soy-mesme, pardonnant au Vicomte de Touars, le plus criminel de tous, & receut en grace Heruc Comte de Neuers auec plusieurs autres Seigneurs. Mais la plus sanglante guerre que Philippe entreprit contre le furieux monstre de la colere, fut lors qu'estant victorieux de Iean Roy d'Angleterre, il luy accorda neantmoins tréue l'espace de cinq ans. Car se pouuant saisir de luy dans Parthenay, & de tous les autres Seigneurs de sa suitte, & rien ne l'empeschant de pouuoir s'emparer sans difficulté de toutes les Seigneuries que Iean tenoit en France, se voyant neantmoins sup-

LXI.
La Debonnaireté de Philippe Auguste, dit Dieu-donné.

Ppppppp 2   plié

plié de luy accorder la tréue, sa Majesté tres-genereuse ne luy voulut point refuser, soufmettant la iustice de ses armes à l'impuissáce du Roy d'Angleterre, & luy faisant voir qu'il portoit en son cœur la viue image de celuy qui veut estre plustost reconneu par les rayons de sa douceur, que par les foudres des chastimens.

LXII.
Raymond Comte de Foix experimente la bonté de Philippe III.
a Scipion Dupleix.

IL est certain que les extremitez de iustice sont moins pardonnables que celles de la clemence. Mais celuy qui peut croiser l'Oliuier auec le glaiue, comme fit Philippe III. à l'endroit de Raimõd Bernard Comte de Foix, celuy-là merite de porter le tiltre de Roy. Ce mal-auisé Seigneur ayant fait mourir par l'épée plusieurs subjets du Roy, fut en fin attrappé en son Chasteau auec sa femme, où il pensoit estre imprenable. Voila aussi-tost deux bourreaux qui le tourmentent, sa mauuaise conscience, & l'apprehension de la vengeance du Roy. Se ressouuenant toutefois que Philippe estoit fils de S. Louys, le parangon de la clemence, il eut recours à la main droite de sa misericorde, offrant de remettre à sa discretion sa personne, sa femme, ses enfans, & toutes ses terres. Sa Majesté luy ayant commandé de le venir trouuer, il luy obeyt aussi-tost, & s'estant ietté à ses pieds, le Roy vsa premierement de l'authorité de sa iustice, l'enuoyant prisonnier au Chasteau de Beau-chesne, où il trempa l'espace d'vn an, pendant quoy Philippe se saisit de toutes ses bonnes places, & fit conduire la Comtesse en France auec vn honorable entretien. Le Comte ayant

ayant experimenté l'aigreur de la iustice de Philippe: éprouua en fin la douceur de sa bonté, car l'ayant fait sortir de la prison, il le fit venir en Cour, où il biffa tous ses crimes, le restablit en la possession de ses terres, & par vne singuliere faueur le fit Cheualier. Voila finalement comme la clemence triomphoit sur tous les mouuemens de Philippe III.

MAIS quand finirois-je ce discours si ie l'estendois à l'égal de la clemence de Louys VI. à l'endroit de Thibaud Comte de Chartre, de Guillaume Duc de Guienne, & de Regnaud Comte d'Auuergne? Quelle eloquence pourroit aller de pair auec la debonnaireté de Louys VII. surnommé le Doux & le piteux, à raison de la grande douceur qu'il apportoit en toutes ses deliberations, & de la pitié dont son cœur estoit touché au encôtre des pauures affligez? Il fut appellé Louys le Ieune, non pas pour ses actions de ieunesse, mais pour distinction de luy & de son pere, encore viuant, appellé Louys; ce surnom neantmoins ne laissa pas que de viure apres le trépas de son pere, tant les Roys de France ont esté debonnaires à souffrir de leurs subiets toute sorte de sobriquets plustost que de succomber à la colere.

LXIII.
La debonnaireté de Louys VI. & de Louys VII.

PVIS que nous sommes apres à declarer comme les Monarques François ont fait teste à ce monstre auec la masse de la clemence, c'est sans doute que Charles VI. delacha vn aussi pesant coup sur ce monstre, quand il pardonna à quelques seditieux Parisiens, que Charles VII. receuant

LXIV.
Offenses pardonnées par Charles VI. & Charles VII.

uant à grace les Princes liguez auec le Dauphin contre son pere. Ces deux Roys Charles auoient appris des medailles de l'Empereur Antonin le pieux, & de Nerua, qu'en semblable rencontre il estoit plus expediant de placer la foudre sur le lict, que de la brandir dans la main. Aussi l'Aigle de Charle quint, & de Maximilian II. a meilleure grace d'auoir sous ses pieds la foudre, & l'Oliuier en son bec, que de lancer le carreau contre ses subjets. N'estoit que les vrayes maximes d'Estat obligeassent à des ressentimens contraires, autrement le ᵃRoy priue sa reputation de la plus solemnelle loüange qu'on luy puisse donner, car s'il n'estoit point de fautes on n'auroit nul sujet de pardon, ni de gloire.

a *Cassiodorus var.* 3. 45. *Materia est gloriæ principalis delinquentis reatus, quia nisi culparum occasiones emergerent; locum pietas non haberet.*

SECTION IV.

Les faicts heroïques de Louys XI. iusques à Louys le Iuste, contre la colere.

LXV.
Les Princes Debonnaires à l'endroit de leurs ennemis.

SI iamais Roy parmy les Hebreux a signalé sa clemence à l'endroit de ses ennemis, ç'a esté Dauid entendant la mort de son ennemi Saül, dont la nouuelle luy fut si sensible qu'il en déchira de douleur ses vestemens, donna des larmes à sa memoire, & prit vengeance de l'Amalecite qui luy auoit donné le dernier coup de la mort. Si iamais Prince parmy les Grecs a donné des témoignages de la grandeur de son esprit, ç'a esté Alexandre le Grand au trépas de son ennemy Darius

Chapitre IV. Section IV. 1209

Darius, ayant receu autant de playes en son ame, qu'il vid son corps percé de coups de coutelas & de lance. Si iamais parmy les Romains on a loüé la debonnaireté d'aucun Empereur, ç'a esté celle de Iules Cesar, qui contemplant la teste encore sanglante de son ennemy Pompée, & l'anneau de son doigt donna plus de larmes à sa memoire, que iamais Pompée n'auoit sellé de lettres contre Cesar.

MAIS si iamais Monarque en France donna de l'admiration à tous les Estats de son Royaume par les attraicts de sa clemence, ce fut Louys XI. apres la mort de Dame Agnes Bella, autant fauorisée de Charles VII. que rebelle à la fortune de Louys. Cette Dame auec soixáte mille escus de fondation auoit obtenu du Clergé de Lisieux que son tombeau seroit placé au milieu de l'Eglise, & qu'on soulageroit son ame apres son trépas des ordinaires suffrages de l'Eglise. Le temps present qui découure les fautes passées, fit ressentir à ces Chanoines combien cette sepulture éleuée au milieu de leur Eglise incommodoit le diuin seruice, & la deuotion du peuple : tellement qu'ayans pris l'occasion par le poil, ils s'allerent ietter aux pieds du Roy, qui de bonne fortune estoit entré dans leur Eglise, pour le supplier que par son autorité absoluë il commandast de transporter ce tombeau en quelque autre endroit de l'Eglise. Ces Messieurs les Ecclesiastiques croyoient que sa Majesté n'ayant receu de cette Dame que toute sorte de mécontentement pendant sa vie seroit tres-aise

LXVI. Louys XI. clement à l'endroit de Bella. Gaguin. lib. 10. cap. 1.

de

de perdre la memoire de celle, qui n'auoit respiré que sa mort. Mais Louys nourrissoit plus de bonté qu'ils ne se persuadoient, car ayant entendu leur plainte, il leur repliqua en Prince debonnaire: Quoy que cette femme m'ait esté fort contraire durant sa vie, toutefois mon humeur n'est pas d'attaquer les Trespassez: au contraire ie commanderay à mon Tresorier qu'il vous donne six mille liures, afin que le tombeau ne change point de place, & que vous redoubliez vos prieres pour secourir son ame. N'est-ce pas parler en Roy, excellant en clemence & auguste en pieté.

LXVII.
La misericorde de Louys XI. à l'endroit des habitans de Hedin.
a *Ægid. Corroz. de dictis & fact. mirab.*

QVAND Louys XI. n'auroit laissé à la posterité autre traict de sa douceur en tout le cours de sa vie, ceux qui écriuent que Louys ne respiroit que les supplices sont dépourueus de raison. Mais de plus ne fit-il pas paroistre à a Hedin en Artois qu'il sçauoit allier ces deux vertus royales de la iustice & de la bóté. Car de plusieurs habitás rebelles qui meritoiét la mort, il se contenta que ceux qui deuoient seruir aux autres de miroir de vertu, leur seruissent d'exemple de fidelité par leur peine. Et ce qui est plus notable en ce iugement, c'est que Edoüart Bussi premier Consul de la Ville, & Chef de la conspiration ayant esté degradé de tous hóneurs auant que de mourir, apres son trépas il le fit reuestir de son habit Consulaire, & le presenta au peuple au milieu de la place, pour signifier qu'apres son decez il ne pouuoit vser en son endroit de plus grande faueur que de luy rendre l'honneur que sa déloyauté luy auoit enleué pendant

Chapitre IV. Section IV. 1211

dant ſa vie.[b] D'autres ont écrit qu'Edoüart ayant eſté decapité contre le deſſein de ſa Majeſté, qui le vouloit reſeruer pour eſtre Conſeiller en ſon Parlement, elle fit deterrer ſa teſte, & la reueſtir d'vn chaperon rouge, fourré de menu-ver, à la façon d'vn des Conſeillers du Parlement. Si Cleomenes Roy des Lacedemoniens a eſté ſinguliement priſé pour auoir faict enterrer Lyſias Roy de Megalopolis en habit de pourpre apres l'auoir tué en guerre, Louys XI. ne merite pas de moindres loüãges pour auoir traitté ſi honorablement ſon ſubjet, ſon rebelle, & ſon double ennemy apres ſa mort.

[b] André Theuet liure 4. des hommes Illuſtres en la vie de Louys XI.

QVE dirons-nous de la clemence de Louys XII? ne fit-il pas paroiſtre aux habitans d'Orleans qu'il deteſtoit cette voix execrable qui diſoit de ſes ſubjets, [a] *Oderint modo metuant*, Qu'importe qu'ils me hayſſent, pourueu qu'ils me craignent. Car le [b] Roy ayant tout ſujet de ſe rendre redoutable par des chaſtimens que la deſ-obeyſſance de ce peuple meritoit, lors qu'il eſtoit leur Duc, neantmoins il oublia tout cela, & quoy qu'aucuns le vouluſſent porter à s'é reſſentir; *Allez*, dit-il, *Il n'appartient pas au Roy de France, de rechercher de la vengeance des injures faites au Duc d'Orleans*. Vn autre ſien fauori luy ayant demandé la confiſcation des biens d'vn habitant d'Orleans qui luy auoit eſté plus cruel que les autres pendant Charles VIII. *Ie m'eſtonne*, luy repliqua-t'il, *de ce que vous me demandez les richeſſes d'vn habitant d'Orleãs, puis que i'ay enſeuely tous les déplaiſirs que i'ay receus par*

LXVIII.
Louys XII. oublie toutes les injures paſſées.

[a] Fulgoſus libr. 4. cap. 1.

[b] Iacques de Charron en ſon hiſtoire vniuerſ. des Gaules, ch. 146.

Qqqqqqq le

le passé. Ie vous feray un don qui vaudra mieux que tout cela, mais de vous appointer une telle requeste cela ne sera iamais dit de moy. Sa Majesté non seulement ne voulut point qu'on incommodast tant soit peu cet Orleanois; mais l'ayant fait venir en son palais, il le traitta humainement, & luy protesta qu'il trouueroit de la faueur, où il apprehendoit des chastimens. N'est-ce pas là satisfaire aux loix de la plus releuée clemence, qui nous ordonne d'aimer ceux qui nous persecutent? Cecy me faict ressouuenir de ce que l'Empereur Adrien dit iadis à vn certain qui luy auoit esté grand ennemy auant que d'estre couronné; *Aye bon courage il t'en prent bien de ce que i'ay esté faict Empereur, car tu n'en fusses pas échappé à si bon conte*: monstrant par là que de tant plus que le Ciel nous éleue en dignité, de tant moins deuons-nous auoir de la vengeance pour nos mal-veüillans.

LXIX.
Louys XII. rend le bien pour le mal.
a *Fulgosus lib. 4. cap. 1.*
Iacques de Charron ch. 146.

SA Majesté témoigna cette generosité non seulement à l'endroit des habitans [a] d'Orleans, mais encor à l'endroit de tous les Officiers de Charles VIII. qui durant la vie du Roy auoient ietté feux & flammes contre luy; & neantmoins ce debonnaire Duc estant fait Roy au lieu de deployer son pouuoir contre ses ennemis, il l'employa à leur protection, conseruant ceux qui l'auoient voulu ruiner, & se seruant pour garde de sa personne des mesmes Archers qui l'auoient autrefois arresté prisonnier. S'estant fait porter l'est de la maison de [b] Charles VIII. & ayant marqué d'vne Croix les noms de deux de ses domestiques qui

b Ferronus.
M. du Bellay.
Scipion Dupleix.

Chapitre IV. Section IV. 1213

qui luy auoient esté les plus contraires: cela ietta tant de frayeur dans l'esprit de ces deux personnages, qu'ils se retirerent aussi-tost de la Cour, croyans que cette Croix estoit vn euident signe du gibet qui les attendoit. Mais sa Maiesté ayant appris le sujet de leur épouuante, les fit chercher curieusement, & les ayant rappellez en Cour, il leur dit: *Et quoy, ne sçauez-vous pas qu'vn Roy tres-Chrestien ayant adjousté à vos noms le signe de la Croix y a mis vne marque de l'oubli des injures?* Paroles dignes d'vn Roy Tres-Chrestien, & en effect il mit sous ses pieds toutes les mauuaises volontez passées de ces deux Officiers, les conserua en leurs charges, & en leurs appointemens. Tellement qu'apres la mort de Charles VIII. rien ne changea à la Cour que le Roy, qui estant par le passé Duc d'Orleans deuint Monarque de France, & merita d'estre appellé le Pere du peuple.

CE n'est pas dés auiourd'huy que la ᵃRochelle a serui de pierre de touche pour faire reluire le fin or de la clemence des Monarques de France. Au temps de François premier, Zuingle ayant desia ietté quelque grain de la zizanie Lutherienne dans cette ville infortunée, le mépris des Ordonnances Royales commença aussi-tost à pulluler auec celuy des loix diuines; car ce sont deux jumeaux qui naissent, qui vieillissent, & qui meurent ensemble. Le Seigneur de Iarnac Gouuerneur de la ville, ayant fait entendre à sa Majesté comme les Rochelois n'auoiēt point fait de conte de son Ordonnance touchant la police de leur

LXX.
La clemence de François I. à l'endroit des Rochelois.
ᵃ Belleforest liure 6. du Roy François I.

Ville, & qu'ils auoient mal-traitté & blessé quelques soldats de ceux qu'il auoit mis au fau-bourg de leur ville : que les Insulaires & Marepnaux n'auoient pas voulu payer les gabelles, & obeyr à ses Ordonnances. Sa Majesté toute indignée de cette desobeyssance prit son chemin du costé de la Rochelle, & ne voulut pas qu'on luy fist aucune entrée, ni qu'on tirast aucun coup de canon, ni qu'on sonnast aucune cloche, desirant plus de faire retentir ses déplaisirs, que d'entendre aucun sujet de ioye. Elle visita aussi-tost le port & les murailles, elle posa des sentinelles comme en vne ville de guerre, & auec peu de mots elle fit beaucoup de choses. Mais neantmoins sa clemence qui exerçoit vn sainct empire sur toutes les puissances de son ame, ayant rencontré en pleine ruë vne trouppe de petits enfans qui crioiét à haute voix, Misericorde, ces voix innocentes firent plus de bréche dans son cœur, que toutes les machines de l'eloquence des Orateurs Rochelois. Car comme la foudre se rompt au rencontre des plus foibles obstacles, & se renforce contre les plus violents; ainsi la colere du Roy s'amortit à la veuë de cette tendre ieunesse. Il fit neantmoins dresser vn theatre au iardin de son logis, où les prisonniers des Isles, & les principaux Bourgeois de la Rochelle furent conduits. Il entendit là les humbles requestes, & les pitoyables remonstrances, que Guillaume le Blanc & Estienne Noyaux firent pour le pardon des Insulaires, & des habitans de la Rochelle. Ces deux Aduocats haranguerent

Chapitre IV. Section IV.

guerent auec tant de vigueur, & protesterent à sa Majesté au nom de la ville tant de fidelité, & d'obeyssance pour l'auenir, que le Roy leur ayant fait entendre qu'ils deuoient estre punis en leurs corps, & en leurs biens, se laissa en fin gagner à la misericorde, receut de nouueau le serment de fidelité, biffa leurs fautes, & pardonna aux Criminels; sauf à ceux qui seroient conuaincus d'estre Sacramentaires, c'est à dire Huguenots. En quoy sa Majesté monstra qu'elle estoit aussi recommandable en sagesse qu'en clemence. Car en telle occasion il faut suiure l'auis d'Albarus Colonnel de l'armée de Iean Roy d'Espagne, qui assiegeant la ville de Marelis, autrement appellée Gibelterre, & l'ayant reduitte aux extremitez de la famine; les habitans pour entrer en quelque fauorable capitulation luy enuoyerent douze mulets chargez de figues, ayans mis vn escu d'or dans chacune, auec cette missiue: *Seigneur Albarus que iugez-vous estre plus expediant, ou d'arracher vn arbre qui porte de si beaux fruicts, ou bien de le conseruer?* Ce sage Maistre de Camp écriuit aussi-tost à son Roy tout ce qui s'estoit passé, & qu'il estimoit qu'on se deuoit comporter à l'endroit de cette ville come les expers vignerons qui retranchent de la vigne les lambruches, & conseruent les plans plus fertils. Tel fut aussi l'auis de François I. à l'endroit de la ville de la Rochelle, qui essartant les pernicieuses labruches de l'Heresie, conserua les bonnes pampres auec vn entier restablissement en leurs premiers priuileges. Voire mesme il voulut estre servi a table par leurs mains ; & pour les engager dauátage à son obeyssance, & à se rendre souples au Seigneur de Iarnac leur Gouuerneur, il leur rendit leur artillerie, & les deliura de la garnison. La ioye des Rochelois retourna dans leurs ames, auec d'autant plus d'excés, qu'ils n'attendoient de la venuë du Roy que chastimens, que mort, & qu'vne horrible desolation de leur ville. Les cloches qui estoient demeurées muettes l'espace de trois iours, publierent auec d'extraordinaires carillons l'incroyable allegresse de tous les habitans. Dez-lors on n'entendoit que mille benedictions pour vn si bon Roy, on ne respiroit que seruice, que soumission, & fidelité à la couronne de France.

LXXI. *Parenese aux Rochelois.*

MAIS helas! que toutes ces promesses, tous ces sermens, toutes ces protestations ont esté depuis iniquement méprisées! Helas que toute cette bié-veüillance, & tous ces seruices se sont bien tost éclipsez! Quel Monarque les a pû dispenser du serment de fidelité qu'ils auoient iuré à leur Souuerain? Ce n'est pas l'Empereur, car il n'y a que voir; ce n'est pas le Pape, car il excommunie les rebelles; ce n'est pas Dieu, car il condamne aux flammes eternelles ceux qui resistent aux puissances temporelles, comme asseure son grand Herault S. Paul. C'est donc vn mauuais esprit échappé des grottes de l'Enfer, qui ayant ietté dans le Ciel la rebellion, dans le Paradis terrestre la desobeyssance, & dans le Sanctuaire l'impureté, ne cessera iamais de souleuer les ames contre Dieu, contre

Chapitre IV. Section IV.

contre l'Eglise, & contre les Princes legitimes. O Rochelois Heretiques, puis que vous reconnoissez vos déuoyemens, & comme cette Circe Huguenotte vous a cruellement pipez, apres auoir senti la pesanteur du bras d'vn grand Roy victorieux, n'attendez-pas en l'autre monde que le Roy des Roys vous frappe plus rudement de sa verge, pour faire sortir de vos cœurs Rochelois, non point des larmes de repentance, mais des souspirs, des sanglots, des elegies, des desespoirs, & des eternelles lamentations de vostre impenitence. Mais puis que nous voulons faire rayonner la royale douceur des Monarques François, n'entremélons point la rigueur des chastimens que le Tout-puissant prepare aux peuples déloyaux. Ie les asseureray neantmoins de la part de Dieu, & de son Eglise, que s'ils arrachent de leur poictrine ce cœur de marbre, que l'infinie clemence du Ciel n'exigera de leur déloyauté autre reparation d'honneur pour tant de crimes que celle que le debonnaire [a] François I. demanda d'vn calomniateur de sa personne: *Va, ie te pardonne plusieurs fautes, afin qu'à l'auenir tu apprennes à parler peu.*

[a] Corrozet. de dictis & fact. mirab.

SECTION

SECTION V.

Louys le Iuste & Henry le Grand singulierement debonnaires.

LXXI.
La douceur est fort puissante à domter les peuples.

CE fut vn sage stratageme digne de l'esprit d'Alexandre cet inuincible conquerant de Royaumes, que celuy qu'il employa pour assujettir à son Empire la ville de Pæta, vne des plus grandes & des plus fameuses de toutes les Indes. Les habitans de ce lieu preoccupez de faux rapports, apprehendoient la cruauté de cet Empereur : mais que fait Alexandre ? Il fait marcher à la teste de son armée tous les ostages qu'il emmenoit des Indes ; auec telle splendeur, & magnificence que les habitans de Pæta, ne pouuant assez admirer cette extraordinaire humanité à l'endroit de leurs Compatriotes, luy ouurirent aussi-tost leurs portes, & les plus secrets cabinets de leurs cœurs. Autant en firent les Rhodiens à Demetrius fils d'Antigonus, autant les Samiens à Cassandre, autant les Neapolitains à Totilas, qui tous se laisserent plustost captiuer par les appas de la clemence, que par la terreur des armes.

LXXII.
Louys le Iuste incomparable en clemence.

IL est asseuré que si les peuples de France déuoyez de la vraye Religion, n'eussent esté entierement priuez de la lumiere du Ciel & des rayons de toute humanité s'ils eussent faict par amour cequ'ils ont esté contraincts d'executer par la terreur

Chapitre IV. Section V.

terreur des armes, ouurans les portes de leurs villes à la clemence de Louys le Iuste, à qui on ne peut presenter vn plus royal patron de misericorde que sa personne mesme. Car de quels pardons, de quelles remises, de quelles faueurs n'a-t'il vsé en leur endroit depuis le trépas de Henry le Grád son auguste pere? Tant de rebellions pardonnées, tant de voleries patientées, tant de conspirations dissimulées, tant d'assemblées tolerées deuoient-elles pas adoucir & desarmer leurs courages s'ils eussent esté capables de bien-veüillance? L'Empereur Sigismond repliqua vn iour à quelqu'vn qui se formalisoit des caresses qu'il faisoit à ses ennemis. *Il te semble, mon bon amy, que c'est vn grand profit de tuer l'ennemy, parce qu'estant mort il est sans pouuoir de mal-faire, pour moy i'estime que ie fais mourir autant d'ennemis à qui ie rends la vie, & que ie maintiens autant d'amys que ie caresse d'ennemis.* Mais il faut auoüer franchement, que l'homme heretique ne vit pas de cet air, puis que nous auons vû depuis tant d'années en çà que les Indulgences plenieres des Roys Tres-Chrestiens ne luy profitent pas dauantage que celles des Papes, mais que les caresses animent dauantage sa rebellion. Car quel Monarque a iamais manié le sceptre de France auec plus de pardon que Louys le Iuste, que nous pouuons surnommer le Debonnaire? Si la iustice ne le retenoit, il ne se trouueroit criminel, sans trouuer sa grace à l'autel de sa misericorde, & si la generosité ne gagnoit le deuant, il ne feroit iamais supplicier aucun criminel sans gemir, & soupirer auec cet ancien [a] Empereur de Rome qui ne prit iamais plaisir à l'effusion du sang des hommes.

IL semble que cette vertu est celle qui conduit sa vie & la rend admirable par dessus tous ses Predecesseurs. Car se trouuera-t'il homme en France qui se puisse plaindre auec raison de quelques mauuaises parolles sorties de sa bouche? Ne fust-ce pas vn grand essay de sa clemence quand ayant rompu l'ennemy au Pont de Sey, il commanda qu'on receut à mercy ceux qui mettroient bas les armes? Et ne donna-t'il pas encore de plus illustres preuues de sa compassion à la defaite de Soubise, criant de toutes ses forces qu'on eust pitié des vaincus, & qu'on vsast de misericorde à l'endroit de ceux qui demanderoient la vie. Si les Romains furent rauis d'admiration voyans Pyrrhus renuoyer les prisonniers Romains sans offence ni rançon, quel estonnement ne deuoit saisir les Anglois quand ils virent la clemence de [a] Louys le Iuste si excessiue, leur renuoyant le Millord Mont-ioye, le Colomnel Gray, plusieurs Capitaines, Officiers & Gentils-hommes qui estoient demeurez prisonniers en la iournée qui se passa en l'Isle de Ré le 8. de Nouembre 1627. Mais ce qui surpasse toute creance, c'est que sa Majesté fit reuestir ceux que les soldats François auoient dépoüillez. Cette bonté royale ne donna pas moins de rauissement à tout le monde quand à l'entrée de la Rochelle, elle fit distribuer tant de milliers de pain à ces opiniastres, qui meritoient

[a] *Sueton, in Vesp. sic de eo loquitur.* Neque cæde cuiusquam vnquam lætatus est, iustis suppliciis illacrymauit etiam, & ingemuit.

LXXIV.
Diuers exploicts de la bonté de Louys le Iuste.

[a] Le Mercure François tome 14. de l'An 1627.

Chapitre IV. Section V.

toient pluſtoſt de rigoureux chaſtimens que tant de ſoin pour leur vie. Tellement qu'on peut dire auec toute verité, ce que diſoit [b] Syneſius de l'Empereur Theodoſe le vieil apres auoir defait ſes ennemis. Quand il eſtoit victorieux de tous ſes ennemis, & qu'il triomphoit magnifiquement des rebelles à l'Empire, & des perſecuteurs de l'Egliſe, c'eſtoit lors qu'il ſe laiſſoit facilement vaincre de ſa clemence. Et pour plus grande preuue de cecy, de quels pardons & remiſes n'a-t'il vſé à l'endroit des heretiques du Languedoc & de tous leurs complices? mais au lieu de s'emparer de ſa bonté, ils ont attiré ſur eux le carreau de la guerre, qui en moins de deux ans leur a fait perdre plus de deux cents places au pays de Bearn, de Poitou, de Xaintonge, de Berry, de Guienne, de Gaſcongne, du Dauphiné, & du haut & du bas Languedoc, & à la fin il pardonne à tous les rebelles deſarmez, pouuant dire comme vn autre Ceſar: *Ie ſuis venu, i'ay veu, i'ay vaincu*, & ſurpaſſant la gloire des anciens Auguſtes il adjoute, *l'ay auſſi pardonné, pour l'amour de celuy qui nous pardonne toutes nos offenſes*.

EN cela Louys le Iuſte a fait voir qu'il eſtoit legitime Succeſſeur de Henry le grand, qui apres auoir domté ſes ennemis n'a point voulu vſer d'autre vengence que de la loy d'amniſtie. A combien de Seigneurs criminels de leze Maieſté a-t'il dit ce que l'Empereur Auguſte a dit vne fois à [a] L. Cinna ennemy de ſa fortune: *Ie te donne derechef la vie, ô Cinna, la premiere fois a eſté comme à mon ennemy, mais c'eſt à cette fois comme à mon traitre &*

[b] *Syneſius orat. ad Arcadium Imp. Theod. filium. Cùm victor omnium eſſet hoſtium ac magnificus Imperij Eccleſiæque Chriſtianæ perduellium, perſecutorúmque triumphator, ſe tamen à clementia manſuetudinéque ſua vinci, ſuperaríque voluntariè pateretur.*

LXXV.
Repartie de Henry le Grand pleine de clemence.

[a] *Seneca lib. 1 de clem. & Dion. lib. 55. Vitam tibi Cinna iterum do, prius hoſti, nunc inſidiatori ac parricidæ, ex hodierno die inter nos amicitia incipiat. Contendamus vtrum meliori fide viram tibi dederim, an tu mihi debeas.*

parricida. *Que l'amitié commence auiourd'huy entre nous deux. Taschons à l'enui de témoigner à l'aduenir si ie t'ay donné la vie auec plus d'asseurance, ou si tu me la dois auec plus de fidelité.* Comme aucun le vouloit animer au massacre d'vn grand nombre de ses ennemis, il les renuoya bien loing auec cette tres-Chrestienne repartie? *Il n'y auroit pas assez de forest en mon Royaume pour dresser des gibets à tous mes ennemis, & à tous ceux qui m'animent à la vengence.* Cette response ne cede rié en douceur à celle que [b] Philippe de Macedoine fit à certains broüillons, qui le vouloient échauffer à l'encontre des Atheniens. *Et quoy,* dit-il, *voulez-vous que ie mette bas le plus maginifique theatre de ma gloire?* Ce fut vn autre precieux marbre du theatre de gloire du grand Roy Henry que la response qu'il fit à vn de ses Officiers de iustice, qui s'opposoient au restablissement de nostre Compagnie, charbonnant tous les Iesuites du plus infame crayon que l'Enfer peut fournir. *Vous m'admonestez peu chrestiennnement,* repartit ce sage Roy, *La loy Euangelique nous presche l'oubliance des injures, & l'ayant prattiquée ie m'en suis tousiours bien trouué.* Quelle replique plus diuine que celle-là? C'est monstrer asseurément qu'il portoit en son ame la vraye image de celuy dont ses voyes sont la misericorde, & sa substance la bonté mesme. Et en effet par la suaue odeur de sa clemence il attira tellement à soy les cœurs de toute la France, qu'il en fut beni du Clergé, qui auparauant l'excommunioit, recherché de la noblesse qui le delaissoit, maintenu de la Iustice qui l'aban

[b] *Plutarch. in Apophteg. Reg. & Principum.* Nihil agitis, inquit Philippus Macedo, an ego qui ad gloriam omnia refero, theatrum gloriæ meæ euertam?

l'abandonnoit, & le peuple qui le detestoit, l'a plus caressé & regretté qu'vn fils ne feroit son pere; tant sont puissans les charmes de la vertu de Clemence.

VOICY vn autre essay de sa douceur: vn Religieux que ie pourrois nommer, preschant à Paris auec moins d'honneur & de respect qu'vn sujet ne doit faire de son Prince, le Roy en ayant esté aduerty l'enuoya querir, & au lieu de trouuer sa ruine dans la iuste indignation de sa Majesté, il rencontra son bon-heur dans l'excés de sa rare bonté. Le Roy luy ayant demandé comme il le connoissoit pour parler de luy en ses Predications auec tant de liberté, & particulierement à son peuple, plus capable de mauuaises impressions que de bonnes. Le Religieux luy ayant respondu que c'estoit sur le rapport d'autruy; là dessus le Roy luy dit, *C'est chose indigne d'vn homme de vostre robbe de prescher contre des personnes que vous ne connoissez point, & beaucoup plus contre vostre Roy. Or afin que vous appreniez à me connoistre, & que vous puissiez dire de moy sans reproche ce que vous en aurez vû, ie vous prie de demeurer six mois seulement auprés de ma Personne, ie vous y entretiendray honorablement, & preschant ie vous donne liberté de dire en ma presence ce en quoy vous me trouuerez reprehensible.* O paroles dignes d'vn grand cœur, & d'vn grand Roy! ame sans fiel & sans amertume, nourrie du nectar, & de l'ambrosie du Ciel! Les Dauids, les Iosias, les Philippes, les Theodoses, sont des petits rayons de douceur, comparez à la splendeur

LXXVI.
Debonnaireté nompareille de Henry le Grãd à l'endroit d'vn Religieux.

du debonnaire Henry le Grand. Le Predicateur qui ne deuoit attendre qu'vne bonne mercuriale ne reçeut que faueur, & peu de iours apres fut nommé Euesque de Montpellier, & receut vn benefice de 15000. liures pour vn million de mauuaises paroles. En cela ce magnanime Roy faisoit paroistre qu'il n'estoit pas seulement égal à Iules Cesar, mais qu'il le deuançoit, ne pardonnant pas seulement à ses ennemis, mais les accablant de bien-faicts, & de richesses. [a] Aussi l'inhumanité est propre des bestes sauuages, & la clemence des grands Personnages, disoit Alphonse Roy de Naples.

[a] Quid ergo vultis vrsos & Leones regnare? Nam hominum clementia belluarum feritas est propria. *Pandulp. Collenut.* Degeneres animos timor arguit.

LXXVII.
Diuerses maximes de la Clemence de Henry le Grand.

CE n'est pas de merueille si Henry le Grand rendoit à tous des preuues si celebres de sa clemence, puis qu'il demandoit à Dieu tous les iours ces trois choses. Pardon pour ses ennemis, victoire de ses imperfections, & moderation de sa puissance. Aussi n'a-t'il eu iamais si grand ennemy, qu'il n'ait tasché de gagner par sa douceur, & si quelques vns ont experimenté sa iustice, ç'a esté apres le refus de sa misericorde, ayant tousiours preferé la penitence à la peine, à l'exemple du Roy de l'Vniuers. Entre ses paroles dorées on luy a ouy dire : Que l'honneur de l'homme estoit plus à donner pardon, qu'à rechercher qu'on le demande; & que les Roys ont par leur sang la couronne, mais qu'ils la tiennent par la douceur. Le fast, disoit-il, ne sert point qu'où la vertu máque. Ie porte seul le sceptre, & non point la iustice, car i'ay mes Parlemens qui m'y aident. Quelqu'vn plus
libre

libre auprés de sa Majesté, luy témoignant quelque déplaisir de sa modestie à l'endroit des rebelles; Ostez moy donc luy dit-il, tout d'vn coup la couronne, Dieu qui me l'a donnée veut que ie sois son image, & que ie fasse bien à tous. C'est cas estrange! adjoustoit-t'il, si le Roy est mauuais il endure vn grand mal qui est soy-mesme, s'il est bon il supporte tous les mauuais & les a sur les bras: mais quoy! il faut que celuy qui veut beaucoup sauuer pardonne aussi beaucoup, & la plus forte guerre que nous puissions faire aux ennemis de l'Eglise, est de nous maintenir en paix, car elle leur faict vne sanglante guerre. Pour ce sujet il detestoit l'Heresie de Caluin, qui a le feu pour sa deuise, & disoit, que cet Heresiarque ressembloit à celuy qui pour nettoyer sa maison y auoit mis le feu aux quatre coins.

ON loüe auec raison Philippe de Macedoine, qui prestant l'oreille à quelques soldats médisans prés de son pauillon leur dit doucement; Parlez plus bas, ou allez plus loin, car le Roy vous entend, & ne leur fit autre mal. Mais combien de fois a-t'il méprisé, non seulement les paroles, mais encore les actions intentées contre son honneur? Plusieurs personnes auoüeront qu'elles n'auroient iamais esté si grandes si elles ne luy eussent esté contraires, ou bien estimées de luy telles. Qu'on ne nous parle plus auec admiration de la clemence d'vn Annibal & d'vn Empereur Probus, cettuy-cy ayant faict honorablement inhumer son ennemy Arrodion, & l'autre le cadauer du Consul Emilius

LXXVIII. *Henry le Grand a esté incomparable en clemence.*

Emilius Paulus. Qu'on ne s'eſtone plus d'vn Ceſar qui fit bruſler les lettres de ſon ennemi Pompée, renfermées dans vn coffre apres la guerre Pharſalique ; d'vn Drochomeres Roy de Getie, qui donna vn ſauf-conduit à ſon ennemi Lyſimachus apres l'auoir reduit ſous ſa puiſſance; d'vn L. Emilius Paulus qui deplora le deſaſtre de Perſeus Roy de Macedoine le tenant priſonnier, & l'honorât de ſa table ; d'vn Demetrius qui s'eſtant rendu maiſtre de l'armée nauale de Ptolemée, qui peu auparauant l'auoit ſurmonté, donna la liberté à tous les priſonniers, & le ſepulcre aux ſoldats tuez. Ce que ceux-cy ont fait vne fois Henry le Grand l'a faict cent fois en ſa vie. Mais ce qui ſurpaſſe la creance commune, le Capitaine Michaux au recit de nos Hiſtoriens, ayant entrepris d'executer ſur la perſonne de ce grand Roy ce qu'on n'oſe dire ni penſer ſans fremir, le vint trouuer à Bazas pendant qu'il eſtoit empeſché au fort du Caſſe, & luy offrit ſon ſeruice, ſe diſant fort mal-content du Prince Guillaume d'Orenge. Quoy que ſa Majeſté euſt apriſe d'autre-part que ce Capitaine ne pretendroit rien moins que de faire ſauter la vie du Roy, c'eſtoient les mots dont il auoit vſé faiſant la paction auec ceux qui l'enuoyoient : neantmoins elle ne laiſſa pas de l'accueillir à l'ordinaire des hommes de ſa condition. Mais où elle témoigna vn excez de clemence fuſt lors qu'eſtant ſeule chaſſant aux foreſts d'Aillas elle vid à ſes talons ce Capitaine Michau bien monté ; car au lieu d'auoir du reſſentiment de ce

déloyal

Chapitre IV. Section V. 1227

déloyal elle luy dit auec vne égalité d'esprit : Capitaine Michau mets pied à terre, ie veux essayer si ton cheual est si bon que tu dis. Le Roy estant monté sur son cheual, trouua deux pistolets bandez & amorcez à l'arçon, & les mettant hors du fourreau il luy demanda s'il en vouloit offenser quelcun, & qu'ō luy auoit dit qu'il le vouloit tuer, mais que s'il vouloit qu'il le tueroit luy-mesme. Ce magnanime Roy ayant délaché les pistolets en l'air, luy commanda de le suiure, & qu'il montast sur son cheual. Estant arriué à Bazas, il prit congé du Roy, apres beaucoup d'excuses, & s'en alla sans receuoir autre déplaisir de sa Majesté, qui en tel cas auoit beaucoup de prise sur luy & sur sa vie. L'Eptameron de la Reyne de Nauarre recite vn pareil essay de la generosité du Roy François I. à l'endroit du Comte Guillaume de Saxe, auec cette seule difference que le Roy François monstra son épée au Comte Guillaume, & Henry le Grand les pistolets au Capitaine Michau. Pour ioindre encore vn traict memorable à tous les precedans, sa Majesté estant encore infectée de l'Heresie de Caluin, dont l'esprit est tout à faict ennemy des Religieux, Monsieur l'Abbé des Feüillans prechant à Muret, l'an 1579. le visita & fut recueilly de luy auec tant de bienveüillance, qu'il témoigna suffisamment que le Ciel auoit preparé son ame pour receuoir toute autre doctrine que la mauuaise. Quoy que Roy de Nauarre, il entretient ce Religieux fort long temps à teste découuerte; il luy fit offre de son

Sssssss pouuoir

pouuoir & de sa faueur en toutes les occasions qui se presenteroient. Il luy accorda vn sauf-conduit au pays de Bearn pour visiter quelques Conuents de la part de Monsieur de Cisteaux, & le fit expedier auec telle energie de paroles que ce bon Prelat receut mille courtoisies de ceux, dont il n'eust pas osé esperer le moindre secours du monde. Voila comme Henry le Grand a esté veritablement grand en clemence dés son berceau, plus grand encore au progrez de sa vie, & tres-grand sur le declin de ses iours.

LXXIX.
Les qualitez de la vraye clemence d'vn Roy.

Οἱ μὴ κολάζοντες τοὺς κακοὺς βούλοι ἀδικεῖν τοὺς ἀγαθούς. Non punientes malos, volunt boni peruersè agere. *Pythagoras.*

b *Adrian. Imper. apud Spartianum.* Ita se Rempublicam gesturum, vt sciret rem populi esse, non suam, talemque se præstiturum Imperatorem qualem sibi optasset priuatus.

c *Cyrus in Xen. lib. 8. Pæd.* Οὐκ ᾤετο προσήκειν μηδενὶ ἄρχειν, ὅστις μὴ βελτίων τῶν ἀρχομένων. Non censebat conuenire cuiquam imperium qui non melior esset iis quibus imperaret.

d Felicitatem in vno reponat, vt floreat populus, & omnibus rebus abundet, communem hominum felicitatem præclarum & inuiolatum thesaurū existimās. *Suid.*
e *Cassiod. lib. 4. epist. 42.* Est quippe Princeps pater publicus & communis.

FINISSONS ce discours par son commencement, en disant que les Monarques de la terre ne peuuent employer finesse plus puissante, & plus glorieuse pour gagner les affections de leurs subjets, que de leur faire gouster les fruicts de la clemence, non point en destournant les yeux de leurs débordemens, s'ils ne veulent que les bons deuiennent impies, mais en regardant fauorablement leurs miseres. Il faut que le Prince gouuerne ses sujets, comme il desireroit d'estre gouuerné s'il estoit personne priuée. Il faut qu'il passionne les interests du peuple comme les siés propres, disoit b l'Empereur Adrien, dans Spartianus. Il faut qu'il soit plus vertueux que ceux à qui il commande, selon c Cyrus dans Xenophon. Il se doit persuader que son plus riche thresor est le bon-heur de son peuple, comme asseure Tibere dans Suidas. d Qu'il aime ses subjets comme ses enfans suiuant l'auis du Roy Theodoric dás Cassiodorus. Qu'il imite les actions de Dieu qui éleue

Chapitre IV. Section V.

les vertueux; & qui auec patience attire doucemét les méchans à penitence, ainsi que le conseilloit vn des septante Docteurs au Roy Ptolomée Philadelphe. Qu'il responde aux flateurs ce que ᵍ Pelopidas Roy des Thebains repliqua à sa femme; qu'il faut exhorter le Prince à soigner dauantage le salut des siens, que le sien propre. Qu'il demande à Dieu auec Dauid d'estre plustost chastié que son peuple. Qu'il souhaitte auec Moïse d'estre biffé du liure de Dieu plustost que de voir son peuple affligé. A Dieu ne plaise qu'vn Prince remplisse ses finances du sang de ses subjets, & ses coffres de leurs larmes, en leur arrachant leur substance. Tel Monarque ne sera iamais benit de Dieu. Mais bien-heureux seront les debonnaires, car ils possederont la terre, & Dieu les arrousera si plantureusement de ses faueurs, qu'ils germeront comme le Lys, & porteront des fruicts de gloire plus éleuez, que les plus hauts Cedres de la montagne du Liban. *Ero quasi ros, Israël germinabit sicut Lilium, & erumpet radix eius vt Libani.*

f *Aristeas in hist. Ptolom. Philad. Ægyptior. Regis ad Eleazar. Pont. Iud.*

g *De Pelop. Plutarchus in Græc. Apophtheg.*

h 1. *Reg. cap.* 24. *Ego sum qui peccaui, istæ oues quid fecerunt? Vertatur obsecro manus tua contra me, & contra domum patris mei.*

i *Exod.* 32. *Aut dimitte ei hanc noxam, aut si nó facis, dele me de libro tuo quem scripsisti.*

CHAPITRE CINQVIÉME.

Le Roy Sainct Louys incomparable en la vertu de Clemence.

LXXX.
La douceur doit estre la premiere qualité d'vn Roy.

IVLES Cesar autant amy des belles fleurs que des palmes de victoire, ayāt cōsulté les deuins sur le presage d'vne colombe, qui s'estoit placée sur vne branche de laurier, portant en son bec vn rameau de palme, ils luy respondirent que cela signifioit qu'vn iour il seroit Empereur, mais que ce ne seroit pas sans combat & sans sueur ; d'autant que le laurier estoit bien vn signe de victoire, mais la Palme estoit vn symbole de combat, & de fatigue. Ie voudrois volontiers demander à ces diseurs de bonnes fortunes, pourquoy c'est que la colombe representoit Cesar en qualité d'Empereur, n'eust-il pas esté plus à propos d'y voir vne Aigle majestueuse Reyne des oiseaux, qu'vne foible colombe ? En apparence il semble qu'il seroit plus à propos, mais en verité ie ne vois rien de si propre pour figurer vn magnifique Empereur qu'vne colombe. Car la douceur estant la premiere qualité qui doit reluire en vn Monarque, il est certain que la Colōbe qui est sans fiel en est vn rare hieroglyphique. Aussi Alexandre Seuere ayant vû deux pigeons entrer en son Palais, asseura aussitost

Chapitre V. Section I.

tost qu'il seroit vn iour vn grand Monarque, tant il faut que les Roys soient debonnaires, & que la colere leur soit aussi peu familiere que l'aiguillon au Roy des Abeilles.

VOILA pourquoy les Sarrazins d'Egypte ayans reconneu que S. Louys estoit vn Prince tout rempli de douceur, n'eurent pas mauuaise grace apres la mort de leur Sultan, de le vouloir choisir pour leur ᵃ Roy, & eussent passé outre s'il n'eust esté Chrestien, ainsi qu'eux-mesmes l'asseuroient. Aussi personne ne traittoit auec luy pour passionnée & mal-contente qu'elle fust, qu'elle ne s'en retournast bien satisfaite. Il se glissoit dans le cœur d'vn chascun par son seul regard, comme vn autre Roy Iosias ; tant sa compagnie estoit douce, affable & pleine de courtoisie. ᶜ Nangius raconte qu'à l'entrée de son regne, il pardonna aux Comtes de Bretagne, de la Marche, & de Champagne qui s'estoient reuoltez contre luy, aymant mieux attribuer à sa clemence la meilleure partie de cette victoire, qu'à la force de ses armes. Quelques années apres il honora sa memoire d'vn autre triomphe de clemence, ayant derechef pardonné au ᵈ Comte de Bretagne vn nouueau crime, apres l'auoir subjugué au chasteau de Blesin, où il tranchoit du Monarque, sans y vouloir reconnoistre sa Majesté pour Seigneur. Et quoy que cette mutinerie fut d'autant moins pardonnable qu'il auoit fait sortir le Roy d'Angleterre pour seconder sa rebellion : toutefois le S. Roy ensevelit tout cela ; & ne voulut point qu'on

LXXXI.
S. Louys se rend recommandable aupres de ses ennemis par sa singuliere debonnaireté.

a *Ionuille & alij.*
b *Guillelm. Carn. de vita & mirac. S. Lud. Reg.* Memoria Iosiæ in compositione odoris facta est opus Pigmentarij. In omni ore quasi mel iudulcorabitur, & vt musica in conuiuio vini Nomen Iosiæ ipsi Regi nostro tam ratione quam imitatione consimilis actionis conuenienter adaptatur, &c.
Idem solo visu illabebatur ad diligendum affectibus singulorum.

c *Guillelm. Nangius de Gest. S. L. R.* Rex vero prout erat innatæ mansuetudinis nolens malum pro malo reddere, ipsis pœnam conspirationis & inobedientiæ misericorditer relaxauit. Hic igitur Rex in principio regni sui de hostibus suis, absque humani sanguinis effusione per Dei gratiam mirabiliter triumphauit.

d *Idem ibid.* Quidquid vero castri defensores in regiam majestatem deliquerunt, Rex benignitate sua inclyta eisdem misericorditer condonauit.

Ssssss 3 offen

offensast les soldats qui auoient defendu cette forteresse auec tant d'opiniastreté. Voila sans mentir
de remarquables traicts d'vne debônaireté Chrestienne ; mais celuy qui auoit appris du Roy des
Roys qu'il falloit pardonner à son prochain iusques à septante sept fois, passa encore plus auant
aux exploits de cette vertu, qui n'est propre que
des cœurs tous diuins. Cet acariastre [e] Comte au
lieu de s'acquerir vne grande sagesse par cette
royale mansuetude accroit plustost sa folie suiuant le naturel des mauuais esprits, & qui ne sont
retenus que par la fourche & le baston. Le voila
derechef à la campagne rauageant le domaine du
Roy. N'est-ce pas à ce coup qu'il le faut lapider
s'il tombe en la puissance de S. Louys? Sans doute il
a plus que merité toutes les foudres du Ciel:
neantmoins le Roy apres auoir mis sur pied vne
puissante armée, & contraint son rebelle à faire ioug sous ses armes, luy ayant pris les forteresses de ses retraittes, à sçauoir Adon, & Ca-
stiance, il vsa encore de misericorde en son endroit, & ne voulut pas mesme qu'ont fist aucun
déplaisir aux soldats qui combattoient pour vne
si mauuaise cause. Qui osera gronder apres cela
contre Louys le Iuste qui a tant de fois oublié les
mécontentemens & les offenses qu'il a receuës de
ses suiets ? Mais qui n'admirera la patience de nostre S. Monarque à l'endroit de cette femme appellée Sarriette, qui plaidant contre le Cheualier
de Feüilleuse, & n'estant pas iugée si tost qu'elle
desiroit, osa dire à S. Louys, comme il descendoit
de

[e] *Nangius Anno Domini 1230. de Gest. S. Lud. R. Quos statim recipiens, quicquid in se delique-rant eisdem, vt pius & misericors condonarit.*

Chapitre V. Section I.

de sa chambre; Fi, fi, d'eusses-tu estre Roy de France? Il vaudroit mieux qu'vn autre fust Roy que toy : car tu es Roy seulement des freres Mineurs, des freres Prescheurs, des Prestres, & des Clercs. Ces reproches émeurent tout aussi tost ses gardes, mais non pas nostre Monarque, qui ayant reprimé sur le champ la colere de ses gens, & non pas l'impudence de cette femme, luy repartit doucement, selon qu'il est porté en l'enqueste manuscrite de sa Canonisation. Certes vous dites la verité, ie ne suis pas digne d'estre Roy, & s'il eust plû à nostre Seigneur, il eust esté plus à propos qu'vn autre le fust que moy, qui eust mieux gouuerné le Royaume : & alors il commanda a vn Chambelan qu'on luy donnast vne somme d'argent. Si cette femme eust esté aussi sage que Sisingambis mere de Darius, elle eust dit à S. Louys apres auoir receu des faueurs pour des injures, ce que cette Dame dit à Alexandre, apres auoir experimenté auec sa fille Satyra, les effects de sa clemence : Vous meritez ô grand Roy, de surmonter non seulement les autres Roys en bonheur ; mais encore en la gloire de iustice.

Qve si du Palais de la Iustice nous entrons en celuy des pauures, nous entendrons vn miserable gueux qui reprocha à S. Louys, pendant qu'il luy lauoit les pieds, quil n'a pas bié nettoyé l'être-deux des orteils : de quoy chacun s'indignant, le sainct Roy seul n'en dit mot : mais obeyssant promptemét à ce maroufle, il reprit & nettoya auec toute diligence ces pieds crasseux, les embrassa, & les baisa

LXXXII.
Admirable traict de la douceur de S. Louys.
a *Guillelm. Carnot. de vita & mirac. S. L. Reg.* Pius Rex tunc petitioné eius clementer admittens, benigne executus est humilitatis officium, insertis digitis suis inter digitos pedum eius, lauans ac tergens ac demum subiungens osculú.

baisa auec toute douceur & reuerence. Voulez-vous voir S. Louys en colere, mais épris d'vne saincte colere, c'est à l'encontre des iureurs & des blasphemateurs du tres-sainct nom de Dieu. Mais quel Seraphin n'emploira son feu diuin pour reduire en cendres ces puantes bouches d'Enfer? ne fut-ce pas vne actió digne d'vn Cherubin du Paradis terrestre, que de faire percer la langue à cet habitant de Paris qui auoit iuré si detestablement le sainct nom de Dieu? Et d'autre part, ne reluisoit-il pas comme vn Archange d'vne absoluë domination sur la colere, quand à tous les blâmes qu'on luy donnoit du chastiment de ce Parisien; il ne repliquoit autre chose, sinon qu'il estoit prest d'auoir la langue percée, pourueu qu'il pût exterminer de son Royaume cette engeance de blasphemateurs; aussi n'a-il iamais lasché de sa bouche autre serment, que celuy qui a esté enseigné par la clemece du Ciel, ouy & non. En vn mot, l'affabilité de sa conuersation estoit si miraculeuse, qu'on a experimenté plusieurs fois que les [b] plus mal contans qui l'abouchoient, s'en retournoient tousiours tres-satisfaits de sa personne: estant tres-veritable, que la [c] douce parole multiplic les amis, & addoucit la fierté des esprits plus reueches.

[b] *Guillelm. Carn. de vita & mirac. S. L. R.* Haec enim gratiam specialem virtus diuina ei contulerat quod sicut pluries est expertum, multorum ad eum venientium & magnorum commotos animos & turbatos aspectus eius & affatus serenatos protinus redderet, & quietos.
Eccles. cap. 6. Verbum dulce multiplicat amicos, & mitigat inimicos.

LXXXIII.
S. Louys defend les duels.
[a] Pierre Matthieu en la vie du Roy S. Louys.

VN des grands faits d'armes de son courage, à l'encôtre de cette passion ardante est l'Edit qu'il fit contre les duels dont [a] Pierre Matthieu, rapporte cet eschantillon en son histoire. *Nous defendons batailles par tout, & toute querelle.* Vous remarquerez

querez en passant qu'anciennement la noblesse ne pouuant verifier son droit par le témoignage des hommes, elle le iustifioit par l'euenement des armes. L'experience ayant fait voir à S. Louys l'iniustice de cette procedure, & comme celuy qui auoit esté condamné par le desauantage du duel, se trouuoit en fin iustifié par le temps, pere de la verité, ne pût supporter cet abus, & comme écrit [b] Guillaume de Chartres ayant fait assembler les plus remarquables Docteurs de diuers endroits du Royaume pour entédre leur auis sur cet abus, tous conclurent que cela ne se pouuoit passer sans peché mortel, Dieu y estant insolemment tenté, & la iustice par trop offensée. Aussi-tost le S. Roy par son Edict en bannit l'vsage de la France, remettant le iugement de semblables differens aux ordinaires maximes de la Iurisprudence, & non point à la violence du fer. Depuis les Monarques François ont autant detesté l'infamie des duels, que la pieté Chrestienne a trouué de credit dans le conseil de leur conscience.

[b] *Guillelm. Carnot. lib. de vita & mirac. S.L.R.* Monomachiam quæ bellum dicitur, vel duellum conuocato discretorum, & Iurisperitorum concilio ex diuersis regni partibus congregauit, intellecto per eos, quod sine peccato mortali exerceri non poterat, cùm non videatur esse iustitia sed potius tentatio sit in Deum, de dominio suo penitus exterminari decreuit: ordinatè, vel alio modo iuri consono, & probandi per testes scilicet, & instrumenta, vel etiam rationes, secundâ quod iuris ordo exigit.

L'ENFER ayant ressuscité cette carnassiere Megere en ces derniers siecles auec l'impunité des crimes, Henry le Grand voyant que cet empire de sathan s'estendoit sur les plus nobles de son Royaume, vint au deuant armé de deux foudroyans Edicts, dont l'vn fut publié l'an 1602. au mois d'Auril, l'autre au mois de Iuin de l'an 1609. Par le premier il declare criminels de leze Majesté eux qui entreprennent d'appeller quelcun au ombat, soit dedans ou dehors le Royaume, ou

LXXXIV.
Henry IV. defend les duels par de rigoureux Edicts.

Tttttt qui

qui appelleront pour vn autre, qui feconderont, accompagneront, affifteront l'appellant ou les appellez. Il ordonne qu'ils foient punis comme tels par fes Cours fouueraines, & autres Officiers, fans que la peine de mort, & confifcation de biens puiffe eftre par eux moderée fous quelque pretexte que ce foit, prenant fur foy tout le def-honneur qu'on pourroit encourir obeyffant à fon Edict. Il ordonne qu'on procede criminellement contre la memoire de ceux, qui de part & d'autre auront efté tuez. Au fecond Edict il defend expreffement, mefme aux Princes du fang, & à tous fes Officiers de luy faire aucune priere en faueur des delinquás proteftant & jurant par le Dieu viuant (ce font ces propres mots) de n'accorder aucune grace derogeant à cet Edict, fous quelque confideration qu'on puiffe alleguer. Il priue de toutes charges dignitez, & penfions, ceux qui tueront, & ordonne que les affiftans qui auront mis la main aux armes perdront la vie & les biens : & s'ils s'y font acheminez, qu'ils feront degradez des armes, & priuez pour toufiours des charges, des dignitez & des penfions qu'ils poffedent. Que fi c'eft par rencontre & qu'ils n'ayent empefché d'en venir aux armes, ils feront fufpendus pour fix ans de la iouyffance de leurs charges, & de leurs penfions. Il auoit vn extreme regret d'auoir tant tardé à fermer cette playe du poinct d'honneur, d'où fe perdoit le plus noble fang de la France : neantmoins il difoit y auoir apporté le remede, lors qu'il croyoit le pouuoir faire auec plus d'autorité

&

Chapitre V. Section I.

& d'efficace. Tellement que ce Gentil-homme Flamand qui luy demanda permiſſion de ſe battre en France contre vn autre eſtranger ne receut pas l'appointement qu'il eſperoit. Car ſa Majeſté le renuoya tout court auec ce Dilemne : *Ou le duel eſt permis, ou il eſt defendu : s'il eſt permis, pourquoy le refuſez-vous en Flandres ? s'il eſt defendu, pourquoy le cherchez-vous en France.* Pluſieurs & diuers Roys peuuent eſtre, mais il ne peut eſtre qu'vn Dieu, qu'vne Foy, & qu'vne Loy : & quand toute raiſon ceſſeroit, doiſ-je permettre aux eſtrangers ce que ie regrette de ne pouuoir empeſcher parmi mes ſubjets.

LOVYS LE IVSTE heritier des loüables qualitez de ſon pere n'a pas moins témoigné de colere contre ces nouueaux Cyclopes, par ſon Edict du premier iour de Iuillet de l'an 1611. que tous ſes Predeceſſeurs. Là il confirme de poinct en poinct tous les articles des Ordonnances de feu ſon Pere de glorieuſe memoire, adjouſtant que ſi par rencontre on met la main à l'épée apres quelques aigreurs precedentes que cela ſera tenu pour appel, ſans pouuoir eſtre diſpenſez des peines portées par les Edicts. Le meſme defend derechef tout ce que deſſus en vne ſienne declaration faicte en l'année 1614. le premier d'Octobre, mõſtrant aſſez qu'il eſt vrayement Roy tres-Chreſtien, puis qu'il épouſe ſi ſainctement les paſſions de l'Egliſe qui par tant de canons a battu en ruine dés ſi long temps cette courtine d'Aſtarot.

LXXXV.
Louys le Iuſte renouuelle toutes les Ordonnances faites contre les Duelliſtes, & y adjouſte de nouuelles peines.

APRES que le ᵃ Concile de Trente a declaré que

LXXXVI.
Les Decrets de l'Egliſe excommunient les Duelliſtes.

que ᵃ la coustume de se battre en duel auoit le diable pour autheur, qui ne recherche que la ruine des ames en celle des corps, il adjouste ces peines. Partant que l'Empereur, les Roys, les Ducs, les Princes, les Marquis, les Comtes, & tous les Seigneurs temporels qui auront donné place en leurs terres à se battre en duel, soient excommuniez de fait, & sans autre sentence. 2. Qu'ils soient entendus estre priuez de la Iurisdiction & Seigneurie de la Cité, du Chasteau, ou de la place, qu'ils tiennent de l'Eglise où ils auront permis que le duel se soit faict, & s'ils sont feudaux, qu'incontinent ils soient acquis aux Seigneurs directs. 3. Ceux qui se seront battus en duel & leurs parrains (comme ils disent) soient excommuniez, tous leurs biens confisquez, & eux tenus infames, & punis comme homicides suiuant ce qu'en ordonnent les sacrez Canons. S'il aduient qu'ils meurent en se battant qu'ils soient priuez à iamais de l'honneur de la sepulture Ecclesiastique. 4. Que ceux qui auront donné conseil en matiere de duel, ou quand à ce qui est du droit, ou du fait, ou qui auront induit vn autre en quelque façon que ce soit ou qui auront esté spectateurs, soient liez du lien d'excommunication & de malediction eternelle, nonobstant tout priuilege ou mauuaise coustume, quoy qu'immemoriale. Et afin qu'aucun Chrestié ne se puisse soustraire de l'authorité de ce ᵇ decret le Pape Clement VIII. en suite de la Bulle de ᶜ Gregoire XIII. a condamné les duels par vne nouuelle Bulle, qu'il veut estre vallable par toute

a Concil. Tridentin. sess. vlt. c. 19. vt de reform.

b Bull. Clem. VIII. Anni 1592. quæ incipit illius vices.

c Bulla Gregorij XIII. Anni 1591. cuius initiū. Ad tollendam detestabilem.

la

Chapitre V. Section I.

la Chrestienté. Là il renouuelle & confirme le Decret du Concile de Trente, & la Bulle de Gregoire XIII. & les peines portées, y adjouſtant pluſieurs particuliers, que la brieueté m'oblige de laiſſer en leur Original, auec les autres anciens Canons des Papes Nicolas & Celeſtin III. Et qui ne fulminera contre ces infernales furies, qui ne veulent auoir autre raiſon que la rage de leur colere? Eſcoutez comme le debonnaire Dauid les apoſtrophe; *Iuſques à quand attaquerez-vous l'homme colerique & ſanguinaire; iuſques à quand vous ruerez-vous ſur luy pour le defaire & bouleuerſer comme vne parois qui venant à tomber vous enſeuelira dans ſes ruines.* Mais pourſuiuons la pointe de noſtre royal Prophete; *Iuſques à quand bourreaux des corps, & des ames aiguiſerez-vous les couſteaux pour vous tuer vous-meſmes, en couppant la gorge à voſtre frere? Iuſques à quand penſionnaires de ſathan, miniſtres des Enfers vous victimerez-vous à ce deteſtable Moloc, ſous eſpoir d'vne infame bouffée d'honneur.*

O Dieu de l'Vniuers, de quelque coſté viendra cette gloire fantaſque? ſera-ce d'vne magnanimité de courage, ou d'vn exploict de grande prudence? ni de l'vn ni de l'autre la vaillãce n'eſtant point accompagnée de la felonnie, non plus que de l'injuſtice; elle paroit plus en ſe mocquant de la bigearrerie des écruelez, que de faire le furieux Ajax auec tels inſenſez. Les plus genereux, comme i'ay deſia monſtré ailleurs ſe ſont touſiours fait voir les plus patients aux injures; iuſques là meſme, dit ᵃ Plutarque qu'Her-

cule

d Canon Nicolaj Papa Monomachiani 2. q. 5. & Caleſtini tertij c. Henricus, extra de Clericis in duello pugnantibus.

LXXXVII.
Qu'il ne ſe retrouue aucun honneur ni marque de courage és combats de duel.

a *Plut. in lib. quomodo quis ab hoſtibus inuetur.*

cule ne se fachoit pas dauantage d'vne injure, que d'vne bruyante guespe. Auguste ayant esté appellé par Antoine luy repliqua, qu'on trouuoit assez de chemins dans le monde qui menoient à la mort. Caius Marius Capitaine Romain, ayant esté defié par vn morgant, ne luy rendit autre cóbat, qu'en se mocquant de sa temerité, & luy disant, que si l'ennuy de la vie luy faisoit tant desirer la mort, qu'il se pouuoit pendre. Vn Seigneur de marque qui a esté honoré des premieres charges aux armées de Flandres, fit vne responsse digne d'vn grand courage à celuy qui l'auoit prouoqué, luy disant : Mon épée est pour mon Prince, & non pas pour me battre contre sa volonté. Vn autre Capitaine ayant esté inuité à faire vn duel par vn maistre Escrimeur : l'aduoüe, repliqua-t'il que tu as plus d'adresse aux armes que moy en vn duel, mais non pas plus de courage en vne rencontre de guerre. Mets-toy du costé de l'ennemy, & tu verras ce que ie sçay faire. I'ay conneu vn Capitaine de cent Maistres, qui s'est trouué dans les meilleures occasions des guerres de France, de Flandre, & d'Italie, qui ayant esté conuié à se porter sur le pré contre vn ieune porte-épée, il le laissa morfondre sur le champ toute la matinée, n'ayant receu autre combat que du froid & de la faim. On a tousiours remarqué que les plus prósps aux duels sont les plus lasches sur vne bresche : & la raison en est visible. C'est que l'asseurance de son addresse en vn combat particulier les fait deuenir des Lions ; mais en vn assaut où l'art perd

l'escri

Chapitre V. Section I. 1241

l'escrime, vous voyez ces brauasches à la voix des bouches à feu, & à l'ombre des piques plus effrayez que les poulets à l'ombre du Milan ; estant tres-veritable ce qu'vn ancien disoit,[b] que les plus foibles esprits sont les plus hargneux, & les plus prompts à la dent & aux griffes. En la nature raisonnable il n'est rien de si vindicatif que les femmes, & les enfans ; parmi les animaux les chiens, les chats, & les autres bestes moins courageuses sont les plus impatientes à la pince. I'ay vû vn Lion se laisser aiguillonner, gourmander par son maistre sans sentiment de colere, il ne laissoit pas cependant d'estre vn Lion aux rencontres dignes de son courage.

Τὸ δ' ὀξύθυμον τοῦτο, καὶ λίαν πικρὸν δεῖγμ' ἐστὶν ἐυ-θὺς πᾶσι μικροψυχίας.
Ingenium tam iracundum & amarulentum adeò indicium statim est omnibus pusillanimitatis. *Menander.*

En ce sujet les Turcs, quoy que barbares, ont plus de raison que plusieurs Chrestiens de nom & de vrays Salmonez d'effect. Car au lieu qu'on tiet en Europe pour homme de courage celuy qui fait vn appel ; eux au contraire tiennent pour vne marque d'extreme lascheté d'appeller vn autre en duel. Dequoy le sieur de Busbeque monstre l'experience en la troisiéme lettre de son voyage de Constantinople pour l'Empereur Ferdinand. Velibeg Gouuerneur d'vne ville de Hongrie ayant esté commandé de venir à la Cour du grand Seigneur, sur le rapport qu'on auoit faict qu'il se vouloit battre en duel, auec le Gouuerneur d'Arselambeg, s'estant presenté au Diuan, qui est la Sale du Conseil d'Estat, le Vezio, ou le President du Conseil luy laua la teste bien asprement, luy disant : Quoy ! as tu osé defier ton compagnon

LXXXVIII.
Les Turcs tiennent à foiblesse les duels.
Iouius in Vita Baiazet. lib. 1.

d'armes

d'armes pour vous entre-tuer? Hé! n'est-il plus de Chrestiens contre qui tu puisses t'éprouuer? Apres plusieurs reprimendes, il fut par Arrest du Conseil ietté en vne étroite prison, d'où il eut assez de peine de sortir, apres y auoir trempé plusieurs mois, & déslors, adjouste Busbeque, il fut reputé pour vn homme sans iugement, sans addresse, & incapable de porter les armes. Qui ne detestera donc à l'auenir cette furieuse folie, qui ne peut trouuer vn plus honorable chemin, pour sortir d'affaire que celuy des Tigres & des bestes farouches, qui mesmes pardonnent aux animaux de leur espece. Qui ne reconnoistra donc à present la lascheté de vostre courage, insensez Cartellistes? Qui ne verra que sous le masque de vaillance vous cachez vne infame poltronnerie, qui n'a pas l'addresse & le courage de se vaincre soy-mesme, où gist la vraye vaillance? Car si la sagesse & la force doiuent former vn braue guerrier; quelle force de ne se pouuoir commander, & quelle plus grande folie que de s'enferrer dans toute sorte de malheurs, soit qu'on tue, ou qu'on y soit tué? Si on laisse mort son ennemy sur la place, il faut dire adieu à la patrie par vne infame fuite, ou tomber entre les mains d'vne iustice rigoureuse qui apres la perte de vos biens vous fera laisser la vie auec vn opprobre eternel. Que s'il est question d'obtenir vne grace, il faut remuer Ciel & terre, & souuent sans effect; que si la faueur l'emporte, Dieu qui est jaloux de ses Edicts ne manquera pas presentement de chastier par vne tragique

Chapitre V. Section I. 1243

que mort, vne si noire fureur. De maniere que l'ancien Philosophe* Hierax a sagement dit que les impies & les coleriques ressemblent au feu qui se consomme soy-mesme, en destruisant les autres, & qu'ils sont semblables à la vipere, qui trouue son tombeau dans son enfantement. Ce qui n'est que trop ordinaire en la condition des Duellistes, dont la passion qui est pleine de feu, & de poison, les détruit honteusement, voulans perdre les autres. Que si ce brauache coüard laisse sa vie sur le champ, quelle perte ne fait-il? Voila pour iamais sa reputation donnée en proye à toute sorte de des-honneur. Car il arriue trop souuent que tels Fierabras seruent de gloire à leur ennemy, y laissans la vie comme d'autres frenetiques Goliats. La France n'en a que trop de témoignages, & i'ayme mieux employer en cecy les plus vieux que les plus recents, pour ne rougir la face des viuans. Bucicald Mareschal de Camp de Charles VI. se fiant à la roideur de son bras & à l'auantage de son corps, qui surpassoit en grandeur tous ceux de son siecle, croyoit que Galeace de Gonzague, vn des plus petits personnages de la Cour, n'auroit pas la hardiesse de le regarder entre les deux yeux. Mais Dieu qui se seruit d'vne petite pierre pour renuerser les plus fermes Colosses, renforça le courage de Galeace, & donna tant de force à ce petit homme, qu'il fit perdre l'escrime à ce Geant, & tout l'honneur qu'il auoit acquis pendant sa vie.

CAR qui ne blâme celuy qu'on entend estre mort

a Hierax in oper. de iust. Πᾶς ἄδικος αὐτὸς τῆς κακίας πρῶτος πεῖραν λαμβάνει, πρὶν εἰς ἄλλους ἀφιέναι. Πολλοὶ γοῦν συνεγείροντες τὴν ἐν αὐτοῖς χολὴν, ἐκ τῆς πρὸς ἀλλήλους ὀργῆς, αὐτοὶ προαπέθανον, πρὶν τοὺς ἐχθροὺς ἀμύνασθαι. *Quiuis iniustus malitiam suam primus experitur antequam in alios emittat. Vnde multi connatam sibi bilem excitantes ex iracundia mutua prius obiere quàm hostes suos vlti sint.*

LXXXIX. *Les desastres qui suiuent les Duellistes aprés leurs trépas.*

mort en duel? lict de folie, lict d'opprobre, couche fatale, & tombeau de toute ignominie. Quel lict d'honneur, où sans propos, sans iugement, & sans auis on prodigue si temerairement sa vie, on se liure à sathan, on se priue de tous suffrages, on ne treuue pas vn pouce de terre saincte pour loger sa charongne, qui ressuscitera vn iour noire comme vn excommunié de Dieu & de son Eglise? Quel extreme enchantement à vn Chrestien qui a receu Dieu pour Pere, & l'Eglise pour Mere! Si c'estoit vn Payen, qui croit que tous les bonheurs meurent auec le corps, le delict n'en seroit pas tant infame: mais quelle manie bacchante à vn homme Chrestien, de perdre l'ame, le corps, l'honneur, les richesses, le Paradis, & son Dieu par dessus tout cela pour vn poinct d'honneur sans honneur? Apprenons en fin non seulement de nostre tres-sainct Monarque Louys; mais encore du Roy des Roys d'estre debonnaires & humbles de cœur. ᵃ Quels affronts n'a-t'il receu des pecheurs! Si tu reçois vn soufflet, dit S. Basile, si on te crache au visage, le Seigneur de l'vniuers a souffert cela pour toy. On t'injurie, & le Seigneur l'a aussi esté. On te deschire tes vestemens, & on a enleué & ioüé ceux du Seigneur. Tu n'es pas encore condamné, tu n'es pas encore crucifié. Il te faut encore souffrir beaucoup de mesaises auant que tu le ressembles. Mais aussi celuy qui l'imitera, prendra part à sa gloire, heritera de la terre des viuans, se rejouyra dans vne abondance de paix, sera presentement arrousé auec Israël des graces plus celestes

ᵃ S. *Basilius homilia* 10. Recogitate eum, qui talem sustinuit à peccatoribus aduersus semetipsum contradictionem. Alapa cæsus es? expuit aliquis in faciem? Eadé & Dominus est passus. Calumniam pateris? & Dominus. Tua laceratur vestis? & Domino extracta per vim est vestis, & super tam missæ sortes. Nondum condemnatus es, nondum Cruci affixus. Multa tibi toleranda, vt ad eius imaginem peruenias.

Chapitre VI. Section I. 1245

celestes, il germera en vertu comme le Lys, & sa racine portera des fruicts de felicité plus fermes, que les Cedres du Liban. *Ero quasi ros, Israël germinabit sicut Lilium, & erumpet radix eius vt Libani.*

CHAPITRE SIXIEME.

L'Amour du Prochain des Roys de France, representée par la quatriéme massette du Lys, auec quoy ils ont banni de leurs ames toute sorte d'enuie.

SECTION PREMIERE.

L'Enuie est vn monstre que Clouis auec les Roys suiuans ont massacré auec la massuë de leur bien-veüillance à l'endroit de leur Prochain.

I l'enuie a sathan pour pere [a] & Cayn pour successeur, comme a dit autrefois le grand S. Ignace Martyr, à quoy pouuons-nous mieux comparer cette cruelle beste, [b] qu'à ces sauterelles sortans du puys d'Enfer, retraitte des demons, & du cruel Cain? Ces monstrueux animaux ressembloient à des cheuaux prests au combat. Sur leurs testes paroissoient des couronnes d'or. Leurs faces ressembloient

XC.
Description de l'enuie tirée du chapitre 9. de l'Apocalypse.
a S. *Ignat. epist.* 100. *ad Heronem. Inuidiam fuge, auctor enim diabolus est, & successor Cain, qui inuidia stimulatus necem fracti machinatus est. Blasius Viegas in cap. 9. Apocalyps. sect. 2. v. & sect. 3.*
b *Et de fumo putei exierunt locustæ in terrã, &c.*

Tttttt 2 aux

aux visages humains. Leur crin estoit semblable aux cheueux des femmes. Elles estoient encuirassées de fer, leurs aisles bruyoient comme des chariots & des cheuaux galoppans à la guerre, & leurs queües ressembloient à celles des scorpions, armées d'vn cruel aiguillon. Quelques vns ont voulu philosopher que ces sauterelles representoient les Vandales. Plusieurs ont dit qu'elles estoient l'image d'vn peuple barbare & sauuage, qui deuoit paroistre au declin du monde. Les autres ont asseuré que c'estoit le pourtraict des bandes heretiques: mais si ie dis mystiquement que ces sauterelles nous figurent les enuieux, i'estime que le sens allegorique aura beaucoup de rapport auec le litteral. Car qui est plus impie que l'enuieux? qui est plus barbare, & inhumain que celuy qui ne peut supporter l'auancement d'autruy, & qui approche plus de l'Heresie, que l'enuie mesme, qui a le diable pour pere aussi legitimement que l'infidelité?

L'ENVIEVX est vne sauterelle qui prend naissance au matin, vieillit à midy & trepasse à la soirée, d'autant que l'enuie estant vne tristesse du bon-heur d'autruy, cette passion maligne desseche tellement l'humeur premiere, que ce qui deuroit suffire à la vie pour quatre vingts ans, à peine peut-il fournir à la quarantiéme année de l'âge de l'enuieux. La sauterelle se place ordinairement sur les *plantes les plus belles & les plus verdoyantes, ainsi cette noire passion n'attaque que la vertu, & ne combat que les ames caressées de Dieu

---

Et paulo post. Et similitudines Locustarum, similes equis paratis in prælium, & super capita earum tanquam coronæ similes auro, & facies earum tanquam facies hominum. Et habebant capillos sicut capillos mulierum: & dentes earum sicut dentes Leonum erant, & habebant loricas sicut loricas ferreas, & vox alarū earum sicut vox curruum equorum multorum currentium in bellum, & habebant caudas similes scorpionum, & aculei erant in caudis earum. *Apoc. 9.*

XCI.
Application des sauterelles de l'Apocalypse au peché d'enuie.
Viri sanguinum & dolosi non dimidiabunt dies suos. *Psalm.*
S. *Basilius hom. X I. de Inuidia.* Est enim inuidia dolor de proximi prosperitate, ac successu cōceptus, &c.

a *Exod. cap. 10.* Nihilque omnino virens relictum est in lignis, & in herbis terræ in cuncta Ægypto.

Chapitre VI. Section I.

Dieu. C'est vne Catharide qui ne s'attache qu'aux plus belles roses, & qui s'efforce à grands coups d'aiguillon de ruiner les actions heroïques des hommes de merite, comme a dit vn ancien:

b *La malignité de l'enuie,*
A qui la langue donne cours;
Tire du fond des vains discours
L'entier entretien de sa vie.
Les attaintes de sa rancœur
N'en veulent qu'aux hommes de cœur:
Et iamais elle ne s'irrite
Contre les froides actions
De ceux, dont le peu de merite
Fait ramper les pretentions.

Mais ce qui est de plus cruel en ce monstre, c'est qu'il pique à queüe de Scorpion, addoucissant auec loüanges l'endroit qu'il veut enuenimer, afin d'y planter plus cruellement sa médisance. Voila pourquoy ces sauterelles monstrueuses portent des faces d'homme, & des perruques de femme, pour darder plus accortement leur venin. Mais elles cachent dans leurs bouches des dents de Lyō & portent vne poictrine de fer, pour monstrer que sous les apparences de douceur, l'insensibilité de cœur est couuerte. Il est toutefois veritable que comme ces sauterelles n'auoient point de prise sur ceux, qui portoient le nom de Dieu viuant; de mesme les enuieux, nonobstant tous leurs efforts, n'auront aucun empire sur les ames munies du sceel de l'amour de Dieu. En esté l'arc-en-Ciel ne se forme pas aisément en plein midy, pour ce que

b *Pindarus Ode 8. Nem.*
ἄψον δὲ λόγχι Φθονε-
ροῖς ἄπλεθ᾽ ἀ᾽ ἐσλοῖς ἀεὶ
χριπόνων ὁ᾽ οὖν ἐσθλοῖς

Vuuuuuu 3 le

le soleil dans son exaltation dissipe facilement les nuës; & l'ame qui est arriuée à la plus haute eleuation de la Charité ne craint plus ni l'arc, ni les fleches de l'enuie, car l'amour est forte comme la mort, & se mocque de tous les traicts de l'Enfer. Ces chetiues bestes portent des couronnes qui ne sont pas d'or, mais qui ressemblent à l'or. D'autant que l'enuieux apres qu'il a bien pincé & mordu les merites d'autruy, il estime qu'il en remporte vne riche couronne de gloire: mais ce n'est qu'vn leton de blasme qui luy demeure sur le frot pour salaire de sa médisace. Apollodorus rapporte que la plus part des scorpions frappent à double aiguillon vomissant vn blanc venin; & l'enuieux sifflant la mortelle haine de sa rácune frappe trois persónes d'vn coup, dit le deuot S. Bernard: il blesse la reputation d'autruy, il tue son ame en médisant, & met à mort celle de celuy qui prend plaisir à ses discours.

MAIS que veut dire que quelques vns des autres monstres sortoient de la mer, les autres de la terre, d'autres paroissent dans le Ciel, & que cettuy-cy part de l'Enfer? C'est pour nous apprendre qu'entre toutes les passions déreglées l'enuie est la plus conforme à sathan, *Par l'enuie du Diable la mort est entrée dans le monde*. Car comme ces malins esprits ne cessent de nuire à l'homme, quoy qu'ils n'en reçoiuent qu'vn surcroit accidentel de leur supplice, de mesme les Enuieux sont tres-contens de s'incommoder pourueu qu'ils puissent endommager autruy. b Lyranus sur la Genese éclaircit

c *S. Bernardus de triplici custod. manus, lingua & cordis.* Nunquid non est vipera lingua detractoris ferocissima planè, nimirum quæ lethaliter tres inficiat flatu vno. Nunquid non lancea est ista lingua? profecto & acutissima, quæ tres penetrat ictu vno, lingua eorum gladius acutus. Gladius quidem anceps est, imo triceps est lingua detractoris.

XCII.
Les enuieux semblables aux Demons.
a *Inuidia diaboli mors intrauit in orbem terrarum. Sapient.* 2.

b *Lyran. in cap.* 3. *Genes.*

cit cette verité par vn gentil apologue. Vn grand Seigneur, dit il, voulant auoir quelques preuues de la malice de l'enuie & de l'auarice fit venir deuant soy vn enuieux & vn auaricieux, leur promettant de leur accorder tout ce qu'ils demanderoient à condition de donner au second le double de ce que le premier demanderoit. L'auare voulāt auoir au double ne vouloit pas presenter le premier sa requeste, & aussi l'enuieux ne pouuoit ouurir la bouche le premier tant il apprehēdoit que sa demande ne doublast le bon-heur de son compagnon. En fin le Seigneur pressant l'enuieux de commencer, qu'arriua-t'il? O frenesie infernale! l'enuieux demanda qu'on luy creuast vn œil afin qu'on arrachast les deux à son compagnon, tenant à faueur sa perte, moyennant le desauantage d'autruy. N'est-ce pas là tenir du demon ; ou si i'ose parler auec c S. Chrysostome, n'ont ils pas les ames plus noires que ces esprits infernaux qui n'offencent pas ceux de leur espece?

NE voila pas vn estrange monstre? a quelle massuë faudra-t'il pour l'assommer? Il n'en faut point d'autre que celle de l'amour du prochain de S. Louys, & des magnanimes Roys de France, qui est la vertu qui écrase ce monstre & le faict bien tost mourir. Car comme la b massuë d'Hercule par sa seule odeur mettoit iadis en fuite les chiés, & les mouches qui entroient dans son Temple; de mesme, vous verrez maintenant comme ces hargneux chiens d'enuie, & ces importunes mouches, que c S. Gregoire Taumaturgue appelle Frelons

c *Sanctus Chrysost. homil. 44. ad pop. Antioch.* Inuidi peiores sunt feris, dæmonibus autem pares, & fortè deteriores : nam feræ escæ indigentes, vel à nobis irritatæ aduersus nos armantur; inuidi verò etiam beneficiis allecti benemeritos maleficiis prosecuti sunt. Dæmones licet contra nos bellum exerceant impacatum, consortibus tamen generis non insidiātur. Vnde Iudæis Christus os occlusit cùm eum in Beelzebub eiicere dæmonia calumniarentur. Inuidi verò, neque naturæ communionem reueriti sunt, neque sibi pepercerunt.

XCIII.
L'amour du bien du prochain est opposée à l'enuie detestée par Clouis.
a *Sanctus Thomas* 11. q. 36. art. 1. Inuidia est tristitia de bono proximi, prout proprium malum æstimatur diminutiuum proprij boni.
b *Solinus initio Polyhistor.*

c *S. Greg. Thaumaturg.* ὥσπερ ἀνωφελῆ τε πνεύματα.

lons, & guespes du malin esprit, s'enfuiront bien tost deuant ces inuincibles massues de l'amour paternelle des Monarques des Chrestiens à l'endroit du prochain, & de leurs subiects. Clouis & les premiers Monarques ont affectionné d'autant plus leurs subiects, & tous les peuples Chrestiens, qu'ils haïssoient toutes sortes d'infidelles. Aussi ne lisons-nous pas qu'ils ayent tiré de grands subsides de leurs subiects, & ne laissoiët pas pourtant de les bien garétir contre les assauts des Alemans, des Gots, des Visigots, des Arriens, & des Sarrazins. Ils gardoient vne des maximes d'Alexandre Seuere, qui employoit la pluspart de ses reuenus, non point à des magnificences superflues, comme a remarqué [d] Lampridius; mais à soldoyer son armée, & à caresser ses soldats, & ses bons seruiteurs. Il asseuroit que c'estoit vne grande impieté aux gouuerneurs du public d'affecter à ses menus plaisirs, ou de ses domestiques, les reuenus de leurs prouinces, qui deuoient seruir à la conseruation du public. Vn autre chef qui bat en ruine le vice de l'enuie, est le desir de la paix, de l'amitié, & de la reconciliation. Car, au dire de [e] S. Cyprian, *Comment est-ce que celuy-là se peut vanter d'auoir la paix, & la charité qui est transportée d'enuie, & de ialousie.* Depuis que Cain fut trauaillé d'ëuie à l'endroit de son frere Abel; depuis que l'enuie se logea en l'ame d'Esaü; depuis que la vertu & la generosité de Dauid donna de l'enuie à Saül, aussi tost la paix, & l'amitié furent bannies de leurs cœurs.

[d] *Lamprid. in Alex. Seuer.* Qui aurum & argentum, raro cuiquam nisi militi diuisit. Nefas esse dicens vt dispensator publici in delectationes suas suorumve conuerteret id quod prouinciales dediffent.

[e] *S. Cypr. de zelo & liuore.* Quomodo vel pacem domini, vel charitatem tenet, qui intercedente zelo, nec pacificus potest esse eis charus? Ideo & Apostolus Paulus cum pacis & charitatis merita deprometeret, adiecit, Charitas magnanima est, charitas benigna est, charitas non zelat, &c.

OR

Chapitre VI. Section I.

OR Clouis auec les autres Roys Tres-Chreſtiens ont touſiours eſté tres-jaloux de la paix, & de la concorde auec les ſouuerains Pontifes & les autres Princes Chreſtiens. Celuy qui a leu les Parangons cy-deſſus rapportez, pourra connoiſtre auec combien de ſoin, & de diligence ils ont touſiours recherché les bonnes graces du S. Siege. ᵃ Iuo de Chartre écriuant au Pape Paſchal luy témoigne cette verité en ces termes: *Voſtre Paternité ne peut ignorer combien le Royaume de France a eſté ſouple & obeyſſant au Siege Apoſtolique par deſſus les autres Royaumes. C'eſt pourquoy touchant les perſonnes des Roys nulle diuiſion, ni jalouſie s'eſt trouuée entre le Royaume de France, & le ſouuerain Sacerdoce.* ᵇ Innocent III. n'en parle pas moins auguſtement à Philippe Auguſte. *Conſiderant combien le Royaume de France a touſiours demeuré conſtant en l'vnité, & en la bonne intelligence de l'Egliſe, ie vous ay voulu addreſſer comme au ſpecial fils de l'Egliſe Romaine les primices de mes lettres.* Nos Hiſtoriens teſmoignent que Pepin ayant debuſqué Aſtolphe de la ville de Pauie, le Pape Eſtienne & le Roy Pepin prenans congé l'vn de l'autre, firẽt des proteſtations reciproques d'vne amitié inuiolable, & d'vne confederation indiſſoluble entre le S. Siege & la couronne de Fráce: le Pape promit toutes ſortes de benedictions apoſtoliques, & le Roy l'aſſiſtance de ſes armées, de ſa perſonne, & de tout ſon Royaume. Cette alliance fut renouuellée l'an 774. entre le Pape Adrien, & Charlemagne, qui tenans tous d'eux le S. Euangile ſur le Sepulchre du Princes des Apoſtres,

XCIV.
Les Roys de France ont touſiours recherché l'amitié des Papes.

a *Iuo Carnotenſ. epiſt. 240. ad Paſchal. Pont.* Nouit veſtra Paternitas quia regnum Francorum præ cæteris regnis Sedi Apoſtolicæ ſemper fuit obnoxium: idcirco quantum ad ipſas regias perſonas pertinuit nulla diuiſio fuit inter regnum & ſacerdotium.

b *Innoc. III. ad Philipp. Auguſt. epiſt. 2. lib. 1.* Conſiderans quantum regnũ Franciæ in Eccleſiæ ſemper permanſerit vnitate, tibi tãquam ſpeciali Romanæ Eccleſiæ filio literarum noſtrarum primitias duximus deſtinandas, &c.

iurerent par vn serment solemnel vne confederation eternelle entre le S. Siege, & la couronne de France. Il ne faut nullemét douter que tandis que ces deux grands luminaires du monde s'entreaccorderont, & que, comme parle [c] Iuo de Chartre, le Royaume, & le Sacerdoce s'vniront estroittement, le monde n'en soit plus sagemét & heureusement gouuerné. Et partant, s'escrie ce venerable personnage, *Que la paix entre le Reyaume de France & la souueraine prestrise ne se rompe point par aucune surprise.*

[c] *Iuo Carn. ep. 138. Cùm regnum & Sacerdotium inter se conueniant, bené feliciterque regitur mūdus. Quare subdit idem auctor. Regni Francorum & summi Sacerdotij pax nulla surreptione dissoluatur.*

XCV.
L'Empereur Charlemagne n'enuie point l'Empire d'Orient.

LE genereux Charlemagne fit assez connoistre combié son ame estoit ennemie de ce vice rongecœur, quand si franchemét il capitula la paix auec l'Empereur Michel ; car c'est entre les égaux, que ce ver s'engendre, & dans l'écarlate qu'il se nourrit. N'enuiant point l'Empire d'Orient, il faisoit d'autant plus connoistre la candeur de son ame, qu'vn monde ne peut souffrir deux Soleils, & vn Empire deux Empereurs.

XCVI.
Il cherit ses subiets, & pourueoit à leurs necessitez.

[a] *Baronius tom. 9. Ann. 810. ex libr. 1. Capitul. Car. M. Si euenerit fames, clades, pestilentia, & inæqualitas aëris, vel alia qualiscumque tribulatio, vt non expectetur Edictum nostrum, sed statim depretcetur Dei misericordia, &c. Ne foris imperium nostrum vendatur aliquid alimoniæ de mendicis, qui per patrias discurrunt, volumus.*

QVE s'il auoit de la bien-vueilláce pour autruy il en auoit encore plus pour ses subiects, apprehendant d'auantage leurs incommoditez que les siennes propres. La [a] France estát affligée de peste, & de famine, que fit ce charitable Monarque ? Il ordonna qu'en semblables accidens sans attendre só Edict on eust recours à la misericorde du Gouuerneur de l'Vniuers, & qu'on amortist l'ardeur de sa iuste colere auec les larmes, & les gemissemens des humbles prieres. Il deffendit qu'on ne tirast point de viure hors de só domaine, afin que l'abódance

Chapitre VI. Section I.

dance en demeurast à ses subiects. Quāt aux pauures vagabonds, il publia que chaque famille auroit le sié, & qu'elle ne luy permettroit point de recourir ailleurs. Il deffendit à ceux qui sōt pleins de force pour trauailler, de mendier, & qu'on ne leur baillast autre entretien que celuy de leur trauail. Il enjoignit à tous les Euesques, les Abbez, les Abbesses, les Comtes, les Seigneurs, & pareillement à tous ceux qui sont pourueus de benefices Royaux, soit Ecclesiastiques ou autres, qu'ils nourriroient à leurs propres fraiz tous les Fermiers qui cultiuent leurs terres. Ceux-là meritent bien d'estre sustentez les premiers, qui ont épuisé leur substāce pour donner la nourriture aux autres. Pour aller au deuant de tous ces desordres, il taxa le prix de chaque denrée, ordonnant que la mesure d'auoine ne se vendroit que deux deniers; celle de froment six, celle d'orge quatre, & autant la mesure de seigle. D'icy nous pouuons recueillir l'amour de Charlemagne à l'endroit du prochain, & combien la France abondoit en biens, puis qu'au temps de la cherté, [b] dit Baronius, le bled estoit à si bas prix. En vn autre endroit de ses capitulaires, il recommande fort aux Prelats l'entretien des pauures, & des Hospitaux, & qu'ils se souuiennent que les anciens auoient vsé de tant de liberalité à l'endroit des Eglises, afin d'en faire part aux pauures, & qu'en estans bons œconomes, ils meritassent aupres de celuy qui en demandera conte, d'en receuoir des recompenses plustost que des supplices.

Lovys le Debonnaire, comme vn autre charita

vt vnusquisque fidelium nostrorum suum pauperē de beneficio, aut de propria familia nutriat, & non prætermittat alicubi ire mendicando. Et vbi tales inuenti fuerint, qui sibi manibus laborent, nullus eis quicquam tribuere præsumat.

[b] *Baron. tom. 9. ann. 820. ex libr. Capitul. Car. M. cap. 32.* Nōn carius vendat nisi modium de auena denarios duos, modiū de hordeo denarios quatuor, modium vnum de sigele denarios quatuor, modium vnum de frumento parato denarios sex. Ad hæc subiungit Baronius. Ex his intelligas abundantiā Galliarum, cùm tempore ingentis penuriæ tam vili pretio vendi ista iuberētur.

XCVII.
L'Empereur Louys le

Debonnaire a domté l'enuie par diuers exploicts de bien-veüillāce à l'endroit du prochain.

ritable Abraham ne pouuoit monstrer assez de bien-vueillance aux estrangers, & particulieremēt aux Espagnols qui se desroboient de la tyrannie des Sarrazins, pour seruir à IEVS-CHRIST en France auec plus de tranquilité. Non seulement il les receut en qualité de [a] personnes libres, mais il voulut qu'ils iouyssent de pareils priuileges que les naturels François, voire mesme il les exempta de tous tributs, comme les plus nobles de son Royaume, leur assignant plusieurs terres encore desertes, les y maintenant par ordonnance, & reprimant l'insolence de ceux qui les en vouloient deposseder. N'estoit-ce pas s'interesser bien auant dās la fortune de ses subiects, que d'enuoyer apres la mort de son pere des [b] Commissaires par tous ses Estats, pour s'informer si quelque personne auroit receu quelques desplaisirs, ou souffert quelque mauuais traitement des officiers du Royaume ? Ayant receu les plaintes de plusieurs, ne cassa-t'il pas tout ce que ces harpies de Ministres auoiēt ordonné par le passé ? Ne fit-il pas rendre les patrimoines à ceux qui en auoient esté despouillez iniustement, & la liberté aux captifs ? [c] *Ses liberalitez estoient si grandes*, dit Tegan, *qu'on ne lit rien de pareil à luy en toutes les histoires anciennes & modernes. Il donnoit à ses plus affidez seruiteurs iusques aux heritages & metairies que ses ayeuls luy auoient laissées.* Si quelque [d] Pape luy enuoyoit vn present, il s'en reuenchoit au triple, & ne leur pouuoit témoigner assez d'affection, tāt la bien-vueillance estoit naturelle à cet Empereur à l'endroit de toute sorte de

[a] Baron. tom. 9. anno 815. At Imperator maximè pius Ludouicus tantum abest vt suscipere voluerit eos in seruos, vt æqua conditione, qua Francos illos omninò voluerit esse liberos concedens, eisdem quoque agros, quos colerent vndè viuerent, sed & quod maius à tributorum exhibitione voluit immunes esse. *Extant de his diplomata duo eiusdem Imp. nuper à Pithœo edita in Annalium Francorum tomo, quæ ibi legi possunt, vel apud Baroniū hoc anno.*

[b] Tegan. de Gest. Ludou. Imp. Omnia supradicta Princeps destruere iussit facta quæ impiè in diebus patris sui per iniquorum ingenia ministrorū facta fuerant. Patrimonia oppressis reddidit, iniustè ad seruitium inclinatos absoluit, & omnibus præcepta iussit facere, & manu propria cum subscriptione confirmauit.

[c] Idem ibid. In tantum largus erat, vt antea nec in aliquibus libris, nec in modernis temporibus auditum est, vt villas regias quæ erant sui auī & tritaui fidelibus suis tradidit eas in possessiones sempiternas.

[d] Idem ibid. Dominus Imperator cum honorauit magnis & innumeris donis, tripliciter, & am-

de personnes, ᵉ *aymant Dieu sur toutes choses*, dit vn Historien de son temps, *& son prochain comme soy-mesme*. N'est-ce pas là combattre ouuertement le monstre de l'enuie auec la massue de l'amour du prochain? Si ce sage Empereur n'en eust esté victorieux, eust-il receu à Compiegne auec tant d'honneur les Ambassadeurs de l'Empereur Michel, les eust-il traittez auec tant de magnificence, & honnorez de riches presens. Qui ne sçait que l'enuie se loge tousiours entre les pareils, & qu'elle ressemble à la Cantharide qui ne se repaist que des plus belles fleurs?

plius quàm suscepisset ab eo sicut semper solebat agere, magis dare quam accipere.

e *Auctor incertus vitæ Lud. Imp. sed coætaneus. ex Biblioth. Pith.* Dominum super omnia, proximum verò tanquam se diligebat.

f *Idem ibid.* Legati Imperatoris Michaëlis eodem anno, mense Septẽbri Compendium venerunt, munera attulerunt, nobiliter suscepti, opulentissimè curati, liberaliter munerati, & prosperè regressi. *Anno* 817.

SECTION II.

Les Roys de la troisiéme race ont genereusement combattu l'Enuie auec l'amour du prochain.

CE n'est pas sans grande consideration ᵃ qu'Homere aussi sage Politique que bon Poëte, n'employe iamais tiltre plus frequẽt pour honorer la personne du magnanime Roy Agamemnon, que celuy de Vigilant Pasteur, & que nos ᵇ sacrez Oracles vsent souuent du mot de Pasteur pour celuy de Roy, & de paistre pour regner. C'est sans doute pour apprendre aux Princes que les actions de bon Pasteur, & de bon Roy ont beaucoup de rapport, & que le sort d'vn Pasteur estant tout plein d'amour à l'endroit de son trouppeau: aussi celuy de Roy ne doit pas auoir

XCVIII.
Hugues Capet & les Roys suiuans ont esté exempts d'enuie.

a *Homerus Iliad.* X.
Ἄλλοι μέν παρὰ νηυσὶν ἀριστῆες παναχαιῶν,
Εὗδον παννύχιοι, μαλακῷ δεδμημένοι ὕπνῳ·
Ἀλλ' οὐκ Ἀτρείδην Ἀγαμέμνονα ποιμένα λαῶν.
Cæteri quidem apud naues Principes omnium Archiuorum, dormiebant totam noctem molli domiti somno. At non Atridem Agamemnonem pastorem populorum.

b *Isaya* 45.
Ezech. 34.
Mich. 5.
2. *Reg.* 5.

d'autre inclination à l'endroit de ſes ſubjets, leur témoignant toute bien-veüillance, qui eſt le ſouuerain correctif de l'enuie. Pour ce ſujet Alphonſe X. Roy de Caſtille auoit fait peindre pour ſa deuiſe vn Pelican qui ſe ſaignoit pour donner la vie à ſes petits, auec cette deuiſe: *Pro lege & pro grege*, pour la loy & pour le trouppeau, témoignant que le Souuerain ne doit rien épargner, non pas meſme ſon ſang pour la conſeruation de ſon peuple. Les Monarques François de la troiſiéme race ont ſans controuerſe donné de viſibles preuues de cette qualité à toute la France, ainſi qu'on peut recueillir des diſcours de leur clemence & de leur liberalité, que i'ay faicts voir cy-deſſus. Mais quelle loüange ne doit-on à la memoire de Hugues Capet pour auoir triomphé en cette vertu royale au deſſus de pluſieurs autres Princes? Quel ſoin, & quelle amour de Paſteur n'a-t-il monſtré à ſes ſubjets, aux eſtrangers, & à ſes ennemis meſme? Les lettres qu'il écriuit aux ᶜEmpereurs, rapportées par Gerbertus, declarent aſſez qu'il n'auoit point l'ame becquetée de ce corbeau de Prometheé, puis qu'il ne reſpire rien tant que l'honneur de leur bien-veüillance. *Nous recherchons voſtre tres-ſaincte amitié, & voſtre tres-ſaincte alliãce*, eſcriuoit Hugues, *mais auec telle ſincerité que nous n'ambitionnõs point vos Royaumes, & vos richeſſes*. Son fils Robert qui luy ſucceda à la couronne eſtoit autant ennemy de cette importune beſte d'enuie, qu'il careſſoit ſon prochain, & ſouhaittoit mille proſperitez à tout le monde. Comme ſon pere s'eſtoit touſiours
main

Matth. c. 2. v. 6. Vbi habetur in Græcis. ὅτις ποιμανεῖ, quod ſonat ad verbum Qui paſcet. Editio vulgaris habet. Qui reget. & Pſalm. 2. & Pſalm. 23. & 47. & 79. vbi ποιμαίνων pro rego ponitur.
Xen. libr. 8 de Cyropædia. παραπλήσια ἔργα εἶναι νομίζων ἀγαθοῦ. Καὶ βασιλέως ἀγαθοῦ. Similia eſſe opera boni Paſtoris & boni Regis.
Claudian. ad Honor. Imp.
Tu curam patremque geras, tu conſule cunctis.
Non tibi, nec tua te moueant, ſed publica damna.

ᶜ *Ex eod. epiſt. Gerbert. apud Papyrium Maſſonium lib. 3. in Hugone. Imper. Orthodoxis Hugo Fr. R. Cùm nobilitas veſtri generis, tum etiam gloria magnorum actuum ad amorem veſtrum nos hortatur & cogit, hi quippe eſſe videmini, quorum amicitia dignotus in humanis rebus poſſit æſtimari. Hanc ſanctiſſimam amicitiam iuſtiſſimámque ſocietatem, ſic expetimus, vt nec regna, nec opes veſtras in ea requiramus.*

Chapitre VI. Section II. 1257

maintenu en bonne intelligence auec l'Empereur; de mesme il continua cette loüable affection à l'Empereur Henry, successeur d'Othon. ᵈ Glaber raconte que pour l'affermir dauantage, le Roy apres vn somptueux festin fit present à l'Empereur de cent cheuaux richement bardez, auec quelques pieces d'or; & l'Empereur d'autre-part se reuancha de cette liberalité par vn don de cent liures de fin or, & de quelques autres medailles d'or. Les Chroniques de Fráce témoignent que Louys VI. dit le Gros, fut vn Prince à qui conuenoit le dire du Prophete Zacharie : ᵉ *l'entoureray ma maison de bonne garde, afin qu'aucun Exacteur ne passe par dessus mes domestiques* : Car il n'espargna point certains Seigneurs du Royaume qui accabloient d'exactions le menu peuple, & les Ecclesiastiques. Philippe Auguste tousiours Auguste en vertu, & singulierement en compassion à l'endroit du peuple, ne dissimula point l'insolence d'Estienne Cóte de Sancerre, son oncle maternel, & d'Humbert, Seigneur de Beaujeu, & d'autres Seigneurs de son Royaume, qui seruoient de sangsuës à leurs voisins. Car ayant essayé de les ramener à leur deuoir par les defenses de telles extorsions, il y employa finalement le fer & les armes, & n'eust point épargné ses propres parens, s'ils n'eussent reconnu leur faute auec beaucoup de soumission à ses volontez.

LES chambres entieres sont pleines des traictez de paix qui se sont passez entre les Roys de France, & d'Angleterre, qui font voir comme les

Monar

---

d *Baron. tom. 11. Anno 1023. ex Glabro libr. 3. cap. 2.* Expleto prandio, Robertus Rex immensa munera auri, atque argenti & pretiosarum gemmarum Henrico: centum insuper equos honestissimè phaleratos super vnumquemque lorica & galea : mandans insuper tantum illorum amicitiâ imminuere, quantum côtingeret ex omnibus illi relinquere. At Henricus cernens amici liberalitatem, suscepit; ex illis tantum librum Euangelij auro & lapidibus pretiosis insertum, ac phylacterium simile factum continens dentem sancti Vincentij Leuitæ, & Martyris. Vxor vero illius pares auri tantum inaures accepit.

e *Zacharia chap. 9.*

XCIX.
Diuerses alliances, & traittez de paix des Monarques François auec les Princes estrangers.

Monarques François ont eu l'ame épurée de ce poison des cœurs, & s'estans tousiours portez fort traictables à la Concorde, leur vertu ne s'est pas moins fait reconnoistre aux alliances auec l'Espagne. Philippe IV. dit de Valois, & Alphonse Roy de Castille, s'estans entreaydé l'vn l'autre contre leurs ennemis jurerent en fin vne amitié, non seulement pendant leur regne, mais pour iamais. [a] Philippe de Commines dit qu'ils s'obligerent de la garder sous des maledictions tres-horribles. La Confederation fut renouuellée sous Charles V. dit le sage. Le Roy. Henry de Castille entendant que le Duc de l'Enclastre auoit épousé sa niepce, preuoyant que ce mariage luy feroit épouser vne sanglante guerre auec l'Anglois; pour se garantir de ce danger, il enuoya des Ambassadeurs au Roy Charles, afin de renouueller auec sermens reciproques l'ancienne intelligence de s'entre-secourir contre tous leurs ennemys. Cette alliance fut tres-vtile à la France disent nos [b] Chroniques, tant parce que l'Anglois diuertit vne partie de ses forces de la France, qu'à cause que le Castillan enuoya vne armée nauale de quarante grosses nefs, & treize barques bien équippées qui se mirēt à l'ācre deuant la Rochelle pour y attendre le Comte de Pennebroth qui s'en venoit prendre possession du gouuernement de Guienne, & enleuer encore d'autres places. Mais les Anglois reconnoissans au premier choc que leurs petites nefz n'auoient point la bouche assez fenduë pour engloutir ces gros vaisseaux d'Espagne, cela les fit retirer, non sans

[a] Philippes de Comines en la vie de Louys XI. ch. 36:
Du Tillet.
Scipion Dupleix.

[b] Froissard.
P. Emilius.
Scipion Dupleix.

Chapitre VI. Section II.

sans grande perte de leurs biens, de leurs honeurs, & de leurs vies.

CHARLES VIII. caressoit si tendrement son peuple & ses domestiques, qu'après sa mort, deux de ses seruiteurs moururent de regret d'auoir perdu vn si bon maistre, qui leur estoit plus pere que Roy. Le peuple mesme en côceut tant de mécontétement, que ce n'estoient que plaintes, & que sanglots parmy la France, d'autát plus cuisans qu'il auoit pris resolution d'affranchir le peuple de toute sorte d'imposts, & de subsides. Son fils Louys XII. herita sainctement de cette bonne affection, ne pouuant supporter qu'on surchargeast le peuple; disant:ᵃ *qu'il estoit plus honnorable à vn Roy de ne rien deuoir, que de beaucoup bailler aux despens des creanciers.* Aussi a-t'il esté appellé le pere du peuple; & depuis son trépas, quand on a voulu imposer quelques nouueaux subsides, on a voulu estre reglé à l'estat de Louys XII. Oliuarius Euesque d'Angers a honoré la memoire de ce Monarque, en le qualifiant Roy orné d'vne singuliere amour à l'endroit du peuple, mais celuy qui faict autrement, qu'il entende les menaces du Ciel par la bouche des Prophetes.

ᵃ*ESCOVTEZ Princes de Iacob, & vous Gouuerneurs de la maison d'Israël: ne vous appartient-il pas de sçauoir le iugement, vous qui auez le bien en haine, & aimez le mal; qui par la violence déchirez la peau de mô peuple, & rôgez sa chair iusques aux os, qui les rôpez & les coupez comme dans vne chaudiere, & côme la chair au milieu du pot.* Voila comme le S. Esprit dépeint

---

C.
Charles VIII. a esté aimé du peuple à cause qu'il l'aimoit: comme aussi Louys XII.

a *Papyrius Masson, in Lo XII.*

CI.
Les tributs doiuẽt estre moderez.
a *Michea cap.* 3. Audite Principes Iacob & Duces domus Israël. Nunquid non vestrum est scire iudicium qui odio habetis bonum & diligitis malum, qui violenter tollitis pelles eorũ desuper eis, & carnem eorum

peint la felonnie de certains Princes & Magiſtrats à l'endroit du peuple. Mais voicy leurs chaſtimēs: *Et partāt vous ſerez cauſe que Sion ſera labourée comme vn champ, & Ieruſalem ſera comme vn monceau de pierres, & la montagne du Temple ſe changera en foreſts, parce que vous edifiez Sion auec le ſang, & Ieruſalem auec iniquité.* Iaçoit que les tributs ſoient dûs aux Souuerains par le droict diuin & humain, toutefois l'excez en eſt touſiours reprehenſible, & leur vſage peu profitable aux Princes. Il faut que les Souuerains ayent le courage d'vn [b] Alexandre, qui reſpondit à vn flatteur qui luy cornoit aux oreilles de nouuelles impoſitions: *Ie deteſte le jardinier qui cueille ſes herbes auec la racine:* declarant par ceſte parole que le bon [c] Prince doit eſtre Paſteur, non point loup carnaſſier, qu'il ſe doit contenter de tondre ſon troupeau, & non point de l'eſcorcher, comme diſoit Tibere : Car tels Monarques, apres auoir tout raui, ſont auſſi vuides de biens, comme s'ils n'euſſent rien pris, & retenant iniuſtement le bien d'autruy, toutes choſes leur manquent. Que les Princes donc entēdent ce que le ſainct Oracle leur conſeille amiablement. [d] *Soyez contens du laict des chevres pour voſtre viande, & pour ſuruenir aux neceſſitez de voſtre maiſon, & pour la nourriture de vos ſeruantes. Ils t'ont conſtitué Recteur, ne t'eſleue pas, & ſois comme vn d'entre eux. Aye ſoing d'eux, & ainſi le conſidere, quand tu auras fait ton deuoir en diligēce, aſſied toy, & te repoſe, afin que tu ſois ioyeux à leur occaſion, & que tu reçoiues la couronne qui eſt l'ornement de grace, & la bien-vueillance de toute l'aſſemblée.* Louys XII. ayāt eſté

---

deſuper oſſibus eorum? Qui comederunt carnem populi mei, & pellem eorum deſuper excoriauerunt, & oſſa eorum cōfregerunt, & conciderunt ſicut in lebete, & quaſi carnem in medio ollæ, &c. Quia ædificatis Sion in ſanguinibus, & Hieruſalem in iniquitate. Propter hoc cauſa veſtri, Sion quaſi ager arabitur, & Ieruſalem quaſi aceruus lapidum erit, & mōs Templi in excelſa ſyluarum.

b *Maxim. Tyr. ſerm.* 13. *Plutarch. in Alexand. & Dion. lib.* 52. Καὶ κατρογενίσμωσι, οἷς μιζῶν ἐκλιβόντως τὰ λαχανα. Et Olitorem odi, qui olera ſeu herbas exſcindat radicitùs.

c *Suet. in Tyb. c.* 32. Boni paſtoris eſt tondere pecus non deglubere.
Plin. in Paneg. Quibus cùm omnia rapiant, & rapta retinuiſſent, vt ſi nihil rapuiſſent, omnia deſunt.

d *Prou.* 17. Sufficiat tibi lac caprarum in cibos tuos, & in neceſſaria domus tuæ, & ad victum ancillis tuis.
Eccleſ. 32. Rectorem te conſtituerunt, noli extolli. Eſto in illis quaſi vnus ex ipſis. Curam illorum habe, & ſic conſidera, & omni cura tua explicita recumbe: vt læteris propter illos, & ornamentum gratiæ accipias coronam & dignationem conſequaris corrogationis.

Chapitre VI. Section II.

esté vn Monarque qui detestoit l'oppression du peuple ; & abhorroit les écornifleurs qui le vouloient induire à succer les moüelles de ses subiects, il ne faut point douter que Dieu ne luy ait donné cette guirlâde des bons Princes, qui est l'ornemēt de ses graces en ce monde, & la gloire eternelle à la fin de ses iours.

IL est asseuré que Louys XIII. amateur de son peuple, & de sa iustice, ne cedera rien à Louys XII. au soulagement de ses subiects, quand il se verra hors de ces guerres qui ne se font qu'auec des bras d'argent, & ne se paracheuent qu'auec des mains d'or. Vn personnage de merite luy ayant representé les plaintes de ses subiects surchargez de nouueaux impos: *I'en suis*, dit-il, *le plus desplaisant: Mais quel remede ? mon conseil me dit que si ie ne fais la guerre ie suis pour perdre ma couronne, or ie ne la puis entreprendre qu'auec de l'argent, à qui en demanderay-ie sinon à mon peuple, puis que c'est pour sa conseruation que ie la fais, & que i'expose ma vie & celle de ma noblesse: Ie vous asseure*, adiousta-t'il, *que si ie puis auoir conclu la paix ie donneray tout contentement à mes subiects.* Ie ferois tort au merite de sa tendre affection à l'endroit de son peuple, si i'oubliois la singuliere preuue qu'il en donna pendant la maladie de Monseigneur le Connestable de Luynes. Ce Seigneur estant allicté d'vne fievre ardante qui luy rauit la vie, sa Majesté le voulut visiter pour satisfaire à sa bien-vueillance ordinaire ; Monseigneur le Cardinal de Rays luy representa viuement le peril de sa santé en vne telle visite : mais

CII.
Louys le Iuste amateur de son peuple.

l'amour estant forte comme la mort, fit mespriser au Roy toute sorte de dangers. Enfin ce sage Cardinal luy ayant dit pour derniere raison : SIRE que deuiendra vostre peuple, si d'auanture vostre Majesté est frappée de cette funeste maladie? Alors le Roy à cette parole du peuple fut tout à coup changé, & n'eust autre repartie, sinon qu'il falloit auoir pitié de ses subjets, dont le bon-heur dépend de celuy de son Roy. Cet essay de bienveüillance me fait croire que sa Majesté ne manque pas de bonne volonté pour le soulagement du peuple, & que si quelqu'vn se plaint des charges annuelles, que c'est la necessité des affaires du Royaume, qui l'oblige à les continuer, & non pas le defaut de sa pitié & de sa bonne affection.

EN ce cas là les Princs & les Roys peuuent auec toute asseurance de salut imposer & exiger le tribut. Car comme dit [a] Iustinian, *sans les censes, & les peages, il est impossible que la Republique se puisse entretenir, d'autant que le repos des peuples ne se conserue pas sans armes, les armes sans soldes, & les soldes ne se peuuent recouurer sans tribut.* C'est la response & la resolution que donna l'Oracle de la [b] Theologie S. Thomas à la Duchesse de Brabant, qui luy auoit proposé s'il estoit loisible aux Souuerains de gabeller leurs peuples? Le S. y adjoustant ces dignes paroles; que les Princes doiuent prendre garde de n'estédre point la necessité du public à la satisfaction de leur conuoitise, remplissant seulement leurs coffres en épuisant le sang de leurs paures subjets, ou l'employant à des profusions au dépans

CIII.
Pour quel sujet les Princes doiuent tirer des subsides du peuple.
a *Iustin. nouell. const.* 149. Sine vectigalibus impossibile est Rempublicam conseruari, neque enim quies gétium sine armis, neque arma sine stipendiis, nec stipendia sine tributis haberi queunt.
b *Sanctus Thomas Opusc.* 23. *ad sextam quæstion. Ducissa Brabant.* Si aliquis casus emergat de nouo in quo oportet plura expendere pro vtilitate communi, vel pro honesto statu Principis cō seruando, ad quæ non sufficiunt reditus proprij vel exactiones consuetæ, puta si hostes terram inuadant, vel aliquis similis casus emergat, tunc enim & præter solitas ex-

Chapitre VI. Section II. 1263

dépans de la vie du peuple; qu'en tel cas Dieu brandit dés cette vie les foudres de sa vengeance contre semblables Princes, qui experimenteront à la fin qu'il n'est Roy au monde plus miserable que celuy qui veut engloutir tout ce qui est dans le Royaume: *Ceux qui deuorent mon peuple*, dit le Seigneur de l'Vniuers, *& qui le mangent comme le pain, les angoisses & les malheurs se retrouueront en leurs chemins.*

ᵃ POLIDORE Historien Anglois raconte que le S. Roy Edouard III. apperceuant vn diable assis sur vn sac plein de l'argent des gabelles; le bon Roy en fut tellement effrayé, & indigné, qu'aussi-tost il fit rendre à chacun en particulier leur contribution. Si Dieu continuoit ce miracle, qui seroit si hardy que de mettre le pied dans les chambres des Finances de plusieurs Princes, pour le grand nombre des Lutins, qui gardent ces thresors comme les Dragons des fables la pomme d'or? Que cecy soit dit auec tout le respect que nous deuons aux Souuerains, dont les fautes se doiuent plustost écrire sur le sable, comme fit nostre Seigneur celles des Princes de la Loy, que sur le cuivre & sur le parchemin. Mais parce qu'en ce siecle plusieurs peuples gemissent sous le faix des peages, leurs clameurs m'ont obligé à monstrer que tels excez peruertissent entierement cette bien-veüillance paternelle, que les Souuerains doiuent à leurs subjets, & l'amour reciproque des peuples à l'endroit de leurs Princes.

LA paix de Veruin entre Henry le Grand, & Phi-

actiones, possent licitè terrarum Principes à suis subditis aliqua exigere pro vtilitate communi, &c. Si verò velint exigere vltra id quod est institutum, pro sola libidine habendi, aut propter inordinatas & immoderatas expensas, hoc eis omninò non licet.
c *Psalm*. 13. Qui deuorant plebem sicut escam panis. Contricio & infœlicitas in viis eorum, & viam pacis non cognouerunt.

CIV.
L'argent des gabelles, gardé en Angleterre par vn demon.
a *Polid. Virg. libr. 8. hist. Angl.*

CV.
Qu'on doit prier Dieu pour la conseruation de la paix de Veruin.

Yyyyyy 3

Philippe second Roy d'Espagne a causé à la Religion autant de bien qu'aux deux Royaumes de profit, & de repos. Mais malediction eternelle à l'enuieux qui la violera, & mille benedictions à celuy qui la fera tousiours florir ; & qui fera passer cette confederation iusques dans les terres des ennemis de Dieu & de l'Eglise. Reste maintenant pour comble du bon-heur de la France & de l'Europe, qu'on prie le Ciel que le grand Louys XIII. puisse tousiours regner comme vn Salomon, combattre comme vn Dauid, & viure heureusement comme vn autre Iosaphat. C'est ce que nous deuons esperer de l'infinie bonté, qui faict naistre la paix de la iustice, dont Louys le Iuste a épousé la gloire auec sa couronne. Esleuons donc nos cœurs à celuy, par qui les Roys regnent, & les hommes obeyssent, qu'il fasse regner ces deux puissantes maisons Chrestiennes, & Catholiques, auec vne aussi saincte alliáce d'esprit côme elle est de sang & de corps. Prions celuy qui tient le cœur des Roys entre ses mains, qu'il façonne tellement le cœur de ces deux grands Monarques, que n'en faisant qu'vn des deux, ils puissent conspirer sainctement & genereusement à la ruine de ce Dragon Mahometain, à l'extirpation de cette vipere de l'Eglise, & à la gloire de Dieu. Demandons auec soupirs que ce monstre d'enuie ne vienne iamais à troubler la saincte concorde de ces deux fils de l'Eglise ; & que mille malheurs fondent sur celuy, qui n'en detournera le desastre : mais supplions tous l'inépuisable misericorde du Ciel qu'il

verse

Chapitre VII. *Section* I. 1265

verse sur ces deux royales maisons l'abondance de ses graces, afin qu'ayans esté les deux premieres entre les Roys de la terre, ils le soient aussi sur la celeste montagne du Liban, apres auoir germé en terre comme Israël, & flori en honneur comme le Lys. *Ero quasi ros, Israël germinabit sicut Lilium, & erumpet radix eius vt Libani.*

CHAPITRE SEPTIEME.

Les sainctes affections du Roy S. Louys à l'endroit de toutes les nations de la terre.

AÇOIT que les histoires sacrées nous ayent laissé les peintures de diuerses sortes de monstres, comme i'ay desia faict paroistre cy-deuant: toutefois [a] celuy qui nasquit l'an mil cinq cens quaráte-trois en la ville de Cracouie, capitale de Pologne, est d'autant plus estrange qu'estant issu de parens honorables, & portant la figure d'vn homme, on luy voyoit neantmoins au milieu du front vne corne qui ressembloit à vne promuscide, des yeux à deux charbons, le visage au musle d'vn taureau, & le dos à la peau d'vn chat. Sa difformité s'accroissoit par deux testes de chien qu'il portoit sur sa poictrine, & deux yeux de chat, qui estinceloient au dessous de son nõbril. Sur chasque ioin-

CVI.
Enfant monstrueux engendré à Cracouie.

a *Gasparus Pucerus in Terascopus.*
Hieron. Cardanus.
Gasparus Bruchius.
Egid. Fasius tractat. de Cometa.

cture

cture des bras & des genoux paroissoit la teste d'vn dogue à gueule beante, ses pieds & ses mains ressembloient aux pattes d'vn singe, & par derriere il monstroit vne queüe retroussée à la hauteur de deux pieds; & toute sa vie ne fut que de quatre heures.

CVII.
L'enuie comparée à ce monstre de Cracouie.

IE peux dire auec plusieurs Escriuains que ce Monstre est des plus hideux du monde; mais que l'Enuieux est encore plus effroyable, si nous auions les sens de l'ame aussi penetrans que ceux du corps. Car sans décrire plusieurs monstruositez qui se retrouuent en l'homme atteint d'enuie, ie dis en détail qu'il a la teste armeé d'vne furieuse promuscide, d'autant que l'enuie est vne des filles aisnées de la superbe, conceüe d'vn déplaisir du bon-heur d'autruy, ce que le Docteur Angelique a sagement remarqué, disant que *la premiere engeance d'orgueil est la vaine gloire, qui peruertissant l'esprit humain, luy faict leuer les cornes à l'encontre de tout ce qui est loüable, vertueux & magnifique.* Ces testes de chiens, & ces ressemblances de chats, sont des figures naturelles de l'ëuie, qui jappe, & miaule continuellement contre l'heureuse fortune du Prochain; à raison dequoy elle est appellée par nostre [a] angelique Docteur, vne tristesse du bien d'autruy, entát qu'elle se persuade estre à son desauantage. Les pattes de singe, qui ressemblent à des mains, nous figurent la dissimulation de l'enuieux, qui souuent contrefait l'amy n'ayant rien dans le cœur, que mépris, murmure, & vne noire bile de rancune, plus prest à nous donner de la griffe

[a] *Sanctus Thomas* 22. q. 36. a. 4. ad 1. Dicendum quod sicut Gregorius dicit in 31. *moral. c.* 31. Capitalia vitia tanta sibi coniunctione coniunguntur, vt non nisi vnum de altero proferatur. Prima namque superbiæ soboles inanis est gloria, quæ dum oppressam mentem corrumpit mox inuidiam

griffe que de la main, ce que ne pouuant accomplir, du moins il execute auec sa langue trenchante, figurée par le musle du Taureau, qui a cela de particulier, qu'estant à la prairie il n'arrache pas l'herbe auec les dents, comme les autres animaux, mais il la fauche auec le plat de la langue: de mesme si l'enuieux n'a le pouuoir entre les mains d'offencer celuy qu'il agresse il ne lairra pourtant de trencher son honneur auec vne langue plus acerée que celle du Taureau, & la queüe qu'il retrousse en haut est le symbole de la vaine ioye que cet esprit conçoit des esclandres humaines, comme à rebours il s'en bat les flancs quand il découure la prosperité d'autruy,

gignit, quia dum vani nominis potentiam appetit, ne quis hanc alius adipisci valeat, tabescit. Euripid. in Bellerophonte. Solet enim inuidia ad res illustres prosilire.

 Comme vn ver qui caché dans le bois se nourrit,
 Et tant plus se nourrit, & tant plus se pourrit:
 Ou comme on voit le fer de sa roüilleure mesme
 A la fin se manger: ainsi l'enuie blesme,
 Se nourrissant nous mange, & nous pince le cœur,
 Nous desseichant les os d'vne lente rancœur.

Pindarus Ode 8. Neme. στροφ. β. κωλ. δ'. Ὄψον δὲ λόγοι φθονεροῖς ἅπτεται δ' ἐσλῶν αἰεί, χειρόνεσσι δ' οὐκ ἐρίζει. Obsonium autem inuidis sunt sermones. Attingit verò probos semper inuidia, & cū deterioribus non contendit.

Qui ne s'armera contre ce noir demon, qui ne prēdra en main la massuë de l'amour du prochain pour luy écaboüiller la teste.

S. LOVYS a esté l'vn des premiers champions de la milice Chrestienne, qui a fait fremir & mourir cette felonne Tisiphone. ᵃ Geoffroy de Beaulieu témoigne que iamais Salomon, ni le Roy Atha ne furent plus pacifiques que S. Louys. Tant s'en faut qu'il couuast dans son esprit quelque courbeau d'enuie contre son prochain, qu'au contraire quand il auoit appris que quelcun estoit mécon

CVIII.
S. Louys ne peut souffrir la disco. de des subiets auec leurs Princes.
a *Gandefridus de Bello loco in vita & conuers. S. L. R.c. 20. Sicut legitur de Rege pacifico Salomone, habuit pacem vndique in circuitu regni sui. Et quod de Atha Rege Iuda dicitur quod regnauit in pace, nulla temporibus eius bella*

surrexere, pacem per gyrum Domino largiente. Sanè si quos etiam hostes & æmulos latentet habebat eos sagaciter & charitatiue attrahebat ad pacem & beneuolentiam suis curialitatibus & auxiliis opportunis, & quia placebant Domino viæ eius inimicos ipsius, si quos habere poterat conuertebat ad pacem. Non solùm autem ad subditos clementer & pacificè se habebat, sed etiam ad alios finitimos & vicinos ad Principes & villarum rectores, pro pace inter eos concordia reformanda frequenter nuncios suos & prouidos & discretos cum magnis sumptibus destinabat, & eos sic ad pacem populares & pauperes ab oppressionibus & afflictionibus quæ in guerris contingere solent conseruabat.

mécontent de sa personne, il taschoit de le gagner aussi-tost par toute sorte de faueurs. Si on luy racontoit quelque different entre ses subjets, ou ses voisins, il n'épargnoit aucun frais pour les pacifier; & quát à ses ennemis, il ne cessoit de les poursuiure de faueur, iusques à ce qu'ils se fussent venus rendre à ses pieds, comme à l'Autel de la concorde. Hugues Comte de la Marche, & Isabeau son épouse le pourront témoigner ayans experimenté plus qu'aucun autre la douceur de sa bienveüillance : apres luy auoir faict plusieurs rodomontades qui meritoient d'estre rigoureusement releuées par l'esprit le plus moderé de la terre. C'est pourquoy le Pape Boniface surhausse sa gloire par ces dignes paroles couchées en la bulle de la Canonizatiõ, disãt de luy *qu'il estoit tres-excellẽt zelateur de la paix, & tres-feruent amateur de la cõcorde.* Ce seul temoignage deuroit suffire pour auoüer combien soigneusement nostre Sainct Monarque a chassé de son ame ce vautour d'enuie. Mais les Anglois luy en presenteront vne occasion autant remarquable, que leurs diuisions estoient auantageuses à son Estat. Ils estoient émeus contre leur Roy Henry pour quelques mécontétemens touchant leurs priuileges. Leur chef estoit Simon de Mont-fort personnage de grande creance, qui en peu de iours conuertit ses plaintes en guerre ouuerte. Tellement que voila le Roy Henry & Richard son frere en grandes allarmes, & ne se pûrent si bien defendre qu'ils ne fussent prisonniers, les valets estans deuenus maistres. Pendant ces

grabu

Chapitre VII. Section I. 1269

grabuges, la France deuoit faire les feux de ioye, voyant en combuſtion ſon ordinaire ennemy; & ſi noſtre tres-auguſte Roy euſt eu l'ame noire il deuoit chanter le *Te Deum laudamus*: mais au lieu de s'é rejouyr il s'employa d'vn cœur tout royal à leur reconciliation, & moyenna ſi dextrement cette entrepriſe, qu'il addoucit ces peuples effarouchez, & les fit repaſſer dans l'obeyſſance de ſujets fidelles à ſon Prince.

LA Flandre nous fera voir combien peu d'enuie noſtre ᵃ S. Roy portoit au bon-heur de ſes voiſins. Marguerite Comteſſe de Flandres iſſuë de Baudouïn, pere de Ieanne, femme de Ferrand, auoit eu des enfans de diuers licts; deux d'vne couche eſtimée furtiue, & trois du mariage legitime auec Gui de Dampierre, Gentil-homme Champenois. Les deux du premier mary eſtoient les plus auancez en âge & en credit, d'où ne pouuoit naiſtre qu'vn grand embraſement dans vn peuple, aſſez facile à prendre feu. Noſtre magnanime Louys, qui ne cherchoit que des occaſions de traicter mal l'enuie, & de bien faire à tout le monde, s'entremit ſoigneuſement en ces differens, & comme ſouuerain iuge, dont la pieté & la ſageſſe eſtoit en grande reuerence, il aſſigna aux premiers la Comté de Hainault, aux derniers la Flandre les reputant legitimes, & qui ne pouuoient eſtre rebutez ſans intereſſer le repos du pays, ſuiuant la reigle qui dit que l'erreur commun fait le droit. C'eſtoient là de rudes coups de maſſuë que noſtre pacifique Roy déchargeoit ſur la teſte de ce monſtre.

CIX.
S. Louys pacifie la Flandre auec ſon Souuerain,
ᵃ *Paul. Æmil. de reb. Geſt. Fr. in D. Lud. 9.*

CX.
Il accorde les querelles d'Alphonse son frere & du Roy d'Arragon sur les differents du Languedoc.
a *Paul. Æmil.in D.l. 9.*

VOICY encore d'autres exploicts non moin glorieux que les precedents. Le ª Languedoc estoit sur le point de prédre les armes sur les differés des Comtes de Tholoze & de Roussilló. Les parties estoiét fortes; Alphóse frere de S. Louys d'vne part, & Iacques Roy d'Arragon de l'autre. Le motif de ces diuisions estoit le Languedoc mesme, qui à raison de diuers partages auoit aussi diuers noms: maintenant appellé la Comté de Tholose & de S. Gilles; tantost de Beziers, & de Narbonne. Sur ces emotions nostre S. Roy y entreueuant comme ennemy des diuorces & des querelles, les accorda iudicieusement; car par son arbitrage il adjugea à Iacques d'Arragon la Comté de Roussillon & le surplus du Languedoc à son frere Alphonse. Ainsi ce grand Roy trauailloit heureusement non seulement à bannir toute espece d'enuie, hors de son ame, mais à restablir la paix & l'amitié entre les Princes & les Roys de la terre.

CXI.
Diuerses capitulations de paix, moyennées par S. Louys.
Scipion Dupleix.

IE serois ennuyeux si ie voulois rapporter par le menu les pacifications qu'il moyenna entre l'Empereur Federic II. & le Pape Alexandre IV. entre les Comtes de Chalons, & le Comte de Bourgongne, pareillement entre Thibaut Roy de Nauarre, & les Comtes de Chalons & de Bourgongne, & entre Thibaut Comte de Bar, & le Comte de Luxembourg. Tellement que quelques Seigneurs de France n'approuuans pas beaucoup le zéle du S. Roy à pacifier les Princes estrágers, luy remonstrerent qu'il esteignoit auec trop de soin les querelles des estrangers qui seruoient

de

Chapitre VII. Section I.

de repos au Royaume de Fráce. Mais il leur fit cette repartie digne d'vn Sainct. *Et quoy, ne sommes-nous pas tous Chrestiens, dont le charactere est la bien-veüillance reciproque? Pourquoy ne procurerons-nous pas à nostre prochain ce que nous deuons desirer pour nous? iamais autre procedure n'entrera dans mon esprit: Car comme Dieu punit aussi rigoureusement les enuieux du bon-heur d'autruy, qu'il salarie auec beaucoup de gloire les ames pacifiques, i'ay cette asseurance qu'en desirant la paix à mes voisins, il me l'accordera presentement & à iamais dans son Royaume.*

DIGNES paroles d'vn magnignifique Roy? Et quoy sera-t'il possible que son exemple n'ait pas la force de roidir nos esprits pour mettre la main aux armes côtre cette furieuse Alecton, plus hideuse mille fois que le monstre de Cracouie? N'aurons-nous pas le courage d'égorger cette beste farouche qui pleure quand on rit, & qui rit quand chacun fond en larmes? & quoy n'est-il pas temps d'estouffer ces rancunes secrettes, puis qu'elles n'enfantent que chagrins & douleurs cuisantes? Tout l'vniuers vit en bonne intelligence; Les Cieux s'entraccordent en leurs courses discordantes, les Elemens sympatisent en leur diuerses qualitez, les bestes épargnent celles de leur espece; IESVS-CHRIST crie qu'il faut étoufer toute sorte d'enuie; nos SS. Docteurs fulminent mille supplices contre les enuieux, ils les raualent plus bas que les bestes farouches, les preferent en malice aux furies infernales, & nous ne destournerons pas toutes ces menaces de nos testes, en

CXII.
Apostrophe contre les Enuieux.

a *Plato in Menexeno.*
Βίων ὁ σοφιστὴς ἰδὼν φθονερὸν σφόδρα κικυφότα, ἔπμε, ἢ τούτῳ μέγα κακὸν συμβίβηκεν, ἢ ἄλλῳ μέγα ἀγαθόν.
Bion Sophista cùm vidisset quemdá inuidum, vultu prorsus in terram deiecto, dixit: Aut huic magnum malum contigit, aut alteri magnum bonum.

Androu. Constantinopol. Dial contra Iud. cap. 25. tom. 14. Biblioth. Patr.
Verè immanissima fera est inuidia, ac multo etiá peior. Nam feræ hominum tantum corpora comedunt; hæc cum corporibus animos etiá perdit.

Demoſt. Or. 1 contra Ariſt.
Οὐδεὶς πώποθ' ὑμῶν ἴσως ἔχεις ἰδάκιν οὐδὲ Φαλάγγιον μήτε δὴ ξηρὶ ποτε, κ᾽ ὅμως πάντα τὰ τοιαῦτα ἐπειδὰν ἴδητε εὐθὺς ἀποκτείνετε τ᾽ αὐτὸν τοίνυν τρόπον κὶ ὅςις συκοφάντην καὶ πικρὸν καὶ ἔχιδναν τὴν Φύσιν ἄνθρωπον ἴδητε, μὴ ποτε ἐχρήσον ὑμῶν δήξεται ἀναμείνατε ἀλλ᾽ ὁ περιτυχὼν ἀεὶ τιμωρείσθω· Neminem veſtrum vnquam fortaſſe vipera momordit, neque Phalangium, & abſit vt mordeat vnquam, ſed tamen omnia huiuſmodi animalia vbi conſpexeritis mox interficitis: itidem & cum delatorem & crudelem hominem videritis, viperinam habere naturam, ne expectate donec aliquem veſtram mordeat, ſed cũ primùm occurrerit, puniatur.

deteſtans l'horreur de ce crime? O Dieu quel rauage n'execute cet enuieux du repos des aſſéblées les plus ſainctes! Voila des Eccleſiaſtiques qui ſe reueroient comme les Anges: des Officiers qui conſpiroient vnanimement au bien public, comme les Aſtres à celuy de l'Vniuers; & voicy vn corneur de fauſſeté, Oracle de ſathan, ſorbaquane d'Enfer, cloche d'allarmes, ſoufflet de ſedition, forgeron d'inimitiez, Harpie indomtable, tocſain de tumultes, Ambaſſadeur de Megere, Viceroy des furies, miniſtre de Cerbere, belier infernal contre les murs de la paix, qui a tellemẽt ébranſlé ſes communautez, que ce ne ſont plus que ſeditions, que démembremens, que monopoles, & ſacrileges. O deſordre lamentable, & digne d'eſtre pleuré les ſiecles entiers! Qui ne deteſte les viperes, & les enuenimez Phalangions, dit l'Orateur Demoſthene? ne les écraſe-t'on pas au premier ſiflement? que n'en faites-vous le meſme entendant la voix de ces cœurs empoiſonnez d'enuie.

Pſal. 54. Veniat mors ſuper illos, & deſcendant in infernum viuentes.

La mort ſur ces haineux deſcende,
Que ſous eux la terre ſe fende,
Qu'aux enfers ils tombent viuants,
Car ce n'eſt de toute leur bande,
Que malice & traicts deceuants.

Voila le payement des miniſtres du pere de calomnie. Mais au contraire les pacifiques comme enfans de Dieu ſeront auec S. Louys heureuſemẽt arrouſez des benedictions du Ciel, ils germeront & floriront en proſperité comme le Lys entre les plantes

plantes, comme Israël entre les hommes, & comme le Liban entre les plus riches montagnes. *Ero quasi ros, Israël germinabit sicut Lilium, & erumpet radix eius vt Libani.*

CHAPITRE HUICTIEME.

Les Monarques de France ont genereusement combattu le monstre de l'oisiueté auec la quatriéme massette du Lys, qui represente leur deuotion & leur pieux exercice pour la gloire de Dieu.

SECTION PREMIERE.

La Paresse est vn monstre que les Roys de France de la premiere race ont genereusement surmonté.

A ç o i t que tous les vices soient aussi étroitement enchainez les vns auec les autres que les vertus sont sainctement alliées par ensemble; toutefois l'oisiueté a tel rapport auec toutes les impietez humaines, qu'il semble qu'elle soit le nid où elles naissent, & l'element où elles se nourrissent. A raison dequoy on ne se peut figurer vn plus naïf emble

CXIII.
Le pourtraict de l'oisiueté tiré du l'Apocalypse.

a *Et vidi mulierem sedentem super bestiã coccineam, plenam nominibus blasphemiæ, habentem capita septem, & cornua decem. Et mulier erat circundata purpura & coccino, & inau-*

emblème du monstre de l'oisiueté que cette [a] beste rougeastre du Chapitre de l'Apocalypse, qui porte sept testes, armées de dix cornes furieuses. Sur cet horrible monstre vne Dame est assise reuestue de pourpre, éclatante en brocatel, & brillante en pierreries. Elle tient en main vne tasse pleine d'abomination de ses sales plaisirs. On lit sur son front cette deuise, *Mystere : la grande Babylonne, mere des fornications & des abominations de la terre*.

CEVX [a] qui ont recherché le sens plus literal de cette vision, ont soustenu que cette farouche beste estoit l'image du diable : d'autres ont asseuré que c'estoit le symbole de la ville de Rome encore idolatre : mais ie ne voids rien de si conforme à l'oisiueté : que ce monstre, ni de si approchant à l'ame oiseuse que cette femme lasciue. Car si la [b] faineantise comme dit l'Ecclesiastique, tient école de toute sorte de crimes : quel pourtraict plus expressif de ce peché que les [c] sept testes, & les dix cornes, qui nous figurent les sept pechez capitaux armez de dix puissances pour abbatre les dix Ordonnances de nostre saincte loy, & particulierement la sixiéme & la neufuiéme qui defendent la fournication & l'adultere. Pour ce sujet ce monstre est tout embrasé de feu, qui signifie l'ardeur des faineants, non point à s'exercer à la vertu, mais à s'échauffer des flammes de la concupiscence. Cette debauchée est vne ame oiseuse, qui croupit dans le repos d'vne vie languissante. Et ne vous estonnez-pas si vous la voyez si pompeuse

---

rata auro, & lapide pretioso, & margaritis, habens poculum aureum in manu sua, plenum abominatione, & immunditie fornicationis eius. Et in fróte eius nomen scriptum : Mysterium: Babylon magna, mater fornicationum & abominationum terræ. *Apocal*. 17.

CXIV.
Explication du pourtraict de l'oisiueté.
a *Blasius Viegas in cap.* 17. *Apocalyps. sect.* 2. & 3.

b Multam malitiam docuit otiositas. *Eccl.* 33.
c *Cassian. lib.* 2. c. 23. Monachus operans vno dæmone pulsatus, otiosus innumeris deuastatur.
d *Laurent. Iustinian. lib. de perfectionis gradibus c.* 9. Sicut aqua quæ caret decursu, ac iacet in foueis putrescit, ac humano vsui aliena efficitur, repleturque animalibus venenatis, & noxiis, ita & corpus otij tabe confectum concupiscentiarū ac voluptatum carnaliū parit ac nutrit insaniam.

peufement parée : car ces dames qui apportent tant d'artifice à s'attifer & farder ne font pas celles qui fuent le plus après leur ménage : leur plus grãd trauail est de s'habiller & deshabiller, encore n'en prendront-elles pas la peine. Cette couppe remplie d'abomination & de luxure, contient les delices des ames paresseuses, qui ne se nourrissent que de saletez & de toutes vilennies, beuuans, & presentans aux autres le poison du peché sous couleur d'ambrosie. C'est ce que sa deuise declare qui porte ces mots ; *Mystere ; la grande Babylonne mere des fornications, & des abominations de la terre :* Comme si le S. Esprit vouloit dire; Apprenez ce secret, & ce mystere caché aux yeux de plusieurs, que l'ame paresseuse est la cité de confusion, où tous les vices ont droit de Bourgeoisie. Sçachez qu'elle est la mere de toute impudicité & la nourrice des dissolutions de nos sens. C'est vne Megere qui par ses fausses blandices endort l'esprit, suffoque les sens, & d'estruit le corps par l'incontinence des plaisirs.

QVAND nous n'aurions autre preuue de l'infamie de ce monstre, que l'auersion qu'en ont eu S. Louys & les Monarques François, cela seul nous deuroit suffire pour le persecuter tous les jours de nostre vie. [a] Car la paresse estant vne tristesse, & vne lascheté au seruice diuin ; il est certain que la deuotion qui est la fille de la Charité, doit prendre les armes contre ce monstre, entant qu'elle s'employe promptement & ioyeusement à tous les exercices qu'elle presume agreer à la supreme

CXV.
Les Monarques François ont opposé à l'oisiueté leurs pieux exercices.

a *Ioannes Damascenus lib. 4. Orthod. fid. c. 14.* Acedia est tristitia aggrauans mentem, vt nihil boni agere libeat.

Aaaaaaaa Ma

b S. Thom. 22. q.82.a.1. Deuotio specialis actus est voluntatis promptæ, ac paratæ ad facienda quæcumque ad Dei seruitium & famulatū spectant.

Majesté. Or c'est ce qu'ont faict voir à tout le monde les Monarques François par leurs sainctes entreprises, & vertueux deportemens. Car quels trauaux n'ont-ils embrassez ioyeusement pour l'honneur de la Religion Chrestienne, pour la publication de la Foy, pour la conseruation des Fidelles de l'Orient, pour l'aneantissement des Mahometains & des Sarrazins? Autant de fois qu'ils ont affronté les ennemis de Dieu parmi l'Egypte, & l'Afrique, ils ont dechargé autant de puissans coups de massuë sur cette lourde beste. Autant de sueurs qu'ils ont versé parmy l'Orient pour la coqueste de la Terre-saincte, sont autant de rosées celestes qui feront verdoyer à iamais les lauriers de leurs prouësses. Autant d'Eglises qu'ils ont fait bastir, autant de Conuents qu'ils ont fondez, autant d'Hospitaux qu'ils ont rentés, autant de jeusnes qu'ils ont entrepris, autant de prieres qu'ils ont faites, sont autant de reuers qu'ils ont donné sur les cornes de ce monstre d'oisiueté, qui n'endommage iamais tant que lors qu'il se defend; & ne se defend iamais mieux que quand il se repose.

CXVI.
Clouis a esté infatigable à guerroyer les Princes infidelles.

Clouis, le coriphée des Roys Chrestiens, a faict assés cognoistre que la nature n'auoit pas exempté dauantage les braues Monarques du trauail que les plus petits du monde, & que le labeur deuoit estre aussi naturel à tous les hommes que le vol est aux oiseaux, le nager aux poissons, & le mouuemēt à tous les astres. Car la vie de ce grand Roy a esté vne continuelle fatigue, & rien ne luy a donné de repos que celuy que ses loüables prouësses contr'
Alaric

Chapitre VIII. Section I.

Alaric, & contre les Infideles luy ont merité apres sa mort! C'est pourquoy on luy peut raisonnablement grauer sur son tombeau des couronnes d'oliuier, comme à ces anciens conquerans, pour monstrer que les trauaux de sa vie doiuent estre meritoirement honorez d'vn glorieux repos. Autant en pouuons-nous dire de la plus part de ces premiers Roys Chrestiens, qui semblent n'auoir reconneu de plus grandes delices en cette vie que dans la fatigue des armes, puis que l'Histoire nous monstre, ou qu'ils faisoient la guerre chez eux, ou qu'ils l'alloient chercher ailleurs.

MAIS parce que les trauaux que l'on supporte pour le seruice du Roy du Ciel meritent vne singuliere loüange parmi les Chrestiens; pour ce sujet ie fais plus d'estat de la guerre que le Roy Childebert entreprit contre Amaulry Roy des Visigots, & du coup d'espée qui le tua pour venger le mauuais traitement qu'il faisoit à Clotilde sœur des Roys de France, en hayne de la Religion Catholique, que ie ne fais de toutes les autres proüesses qu'il fit au païs de Turinge contre le Roy Hermenfroy. On raconte de ᵃ Clotaire II. qu'il se plaisoit à trois sortes d'occupations, qui toutes trois ont fort ennemies du monstre d'oisiueté. La premiere estoit les exercices de pieté, la seconde l'eude des lettres, & la troisiéme estoit la chasse. l est veritable qu'il n'est plus salutaire exercice our le corps que la chasse, pour l'esprit que les ettres, & pour l'ame que l'exercice des bones œuures; & celuy-là est bien occupé qui tra-

CXVII.
Childebert & Clotaire second ennemis de l'oisiueté.

a *Scholast. in append. apud Baron. lib.* I. *in Clot.* 2. Tria isti Regi mahime placuisse, pietatem, literas, venationem, sed super omnia pietatem.

uaille

uaille pour Dieu & pour l'aduancement de sa gloire.

CXVIII.
Dagobert s'est roidi courageusement contre l'oisiueté.
a Iacques de Charron en son histoire vniuerselle, ch. 101.

L'OISIVETÉ ayant porté Dagobert pendant sa ieunesse aux pechez sensuels, comme estant les plus confederez à la paresse; ce [a] Roy vsa de recrimination contre ce vice au progrés de sa vie, ieusnant, priant & s'exerçant dans les plus eminentes actions de la vie Chrestienne & religieuse, comme i'ay desia declaré par cy deuant, luy liura vne si aspre, & si sanglante guerre, qu'en fin il prit pour sa deuise, *Quies inquies*, que le plus grand repos d'esprit estoit d'estre sans repos. Il le témoigna assez par ses œuures pieuses, batissant des Eglises en si grand nombre, qu'il semble que toute sa vie n'a esté occupée qu'à remuer des pierres, & à trauailler pour l'ornement des Autels. Il imprima si profondement la mesme inclination dans l'esprit de ses deux fils Sigibert, & Clouis, que le premier a merité deuant Dieu d'estre reconnu en son Eglise par les plus diuins honneurs dont on puisse reuerer la memoire des hommes: l'autre a remporté vne eternelle loüange pour l'ardeur de son zele qu'il tesmoigna au Concile de Clypie.

CXIX.
Belle parole de Clotaire III. contre la faineantise.
a Iacques de Charron en son hist. vniuerselle des Gaules, ch. 103.

IE clorray cette section par la deuise de Clotaire III. qui doit entierement assommer ce Monstre à sept testes, [a] *Regis otium serui negotium*: L'oisiueté des Roys est l'occupation des gueux & des esclaues. Car asseurément rien n'est si fascheux à vn bon esprit que de ne rien faire, rien n'est si seruile que de se mal occuper. N'estoit-ce pas vne honteuse seruitude à vn Domitian, que de chasser aux mouches

mouches au lieu de prendre les villes? Quel metier d'esclaue d'Hartabus Roy des Hircains qui chassoit aux taupes lors qu'il deuoit mettre en fuite ses ennemis? N'est-ce pas estre esclaue de sa bouche, que de n'auoir de plus serieuses pensées qu'à l'engrais & au lard comme vn Sardanapale? N'est-ce pas auoir aux mains les fers d'vne fascheuse seruitude, que de ne les employer toute la iournée qu'à manier vn miroüer, à gaufrer vne perruque, à chausser vne botte, & porter la main mille fois le iour sur sa moustache pour la dresser à la mode? Il est donc tres-veritable que, *Regis otium serui negotium.*

SECTION II.

Les Rois de la seconde race se sont monstrez ennemis iurez de la paresse.

S'IL n'est au monde plus iuste gloire que celle qui est departie par la main du trauail, & si les [a] hommes ne possedent rien plus glorieusement que les recompenses de leurs sueurs, ie ne m'estonne plus si Iupiter, au dire des Payens n'a pas voulu accorder la diuinité à son fils Hercule, qu'apres auoir combatu les Centaures, domté les Tigres, massacré les Dragons, tué les Sagliers, enchaisné les Cerberes, & bruslé l'Hydre à sept testes. C'est aussi par ces marches d'honneur que [b] Pepin est arriué au faiste de la plus haute dignité de France. Car ce n'a point esté sa naissan-

CXX.
Pepin a merité la couronne de France par ses bons seruices.
a *Sophocl. in Vatib.* Οὐ τοῖ ποθ᾽ ἥξει τ̓ ἀνϑρώποισι πόνου μοχθεῖν ἀνάγκη τὰς ἡλίου τοῖς εὐτυχεῖν. Ἅπαντα τὰ καλὰ τῶν πονούντων γίνεται. Nulla res magna sine labore veniet. Necessum est vt laborent qui volunt esse fortunati: Omnia pulchra laborans consequitur.

b *Stephanus Abbas in vita S. Modoaldi Archiep. Treuir.* Fuit namque (Pipinus primus) &c.

naissance, ni aussi la tyrannie, qui luy a mis la Couronne sur la teste : mais ses incomparables vertus, son bon conseil, son sçauoir, ses sueurs & ses infatigables seruices, que luy, & son pere auoient rendus au bon-heur de toute la France. De maniere qu'ô peut dire de luy ce que le Pape Hormisdas, escriuoit à l'Empereur Iustin le vieil apres qu'il fut sacré Empereur, que ses hauts faicts, & ses rares vertus l'auoient porté au comble de l'Empire.

CXXI.
Diuerses visions de l'Apocalypse appliquées aux faicts heroïques de Pepin.

a *Apocalypsis cap.* 14. Et vidi, & ecce nubem candidam, & super nubem sedentem similem filio hominis, habentem in capite suo coronam auream, & in manu sua falcem acutam.

LYRANVS vn des celebres Docteurs de son temps, & que la posterité ne peut assés loüer pour sa loüable curiosité à refuter les reueries des Rabins, recherchant les mysterieuses intelligences de ce Majesteux personnage du a chap. 14. de l'Apocalypse, asseure que c'est vne riche representation des trauaux que Pepin a temoignez pour la gloire du Ciel, & pour le repos de l'Eglise. Il dit que ce venerable personnage qui est assis sur vne nuée est le Roy Pepin, & que le Diadéme d'or qu'il a sur le front est la royale Couronne de France, que sa vertu luy a meritée. Quant à cette trenchante faulx qu'il tient en sa main, c'est la puissance de son armée dont il s'est serui pour atterrer les ennemis de l'Eglise Romaine, & particulierement Astulphe Roy des Lombards, capital ennemi du sainct Siege. Ce mesme b Docteur, deueloppant les secrets du surplus de cette vision, adjouste à la loüange de cet infatigable Heros, que l'Ange qui sortit du Temple, & qui crioit ; *Trenche hardiment auec ta faulx, car le temps est venu, qu'il soit moissonné,*

b *Lyranus in cap.* 14. *Ap.* Et alius Angelus, scilicet Stephanus Papa, exiens de templo, scilicet Romana Ecclesia, clamans voce magna, id est deprecans ex magno affectu ad sedentem super nubem, id est Pipinum Regem.

est le Pape Estienne qui prie affectueusement celuy qui est assis sur la nuée, à sçauoir le Roy Pepin reuestu du Diademe de France, qu'il fauche & mette bas auec les forces de son armée le tyran Astulphe, *parce que l'heure est venuë qu'il soit couppé:* c'est à dire que sa tyrannie soit abbatuë, *d'autant que la moisson est seiche,* qui est Astulphe, & ses armées sont endurcies en leurs iniquitez. *Et alors celuy qui estoit assis sur la nuée lascha sa faulx sur la terre, & la terre fut fauchée,* parce que ^c Pepin entra en Italie auec vne puissante armée, & rauagea les terres d'Astulphe, l'ayant puissamment, & genereusement vaincu. Voilà comme Lyranus honore les trauaux que le Roy Pepin a soufferts pour la paix de l'Eglise. Et en effet quelle diligence n'a-t-il apportée, & quelles fatigues n'a-t-il soustenues pour ranger Astulphe à son deuoir, & le contraindre à restituer ce qu'il auoit raui au sainct Siege de Rome? Quel soin n'a-t-il employé pour luy faire reconnoistre celuy qu'on ne peut mespriser sans vne extreme impieté? mais ne l'ayant point fait auec la repentance proportionnée à sa faute, il mourut miserablement, tombant de son cheual, ou comme escriuent d'autres ayant esté déchiré, & mis en pieces par sa propre monture. Finalement ^d Pepin ayant si loüablement, & salutairement vsé sa vie au seruice des Papes, a merité cet eloge de la bouche de Gregoire III. *Qui est celuy si rebelle à la raison qui connoissant vos hauts faicts, & les rares exploits de vostre bonté, n'en rende aussi tost graces à Dieu, & n'ait le cœur attendri pour vous aimer? Ie suis*

Mitte falcem tuam, & mete, scilicet dirigendo tui exercitus potentiam contra Astulphum tyrannisantem, quia venit hora vt metatur, id est, vt eius tyrannis per tuorum armorum virtutem, exercitúsque potentiam de medio tollatur. Quoniam aruit messis, id est ipse Astulphus, & exercitus eius indurati sunt in iniquitate sua. Et misit qui sedebat super terrâ, quia Pipinus Italiam valida manu penetrauit, eiúsque terram messuit, cùm aduersus hunc tyrannum Astulphum viriliter, fortiterque pugnauit.

c *Sigon. libr. 3. de Regno Italiæ.* Cumque multis frustra tentatis ad fidem seruandam induci, placarique nô potuisset, sanctissimus Pontifex Stephanus ad Deum supplex confugit, vt orationibus & lacrhymis obtineret, quod ab impio Rege impetrare non poterat. Mandat igitur iusiurandi ab illo præstiti formulam tabulis exceptam ad crucem prælatam affigi. Ipse verò cùm populi Romani, Clerique instructo agmine in solemni publicæ supplicationis pompa, nudis pedibus incedens multis antistitum comitantibus, seruatoris imaginem miraculis illustrê humeris gestabat. Tum Religiosas preces sic exaudit Deus vt armis Pipini Galliæ Regis coactus Astulphus reddiderit Ecclesiæ quicquid per vim abstulerat. Et non multo post miserandum in modum è viuis excesserit, excussus & ab equo præceps lapsus, vel vt

alij narrant, ab equo dilaniatus.
d *Epist. Gr. III. ad Pipinū quæ habetur apud Baron. tom. 9. Anno Christ. 765.* Cuius enim vel saxeum pectus tam benigno opere à tua præclara bonitate peracto, cognitoque omnipotentis Dei laudibus, atque in tuæ excellentiæ amorem emollescat. Hæc me fateor excellentissime fili, & spiritualis compater, quæ per te mirabiliter facta sunt sæpè conuenientibus ex orbe vniuerso terrarū nationibus dicere, sæpeque cum illis pariter admirari delectat, & extensa mellifluæ excellentiæ tuæ laudes persoluere indeficienter.

CXXI.
Les fatigues de Charlemagne pour le seruice de l'Eglise.

a *Nitard. in vita Car. M.* Saxones, sicut vniuersis per Europam degentibus patet, Carolus Magnus Imperator ab vniuersis nationibus non immeritò appellatus, ab idolorum vana cultura, multo ac diuerso labore ad veram Christianamque Religionem conuertit.

Ie suis contraint mon tres-cher fils de raconter vos miraculeuses proüesses à ceux qui viennent icy de diuerses contrées du monde, & ie prends vn singulier contentement d'admirer auec eux, & de publier à haute voix les loüanges de vostre debonnaire Majesté. Quelles plus glorieuses paroles peut-on adjouster à la couronne de celuy que sainct Iean a vû mystiquement sur la nuée fauchant l'armée de l'opiniastre Astulphe.

LE Poëte Lyrique a dit sagement que les forts engendrent les forts, & que les Aigles courageuses ne couuent point des Colombes. Aussi pouuons-nous dire que si Pepin n'a point receu l'oisiueté entre ses bras, aussi son fils Charlemagne ne luy a pas accordé plus d'accés. Car les quatre voyages qu'il a faits en Italie, trauersant les Alpes pour la defense des Papes contre Didier Roy des Lombards, côtre Rodgaud leur chef contre Heresigius Duc de Beneuent, & à l'encontre de plusieurs autres rebelles, monstrent assez que ce genereux Empereur a tenu du naturel du Lyon qui n'est iamais en repos, & qui ne sille iamais les yeux à la douce violence du sommeil. a Nitard dit de luy, que ce n'est pas sans sujet que toutes les nations de la terre l'ont appellé par excellence le grand Empereur, puis qu'il a ramené les Saxons du culte des idoles à la vraye Religion, auec beaucoup de trauaux. Adioustez à cecy les victoires qu'il a réportées des vns & des autres infidelles. Personne ne nous peut plus fidellement representer les grandes fatigues de Charlemagne que le sainct Pontife Adrien, qui s'en sert comme vn pressant motif pour aiguillonner les

Chapitre VIII. Section II.

ner les courages de l'Empereur Constantin, & d'Irene sa mere, à courir genereusement sur les ennemis de l'Eglise. *Soyez asseurez,* dit ce grand Pontife, *que vous triompherez des nations Barbares auec l'assistance de S. Pierre, Prince des Apostres, si vous ressemblez à nostre tres-cher fils & spirituel compere Charles Roy des François, & des Lombards, & patrice des Romains, qui accomplit en tout & par tout nos volontez. Il a soufmis à son Empire toutes les contrées d'Espagne, & d'Occident : d'où par ses laborieux combats il a fait de grands presents, & a donné plusieurs Prouinces, Villes, & Chasteaux à l'Eglise Apostolique. Sa vaillance a fait restituer le Patrimoine de S. Pierre qui estoit detenu par les Lombards. Il contribue iournellement grande somme d'or, & d'argent pour l'entretien des luminaires, & des pauures. De maniere que sa memoire se perpetuera en tous les siecles.* Tel estoit le modele que le Pape Adrien presentoit à Constantin Empereur d'Orient, à fin de luy faire reconnoistre la laideur de son indeuotion, & l'horreur de sa desobeyssance à l'Eglise Romaine.

ON dit que l'Empereur Seuere pour témoigner aux Romains à l'entrée de son Gouuernement que le bon-heur de la Republique dependoit de leur trauail au temps de paix, donna au Tribun pour mot de guet cette parole. *Laboremus,* trauaillons: d'autre part l'Empereur Pertinax pour faire connoistre que ce seroient les fatigues de la guerre qui feroient florir les Romains, donna cet autre; *Militemus,* faisons la guerre. Mais Charlemagne alliant les deux declara qu'vn braue Empereur

[b] *Ex Epist. Hadriani Constantino & Irenæ Augustis apud Baron. Anno Christ.* 785. *Super omnes barbaras nationes, beato Petro Principe Apostolorum vobiscum comitante, eritis in triumphis victores sicut filius & spiritualis compater noster dominus Carolus Rex Francorum & Longobardorū, ac Patricius Romanorum nostris obtemperans monitis, atque adimplens in omnibus voluntates, omnes Hesperiæ, Occiduæque partis barbaras nationes sub suis prosternens conculcauit pedibus omnipotentatū illarum domans, & suo subiiciens Regno adiuuauit : vnde per sua laboriosa certamina eidem Dei Apostolicæ Ecclesiæ ob nimium amorem plura dona perpetuo contulit possidenda, tam Prouincias quam ciuitates, seu castra & territoria, imo & patrimonia quæ à perfida Longobardorum gente detinebantur, brachio forti eidem Dei Ecclesiæ restituit, cuius & iure esse dignoscebantur, sed & aurum atque argentum quotidie pro luminariorum concinnatione seu alimoniis pauperum non desinit offerendo: quatenus eius regalis memoria nō derelinquatur in sæculum sæculi.*

CXXXII.

Charlemagne n'estoit iamais oisif ni en guerre ni en paix.

pereur doit estre aussi prest de prendre l'espée en main que de la remettre dans son fourreau. Car s'il estoit sans repos au temps de la guerre, il n'estoit pas moins afferé au temps de la paix. En guerre il disoit *militemus*, & en paix *laboremus* : mais ce n'estoit pas aux autres qu'il le disoit, c'estoit à soy-mesme, d'autant qu'il n'estoit pas plustost desarmé, qu'au lieu de coutelas, & de rondache il prenoit en main la plume, & le papier, ou pour dresser plusieurs beaux reglemens pour son Estat, comme nous voyons en ses Capitulaires, ou pour vaquer à la recherche des sacrez Liures des anciennes [a] histoires, ou à l'estude des Mathematiques & des liures d'Aristote.

a *Curio lib. 2. Chronol.*

CXXIV.
Charlemagne s'occupe aux bonnes lettres.
a *Cuspinianus.*
Auent. libr. 4. Ann. Boior.

Ce n'estoit pas sans plusieurs veilles qu'il auoit appris tant de langues, non seulement modernes, mais encore anciennes ; comme [a] l'Hebraique, la Syriaque, l'Arabique, la Chaldaique & la Grecque. Il les possedoit auec telle perfection, qu'il corrigea plusieurs textes de l'Escriture saincte qui ne correspondoient point aux sacrez Originaux de la Bible, & auiourdhuy nous auons vne de ses ordonnances, qui commande qu'on ne permette point de solecisme dans les Offices diuins. Aussi n'eust-il pas besoin de truchement pour entendre la [b] harangue que luy fit à Aix la Chapelle l'Ambassadeur de l'Empereur Michel Rancabé, qui n'vsoit d'autre langue que de la Grecque. Quant aux Mathematiques, [c] Auentinus escrit qu'il n'ignoroit rien du cours, & de la nature des Astres, qu'il entendoit parfaictement la Cosmographie,

Cuspinianus.

c *Auent. lib. 4. hist. Boyor.*

qu'il

qu'il prenoit grand plaisir à la Musique & aux autres arts liberaux, se faisant lire à table l'Histoire generale du monde. Pour ce sujet il auoit à [d] Aix la Chapelle vne des belles Bibliotheques du monde, l'enrichissant tous les iours de nouueaux liures, faisant descrire les Homelies & les œuures des anciens Peres qu'il voyoit estre moins connues. Il fit reduire par [e] Vsuard Moine, l'Histoire des Martyrs en vn seul volume, & fit ranger en meilleur ordre les Histoires des peuples. C'est [f] luy qui a inuenté les noms des douze principaux vens qui auparauant estoient inconnus aux Alemans, & pour obliger dauátage le peuple il composa vne Grammaire Alemande, & enrichit cette langue de plusieurs mots. [g] L'Affection qu'il portoit aux hommes de lettres luy fit dresser diuerses Vniuersitez par son Empire, comme autant d'Arcenaux pour combattre l'oisiueté le plus pernicieux ennemi de la ieunesse. Aussi ne permettoit-il point que ses enfans fussent sans exercice, ou de corps, ou d'esprit, voire mesme l'on voyoit souuent ses filles manier le fuseau, & l'aiguille comme si leur vie eust esté entretenuë du gain de cet exercice.

d *Crantzius lib. 2. Saxon. c. 8. Auent. lib. 4. Annal. Boior.*

e *Crantzius lib. 2. Saxonic. c. 2. & 9.*
e *Vincent. lib. 24. c. 2. ex Turpino.*

f *Crantzius lib. 2. Saxon. hist. cap. 8. & Cuspinianus.*

g *Henricus Ersordiensis cap. 69. Vincent. lib. 23. c. 172. Girrald. dialog. 5. hist. Poët. Crantzius in Metrip. lib. 1. c. 2. Polydorus lib. 4. auent. &c.*

Auent. libr. 4. Boiorum Ann. Paul. Emil. lib. 2.

CE grand [a] Empereur estoit tellement ennemi de l'oisiueté que pour ne luy pas accorder vne minute d'heure, il mettoit au cheuet du son lict vne plume, & de l'ancre auec vne peau de parchemin, afin que si quelque bonne pensée se presentoit à son esprit, il ne la perdit point. Diligence prodigieuse! il auoit mesme fait induire de cire la paroi plus voisine de son lict, afin que si pendant

CXXV.
Charlemagne s'occupe la nuict.
a *Eginardus in vita Caroli, & Henricus Ersordiensis.*

les tenebres de la nuict quelque beau dessein passoit par son imagination il l'arrestast sur cette cire. Que s'il se reueilloit la nuict, il recitoit aussitost quelques Pseaumes de Dauid iusques à ce que le someil le reprenoit. De sorte que si on a loüé autrefois l'Empereur Antonin le Philosophe de ce qu'il n'estoit iamais oisif, vaquant assiduellement ou aux affaires publiques, ou aux particulieres de ses estudes, Charlemagne ne merite pas de moindres loüanges, puis que iour & nuict il ne donnoit point de treue à son esprit sur la meditation des affaires de son Empire. Iusques là mesme, que [b] Crantzius & Auentinus escriuent qu'il se leuoit la nuict quatre & cinq fois tant le trauail luy estoit agreable pour le repos de ses Estats. Le teps luy estoit si precieux que pour n'en perdre vne minute mal à propos, en s'habillant mesme au matin il donnoit audience aux parties, ou il ordonnoit à ses domestiques tout ce qu'ils deuoient faire pendant la iournée. Tellement qu'il pouuoit dire plus veritablement à ses subjets, que ne faisoit [c] Epaminondas aux siens : Ie prens du trauail afin de vous donner du repos.

[b] *Crantzius lib. 2. Saxon. cap. 8.*
Auent. lib. 4. Annalium Boior.

[c] *Plutarch. aduersus ducem Imperitum.*

CXXVI.
Les exercices corporels de Charlemagne.

QVE si Charlemagne vouloit debander l'arc de son esprit, ce n'estoit point à courir apres vn balon cóme Denys de Syracuse ; ce n'estoit point au ieu de dez comme l'Empereur Domitian ; ce n'estoit point aux quilles cóme vn Heraclite d'Ephese ; ou aux noix auec les enfans cóme Auguste Cæsar : mais c'estoit à la [a] chasse, qu'il aimoit plus pour sa santé que pour son plaisir, la pratiquant aussi

[a] *Venationem tanquam rem saluberrimam etiam senex haud neglexit, neque ob hanc, vel niues*

ussi bien durant les rigueurs de l'Hyuer que pen-　*vel calores, saltusue, aut*
ant les ardeurs de l'Esté. Les pluyes, les vents,　*montes, aut qnamuis a-*
les beaux iours ne faisoient qu'vne mesme sai-　*liam tempestatem ex-*
　　　　　　　　　　　　　　　　　　　　　　　　　　　　　horruit grauiorem. Cusp.
on pour donner quelque exercice à son corps, &
uelque diuertissement à son esprit. On dit que
es Romains pour faire barriere à l'oisiueté entre-
renoient de grandes massonneries, dont les seu-
es masures, tirent encores en admiration les es-
rits de ceux qui les contemplent auiourd'huy.
ais que n'a faict Charlemagne en cette sorte　　　*b Auent. lib. 4. Annal.*
d'exercice? Combien de ᵇ chasteaux, d'Eglises, &　*Boior.*
de villes a-t'il fait bastir? Quelle plus grande en-
reprinse que d'auoir fait dresser vn ᶜ Pont de cinq　*Paul. Emil. lib. 2.*
cens pas sur le Rhin deuant la ville de Mayence,　*c Crantzius lib. 2. Saxon.*
　　　　　　　　　　　　　　　　　　　　　　　　　　　　　cap. 7.
ui fut foudroyé vn an auant son trépas? Quel ouurage plus commode pour le public que d'auoir
ait pauer vn ᵈ grand chemin depuis Cologne ius-　*d Auent. ibid.*
ques à Paris? Mais les sueurs les plus sacrées de
Charlemagne furent les sainctes rigueurs de penitence, les sacrez pelerinages, les iesunes, les oraisons & les disciplines qu'il employa aux derniers
iours de sa vie pour s'asseurer de la possession du
repos eternel.

　Ce desir de l'immortalité bien-heureuse, don-　CXXVII.
na si auant dans l'esprit de l'Empereur Louys le　*Louys le Debonnaire*
Debónaire qu'il tenoit les heures perduës qui n'a-　*s'excite sainctement &*
　　　　　　　　　　　　　　　　　　　　　　　　　　　　　ses subiets aux bonnes
uoient esté arrousées de ses sueurs pour le salut de　*œuures.*
só ame. Vn des derniers essais de sa vie témoignera
la valeur des autres. Sur la fin de ses iours vne gráde
Comete ayant paru en l'air, quelques Astronomes
luy dirent que tels prodiges ne se monstroient ia-
　　　　　　　Bbbbbbb 3　　　mais

mais, sans trainer en queüe quelques funestes accidens: tant s'en faut que le bon Empereur en receut de la frayeur, qu'au contraire il en tira vn presage de la bien-veüillâce de Dieu en sō endroit & vn sujet pour s'exciter de plus en plus au trauail. [a] *Nous ne deuons point craindre*, dit-il, *aucune autre que celuy qui est nostre Createur, & le Roy de cet Astre. Mais ie ne peux assez loüer, & admirer sa clemence qui par ces menaces nous aduertit paternellement de nostre lascheté, & paresse en son diuin seruice. Puis que donc ce prodige me touche, & chacun en general, il faut que nous ne dilayons plus l'amandement de nos mœurs, & que nous nous dépeschions autant qu'il sera possible d'estre plus sages & vertueux à l'auenir, afin que nostre impenitence ne nous rende point indignes des faueurs de sa presente misericorde.* [b] Celuy-là n'est pas veritablement sage, disoit vn ancien, qui dit, ie viuray demain & ie m'amanderay: il faut viure auiourd'huy; car la vie du lendemain est trop tardiue,& sans fruict. [c] Ce fut particulierement en l'assemblée d'Aix la Chapelle où il rendit des preuues de sa serueur au seruice diuin. Ayant conuoqué les Euesques de l'Eglise auec le Clergé il fit dresser vn liure de la vie reguliere contenant la perfection de l'estat Religieux. On y lisoit iusques au reglement des moindres actions, comme du boire, & du manger, & de toutes choses necessaires à l'entretien de la vie humaine; afin que les Religieux & les Religieuses pûssent vacquer auec plus de liberté aux exercices de pieté. Il enuoya ce liure par tous les Monasteres de son Empire, & leur en fit pren

---

a *Tegan. de Gestis Imper. Lud. Pij.* Non alium timere debemus præter illum qui noster & huius syderis creator est, sed eius clementiam non satis laudare, & admirari possumus; qui nostram inertiam, cùm simus peccatores, & impenitentes, talibus indiciis dignatur admonere, qui ergo & me &omnes communiter hoc ostētū tangit, omnes pro posse & sapere ad meliora festinemus, ne forte misericordiam illo prorogante, & nostra impœnitudine impediēte nos illa inueniamur indigni.

b Non est crede mihi sapientis dicere viuam, Viue hodie sera est crastina vita nimis.

c *Incertus auctor vita L. Imp. sed coætaneus, ex Bibliosth. Pithœi.* Imperator generalem habuit conuentum Aquisgrani, (D.CCCXVII.) in quo quantum feruoris circa diuinum cultum in arca pectoris gestaret toto adnisu declarauit. Cōgregatis enim Episcopis, nobilissimoque sanctæ Ecclesiæ Clero, fecit cōponi ordinariæ librum canonicæ vitæ normam gestantem, in quo totius illius ordinis perfectio continetur sicut reclusus ipse fatetur, In quo etiā inseri iussit cibi potusque atque omnium necessa-

Chapitre VIII. Section III.

prendre vne copie, afin que l'vnion de sprit & de mœurs les rendist tels que demandoit leur profession. Il ordonna pareillement que l'Abbé Benoist auec d'autres Religieux des plus qualifiez en vertu visiteroient tous les Monasteres tant d'hommes que de femmes, & qu'ils establiroient vne inuiolable methode pour viure conformément à la Reigle de S. Benoist. Qui n'admirera la vigilance de ce sage Empereur sur tous les Ordres de son Empire? Viuant de la sorte il fermoit la porte à l'oisiueté suiuie de plusieurs demons.

tiorum summam, vt omnes tam viri, quam sanctimoniales sub hoc ordine Christo seruientes, nullli præpediti necessitatibus, libera seruitute domino omnium militare meminissent, &c.

Son fils l'Empereur [a] Charles le Chauue pour ne donner l'entrée dans son ame à tous ces desordres, se fit dresser vn Manuel pour toutes les heures de la iournée où l'ō y lit en lettres d'or tous ses exercices de pieté. Ce liure a esté trouué en Alemagne entre plusieurs autres Reliques, six cens ans apres la mort de cet Empereur. On y voit les prieres qu'il faisoit au temps de la tribulations, les deuotions qu'il pratiquoit au matin, ce qu'il disoit rendant graces à Dieu, priant pour les Trespassez, se preparant aux Sacremens de la Confession & de la Communion, se mettant à table & en sortant, & estant retiré pour prendre son repos. Entre plusieurs occupatiōs spirituelles qui sont décrites dans ce rare liure, on y trouue les prieres & les esleuations d'esprit qu'il faisoit chaque heure de la iournée, rafraichissant sa memoire de la presence de celuy qui est tout par tout, & qui decouure toute chose.

CXXVIII.
Charles le Chauue auoit ses occupations reglées pour toute la iournée.
a *Guill. Bald. lib. 1. stimul. virt. e. 23. Quodque omnium maxime est mirandum, in singulas totius diei horas redibat in se, & certa precationis formula Deo, quem velut præsentem iutuebatur animo se magna demissione offerebat.*

SECTION

SECTION III.

Les sainctes actions des Monarques de la troisiesme lignée contre la fetardise.

CXXIX.
Les trauaux doiuent preceder la gloire.
a *Vincent. Cartarius lib. de imaginibus Deorum.*

LEs [a] Romains ayant dressé la statuë de l'honneur à la ressemblance d'vne agreable Princesse, placerent vis à vis d'elle l'image de la vertu, sous l'habit d'vn ieune homme vigoureux, portant vn mourrion en teste, tenant en la main gauche vne pique, en la droite vn Sceptre, & foulant aux pieds vne tortuë. Ces pourtrais nous representoient que celuy là ne doit point aspirer à la gloire qui refuit la peine, inseparable de la vertu; mais qu'il doit estre vigoureux, portant en teste le casque de patience, aux mains la pique du combat, & foulant aux pieds la lascheté, figurée par la tortuë. C'est ainsi que le [b] Patriarche Ioseph a obtenu la plus haute gloire de l'Egypte ayant premierement eu les ceps aux pieds que les carquans dorez pendus au col, ayant abandonné son manteau entre les mains de l'infame Princesse auant que de porter la robbe royale, ayant trauaillé comme vn esclaue, auant que de porter aux doigts l'aneau royal, & passé par l'infamie des prisons auant que de môter sur le char de triomphe.

b *S. Chysost. serm. de Iosepho.* Ioseph accepturus totius prouinciæ dominatum, venundatur in seruum, in famulum addicitur, suscipit seruitutis notam, quam dominus præparabat ad gloriam.

CELA estant, quel Temple d'honneur faudra-t'il dresser aux Monarques François de la troisiéme race, qui ont domté mille trauerses pour l'honneur de la Religion, qui ont pris les armes si souuent pour la querelle de Dieu, & se sont abandonnez

CXXX.
Les Roys de la troisiéme race ont beaucoup trauaillé pour l'hôneur de Dieu & de son Eglise.

Chapitre VIII. Section III.

donnez à mille hazards pour la gloire de son Eglise.

LE Roy Hugues Capet est celuy qui comme pere des autres de cette troisiéme lignée a serui d'exemple à tous, & dont on peut dire ce que chantoit iadis le Poëte Lyrique à la loüange de Cleandre, apres qu'il fut arriué à la plus haute cime de l'honneur.

CXXXI.
Hugues Capet fut Roy non point par inuasion, mais par le merite de ses trauaux, & de ceux de son pere employez pour le bien de la France.

> a *Ses ans ne se sont pas escoulez loin du bruit,*
> *Aux cachots d'vne solitude,*
> *Sans s'exercer au fort estude,*
> *Des belles actions où la vertu s'instruit.*

a Pindar. Isthm. Ode 8.
ἥβαι γὰρ οὐκ ἄπειρον ὑπὸ χειᾷ καλῶν δάμασεν.

Car quels obstacles n'a frāchi Hugues Capet pour prendre la courōne que son merite luy presentoit? Les ᵇ Historiens racontent que Sandrochus fuyāt les menaces d'Alexandre le Grand estant tout recru de trauail, & trempé de sueur, comme il prenoit son repos dans vne forest, vn Lion d'enorme grandeur l'aborda, qui au lieu de le déchirer luy lécha sa sueur auec grāde souplesse. Sandrochus s'estāt éueillé là dessus, fut tout effrayé de ce nouueau Page dont le seruice luy estoit plus suspect qu'agreable. Le Lion s'estant en fin retiré sans l'offencer, Sandrochus coniectura par ce prodige que le Ciel luy gardoit quelque Royaume pour recompense de ses sueurs. Ce qui arriua apres la mort d'Alexandre le Grand; car ayant fait reuolter les Indiens, & mis en déroute les Macedoniés il se saisit de leur Royaume. La Monarchie de France tomba entre les mains d'Hugues, non point par semblable inuasion, ou par vne telle surprise, mais

b *Sabellius libr. 7. cap. 4.*

par

par les merites de ses glorieux exploicts, & par les hauts faicts de son pere Hugues le Grand pour le soulagemét de la France. Estát dóc mónté au faiste du plus grand honneur de la France, il ne voulut pas pour cela donner tréue à son esprit qu'il n'eust asseuré son Royaume à son fils Robert, reüni à sa puissance le Comté de Paris, & rendu les plus importans Gouuernemens hommageables à sa Couronne. Ces trois fusées ne se deuuiderent pas sans bonne patience. Aussi auoit-il pour son symbole vn bras armé d'vne lance, auec cette deuise; *Labor viris conuenit* : Le trauail est conuenable aux hommes. Il fallut bien que ce genereux Monarque armast puissamment son bras, & de fer, & de lance pour se defendre à l'encontre de Charles Duc de Lorraine, qui luy tailla de la besongne plus qu'il ne falloit pour n'estre pas oisif : car ne pouuát digerer qu'il possedast vne place que son extraction luy gardoit dés long-temps plus legitimement qu'à Hugues Capet, Dieu sçait quelle fougue emporta só esprit, & s'il ne fallut pas trauailler pour s'en rendre maistre & l'emmener prisonnier à Orleans auec sa femme, qui prit part à son opprobre ayant esté complice de son ambition. Ie raconte cecy pour faire connoistre, que les couronnes ne se cueillent que cóme les roses entre les épines, & que dés aussi tost qu'vn Roy, & vn Estat recherchent trop auidement le repos, ils recherchent leur ruine, comme firent les Romains pour n'auoir pas creu Metellus apres leur victoire contre les Carthaginois. Cleomenes [c] Roy des Spartes

c *Tertullian. lib. de Pallio cap.* 5. Plus togæ læsere Rempubl. quàm loricæ.

enquis

Chapitre VIII. Section III. 1293

enquis pourquoy il n'auoit entierement exterminé les Messeés apres les auoir tant de fois vaincus ? *Encore*, dit-il, *ne le ferois-je pas : car il est necessaire que nos ieunes gens ayent tosiours dequoy exercer leur courage, & que le sang de leurs ennemis arrouse continuellement leurs armes, afin de ne laisser point flétrir leur gloire auec leur vertu.*

HVGVES Capet veilla si bien sur ses affaires, qu'il laissa les fruicts de son trauail à son fils Robert, qui les conserua auec autant de soin que son pere les auoit produicts auec force & trauail. Le monde croyoit qu'on ne pourroit iamais rien voir de pareil à Hugues, mais Robert fit voir que le Phœnix renaist de ses cendres, & qu'il n'est rien de si rare parmi les hommes, qu'on ne puisse reuoir. Non seulement Robert ne degenera point des hauts faicts de son pere, mais on peut dire que sa vertu ressembla aux monts Pyrenez, ou aux Alpes qui foulent aux pieds les plus superbes rochers. Car ayant ioinct au trauail du bien public celuy de la gloire de Dieu, la pieté ne fut iamais plus heureuse, ni la fortune plus constáte que sous son sage Gouuernement. Glaber a remarqué que Dieu le destina à tenir le timon de la France en vn temps que l'Eglise souffroit de grandes bourrasques, qui furent mesmes pronostiquées par des prodiges épouuantables, mais qui furent aussi calmées par son incomparable diligence. Sigebert témoigne en ses Chroniques qu'il prit vne peine nompareille pour accorder l'estat spirituel de son Royaume auec le temporel, & que pour ce sujet

CXXXII.
Le Roy Robert s'exerse en toutes loüables actiōs.

Cccccccc 2 il

il s'abboucha auec l'Empereur Henry premier a-uec le fuccez digne de fa conftance. Sa vie a efté vn tableau fi plein de pieux exercices, qu'il tire de l'admiration des plus forts iugemens quand ils contemplent ce que nous en auons defia dit ailleurs. Quel efprit n'eft touché d'extafe, confi-derant cóme il paffe en prieres les veilles de Noël, de Pafques, & de la Pentecofte, fans prendre au-cun repos, ou fommeil, traittant continuellement auec Dieu, iufques à ce qu'au lendemain il fe foit repu du facré Corps de fon Sauueur?

CXXXIII.
Philippe III. n'a point efté oifif.

Nous ferions tort au Roy Philippe III. fils aifné de S. Louys, fi nous enfeueliffons dans l'ou-bliance les hauts faicts de fon courage au feruice du Souuerain de l'Vniuers. Quelles fueurs n'a-t'il verfées fur les terres des Barbares pour leur faire germer ces diuines fleurs, que le Mahometifme auoit déracinées de l'Orient? Quels penibles voya-ges n'a-t'il entrepris outre-mer auec fon pere, pour l'aneantiffement de l'infidelité? Sans doute il n'a pas buriné ce glorieux nom de Hardy & de cou-rageux dans la memoire de toute la pofterité qu'a-uec des genereufes entreprifes, & des remarqua-bles conqueftes que i'ay defia deduictes ailleurs.

CXXXIV.
Edict de François pre-mier contre les faineás. a Beatus Ren. lib. 1. Rer. Germ. refert de antiquis Gall. Mendici vagari per regiones non permit-tantur, fuos pauperes quælibet ciuitas alito, il-lis nifi manibus operen-tur nullus quicquam da-to.

L'OISIVETE' a toufiours efté fi mal venuë parmi les Gaulois, dit ᵃ Beatus Renanus, qu'ils ne pouuoient fouffrir aucun vagabond; mais ils les diftribuoient par les villes & bourgades, à condi-tion que s'ils ne vouloiét pas trauailler on ne leur donnaft pas auffi dequoy viure. Cette loüable couftume fut renouuellée par vn notable Edict de de François I. l'an 1532. ordonnant que les gueux qu'on rencontreroit faineans seroient appliquez aux œuures publiques, defendant à tous sous de griéues peines de les receler, ou souffrir, & en cas qu'ils ne vouluſſent obeyr, il eſtoit commandé à tous Officiers de les emprisonner, & faire fustiger publiquement s'ils continuoient à mendier en ayant eſté aduertis. Ce n'eſt pas que l'aumoſne ne soit tres-saincte mais elle n'eſt point mere d'abus, & la pieté des bons ne doit point nourrir la fetardise des méchans, source des brigandages & des voleries. Pour ce sujet [b] l'Empereur Valens rendoit esclaues tous les faineans & vagabonds, quoy que de libre condition. Amaſis Roy d'Egypte chaſſoit de sa ville les habitans sans occupation. [d] Solon & Dracon faiſoient mourir les Atheniens qui eſtoient conuaincus d'oiſiueté, & commandoient aux enfans de ne point nourrir leurs peres, qui ne leur auoient point faict apprendre de meſtier. [e] La Loy des Ceens ne pardonnoit pas meſme aux vieillards qui n'eſtoient point affairez, & les Sardes ne pouuoient souffrir que leurs parens fuſſent oiſifs. Les [f] Luquois eſtoient auſſi rigoureux en leur iuſtice pour des cauſes d'oiſiueté, que pour tous autres crimes, & ne pardonnoient pas à celuy qui auoit fait part de ses trauaux pour couurir la nonchalance d'autruy. D'où ce n'eſt pas de merueille ſi les Monarques de France ont guerroyé ce vice, non ſeulement en leurs ſubjets, mais encore en leurs propres personnes, comme entre autres François I. qui n'a pas moins occupé son corps

[b] *Valens Imp. de mend. valid.*
[c] *Diodorus Sic. lib. 2. Bibl. cap. 3.*
[d] *Plutarchus in vita Solonis & Draconis Lex τοὺς ἀργίας ἁλόντας διώκτειναι.*
[e] *Ælian. lib. 3. de varia hiſt. c. 36. Idem de Sard. lib. 4, cap. 6.*
[f] *Stobæus ſerm. 42. ex Nic. de mor. gent. Lucani vt aliorum criminum, ſic etiam luxuriæ & otij cauſas agunt.*

corps en la fatigue des grandes guerres, que son esprit à reprimer l'heresie, qui pulluloit en son Royaume sous le masque d'vne religion rafinée. Autant en ont fait les Roys Henry II. François II. Charles IX. & Henry III. dont les regnes ont esté pleins d'épines, & leurs vies de trauail à les arracher de leur Royaume.

XXXV.
Les fatigues de Hsnry le Grand depuis sa ieunesse.

IE couurirois en vain sous le silence les infatigables actions de Henry le Grand, puis qu'elles sont trop visibles à ceux-là mesme qui ne les peuuent regarder, que comme les hiboux font la lumiere. On peut sans mentir dire de luy que les rochers ont esté son berceau, d'autant qu'il a esté éleué dans Cerase, lieu aspre & montueux, & que la guerre a esté sa nourrice, puis qu'à l'âge de seize ans il fut General d'vn party, dont les Chefs ne dormoient pas tousiours, comme ayans autant d'ennemys que de bons Catholiques. Pendãt cette charge il a vû fondre sur ses bras dix armées royales, faisant autant de sieges que de logis & autant de combats que de traictés. S'il veut estre Roy, il faut qu'il conqueste son Royaume, & c'est la force qui le fait reconnoistre de ceux, qui ne pouuoient voir son bon droict dans les tenebres de sa creance. Mais en fin il donna entrée à la verité dans son ame, il implora les faueurs de Dieu, & de son Lieutenant en terre, & auec cette victoire de soy-mesme il se rendit victorieux de toute la France, qui reprit sa premiere fidelité à l'endroit de ses Monarques. Le Roy cependant pour obuier aux recheutes qui sont plus dangereuses que les

les premieres syncopes s'employa à reünir les esprits diuisez, à desabuser les plus passionnez, à desaigrir les plus effarouchez, à restablir les exilez, à restaurer le commerce, & à faire reflorir les bonnes Lettres par tout son Royaume. Que si vous desirez sçauoir ce qui luy a acquis le surnom de Grand, ce sont les trois batailles rangées, les trente-cinq rencontres d'armes, les cent quarante combats, & les trois cés sieges de places. Tellemét qu'il ne se parlera point de luy en aucune partie du monde que la gloire de ses grandes proüesses ne donne viuement dans les plus braues courages.

MAIS puis que la deuotion est le capital ennemi du monstre d'oisiueté, quelle plus franche & plus sincere que la sienne? Il n'obmettoit iamais ses heures d'oraison, ni ses Confessions & Communions ordinaires, où il rendoit de singulieres preuues de sa pieté en versant abondance de larmes, que l'amertume de ses infirmitez faisoit ruisseler de ses yeux. Nulle occupation, ni chasse, ni visite ne l'empescha iamais d'assister à la Messe, s'informant de tous les mysteres de cet auguste sacrifice. On l'y voyoit tousiours à genoux, & luy ayant esté dit vn iour que Monsieur le Dauphin entendant la Messe auoit commandé à vn Gentil-homme de mettre les deux genoux à terre qu'il voyoit en auoir l'vn en l'air: *Les enfans*, dit-il, *nous apprennẽt nostre leçon en la deuotion*. Vne fiévre l'ayãt allicté le Samedy sainct, marri de ne pouuoir assister au seruice diuin, il se fit expliquer par son Confesseur le P. Coton les Propheties de l'Office,

XXXVI.
Henry le Grand a fait la guerre à l'oisiueté par l'exercice de la deuotion.

fice, dequoy il receut vn incroyable contentement, ioinct à vne extraordinaire tendresse de cœur. La conformité d'esprit à la volonté de Dieu estant le principal nerf de la deuotion, vn Medecin luy dit vn iour que la Reine estoit enceinte d'vn fils; ie m'en remets, repliqua-t'il, à la disposition de Dieu; qui sçait ce qui nous est necessaire. Ie veux ce qu'il voudra, soit masle ou femelle. Ses dernieres deuotions ayant apposé le sceau à celles de sa vie; il est asseuré que le treisiéme iour de May qui fut celuy du sacre de la Reine, veille funeste à toute la France, & plus encore à son Roy, oyant la Messe il répandit quantité de larmes, dequoy Monsieur le Nonce Apostolique demeura si consolé, qu'il luy enuoya vn homme exprés apres disné pour luy signifier l'excez du contentement qu'il auoit receu de cette deuotion nompareille. Le mesme iour ayant apperceu vn monde de peuple, Voicy, dit-il, qui semble le Iugement, si nostre Seigneur deuoit venir auiourd'huy, bien pour ceux qu'il trouueroit prests. Vn Personnage de Foy remarqua qu'au matin du iour de sa mort, il tira par trois fois le rideau de son lict auec des sentimens non accoustumez, & outre ses prieres ordinaires, il pria Dieu en son cabinet l'espace d'vne demie heure, & sortant du Louure pour la derniere fois, il fit vn grand signe de Croix, comme s'il eust preueu le desastre qui l'attendoit. Monsieur d'Espernon, Monsieur de Montbazon, auec les autres Seigneurs qui l'accompagnoient dans son carrosse le virent, ayant receu ce coup execrable, qu'il

Chapitre VIII. *Section* III.

qu'il tint long-temps les yeux deuers le Ciel, remettât son esprit entre les mains de son autheur, pour le loger en vne terre de plus grande asseurance que celle des mortels. Petit son premier Medecin a raconté à des personnes de qualité, qu'il ne rendit l'esprit que sur le lict, & que luy ayant dit ; SIRE souuenez-vous de Dieu, dites en vostre cœur, *Iesus fils de Dauid ayez pitié de moy*, Il ouurit les yeux par trois fois, grand témoignage de sa deuotion, puis que nos derniers sentimens ne dementent iamais ceux de nostre vie.

LOVYS LE IVSTE ayant recueilli la couronne de son pere donna dés lors de grâds témoignages de vigilance pour le bon-heur de son Estat. La Reine mere, Princesse d'incomparable sagesse, & d'vne rare pieté seconda si soigneusemét les desseins de son fils que le trauail de l'vn, & le ourage de l'autre, & la prudence des deux arresterent de grands malheurs qui menaçoient la France. Dés lors on vid sa Majesté sans repos, & si les exercices de la chasse n'arrestoiét point son corps, ceux de son Conseil occupoient aussi tost son esprit. Ie puis dire auec toute sincerité qu'apres Charlemagne ie n'ay point rencontré de Roy dans l'histoire de France qui fust plus ennemy de l'oisiueté, que Louys le Iuste. S'il est à la guerre, c'est le premier debout ; & le dernier qui se retire. Tousiours à la campagne visitant ses Regiments, veillant sur ses armees, preuoyant aux defauts, ordonnant les choses necessaires,& comme ceux qui sont proches du mont Athos decouurent les pre-

CXXXVII.
Les proüesses de Louys le Iuste côtre l'oisiueté.

Dddddddd miers

miers rayons du Soleil, ainsi est-il tousiours le premier qui voit leuer les desseins des affaires du monde. Il ne luy faut point d'Hercule comme à Thesée, ni de Miltiades comme à Themistocles pour l'aiguillonner aux actions heroïques; son naturel luy enflamme assez le cœur de gloire pour seruir d'éperon aux autres Princes par la grandeur de ses hauts-faicts. Il ne se peut dire combien il est constant contre les injures des saisons. C'est vn viuant Olympe tant il se ressent peu des orages du temps. Si jadis on prenoit plaisir de voir l'Apollon de Megare, tenant la lance en vne main, & la Lyre en l'autre; le contentement n'est pas moindre à tous ceux, qui considerent sa Majesté. Car apres auoir couru toute la iournée parmi les escadrons de son armée, apres auoir manié la lance & le fer, vous le voyez la nuict qu'il prend la Lyre, faisant de concerts auec ses Chantres, auec autant d'affection comme si son esprit n'auoit de l'inclination que pour la Musique. Cela me fait reprendre les idées de Charlemagne, cet Aigle des Empereurs, qui estant en guerre paroissoit vn Mars, parmi ses Musiciens vn Orphée, & parmi les petits écolliers vn maistre d'école, tant son esprit se rendoit capable de tout.

CXXXVIII. Les pieux exploicts de la deuotion de Louys XIII. contre la Paresse.

Que si sa Majesté demande auec Dauid des aisles de Colombe; pour se retirer dans la solitude de la deuotion, ce n'est pas pour y passer vne vie languissante, mais c'est pour y mediter les sacrez mysteres de nostre redemption, où sans le secours des bras du corps son ame décharge de tres violés coups

coups de massuë sur la teste du monstre de paresse Les doubles prieres qu'il fait tous les iours, auant que de sortir de sa Chambre, les vnes particulieres & les autres auec son Aumosnier; la Messe qu'il entend tous les iours sont autant de reuers qu'il delasche contre l'insolence de ce vice. Personne n'est si insensible qui n'experimente de la deuotion quand on le regarde adorant son Sauueur au temps de la saincte Communion. Si le Sainct Sacrement est exposé sur l'Autel, combien de reuerêce ne témoigne-t'il tant en entrant qu'é sortant de l'Eglise. Mais quelle eloquence pourra égaller l'ardeur de son zele à l'endroit d'vn Suisse Heretique, prophanateur du S. Sacrement de l'Autel, en son voyage de Sauoye? On ne luy eust pas plustost monstré cet impie, qu'il luy sauta au collet, & si la bien-seance n'eust moderé ses iustes ressentimens, luy-mesme eust esté l'executeur du chastiment, dont on le fit bien tost mourir. Cet exploict de pieté meriteroit vn Panegyro entier, mais les merueilles de sa deuotion pendant sa maladie du mois de Septembre m'obligent à la briéueté pour ne vous priuer point d'vn sujet digne de l'eternité des choses glorieuses.

SECTION IV.

L'incomparable deuotion de Louys le Iuste pendant sa maladie du Mois de Septembre de l'An 1630.

CXXXIX.
Sa Majesté n'apprehende point la mort.

SI LOVYS LE IVSTE a iamais donné du rauissement à toute la France par les excez de sa deuotion, ce fut dans les ardeurs de sa fiévre qui le saisit le 22. de Septembre dernier, auec des douleurs de teste si extremes, qu'elles deuoient détruire la plus forte patience auec la plus vigoureuse santé du monde. Mais au lieu que les plus deuots sont assez souuent les plus insensibles aux choses sainctes dans tels accidens, les chaleurs de la fiévre consommant ce semble les grandes vertus de l'esprit, les siennes au contraire se rafinoient si fort dás la fornaise de cette maladie, qu'on ne l'a iamais vû plus tranquille, ni plus attaché aux considerations du Ciel. Ie ne parle qu'apres celuy qui a l'honneur de presider aux plus grands secrets de sa conscience, qui ne retournoit iamais du Louure à S. Ioseph, qu'il ne nous remplist également de pitié & d'admiration: de pitié pour les insupportables douleurs de teste, & les grandes chaleurs qui luy brusloient tout le corps; & d'admiration pour sa constance à souffrir tous ces tourmens auec vne resignation d'Ange. Dequoy pensez-vous qu'il entretenoit ses pensées & ceux qui s'approchoient de son lict? Ce n'estoit que

Chapitre VIII. Section IV.

que de l'Eternité bien-heureuse, & de la preparation à bien mourir pour la meriter. *Mon Pere*, disoit-il au R. P. Suffren, *Quand vous verrez que ie seray en quelque danger de mort, ne manquez pas de m'aduertir de bonne heure, & ne pensez pas que cela me asse melancolique, car ie ne crains point la mort. C'est vne cruauté de ceux qui attendent d'aduertir à l'extremité quand on n'en peut plus. Pour moy ie desire d'auoir six iours pour me bien preparer.* Voyant la Reine sa mere s'approcher de son lict, il luy dit: *Madame, le Pere Suffren m'a promis de m'aduertir de bonne heure si ie me trouue en danger de mort, & qu'il ne me quittera point.* O magnanimité nompareille de ce Roy qui parle auec autant d'asseurance de la derniere heure, de sa vie, comme de la premiere, ou de celle de ses triomphes. O mort qui est si amere en la memoie de l'homme delicieux! combien dois-tu estre acheuse en la pensée d'vn puissant Roy, d'vn mananime Roy, & d'vn Roy qui est en la fleur de on âge? Et nonobstant cela quand le P. Suffren uy vient dire de la part des Medecins le sixiéme our de sa fiévre les mesmes nouuelles que fit le Prophete Isaye au Roy Ezechias allicté à la mort, l ne se troubla nullement comme fit ce Roy deolé, il ne ietta point de larmes en abondance comme ce Roy Iuif, il ne demanda point auec luy vne prolongation de sa vie, mais l'absolutiō pour ous ses pechez. *Il est vray, Pere Suffren, ie ne veux oint attendre cette extremité, c'est pourquoy dés à preent ie me veux confesser generalement des pechez de oute ma vie quoy que i'aye bien de la peine à parler. Ie*

[a] *Libr. 4. Reg. c. 20.* Ægrotauit Ezechias vsque ad mortem, & venit ad eum Isayas filius Amos Propheta, dixitque ei, Hæc dicit Dominus Deus Præcipe domui tuæ: morieris enim tu & non viues. Qui conuertit faciem suam ad parietem, & orauit Dominum, &c. Fleuit itaque Isayas fletu magno.

tasche

tascheray, Sire, dit le P. Suffren, de soulager vostre Majesté. Mais il ne fut pas besoin qu'on l'aidast: d'autāt qu'il découurit l'estat de sa conscience auec tant d'ardeur l'espace d'vne demie heure, qu'on n'eust pas iugé la moindre foiblesse en tout son corps. Le P. ayant interrompu sa Confession pour luy donner temps de prendre quelque remede, il la continua apres le disné auec tant de regret de ses fautes passées, que le P. ne le nous pouuoit raconter sans témoigner de grands sentimens d'vne telle deuotion.

CXL.
Sa Majesté reçoit le S. Sacrement auec vne incroyable deuotion.

LES Medecins tenans la santé du Roy entierement desesperée apres le disné, dirent ouuertement que les forces du Roy estans toutes abbatuës il ne pourroit supporter la violence du septiéme accez de sa fiévre, qui deuoit commencer sur le soir, & partant qu'il luy falloit promptement donner le viatique. Le R. P. Suffren luy ayant porté cette nouuelle, il répondit, *Ie suis prest de receuoir le S. Sacrement, & à cette heure mesme si vous le trouuez à propos*, & déslors il commença à se preparer pour receuoir ce diuin Sacrement. Il vouloit se leuer, mais le manquement de forces ne luy permettant pas, il le receut assis dedans son lict de la main de Mʳ le Cardinal de Lyon, mais auec tant de reuerence, d'aspirations, & d'élans deuers le Ciel, que tous les assistans fondoient en larmes, & singulierement les deux Reines, dont les souspirs & les sanglots ne se peuuēt exprimer. Le Roy seul ayant les yeux secs, attachez au Ciel disoit le *Confiteor* à haute voix auant la Communion

nion, & frappoit sa poictrine auec tant de pieté que Mʳ le Cardinal ne pût quasi parler que par les yeux tát la douleur luy serroit le cœur & la bouche. Tous ceux qui auoiét autrefois admiré la vertu du Roy trouuoient en cette action tant de nouueaux suiets de merueilles, que le passé n'estoit qu'vne ombre du present, & disoient tous qu'on n'auoit iamais vû Prince colleter la mort auec tát de courage. Mais que doit craindre Louys le Iuste, puis que *Iustus si morte præoccupatus fuerit in refrigerio erit.* Ce qu'il témoigna encore plus euidemment à la Reine sa mere à qui il dit, *Madame il y a auiourd'huy vingt-neuf ans que vous me donnátes la vie, ie vous demande pardon de toutes les fáscheries que ie puis vous auoir données pendant tout ce temps là. Puis que Dieu veut que ie meure, ie veux aussi ce que Dieu veut.* Paroles plus dignes d'vn Archange que d'vn homme mourant. Mais quelle merueille si celuylà triomphe de la mort, qui a desia triomphé de tous ses ennemis. La Reyne toute pasmée ne pouuát rien repartir, le Roy crût qu'elle ne l'auoit pas ouy, ce qui luy fit repeter les mesmes paroles, & redoubler les douleurs de la Reine, qui fut retirée d'auprés du Roy pour donner cours à ses larmes auec plus de liberté. A ce coup le Roy ne pût refuser ses larmes à celles de sa mere, ces deux cœurs sont trop vnis pour estre separez d'affection. Voyant tout le monde fondre en larmes il dit, *Pourquoy pleurez-vous? Pourrois-je estre mieux que là où ie vay? I'ayme beaucoup mieux estre Roy dans le Ciel que sur la terre.* Il commanda au P. Suffren d'aller trouuer la

Reine

Reine sa femme pour la prier de luy pardonner toutes les fâcheries qu'il pouuoit luy auoir données en tout le temps de leur mariage. Ces paroles donnerent si auant dans le cœur de cette grãde Reine, qu'elle ietta de si lamétables cris & versa tãt de larmes que peu s'ẽ fallut qu'elle ne s'éuanouyt. Il appella Mr de Nogent, & luy demanda si l'on auoit bien honoré le S. Sacrement, & si plusieurs de sa liurée l'auoient accompagné. Ayant appris qu'on l'auoit fait, il en témoigna beaucoup de contentement.

CXLI.
Le Roy reprend ses forces apres la sainEte Communion, & se trouue hors de danger.

IE m'oublois de dire qu'vn peu apres la Communion s'estant tourné vers le P. Suffren il luy dit: *Mon Dieu que ie me sens fort, il me semble que ie me leuerois bien, mon mal de teste est quasi passé.* Et en effect depuis que ce grand Medecin de nos ames l'eust visité, il fit ressusciter toutes les esperances de sa santé, il reposa cinq heures la nuict fort heureusement contre l'opinion de tous les Medecins qui croyoient que cette nuict deuoit estre la derniere de sa vie. Vne medecine qu'on luy donna le mit en sueur, luy causa vn flus de ventre, amortit entierement la fiévre, & dissipa le mal de teste. Voila toute la Cour guerie auec le Roy, on n'entend plus que des actions de graces à Dieu, qui auec cette Manne celeste auoit rendu la vie à sa Majesté. Mais la cause principale de la maladie du Roy n'est pas encore entierement détruite.

CXLII.
Le Roy retombe malade plus dangereusement qu'auparauant, & est derechef guary par la reception du S. Sacrement.

CE flus de ventre s'estant changé en dysenterie, le Dimanche sur les onze heures du soir, il perdit tant de sang en vingt-quatre heures, qu'il se leua

ua iusques à quarante fois, & ce non sans grande douleur, & vn renouuellement de fiévre plus dangereuse que la premiere. Tellement que les Medecins ne pouuans arrester le cours de ce sang, iugerent le Roy derechef mort. Mr Seguin Medecin de la Reine regnante luy porta la parole au nom de tous les autres que cette excessiue perte de sang le mettoit en vn euident danger de sa vie, puis que tous leurs remédes se rendoient inutiles à son soulagement. Si sa Majesté monstra de la constance & de la pieté au premier assaut de la mort, il n'en témoigna pas moins en ce second, faisant appeller aussi-tost le P. Suffren, se confessant & se communiant à la Messe de M^r le Cardinal de Lyon. A la fin de ce diuin sacrifice, quoy qu'il fust presques sans forces, il commanda d'ouurir les portes de sa chambre, & chacun y entrant il dit ces paroles : *Ie suis marri de n'auoir pas la force de pouuoir parler, le P. Suffrē vous parlera pour moy & vous dira ce que ie vous veux dire me trouuant au lict de la mort. Ie vous demande pardon à tous, de tout ce en quoy ie vous puis auoir offencé, & ie ne mourray pas content si ie ne sçay que vous me pardonnez. Ie vous prie d'en dire le mesme à tous mes subjets.* Ces paroles percerent tellement le cœur de ceux qui estoient là presens, que tous se iettans à terre pleurans & sanglottans crierent : C'est à nous, SIRE c'est à nous de vous demander pardon, iamais vous ne nous auez offencez ; pardonnez-nous SIRE, pardonnez-nous, &c. Il appella la Reine regnante, qui s'estoit retirée en vn coin de la chambre, pour ne pouuoir supporter cet object qui luy entamoit le cœur à tous momens. Alors s'embraſſans tendrement ils ſe parlerét aſſez long-temps pluſtoſt de cœur que de bouche, & de larmes que de voix. Apres il appella Mr le Cardinal de Richelieu & ſucceſſiuemét ſes plus affidez ſeruiteurs, leur diſant en ſecret ce qui eſtoit propre d'vn chacun. Cependant Mr le Cardinal de Lyon auoit fait apporter la Ste Huile, & attendoit qu'on l'auertit de la donner. Mais celuy qui auoit deſia retiré ſa Majeſté du premier danger fit d'autant plus reconnoiſtre ſa puiſſance en l'exemptant de cettui-cy, qu'il eſtoit plus à craindre que le premier. Car les Medecins inſpirez du Ciel, l'ayans faict ſaigner au bras droict, voila vn abſés, à quoy toute l'induſtrie humaine n'auoit point pris garde, qui ſe perça dedans ſon corps, & ſe vuidant par le ſiege arreſta le flux de ſang, defenſla le ventre du Roy, mit fin à ſa fiévre & reſtablit ſa Majeſté en vn ſi bon eſtat de ſaté que les Medecins n'en pouuans rapporter la gloire à leurs remedes furent contraints d'auoüer que ſa Majeſté deuoit dire auec le S. Roy Dauid:[a] *La dextre du Seigneur a fait vn miracle, la dextre du Seigneur m'a exalté, la dextre du Seigneur a fait vertu. Ie ne mourray pas, mais ie viuray: & ie raconteray les œuures du Seigneur. Le Seigneur m'a chaſtié, mais il ne m'a pas liuré à la mort.* Depuis ce temps le Roy ſe porta touſiours de bien en mieux, & ceux qui au matin le croybient mort donnerent ſur le ſoir vne entiere aſſeurance de ſa ſanté. Auſſi ſe trouua-t-il ſur les dix heures de la nuict auec tant de force, qu'il

[a] *Pſalm.* 116. Dextera Domini fecit virtutem, dextra Domini exaltauit me, dextera Domini fecit virtutem. Non moriar ſed viuam, & narrabo opera Domini, caſtigans caſtigauit me Dominus & morti non tradidit me.

Chapitre VIII. Section IV.

qu'il se leua tout seul, mangea de bon appetit, voulut se promener par la chambre & fit voir la puissance du souuerain de nos corps & de nos ames quand il en entreprend la guerison.

POVR finir ce discours de la deuotion du Roy, i'adiousteray vn échantillon de la lettre, que le P. Suffren écriuit à vn sien amy : *La merueille estoit de voir ce Prince à la fleur de son âge mourir si constamment, & voyant tous les autres fondre en larmes, n'en verser aucune sinon lors qu'il parla aux Reynes. Il faisoit publiquement de si grands actes de resignation à la volonté de Dieu, que M^r le Cardinal de Lyon me dit qu'il s'estimeroit heureux si à l'heure de la mort il pouuoit arriuer à la resignation qu'il remarquoit au Roy. Il me demanda vne fois où estoit la Reyne sa mere. Ie répondis qu'elle estoit dans le cabinet toute affligée fondant en larmes, n'osant s'approcher de peur de l'affliger. Il me commanda de l'aller consoler, & luy dire qu'elle ne s'affligeast point, qu'il mouroit fort content, qu'il valoit mieux estre Roy au Ciel que sur la terre, & que si elle s'approchoit de son lict elle verroit que son visage n'estoit point changé ni estonné de trop d'apprehension de la mort.*

Voila amy Lecteur ce que profite la deuotiõ parmi les violẽces de la maladie & de la mort à ceux qui l'exercent dans vne bonne santé. C'est pourquoy le ^a mysterieux Apostre S. Iean décrit le cheual de la mort de couleur verte & pasle, pour signifier que la mort est pasle, triste, & facheuse aux méchans; mais qu'elle est verte, heureuse & ^b plaisante aux vertueux. Ce qui a fait dire à S. Bernard auec estonnement. *O que ceux-là sont heu-*

CXLIII.
Le iugement de Monsieur le Cardinal de Lyon touchant la maladie du Rey.

a *Blasius Viegas in cap. 6. Apoc. Comm. 4. sect. 7. n. 3.* Ecce equus pallidus, & qui sedebat super illum nomen illi Mors. Obseruandũ est equũ mortis & pallidũ & viridẽ esse, &c.
S. Bernard. epist. 105. O quam beati mortui, qui in Domino moriuntur,

reux, qui meurent au Seigneur, d'autant qu'ils entendent le S. Esprit, qui leur dit de mettre fin à leurs trauaux: & non seulement cela, mais encore il leur arriue vne ioye de la nouueauté, & vne asseurance de l'Eternité. C'est pourquoy la mort du Iuste est bonne à raison du repos, & encore meilleure à raison de l'agreable nouueauté, & tres-bonne pour l'asseurance de la felicité. Mais au contraire, dit le mesme S. Docteur, ᶜ *La mort des pecheurs est tres-mauuaise.* Elle est mauuaise d'autant qu'elle les detache du monde, elle est pire d'autant qu'elle les separe des plaisirs de la chair, elle est tres-mauuaise à raison des remords de conscience & des horreurs de l'Enfer. Finalement le Roy reconnoissant que le bonheur de sa santé prouenoit de la vertu du S. Sacrement, ordonna qu'à l'auenir on chanteroit à la fin de ses Vespres l'Antienne du S. Sacrement, & se declara protecteur, & singulier bienfacteur des Religieuses du S. Sacremét, ainsi appellées d'autát que deux d'entre elles doiuent faire oraisõ iour & nuict deuant cet auguste Sacremét. Ioignez à tout cecy ce que nous en auons desia dit ailleurs sur ce sujet, & vous conclurez que Louys le Iuste ayant genereusement combattu l'oisiueté auec Israël, Dieu infailliblement l'arrousera de plus en plus de ses graces celestes, il germera en prosperité comme le Lys, & les merites de ses trauaux & loüables sueurs luy meriteront vne couronne dãs le Ciel plus constante que les Cedres du Liban. *Ero quasi ros, Israël germinabit sicut Lilium, & erumpet radix eius vt Libani.*

---

audientes ab spiritu vt requiescant iam à laboribus suis: non solum autem, sed & succedit iucunditas de nouitate, ac de æternitate securitas. Bona proinde mors iusti propter requiem, melior propter nouitatem, optima propter securitatem.

c *Idem ibid.* Mors peccatoris pessima, & audi vnde pessima. Mala siquidé est in mundi amissione, peior in carnis separatione, pessima in vermis ignifque duplici contritione.

CHAPI

CHAPITRE .NEVFVIEME.

Sainct Louys a glorieusement triomphé de l'Oisiueté.

SECTION PREMIERE.

Les deuots exercices du Roy S. Louys contre le vice de la Paresse.

C'Est vne pensée fort releuée & grandement mysterieuse que celle du Fils de Dieu l'vnique espoux de nos ames, qui parlant de l'Eglise nous addresse ces paroles : ᵃ *Que verrez-vous en la Sunamite sinon des chœurs de combattans ?* Que veut-il dire par ce remarquable discours. Si l'Eglise ressemble à des chœurs, qui sont compagnies de personnes qui chantent, comme peut-elle ressembler à des armées guerroyantes. On ne voit rien de plus pacifique qu'vne personne qui psalmodie, & d'autre part il n'est rien de plus effroyable qu'vn exercite combattant. Pour donc parler naifuement, il semble qu'il faudroit dire; Que verrez-vous en la Sulamite sino des chœurs chantans, ou bien des escadrons combattans ? Mais S. Ambroise auec d'autres ᵇ Docteurs, nous deueloppent iudicieusement cette difficulté, disans que l'Eglise, ne combat iamais auec plus de valeur, & ne triomphe iamais

CXLIV.
Les prieres sont de puissantes armes pour combatre l'oisiueté, & toute sorte d'ennemis.

a *Cant. c.* 7. Quid videbitis in Sunamite nisi choros castrorum ?

b *Vide Michaëlem Gisser. in Cant.*

c *S. Paul. ad Rom.* 15. Obsecro vos fratres vt adiuuetis me in orationibus pro me ad Deũ, Græcum συναγωνίσασθαι, id est pugnetis orationibus mecum. Ita exponit Origenes. hom. 10. in epist. ad Roman.

auec

avec plus de gloire que quand elle pſalmodie, & qu'elle met en priere les fidelles pour quelque heureux ſuccez. Et il eſt veritable que la priere eſt vne puiſſante machine de guerre. S. Paul n'en vouloit point d'autres pour atterrer ſes ennemis. [c] *Ie vous prie Peuple Romain par les entrailles de la charité de* IESVS-CHRIST, *que vous me ſecouriez par vos prieres*, & l'Original porte, *que vous combattiez auec moy en vos prieres*. Au ſacré texte de l'Exode il eſt dit, *que les deuotes Dames paſſoient la nuict à l'entrée du Tabernacle:* vne autre verſion porte, *qui prioiẽt*, d'autres tournent, *qui combattoient* pour nous apprendre que l'Egliſe ne combat iamais plus heureuſement ſes ennemis qu'en chantant & coniurant le Ciel, par ſes prieres pour l'accompliſſement de ſes vœux.

S. LOVYS ſçachant ce ſtratageme n'auoit point d'armes plus puiſſantes pour defaire non ſeulement le monſtre de fetardiſe qui a l'oraiſon pour capital ennemy, mais encore tous les autres ennemys de ſon ſalut & de ſon Royaume. Auec quelles armes euſt-il pû faire teſte à tant de Princes, qui s'eſtoient liguez contre luy, & contre la Reyne Blanche ſa mere, s'il ne ſe fut ſaiſi des armes de la priere, dont la puiſſance dit [a] S. Chryſoſtome met en fuite auſſi facilement pluſieurs milliers d'hommes qu'vn tout ſeul? Auec ces armes il a domté la pareſſe la rage des Mahometains, des Affricains & de pluſieurs peuples barbares. Il ne faut nullement douter que ſe leuant tous les iours à la minuit pour aſſiſter aux heures canoniales

c *Mend. in lib.* 1. *Reg. cap.* 2. *n.* 22. Erant apud Hebræos fœminæ vt teſtatur Rabbi Abraham quæ ſæculi vanitate contempta ſe ad miniſteria tabernaculi obeunda conſecrabant, &c. Vbi Moiſes dicitur Exod. 38. feciſſe labrum ex ſpeculis mulierum quæ excubabant in oſtio tabernaculi, alij vertunt: quæ orabant, quæ militabant, quæ ieiunabant, nam participium Hatſobeoth venit à verbo Saba, quod eſt militare.

CXLV.
S. Louys auec ſes oraiſons nocturnes a deſarmé la fetardiſe & ſurmonté ſes ennemis.

a *S. Chryſoſt. tract. de Orat.* Oratio inexpugabile propugnaculum æque facilè complures myriadas, ac vnum terga dare cogit. Ipſe namque Dauid Goliath illum velut dæmonem quempiam formidabilem contra ſe tendentem non armis neque gladiis, ſed precibus ad terram dedit.

Chapitre IX. Section I. 1313

[l]es de sa ᵇ saincte Chappelle, & recitant tous les
[j]ours en particulier auec vn Aumosnier l'office
[d]es Morts, & celuy de la Vierge, que les Anges
[s]e fussent en sentinelle pour découurir ses enne-
[m]is. Ses Peres spirituels ayans aduisé que ses lon-
[g]ues veilles & meditations depuis la minuict ius-
[q]ues au iour interessoient notablement sa santé,
[&] qu'il les deuoit remettre apres les heures de
[P]rimes, il obeit promptement, quoy que ce temps
[d]e la nuict fust fort fauorable à sa deuotion, à ce
[q]u'il disoit, comme luy estant le plus calme de
[t]outes les heures de la iournée. Il ne falloit pas
[n]eantmoins qu'en ces autres oraisons personne
[l]'abbouchast sinon pour des affaires pressantes &
[e]ncore vouloit-il que ce fust en peu de mots; car
[c]omme c'est vn témoignage de Religion de quit-
[t]er Dieu pour Dieu, aussi est-ce vne marque d'im-
[p]ieté de tourner le dos à Dieu pour écouter les
[h]ommes. Quelques Seigneurs de sa Cour s'estans
[f]ormalisez de ses longues prieres, & singulieremét
de ce qu'il entendoit tous les iours deux Messes, &
bien souuent trois ou quatre, sans faire estat du
temps qu'il donnoit aux Predications; le Sainct
ne s'en piqua nullement: mais leur fit vne repartie aussi sage que veritable, disant que s'il donnoit
deux fois autant de temps aux jeux ou à la chasse
que personne ne s'en offenceroit, mais que le mó-
de ne pouuoit supporter les exercices pour le Ciel:
& cependant nous ne perdons point de temps que
celuy qui s'employe pour le monde.

AV lieu que les autres Princes étalloient leur
magnifi[cence]

ᵇ *Gaufr. de Bello-loc. c. 22.*

ᶜ *Gaufr. de Bello-loc. c. 22.*
Cùm ex vigiliis corpus eius & caput maximè nõ modicum debilitari, & grauari poterat obediuit consilio & precibus discretorum.

CXLVI.
S. Louys estoit tres-auide de la parole de Dieu, & se plaisoit à exhorter les autres aux actions vertueuses.

magnificences en des tournois, des Carrousels, & des ioutes ; luy faisoit rayonner les siennes dans les Eglises aux iours plus solemnels, assemblant de toutes parts les plus fameux Musiciens, & les caressant liberalement. Iamais homme ne fut plus affamé des viandes corporelles, qu'il estoit de la parole de Dieu, on ne l'en pouuoit rassasier. Cette celeste pasture n'estoit point receüe en vn estomac cacochime, car il recitoit par fois les sermons entiers qu'il auoit entendus. A son retour d'outremer il se faisoit prescher en son nauire trois fois la semaine, outre les autres exhortations qu'il ordonnoit pour l'instruction des Pilotes, & des autres Mariniers, que luy-mesme exhortoit à la hantise des Sacremens, leur remonstroit les dangers qui sans cesse menaçoient leur vie, & que le naufrage de l'ame estoit bien plus à craindre que celuy du corps. Sa deuotion au salut de ces ames le portoit iusques là ; qu'vn iour il disoit que si d'auanture le vaisseau auoit besoin de leur trauail, lors qu'ils se confesseroient il iroit ramer en leur place, & qu'en telle occurrence il n'obmettroit rien de tout ce qui seroit de leur deuoir. Ses remonstrances ne furent point infructueuses ; car plusieurs Mariniers qui dés long-temps n'auoient point frequenté la Confession, s'y porterent à l'auenir auec vne grande feruerur, & non sans vn notable amandement de vie.

CE fut vn remarquable traict de la deuotion qui échaufoit l'ame de ª S. Louys, quand la veille de l'Annonciation, estant reuestu d'vn cilice, il s'achemi

a Gaufr. de Bello-loc. cap. 12. de vita B L.R. Non solùm Pascha, sed & cæteras festiuitates deuotas faciebat venerabiliter ac studiosissimè celebrari. Conuocans ad hoc pluries in anno Clericos electos & gratiosos cantores, & maximè de bonis pueris, qui in sancta Congregatione Parisiis morabantur, quibus in recessu denarios erogabat, illisque pro magna parte anni in studio sustentabantur.

Idem cap. 23. Ordinauit quod in mari tres haberet sermones qualibet septimana.

Idem ibid. Ego, inquit Rex libéter manum meã apponam, siue ad cordam trahendam, siue ad aliquid aliud faciendum. Nec fuit inanis pia ipsius exhortatio, nam nõnulli nautæ tunc fuerunt confessi, qui per annos plurimos nunquam confessi fuerant.

CXLVII.
La deuotion du Roy S. Louys en son voyage de Nazareth.

Chapitre IX. Section I. 1315

s'achemina depuis la ville d'Acon en Cana de Galilée, iusques en la ville de Nazareth où nostre redemption commença auec l'Incarnation du Fils de Dieu. Mais il faudroit vn autre Ambassadeur Gabriel pour nous declarer comme ce diuin Monarque ayant apperceu de loin ce lieu sacré mit pied à terre, & fléchit les genoux auec tous les sentimens d'vne ame tres-pieuse, & dés lors il ne voulut plus remonter à cheual, continuant son chemin à pied, iusques à ce qu'il fut arriué en cette bien-heureuse maison qui se retrouue maintenant à Lorette. Outre la fatigue de ce voyage, & du cilice qui chargeoit ses épaules, il passa encore toute cette iournée, sans prendre autre refection que de pain & d'eau, iettant mille souspirs en cet auguste Sanctuaire, & l'arrousant de ses larmes de consolation. Mais quel esprit a des rayós assez vifs, pour penetrer dans l'excessiue merueille de cette deuotion? Qui pourroit exprimer auec quelles flammes d'amour, il receut dans le S. Sacrement le Verbe incarné où la tres-saincte Vierge l'auoit autrefois conceu? Là il entendit la parole de Dieu, où la parole increée ᵇ du Pere Eternel s'estoit reuestuë de nostre mortalité. Il fit là celebrer auec toute sorte d'harmonie les matines, les Vespres & les autres diuins seruices, où le mariage du fils de Dieu auec nostre nature auoit esté celebré par l'Angelique voix du Heraut Gabriel. Et pour racourcir tous les pieux deuoirs que S. Louys rendit en ce sacré domicile, il faut dire qu'il n'obmit rien de tout ce qu'vn Prince Chrestien

a *Gaufrid. de Bello-loc. cap.* 23. Nec silendum arbitror, quàm humiliter, quàm Catholicè se habuit Rex deuotus in peregrinatione quàm fecit de Acon in sancta, & deuota ciuitate Nazareth. Nam in vigilia Annunciationis Dominiæ, iuit indutus ad carnem cilicio, de Sophera, vbi ea nocte iacuerat in Cana Galilex, inde in montem Thabor, inde eadem vigilia descendit in Nazareth. Cùm autem à longè locum sanctum videret, descendens de equo deuotissimè adorauit, & sic pedibus incessit, donec humiliter Ciuitatis sacrum & pium locum Incarnationis intrauit. Ea die in pane & aqua deuotè ieiunauit, quáuis plurimum laborasset. Quàm deuotè ibidem se habuerit, quàm solemniter & gloriosè fecerit celebrari Vesperas, Matutinas, Missam, & cætera quæ ad solemnitatem tam celebrem pertinebant, testes esse possunt, qui adfuerunt, de quibus nonnulli veraciter siue edere potuerunt, quod postquam filius Dei in eodé loco de gloriosa Virgine carnem assumpsit, numquam tam solemne, tamque deuotum officiú fuerit ibi factum. Ibidem deuotus Rex Missa in Altari Annunciationis celebrata, sacram Communionem accepit. Et Dominus Odo Tusculanus Apostolicæ sedis Legatus ad maius Altare Ecclesiæ Missam solemnem celebrauit, & Sermonem deuotum fecit.

stien deuoit témoigner en vne rencontre si fortunée.

CXLVIII.
S. Louys estoit conti-nuellement occupé.

QVI voudroit raconter auec quelle ferueur ce grand Roy persecuta le monstre de paresse, tāt en la Terre-saincte, qu'en tous les iours de sa vie, il faudroit auoir autant d'eloquence en la bouche que luy auoit de deuotion en l'ame. Nous pouuons asseurer de luy, qu'il executoit fidellement l'auis du grand Apostre, qui nous exhorte de prier sans relasche: c'est à sçauoir d'estre tousiours occupez pour la plus grand gloire de Dieu. Car s'il ne rendoit la iustice à ses subiets, il s'entretenoit à démêler les affaires de son Royaume & hors de là on le trouuoit en son Oratoire traictāt auec Dieu, ou deuisant spirituellement auec quelque deuot Religieux. Que si la bien-seance l'obligeoit d'entretenir quelques Seigneurs, où les propos estoient grandement serieux, ou tout à faict spirituels. Tellement qu'il n'estoit moyen de le rencontrer oisif, ou ce qui est plus dangereux, de le voir cajoller quelque affectée, ou muguetter quelque Princesse sous couleur de necessaire entretien. Il est hors de doute auprès des Professeurs de la vie spirituelle, qu'vn des plus essentiels exercices de la deuotion est le frequent vsage des Sacremens de la Confessiō & de l'Eucharistie. D'autant que nostre ame reprenant vie apres le peché actuel par l'vsage de la Penitence, & se fortifiant par le diuin pain des Anges, viande des forts, & des vaillans, il est certain qu'elle n'est iamais si vigoureuse à combattre les vices, & à surmonter

tout

Chapitre IX. Section I.

toute lascheté spirituelle qu'en la hantise de ces augustes Sacremens. C'est pourquoy ᵃ S. Louys, au rapport de son Confesseur Geoffroy de Beau-lieu, se confessoit tous les Vendredis, & se faisoit discipliner par son pere spirituel auec vne discipline à cinq chainettes de fer, qu'il portoit tousiours auec soy dans vne boüette d'hyuoire. Que si son Confesseur sembloit l'épargner, il luy faisoit signe de redoubler les coups. C'est ainsi qu'il faut réueiller nos langueurs spirituelles, pour rauigourer l'ame aux exploicts de la vie deuote. Il arriua aussi qu'vn sien Confesseur passant les mesures d'vne discrette mortification, le disciplinoit auec tant d'excez, que sa chair tendre & delicate n'en fut pas peu offencée: & toutefois il n'en sonna iamais mot qu'apres le trépas de ce rude iouëur, & encore fust-ce par maniere de recreation qu'il le découurit à son Confesseur. Quoy qu'il se confessast tous les Vendredis, neantmoins s'il arriuoit sur la sepmaine quelque sujet il enuoyoit querir aussi-tost son Cófesseur. Que s'il ne le pouuoit aborder il se seruoit de son Chapelain. Apres son retour de la Terresaincte il en voulut auoir deux, vn de l'Ordre de S. Dominique, & l'autre de S. Fráçois, afin, dit son histoire qu'é la bouche de deux témoins sa consciéce trouuast plus d'asseuráce. Ie ne veux pas icy repeter ce que i'ay desia racóté au Parangó de la Foy touchát sa deuotion au S. Sacremét de l'Autel: cóme il le faisoit porter dás só nauire en tous ses voyages d'outre-mer, le miraculeux secours qu'il en receut dans vn euident naufrage, & plusieurs au-

ᵃ *Gaufr. de Bello-loc. in vita & Conuers. S. L. R. cap. 16.* Sexta feria per totum annum consueuerat deuoté & humiliter confiteri, &c. Post Confessionem à Confessore suo disciplinam semper recipiebat cum quinque catenulis ferreis similiter iunctis capitibus earum in fundo cuiusdam paruulæ pixidis eburneæ virgulæ decenter infixis, qua peracta disciplina in pixide replicabatur, quá pixidem ipse in bursa ad zonam pendentem secretò portabat. Similes pixides cum similibus virgulis ferreis quasi pro secreto xenio, dabat aliquando liberis suis, siue secretis amicis, pro recipienda loco & tempore disciplina. Si quando Confessor suus quasi parcens ei nimis remissos ictus, vt sibi videbatur ei dabat, quod fortius percuteret ipse per signú aliquod innuebat.

Ffffffff 2 tres

tres-deuots exercices que i'ay desia deduicts ailleurs.

CXLIX.
S. Louys estoit fort soigneux de procurer des Indulgences.
a *Gaufrid. de Bello loco de vita & Conuers. S. L. R. cap. 23. Præterea Indulgétias à Domino Papa & ab aliis Prælatis Ecclesiæ sollicité procurabat, & impetratas deuoté & humiliter frequentabat.*

Qvoy que tous ces religieux exploicts fussent plus que suffisans à contrebalancer deuant la Iustice du Ciel tous les defauts de sa vie; neantmoins il ne se peut dire auec quel soin il procuroit des Indulgences aupres des Saincts Pontifes, tant pour soy que pour les autres, & sur tout pour le soulagement des trespassez detenus dans les conciergeries de la Iustice diuine. Il en laissa mesme vn notable document à son fils aisné Philippe, qu'on pourra lire entre les autres rapporté au Parangon de la Prudence. De maniere qu'on ne peut rien desirer de loüable qu'on ne voye diuinemét rayonner en la vie de ce sainct Roy, Soleil de vertu, tableau de perfection, viuante image d'vn vray Roy, le miracle des Princes, & l'asseurance d'autant d'heureux succez, que plus on s'éuertuera d'ensuiure les saincts trauaux de sa vie, qui luy ont produit vne gloire eternelle par tout l'Vniuers.

SECTION II.

Les diuins sentimens de la deuotion du Roy S. Louys à l'heure de sa mort.

CL.
S. Louys ayant sainctement commencé sa vie il l'a aussi parachevée heureusement.
a *Lucianus in Hermotim.* τὴν ἀρχὴν ἡμισυ παντὸς ἐφ' ἔνας, *Princi-*

IE ne desauoüeray iamais ce que tant de doctes personnages ont publié en leurs écrits, que a la principale partie de l'œuure est vn bon commencement, & qu'il est bié difficile qu'vn mauuais principe puisse

Chapitre IX. Section II. 1319

se arriuer à vne fin heureuse. De là est venu le Prouerbe. Qui a bien commencé tient desia à demy sa besógne faicte. Ce qui est tout visible en nostre auguste Roy, dont les premieres années de sa vie ayant rayonné en vertu, aussi sa fin mettant le sceau à sa saincteté, a esté toute éclatante en miracles. [b] Ionuille nous fait foy qu'apres que le S. Roy eut dicté de rares enseignements à son fils Philippe, la maladie le pressant de plus en plus il demanda les diuins Sacrements, conuenables aux voyageurs qui veulent passer de ce monde en la vie perdurable. On les luy apporta, & les receut auec vn si fort iugement, & vne memoire tant asseurée, que luy mesme respondoit à son tour aux sept Pseaumes, & aux Litanies que le Prestre recitoit.

pium Hesiodus dimidiū totius esse dixit.

[b] Ionuille. Guillelm. Carnot. lib. de vita & mirac. S.L.R. Gaufr. de Bello-loc. Cùm ipsi sacramentum Extremæ vnctionis exhiberemus, & dicerentur septem Psalmi cum Litania ipse in Psalmis versus dicebat, & in Litania Sāctos nominans, eorū suffragia deuotissimè inuocabat.

CLI.
Les diuins propos de S. Louys à l'heure de la mort.

PENDANT sa[a] maladie iusques aux derniers soupirs il parloit de Dieu & de sa beatitude auec autant de joye que feroit vn pauure esclaue qui se cerroit détaché de ses chaisnes, prest de reprendre a route de sa patrie tant desirée. Mais que disoit-l parmy ces dernieres heures? Ce que toute sa vie l'auoit medité. On l'entendoit doucemēt disant: *our l'amour de Dieu éuertuons-nous de faire prescher la aincte Foy à Thunes. Qui pourroit estre propre à cela?* sur telles questions il respondoit, vn tel Frere e l'Ordre des Prescheurs, qui a desia esté en ces uartiers, & a connoissance particuliere du Roy e Thunes, estant tres-veritable que les habituees de la vie ne nous quittent point qu'apres la ort. Cecy se confirme dauantage en ce que le

[a] *Gaufr. de Bello-loc. de vita S.L.Fr. R.* Cùm autem iam signis euidentibus appropinquaret ad finem, de nullo erat sollicitus, nisi de iis quæ ad solum Deum, & exaltationem Fidei Christianæ propriè pertinebant. Ita quod cùm iam non nisi submissè & cum grauamine loqui posset, nobis adstantibus, & ad verba eius aurem adhibentibus vir adeò plenus, & verè catholicus dicebat pro Deo studeamus quomodo Fides Catholica possit apud Tunicium prædicari. O quis esset idoneus vt mitteretur illuc ad prædicādum, & nominabat quemdam Fratrem

Ffffffff 3 Sainct

Sainct Roy ayant tousiours esté fort affectionné aux bien-heureux habitans du Ciel, & particulierement à la Reyne des Anges, à S. Denys, à saincte Geneuiefue, & à S. Iacques, aussi en ce dernier passage il les inuoquoit fort affectueusemēt, & leur presentoit les collectes, & les suffrages dont l'Eglise a coustume d'vser en son office. Entre autres on luy entendoit prononcer la fin de l'Oraison de S. Denys, qui porte ces paroles: *Tribue nobis quæsumus Domine prospera mundi pro amore tuo despicere, & nulla eius aduersa formidare.* Ce qu'il repetoit souuent auec ces autres notables propos, qui commencent l'Oraison de S. Iacques l'Apostre, *Esto Domine plebi tuæ sanctificator & custos.* D'autres-fois tout transporté de ioye il s'écrioit, *Nous irons en Hierusalem.* De sorte qu'à l'entendre discourir on n'eust pas dit que ce fut vn homme mourant, mais vn sainct Predicateur, tant ce Cygne royal estoit eloquent & fluide en ses derniers propos, quoy qu'il fust trauaillé de deux cruelles maladies, à sçauoir de la dyssenterie, & d'vne fiévre pestilentielle, dont son armée estoit aussi fort incommodée. Auant que faire ce dernier depart vn sainct rauissement emporta son ame bien auant dedans Dieu, d'où retournant apres vne demie heure, il s'écria doucement les yeux & la face tournez du costé de ce bien-heureux seiour *Introibo in domum tuam, adorabo ad templum sanctu tuum, & confitebor nomini tuo.* I'entreray en vostr maison, ie vous adoreray en vostre sacré templ & i'y confesseray vostre sainct nom. Paroles q
témo

Ordinis Prædicatorum, qui aliàs illic inerat, & Regi Tunicij notus erat. Ecce qualiter verus Dei cultor & fidei Christianę constans.

b *Guillelm. Nangius de Gest. L. Fr. R. Rex autem Ludouicus fluxu vētris, qui cum arripuerat, molestiam sentiebat. Post modicum verò tempus Rex Deo deuotus febre continua infirmatus lecto decubuit.*

Gaufrid. de Bello loc. de vita S. L. R. Cùm autem virtus corporis eius atque sermonis paulatim deficeret, non cessabat tamen Sanctorum sibi deuotorum, sicut eniti poterat suffragia postulare, maximè autem beati Dionysij specialis patroni Regni sui.

Gaufrid. de Bello loc. de vita & conuers. S. L. R. Ad extremam igitur horam veniens Christi seruus, super stratum cinere respersum in modum crucis recumbens fœlicè spiritum reddit Creatori; ea scilicet hora qua Dei Filius pro mundi vita in Cruce moriens expirauit.

Guillelm. Carnot, de vita & mirac. S. L. R. Cæterùm quamuis corporaliter plurimarum molestiarum premeretur angustiis, spōnte tamen eleuabatur in spem desideratæ mercedis, nocte enim præcedēte fuerat auditus sic dicere in Gallico, Nous irons en Hierusalem. Totus enim cælestibus inhians, totū habens spiritum immersum in supernis, suspirabat assiduè ad illam cælestem Hierusalem, quæ est vi-

Chapitre IX. Section II.

témoignoient assez les gages que Dieu luy auoit donné de sa prochaine beatitude. La veille de son trépas quoy qu'accablé de cuisantes douleurs, il ne laissoit pourtant d'aiguillonner à tous momens son esprit par l'esperance du bon-heur qui l'attendoit en l'autre monde. *Nous irons en Hierusalem*, disoit-il souuent en François. Finalement sentant es dernieres crises de sa mort, comme vn genereux champion de IESVS-CHRIST qui toute sa ie auoit triomphé des demons, il se disposa à réorter encore cette derniere victoire. A raison de uoy il employa ce stratageme du tout remaruable à vn personnage de sa sorte. Il se fit couher sur la cendre froide, comme l'arene de sa deriere luicte; puis estendant ses bras en la mesme osture que le Sauueur du monde paroissoit sur la roix en la défaicte du monde, de la chair, & du iable; il deschargea de si pesans coups de massue ur ce monstre à sept testes, qu'on eust dit qu'il aoit repris vie pour donner la mort à toute sorte e vice; Il triompha de la superbe, voulant mouir en vne couche vile; il tua l'auarice, mourant si auurement; il égorgea la colere, mourant auec ant de douceur sur la cendre; il étouffa l'enuie ourant paisiblement. C'est icy où il domta la ubricité, & la gourmandise, finissant sa vie en vn t tant aspre & hors de tous chatoüillemés. C'est cy en fin où la paresse est massacrée par les inéitables reuers d'vne surnaturelle vertu. Apres aoir lardé de coups & renuersé toutes ces troupes enemis auec le Prince des furies infernales, son ame

sio veræ pacis. Denique circa horam tertiam cùm iam vsum loquendi quasi totaliter amisisset, aspiciebat, tamen familares quasi subridens valdè dulciter, & suspirans. Et cùm inter tertiam & sextam visus esset quasi dormies per spatium dimidiæ horæ quiescere, tunc aperiens oculos & eleuans ad Cælum vultu sereno protulit hæc verba Psalmistæ: *Introibo in domum tuam, adorabo ad templũ sanctum tuum, & confitebor nomini tuo.*

a *Guill. Carn. de vita & mirac. S. E. R.* Ad vltimum verò prius omnibus ad se pertinentibus Regio more dispositis, susceptisq; deuotissimò omnibus Ecclesiasticis Sacramentis die crastina beati Bartholomæi circa horam nonam dié clausit extremum felicé reddens animam Creatori: illa scilicet hora diei, qua Saluator noster pro mundi vita moriens expirauit. Ab illa siquidé hora vsquedum ad hoc quod parari debuit corpus eius vt separarentur ossa à carne intuentibus apparebat sic speciosus ac gratiosus in facie, ac si planè viuus esset & sanus; & quasi subridens aliquantulum videbatur.

ame fut conduicte en triomphe sur le celeste Capitole le lendemain de la S. Barthelemy à mesme heure que nostre Seigneur triompha de Sathan estant sur l'arbre de la Croix.

<small>CLII.
S. Louys ne change point de face apres son trépas.</small>

O la glorieuse mort qui a tant de ressemblance auec celle du Sauueur! O le precieux trépas, qui rejoint le commencement d'vne vie toute saincte à vne pareille fin pour former le cercle d'vne beatitude eternelle! O mort genereuse qui enseigne aux plus formidables Monarques que l'homme est petri de cendre & de poussiere, & qu'il sera vn iour reduit en sa premiere pourriture. Primislaus voulut qu'on étallast au iour de son couronnemét l'habit dont il vsoit en sa premiere condition de rustique: mais Sainct Louys prenant possession du Royaume des Cieux, témoigne mourant sur la cendre, qu'il n'est point oublieux de son origine mortelle, qui ne donne point plus d'auantage aux Roys de la terre que fait la mort aux dernieres heures de leur vie. Mais comme la Semence se perpetue par le moyen de ses cendres: ainsi sembloit-il que l'autheur de nos vies vouloit cóseruer incorruptible le corps de nostre S. Roy étendu sur la cendre, faisant paroistre son visage aussi vermeil que les roses, & ses yeux aussi gais qu'en la plus florissante force de sa vie. Point de saffran sur son front, point de fletrissure sur ses lévres; il estoit si beau & gracieux, dit Guillaume de Chartre, qu'on eust asseuré qu'il estoit vif, plein de force & comme se souriant aux yeux de ceux qui le regardoiét. Mais dequoy nous ébahissons-

Chapitre IX. *Section* I.

sons-nous de voir cette face si agreable & si plaisante? S. Louys n'a-t'il pas esté durant sa vie vn S. Lys, assorty d'vne beauté, & d'vne candeur nompareille? estimez-vous qu'apres son trépas il se doiue faner, luy qui n'a point esté soüillé pendant sa vie d'aucun peché mortel? C'est maintenant plus que iamais que nostre S. Lys mystique florira comme Israël, germera comme le Lys & que sa Foy, sa pieté, & sa deuotion le portera au dessus du Liban celeste. C'est maintenant qu'il épandra les branches de ses proüesses, en l'étenduë de tous les siecles. C'est maintenant que sa gloire ressemblera à l'oliuier tousiours entier, & verdoyát. C'est maintenát que l'odeur de ses proüesses, & de ses admirables vertus exhalera des parfums de loüanges, comme la montagne du Liban grosse d'encens, & d'odeurs aromatiques. *Ero quasi ros, Israël germinabit sicut Liliü, & erumpet radix eius vt Libani. Ibunt rami eius, & erit quasi oliua gloria eius, & odor eius vt Libani.*

Ggggggg SEC

SECTION III.

S. Louys se fait voir apres sa mort à une personne deuote en un maintien resplendissant, qui marque la recompense de ses glorieux trauaux.

CLIII.
Application du signe du Ch. 12. de l'Apocalypse à la gloire de S. Louys.

Blasius Viegas in cap. 12. Apoc.

Ce n'est pas sans suër, & sans combattre le Dragon à sept testes que cette Princesse de l'Apocalypse a le front couronné de douze étoilles, le corps reuestu du soleil, & la Lune sous les pieds. Les plus sçauans ont dit que cette Reine portoit au front l'image de l'Eglise militante, terrible comme une armee bien rangee. D'autres ont soustenu que c'estoit le vif pourtraict de la B. Vierge, cette grande Emperiere, à qui tous les Astres font hommage. Les autres ont tenu pour asseuré que c'estoit la figure de l'ame du iuste, telle qu'est par excellence celle de nostre tres-sainct Roy Louys. Car qui a combattu plus opiniastrement ce dragon infernal à sept testes des sept pechez principaux, que nostre inuincible Monarque? Et qui doit porter en teste plus glorieusement ce diademe de douze étoilles que celuy qui a raui le monde par les lumieres de sa Religion, de sa Foy, de son Esperance, de sa Charité, de sa Prudence, de sa Iustice, de sa Force, de sa Chasteté, de sa Sobrieté

Chapitre IX. Section III.

brieté, de son Humilité, de sa Clemence, & de sa deuotion. Il éclate comme le Soleil, à raison que pendant toute sa vie la grace de Dieu ne s'est point éclipsée de son ame. Il foule aux pieds la Lune, d'autant qu'il a genereusement méprisé toutes les vanitez du monde, plus inconstantes que la Lune mesme. Voila donc la gloire qui suit les trauaux de S. Louys, & ceux qui n'ont rien negligé au seruice de Dieu. Vous plait-il en voir la verité en son iour.

LA nuict precedant la nouuelle du trépas de S. Louys, Dieu fit voir pendant le sommeil à vne Dame Parisienne, fille spirituelle de Guillaume de Chartres, le bien-heureux Roy reuestu d'vne chappe de pourpre, accompagné d'vn grand nombre de personnes entrans auec luy en sa saincte Chapelle de Paris. Il precedoit tous les autres tant en rang qu'en clarté. Estant arriué deuant l'autel, il fit vne profonde reuerence, & ioignit les mains comme s'il eust voulu celebrer le S. Sacrifice de la Messe. Apres il se retourna deuers le chœur auec vn visage majestueux, & resplendissant comme le Soleil. Du costé droit du chœur tirant deuers l'Autel paroissoit vn autre personnage reuestu de mesme liurée, mais auec moins d'éclat. Tous deux estoient neantmoins notablement brillans sur tous les autres, & estoient reuerez de toute la compagnie. Cette vertueuse Dame qui voyoit tout cecy pensoit desia estre dans le Ciel, tant ce petit échantillon de gloire chatoüilloit son ame : mais cette magnifique trouppe s'estant écli-

CLIV.
Vision remarquable de la gloire de S. Louys, qu'vne Parisienne eut pendant son sommeil.

Guillelm. Carnot. de vita & mirac. S. L. R.

plée, rien ne luy resta de ce grand contentement qu'vne douce ressouuenance d'vn si glorieux spectacle. Le lendemain son mary estant retourné du Palais tout abbattu de tristesse & d'ennuis luy dóna sujet de s'informer de cet extraordinaire mécontentement; à quoy il repartit tout sanglottant, que la plus desastreuse nouuelle qu'on luy pouuoit apporter estoit arriuée, d'autant qu'il se voyoit priué pour iamais de celuy qui soustenoit toutes ses esperances. Ce bon personnage auoit bien de peine de dire que la nouuelle estoit venuë de la mort du Roy & de son fils Iean Comte de Neuers; mais en fin il fut contraint de publier ce qu'il n'eust iamais voulu estre arriuué. Sa femme se ressouuenant aussi-tost de ce que Dieu luy auoit découuert la nuit precedente, iugea que ce bruit n'estoit pas sans fondement, quoy qu'elle cachast à son mary sa vision, attendant le iugement de son Pere spirituel. Guillaume de Chartres ayant entendu les circonstances de cette vision reconnut aussi-tost que ces deux personnages, qui paroissoient comme deux Soleils aupres de l'autel estoient les ames de ces deux glorieux Princes, à sçauoir du B. Roy S. Louys qui surpassoit en lumiere celle de son fils, & que tous deux s'estans offerts sur l'autel du martyre pour la conuersion des infidelles, auoient merité la chape de pourpre, teinte au sang de l'Agneau; dót ils auoiét fidellement suiuy le courage, mourans pour le salut des Sarrazins, & des peuples barbares. Quát au sacrifice que le S. Roy sembloit accomplir il

témoi

Chapitre IX. Section III. 1327

témoignoit qu'il en auoit presenté vn à la Majesté diuine qui surpassoit celuy a d'Abrahá, puis qu'il auoit nō seulemēt sacrifié son fils, mais encore soy-méme en odeur de suauité. Il conjectura aussi-tost que ces lumieres qui les enuironnoient estoiēt les éclats de leurs brillantes vertus, & qu'ayant méprisé pendant leur vie toutes les pompes de leur Cour pour l'honneur de Iesus-Christ, Dieu les rendoit d'autant plus honorables en sa Cour celeste.

a *Guillelm. Carn. de vita & mir. S. L. R.* Ex quo planius intelligi potest, illud acceptabile Sacrificium sibi fuisse diuinitùs monstrarum, quod pius Rex addens super illud memorabile sacrificium Abrahæ, non solum de proprio filio tam sibi dilecto, sed etiam in odorem suauitatis obtulit de se ipso, &c.

C L V.
Qu'il faut sainctement trauailler pour acquerir la beatitude eternelle.

O deuoyez iugemens de plusieurs mortels, qui voulez rayonner apres vostre trépas sans combattre le dragon infernal! Croyez-vous qu'on donne en l'autre vie les Astres à ceux qui en ce monde se sont plongez dans la boüe des vices? Pensez-vous qu'ils foulent la Lune aux pieds, s'ils ne méprisent maintenant les vanitez du siecle? Esperez-vous porter douze étoilles pour diademe n'ayant pas vne bonne vertu qui reluise maintenant dans vostre ame? Iugez-vous qu'ō doiue reuestir du Soleil de la vision de Dieu celuy qui pendant sa vie ne iette point de rayon de bon exemple. O insensez mortels à quoy pensez-vous de vouloir bien mourir en mal viuant; heureusement finir vos iours, en malheureusement commencant, iouyr d'vn repos eternel apres vne vie faineante, qui ne songe qu'à l'engrais & aux plaisirs de cette vie.

Il faut si l'on trouue de l'heur,
En cet estat mortel des hommes,
Iuger au point où nous en sommes,
Que c'est apres force douleur.

Pindar. Ode 1*2*. Pyth. εἰ ϑὲ τις ὄλβον ἐν ἀνθρώποις ἰδὼν κρυπτὰ κελεύθῳ.

Il faut trauailler, mais trauailler comme nostre genereux sainct Louys combattant nos vices auec les armes des diuins Sacremens, de l'Oraison, du jeusne, de l'aumosne, & des autres vertus Chrestiennes. L'ordonnance du ᵃRoy Saül portoit que celuy qui atterreroit le Geant Goliath remporteroit de grandes richesses, & que sa famille seroit affranchie de tous tributs: & c'est la volonté du Roy des deux mondes, qu'il faut mettre à bas ce Geant infernal, si l'on veut receuoir pour recompense les thresors eternels, & viure dans les asseurances d'vne vie bien-heureuse. Dieu n'a qu'vn repos à donner, ou en ce monde ou en l'autre: qui le prend en ce monde, ne le reçoit pas en l'autre. ᵇ *Dieu te fait sçauoir qu'il veut vendre sa beatitude*, dit S. Augustin. *Il a fait crier son Royaume à l'encan. Et tu luy dis combien vaut-il? Escoute son prix, c'est le trauail: mais combien de trauail? mille ans de sueurs en feront-ils la raison? on n'en demande pas tant: vn peu de peine seulement pendant le cours de ta vie, d'où s'ensuiura vn repos, qui n'aura point de fin. Bonté diuine que le prix est vil, nous donnons seulement vne gousse de féues, ou vne écosse de gland, pour receuoir des thresors inepuisables.* Escoute de plus ce que dit Dauid: *A proportion que mon cœur a esté percé de douleur, tes consolations ont épanouy mon ame d'allegresse. Tu trauailles peu d'années, & encore en cette brieueté la joye ne te manquera pas.* Les Iustes experimentent tous les iours ces faueurs, & ceux qui nous ont desia precedé l'ont fait assez paroistre parmi les aigreurs des Martyres. Mais posons le cas que le Ciel n'eust point

a 1. *Reg.* 17. Virum qui percusserit eum, Goliath, ditabit Rex diuitiis magnis, & domum patris eius faciet absque tributo in Israël.

b S. *August. in Ps.* 93. Venale est quod habeo, dicit tibi Deus, eme illud, requiem venalem habeo, eme illam. Dicis ei quantum valet? Audi precium ipsius; Labor est, &c. sed cum viuis paucis annis in labore, inde iam requies erit, & finem nō habebit. Ecce quantum pretium damus, quodammodo vnam siliquam ad capiendos thesauros sempiternos. Et insuper audi Dauidem dicentem, *secundum multitudinem dolorum meorum in corde meo, consolationes tuæ lætificauerunt animam meā* paucis annis laboras, & in istis paucis annis non deerit tibi consolatio.

Chapitre IX. Section III. 1329

point de consolation pour les Saincts pendant cette vie? vne beatitude eternelle ne merite-t'elle pas loyalement quelques années de souffrance?

ON écrit qu'Agesilaus refusoit tous les honneurs, qu'il n'auoit point acquis à la pointe de son trauail. Cyrus n'eust pas voulu prendre vn morceau de pain qu'il ne l'eust trempé de sueur, & nous voudrons prendre le ciel à bras croisez. Dieu eternel quels suplices n'enduroit la ieunesse de Sparte deuant l'autel de leurs Dieux pour vne fumee de gloire. Leurs corps se rendoient plus à la violence des coups que leur courage à la douleur des tourmens. Les Arians n'epousoient point de femmes qu'apres auoir presenté à leur Roy la teste d'vn de leurs ennemis. Que n'endurent certaines personnes en ce monde pour vne recompense incertaine, & tousiours passagere? Entrons dans les Palais des Roys, combien d'orages & de tempestes bouleuersent l'esprit d'vn pauure courtisan auant que d'arriuer aux bonnes graces d'vn Prince? Combien d'années de seruice faut-il donner pour quelque incertain gouuernement de ville. Et pour la iouyssance d'vn Royaume eternel que ne deuroit-on entreprendre & endurer? Passons dans les Parlemens, & demandons à ces Messieurs les Presidens ce qu'ils ont pati auant que de s'asseoir sur les Lys; & apres cela combien d'années ils iouyront de cette gloire? Les Roys ne portent pas mesme la couronne quoy que legitime, & hereditaire sans fatigues & apprehensions? témoin Battorius Roy de Polongne, qui auoit

CLVI.
Personne n'obtient du bien sans trauail.

a *Tertull. lib. ad Martyr. cap.* 4. Ante Aram nobiles quique adolescentes flagellis affliguntur, adstantibus parentibus & propinquis, & vt perseuerent adhortātibus. Ornamentum enim & gloria deputabitur si anima potius cesserit plagis, quā corpus.

pris

pris pour deuise vne poignée de pauots auec vn diademe portant cette ame,[b] *Per non dormire*, voulant declarer que les couronnes ne se possedoient point en dormant. Sortons des Louures & des Parlemens, allons nous en à la guerre. Là vous verrez vn Mareschal de Camp, vn Capitaine tout balafré, tout recousu & playé.

Vous plait-il que nous fassions le voyage des Indes, & que nous allions voir si l'on trouue les perles en dormant? ou si l'on les pesche dans les plats parmi les confitures? Pour donc les auoir le trauail en est tel, que personne de libre condition ne s'y veut hazarder: c'est la force mesme qui contraint les esclaues à se plonger iusques à six, à neuf, & à douze brassées en mer, cherchans les huitres, qui sont ordinairement attachées aux rochers d'où auec violence il les faut arracher. Ces coquilles ne se laissent point prendre au premier coup de griffe, & l'eau estant fort froide en tels endroits, ie vous laisse à iuger quel grincement ne s'ensuit? mais ce qui leur est encore plus insupportable, c'est leur haleine, qu'il faut retenir quelquefois iusques à demie heure à raison dequoy on leur fait manger des viandes seiches, & encore en petite quantité.

Avtant en faisoient ces anciens Athletes auant que d'entrer dans le stade. Ils se nourrissoient seulement de pain petri sans leuain, & ce fort sobrement, afin de prendre des forces, & non de la graisse. Plusieurs années auparauant ils s'exercoient en particulier auec beaucoup de contention

---

[b] *Iacob. Typ. in symb. Imp. & Reg.*
Πόνου τοι χωρὶς οὐδὲν εὐτυχεῖ, *Sine labore nihil feliciter accidit. Sophoc. in Electr.*
Ἐκ τῶν πόνων τοι τἀγαθ' αὔξεται βροτοῖς, *Bona per labores augentur hominibus. Euripid. in Erect.*

CLVII.
Quelles peines n'endurent ceux qui peschent les Perles.
Ioseph. à Costa lib. 4. hist. nat. & mor. Ind. Or. & Occid. cap. 15.

CLVIII.
Le trauail des anciens Athletes condamnera nostre nonchalance.
Galen. in practico ad art.
Seneca lib. 1. de tranquillitate cap. 9. & ib. 1. de ira, cap. 14.
S. Chrysostomus comment. in cap. 1. Epist. 1. D. Pauli

Chapitre IX. Section III. 1331

rention, autrement ils n'eſtoient point receuables dans l'Olympe, d'autant que c'eſtoit la premiere queſtion, que leur propoſoit l'Agonothete, ou le Xyſtarche: Vous eſtes-vous dignement trauaillez & exercez pour entrer dans la luicte? Mais à quelle fin tant de trauaux, & tant de ſueurs! C'eſt ſeulement, dit S. Paul, pour moiſſonner vne chetiue couronne, qui ſe fleſtrira en peu de iours, & nous autres par nos ſaincts exercices en receurons vne qui ne fanera iamais. Ceux-là s'abſtiennent de tout ce qu'ils eſtiment leur eſtre deſauantageux à la luicte; & quoy, n'aurons-nous pas le courage de reprimer tout ce qui eſt contraire à noſtre bon-heur eternel?

ad Timotheum, & Galenus in comm. primo ſuper Hipp. ὅτι ἀθλητὴς ἴσον ὀνομάζεται. Aphor. 18. Omnis qui in Agone contendit ab omnibus ſe abſtinet, & illi quidem vt corruptibilem coronam accipiant, nos autem incorruptam. S. Paulus 1. Cor. 9.

BANNISSONS donc de nos ames toute ſorte de langueur. Tuons cette nonchalance ſpirituelle comme vn obſtacle à tous biens. Trauaillons, & combattons, mais legitimement comme a fait S. Louys. Cela veut dire qu'eſtant en grace il faut auoir pour blanc de toutes nos actions la la gloire du Createur. Le ſymbole de Ferdinand Archiduc d'Auſtriche auoit vne couronne au deſſus de deux palmes croiſées auec ces deux mots: *Legitimè certantibus*; ſignifiant qu'il falloit combattre, mais auec la Croix & pour IESVS-CHRIST, autrement que nos trauaux, nos combats, & nos ſueurs, n'eſtoient point legitimes, & partant incapables de la couronne des Cieux. Quoy que Lucius Marius euſt ſurmonté l'ennemy, le Senat Romain luy refuſa le triomphe, parce qu'il auoit combattu illegitimement, apres auoir fait la tré-

CLIX.
Ce n'eſt pas aſſez de trauailler, il faut que ce ſoit pour Dieu.

Hhhhhhhh ue,

Apoc. cap. 14. Et tertius Angelus secutus est illos, dicens: voce magna. Si quis adorauerit bestiam, & imaginem eius, & characterem in fronte sua, aut in manu sua. Et hic bibet de vino iræ Dei, quod mixtum est mero in calice iræ ipsius, & cruciabitur igne & sulphure in conspectu Angelorum sanctorum, & ante conspectum Agni. Et fumus tormentorum eorum ascendet in sæcula sæculorum, nec habent requiem die ac nocte qui adorauerunt bestiam & imaginem eius, & si quis acceperit characteré nominis eius.

ue. Ce n'est pas assez d'endurer & de patir, il faut que ce soit loyalement, souffrant le tout pour celuy qui a tant enduré pour nous. O que de vains & infructueux trauaux, voire en de loüables entreprises, faute d'vne saincte intention. Combien d'œuures materielles, mais combien peu de formelles trouuera-t'on entre nos mains au bout de cette carriere. *a I'arriueray bien tost à ta porte, & mon salaire est auec moy pour le departir à chacun selon ses œuures. Ceux qui seront trouuez portans le charactere de la beste boiront du vin de l'ire de Dieu, qui est pur & sans mixtion d'aucune joye. Ils seront torurmentez auec le feu, & le souffre en presence des saincts Anges, & deuant la face de l'Agneau, la fumée de leurs supplices montera és siecles des siecles, & n'auront point de repos ni iour, ni nuict.*

CLX.
Les chastiemens des faineans au seruice de Dieu.

VOILA le guerdon des sinistres intentions, & de tous ceux qui se seront prostituez à ce monstre à sept testes, & à dix cornes que nous auons cy deuant proposé. Helas! quel regret sera-ce au Catholique, quand parmi ces chastimens cuisans, il considerera qu'à petit frais il pouuoit meriter vne eternité de bon-heur, & euader ces eternelles bourrelleries? helas! quelles trenchées de cœur, quels déplaisirs sanglans, & quelles secousses d'agoisses de se voir pour iamais plongé dedans le feu & dedans le souffre, sans ressource, & sans vn seul répit de cósolation? vne demie heure de douleur nous est insupportable, & que sera-ce de l'eternelle durée des supplices de l'Enfer? mais apres toutes ces menaces S. Iean adjouste que *la patience*

des

Chapitre IX. Section III.

des Saincts en l'obseruation des ordonnances de Dieu, & en la perseuerāce de la Foy de IESVS-CHRIST sera couronnée d'vne gloire eternellement bien-heureuse, affranchie de tous trauaux & de toute sorte de souffrances. Ce sera lors que cette supreme bonté versera le nectar de sa rosée diuine. Ce sera en ces parterres celestes, où le Tout-puissant fera florir les Saincts Israëlites en toute sorte de gloire, comme des Lys. Ce sera lors qu'il les affermira en leur immortalité auec plus de constance que la montagne du Liban n'est asseurée sur son pied. *Ero quasi ros, Israël germinabit sicut Lilium, & erumpet radix eius vt Libani.*

CONCLVSION DE CE PArangon neufuiéme, declarant les malheurs presens des vicieux, & les bon-heurs des ames vertueuses.

'EST cas estrange que le desir du bon-heur present, exerçant vn si violent empire sur toutes les puissances de nos esprits, nous sommes neantmoins si peu auisez à rechercher les voies qui nous y conduisent asseurément.[a] *On déploye toute sorte de voiles, on attelle toute sorte de charriots,* disoit vn ancien, *pour arriuer au Palais de la Felicité: & toutefois si peu de personnes, prennent la route pour ietter l'ancre en cet haure tant desiré.* [b] La nature nous a chaussé des éperons

CLXI.
Que le bon-heur ne se retrouue point dans vne vie vicieuse.

a Velis atque quadrigis tendimus bene viuere. *Horat.*

b Est enim veri boni naturaliter hominibus inserta cupiditas: sed ad deuia error deducit, *Boëtius lib. 3. de consf.*

rons, pour nous aiguillonner continuellement à la pour-suitte de ce bien, disoit Boëce, *mais l'erreur nous en écarte tres-miserablement.* On cherche ce bon-heur dans les Palais des Roys du monde, on les pourchasse parmi les thresors du Peru, on croit que les delices de la chair apporteront à nos sens vne entiere satisfaction, on se persuade par fois que la vengeance, le sang & le carnage de nos ennemis nous enfanteront cette presente felicité. D'autres croyent qu'ils trouueront dans vne vie faineante le comble de leur tranquillité, *mais il n'est point de bon-heur & de paix pour les impies,* dit le Seigneur. Il ne faut pas atrédre que la superbe, qui recherche la primauté dedans les Cours des Roys nous doiue apporter ce contentement, il ne le faut pas esperer de l'Auarice qui va courant les mers, & les terres des Indes, pour amasser de l'or. Il ne se faut pas flatter du costé de la Luxure, qui nous propose les sales voluptez pour de chastes plaisirs. La Gourmandise, qui nous chatoüille le goust par ses friandises, la colere, qui nous enflamme à la vengeance, l'enuie qui nous pique à la detraction, la Paresse qui nous fait rechercher vn languissant repos, ne nous donneront iamais ce qu'ils ne possedent pas. Et quoy que tous les vices crient & promettent la paix, c'est entre les mains de l'Humilité, que se conçoit cette bien-heureuse tranquillité. Ce sont les aumosnes, & les sainctes liberalitez qui la nous meritent; c'est la chasteté, qui en est la mere; c'est la temperance qui la nourrit; c'est la clemence qui la conserue;

c'est

Chapitre IX. Section III.

c'est l'amour du Prochain qui l'éleue, & c'est la deuotion qui la fortifie de plus en plus. ᶜ *Seigneur*, disoit Dauid, *qui est celuy qui veut sauourer les delices d'vne vie bien-heureuse, & qui veut estre éclairé des iours fauorables? Celuy*, répond le S. Esprit, *qui est armé des sacrées massuës de la vertu, celuy qui combat les vices de la langue, & qui porte toutes ses inclinations du costé de la iustice.* Cette maxime n'est-elle pas toute euidente dans l'histoire des Monarques François? Qui ont esté les plus fortunez, sinon les plus humbles, les plus liberaux, les plus chastes, les plus sobres, les plus debonnaires, les plus charitables, & les plus deuots? Clouis ayant pris pour sa deuise deux mains jointes dressées deuers le Ciel, & soustenues de deux autres auec ce mot ᵈ *Tutissimus*, vouloit enseigner à tous ses successeurs, que le plus grand secret pour viure en toute asseurance, estoit l'exercice de la deuotion, & que si le Ciel ne fait ses passiōs de nos interests, en vain toutes les puissances du monde seront suffisantes pour nous deffendre.

C'est l'aduis que le grand Pape Gregoire addresse à deux Monarques François, & à vne Reyne de France, ᵃ *Il n'est rien*, dit-il au Roy Theodoric, *si profitable à vostre Royaume, que si vostre Majesté corrige, & chastie ceux qui offencent Dieu en vos quartiers*: & s'addressant à Clotaire il luy escrit ces paroles dorées: *Dieu tout-puissant vous releuera d'autāt plus par dessus vos ennemis, que vous aurez de zele, & de courage pour garder ses commandemens, & qu'il vous verra soigneux du salut de tant d'ames qui deuoient estre*

c *Psalm. 33.* Quis est homo qui vult vitam & diligit dies videre bonos. Prohibe linguam tuam à malo; & labia tua non loquantur dolum. Diuerte à malo & fac bonū: inquire pacem & persequere eam.

d *Ex Musæo Octauiani de Strada.*

CLXII.
Notables auoritez de S. Gregoire touchant le bon-heur de la vertu.
a S. Greg. Papa Theodor. Reg. Fr. lib. 9. epist. cap. 54. Nam Regno vestro per omnia proficit, si quod contra Deum in illis partibus geritur, emēdatione vestræ excellentiæ corrigatur.

Hhhhhhh 3 *egor*

égorgées par le glaiue de l'heresie Simonienne: Mais le discours que tint ce venerable Pontife à la Reyne Brunichilde merite d'estre graué en tous les cabinets des Princes, & au cœur de tous les hommes. [b] *Nous vous promettons que Dieu par sa pieté infinie disposera et prendra en main vos affaires, d'autant plus volontiers qu'il reconnoistra vostre soin, à l'aduancement des siennes. Employez-vous pour la cause de Dieu, et Dieu s'employera pour la vostre. Croyez-moy, nous sçauons par experience que tout ce qui est amassé en mauuais estat, ne peut estre employé qu'auec dommage. Si donc vous desirez de ne rien perdre par iniustice, mettez peine de ne rien posseder iniustement. L'origine du peché est la source de tous les malencontres de la terre. Partant si vous ambitionez de paroistre au dessus de toutes les nations qui vous attaquent, si vous recherchez d'en remporter vne glorieuse victoire, auec le secours diuin, gardez auec crainte les ordonnances du Seigneur tout-puissant, afin qu'il luy plaise de combattre vos aduersaires pour vous; puis qu'il a promis par sa diuine parole que le Seigneur mettra la main aux armes, et vous ne direz mot.*

Les salutaires enseignemens de ce grand Docteur de l'Eglise sont amplement verifiez au premier Parangon, où reluit comme le iour le bon-heur de Clouis, de Childebert, de Clotaire, de Dagobert, de Pepin, de Charlemagne, de Louys, de Capet, de Robert, de Philippes, de Charles, & de nostre incomparable Monarque S. Louys.

MAIS ne nous arrestons pas seulement à la Fráce pour admirer les agreables fruicts de la vertu; voyageons parmy les autres Monarchies de la terre.

Idem Clothario Reg. Fr. lib. 9. epist. c.155. Tantò vos omnipotens Deus contra aduersarios vestros exaltabit, quátò vos in suis mandatis zelum habere, & pro animarū salute quæ huius fuerant sceleris gladio perituræ viderit cogitare.

b *S. Greg. Papa Brunechilda Reg. Fr. lib.9. epist. 156.* Confidimus quod tanto promptius causas vestras sua pietate disponat, quanto ipse sua vos videt esse sui causa sollicitos,& mox. Mihi autem credite quia sicut experimento multorum didicimus, in damno expenditur quidquid cum peccato congregatur. Si vultis igitur nihil iniustè perdere summoperè studete de iustitia nihil habere. In terrenis enim rebus semper causa damni est origo peccati. Vos itaque si eminere aduersantibus gentibus vultis, si earum authore Deo victrices existere desideratis, eiusdem Omnipotētis Domini cum timore præcepto suscipite, vt ipse pro vobis contra aduersarios vestros pugnare dignetur qui per sacrum eloquium pollicitus est, dicens: Dominus pugnabit pro vobis & vos tacebitis.

CLXIII.
Que les Monarques les plus vertueux ont esté les plus fortunez.

Chapitre IX. Section III.

terre. Qui a flory dans l'Empire de Rome, plus augustement que les Constantins, les Theodoses, les pieux Antonins, les Gratians, & les autres, dont i'ay desia fait mention ailleurs? Tirons du costé d'Alemagne: Qui a esté plus heureux que Louys premier Roy de Germanie? que Henry premier Empereur d'Occident, aussi fortuné que chaste auec sa femme Cunegonde? Prenons la route d'Espagne, & nous y admirerons Ferdinand II. surnommé le Chaste, mais le fauory de la fortune, qui a heureusement regné l'espace de cinquante-deux ans. Nous y rencontrerons encore vn autre Ferdinand III. du nom, qui sembloit tenir à gage toutes les prosperitez de la terre, comme il tenoit à solde toutes les vertus du Ciel. Passons en Portugal, & nous y verrons Alphonse premier, Emanuel premier, & d'autres Roys à qui le bonheur & la vertu se sont rendus également tributaires à leurs couronnes. Que si nous voguons en Angleterre, nous rencontrerons Egbert qui nous aduoüera franchement que ce sont plus les armes du Ciel que celles de la Terre, qui l'ont rendu maistre de son Royaume. Roy qui a vescu en cette Isle auec autant de bonne fortune que de saincteté, apres le Roy sainct Edoüard. Aux quartiers de la Hongrie le Roy sainct Estienne portera autant de Palmes de victoire contre ses ennemis, que de lauriers de vertus ont couronné son ame. Parcourons tous les autres Royaumes voisins de la Hongrie. Qui a esté temporellement plus heureux, & spirituellement plus zelé qu'vn Venceslaus Roy

de

Parangon IX. du Lys sacré, de Bohême? Qu'vn Casimirus Roy de Pologne? Qu'vn Carnutus Roy de Dannemarque? Le dire du grand Roy Dauid se trouuant tousiours veritable:[a] *Qu'en la maison des vertueux la gloire & les richesses floriront, & leurs merites se conserueront à iamais.* Telle estoit aussi l'opinion d'vn sage Cardinal qui auoit choisi pour deuise le lierre agraffé à vne pyramide auec cette inscription [b] *Te stante virebo*; signifiant que tandis que nos actions s'attacheront à la vertu, elles ne fletriront iamais.[c] *La vertu*, dit Lactance, *est le souuerain bien de l'homme en cette vie.* [d] *Elle n'est point vne Deesse*, dit S. Augustin, *mais où elle demeure, là est la vraye felicité.* Ne voyons-nous pas, dit vn ancien Docteur *que celuy-là est veritablement riche, qui possede ce qui est de plus precieux dans le monde, ce qui est de plus riche n'est point l'or, ni l'argent, ni les pierres precieuses, mais la seule vertu.* Et finalement celuy qui ne peut deceuoir personne nous asseure, que *si nous sommes vertueux nous serons benits en la ville & aux champs, nostre prosperité sera benite, & les fruicts de nos terres seront comblez de toute sorte de faueurs. Nous mêmes serons benits tant à la sortie qu'à l'entrée de nos maisons. Le Seigneur des armées mettra en fuite deuant nos yeux tous ceux qui nous attaqueront : il remplira de benedictions nos caues, & nos greniers, & il ouurira les thresors du Ciel pour abbreuuer nos terres. Il nous établira parmi les peuples aux premiers rangs, & non pas aux derniers. En vn mot chacun iugera assez que le nom du Seigneur a esté inuoqué sur nous & que ses faueurs nous ont esté abondamment departies.* Celuy-là n'est pas Chrestien qui

---

a *Psalm.* 111. Potens in terra erit semen eius: generatio rectorum benedicetur. Gloria & diuitiæ in domo eius, & iustitia eius manet in sæculum sæculi.

b *Cardinal. Claudius à Guysia in symb. Iac. Typ.*

c *Lactantius lib.* 3. *Instit.* Negari non potest quin virtus bonum sit, & summum certè bonum.

d *S. Aug. lib.* 4. *de Ciuit. Dei cap.* 20. Virtutes veri Dei munera sunt, non ipsæ sunt Deæ. Veruntamen vbi est virtus & fœlicitas, quid aliud quæritur? quid ei sufficit cui virtus fœlicitasque non sufficit?

Deuteron. c. 28. Si autem audieris vocem Domini Dei tui, vt facias, atque custodias omnia mandata eius, quæ ego præcipio tibi hodie, faciet te Dominus Deus tuus excelsiorem cunctis gentibus quæ versantur in terra. Veniétq; super te vniuersæ benedictiones istæ, & apprehendent te, si tamen præcepta eius audieris. Benedictus tu in ciuitate, & benedictus in agro. Benedictus fructus ventris tui, & fructus terræ tuæ, fructusque iumentorum tuorum, & caulæ ouium tuarum. Benedicta horrea tua, & benedictæ reliquiæ tuæ. Benedictus eris ingrediens & egrediens, &c.

qui ne consent point à ces paroles, aussi asseurées que celles qui nous induisent à croire vn Dieu, vn Paradis, vn Enfer.

MAIS ie voys bien que nos politiques du siecle ne sont pas encore vaincus. Les Profanes, les Payens, & semblables racailles d'ames damnées trouueront plus de credit en leurs ceruelles, que l'inuincible puissance de la supreme verité. Escoutez donc ce que vous dit Plaute, vn railleur, & Comedien. [a] *La vertu est certainement preferable à toutes choses. La liberté, le salut, la vie, les biens de fortune, les parens, la patrie, & la posterité est conseruée & maintenuë par la vertu. Elle possede tous les biẽs, & qui est homme vertueux a chez soy tout ce qu'il peut souhaiter.* [b] *La vertu*, dit le Payen Pindare, *a departi à la maison de Iamis l'éclat des honneurs, & le comble des richesses.* [c] *La vertu* dit le tragique Euripide, *fait viure immortellement les mortels.* [d] *C'est la vertu* dit le perdu Horace, *qui n'emprunte rien d'autruy, & n'a point besoin de chose aucune: elle ne changeroit pas mêmes de visage quand bien tout l'vniuers se bouleuerseroit.* [e] *Si tu n'as pas de grandes rentes, & si tu n'es pas extraict de nobles ayeuls*, dit l'infame Ouide, *sois seulement homme de bien & d'esprit, & tu seras tres-noble.* [f] *Quand bien tu serois heureux*, dit vn méchant homme, *si tu es vicieux, tu es neantmoins miserable.* [g] *Les Impies ressemblent aux aueugles*, écrit vn autre Idolatre, *ceux-cy ne reçoiuent aucun plaisir de la beauté du iour, quoy qu'au milieu de la lumiere, & ceux-là ne goutent iamais vn parfaict contentement quoy qu'ils nagent dans les delices du monde.* Que peut-on repliquer

CLXIV.
Les témoignages des Payens touchant la felicité des vertueux.

a *Plaut. in Amphitrione.*
Virtus præmium est optimum.
Virtus omnibus rebus anteit profecto.
Libertas, salus, vita, res, parentes, Patria & prognati tutantur, seruantur.
Virtus omnia in se habet omnia adsunt bona
Quem penes est virtus.
b *Pind. Ode 6. Olympiad.*
ἄριμι. κω. ια.
Iamidarum honores, & diuitias attribuit progenitorum virtutibus.
Ἐξ ἃ πολύκλυτον, &c.
Soph. in Eryp. Ἀρετῆς, &c.
c *Eurip. in Andr.* Οὕτοι λείψανα &c.
d *Horat. lib.* 1. *Carm. Ode* 22. Idem libr. 3. *Carm. Ode* 2.
e *Ouid de Ponto lib.* 1. *Eleg.* 10. Si modo non censûs, nec clarum nomen auorum, Sed probitas magnos, ingeniumque facit.
f Ἀνὴρ πονηρὸς δυστυχεῖν ἐπ' ἀτυχῇ; Vir malus infelix est etsi felix sit. *Men.*
g *Arch. Pyth. in libr. de doctrina mor. apud Stobaum Serm.* 1. Αἰεὶ μὲν γὰρ κακοδαίμοσιν ἀνάγκη ᾖ κακὸν εἶτι ἔχη ὑλαν κακοῖς τε ᾧ αὐτῷ χρῇ), &c. Semper enim infelicem esse oportet malum, siue adsit materia, malè enim ea vtitur, &c.

quer à toutes ces voix, sinon que l'homme est insensé qui n'embrasse la vertu, puis qu'au témoignage de ses ennemis elle coble son possesseur des thresors de tous biés. O raisó sás raisó des sages de ce siecle, qui foulét aux pieds vn joyau si precieux. O discours sans discours qui ne sçait apprehender vn bien tant profitable & souuerain ! O homme sans entendement qui preferez la fange à l'or, les verres aux diamans, l'arche de paix à Dagon de discorde ! Qui vous a si puissamment ensorcelé ? si deplorablement deceu ? si outrageusement affronté, & si miserablement demonté la ceruelle ? Si vaut-il encore mieux prester l'oreille à l'infaillible verité, qu'à tous ces hypocrites, qui n'ont eu la vertu que sur le bout des lévres.

CLXV.
Dieu menace les méchans de toute sorte de malheurs.

a *Deut. cap.* 28. Quod si audire nolueris vocem Domini Dei tui, vt custodias & facias omnia mādata eius, & ceremonias quas ego præcipio tibi hodie, venient super te omnes maledictiones istæ, & apprehendent te. Maledictus es in Ciuitate, maledictus in agro, maledictum horreū tuum, & maledictæ reliquiæ tuæ. Maledictus fructus ventris tui & fructus terræ tuæ, &c.
b *Hierem. c.* 5. Ecce ego adducam super vos gentem de longinquo domus Israël, ait Dominus gentem robustam, genté antiquam, gentem cuius ignorabis linguam, nec

SI tu es desobeyssant à mes Commandemens, dit le Createur tout-puissant, tu seras maudit en la Cité, & maudit en la campagne, maudit & mal-heureux en tes enfans, en tes heritages, en ton betail, & en tout le reste de tes biens. Tu iouyras d'vn Ciel de bronze & d'vn terroir de fer; tu seras gourmandé de tes ennemis, & vn d'entr'eux donnera la fuite à sept des tiens. Tu seras accablé de maladies incurables, & d'vlceres tres-vilains & quand tu seras sous la presse de mille angoisses, & de dix mille tribulations, personne n'aura pitié de toy. I'ameneray, dit la méme voix par son Prophete Hieremie, des nations estrangeres sur vous autres qui estes de la maison d'Israël ; mais des nations puissantes & belliqueuses, dont vous ne pourrez entendre le langage. Leurs carquois seront comme des sepulchres beants, qui deuorteront toutes tes prouisions de pain, de vin & de pitanct.

Ils

Ils mettront ras terre vos forteresses, que vous croyez estre imprenables. Que si vous demandez pourquoy est-ce que Dieu nous traite si rudement? En voicy la réponse. Comme vous m'auez repudié, (*t*) *vous auez serui à vn Dieu estranger, ainsi ie vous abandonneray, & vous seruirez aux estrangers en vne terre qui ne sera pas vostre; Prophete publie cela à la maison de Iacob, & fais le entendre disertement à tous ceux de Iuda.* Et en effect qui a tant de fois ruiné ces deux Royaumes d'Israël, & de Iuda que les forfaicts des Roys, & de leurs peuples? Qui a liuré entre les mains des Medes l'Empire des Assyriens, qui auoit flori mille & trois cens ans, sinon les débauches de ses Princes? Qui a fait fondre l'Empire des Medes, & celuy des Perses & des Grecs apres auoir duré trois cens cinquante ans, sinon la mesme impieté? Qui a dissipé le noble Empire des Grecs en plusieurs morceaux, pour engraisser celuy de Rome, que le luxe & la bombance des Citoyens?

C'est asseurément la mauuaise vie, qui perd non seulement les grans Estats, mais encore les Monarques en particulier. Ninus voulant joindre à ses terres celles de ses voisins, vn coup de fleche luy separa l'ame du corps. Cyrus insatiable du sang humain, est mis à mort par Thomyris Reine des Scythes, qui enserrant sa teste dans vne vescie pleine de sang, luy faisoit ce reproche: *que celuy qui ne se pouuoit desalterer du sang des hommes estant en vie s'en saoule estant mort.* Xerces Roy des Perses, qui sans iustice troubloit les terres & les mers de ses armes, est arresté par Artabanus son General d'armée

intelliges quid loquatur. Pharetra eius quasi sepulchrum patens vniuersi fortes eius. Et comedent segetes tuas, & panem tuum, & armenta tua, comedét vineam tuã & ficum tuam, & conterent vrbes munitas tuas in quibus tu habes fiduciam gladio. Quod si dixeris quare fecit nobis Dominus Deus noster hæc omnia? Dices ad eos, sicut dereliquistis me, & seruistis Deo alieno in terra vestra, sic seruietis alienis in terra non vestra. Annunciate hoc domui Iacob & auditum facite in Iuda. Audi popule stulte, qui non habes cor, qui habetes oculos non videtis: & aures & non auditis. Me ergo non timebitis ait Dominus, &c.

CLXI.
Les vices ne ruinent pas seulement les Empires, mais encore les Princes en particulier.

d'armée, qui ne pouuant plus supporter son extreme arrogance, luy fit honteusement perdre la vie. Philippe de Macedoine trop conuoiteux des Royaumes, en est dépoüillé en vn instant auec la vie par les armes d'vn ieune Gentil-homme appellé Pausanias. Alexandre le Grand heritier de la conuoitise de son pere succeda pareillemét à son malheur, mourant par le poison, âgé seulement de trente-trois ans. Denys Roy de Syracuse & tyran en effect est assassiné par les siens propres, supplice digne de sa tyrannie. Pyrrhus qui se promettoit tout le domaine du monde, est d'vn coup de pierre renuersé par terre auec toute son ambition. Antiochus qui a mille fois profané le Temple de Hierusalem, ayant vescu en beste mourut aussi comme vn chien. Romulus est massacré par les siens propres, vengeance sortable à la cruauté de son fratricide. Tullius Hostilius troisiéme Roy des Romains est foudroyé du Ciel, & bruslé dans son Palais, iuste victime de l'Enfer. Marcus Attilius Regulus, qui le premier des Capitaines Romains auoit fait passer son armée dans l'Afrique, trouua la mort dans vne arche reuestuë au dedans de pointes de fer, pour tous les butins de sa vie. Cræsus conuoiteux de l'or des Parthes, apres auoir perdu onze legions, est pris, & pour vn eternel opprobre, on luy verse dans la bouche de l'or fondu, puis qu'en sa vie il n'en auoit pû rassasier sa conuoitise. Que dirons-nous de Pompée, de Iules Cesar, d'Auguste, de Tybere, de Caius, de Quintus Claudius, de Neron, de Galba, de Vitel

Vitellius, de Domitian, & d'autres Empereurs Romains, qui tous ont payé par vne mort violente les excez de leurs crimes? Ce discours iroit à l'infini si nous voulions ioindre à tous ces Princes infortunez la fin desastreuse d'Atilla, & de plusieurs autres Princes, qui ayans serui de fleau à la terre, ont finalement experimenté la rigueur des fleaux du Ciel.

MAIS helas! tous ces chastimens seroient supportables si leur durée n'outrepassoit pas les limites de cette vie : mais quand i'entens la verité esme, qui leur dit par son [a] Prophete : *Vostre force se conuertira en fin comme vne bluette d'étoupe, & out vostre trauail comme vne étincelle, & tous deux 'allumeront, & personne ne les pourra éteindre, ni les ommes, ni les Anges*. C'est ce qui me donne de la itié pour l'infortune de ces Princes vicieux. uand i'entends que les sagettes des tribulations resentes ne font que passer, mais que les tonerres du souuerain iuge de nos ames sont attachez à vne roüe qui n'a point de fin, c'est ce qui ans fin me tire les larmes des yeux. Quand Sainct usebe estoit enfermé auec sa femme & ses enfans ans vn taureau ardant pour la Confession de oy, il encourageoit leur patience sur l'espoir de a brieueté de tels supplices, & de l'eternité bieneureuse qui les attendoit en l'autre vie. Mais les echeurs estans confinez dans les abysmes de l'Ener, nulle esperance de repos peut adoucir la rage c leurs tourmens. [b] *Les doleances & les regrets*, dit Cyrille, *y sont eternels, les helas, helas mal-heur à moy*

CLXVII.
Les peines d'Enfer nous doiuēt aiguillonner aux bonnes œuures.

[a] *Isaya cap.* 1. Et erit fortitudo vestra vt fauilla stupæ, & opus vestrum quasi scintilla, & succendetur vtrumque simul, & non erit qui extinguat.
Psalm. 76. Etenim sagittæ tuæ transeunt, vox tonitrui tui in rota.

[b] *S. Cyrill. Alexand. in Orat. de exitu animæ.* Væ illic æternū, illic heu me, heu me. Illic ingemiscunt assidué, nec vllus flectitus lamentantur, & nullus eripit, exclamant & plangunt, & nullus compatitur.

moy ni prennēt point de fin. Ils sanglottēt continuellement, & personne n'est touché de pitié. Ils deplorent leur desastre & personne ne les deliure. Ie tremble & ie fremis dit S. Bernard en me ressouuenant de cette region effroyable, & tous mes os petillent. Region fascheuse & redoutable. Region qu'on doit fuyr comme vne terre d'oubliance, d'affliction, & de misere. Là vn demon crie à vn autre demon, frappe, dechire, destruits habilement, arrache les dépoüilles, haste-toy de butiner entre les brasiers, mets-le dedans les chaudieres boüillantes. O terrible sejour! quelle frayeur ne doit saisir les pecheurs, puis que les plus innocentes ames fremissent à la seule ressouuenance de ces supplices eternels? Mais tous ces tourmens ne sont que des peintures de douleurs, disent nos Docteurs, comparez à la douleur sanglante de la priuation de Dieu. Esaü se voyant forclos de la benediction de son pere, que le droict de sa naissance luy auoit acquise, rugissoit de douleur, & crioit comme vne personne desesperée, dit la saincte Escriture: mais quelle rage ne saisira les damnez se voyans décheus du droict de cette bienheureuse vision de Dieu? Publius Rutilius mourut de regret se voyant debouté du Consulat. Dantes Ambassadeur de la Seigneurie de Venise expira de tristesse pour le refus que Guido Polemius luy fit d'entendre sa harangue. Vrbain III. trépassa de tristesse ayāt ouy la prise de Hierusalem par le Soldan. Si la perte d'vn bien perissable de soy donne si auant dans le cœur des mortels, que fera celle d'vn Royaume eternel

c *S. Bern. serm. de V. Rel.* Totus fremo atque horreo ad memoriam istius Regionis, & concussa sūt omnia ossa mea. O Regio dura & grauis, Regio extimescenda, Regio fugienda, terra obliuionis, terra afflictionis, &c.
d *S. Chrysost. hom.* 47. *ad popul. Antioch.* Multi hominum gehennam solùm formidant, ego autem gloriæ amissionem, gehenna multo amariore esse dico. Intolerabilis est quidem gehenna, tamen licet quis innumeras ponat gehennas, tale nihil dicit quale illa excidere gloria, & à Christo audire, nescio vos.
S. Thomas 1. 2. *q.* 87. *a.* 4. Hæc pœna damni est infinita.

eternel, d'vne gloire infinie, & de cette vision intuitiue de l'essence de Dieu? O lethargie deplorable des peuples Chrestiens, qui croyans tous ces mal-heurs estre preparez aux vicieux, ne veulent point trauailler pour en euiter les rigueurs! Soyons plus sages à l'auenir, & plus resolus à égorger cette Hydre à sept testes, si nous voulons euiter tous ces supplices, & florir comme le Lys auec les vrais Israëlites sur le Liban eternel.

Ero quasi ros, Israël germinabit sicut Lilium, & erumpet radix eius vt Libani.

AV LECTEVR.

JE ne parle point icy des trois autres maſſettes, qui repreſentent la Liberalité contre le peché d'auarice, la Chaſteté contre la luxure, la Sobrieté contre la gourmandiſe, d'autant que i'ay deſia traicté au Parangon de la Charité les liberalitez & les aumoſnes des Monarques François, & au Parangon de la Temperance, leur Chaſteté & leur ſobrieté.

PARANGON X.
LES FACVLTEZ MEDECINALES DV LYS, PARANGONNEES aux guerisons surnaturelles qu'ont operé les Monarques de France, & singulierement le Roy sainct Louys.

CHAPITRE PREMIER.

Les vertus medecinales du Lys.

CE n'a pas esté sans raison que la sage [a] Princesse Marguerite de Valois ayant choisi pour deuise entre toutes les fleurs celle du Lys couronnée; y a voulu adiouster cette belle ame; *Naturæ mirandum opus*, l'œuure admirable de la Nature. Car si la fleur du Lys se rend recommandable, & admirable en toutes ses parties, c'est sans mentir en ses facultes medicinales qui sont en si grand nombre, & si profitables aux mortels, que nous pouuons raisonnablement dire, *Naturæ mirandum opus*; que lo Lys est vn grand Chef-d'œuure de la Nature. Car si nous le considerons auec [b] Galien, nous asseure

I. *Diuerses facultez du Lys.*
[a] *Iacobus Typosius in symboles Regum. Carolus Paschalius lib. 3. de coronis cap. 8.* Tanta est huius floris Lilij dignitas, vt Homerus omnes flores vocauerit λείρια, teste Polluce lib. 6. cap. 19. Scholiastes Apollonij Rhodij καθόλου inquit, τὰ ἄνθη λείρια λέγεται. Omnis generis flores Lilia dicuntur. Et Lucianus in Hercule Gall. λείρια καλεῖται ἄνθη εἰρημένα τὰ ἄνθη. Lilia vocantur si memini flores.
[b] *Galenus lib. 7. de Simpl.*

Kkkkkkk

seurerons qu'il est d'vn temperament meslé, le plus loüable & salutaire de tous les autres. D'où arriue que son huile est resolutif sans accrimonie, salubre aux conuulsions des nerfs, abstersif de la lepre, & d'autres sales maladies, & estant meslé auec le miel, il sert grandement pour éclaircir la veuë, voire mesme pour faire tóber les cataractes. ᶜ Auicenne contribuant son symbole, asseure que la racine du Lys est fort vtile pour les asmatiques, qu'elle nettoye la face, & si son huile est distillée dans l'oreille qu'elle soulage l'ouye, l'aiguise, & la fortifie. ᵈ Paulus Ægineta, dit, que l'huile des fleurs de Lys, appellée susinum, addoucit les nerfs, & tout ensemble les renforce. ᵉ Albengnefit adiouste, que les Lys resoluent les superfluitez du cerueau, purgent les cerositez des hydropiques par l'attraction des eaux citrines. Entre autres proprietez que ᶠ Pedacius Dioscorides, Anazarbeus racontent, outre les facultez precedentes, ils escriuent que l'huyle du Lys est l'antidote contre la morsure des serpens, qu'il consolide les playes, purifie les vlceres, amortit toutes les inflammations, & les feux volages. ᵍ Fernel l'honneur des medecins de France, témoigne que si l'oignon du Lys est cuit & meslangé auec l'huyle rosat, il guerira les brulures, & estant cuit dans du vin, il arrachera les durillons des pieds. ʰ Alexandre Benoist raconte qu'auec l'huyle du Lys il a gueri vn homme qui auoit la septiéme vertebe de l'espine du dos rompuë, d'où procedoit vn engourdissement des doigts. Le subtil ⁱ Cardan fait

---

medicamentorum faciunt.
Lilij flos temperaturam mixtam obtinet, quare oleum ex floribus digerendi, & emolliendi vim habet, & ob id neruis conuulsis prodest, lepras, phoras, aut achoras, aut aliquid id genus mirum in modum extergit. Cum melle, succum, pannum, albugines in oculo concretas detergit, vlcera maligna cū eodem melle expurgat.

ᶜ *Auicenna 2. canon. cap. 447.* Radix Lilij confert anhelitui dilatationis, & oleum eius nisi instiletur in aurem affectum dolorem sedat, radix mundificat faciem.

ᵈ *Paulus Ægineta lib. 7. cap. 3. fol. 389.* Oleum ex floribus Liliorum alborum discutit, emollit, et nerius proficuum est, &c.

ᵉ *Albengnefit de virtutibus medicinarum fol. 98.* Lilia præcipuè cœlestia dissoluunt superfluitates celebri, & purgant aquâ citrinam.

ᶠ *Dioscorides.* Lilium neruorum duritias emollit, contra serpentum ictus auxiliatur ambustis proficiunt; folia illita vulnera consolidat; vlcera mundificat, neruis præcisis cum melle medetur, ac etiam conuulsis. Lepras emendat, sic & vtiligines & furfures. Ignibus sacris & semen & folia illinuntur.

ᵍ *Fernelius lib. 7. methodi medendi cap. 4.* Radix Lilij assa, aut cum rosaceo trita ambustis medetur, in vino cocta clauos pedum tollit.

ʰ *Alexander Benedictus lib. 1. cap. 39. de curan-*

Chapitre I. Section I. 1349

fait foy qu'auec la seule huile de Lys, il a rendu la santé à vn certain personnage, qui estoit paralytique de tous les membres de son corps. ᵏ Valleriola remarque, entre ses obseruations, qu'auec la mesme huile, il a gueri vn homme qui auoit les cuisses si lasches & impuissantes, qu'il ne se pouuoit soustenir. Nous ferions tort à la reputation du grand ᵏ Naturaliste Pline, si en cette consulte de tant de rares Medecins nous ne faisions estat de son iugement autant que d'aucun autre. Encherissant donc le prix des facultez du Lys, il adiouste, qu'il est vn souuerain preseruatif contre le venin des potirons, des serpens & contre diuerses inflammations, & qu'estant cuit auec de la graisse il reproduit le poil aux parties bruslées, estant pris auec du vin emmiellé il purge le ventre, chasse le sang superflu, & soulage la rate. Le suc, dit-il, qui est exprimé de la fleur, appellé susinum, est fort profitable aux febricitans, d'autant qu'il cuit toutes les superfluitez, excite les sueurs, & descharge le corps de ses humeurs malignes. I'ay finalement trouué que le Royal Medecin André du Laurent prescrit l'huyle du Lys pour la guerison des escroüelles, tant pour les resoudre, que pour les faire suppurer; qui est vne obseruation aussi remarquable qu'elle est peu conneuë des autres naturalistes. En vn mot il semble qu'il n'est point de partie au corps humain qui ne trouue sa santé en l'illustre fleur du Lys, & ce que les anciens ont escrit de la Panacée d'Esculape, cela se peut dire de cette Royale fleur.

dis morbis; narrat quendam ex equo lapsum cui laxata fuit septima ceruicis vertebra ex qua digitorum corpore conuulsio adfuit, quem solo oleo Liliorum alborum curauit.
ⁱ *Cardanus de curatione admirandarum curationes 18. narrat, se curasse hominem quendam omnium membrorum contractum oleo Liliorum alborum.*
ᵏ *Valleriora lib. 4. obseruationum obseruatione 4. Ostendit se curasse hominem qui crura resoluta habebat solo oleo Liliorum, præmistis tamen quibusdam generalibus remediis.*
ᵏ *Plinius lib. 21. cap. 21. Lilij radices multis modis florem suum nobilitauere, contra serpentum ictus ex vino potæ, & contra fungorum venena propter clauos pedum in vino decoquntur, triduóque non soluuntur, cum adipe aut oleo decoctæ pilos quoque adustis reddunt. Emulso potæ inutilem sanguinem cum aliuo trahunt, &c.*

Parangon X. du Lys sacré.

11.
Sainct Louys n'est pas moins puissant à guerir miraculeusement les malades que la fleur du Lys a les soulager.

ᵃ Bulla Canonizationis S. Ludouici Regis. His & aliis compluribus sanctus ipse coruscauit miraculis gloriosus: quorum seriem præsentibus non duximus inserendam.

Toutesfois ie puis asseurer que si elle porte auec soy tant de rares qualitez, que nostre Lys mystique, n'est pas despourueu d'aussi nobles vertus, voire d'autant plus extraordinaires, qu'elles sont surnaturelles, & du tout miraculeuses. Ie suis seulement marry que son ᵃ Siecle n'a pas esté assez soigneux de les enregistrer, tous les Historiens n'en parlant qu'en termes generaux, sans rien coucher en destail. Neantmoins en vne si grande sterilité, ie ne lairray pas d'en rapporter quelques vnes, que i'ay tirées des escrits latins de Guillaume de Chartres, Chappelain de nostre grand Roy, & de Nangius qui viuoit sous le regne de Philippe III. fils de sainct Louys; d'où il apparoistra que nostre Lys mystique a esté non seulement *Naturæ mirandum opus*, vn ouurage merueilleux de la Nature; mais *Dei mirandum opus* vn Chef-d'œuure de Dieu, que sa main toute puissante a dressé pour faire connoistre à toute la posterité, que c'est luy seul qui fait germer les Iustes cóme de beaux Lys, les rendát admirables en leurs œuures, miraculeux en leurs vies, releuez en toute sorte de gloire, & florissants en tout bon-heur comme la montagne du Liban : *Ero quasi ros, Israël germinabit sicut Lilium, & erumpet radix eius vt Libani.*

CHAPITRE

CHAPITRE SECOND.

Le Lys ramollit et dissipe les écroüelles, et les Monarques François les guerissent miraculeusement.

ENTRE autres medicamens que les plus experts Medecins prescriuent pour la guerison des écroüelles, autrement appellées par les Latins scrophules, & par les Grecs, choirades; l'huyle du Lys est vn des principaux ingrediens qui combat, qui resoult, & qui fait separer cette tumeur rebelle. On pourra verifier cette recommandable vertu par le Chapitre quinziéme du second liure des écroüelles que le Royal Medecin du Laurent a laissé à la fin de ses œuures anatomiques pour la guerison de cette sale maladie, ordonnant l'huyle du Lys comme vn des plus puissans moyens de tous les autres.

MAIS nos miraculeux Roys de France, ces salutaires Lys du parterre de l'Eglise, sans l'entremise d'autres vertus naturelles, dissipent si miraculeusement cette maladie, qu'on peut assés iuger que c'est plus le doigt de Dieu, que l'attouchement d'vn homme, quelque riche, & vaillant qu'il puisse estre. Ils guerissent ces incurables tumeurs, non point faussement comme [b] l'Empereur Vespasian fit vn pretendu aueugle; ou comme l'Empereur Adrien vn supposé mala-

III.
Les Lys sont profitables pour la guerison des escroüelles.

Andreas du Laurent *nobilem tractatum edidit de natura & curatione strumarum. Vbi notat Græcos χοιράδας Paulus Ægineta αἱ χοιράδες ἀδένες εἰσὶν ἐσκιρραμέναι strumæ glandulæ sunt induratæ.*

IV.
Les Roys de France guerissent des écroüelles par vne vertu diuine & miraculeuse.

[a] *Autor libri cui titulus Rosa Anglica lib.1.cap.1. Morbus hic, Regis dicitur morbus, quia si remedia medica nil profint, mittuntur ad Regem, tanguntur ab eo benedicuntur, & sanantur.*

[b] *Suetonius in vita Vespasiani, & Tacitus lib. 4. histor.*

malade ; ou comme Aurelian des morts pleins de vie ; ou comme Pyrrhus du mal de la rate ; mais ils les guerissent auec saincteté, auec verité, & auec continuation, comme l'experience le fait voir tous les ans en presence de plusieurs Medecins. Ils aneantissent ces sales scrophules, non point par charmes comme les Psyliens, les Marses, les Ophiogenes faisoient les morsures des serpens ; mais par vne vertu toute celeste. La santé que ces pieux Roys rendent touchant les malades n'est point naturelle comme celle qui prouient de l'attouchement de la racine d'asperge qui appaise la douleur des dents, ou de l'Allisum qui guerit du hoquet ceux qui le tiennent en la main, ou de la persicaire qui estant en la main arreste le sang : mais cette guerison est toute diuine & pleine de miracles. Il n'en faut point rendre la gloire à la douceur du climat de France, comme ont voulu dire quelques vns ; car Charles VIII. estant à Rome en guerit plusieurs, & François I. estant en Espagne rendit la santé à tous ceux qui se presentoient à luy. Celuy-là seroit peu aduisé qui en voudroit rapporter la cause à la Royauté de France : puisque tous les cinq Roys qui ont precedé Clouis Chrestien n'ont point iouy de ce priuilege. On s'abuseroit pareillement en attribuant cette miraculeuse vertu à la maison de France, puisque tous les Princes du sang, & les Dauphins mesmes n'en sont pas heritiers. Ceux-là aussi n'on pas grande raison, qui escriuent que les Roys de France tiennent ce mira

*Balthazar de vias in suis annotationibus de strumarum curatione. Nonne hæc commentitia sunt ? multa enim spe gratiæ & quæstus adulatores de Principibus mentiuntur, imo & Principes ipsi vt gratiam & authoritatem sibi concilient, his artibus fictam simulatamque sanationé exhibent. Sed neque insanabiles erant ægri Vespasiano oblati.

Chapitre II. Section I.

miracle par l'entremise de sainct Marcouf, & qu'en reconnoissance, ils ont coustume de visiter son Eglise qui est au territoire de Laon: mais les temps destruisent ce mensonge, puisque sainct Marcouf viuoit seulement sous le regne de Childebert, & de Clotaire II. comme en fait foy la chronique de Sigebert. Ceux qui ont escrit que les Roys d'Angleterre, & de Hongrie ont pratiqué le mesme miracle sont puissamment combattus par plusieurs bons Autheurs. Ie ne desauoüe pas toutesfois que la vertu particuliere de S. Edoüard Roy d'Angleterre, & d'autres Saincts Roys de Hongrie n'ayent gueri plusieurs affligez tant des écroüelles, que d'autres maladies incurables: mais pour le present il ne se voit point & ne s'est point vû par le passé que cette signalée faueur ayt esté generalement departie à quelque Royauté comme à celle de France.

IL faut donc aduoüer franchement que ce miraculeux benefice est vne grace gratuitement departie à Clouis, & à tous les vrays successeurs de sa couronne en vertu de leur sacrée Onction, & de leur saincte Religion, ainsi que l'ont enseigné les meilleurs escriuains, tant François, qu'estrangers. ᵃ I'estime, dit vn Docteur Espagnol, que cette santé est communiquée par vne grace particuliere de Dieu aux Roys de France qui le seruent, & qui luy sont fideles. ᵇ L'Angelique Docteur sainct Thomas, Italien de nation, au liure second du gouuernement des Princes, en rapporte pareillement la cause à l'onction sacrée de la saincte Ampole.

V.
La vertu des Roys de France en la guerison surnaturelle des scrophuleux prouient de leur sacrée Onction & Religion.
ᵃ *Iacobus Valdesius de dignitate Regum, & regni Hispaniæ. Non desunt qui detrahere gloriæ Gallorum velint id euenire dicentes occasione aëris Gallici curandis strumis salubris, & ita omnes aërem mutantes, & ad regionem Galliæ venientes valetudinem recuperare. Sed ego sentio id accidere gratia concessa à Deo Opt.*

Autant

Autant en estime le docte Genebrard Archeuesque d'Aix, qui prend pour garand de son opinion l'authorité de sainct Thomas. Autant en escriuent plusieurs graues personnages, & il semble aussi que le Pape Hormisdas escriuant à sainct Remy Euesque de Rheims, confirme ceste verité, suiuant l'exposition de plusieurs ; tellement qu'il faut aduoüer que ceste saincte ceremonie suiuie d'vn si celebre miracle a pris commencement auec la conuersion de Clouis, & le docte Forcatulus en declare la maniere en cette sorte.

LANICETVS vn des plus fauoris & des plus fidelles escuyers de Clouis, se sentant trauaillé des escroüelles à l'endroit de la gorge ; apres auoir employé l'aduis de Corneille Celse, qui porte que le patient doit manger vne couleuure, & s'estant seruy de plusieurs autres medicamens, & du fer mesme pour les percer : voyant que tout cela ne domptoit point l'obstination de ceste maladie, il fut contraint de se rendre soy-mesme prisonnier en sa maison, tant la difformité de ses vlceres estoit hideuse à ceux qui le regardoient. Sur ce desespoir, voila Clouis qui songe la nuict qu'il manie doucement la gorge de Lanicetus & que soudain son lict paroissant tout lumineux, il fut à l'instant guery, sans qu'il luy restast aucune cicatrice. Le Roy s'estant éueillé auec plus de ioye que de coustume, & se ressouuenant de sa vision, apres auoir accomply ses deuotions visita le matin son fauoris Lanicetus, & l'ayant touché il trouua que tous les songes n'estoient pas des-

---

Max. eius obsequio deditis Regibus Galliæ & fidelibus, præsertim Diuo Ludouico.
b Sanctus Thomas lib. 1. de regimine Principis cap. ultimo. Sanctitatis sacræ vnctionis argumentum assumimus ex gestis Francorum, & beati Remigij super Clodoueum Regem ex delatione olei desuper per columbam, quo Rex præfatus fuit inunctus, & inunguntur posteri, & ex signis & portentis, ac variis curis apparentibus in eis ex vnctione prædicta.
c Genebrardus lib. 3. chronol. anno Christi 498.

VI.
Clouis est le premier Roy qui a guery des écroüelles.
a *Stephanus Forcatulos lib. 1. de Gallorum Imperio & Philosoph.* Per quietem visum est Clodoueo Regi se guttur Laniceti permulcere, & attrectari, ac confestim cælestem splendorem rutilis flammis totum cubile impleri : & ibidem Lanicetum nullius cicatricis nota, remanente sanũ & integrum euadere. Lætor solito Clodoueus & pro amici salute anxius, cum primum diluxit surgens Deo primum operatus periculum fecit, an factu suo morbũ auellere quiret : vt quidem accidit plaudentibus omnibus, & Deo gratias agentibus dulcissimo hymno, & pro re nata accommodato, & mox idem auctor subiungit. Sed Clodoueus sicut lex XII. Tabularum hæreditatem,

Chapitre II. Section I.

menſonges: car il le guerit tout à fait au grand étonnement de la Nature, & contentement d'vn chacun, qui pour en remercier Dieu chanterent vn Hymne à propos de ce ſignalé miracle. Iacques de Charrou touche ceſte meſme hiſtoire de Lanicete en ſon hiſtoire vniuerſelle des Gaulois, & eſcrit qu'vn ſien amy l'a aſſeuré de l'auoir leüe à Rheims dans vn tres-ancien manuſcrit & [b] Pierre de Blois Archidiacre de Sommerſet en Angleterre, eſcrit qu'vn aſſeuré moyen pour reconnoiſtre ſi le ſacre du Roy de France a eſté legitime, eſt la gueriſon des ſcrophules par ſon attouchement.

POVR reconnoiſtre auec plus de verité l'excellence de ce miracle, i'eſtime que le recit de ces ceremonies ne vous ſera pas deſaggreable puis que les effects en ſont miraculeux. [a] Le temps de ces diuins exercices eſt celuy de Paſques, de la Pentecoſte, de la Touſſaincts, de Noel, & quand la neceſſité des pauures malades eſt grande. La veille de ceſte ceremonie le Roy aſſiſtant aux Veſpres, & quelquſfois aux Matines du lendemain, ſe confeſſe & communie à la Meſſe, puis il entre en quelque lieu fort ſpacieux, où les malades ſont rangés, ſouuent iuſques à quinze cens, & principalement enuiron la feſte de la Pentecoſte, à raiſon de la ſerenité de l'air & de la bonnace des mers. Auant que d'eſtre receu au nombre de ceux qui doiuent eſtre touchés, il faut qu'ils ayent vne atteſtation des Medecins du Roy, comme ils ſont veritablement malades afin de

ſic eandem ſtrumas ſanandi ſacram facultatem ad liberos, & poſteros Reges Gallorum ſempiterna ſerie tranſmiſit re diuina prius facta.
[b] Petrus Bleſenſis epiſtola 156. Fateor quod ſanctum eſt Domino Regi aſſiſtere. Sanctus enim & Chriſtus Domini eſt, nec in vacuum accepit vnctionis regiæ Sacramentum, cuius virtus ſi ignoratur, aut in dubium venit, fidem eius peniſſimum facit defectus inquinariæ peſtis, quam ſcilicet Guntranus, ſua virtute precibúſque vt ante videmus extinxit & curatio ſcrophularum.

VII.

Les ceremonies que les Roys employent en gueriſſant les écroüelles.
[a] Auctores qui de curatione ſtrumarum à Regibus Galliæ egerunt conſentur hi præcipui Andreas Laurentius henrici IV. Medicus regius, qui librum integrum edidit Ioannes Tagaultius lib. 1. Inſt Chirurg. cap. 13 Guido Cauliæ Medicus Vrbani V. Antonius Corſettus de poteſtate regia. Nicola Gille in vita Lud. XI. Papyrius Maſſonius lib. 3. de geſtis Regum Franciæ. Iacobus Bonaldus in panegyrico ad Regem Franciſcum primum. Vincentius Sigonius in allegat. ſupra bello Italico cap. 8. Carolus Craſſilius lib. 1. de Regalium iure cap. 4. Bartholomæus Chaſſanæus in catalogo gloriæ mundi parte 5. conſi. l. 30. Ioannes Vinaldus de mon-

preue

preuenir les abus qui pourroient s'ensuiure, & que les aumosnes destinées aux pauures trauaillés des écroüelles ne fussent point distribuées à quelques gueux contrefaisans les malades. Les Espagnols entre tous les autres estrangers les suiuent, & les François sont en la derniere bande. Tous les malades estans à genoux, & tenans les mains iointes, & leuées vers le Ciel, se iettent aux pieds du Roy attendans son diuin remede. Sa Majesté assistée des Princes du sang, des principaux Prelats de France, & du grand Aumonier, commence cette saincte action par vne deuote priere, & ayant fait le signe de la Croix, il s'approche des malades. Le premier Medecin estant debout prend par derriere la teste de châque scrophuleux, & la presente au Roy, qui ouurant sa main droite touche premierement la face en long, & puis de trauers en forme de Croix, prononçant ces paroles: *Le Roy te touche, & Dieu te guerit*; & à l'instant il fait le signe de la Croix. Ayant touché tous les malades, il leur fait donner l'aumosne, & les renuoye auec vn notable allegement de leurs douleurs. Tellement qu'en peu de iours la plus part se trouuent entierement sains & gaillards.

[a] GVILLAVME Nangis escrit en la vie de S. Louys que depuis Clouis iusques à ce sainct Monarque, les Roys n'employent autres ceremonies que ces paroles: auec l'attouchement, *Le Roy te touche, Dieu te guerit*, mais que ce deuot Roy y adiousta le signe de la Croix, afin qu'on rapportast

te regali. Guillelmus Benedicti Senator Rothomagensis. Lucius Paschalius Robin. Ioannes de Selua 2. de beneficiis. Ioannes Nouacus & Dominicus c. 1. de præbendis. Franciscus Marchis, Franciscus Belloforest. Scipion Dupleix, & alij historici rerum Gallicarum.

VIII.
Depuis sainct Louys les Roys n'ont point obmis le signe de la Croix, à l'attouchement des écroüelles.
[a] *Guillielmus Nangis in vita sancti Ludouici & Philippi tertij. Cum enim alij Reges prædecessores*

Chapitre II. Section I.

la gloire de ce miracle à la Croix, & non à la personne du Roy. Toutesfois Scipion Dupleix remarque en la vie de sainct Louys, qu'il a leu vn Manuscrit, composé par Guibert Abbé de Nogent, qui tesmoigne comme il a vû souuent que le Roy Louys VI. adioustoit le signe de la Croix à son attouchement. Cela estant ceste saincte ceremonie auroit esté pratiquée pour le moins six vingts ans deuant sainct Louys. Quoy qu'il en soit, puis que i'ay dit cy deuant que la Croix estoit le Symbole de la Religion, i'estime que ces tressaincts Monarques vouloient signifier que ceste santé miraculeuse partoit plustost de l'efficace de leur Religion, que de la splendeur de leur pourpre. Ie ferois tort à la gloire de sainct Louys si ie passe sous silence ce qui est recité par [b] Valdesius Espagnol, qui tesmoigne qu'vn bras de sainct Louys estant à Polete, qui est vn Monastere aux frontieres d'Aragon & de Catalogne, guerit autant d'écroüelles qu'il en touche, grande preuue de la saincteté de ce bon Roy; comme aussi tous les autres miracles que nous rapporterons au dernier Parangon de ceste Oeuure.

LE Medecin du Laurent asseure que Henry le grand en a gueri tous les ans plus de quinze cents dont il a esté pour l'ordinaire spectateur, en qualité de premier Medecin du Roy. Mais ce qui est du tout admirable, & que ie tiens du feu P. Cotton Predicateur & Confesseur du Roy, & témoin de ce miracle, c'est qu'vn Seigneur d'Espagne estant venu en France pour se défaire de ses

sui tangendo solummodo locum morbi hæc appropriata, & consueta proferrent, quæ quidem verba sancta, & Catholica sunt, nec facere consueuissent aliquod signum Crucis, ipse super consuetudinem aliorum hoc addidit, quod dicenda verba super locum morbi sanctæ Crucis, signaculum imprimebat, vt sequens curatio virtuti Crucis potius attribueretur, quam Regiæ dignitati.

IX.

Henry le grand a guery vn Seigneur Espagnol en le touchant par mesgarde.

[b] *Iacobus Valdesius de dignitate Regum & regni Hispaniæ. In oppido Poblete in regione Hispana Cataluniæ, vbi brachium veneratur Diui Regis Ludouici, quos laborantes strumis tangit, brachium illud ad tacitatem reducit.*

ses écroüelles, alla saluër le Roy Henry le grand qui pour lors estoit à Mont-le Hery, pour de là prendre occasion de le supplier qu'il daignast le toucher. Il arriua que ce bon Seigneur par honte de sa maladie, n'osa pas descouurir à sa Majesté le principal sujet de son voyage : Quoy que le Roy l'eust embrassé auec grande caresse comme il auoit accoustumé de faire à tous les Seigneurs estrangers, & particulierement à ceux d'Espagne. Cet Espagnol s'en estant retourné en son logis, fut aussi tost saisi d'vne extraordinaire chaleur, qui le tourmenta la nuict si ardemment, que dés long temps il n'auoit experimenté douleur plus cuisante : mais cas estrange de la vertu de cet attouchement, quoy que fait par mesgare, le malade au matin se trouua entierement guery, & la ioye de sa santé le contraignit de publier par tout, & au Roy mesme ce que la honte luy auoit fait taire, aduoüant franchement que le Dieu des Roys fauorisoit autant la maison de France, que les actions miraculeuses ont plus de pompe que les ordinaires exploicts de la nature. En quoy la France est d'autant plus redeuable au Souuerain Medecin de nos corps & de nos ames, qu'elle a des Roys qui ne commandent pas seulement aux hommes, mais encore qui se font obeyr aux maladies qui mesprisent l'empire de la Nature.

X.
Louys le iuste guerit tous les ans grand nombre de malades.

LOVYS le Iuste heritier de ce miracle rend la santé à tous ceux qui se disposent sainctement à meriter l'attouchement de sa main, ver-
aussi

Chapitre II. Section I.

tu prodigieuse! Ie sçay des personnes de diuers endroits qui ont receu vne pleine santé au mesme iour qu'elles ont esté touchées. I'en rapporteray icy vn faict particulier aussi veritable que celuy qui me l'a raconté est homme d'vne rare vertu, & d'vne eminente doctrine. Pendant le siege de la Rochelle, sa Majesté toucha deux mille six cens soixante six malades en la ville de Sugeres; dont l'vn ayant abiuré l'heresie pour obtenir la guerison, se trouua entierement sain apres l'attouchement: mais ses parens heretiques, l'ayant derechef plongé dans sa premiere erreur, luy attirerent aussi derechef auec la maladie de l'ame celle du corps, les écroüelles l'ayant repris auec plus d'obstination que iamais. Voyla comme cet excellent & souuerain Autheur de nos vies rend glorieuse la foy des Monarques de France, estant tres-asseuré que les signes de ceux qui croiront en la doctrine du Sauueur seront les guerisons surnaturelles par l'application des mains de ceux qui croiront. Quand les Dogmatistes de ce siecle n'auroient autre pierre de touche pour reconnoistre le bon aloy de la Religion des Roys de France, ce miracle seul seroit plus que suffisant pour guerir la maladie de leurs ames si elle n'estoit plus incurable que celle des écroüelles.

ᵃ Marci cap. vltimo. Signa autem eorum qui crediderint hæc sequentur, super ægros manus imponent & bene habebunt.

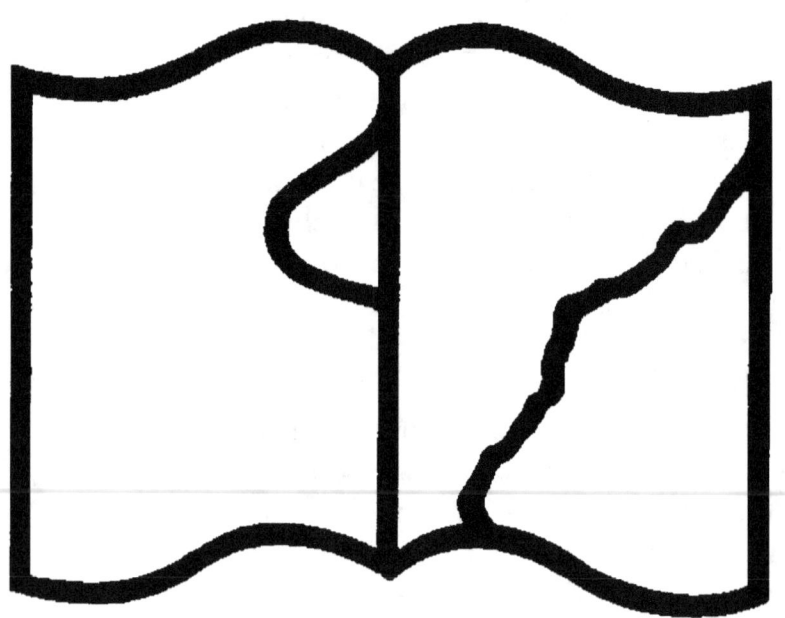

Texte détérioré — reliure défectueuse
NF Z 43-120-11

CHAPITRE TROISIESME.

Les miracles du Roy sainct Louys.

SECTION I.

Les Miracles du Roy sainct Louys sont vrays & du tout diuins.

XI.
Sainct Louys a faict plusieurs miracles suiuant la Bulle de sa Canonization.

TOVTES les œuures qui paroissent merueilleuses à nos sens, ne doiuent pas tousiours estre miraculeuses à nos entendemens : d'autant que les vnes ne portans qu'vn masque de merueille, les autres quoy qu'extraordinaires ne subsistás que sur l'appuy des causes naturelles, ne peuuent estre legitimement rangées au nombre des vrays exploicts miraculeux, comme sont les sortileges, & les autres œuures de sathan Prince des sorciers, & singe des actions diuines. Mais les parfaicts miracles sont ceux qui n'ont point d'autheur que le bras du Tout-puissant, qui les opere au profit des mortels, soit pour accrediter vne veritable doctrine, soit pour attester la saincteté de ses bons seruiteurs. Nostre [a] sainct Louys, le phare des Roys, le Soleil de la France, & le miroir de la Cour des Princes a esté de ce dernier nombre. Car ayant rayonné en toute sorte de vertu pendant sa vie, il n'a pas esté moins illustre apres son trépas en plusieurs

[a] *Ex Bulla Canonizationis sancti Ludouici Regis. Verum cum vitæ eius functus curriculis verius viuere quam vixisse, noluit altissimi Filius, què idem tota mentis affectione dilexerat, tam deuoti Principis, tantique*

sieurs sortes d'actions prodigieuses, selon le témoignage des Bulles de sa Canonization, qui en parlent en ces termes. *Apres que sainct Louys eût mis fin à sa course mortelle pour reprendre vne vie plus veritable que la passée, le Fils du Tres-haut ne voulut point permettre que la Saincteté d'vn Prince si deuot, si amoureux de Dieu, & si zelateur de la Foy Orthodoxe, fust enseuelie dans le tombeau d'oubliance, afin qu'ayant brillé en merite, pendant sa vie, il fust resplendissant en diuers miracles apres sa mort, & que celuy qui l'auoit tant honoré icy bas, fust reueré là haut de toutes les creatures. C'est pourquoy il a gueri les affligez des escroüelles, il a rendu le mouuement, & la vie aux bras secs, & arides. Il a gueri plusieurs paralytiques, a rendu la santé à plusieurs malades, les aueugles ont receu la veuë de luy, les sourds l'ouye, & les boiteux le marcher. Il a fait éclatter dans le monde non seulement tous ces miracles, mais encore plusieurs autres qu'il n'est pas besoin de raconter en cet escrit.* Voylà comme la trompette du Ciel fait retentir en terre les merueilles de ce grand Roy.

Le Suffrage du mesme sainct Pontife Boniface est du tout remarquable au premier discours de la feste de sa Canonization. *Dieu voyant que ce Personnage tant braue & tant excellent a commencé si vertueusement la course de sa vie mortelle, qu'il l'a si heureusement continuée, & accomplie auec tant de saincteté : n'a pas voulu permettre que la lampe fust cachée sous le muis ; mais il l'a manifestée sur le chandelier de son Eglise. Car selon que nous auôs trouué, que nous auons vû, & qu'à certain iour nous auons examiné par plusieurs enquestes approuuées de nous, de nos freres, & de plusieurs*

propugnatoris fidei orthodoxæ, mundo supprimi sanctitatem : vt quemadmodum meritorû pluralitate præfulserat sic miraculorum diuersitate claresceret, & qui eum plenissima deuotione coluerat, iam secum in cœlesti palatio collocatus venerabiliter coleretur : nam contractis artuum extentione subuenit, curuis terras ferme tangentibus facie, plenam restituit, eorum sursum erectis vultibus. Sanitatem strumosis beneficium liberationis impendit. Mulierem quamdam cuius brachium aridum, & omnino impotens existebat, ab infirmitate huiusmodi liberauit ; quidam quoque cuius velut emortuû pendebat brachium, per eiusdem Sancti virtutem gratiam curationis obtinuit : compluribus paralytico morbo percussis, & aliis qui diuersis languoribus tenebantur plena reddita sospitate ; cæcisq; visu, surdis auditu, claudis gressu, illius inuocato nomine restitutis His & compluribus aliis Sanctus ipse coruscauit miraculis gloriosus.

XII.

Témoignage du Pape Boniface VIII. touchant les miracles du Roy S. Louys.

[a] *Ex sermone primo Bonifacij VIII. in Canonizatione sancti Ludouici Regis.* Videns ergo Deus istum talem & tantum vi ruin sic bene ingressum, sic melius progressum, sic sanctissime de mundo egressum ; voluit quod non

CHAPITRE TROISIESME.

Les miracles du Roy sainct Louys.

SECTION I.

Les Miracles du Roy sainct Louys sont vrays & du tout diuins.

XI.
Sainct Louys a faict plusieurs miracles suiuant la Bulle de sa Canonization.

TOVTES les œuures qui paroissent merueilleuses à nos sens, ne doiuent pas tousiours estre miraculeuses à nos entendemens: d'autant que les vnes ne portans qu'vn masque de merueille, les autres quoy qu'extraordinaires ne subsistás que sur l'appuy des causes naturelles, ne peuuent estre legitimement rangées au nombre des vrays exploicts miraculeux, comme sont les sortileges, & les autres œuures de sathan Prince des sorciers, & singe des actions diuines. Mais les parfaicts miracles sont ceux qui n'ont point d'autheur que le bras du Tout-puissant, qui les opere au profit des mortels, soit pour accrediter vne véritable doctrine, soit pour attester la saincteté de ses bons seruiteurs. Nostre [a] sainct Louys, le phare des Roys, le Soleil de la France, & le miroir de la Cour des Princes a esté de ce dernier nombre. Car ayant rayonné en toute sorte de vertu pendant sa vie, il n'a pas esté moins illustre apres son trepas en plusieurs

[a] *Ex Bulla Canonizationis sancti Ludouici Regis. Verum cum vitæ eius functus curriculis verius viuere quam vixisse, noluit altissimi Filius, que idem tota mentis affectione dilexerat, tam deuoti Principis, tantique*

Chapitre II. Section I.

sieurs sortes d'actions prodigieuses, selon le témoignage des Bulles de sa Canonization, qui en parlent en ces termes. *Apres que sainct Louys eut mis fin à sa course mortelle pour reprendre vne vie plus veritable que la passée, le Fils du Tres-haut ne voulut point permettre que la Saincteté d'vn Prince si deuot, si amoureux de Dieu, & si zelateur de la Foy Orthodoxe, fust enseuelie dans le tombeau d'oubliance, afin qu'ayant brillé en merite, pendant sa vie, il fust resplendissant en diuers miracles apres sa mort, & que celuy qui l'auoit tant honoré icy bas, fust reueré là haut de toutes les creatures. C'est pourquoy il a gueri les affligez des escroüelles, il a rendu le mouuement, & la vie aux bras secs, & arides. Il a gueri plusieurs paralytiques, a rendu la santé à plusieurs malades, les aueugles ont receu la veuë de luy, les ourds l'ouye, & les boiteux le marcher. Il a fait éclatter dans le monde non seulement tous ces miracles, mais encore plusieurs autres qu'il n'est pas besoin de raconter en cet escrit.* Voylà comme la trompette du Ciel fait retentir en terre les merueilles de ce grand Roy.

Le Suffrage du mesme sainct Pontife Boniface est du tout remarquable au premier discours de la feste de sa Canonization. *Dieu voyant que ce Personnage tant braue & tant excellent a commencé si vertueusement la course de sa vie mortelle, qu'il l'a si heureusement continuée, & accomplie auec tant de sainteté: n'a pas voulu permettre que la lampe fust cachée sous le muis; mais il l'a manifestée sur le chandelier de son Eglise. Car selon que nous auōs trouué, que nous auons vû, & qu'à certain iour nous auons examiné par plusieurs enquestes approuuées de nous, de nos freres, & de plusieurs*

propugnatoris fidei orthodoxæ, mundo supprimi sanctitatem: vt quemadmodum meritorū pluralitate præfulserat sic miraculorum diuersitate claresceret, & qui eum plenissima deuotione coluerat, iam secum in cœlesti palatio collocatus venerabiliter coleretur: nam contractis artuum extentione subuenit, curuis terras ferme tangentibus facie, plenam restituit, eorum sursum erectis vultibus. Sanitatem strumosis beneficium liberationis impendit. Mulierem quamdam cuius brachium aridum, & omnino impotens existebat, ab infirmitate huiusmodi liberauit: quidam quoque cuius velut emortuū pendebat brachium, per eiusdem Sancti virtutem gratiam curationis obtinuit: compluribus paralytico morbo percussis, & aliis qui diuersis languoribus tenebantur plena reddita sospitate; cæcisq; visu, surdis auditu, claudis gressu, illius inuocato nomine restitutis. His & compluribus aliis Sanctus ipse coruscauit miraculis gloriosus.

XII.

Témoignage du Pape Boniface VIII. touchant les miracles du Roy S. Louys.

[a] *Ex sermone primo Bonifacij VIII. in Canonizatione sancti Ludouici Regis.* Videns ergo Deus istum talem & tantum viruīm sic bene ingressum, sic melius progressum, sic sanctissime de mundo egressum; voluit quod non

staret amplius lucerna sub modio, sed per grandia, & multa miracula voluit eum manifestare, & quasi super candelabrum ponere : nam sicut inuenimus, vidimus, & nos metipsi die propria examinauimus, per plures inquisitiones à nobis, & à nostris fratribus, ac etiam pluribus Summis Pontificibus approbatas, sexaginta tria miracula, inter cætera quæ Dominus euidenter ostendit certitudinaliter facta cognouimus. Quia sicut alias dictum est actus iste scilicet adscribere in catalogo Sanctorum per Canonizationem Romani Pontificis, singularis excellentiæ reputatur in Ecclesia militante, & ad solum Romanum Pontificem esse pertineat hoc agere ; idcirco summam grauitatem in facto tam singulari Sedes Apostolica voluit obseruare. Quamuis & vita sua fuisset ita manifesta, & multa miracula visa sicut superius dictum est, preces etiam Regiæ Baronum, & etiam Prælatorum pluries accessissent nihilominus num inquisitionibus priuatis pluribus iam factis, adhuc voluit inquisitiones solemnes per non paruum tempus facere. Durauit istud negotium iam per 24. annos vel amplius, & licet Dominus Nicolaus III. ante dixisset quod nota ita erat sibi vita istius Sancti, quod si vidisset duo, aut tria miracula, eum canonisasset. Sed morte præuentus non potuit hoc perducere ad effectum abondanti, tamen fuit

plusieurs souuerains Pontifes nos predecesseurs, nous auons reconneu soixante trois miracles entre plusieurs autres, que Dieu a euidemment fait paroistre par l'entremise de ce bien-heureux Roy sainct Louys. Mais d'autant que d'inscrire quelcun au Catologue des Saincts auec la celebrité de la canonization, est vn honneur le plus eminent qu'on puisse deferer en l'Eglise militante, & qu'il appartient au seul Pontife Romain d'en estre l'executeur ; pour ce sujet le Siege Apostolique a voulu proceder a vn acte si notable auec toute maturité. Et iaçoit que le sainct Pere Nicolas III. eust dit, que la saincte vie de ce diuin Monarque luy estoit si manifeste, que s'il eust vû deux ou trois miracles, qu'il l'eust canonizé : toutesfois n'ayant pû iouyr de ce bon-heur pendant sa vie, & la commission ayant esté donnée au venerable & au sage Archeuesque de Rouën, à l'Euesque d'Auxerre, & à Maistre Roland de la Palme, Euesque de Spolete, de faire derechef enqueste & deuë information ; ils ont verifié par des solennels tesmoins, iusques au nombre de soixante trois miracles. Apres des voix si souueraines, qui ne reconnoistra visiblement que si la Nature a rempli le Lys de plusieurs rares vertus, qu'aussi l'autheur de la Nature n'a pas esté moins liberal à departir la rosée de ses graces sur cette mystique plante du Roy sainct Louys, pour accomplir toute sorte de guerisons miraculeuses, & pareillement sur tous les autres Monarques de France, en rendant la santé aux scrophuleux auec leur seul attouchement ? Ce qui est d'autant plus admirable, que ces pauures malades ont espuisé toute la science des Medecins sans pouuoir obtenir vne dragme de santé

Chapitre III. Section I. 1363

santé. En quoy nous deuons reconnoistre le doigt de Dieu dans cette Royale maison de France, & qu'il peut dire de ses pieux Monarques: *Ero quasi ros, Israël germinabit sicut Lilium, & erumpet radix eius vt Libani.*

adhuc commissum negotium Inquisitionis, viris venerabilibus & discretis Archiepiscopo scilicet Rhotomagensi, & Episcopo Antisiodorensi, & Magistro Rolando de Palma Episcopo Spoletano, & isti de sexaginta tribus miraculis testes receperūt, examinauerunt, post mortem, siue per eos.

SECTION II.

Le Lys est souuerain pour le mal des yeux, & sainct Louys guerit miraculeusement les Aueugles.

PVis que ce ne seroit pas vn moindre crime en la faculté de medecine de reuoquer en doute les maximes du sçauant ᵃ Galien, que de mépriser les veritez qui sont toutes sensibles parmy la France, il faut aduoüer franchement que comme ce Roy des Medecins escrit que le suc du Lys estant mixtionné auec le miel fait tomber les tayes des yeux, & toutes les cataractes qui s'opposoient à la lumiere; aussi nostre Lys mystique n'a pas seulement cette proprieté d'éclaircir les yeux, & de leur enleuer ces toilettes qui leur déroboient les obiets visibles; mais qu'il a de surcroit cét admirable pouuoir que de rendre entierement la veuë à quiconque en a perdu l'vsage. Qu'ainsi ne vous soit, la guerison prodigieuse de ceste honneste ᵇ Dame Ameline la Boite natiue d'Orleans en fera foy, suiuant la deposition de son mary fidelle tesmoin du malheur & du bon-heur de sa

XIII
Ameline la Boite aueugle depuis vnze ans, guerie par les merites du Roy S. Louys.
ᵃ *Galenus lib. 7. de simplici. medic. col. Lilij succus cum melle mixtus pannum albugines in oculo concretas detergit.*

ᵇ *Guillelmus Carnotensis de vita & miraculis S. Ludouici Regis. Mulier quædam Amelina, de Autilcio, satis potens in*

Mmmmmmmm

de sa femme. Elle auoit perdu la veuë depuis vnze ans, mais s'estant faicte conduire à Eureux en l'Eglise des R. P. Dominicains, consacrée au bien-heureux Roy S. Louys, elle ne luy eut pas plustost presenté sa requeste qu'elle s'escria: Ie rends grace à Dieu & au grád Roy sainct Louys de ce qu'estant par le passé entierement aueugle, i'ay maintenant recouuré la veuë. Les Religieux effrayez de ces cris accoururent promptement à cette femme, & trouuerent que ce qu'elle auoit si hautement publié luy estoit arriué. Ce qui les remplit d'autant de ioye, qu'il auoient receu de frayeur, & tout le monde rendit graces au Tout-puissant qui faisoit part de son Empire au Roy S. Louys.

diuitiis ab 11. annis teste marito suo vsum visus amis erat, quæ ad Ecclesiam beati Ludouici veniens, eius auxilium sine intermissione inuocabat, quæ cum diu ante altarem fuisset, post modum exclamauit, gratias reddo Deo, & beato Ludouico, quia cum cæca ante essem modo video, ad quam cum veniβemus esse verum reperimus vt dicebat.

XIV.
Ieanne Rose recouure la veuë par l'entremise de sainct Louys.
Guillelmus Carnotensis de vita & miraculis sancti Regis Ludouici. Iuuencula quædam Ioanna Rose vocata de Parœsia Illiers à duobus annis visum oculorum suorum amiserat, & ad recuperationem sanitatis, multa loca sancta visitauit vt ipsa affirmabit, & nihil profecerat, quæ ad ecclesiam beati Ludouici Ebroicensis in Veniens ibidem deuotè permanens erat, facto mane dum Missa celebraretur inter manus Sacerdotis Corpus Christi conspexit, & multa nobis ex visu docuit, & lumen oculorum suorum & visum sancti meritis impetrauit,

En la mesme Eglise vne ieune fille appellée ᵃ Ieanne Rose natiue de la paroisse d'Illiers receut la mesme faueur, apres auoir visité l'espace de deux ans plusieurs saincts lieux afin de recouurer ce qui est de plus cher en ceste vie. Mais nostre Dieu qui nous fait souuent ressentir nostre mal comme à Tobie afin que nous luy en rendions la gloire & non point à Galien; où à quelque Hippocrate, voulut reseruer l'honneur de ce miracle à son bien-aymé Louys, l'Esculape de la France, & le Sainct des Monarques François. Cette fille donc ayant passé la nuict en prieres deuant l'Autel du sainct Monarque, au lendemain pendant le sacrifice de la Messe, voila qu'à l'eleuation du tres-auguste Sacrement ses paupieres se dessillerent, & adora ce grand Soleil de nos ames, & le pere des lumieres.

Ne fortons pas de cette Eglife, fi nous voulons admirer les merueilles de Dieu, & celles de noftre fainct Monarque. Nous y verrons vne autre ᵃ femme nommée Ieanne, de la paroiffe de Louuier qui n'a pas pluftoft imploré la mifericorde de Iefus fils de Dauid, & du fainct Roy Louys, qu'elle recouure auffi parfaictement ce qu'elle auoit perdu depuis deux ans, que le pauure Barithmée mendiant fur le chemin de Iericho. Nous rencontrerons en ce facré domicile Petronille qui demeuroit en l'Hofpital d'Eureux, conneuë de tous les habitans de la Ville, pour auoir efté aueugle depuis cinq ans. Mais que noftre fainct Lys eft fouuerain pour le mal des yeux; apres que cette pauure femme eut fait quelques prieres, elle fe leua, & fes yeux s'ouurirent auec autant d'étonnement à tous ceux qui la regardoient, que de ioye pour elle qui ne les auoit pas vûs depuis cinq ans paffez. Que fi nous vifitons l'Eglife de fainct Denys en France, & contemplons ce qui s'y paffe, nous verrons qu'au mefme iour qu'on y apporta le corps du bien-heureux Roy, vne Dame du diocefe de Scez qui n'auoit rien vû depuis plufieurs années, s'eftant fait conduire deuant fes fainctes reliques, obtint auffi-toft ce que cet autre maniant les fleurs qui auoient touché les reliques de fainct Eftienne. Plufieurs autres malades furent miraculeufement gueris ce iour-là en l'Eglife de fainct Denys dont on n'a point conferué la memoire par efcrit, dit Guillaume de Chartre.

I'adioufteray pour derniere merueille des aueugles

XV.
Ieanne de Louuier & Petronille obtiennent la veüe par la priere de S. Louys.
ᵃ *Gulielmus Carnotenfis de vita & miraculis S. Regis Ludouici.* Mulier quædam quæ dicebatur Ioanna, de parochia de Loueris, quæ prout iurato adhærebat, &c. fufa oratione vifum oculorum fuorum & lumen fancti Confefforis meritis, & precibus impetrauit. Mulier quædam Petronilla nomine de domo Dei Ebroicenfis, &c

Quædam matrona de Sagifenfi diœcefi vifum oculorum, quem dudum quafi totaliter amiferat recuperaffe refertur, & hoc vidiffe vt dicunt aliqui fide digni, & præcipuè Magifter Guillelmus de Marifcone Canonicus Parifienfis, qui fe afferit vidiffe, & multa alia tam ipfa die quam alias contingerunt, ibidem miracula circa varijs infirmitatibus laborantes quæ in publicam notitiam non venerunt.

XVI.
Vne autre femme aueugle guerie miraculeusement par l'entremise du Roy sainct Louys.

Guillelmus Carnotensis *de vita & miraculis S. Ludouici Regis.* Domine *istud est magnum miraculum, & manifestum quod verè fecit Deus propter istum Regem sanctum. Nam mulier ista quam ego adduxeram de Rothomago, non videntem omninò oculis eius sicut nec ego video talo pedis, modo videt omnia sicut ego.*

ueugles gueris par la vertu de nostre Lys Mystique, que deux Peres Predicateurs de l'Ordre de sainct Dominique ont signé, qu'estans sur le chemin de sainct Denys en France, ils rencontrerent deux femmes transportées de ioye, qui en rendant le suiet, dirent à vn de ces Religieux : *Seigneur, c'est vn signalé miracle que mon Dieu a fait à la faueur de sainct Louys : car cette femme que i'auois mené de Roüen qui ne voyoit pas dauantage des yeux que ie fais des talons, voit maintenant toute chose aussi clairement que moy.* De sorte que sainct Louys a esté vn souuerain Lys pour le soulagement des aueugles corporels, mais qui ne sera pas moins fauorable à la reparation de la veuë spirituelle de nos ames, si tant est que nous implorions sa royalle grandeur, auec autant d'affection que ces paunres aueugles : afin qu'à l'aduenir nous puissions voir combien le vice est hideux, & preiudiciable, & combien la vertu est illustre & aduantageuse à qui l'exerce constamment. Ne ressemblons point à cette vieille radoteuse Herpastes qui estant tout à fait louche, attribuoit son defaut à l'obscurité des chambres de Seneque, mais crions à S. Louys, *Domine vt videam.*

✱✱✱

SEC

SECTION III.

Le Lys est souuerain pour les infirmitez d'oreilles, & S. Louys tres-efficace à rendre l'ouye & le discours, aux sourds & aux muets.

LA seconde merueille du Lys royal se découure en la faculté de [a] conforter l'ouye, & de soulager les douleurs d'oreilles, selon qu'il a esté particulierement remarqué par Auicenne, vn des plus nobles Docteurs de son siecle. *Si on verse* (dit-il) *l'huyle du Lys en l'oreille mal affectée, elle la soulagera, & appaisera toute la douleur.* Mais nostre celeste Lys, encore plus admirable que ce que la nature a produit, ne fortifie pas seulement l'ouye, mais il la subtilise à ceux qui n'auoient iamais entendu. Et comme cette surdité est tousiours suiuie d'vn manquement de discours; nostre Lys mystique ne rend pas seulement l'ouye aux sourds, mais auec son baume diuin guerit les muets, les faisant parler & entendre distinctement. Pour confirmer cette verité, il faut que ie vous conduise au païs qui apres Dieu m'a donné la vie, & là ie vous feray voir vn essay aussi agreable & prodigieux, qu'on pourroit rencontrer en aucune autre contrée. Nous entrerons donc au Comté de Bourgongne, où l'on guerit de toute sorte de maladies ceux qui mange de la chair le vendredy, & là nous trou

XVII. *Vn ieune homme Bourguignon sourd & muet dés sa naissance reçoit l'ouye, & le discours à la faueur de S. Louys.*

[a] *Auicenna* 1. *canon. cap.* 447. Radix Lilij confert auditui dilatationis & oleum eius si instilletur in aure affectum dolore sedat.

[b] *Guillelmus Carnotensis de vita & miraculis S. Ludouici Regis.* Contigit etiam non multo post, quod quidam adolescens circiter 25. annorum, de vltimis finibus Burgundiæ surdus, & mutus à natiuitate qui per 16. annos vel circa in quodam castro nobilis viri Domini Ioannis Cabiloneus, quod vocatur Orgelestum conuersatus fuerat, &c. Statim enim cœpit loqui non lingua materna, sed recte Gallicana ac si fuisset natus in ipsa villa sancti Dionysij, & continue conuersatus. Vnde multis in admirationem versus est, ac stuporem: & cum ab eo quæreretur in Gallico, à quibusdam,

trouuerons vn ieune homme âgé de vingt-cinq ans marmiton au Chasteau d'Orgelet, appartenant au seigneur Iean de Chalon. Ce pauure ieune homme aussi sourd qu'vn rocher, entendit neantmoins la voix de l'inspiration diuine, qui luy fit prendre la route de Paris, & de là le chemin de l'Eglise de sainct Denys en France, où il se prosterna au pied du tombeau du sainct Roy, n'ayant pour tout discours que des sanglots & des pleurs, mais qui furent si bien entendus de nostre sainct Louys, que voyla aussi-tost ses oreilles qui se deselerent, sa langue qui se deslia, ses sens qui se raffinerent, & sa bouche qui se trouua remplie des plus disertes paroles de son siecle. Il discouroit sur le champ, non en son patois naturel, mais en tres-bons termes françois, dit nostre histoire. Les Orateurs anciens ne rauirent iamais tant leurs auditeurs, que faisoit ce pauure garçon les siens. Quelques vns luy demandans, comment est-ce que ie m'appelle? il respondoit: vous auez nom mon amy, car ie ne sçay pas d'autre nom. Il asseuroit qu'il n'auoit iamais esté plus effrayé en sa vie, qu'en attendant sonner les cloches, apprehendant que l'Eglise ne vint fondre sur sa teste.

Retournons en France, & admirons en ce mésme gére de miracle vn ieune enfant muet dés son berceau, âgé de huict ans, appellé [a] Iean le Feure de la paroisse de Houeteuille. Son pere l'ayant amené en l'Eglise de sainct Louys à Eureux, apres y auoir demeuré quelque temps, voilà enfin les merites du sainct Roy qui se font sentir sur sa

langue

quos ex visu nouerat, non ex nomine: Quomodo vocor ego? respondebat in Gallico; vous auez nom mes amis. Car autre nom ne sçais-ie rien. Narrabat etiam quod nunquam terrorem habuerit in vita sua, sicut quando campanas Ecclesiæ sonantes audiuit. Timebat ne tota Ecclesia corrueret super eum. Nam tunc primum audire cœpit, vnde stupor & tremor potens eum inuasit. Hæc narrant tam præcedentes nobiles, quà & multi alij qui eum à multo tempore cognouerant.

XVIII.
Iean le Feure muet dés sa naissance obtient le discours, le mesme bon-heur arriue à Elizabeth de Caudebec auec le sentimét de l'ouye
[a] *Guilielmus Carnotensis de vita & miraculis S. Ludouici Regis. Puer quidam Ioannes Faber nomine, de parochia de Ioueteuille, &c.*

Chapitre III. Section III.

langue si fauorablement, qu'il entretint de ses discours ceux qui estoient autour de luy, auec autant d'étonnement que de loüange pour le sainct Roy. Au mesme lieu vne [b] femme du diocese de Roüen natifue de Caudebec, appellée Elizabeth, demeurant en la paroisse de saincte Colombe aupres de Bourgneuf, âgée de trente-cinq ans, & qui toute sa vie n'auoit prononcé ny entendu aucune parole, s'estant assisse aupres de l'Autel du sainct Roy pendant qu'on chantoit les vigiles comme on l'entendoit grommeler auec beaucoup d'inquietude, ceux qui estoient plus proches commencerent à prier le bien-heureux Monarque pour elle, & voila que les prieres ne furent point inutiles; car ses oreilles s'ouurirent, & sa langue se détacha si franchement qu'on ne pouuoit parler auec plus deloquence. O l'incomparable Lys que S. Louys, qui opere des guerisons qui se moquent de toutes les reigles de la Medecine! Implorons peuple François, l'assistance de ce diuin Esculape, afin qu'il nous rende l'ouye & le discours; sinon du corps, au mois de l'ame: car d'auoir des oreilles, & ne pas entendre les moyens de nostre salut; auoir vne bouche, & ne pouuoir declarer nos fautes, afin d'en estre corrigés, & absous; c'est estre pire que les Idoles d'Egypte. C'est la maladie des maladies, & telle qu'on ne peut apprehender de plus pernicieuse, & de plus deplorable.

[b] Quadam mulier Rothomagensis diœcesis, nata de villa Caudebec Elizabeth nomine commorans in parochia de sancta Columba, iuxta nouum Burgum in ætate 25. annorum quæ per totam vitam suam surda, & muta fuerat à viris & mulieribus, & sancta Columba vbi morabatur fuit ad sancti Ludouici Ecclesiam per deuotionem adducta, &c.

SECTION

SECTION IIII.

Le Lys sert contre les fievres, et nostre Lys mystique les guerit miraculeusement.

XIX.
La vertu du Lys contre la fievre.
Galenus lib. 7. de simp. medicamentorum facult.
Albengnesit de virtutibus medicinarum fol. 98.
Plinius lib. 21. cap. 19.

SAÇOIT que les fievres s'engendrent de diuers desordres & intemperies en la Nature: toutefois les plus ordinaires prouiennent d'vne superfluité d'humeurs; d'vne redondance de sang, & par fois de certaines qualités venimeuses qui s'attachent aux confins des parties nobles, excitent ces crises & ces desuoyemens que nous voyons aux corps des malades. Mais l'infinie prouidence du Createur ayant établi plusieurs remedes dans la nature, pour contrecarer tous ces assauts de fievres, & ramener ces déreglemens au deuoir d'vne iuste temperance, elle a d'abondant imprimé en la fleur du Lys des facultés si souueraines pour accoiser tous ces tumultes, que tout ce qui se retrouue en diuers simples est comme rassemblé dans son royal pourpris. Car comme a remarqué Galien, Pline, Albengnesit, & autres de mesme profession, les Lys déchargent les superfluités du cerueau, euacuent le corps de ses humeurs malignes, de sa redondance de sang, voire mesme, si dauenture on auoit pris quelques viandes venimeuses, comme potirons d'autre nourriture fievreuse, l'antidote souuerain sera fait de l'essence du Lys. Mais quoy nostre Lys mystique sera-il dépourueu de ces

ces rares facultez? Il ne faut pas douter qu'il ne les ait encore en vn plus haut degré de perfection, puis qu'il a gueris des febricitans, où tous les Hypocrates auoient alambiqué leurs Aphorismes, sans en auoir pû tirer vne goutte de bonne santé, voyons-en l'experience.

Maistre Dudo Medecin, Clerc du sainct Roy & qui l'auoit accōpagné en son voyage de Carthage & assisté en sa maladie iusques au dernier poinct de sa vie, quelques iours apres la sepulture du Roy, estant à S. Germain en l'Aye, se sentit attaqué d'vne fievre fort maligne, qui mit non seulemēt tous les Medecins au desespoir de sa vie, mais encore le patient qui disposa de ses biens, & receut les Sacremens necessaires à bien accomplir ce dernier voyage. N'attendant plus que la mort, voylà vne douleur de teste qui le saisit si violemmēt, qu'enfin l'affliction luy remit en memoire la puissance du S. Roy dedans le Ciel, dōt il implora le secours s'écriant auec violence: Ha Sire souuenez-vous que i'ay esté vostre Clerc, & ie crois asseurement que vous estes Sainct, iouyssant de la gloire eternelle auec les bië-heureux. Secourez-moy de grace en cette exrreme necessité, ne laissez-point en afflictiō celuy qui vous a esté fidelle seruiteur pendant les vostres. S'il ne faut que veiller la nuict deuant vostre tombeau, ie suis prest d'y passer le reste de mes iours. Apres ces élans vn sommeil surprit ce pauure malade qui le porta en vision deuāt le sepulchre du S. Roy, & luy fit voir encore vn autre tombeau sur cettui-cy, où le S. Monarque pa-

XX.
Le sainct Roy guarit en vision Maistre Dudo de sa fieure.
Guillelmus Carnotensis de vita & miraculis sancti Ludouici Regis. Hanc visionem mihi fratri Guilelmo Carnotensi qui hæc scripsi narrauit in crastino mane dictus Magister, & se liberatum asseruit. Eandem visionem prolixiorem mihi tradidit propria manu scriptam paratus hæc omnia proprio iuramento firmare.

roissoit

roissoit tout droict tenant en main vn sceptre, ayant en teste vn diademe d'Or brillant en pierreries, & estant reuestu d'vne Dalmatique blanche qui luy battoit iusques sur les talons. Pendant qu'il admiroit cette face rayonnante, le S. Roy l'arraisonna en ces mots latins : *Ecce adsum; quid vis ? multum vocasti me.* Me voicy, que veux-tu ? tu mas tant reclamé. Le malade luy respondit tout trempé dans ses larmes. Sire, au nom de Dieu secourez-moy : *Domine, pro Deo succurratis mihi.* S. Louys luy repliqua. *Ne timeas, conualebis ab ista infirmitate ; sed tamen habes in cerebro tuo quendam humorem corruptum venenosum & obscurum, qui non permittit te cognoscere Creatorem tuum, hæc est causa tuæ ægritudinis, & ego remouebo eum.* Ne crains point tu gueriras de cette infirmité ; tu as neantmoins en ton cerueau vne certaine humeur corrompuë, venimeuse, & obscure qui t'empesche de reconoistre ton Createur. Voilà le suiet de ton infirmité: mais ie t'en affranchiray. Alors le S. auec le pouce luy fit vne fente entre le nez & le sourcil gauche, d'où decoula vne humeur corrompuë, venimeuse, noire & puante, autant qu'en pourroit tenir la coquille de quelque grosse noix ; puis il luy dit : *Tandis que cet humeur eust esté en ta teste tu n'eusses pû iouyr d'vne parfaicte santé.* Là dessus Maistre Dudo s'estant esueillé, se trouua entierement libre de douleur, & comme à son resueil il asseura cecy à ceux qui l'assistoient, leur protestant qu'il estoit entierement guery ; on estimoit que la violence de la fievre le iettoit dans ces extrauagances, puis que

Chapitre III. Section IV.

nul moyen humain n'estoit capable de luy rendre la santé. Mais leur racontant sa vision l'on reconneut par la fermeté, & la bonne dispositiõ de son esprit, l'heureuse disposition de tout son corps. Guillaume de Chartres qui a rapporté ce fait merueilleux asseure que maistre Dudo luy raconta le lendemain de sa guerison tout le succez de ce miracle, & qu'il luy donna mesme par escrit, prest de le confirmer par serment toutes & quantesfois qu'on l'en requerroit.

J'adiousteray à cette guerison, vne autre qui n'estoit pas moins desesperée que celle-là. Vn [a] Prestre de Bretagne fort conneu de l'Euesque de S. Malo, & de plusieurs autres personnes dignes de foy; passant par la ville de Chartres fut aresté d'vne forte maladie, & trauaillé si rigoureusement par diuers accidents de fievres, & par d'autres infirmitez corporelles, qu'elles le reduiserent à deux pas prés de la mort. Cette affliction toucha le cœur de quelques vns des assistans, d'autant plus griefuement, qu'il estoit éloigné de son pays, & de l'assistance de ses parens & amys : Mais S. Louys luy fut au besoin le meilleur amy de tous. Car suiuant le conseil de ceux qui le consoloient, il implora si deuotemẽt les faueurs du S. Monarque, & le coniura si estroictement de luy sauuer la vie, promettant & voüant de visiter son sepulchre, il n'eut pas plustost prononcé ces paroles, que voylà son offre acceptée, & la santé qui luy est renduë. Faisons le méme Catholiques Chrestiens, car que nous ne soyons point trauaillez des fievres du corps, nous

XXI.
Vn Prestre de sainct Malo est guery de fievre, & exempté de plusieurs autres maladies par le secours du Roy S. Louys.

[a] *Guillelmus. Carnotensis de vita & miraculis S. Ludouici Regis.* Accidit insuper circa tempus illud, quod quidam Clericus de Britannia bene notus Episcopo Maclonensi & aliis fide dignis, &c.

sommes

sommes paraduanture saisis des fievres de l'esprit qui sont beaucoup plus dangereuses: la chaleur de nos conuoitise desreglées est vne fievre qui n'est pas moins ardante que la chaleur de la fievre corporelle, celle-là brusle l'ame & le corps. ᵇ Nostre fievre est l'auarice, dit S. Ambroise, nostre fievre est la conuoitise, nostre fievre est la luxure, nostre fievre est l'ambition, nostre fievre est la colere. Accourons à ce royal Medecin, & implorons la faueur de ses merites. Supplions le qu'il verse dás nos ames le baume de son huyle de Lys, afin de nous decharger l'esprit de tant d'humeurs malignes, qui corrompent le temperement surnaturel de nos ames, & ne craignons point qu'*Imperabit febri & dimittet illam*.

ᵇ *S. Ambrosius lib. 4. in Lucam cap. 4. Nec minorem febrem amoris esse dixerim quam caloris. Itaque illa animum, hæc corpus inflammat. Febris enim nostra auaritia est, febris nostra libido est, febris nostra luxuria est, febris nostra ambitio est, febris nostra iracundia est, &c.*

SECTION V.

Le Lys empesche la podagre, & sainct Louys l'enleue diuinement.

XXII.
Simon d'Isaic est deliuré de la podagre par les prieres de S. Louys.
ᵃ *Albengnefit de virtutibus medicinarum fol. 98. Lilia præcipuè cælestia dissoluunt superfluitates cerebri, & purgant aquam citrinam.*
Galenus lib. 7. de simpl. medicamentorum facultatibus. Lilij flos temperaturam mixtam obtinet, quare oleum ex floribus digerendi, & emolliendi

ENTRE autres maladies difficiles à guerir, la chiragre, & la podagre sont au commun dire des Medecins en la premiere categorie des incurables. Aussi nous voyons peu de personnes quitter cette dure chaine, depuis qu'vne fois ils en ont esté attachez pieds & mains. Si toutesfois quelque moyen les en peut affranchir, ᵃ le Lys est vn des souuerains remedes. Car puis qu'il a cette faculté que de purifier le cerueau, & le decharger

de

Chapitre III. Section V.   1375

de ses mauuaises superfluitez, il y a aussi grande apparance, que la goute estant vne distillation prouenant du cerueau, qui se glisse insensiblemét dans les ioinctures des pieds ou des mains, qu'aussi le moyé de la dissiper, n'est qu'en tarissant la source, & éuacuant le cerueau de cette surabondance d'humeurs, par l'entremise du Lys. D'où il appert que cette royalle plante sera des plus profitables à l'aneantissement de cette maladie tant desesperée & tant fascheuse. Mais nostre Lys Mystique la guerira beaucoup plus asseurement, tesmoin Simon d'Isaic, qui s'estant venu rendre à l'Eglise de S. Louys à Eureux, apres y auoir supplié le S. Monarque par toutes les submissions & les prieres que vn pauure forçat peut faire pour estre deliuré de ses fers; voylà enfin qu'il sent ses chaines tomber, & si iamais galerien ne s'en retourna en son pays plus contant que fit Simon en sa famille.

ᵃEline femme de Iean l'Anglois, de la paroisse de sainct Pierre d'Eureux; estant tourmentée extraordinairement de cette maladie, ne ressentit pas moins d'allegement & de ioye que Simon d'Isaic apres auoir presenté ses voeux au Bien-heureux Roy en son Eglise d'Eureux. Autant en experimenta ᵇRobert le testu de la Paroisse de Gange, qui passoit la nuict entiere en l'Eglise de S. Louys se trouua au lendemain tellement soulagé de sa poudagre, qu'il s'en retourna plein de vigueur en sa maison, ne pouuant asses louër vn si doux & si salutaire Medecin. Voicy vne autre guerison non moins remarquable & miraculeuse, arriuée à vne

vim habet, & ob id nequis proficuum.

ᵇ *Guillelmus Carnotensis de vita & miraculis S. Ludouici Regis.* Homo quidam de Ysaico nomine, à longo tempore quadam gutta palestina detentus ad sanctum Dei Ludouicum magna deuotione aduenit & ibidem orans & Dei & sancti beneficia postulans se protinus alienatum sentiens & curatum omnibus qui aderant publicè confessus est, &c.

XXIII.
Eline d'Eureux, Robert le Testu sont guaris de la goute par l'entremise de S. Louys, comme aussi Aimée Bonneuoisiue.

ᵃ *Guillelmus Carnotensis de vita & miraculis S. Ludouici Regis.* Quædam mulier quæ vocabatur Ælina vxor Ioannis Anglici, de parochia S. Petri Ebroicensis, &c.

ᵇ *Idem ibidem.* Vir quidam de parochia de Cange, Robertus Capitosus nomine, &c.

femme

femme nommée ᶜAimée Bonnevoisine de la paroisse de S. Ligier. La goutte auoit exercé sa tyrannie si cruellement sur cette pauure creature l'espace de cinq semaines, qu'elle en portoit sa teste iusques auprès des genoux. Quel remede à cette extreme violance? C'est vn vray fourbe de dire qu'en l'escole du Medecin Æsculape se retrouuoit vne fontaine d'huyle qui guerissoit de toute sorte de maladies: mais l'experience nous fait reconnoistre pour vne verité indubitable qu'en l'Auguste Temple de nostre S. Roy se retrouuoit vn huyle de Lys qui chasse toutes les infirmitez les plus rebelles. D'autant que cette pauure femme contrefaicte s'y estant fait porter la veille de S. Benoist, y trouua aussi-tost ce qu'elle n'auoit pû obtenir auec des grands frais parmy les liures de Hypocrate. Car pendant les Matines elle fut soudainement deliurée de toute sorte de douleur, & sa teste parfaictement redressée. Dieu Tout-puissant que les medicamens du Ciel sont efficaces, si on auoit l'addresse de s'en bien seruir.

Ce ne sont pas seulement les roturiers qui ont experimenté combien cette huyle de Lys est salutaire à tous maux. Pierre de Laudun Gentil-hôme autant recommendable en vertu, qu'en tiltre de noblesse; ressentant en son bras droict vne intolerabre douleur qui luy ostoit tout mouuemét, se ressouuenant qu'il auoit de cheueux du Bienheureux Roy dont il auoit esté Chambellan; animé d'vne saincte Confiance, les appliqua par trois fois sur son bras estropié, au premier attouchemét
il

ᶜ *Idem ibidem.* Quadam mulier de Ponte Perrino parochia sancti Leodegarij Amicia bona vicina nomine, &c.

XXIV.
Les cheueux du Bienheureux Roy guarissent vn bras estropié.
ᵃ *Guillelmus Carnotensis de vita & miraculis S. Ludouici Regis.* Apud castrum Zuparæ Parisius Dominus Petrus de Laudano, miles custos puerorum Domini Regis Philippi, cum dolorem intolerabilem in brachio dextro pateretur, ita quod per multos dies nec ipsum sursum leuare porrexat aliquantulum, nec

Chapitre III. Section V.

il experimenta beaucoup d'allegement, au second encore dauantage, & au troisiéme il se trouua entierement sain: Ce miracle l'occasionna de faire enchasser ces sacrées reliques le plus richement qu'il luy fut possible, & de les honorer plus religieusement que par le passé. Si nos Podagres, & gousteux auoient cette deuotion d'implorer l'assistance de cet Auguste Roy, afin qu'aumoins il leur impetrast vne saincte Patience, l'aduis en seroit meilleur que de se desesperer inhumainement dedans leurs licts, & se causer apres ce cuisant Purgatoire vn eternel enfer en l'autre monde.

de ipso aliquid operari: recolens se habere de capillis Domini sui Regis cuius Cambellanus extiterat de diuina virtute confidens, & de meritis ipsius Regis tetigit per infirmum brachium: & ad primum tactum capillorum sensit se multum allienatum ac secundum amplius, & ad tertium ab omni dolore liberatum penitus, vnde capillos ipsos in auro & argento repositos reuerenter, & deuoto conseruat.

SECTION VI.

Le Lys est tres-souuerain contre les paralysies, & nostre Lys Mystique est Tout-puissant à rendre le mouuement aux paralytiques inueterez.

POVRQVOY pensez-vous, fauorable Lecteur, qu'entre plusieurs miracles de sainct Louys, la plus grande partie se trouue prattiquée en faueur des paralytiques, qui font, comme on dit communement, aux Medecins la nique. D'où prouient ce puissant Empire sur cette maladie qui se ioüe de tous les efforts de l'art, & qui mesprise tout le pouuoir de la Nature. N'est-ce point que l'infinie sagesse du createur pour faire reluire aux yeux du monde cette lumiere des Roys, & la rendre admirable extraordi-

XXV.
L'autheur donne la raison pourquoy sainct Louys a plus guerys de paralytiques que d'autres malades.

a Paulus Ægineta lib. 7. cap. 3. Oleum ex floribus Liliorum alborum discutit, emollit, & neruis proficuum.

Robertus Dodonæus in historia florum & coronariarum cap. 32. Fit ex floribus oleum aut vnguentum, quod Lirinum, aut susinum appellatur molliendis neruis aptum.

extraordinairement dans le sanctuaire de l'Eglise par des guerisons si prodigieuses. Où bien n'est ce point que nostre sainct Roy ayant eu les pieds & les mains soupples & maniables au seruice des paralitiques, sa Majesté souueraine le veut recompenser d'vne vertu particuliere à soulager ces membres impuissans à tous vsages? Ces raisons sõt puissantes; mais ie diray encore fort à propos, que le Tout-puissant a voulu faire entendre que sainct Louys a esté vn vray & vn miraculeux Lys de saincteté, qui deuance en vertu toutes les autres plantes. Car la principale, & la plus commune force du *Lys, remarquée pas tous les Medecins, s'employant à resoudre les contractions de nerfs, à renforcer les membres languissans, & à rompre l'engourdissement de la paralysie non encore inueterée. Nostre S. Lys Mystique vray Lys du Ciel & de la terre, a guery par ses miraculeuses vertus les paralysies du tout formées, & les paralytiques tout à faict desesperez; ce que toute la Medecine de Galien & de paracelse n'eust osé se promettre.

L'an [a] mille deux cents septante & vn, le Mardy apres la feste de sainct Vrbain, vne femme de Chambley appellé Ameline, ayant les membres du corps tellement retirez depuis trois ans, que sa teste panchoit à vn pied & demy prés de terre, contrainte de marcher sur des petites potances comme vn animal à quatre pieds, estant venuë au sepulchre de ce royal Tasmaturque, & ayant satisfaict à ses vœux, merueilleuse puissance de S. Louys, elle recouura en vn instant la santé, & pour

Galenus lib. 7. de simpl. medicamentorum facult. Oleum ex floribus Lilij digerendi & emolliendi vim habet, & ob id neruis conuulsis prodest.

XXVI.
Ameline de Chabley impuissãte de son corps & toute contrefaite est miraculeusement guerie.

[a] *Guillelmus Nanzius de vita & moribus S. L. R.* Anno eodem scilicet M.CC.LXXI. feria tertia post festum sancti Vrbani; quædam mulier de Cambliaco nomine Ameline, &c.
[b] *Guillelmus Nangius de gestis sancti Ludouici Regis Franc.* Fuit si quidem

vne eternelle reconnoissance de ce grand benefice, elle laissa ses potances penduës en l'Eglise, comme vn trophée de la victoire que ce grand Roy auoit remportée sur cette rebelle maladie.

ᵇ Nangius raconte vn pareil miracle estre arriué à vne autre femme appellée Amiote, qui demeuroit en la ville de sainct Deuys, qui portant sa teste à vn pied & demy prés de ses pieds tant la contraction des nerfs estoit extraordinaire, voyant tous les iours plusieurs malades incurables trouuer la santé auprés du sepulchre de nostre puissant Roy, imitant leur deuotion, elle receut aussi pareille recompense, au grand étonnement de tous ceux qui l'auoient auparauant conneuë. Ceux de S. Denys ne furent pas moins rauis en la guerison suiuante qu'en cette-cy. En la mesme année le Vendredy apres la sainct Vrbain, Petronille natiue de sainct Denys, fille d'Elpide de l'Aube, auoit tousiours eu les membres tellement estropiés dés sa naissance, qu'elle ne les pouuoit mouuoir, contrainte de se trainer sur son ventre comme vn pauure serpent, estant arriuée au tombeau de nostre sainct Roy, comme à la source de vie, la voila si parfaictement vigoureuse, qu'elle marcha par toute la ville au grand étonnement des plus insensibles Athées.

Ie ferois vn miracle si ie pouuois rapporter sans ennuy toutes les desesperées paralysies que nostre diuin Monarque a dissipées par ses merites. Mais d'autre part ie rauirois à sa gloire les plus brillans diamans si ie couurois par mon silence

quædam alia mulier commorans in villa Beati Dionysij nomine Amiota de Chambliaco, quæ per tres annos & amplius ita fuerat incuruata, quod renes suos portaret capite altiores, & caput suũ ita submissum erat, quod à terra per pedem dimidium non distaret. Incedebat enim cum adiutorio cuiusdam baculi longitudinis pedis & dimidij, quem tenebat duabus manibus per mediũ &c. per paucos dies cum aliis sancti Regis suffragium deuoté requirens, totaliter sanata rediit & erecta.

ᶜ *Guillelmus Carnotensis de vita & miraculis S. Ludouici.* Anno eodem feria sexta post dictum festum, quædam puella nomine Petronilla, filia Elpidis de Aube, quæ nunquam potuerat ire, nisi trahendo se cum pedibus, & manibus super terram, veniens ad dictum sepulcrum recuperauit corporis sanitatem, ita quod poterat incedere per villam sancti Dionysij, in uico S. Remigij, & nota est pluribus.

XXVII.
Diuers paralityques guarys à la faueur de S. Louys.
ᵃ *Guillelmus Carnotensis de vita & miraculis* ᵇ. *R. Ludouici.* Item anno eodem feria v. post SS. Marcellini & Petri quæ-

l'excessiue splendeur de ses œuures miraculeuses. Pour demeurer donc dans le milieu, ie feray passer legerement deuant vos yeux tous ceux qui sont de mesme espece, comme la guerison ᵃd'Agnes la Magne demeurant à Paris, celle de ᵇMichel Hamiage de la paroisse de sainct Paul lez Paris, celle de Hodierne natiue de Ville-tigneuse, la santé miraculeusement recouurée de ᶜIeanne de la Porte Baudet demeurant en la paroisse de sainct Paul lez Paris. Adioustez à ceux-cy le soulagement de ᵈIean le Chenu Parisien de la paroisse de sainct Mesry, celuy de ᵉd'Emeline la Biche femme de Iean l'Anglois de la mesme paroisse, celuy de ᶠVillette de Senlie de la paroisse de sainct Paul, & la conualescence prodigieuse ᵍDelpide fille de Robert Peclecot : qui tous ayant esté saisis de paralysie, les vns l'espace de six ans, les autres d'vnze, d'autres de quatorze, & aucuns toute leur vie, les vns en la moitié de leurs corps, les autres en toutes les parties, & d'autres aux mains & aux cuisses ; ont neantmoins à la faueur de nostre puissant Monarque brizé leurs liens en l'Eglise de sainct Denys en France, aupres du tombeau de sainct Louys l'an 1271. Tellement que si l'on eust esté aussi soigneux a recueillir ces miraculeux exploicts aux autres années comme on à esté en ceste cy, nous pourrions dire en quelque façon auec sainct Iean que le monde ne les pourroit comprendre, puis que Iesus-Christ à promis a ses fidelles seruiteurs ce don de miracle auec tel excez, que *maiora horum faciunt*. Mais qui
ne

ᵃ *dam mulier quæ vocabatur Agnes la Magne manens Parisiis prope domum Beguinarum.*
Item eodem anno feria iv. post festum prædictorum Martyrum, quædam mulier de Villa tignosa nomine Hodierna, &c.
ᵇ *In anno prædicto die Sabbathi, post festum predictorum Martyrum, Michaël dictus Ramiage commorans Parisiis prope domum de Barbel in parochia S. Pauli, &c.*
ᶜ *Item anno prædicto in vigilia beati Bartholomei Apostoli Ioanneta de Porta Baudet commorans in parochia S. Pauli, &c.*
ᵈ *Item anno prædicto die Sabbathi post festum prædictum B. Bartholomei Apostoli, Ioannes dictus Canus commorans Parisiis in Parochia S. Moderici, in vico Radulphi de sancto Laurentio, &c.*
ᵉ *Item anno prædicto, die Sabbathi post festum beati Barnabæ Apostoli, Emelina la Biche vxor Ioan. Anglici de parochia S. Mederici Parisiens. &c.*
ᶠ *Item eodem anno die Martis ante festum B. Barnabæ Apostoli, Gila de Syluanesto, commorans Parisiis in parochia S. Pauli, &c.*
ᵍ *Item eodem anno Dominica ante festum B. Barnabæ Apost. Ælpidis filia Roberti dicti Pelecoto, &c.*

ne loüera vn si debonnaire Roy que vif & mort n'a point oublié ses pauures sujets. Les reuerends Peres Dominicains d'Eureux ne tesmoigneront-ils pas, qu'en leur Eglise vn grand nombre de merueilles a esté executé par l'entremise de nostre sainct Roy. Ne deposeront-ils pas qu'ils ont veu venir en leur Eglise plusieurs paralytiques, les vns sur des potances, les autres sur des brancars, d'autres se trainant par terre, qui tous s'en sont retournez pleins de santé, & triomphans de toutes leurs maladies. [b] Peletier de Cadon de la paroisse de sainct Estienne au diocese de Beauuois, fut de ce nombre, comme aussi [i] Beatrix de la paroisse de sainct Estienne d'Eureux, vn [k] ieune homme nommé Iean de la paroisse du champ Ossent, vne autre ieune fille appellée [l] Ieanne de la paroisse de sainct Ligier d'Eureux, [m] Atalisse natifue de la paroisse de Hauuille, qui tous apres auoir presenté leurs humbles requestes dans son Eglise d'Eureux ont receu le principal de leur demande, auec l'accessoire d'vne extraordinaire santé.

CE fut vne guerison qui surpassa les loix de la nature, & l'opinion de tous les Medecins que celle d'vn bon vieillard appellé Robert de Mines, qui ayant demeuré l'espace de quarante ans perclus de tous ses membres, & recoquillé comme vn pauure limaçon sans vsage de bras, & de iambes, fut neantmoins guery si heureusement par la vertu de nostre diuin Lys, qu'a la veüe de tous il se leua sur ses iambes, fit plusieurs tours par l'Eglise aussi frais, & gaillard que le plus robuste

[b] Homo quidam Baiocensis diœcesis de Villa Cadon de parochia S. Stephani veteris. Ioann. Pelliterius nomine, &c.
[i] Quædam mulier Beatrix nomine de parochia S. Petri Ebroicensis, &c.
[k] Iuuenis quidam nomine Ioann. de parochia Campi, &c.
[l] Quædam puella Ioanna nomine de parochia S. Leodegarij Ebroicensis, &c.
[m] Alia quædam mulier Atalissa de parochia de Gauuille, &c.

XXVIII.
Robert de Mimes & plusieurs autres estropiez treuuent vn entier soulagement à l'Autel de nostre S. Roy.
[a] *Guillelmus Carnotensis de vita & miraculis S. R. Ludouici.* Vir quidam antiquus totus contractus dictus Robetus de Mimis, &c.

buste ieune homme. Autant en fit ^b Theophane de la paroisse de sainct Ligier d'Eureux. Il en arriua autant à ^c Iean d'Estre de la paroisse de sainct Iacques de Buuron au diocese d'Eureux, à Gillot Caton de la paroisse de Berengeuille âgé de quinze ans qui auoit rampé sur terre depuis sa naissance comme vne pauure beste. ^d Marguerite de Beneuille experimenta le mesme secours au grand étonnement de tout le monde quand on la veid se leuer gaillardement sur ses pieds, tourner à l'entour de l'Autel de sainct Louys, & s'en retourner en sa paroisse comblée de santé, & de vigueur. Nous n'aurions iamais paracheué, si nous voulions icy rapporter toutes les autres prouësses de sainct Louys, qui font la ioy à toute la nature.

IE clorray finalement ce discours de la surnaturelle guerison des paralytiques, par vne autre non moins remarquable & miraculeuse que toutes les precedentes. ^a Pierre Grauerand de la paroisse de Bois Renond, proche de la ville de Barre, ayant sa fille Ieanne affligée dés sa naissance d'vne contraction de nerfs qui luy auoit fait renuerser les deux cuisses contre le dos ; mais qui estoient si fort attachées que la diuision ne s'en pouuoit faire humainement qu'auec la separation de l'ame auec ce pauure corps : le pere voyant sa fille hors de tous secours humains assembla ses pensées sur le choix des diuins remedes : mais la iournaliere experience des miracles de sainct Louys le fit aussi tost resoudre de n'oublier aucun deuoir de pieté à l'endroit du sainct pour la santé de

marginalia:
^b mulier quædam alia Theophana nomine de parochia S. Leodegarij Ebroicensis, &c.
^c Homo quidam Ebroicensis diœcesis Ioannes d'Estre nomine, &c.

^d Quædam mulier Margarita nomine de parochia Bonæ villæ, &c.

XXIX.
Ieanne fille de Pierre Grauerand estant percluse & monstrueusement contrefaite est entierement guarie.
^a Guillelmus Carnotensis de vita & miraculis S. R. Ludouici. Puella quædam ætate iuuencula Ioanna nomine filia Petri Grauerandi de parochia de Bosco Renondi iuxta Barrain, &c.

de son enfant, & l'amour du pere alluma ce sacrifice d'autant plus ardamment que le desastre de sa fille le touchoit de plus pres. Dieu en fin qui ne peut esconduire nos vœux qui luy sont presentés par les mains de son loyal seruiteur Louys, octroya à ce bon pere tout ce qu'il pouuoit desirer pour sa fille ; mais si efficacement, qu'il sembloit que iamais elle n'eust esté atteinte d'aucune infirmité corporelle. O le rare Lys que nostre sainct Roy Louys, iamais la France ne porta son semblable, iamais l'Europe n'en cultiua le pareil ! Le Lys Royal est vrayement souuerain pour ramollir les paralysies non encore formées ; mais nostre Lys mystique les dissipe entierement. Pauures perclus d'esprit qui auez les pieds & les mains engourdis aux actions vertueuses, qui ne vous pouuez soustenir dans la voye des ordonnances du Ciel. Si vos merites ne sont pas dignes de receuoir la santé de vos ames, faictes que Dieu iette l'œil de sa misericorde sur les fideles seruices de sainct Louys, & ne doutez pas, que comme iadis il rendit les forces à vn pauure paralytique en consideration de la foy de ceux qui le luy presentoient ; qu'aussi il ne vous departe vne vigoureuse santé à la faueur de son bien-aymé Louys.

SECTION VII.

Diuers autres miracles arriuez par l'entremise du Roy sainct Louys.

XXX.
Diuerses sortes de miracles operez par l'intercession de S. Louys.
a *Guilielmus Nangius de gestis sancti Ludouici.*

Voy que les Fleurs de Lys ayent receu du Ciel de grands aduantages de vertu pour guerir nos foiblesses par dessus le reste des plantes: si faut-il aduoüer que nostre Lys celeste S. Louys en possede de plus eminentes, & en plus grand nombre que tout ce qui se retrouue dans le pouuoir de la nature. Car apres auoir rapporté plusieurs guerisons surnaturelles, aux naturelles de la fleur de Lys, en voicy d'autres qui se retreuuent en nostre sainct Lys au delà de celles de tous les Lys des parterres qui tesmoigneront que S. Louys a esté vne diuine plante, qui a surpassé tous les cedres du Liban.a Nangius racote qu'vne femme nommée Theophanie de l'Isle de Saone prés de la ville de sainct Denys, estant encore ieune fille, gardant les moutons à la campagne, comme elle se fut appuyée sur son bras, voilà qu'elle fut saisie soudainement d'vne conuulsion generale de tous ses membres depuis la teste iusques aux pieds, dont elle estoit si excessiuement affligée que par fois on luy voyoit la peau du ventre qui sembloit s'attacher à l'espine du dos, & d'autrefois elle s'enfloit si demesurement qu'on eust dit qu'elle estoit enceinte. Cette pauure

Chapitre III. Section VI. 1385

ure creature ayant souffert cette incommodité l'espace de quarante six ans, entendant que la diuine misericorde accordoit toutes les requestes qui luy estoient presentées auprés du tombeau du S. Roy, le desir de sa santé enflama sa deuotion, sa deuotion alluma son courage à faire le voyage, & son courage fut si constant qu'elle ne mit fin à sa poursuite que le Ciel n'eut mit fin à ses angoisses, par l'accomplissement de ses vœux. Le mesme raconte qu'vne ieune fille de Glolieux ayāt rapporté du ventre de sa mere vn petit bouton rouge au costé de l'œil droict qui pendant vn an & vn mois grossit comme vn œuf de poule, le pere & la mere fort desolez de cet accident, la presenterent denant ce miraculeux sepulchre, & aussi-tost le morceau de chair se decharnāt du reste du corps tomba à terre au grand estonnement de tous les assistans, & à la loüange de la puissance du charitable Roy S. Louys. Guillaume, habitant de Paris auoit la iambe si fort vlcerée qu'on passoit neuf tentes d'outre en outre, d'où sortoiēt de temps en temps des esquilles non sans d'incroïables douleurs. Ce pauure miserable qui n'auoit pû trouuer de remede auprés des viuans en retrouua auprés du royal Mausolé de nostre S. Monarque apres quelques iours de prieres ; mais vn si puissant qu'il s'en retourna à pied auec les forces du plus vigoureux homme de son âge. Quel Medecin a iamais donné de semblables preuues de son art ? helas! que nostre foy est morfonduë puis que souuent nous establissons plus d'asseurance en vne boutique

d'Ap-

XXXI.
Diuers autres miracles operez par les merites de sainct Louys.
[1] *Guillelmus Carnotensis de vita & miraculis s. Ludouici Regis.*

d'Appoticaire qu'en la science & au credit des saincts.

Iusques à present vous auez enté du auec estonnement la guerison de diuers malades ; mais sans mentir la suiuante est bien des plus miraculeuses : car qui a-il de plus lamentable qu'vne ieune fille de Paris, qui en moins de vingt-quatre heures estoit trauaillée du mal caduque iusques à huict, douze, & vingt fois : mais auec telle violence qu'elle escumoit, grinçoit les dents, hurloit & se debattoit si furieusement, que sa mere mouroit autant de fois que sa fille estoit malade. Qu'elle Panacée soulagera cette pauure incurable ? Ce sera le sacré tombeau l'azyle des estropiez de corps & d'esprit. Auant que d'arriuer à ce lieu de miracles, elle est trauaillée par deux fois dans l'Eglise, mais elle n'a pas plustost accomply ses deuotions que Dieu interine sa requeste, mettant fin à cette cruelle maladie : tant sa bonté est demesurée à departir ses graces en consideration de ses fidelles seruiteurs. Pierre de la basse Cozille aupres de Couche, apres auoir esté supplicié de pareille cruauté l'espace de quatre ans, n'a point trouué de santé qu'en l'huyle de misericorde de nostre Lys celeste. Ce ieune enfant Gillot fils de Pierre Malart de la paroisse de sainct Legier d'Eureux, n'estoit-il pas estouffé apres auoir aualé vne piece de monnoye qui depuis treize iours l'empeschoit de prendre aucune viande ; si on ne l'eust presenté à l'Autel du sainct Roy. Lors qu'on rapporta d'Egypte les ossemens du sainct Monarque, comme on

Chapitre III. Section VII. 1387

on fut arriué aupres d'vn Orme non gueres loing de Paris, vne femme eftrangere attendant là ce diuin depoft auec vn fien petit enfant qui auoit à l'oreille vne écroüelle groffe comme vn œuf de cane ou de paon, raconte l'hiftoire quoy que cette bonne mere euft recherché l'efpace de deux ans plufieurs fois la guerifon de fon fils aupres des Autels de fainct Eloy fans apparence de fanté, Dieu la referuant aux merites de fon royal feruiteur, l'enfant n'eut pas pluftoft baifé le cercueil du S. Roy, que le charbon fe creua auec fi grande quantité d'ordure qu'il en demeura guery, & les affiftans fi confolez d'vne fi miraculeufe faueur que fe iettant tous à terre, ne pouuoient affez loüer l'autheur de ce benefice, & rendre grace au mediateur d'vne fi prodigieufe merueille.

Apres tant de preuues du credit de noftre incomparable Monarque, apres tant de tefmoignages fi authentiques, & euidens de fon pouuoir dedans le Ciel, quelle fera l'ame qui deformais en fes afflictions ne leuera fes mains au thrône de fa gloire pour y receuoir quelque fecours? quel fera l'efprit fi languiffant en deuotion, fi malade en vertu, fi peu vigoureux en l'efperance diuine qui n'implorera fa puiffance, fon interceffion & fes merites? La fuiuante hiftoire fera veoir comme ce miraculeux Roy eft auffi puiffant à nous fecourir prefentement, qu'il a iamais efté; fi noftre deuotion a le courage de s'addreffer à luy auec la viue foy du R. P. Pierre la Mart Profes de la Compagnie, qui a obtenu de luy ce qu'il n'auoit pû re-

XXXII.
Vn Pere de la Compagnie de Iefus gueris de plufieurs infirmitez corporelles par l'inuocation de fainct Louys.

Ppppppp ceuoir

ceuoir des plus fameux Medecins de la France, selon que luy-mesme l'a tesmoigné de sa main propre en ces termes, apres en auoir fait le recit à plusieurs autres Religieux de la Compagnie.

L'an 1618. ie tombay malade, sur la fin du Caresme d'vn si excessif & continuel flux hepatique, que sur l'authomne de l'année 1622. i'en fus reduis à non plus, & demeuray onze moys dans l'infirmerie du College de Chambery, presque tousiours allicté, dont le R. Pere Prouincial fut contrainct de m'enuoyer à Dole pour estre plus voisin de mon air natal; où encore ce mal me reprit en automne, & me tint dans l'infirmerie plus de deux mois de l'an 1624. L'an 1625. estant à Auxonne ie fus trauaillé l'espace de dix ou douze iours d'vne telle relaxation du Sphinter, qu'à peine pouuois-ie marcher, qu'il ne tombast, ce qui me causoit vne si grande foiblesse d'estomach, & vn tel degoust que ie ne pouuois rien prendre qu'à regret, d'où m'estoit suruenuë vne telle debilité que ie ressemblois plustost à vn trespassé qu'à vn homme viuant. Finalement plusieurs Medecins ayans esté consultés à Chambery, Grenoble, Lyon, Dole, Besançon, Auignon, & à Auxonne, sur le suiet de mon infirmité n'y ont point trouuez d'efficace remede. Or ayant esté cõmis l'an 1626. du R. P. Prouincial pour retirer vn manuscrit des vertus & des miracles de sainct Louys Roy de France, & ayant admiré de si notables miracles qui iusques à present auoient demeuré inconneus, ie me sentis pour lors poussé à me recommander aux prieres de ce grãd Roy pour obtenir la guerison de toutes mes infirmitez, & particulierement d'vne generale douleur de dents qui ne me laissoit aucun repos. Sur cela ie proposay de dire châ-

que

Chapitre III. Section VII. 1389

que iour vne fois la collecte que l'Eglise chante en l'office du Roy sainct Louys, & voilà bien-tost apres que mon sang s'appaisa, & mon flux cessa, & mon mal de dents se passa, & la relaxation fut fondée, de sorte que depuis le mois d'Aoust de l'année 1626. le iour de la feste de ce grand amy de Dieu ie commençay à reprendre vn peu de couleur, le sang s'appaissit & fit son deuoir, en telle sorte qu'on s'estonne de me voir en vn âge qui passe soixante ans, en si bonne santé, & qui en a vsé vne quarantaine en l'exercice de la Religion. Dieu soit loüé du tout, & sainct Louys magnifié qui s'est daigné souuenir d'vn si pauure suiect, qu'on ne contoit plus au nombre des viuas, mais qui vif & mort n'oubliera iamais ses bienfacteurs. Apres tant de miracles & de prodiges pourquoy croupissez-vous si long-temps dans vos infirmitez corporelles & spirituelles.

La Fleur de Lys estant tres-souueraine à plusieurs maladies, & vn autre Panacée entre les plâtes, l'experience a fait aussi reconnoistre qu'elle exerce particulierement sa vertu en faueur des pestiferez, nourrissant leurs bubons & leur faisant supporter cette maligne humeur auec beaucoup de tranquillité. La France le vray Parterre des Lys en a produit vn si puissant à dompter cette funeste maladie, que qui n'en auroit vû les effects n'en pourroit aduoüer la verité. Voicy sommairement ce que m'en a escrit à Lyon le R. P. Parisot superieur de la Residence de nostre Compagnie en la ville de Pontarlier en la franche-Comté. La peste ayant gaigné sous les quartiers de cette ville & des faux-bourgs, le sixiéme de

XXXIII.
La Ville de Pontarlier guerie de peste par l'entremise du Roy sainct Louys.

PPPPPPPP 2 Iuin

Iuin de l'an 1629. vne vefue dont la vertu est recõ-neuë de toute la ville, declara au P. Parisot son Confesseur, que priant souuent deuant l'Autel de sainct Louys elle se sentoit inspirée qu'en faisant dire neuf Messes à l'Autel du sainct Roy & à son honneur, Dieu gueriroit la Ville, & conserueroit nostre maison. Le Pere ayant fait entendre cecy à Monsieur Bressant Maire de la Ville, tout son Conseil en approuua si fort la pieté qu'on deputa Monsieur Petit pour prier nos Peres de dire les neuf Messes, ce qu'ils accomplirent, Messieurs du Magistrat y assistans & s'y communians auec telle deuotion, que la neufaine finissant le iour du trespas de ce grand Roy, le mal se trouua aussi dans son tombeau le mesme iour, & depuis ce temps là, toute la ville a iouy d'vne parfaicte santé. Dieu voulant authorizer dauantage la merueille de ceste grace, fit voir à vne autre vertueuse fille, pendant son oraison du soir de la veille du iour de sainct Louys, que le Sauueur du monde retiroit le dard qu'il auoit decoché sur la ville de Pontarlier, & depuis ceste vision, accompagnée d'autres singulieres faueurs, ceste bonne ame a experimenté en soy vne charité extraordinaire, auec vne si grande confusion qu'elle n'ose regarder ny le Ciel ny la terre tant elle vit en vn si grand mépris de soy-mesme.

XXXIV.
Les Habitans de Pont arlier font vn vœu à S. Louys.

TOVTE la ville ayant visiblement reconneu que la gloire de ce benefice se deuoit rendre à S. Louys apres l'infinie bonté ordonna qu'on témoigneroit en lettres d'Or sur vn tableau l'obligation

de

Chapitre III. Section VII.

de cette faueur extraordinaire, dont Monsieur l'Aduocat Miget en dressa si ingenieusement le sommaire que les cadeaux de l'inscription monstre l'année du benefice. DIVI LVDoVICI regIIs preCIbVs trIstIs LVes è fInIbVs VrbIs pontarLIæ peLLItVr. IpsI IgItVr qVotannIs saCro Vota renoVanto. On voüa que tous les ans on celebreroit vne Messe auec Diacre & Sous-diacre en la Chappelle de sainct Louys à son honneur, & si en cette contrée les moissons ne se rencontroient en ce temps-là, on eust chomé la feste. On fit en action de graces trois processions generales en sa Chappelle par trois Dimanches, & l'Image du S. Roy que le temps auoit delabrée, fut repeinte & redorée, & la deuotiõ du peuple fort échauffée à l'endroict de ce diuin Monarque.

Mais voicy bien dequoy accroistre nos étonnemens : deux mois apres la santé de toute la ville, le mal se ralluma en la maison d'vn Boucher, d'autant plus dangereusement que les domestiques atteints de peste, & dont tous en moururent horsmis vne petite fille, & auoient distribué leur marchandise à diuerses personnes de la ville. Tellement que voylà les habitans aux alarmes, & les recheutes estant tousiours tres-dangereuses, toute la ville se trouua dans vne extreme frayeur; mais cette vertueuse vefue qui auoit sollicité le Pere de faire la neufaine retourna luy dire, que le mal auoit esté apporté d'ailleurs, & non point conceu dedans la ville, comme ceux-là mesme qui moururent en la maison du Boucher le declarerent sur

XXXV.
La Ville de Pontarlier garantie derechef de la contagion par les merites de S. Louys.

PppppppP 3   les

les dernieres heures de leur vie.

En second lieu, elle adiousta, que le mal ne sortiroit point de cette maison, comme en effect il ne saisit personne de la ville, quoy que les voysins & plusieurs autres eussent libremét conuersé auec eux. Depuis ce temps-là l'on a vescu dans Pontarlier auec beaucoup de santé, quoy que la conuoitise du gain de diuers habitans ayent mis souuent la ville en de grands hazards. Mais il est croyable que tandis que ces bons habitans honoreront la memoire de ce grand Roy, auec leur deuotion ordinaire, que sa charité seruira de rempart contre tous les efforts de cette effroyable maladie ; & ne faut point douter que si les peuples estrangers recoiuent tant de secours de ce miraculeux Roy de France, que ses naturels suiects n'en doiuent pas moins attendre, si leur pieté n'est point inferieure à celle des Bourguignons. Allons donc tous aux Autels de ce diuin Monarque, bruslons y les encens de nos deuotions, & y offrons le tableau d'vne nouuelle vie enluminée des plus viues couleurs de la perfection Chrestienne. Ne doutons point que cette diuine rosée qui sert à toutes les infirmitez humaines ne verse dans nos ames le comble d'vne parfaicte santé, & qu'elle ne nous fasse germer en bon-heur : comme le Lys en fleurs, & que la racine de nostre foy ne nous esleue sur l'eternel Liban pour y viure bien-heureux auec les vrays Israëlites. *Ero quasi ros, Israël germinabit sicut Lilium, & erumpet radix eius vt Libani.*

CON

CONCLVSION
DV PARANGON X.

Iustifiant la verité de la creance des Monarques François par leurs actions miraculeuses.

Les miraculeux Lys que les Monarques de France! qui domtent auec leur seul attouchement des maladies si rebelles. O le sacré & auguste Lys que nostre grand Roy S. Louys! qui rend la santé à tant de corps pourris, & desia demy morts! Qui ne l'exaltera comme vn Chef-d'œuure du Ciel, & qui ne l'admirera comme vn depost des merueilles de Dieu en terre. N'est il pas de ces Lys dont cette supreme Majesté se repaist? Car si le Lys royal guerit du mal des yeux; aussi nostre Lys mystique rend la veuë aux aueugles. Si le Lys champestre soulage l'ouye, & nostre celeste Lys la restablit auec l'vsage de la langue. Si les Lys sont souuerains pour dissiper les fievres; nostre sainct Lys a guery plusieurs febricitans. Si les Lys ont quelque force à soulager les paures podagres, nostre diuin Lys exerce vne force miraculeuse sur cette insupportable maladie. Que si le Lys royal ramollit les nerfs, & fortifie les langueurs de la paralysie; combien d'inueterez paralytiques est-ce que nostre prodigieux Lys a remis

XXXVI.
Sainct Louys est vn diuin Lys qui guerit par miracle ce que les autres Lys font par nature.

en

Parangon X. du Lys sacré.

té? O singuliere bonté du Tout-puissant, nent vos amys sont grandement honorez, & dans le Ciel & sur la terre!

XXVII. *Les miracles de l'Eglise Catholique monstre que l'inuocation des Saints, & plusieurs autres poincts de nostre creance que les heretiques nient sont tres-agreables à Dieu.*

MAIS si l'inuocation des Saincts affoiblit l'authorité de Dieu, comme nous obiectent nos modernes heretiques. Pourquoy est-ce que ceste intime sagesse du Createur accorde à tant de paralytiques vne parfaicte santé aux vœux, & aux prieres que nous presentons à son fidelle seruiteur Louys? Si nostre oraison est vne superstition sortie de la boutique de Satan, & comme blaspheme l'article 24. de leur Confession de foy, ne sont-ils pas Dieu fauteur de nos impietés, puis qu'il ne leur refuse rien? car si la plus part des miracles de sainct Louys & des autres Bien-heureux passent au dessus des loix de toute la nature, que nul sorcier n'y bon, n'y mauuais Ange ne les puissent executer sans l'application du doigt tout-puissant, ne faut-il pas aduoüer, que Dieu appointant les requestes qui luy sont presentées par les mains de ces diuins aduocats, qu'elles ne sont point inciuiles, beaucoup moins detestables comme ils les veulent noircir? si Iesus-Christ n'est point au sainct Sacrement de l'Autel, si la Messe est superstitieuse, si le Pape est l'Antechrist, si le Purgatoire est vne Illusion de Satan, pourquoy est-ce que le Ciel atteste par des actions miraculeuses la saincteté des personnes qui professent ceste creance, & qui la vont planter au milieu de la Barbarie.

Richardus à sancto Victore lib. 1. de Trinitate cap. 2. Domine, si error est, à Seigneur, *si ce que nous croyons est erreur*, disoit Richard de sainct Victor, *nous auons esté trompés de vous*

Chapitre III. Section VII.

vous. Car les maximes de nostre Religion sont authorisées par des signes, & des prodiges qui ne peuuent partir que de vostre vertu infinie.

IL est veritable que si vn Catholique Romain estoit condamné pour auoir mal creu, il pourroit dire à Dieu à l'heure de la mort, vous estes l'autheur des deuoyemens de mon ame: d'autant que ie ne pouuois croire autre chose que ce que ie voyois estre publié par des œuures qui ne pouuoient estre effectués que par vostre toute puissance, vous n'auez pas seulement proposé à nos yeux vostre Escriture, mais encore vos œuures surnaturelles pour essayer vostre doctrine. [a] *Si vous ne croyez à ma parole, croyez à mes œuures, afin que vous reconnoissiez que mon Pere est en moy, & que ie suis en mon Pere.* Mais que pourront repliquer les errans de ce siecle quand ils seront deuant le redoutable thrône du grand Iuge des hommes? De quoy feront-ils bouclier pour se defendre contre la perfidie de leur mécreance qui leur fera la plus forte partie. Il faudra en fin confesser la debte. Mais helas! se sera trop tard: toute faute est pardonnable horsmis ceste derniere impenitence. Il faudra auoüer, mais sans fruict, qu'on a trop legerement presté l'oreille aux premieres voix qui chatouillent les sens, & qui applaudissoient à vne vaine liberté. Car ce que dit [b] sainct Augustin, est veritable que toutesfois & quantes que Dieu veut accrediter vne doctrine extraordinaire, c'est par la trompette des miracles, comme il se voit en la vie de Moïse, de Iesus-Christ, & des Apo-

te decepti sumus! nam tantis signis confirmatæ sunt, quæ nonnisi per te fieri potuerunt.

XXXVIII.
Les Catholiques ont suiet de croire ce qu'ils professent, comme au contraire les Caluinistes d'abhorrer ce qu'ils publient.

[a] *Ioannes* 10. Si mihi non vultis credere, operibus credite, vt cognoscatis & credatis, quia Pater in me est, & ego in Patre.
Et cap. 5. Ista opera quæ ego facio testimonium perhibent de me, quia Pater misit me.

[b] *Sanctus Augustinus lib.* 22. *de Ciuitate Dei c.* 8.

stres

stres. Mais quel exploit tout-puissant a confirmé ceste Religion Geneuoise? Ce n'est pas l'audacieuse entreprise de ᵉ Luther en la ville de Vittemberg quand en l'année 1546. il voulut coniurer le Diable qui s'estoit emparé du corps de ceste pauure fille de Misne, qui au lieu d'estre chassé, donna la chasse à Luther. ᵈ N'est-ce point la resurrection de Vilhelmus Nesenus qui s'estoit noyé en la riuiere d'Albe? Rien moins que cela, car en cét effort de presomption Luther fit naufrage de son honneur, & noya tout à fait son credit dans l'impuissance de sa presomption. On pourroit dire que Caluin auroit reparé les deffauts de Luther? Si au lieu de donner la vie aux trespassez, il n'eust donné ᵉ la mort aux viuans. Car si Bruslé natif d'Autun pouuoit resusciter il asseureroit que Caluin luy auança ses iours d'vne vingtaine d'années, d'autant qu'ayant contrefait le mort pour tirer vne piece d'argent de sa bourse, cét heresiarche luy tira l'ame du corps. Tels ont esté les signes, & les prodiges que ces deux heraux de l'Antechrist ont fait voir pour l'asseurance de leur doctrine. ᶠ Autant en faisoient leurs deuanciers, dit Tertulian, qui à rebours des Saincts Apostres tuoient les viuans, au lieu de rendre la vie aux trespassez; ils creuoient les yeux aux clairs voyans au lieu de donner la veüe aux aueugles; ils estropioient les sains au lieu de guerir les boiteux & les malades.

O deplorable engence qui ne découure pas encore les fourbes de ces pipeurs Ministres! la doctrine

ᶜ *seraphilus cap. 34. in vita Lutheri.*

ᵈ *Vvilhelmus Lindanus dialogo 3. Dubitantibus ca. 2. Laurentius Surius in chronico.*

ᵉ *Hieronymus Bolsecus in vita Ioannis Caluini ca. 13. Surius in Chronico ad annum 1544.*

ᶠ *Tertullianus de praescriptione haereticorum. Agnosco maximam virtutem haereticorum quæ Apostolos in peruersum æmulantur. Illi enim de mortuis viuos suscitabant, isti de viuis mortuos faciunt.*

XXXIX.
Friuoles obiections des heretiques contre les miracles de l'Eglise Catholique.

Chapitre III. Section VII.

ctrine que nous enseignons, écriuoit Caluin à François premier, est la doctrine des Apostres, & partant qui ne doit pas recourir aux nouueaux miracles. O le prodige d'effronterie ! nous ne demandons pas des miracles pour attester les verités des saincts Apostres; mais nous en demandons pour verifier que l'Eglise Romaine est la Babylonne, & que vos nouuelles réueries sont les anciennes pensées des saincts Apostres. L'Antechrist, disent-ils, fera des miracles. O insupportables charlatans ! seront-ce des miracles, puis que [a] l'Autheur de verité nous aduertit par son Apostre que telles actions se feront par l'entremise de sathan, & que tous ces miracles & prodiges seront entierement faux : Ce sera des actions semblables à celles que Suetone raconte de Vespasien. Et quand bien les Payens auroient fait des miracles, ce n'a iamais esté pour soustenir la gloire de leurs Idoles. Dieu pût executer des merueilles parmy eux pour la deliurance de quelque innocent : ainsi qu'il arriua a ceste Vestale Romaine accusée d'impudicité, qui puisa de l'eau dans vn crible sans s'écouler : La Claudia Romaine qui attira au bord de la mer vn puissant vaisseau, auec sa seule ceinture, si tant est que cela soit veritable. Mais l'heretique est encore à naistre qui changera vn poil de teste en vn filet de soye pour rapiecer son Apostasie. Les Magiciens de Pharaon, le faux Prophete Balaam, les Prestres de Baal, Simon le Magicien, les enchanteurs d'Isdegerdes Roy de Perse, l'heretique Polychronius,

[a] S. Paulus ad Thessal. cap. 2.

& plusieurs autres presomptueux auec tous leurs efforts n'ont rien obtenu que le nom d'heretique, & le surnom d'imposteur. Mais l'Eglise Catholique rayonne en miracles de toutes parts: En Italie, à nostre Dame de Lorrete; En France, à nostre Dame du Puis; En Espaigne, à sainct Iacques; En Flandre, à nostre Dame de Mont-aigu; En Alemagne, à nostre Dame de Clause; En Bourgongne, à nostre Dame de Gray, & mille Autels sont parez de lampes & de tableaux pour seruir de trophée aux miraculeuses proüesses des bienreux seruiteurs de Dieu. Et quand la France ne representeroit autre miroir aux mécreans que ceste guerison des écroüelles pour y contempler la difformité de leur Religion, cela ne deuroit-il pas les faire rougir, se voyant si dissemblables à la foy de leurs Monarques, qui s'authorise royalement en l'execution de ceste cure miraculeuse. Ceste vertu prodigieuse à l'endroit de toute sorte de maladie, ne doit-elle pas manifester à tous les habitans de la terre que c'est sur sainct Loüys que le Ciel a versé ses diuines rosées, & qu'il a rempli son ame d'vn Alexipharmaque à tous maux, le rendant plus recommandable que le Lys, & plus haut esleué en gloire que la montagne du Liban.

XL.
Semonce du Pape Boniface VIII. à tous les Chrestiens de se resiouïr des eternels bon-heurs du Roy S. Louys.

ᵃ *Ex Bulla Canonizationis sancti Ludouici Regis. Exultet igitur Mater Ecclesia ac solemnia fe-*

Que l'Eglise donc ceste pieuse mere se resiouysse, dit le sainct Esprit en la Bulle de sa canonization; qu'elle celebre des festes solennelles auec ioye, & auec allegresse, de ce qu'elle a engendré vn tel, & si braue enfant, qu'elle a esleué vn si digne fils, qui vit maintenant tout *lumineux entre les troupes des Roys celestes.* Quelle se
res-

Chapitre III. Section VII.

resiouysse donc, qu'elle chante & qu'elle rende des loüanges au Tres-haut, de ce qu'elle est ornée d'vn fils tant noble, & tant illustre. Que les escadrons celestes se resiouyssent de l'arriuée d'vn citadin tant releué, tant glorieux, & tant fidelle à la foy Chrestienne. Que la glorieuse noblesse des citoyens du Ciel fasse retentir des cris de ioye, de ce qu'elle est accreuë d'vn si notable Prince. Que l'assemblee nombreuse des fidelles s'esleue, que les zelateur de la Foy se mettent en pied, qu'ils concertent auec l'Eglise des Cantiques de loüange, que vos cœurs soyent arrousez d'vne abondante pluye de liesse, & que vos poictrines soient remplies d'vne feconde rosée de toute douceur, à raison de la gloire & de l'exaltation d'vn Prince terrien, si puissant & si braue qui nous donne tout sujet d'esperer, qu'ayant pris naissance parmy nous autres chetifs mortels, & qu'estant maintenant compagnon des bien-heureux, il fera office d'vn soigneux orateur, aduocassant efficassement la cause de nostre salut aupres de Iesus-Christ fils du Pere Eternel. Apres mille loüanges & autant d'esiouyssance que le sainct Esprit a fait sortir de la bouche de son Lieutenant en terre, nous deuōs tousiours adouër q; l'infinie charité a fait découler les rosées les plus fecondes sur nostre celeste Lys, au dessus de tous les Monarques de la France, qui le rendent bien-heureux comme vn autre Israël florissant comme le Lys, & eminent en gloire comme les Cedres du Liban eternel. *Ero quasi ros, Israël germinabit sicut lilium, & erumpet radix eius vt Libani.*

istua concelebret gaudiorum: quod tantum & talem filium genuit, produxit natum, educauit alūnum, iam inter regum cœlestium gloriosa agmina rutilantem. Lætetur inquam, & iubilet, ac in laudes altissimi voces promat, quod sobolis tam præcelsæ, tam celebris illustrata fulgoribus, insigni decorata conspicitur. Gaudeant incolarum turbæ cælestium, de tàm sublimis, tàm lucidi habitatoris aduentu: quod ipsis expertus, probatusque fidei Christianæ colonus, cultorque præcipuus aggregatur. Personæ lætitiæ iubiliū, ciuium gloriosa nobilitas supernorum, quod tanti, talisque conciuis suscepisse dinoscitur adiectiuum, ac venerabilis Sanctorum coetus gaudio & exultatione resloreat, de noua dignissimi adhibitione consortis. Exurge itaque concio numerosa fidelium. Exurgite fidei zelatores: & vna cum eadem Ecclesia laudis vberis hymnum concinite. Perfundantur imbre copiosa lætitiæ vestra præcordia, & fecundo rore dulcedinis arcana pectoris repleantur, de tanta tam potentis, egregij principis exaltatione terreni: spei tutissimæ plenitudine præconcepta, quod nobis de indigena terrenorum compatriota cælestium iam affecto, apud æterni Patris filium efficax patronus accreuit, qui pro salutis nostræ profectibus iam in eius præsentia positus, solertis exercet officium oratoris.

CONCLVSION DE TOVS LES PARANGONS DV Lys sacré.

CONSIDERATE LILIA AGRI quomodo crescunt : non laborant, neque nent. Dico autem vobis quoniam nec Salomon in omni gloria sua coopertus est, sicut vnum ex istis. *Matth. 6.*

Sainct Louys a esté vn diuin Lys ayant deuancé la gloire de Salomon : ce qui est declaré par diuers Paralelles entre l'vn & lautre Roy, tirez de la sagesse diuine & humaine.

SECTION I.

A sagesse incréé voulant affranchrir nos esprits d'vne violente conuoitise des biens perissables, les renuoye particulierement

XXXIX.
Les Lys deuancent la gloire de Salomon.
ᵃ *Ludouicus Soto maior in cap. 2. Canticorum.*

à la

à la consideration du Lys, dont la beauté iointe à vne fecondité prodigieufe fe rend d'autant plus admirable qu'elle n'emprunte autre induſtrie que celle de la prouidence diuine qui les rend magnifiques par deſſus toute la pompe des plus ſuperbes Roys de la terre. *Pourquoy vous empreſſez-vous tant pour voſtre habillement?* dit le Sauueur du monde. *Iamais Salomon ne rayonna d'auantage en ſa plus grande gloire qu'vne des fleurs de Lys.* Ceſte parole a tant de vertu que ſans aucune intelligence myſtique nous pouuons ſouſtenir auec le grand [b] ſainct Chryſoſtome que les parades de Salomon ſont autant incapables d'entrer en paralelles auec ceſte royale fleur que le menſonge auec la verité, & les raiſins contrefaicts de Keuxis auec ceux qui ſont produits de la nature. Les parures de Salomon & des plus auguſtes Monarques ne ſont que les deguiſemens de ceux de la Nature & les dépoüilles de diuers animaux, que s'ils reprenoient ce qu'ils y ont contribué, Salomon demeureroit auſſi nud que la corneille [c] d'Horace; mais les Lys n'ont point d'obligation pour la beauté qu'à la ſeule ſageſſe du Createur, dont les ouurages ſont touſiours ſans reproche. De plus quel ſoin n'a donné à Salomon l'appareil de ſa pompe? [d] *laçoit qu'il ne trauaillaſt point à le dreſſer; toutesfois il le commandoit,* dit cete bouche d'or, *& qui ne ſçait que où eſt le cōmandement, là ſe retrouuent les fautes des ſeruiteurs, & ſouuent la colere des maiſtres.* Dauátage Salomon en ſes iours de feſte n'eſtoit iamais ſatisfaict, & quoy que brillant en or & en pierreries, il diſoit touſiours

Chriſtus Dominus in Euangelio Matthæi cap. 6. Vbi fideles ſuos à nimia quadam ſolicitudine & cura rerum ad vitam ſuſtentandam neceſſariarum, id eſt, victus & amictus dehortatur ab hoc genere floris id eſt à Liliis exemplum ſumpſit dicens: Conſiderate lilia agri, &c.

[b] *Sanctus Chryſoſtomus in Matth. cap. 6.* Quantum diſtat à veritate mendacium; tantum illorum Salomonis veſtimentorum amictus, & illorum quoſque florum diſcrimen intericeat.

[c] *Horatius lib. 1. epiſt. 3.* Et ſi forte ſuas repetitum venerit olim, Grex auium plumas, moueat cornicula riſum. Furtiuis nudata coloribus.

[d] *S. Chryſoſt. in cap. 6. Matth.* Non laborant neque nent (lilia.) Hoc dicit quia Salomon, etſi non laborabat, tamen iubebat: vbi autem eſt iuſſio, illic & miniſtrantium offenſa, & iubentis ira frequenter inuenitur.

[e] *Guillelmus Neoburgenſis in commentariis ſuper Cantica apud Delrium cap. 5. ſect. 5.*

du Lys sacré. 1403

iours *adfer, adfer, apporte, apporte*; & non iamais *c'est assez*, dit vn de nos Docteurs, mais les Lys viuent tousiours contents, tousiours beaux, tousiours odoriferans, & tousiours verdoyants parmy les plus fortes rigueurs de l'hyuer. Et partant l'Oracle du Ciel conclut; *Ne vous inquietez point disans, que mangerons-nous, ou que boirons-nous, ou dequoy nous couurirons-nous : ces anxietés sont plus seantes à des Payens qu'à des fidelles. Car vostre Pere celeste n'ignore point vos necessitez temporelles : cherchez donc premierement le Royaume de Dieu, & sa Iustice, & toutes ces choses vous seront adioustées.* ᶠ Matth.cap.6.

XL. *Que les Roys de France ont surpassé Salomon en gloire.*

IE prendray la hardiesse de dire que si ceste bouche dor sainct Chrysostome, remplie des plus fines perles d'vne saincte eloquence, eust harangué apres le regne de plusieurs Roys de France, & s'il eust vû ces miraculeuses fleurs de Lys estre enuoyées du Ciel à Clouis premier Monarque Chrestien, sans doute donnant l'essor à son esprit il fust passé à vne plus particuliere explication des paroles du Fils de Dieu, & eust dit à tous les Princes de la terre : Considerez les Lys de France, ces magnifiques Roys comme ils croissent ? ils ne trauaillent point, ni ne filent point ; ie vous asseure que Salomon n'a point esté couuert plus royalement en ses plus grandes parades, que ces Lys tres-Chrestiens, lors qu'ils ont pris à cœur le bon estat du Royaume de Dieu en terre qui est l'Eglise ; & la Iustice, qui est la perfection Chrestienne. Ouy ils n'ont point trauaillé ny filé pour perpetuer la couronne de France. Leur Royaume

Rrrrrrrr n'est

n'est point tombé en quenoüille depuis douze siecles en çà. Leur courage les a rendus tellement recommandables parmy tous les Empires de la terre, que Salomon n'est point allé de pair auec la gloire de leur Royaume. Il n'a iamais possedé vne Monarchie si ample que celle de la France. Il n'a iamais rien acquis ny par terre, ny par mer, il ne s'est iamais armé contre les infidelles, comme ont fait plusieurs fois les Monarques de France: non seulement en leur pays, mais aux quatre parties du monde. Le royaume de Salomon a trouué son tombeau dans celuy de son Roy, & la Monarchie de France a graué si glorieusement l'insolence des peuples barbares, qu'on diroit que le temps qui sappe les plus florissants estats a esté au gage de son bon-heur tant elle se retrouue auiourd'huy puissante. Salomon a flestri sa reputation sur la fin de ses iours en consacrant la plus venerable saison de sa vie au seruice des idoles; Les Monarques François n'ont iamais pensé à vn si grand mépris du Ciel; ayant abhorré le moindre atour d'infidelité, comme la plus contagieuse peste du monde. Voilà pourquoy les Papes, & les Escriuains de diuerses nations donnent aux Roys de France mille tiltre d'honneur, qui les mettent au dessus de la gloire de Salomon.

XLI.
S. Louys n'a rien cedé à Salomon en la sagesse diuine, & en l'humaine.

QVE si ce Pere de l'eloquence Chrestienne S. Chrysostome eust vescu apres le trespas de nostre sainct Louys, le miracle des Roys, n'eust-il pas dit? *Considerez les Lys de France, mais particulierement vnum ex istis, qui a tousiours cherché le Royaume de Dieu*

du Lys sacré.

Dieu & sa Iustice? Cét vnique entre les autres est sainct Louys, dont le regne de quarante quatre ans a esté des plus fortunez de la terre, & la France n'a iamais sauouré la douceur d'vne paix plus delicieuse que pendant la longue durée de son regne. C'est vrayement sa pieté qui a fait descendre la gloire de Salomon, autant plus bas que la sienne, que la loy de grace deuance celle de Moyse. Iustifions-en la verité par diuers paraleles entre l'vn & l'autre Roy.

SALOMON a demandé instamment à Dieu ceste diuine sagesse, gouuernante des Roys, mere des bonnes loix, & tutrice du repos publiq.[a] *Faites moy part de la sagesse qui assiste vos sieges, & ne me reprouuez point du nombre de vos enfans*, disoit-il à la sagesse increée. Mais sainct Louys dés les premieres années de sa vie, l'a demandée auec tant de constance, & la espousée auec tant de fidelité, qu'il ne l'a iamais repudiée.[b] *Sa vie*, dit le Pape Boniface VIII. en la Bulle de sa canonization, *n'a pas esté égale à celle des autres hommes; mais elle a tenu vn rang par dessus toutes les autres: elle n'a point esté interrompuë; mais dés son enfance elle s'est continuée de bien en mieux, suiuant la maxime du Psalmiste, les Saincts s'aduanceront de vertu en vertu, iusques à ce qu'ils soient montez au faiste de la vision de Dieu en la Sion celeste*. Nous n'oserions pas soustenir ces paroles en faueur de Salomon puis que le cours de sa sagesse a trouué sa fin auec le commencement de ses folles amours, qui n'ont que trop duré pour eclipser la plus brillante gloire de son merite.[c] *La sagesse*

XLII.
Salomon & S. Louys ont demandé à Dieu la sagesse & l'ont obtenuë: le premier l'a perduë, & le second l'a conseruée.

[a] *Da mihi sedium tuarum assistricem sapientiam, & noli me reprobare à pueris tuis. Sap. 9.*

[b] *Bonifacius VIII. serm. 1. in canonizatione S. R. L. Sicut nos in parte vidimus & per approbata audiuimus & scimus, vita eius non solùm fuit vita hominis, non fuit interrupta, sed ab infantia continuata, & de bono in melius procedens semper augmentata, secundum id quod dicitur in Psalmo, Ibunt de virtute in virtutem, videbitur Deus in Sion.*

[c] *S. Augustinus lib. 3. de doctrina Christiana. Qui*

Conclusion des Parangons 1406

(*sapientiam*) *cum amore spirituali adeptus esset, amore carnali amisit: Idem probat D. Iacobus Salianus tom. 3. ann. Ecclef. veteris testamenti anno mundi 4053. n. 17. referens ad hanc opinionem SS. Ambrosium, Cyprianum, Isidorum, Prosperum, Aquitanicum, & Basilium.*

XLIII.
Salomon, & S. Louys sont éleuez dés leur ieunesse en la crainte de Dieu.

sagesse que Salomon auoit obtenuë en aymant Dieu, dit S. Augustin, il l'a perduë en aymant les femmes.

L'ON me dira que le berceau de la sagesse estant la bonne education des parens, qu'il est bien difficile que Salomon n'ait possedé ceste vertu dans la nourriture de Dauid son pere, & de sa mere Bersabée, qui tous deux ayant chastié leur crime d'adultere par la rigueur d'vne longue penitence, employerent le surplus de leur vie en la crainte de Dieu, & l'enterent soigneusement en l'ame de ceste ieune plante. Et quel a esté le pere de S. Louys ? ne fut-ce pas Louys VIII. qui n'a iamais souillé sa couche par quelque amour illegitime. *Vir vtique Catholicus, & miræ sanctitatis*, dit celuy qui a escrit sa vie: personnage tout à faict Catholique & orné d'vne merueilleuse saincteté.

[a] *Godefridus de Belloloco in vita S.R.L. Patrem habuit Christianissimum atque sanctissimum Regem videlicet Ludouicum, qui & ipse zelo fidei accensus contra hereticos qui tunc Albigensium partibus plurimum aduersabantur Romanæ Ecclesiæ crucem assumpsit.*

[a] Geoffroy de Beau-lieu tesmoigne que S. Louys a eu pour pere le Roy tres-chrestien, & tres-sainct Louys VIII. & qui bruslant du zele de la foy se croisa contre les heretiques Albigeois. Quant à sa mere çà esté la Reyne Blanche, Dame qui n'auoit rien de bas que le nom de femme, & qui s'estant fait vne grande prudence par l'exercice d'vne infinité d'autres vertus, merita apres le decés de son mary la regence generale de toute la France. Or ces deux sainctes personnes nourrissoient leur fils Louys auec tel respect des diuins mysteres, que l'ordinaire discours qu'elles luy tenoient estoit cestuy-cy: *Mon fils, plustost la mort que le peché.* Paroles qu'il imprima si auant dans son cœur, que mille vies luy estoient de moindre consideration,

que

que la moindre offense & disgrace de Dieu.

Salomon eust pour gouuerneur de son adolescence le Prophete Natan: & S. Louys n'a pas manqué de grands hommes pour estre Regents d'vn tel âge, son siecle frisonnant en signalez personnages, tels qu'estoient Albert le grand de l'Ordre de sainct Dominique, Guillaume d'Auuergne Euesque de Paris, S. Thomas d'Aquin, S. Bonauanture, & autres illustres Docteurs qui ont seelé leur vertu par le sceau de leur admirable erudition, & leur sagesse par le bonheur de toutes leurs entreprises.

XLIV.
Salomon a pour precepteur le Prophete Nathan, & S. Louys les plus recommandables Docteurs de l'Ordre de S. Dominique, & de S. François.
[a] Genebrardus lib. 1. chronicorum, & 2. Reg. 12. Comestor. Nicolaus Lyranus. Hugo Cardinalis. Dionysius Carthusianus.

Salomon fit bastir le temple de Hierusalem selon le plan, que son Pere Dauid luy en auoit laissé: mais qui pourroit raconter les Temples sacrez, les Eglises metropolitaines, & les parrochiales, les Monasteres, les Colleges, les Hospitaux & les autres domiciles de pieté, que S. Louys a fait bastir pendant sa vie.

XLV.
Salomon a fait bastir le temple de Hierusalem suiuant les preparatifs de son pere Dauid; & S. Louys en a fait edifier plusieurs par tout le monde.

Salomon estoit doüé d'vne particuliere intelligence des sciences diuines & humaines; mais il est presque incroyable combien nostre S. Monarque estoit profond en la plus subtile Theologie. Ce prouenoit de la hantise des Doctes de son temps, ayant souuent & en sa conuersation, & à sa table l'Angelique Docteur S. Thomas, & le Seraphique Bonnauanture, qui ne luy cachoient point les secrets de cette sublime science: I'oseray bien dire que ce disciple surpassant ses maistres, s'esleua si haut en la contemplation des diuins mysteres, qu'il arriua iusques à la connoissance que Dieu a

XLVI.
Salomon & S. Louys fort versez en sciences tant diuines qu'humaines.

Rrrrrrr 3 reser

reseruée aux seuls habitans de ses eternels tabernacles. Ce qui s'apprend du pelerinage qu'il fit à Rome, quand visitant frere [a] Gilles à Peruse, & se tenants embrassez long-temps sans se mot dire l'vn l'autre, il decouurit dans le cœur de ce S. Religieux ses plus secrettes pensées, comme le témoigna frere Gilles à ceux de son Conuent, qui s'estans formalisez de ce qu'il n'auoit point parlé au S. Roy de France, il leur repartit humblement. Ne vous offencez-pas mes Freres, si vous ne m'auez point veu tenir aucuns discours à ce Roy, ne luy à moy: car en nous embrassant, la diuine Lumiere nous a manifesté l'interieur de nos cœurs, me reuelant le secret du sien, & à luy celuy de mõ ame; & ayans arresté les yeux de nos entendemés sur le tres-clair miroir de l'Eternelle lumiere où toutes choses se descouurent beaucoup mieux que par les sens, nous auons parlé par ensemble tant que nous auons voulu, & ce auec vne extreme consolation d'esprit, sans aucun bruict de paroles, qui eust plus donné d'empeschement à nos esprits que desclaircissement pour la connoissance de nos intentions. Ce fut aussi vn clair témoignage de sa diuine science, quand il refusa de voir entre les mains du [b] Prestre vn petit Enfant au lieu des especes du pain; disant que tels miracles estoient pour ceux qui ne voyent point des yeux de l'ame, & quand à luy il estoit tres-asseuré que le corps de Iesus-Christ estoit vrayement en l'Eucharistie. O l'incomparable Archange qui perce auec vn seul rayon de son entendement plus

[a] *Au liure* 7. *ch.* 17. *des Chroniques des Freres Mineurs Tome* 1.

[b] *Blosius lib.* 14 *de signis Ecclesiæ pap.* 145. *ex Villaneo anno* 1237. *R.P. Iacobus Gaultier seculo decimo tertio de Regibus Franciæ.*

du Lys sacré. 1409

de miracles, que toute la Theologie de l'escole n'en descouurira en vn siecle de disputes. Et d'où croyez-vous que prouenoit cette extreme horreur du peché, & cette tendre amour de Dieu qui possedoit son ame? C'estoit de cette parfaicte connoissance de ces deux objects si contraires que les doctes deuroient plus apprehender que toutes les plus deliées maximes de leur expressiõs metaphysiques, s'ils veulent posseder à bon droict le tiltre de vrays Theologiens. Il falloit qu'il fust bien versé dans les questions de cette sacrée science, puisque luy-mesme les deuelopoit auec tant de graces au seigneurs qu'il honoroit de ses deuis spirituels, ainsi qu'en est témoin le sieur de Ioñuille. Quand aux sciences naturelles? le latin luy estoit familier comme sa langue maternelle. Il se ioüoit des mathematiques, comme on peut voir quand il inuenta en Ægyte contre les Sarrasins certaines machines qui sont appellées en l'Histoire Chats. On ne luy proposoit aucun sujet dont il ne fit leçon aux autres. Il est veritable que Salomon a escrit des liures remplis de grande pieté; mais sainct Louys a couché de sa main deux traictez spirituels, pour son fils Philippe, & pour sa fille Ysabeau, qui sont assortis d'vne doctrine si celeste, pour les mœurs, & si sage pour le bon gouuernement, que ie peux dire que c'est comme vn consommé de la philosophie morale & spirituelle, & semble que nostre diuin Monarque a recapitulé tres-ingenieusement en peu de discours ce que Salomon a publié auec beaucoup de paroles. Ce

qui

qui marque auec toute euidence que si les occupations, ou pluſtoſt ſon humilité l'euſſent diſpensé d'eſcrire à la poſterité les ſecrets que Dieu luy deſcouuroit parmy ſes oraiſons, nous aurions encore vn plus ample theatre pour admirer ſon [c] diuin eſprit, & loüer le Pere des lumieres qui luy auoit départy tant de clarté en des matieres pleines de tenebres. Quel prodige de ſcience qui mettoit au iour pluſieurs années auparauãt ce qui dependoit des choſes libres? N'a-il pas predit à Guillaume de Chartre eſtant encor ſeculier, que dans cinq ou ſix ans il quitteroit le monde pour ſeruir Dieu en l'Ordre de ſainct Dominique? Tellement qu'il n'eſtoit point beſoin à noſtre ſainct Roy de porter auec ſoy la pierre Phengites, comme faiſoit l'Empereur Maximilian I. pour découurir ce qui ſe paſſoit alentour de ſoy, ou d'attacher cette pierre aux parois de ſa galerie comme faiſoit [d] l'Empereur Domitian pour reconnoiſtre ce que prattiquoit ſes Courtiſans qui eſtoient derrier ſoy; puis qu'il perçoit tout à iour auec le rayon de ſa diuine ſcience ce qui s'executoit apres pluſieurs années, ou ce qui eſtoit caché au fond du cœur de frere Gilles.

[c] *Guillelmus Carnotenſis de vita & moribus ſancti Ludouici Regis.* Cæterum amores hominum, & euentus ſic aliquando probauit non humana ſed diuina reuelatione cognouit pluries, & quandoque prædixit, &c. Nam poſt quintum & dimidium annum completum, Ordinem fratrum Prædicatorum, in quo ſum per gratiam, licet dignus intraui ſicut in ſpiritu præuiderat, & prædixerat Rex deuotus.

[d] *Suetonius in Domitiano.*

XLVII.
Salomon s'enyure de voluptez, & ſainct Louys les deteſte comme le poiſon de l'ame.

Que ſi nous mettons en parallele les particulieres actions de ſes proüeſſes de pieté, il faudra auoüer que Salomon eſt vn Therſite, & S. Louys eſt vn autre Hercule Gaulois, dõteur des hydres de l'Enfer. Salomon peu vigilant au ſalut de ſon ame, à la commune edification de ſes ſuiects qui le regardoit comme l'heliotrope fait le Soleil,
ſe

du Lys sacré. 1411

se flaistrit tellement de vices, qu'il dit franchement : *I'ay accordé à mes sens tout ce qu'ils ont pû souhaitter de moy, ie n'ay pas mesmes refusé à mon cœur qu'il ne iouyst de toutes les voluptés, & qu'il ne prist plaisir en tout ce que i'auois preparé de magnifique.* Mais combien sont opposez les sentiments de nostre Salomon François à ceux de ce Roy mesconnoissant des graces de son Dieu? Salomon se donne carriere dans la lice des passetemps du monde, dás les parterres, dans les festins & parmy la musique; Et la plus agreable harmonie qu'entendoit nostre sainct Roy estoit les loüanges de Dieu qui se chátoit dans les Eglises. Ses plus agreables allées, & ses plus delicieux parterres estoient ses oratoires, & sa saincte Chappelle. Ses festins, & ses ieux n'estoient qu'és heures de ses meditations sur la patience de son Sauueur parmy les tourmens & les opprobres de Calvaire. Salomon se perd par les yeux, attache son cœur à vn haras de femmes, il ne se contente pas d'vne seule; mais outre sept cens Reynes toutes destinées au seruice de sa volupté, il auoit encore à son commandement trois cens concubines, & vn si grand nombre de ieunes filles qu'on n'en pouuoit sçauoir le conte. En vn mot la corruption de sa vie, le desordre de ses mœurs, l'infamie de sa reputation faisoient fendre les Autels d'horreur de ses crimes pendant que son cœur demeuroit plus dur que les diamants. Mais sainct Louys, seul mary à vne seule femme, a reprimé ses appetits auec tant de courage que iamais il ne toucha non pas mesme auec la pensée

Omnia quæ desiderauerunt oculi mei non negaui eis; nec prohibui cor meum quin omni voluptate frueretur, & oblectaret se in his, quæ præparaueram. Ecclesiast. cap. 2.

Sssssss   autre

autre femme que la sienne, & ne conuoita ce qui n'estoit loisible de faire, ny de dire. Si on a iamais vû Roy qui ait consacré son Empire pour celuy de ses mouuemens sensuels, & qui ait surmonté la Nature par la grace, & la grandeur du monde par celle de son humilité, ça esté nostre Phœnix de France. Sa vie estoit l'alignement des plus glorieuses actions d'vn Prince, ses deportemens vne censure des nobles de son siecle, & sa vie vn portraict de la vertu qui parloit à tout le monde, O Roy vrayement digne non seulement des Couronnes de la terre, mais encore du Ciel! Roy à qui les Emeraudes & les Topases des effigies des Monarques d'Ægypte sont de trop basse valeur pour vous dresser vn colosse sortable de vostre merite. Au lieu qu'on voyoit la table de Salomon bordée d'infames Syrenes qui le perdoient par les oreilles, vous voyez à celle de sainct Louys trois pauures viellards, qu'il respecte comme les Images viuantes de Iesus-Christ. Il n'a point d'occupation plus plaisante qu'a lauer les pieds aux pauures, seruir les lepreux, & leur faire de grandes largesses. En quelles Pancartes lisons nous le pareil de Salomon? C'est vrayement vn spectacle tres-digne des Anges, de voir vne grande innocence auec vne grande authorité; pour la rencontrer il ne faut pas entrer dans le Palais de Salomon, mais dans le Louure de sainct Louys, où l'on admirera vn Roy qui dans le glissant de la Cour n'a iamais chancelé; qui dans la liberté des plaisirs a demeuré reglé; dans les excez, moderé;

dans

dans les desordres, vertueux; & parmy les charmes des compagnies, Religieux; dans l'intemperance, sobre; & vn Ange dans vn corps de chair & de sang. Son integrité estoit montée iusques à ce point de sainçteté, qu'en exerçant mesme ses liberalitez de peur que l'excés ne preiudiciast au public au desaduantage de sa conscience, il adioustoit ces paroles, *Quantum donare possum*: En voicy la remarque d'vn graue autheur digne d'estre consideree. Robert de Sorbonne iettant les premiers fondemens de la Sorbonne de Paris experimenta le Roy liberal en son endroit, mais beaucoup plus craintif d'offencer sa conscience; d'autant qu'il ne luy donnoit rien, qu'il n'adioustast cette close; *Quantum donare possum*, autant que ie puis donner. Exemple diuin pour toute la posterité, afin qu'elle ne donne point le bien publique auec profusion & crainte de conscience.

b *Ex præfatione libri D. Roberti de Sorbona, de conscientia per M. B. L. B. tom. 13. Bibliothecæ Patrum Sorbonæ Parisiensis.* Prima fundamenta cum iaceret, sensit liberalem Regem, at conscientiæ suæ multo etiam metuentem magis, qui nisi expressa hac formula, quantum donare possum, nunquam quidquam illi sit elargitus: diuino prorsum exemplo, si ad posteros transfissset, ne quid nimium effuse, ac nisi in religione maximam, cuique de publico donarent.

Que si nous poursuiuons nos rapports nous verrons vn cristal auprés d'vn diamant, & vne estoille auprés d'vn Soleil, vn hibou auprés d'vne Aigle, & vne blafarde fleur auprés d'vn magnifique Lys. Apres la crainte de Dieu que Salomon a coseruée en son ame pendant quelques années, nous ne lisons pas que sa vie soit illustrée de grads exploicts contre les ennemis de Dieu: mais à quelles entreprise n'a poussé S. Louys l'honneur de sa diuine Majesté? il n'auoit dans l'imagination que les batailles contre les Turcs; dans la bouche que les Euphrates, & les Babylonnes, dans son esprit que tous ᵃ les infideles pour les ranger sous les drapeaux

XLVIII.
Sainct Louys surpasse Salomon en prouesses contre les infideles.

a *Bonifacius VIII. in Bulla Canonizationis.* Viuificæ Crucis signum in terræ sanctæ subsidium sibi multa instante petiit exhiberi.

peaux de Iesus-Christ. Salomon n'a iamais mis le pied hors de la Iudée pour obliger le monde à l'adoration du vray Dieu, comme a fait S. Louys, qui a quitté son Palais, ses parents, sa patrie, sa femme & ses enfans aux consideratiós de la gloire de Dieu.

XLIX.
Le Roy S. Louys a esté superieur au Roy Salomon en toute sorte de vertu.

Quant aux vertus Theologales de la foy, de l'esperance, & de la charité, qui sont les principales pieces de la sagesse; Salomon en a plus écrit qu'il n'en a mis en pratique. Il a serui d'organe au S. Esprit pour quelque temps, mais combien s'est-il rendu criminel en dementant ses enseignemens par l'exemple d'vne mauuaise vie? Il ᵃ en est venu iusques là que de faire naufrage non seulemēt de la charité par l'excez de ses infames amours, mais encore de la foy par l'encens qu'il a bruslé deuant les Idoles, & de l'Esperance par le crime de magie, dont son ame a esté également souïllée. Mais sainct Louys a conserué en son ame la grace de Dieu inuiolable, au rapport de son Confesseur Geoffroy de Beaulieu, il n'a iamais fait bresche à la foy, & son esperance a tousiours triomphé de tous les orages de cette vie. Les trois Parangons de ces trois vertus diuines iustifieront tousiours la viuacité de sa foy, la fermeté de son esperance, & les flammes de son ardante charité? Combien de fois est-ce que Salomon a pris en main les armes d'vne rigoureuse discipline pour combattre les sentimens rebelles à l'amour de son Dieu? combien de fois a-il endossé le harnois du cilice pour se rendre inuulnerable contre les dards

ᵃ *P. Salianus tom. 3. annot. Eccle. veteris testamenti. Anno mundi 3053. n. 20. & seq. Pineda lib. 7. de rebus Salomonis. ca. 22.*

de Sathan? combien de fois a-il miné sa chair par des ieusnes, & par des abstinences, & par d'autres sainctes rigueurs? le conte en est aisé à faire: car Ioseph l'appelle *deliciarum amator*, Theophilacte le nomme *delicatissimus*, sainct Augustin *mulierum amator*. Mais qui pourroit raconter les disciplines, les haires, les ieusnes, & les religieuses austerités de nostre deuot Monarque. I'en laisse la description à Guillaume de Chartre son Chappelain, & à Geoffroy de Beaulieu son Confesseur. Sa liberalité enuers les pauures estoit vne source inépuisable, & son cœur vn hospital dans lequel il eust volontiers logé tous les miserables. Sa deuotion consommant son ame dans les brasiers de l'oraison, le faisant fondre en larmes comme l'encens sur la braise deuant le sanctuaire de Dieu viuant. Que si iamais Roy a esté depris de la terre, & de toutes passions, ç'à esté nostre Lys François, qui n'a iamais filé pour agréer aux Dames, ny trauaillé pour plaire au monde, mais qui a recherché sur toutes choses le Royaume des Cieux & sa Iustice, qui est le comble de la vraye sagesse Chrestienne & diuine. De sorte que *considerate lilia agri quomodo crescunt non laborant neque nent: Dico autem vobis quoniam Salomon in omni gloria sua coopertus est sicut vnum ex istis.*

Si les plus beaux rayons de la sagesse reluisent singulierement dans les exercices de la Iustice, n'oublions point ceste rare vertu au desauantage de la gloire de nostre Salomon François. ᵃ Moyse s'empressant à rendre la Iustice à vn monde de peuple

L.
Les qualités des vrays Iuges.

ᵃ *Exodi* 18. prouide de omni plebe viros potentes & timentes Deum in quibus sit veritas, & qui oderint auaritiam.

peuple qui le suiuoit dans le desert, son beau pere Ietro luy portant d'vn costé compassion, & s'étonnant de l'autre de son incroyable patience, s'aduisa diuinement de partager en deux ce grand fardeau, prenant pour soy la surintendance d'es diuins mysteres, & remettant entre les mains des plus qualifiez d'Israël l'administration de la Iustice temporelle. Mais de qu'elles qualités doiuent-ils estre ornés? ils doiuent porter dans leur iugement vn esprit vigoureux & inflexible, *viros potentes*. Il faut qu'ils ayent la crainte de Dieu & la verité en singuliere recommandation, & qu'ils soient prests de receuoir plustost la mort que de blesser leurs consciences, *Timentes Deum in quibus sit veritas*. Finalement ils doiuent fuir la rapine comme la plus violente peste, *qui oderint auaritiam*.

LI.
S. Louys a fait paroistre plus de courage que Salomon.

Ces trois perfections fortifient merueilleusement l'autre bras de la sagesse qui s'employe aux exercices de la Iustice temporelle; & faut aduoüer qu'elles ont presidé dignement dans le throne de ces deux Roys. La Reyne de Saba vint voir Salomon pour entendre les arrests de ce sage Prince. Et les Empereurs Ferdinand, les Roys de Sicile, les Bourguignons, & les Lorrains venoient en France pour receuoir sentence de la bouche de S. L. sur le different de leurs demandes : Mais qui des deux a moins apprehendé la face des Princes plus redoutables, & qui a tesmoigné plus de constance en ses arrests? nous sçauons le ᵉ iugement que fit Salomō pour reconoistre la legitime mere de la pretenduë. Entre ces deux foibles parties, sa

ᵃ *Ecclef. cap. 7. Noli quærere fieri iudex, nisi valeas virtute irrumpere iniquitates, ne forté extimescas faciem potentis, & ponas scandalum in æquitate.*

sentence

sentence fut accompagnée de plus grande sagesse que de force, premiere qualité du bon iuge. Ie sçay que son thrône estoit posé sur six marches qui portoient des Lyons, pour faire paroistre que le iuge ne deuoit point apprehender les menaces des criminels. Mais combien genereusement est-ce que nostre sainct ROY a fulminé des sentences contre les plus puissants de la FRANCE. Iupiter fut-il plus genereux à lancer ses foudres fabuleuses contre les Geants de la terre que sainct Louys à foudroyer par arrest le Seigneur Enguerrand de Coucy extraict de sang Royal, & de maison Imperiale, & d'autres personnes qualifiées ? On raconte que RVTILIVS ROMAIN ayant refusé à vn sien amy d'executer à sa faueur quelque iniustice; comme l'autre s'en picqua & tout enflammé de colere luy dit, à quoy me sert donc vostre amitié si vous m'éconduisez ? Voire repliqua RVTILIVS, de quoy me seruira ta bien-veillance si tu me veux obliger d'enfraindre les loix de la Iustice plus forte que celle de l'amitie ? Autant en respódit nostre inuincible ROY à ces Seigneurs qui s'employoient pour le pardon d'Enguerrand de Coucy, & qui se formalisoient de veoir les langues percées & coupées à des personnes de qualité, de sorte que si on voyoit des Lyons en figure seulement, sur les marches du thrône de Salomon; on les voyoit en vie sur celle de S. Louys, qui n'espargnoit non plus l'impieté des plus rogues criminels, que le Lyon la fierté des bestes les plus sauuages. Mais d'autant moins qu'il apprehendoit les hommes, d'autant

tant plus chastioit-il l'auarice des iuges qui ouure la porte aux presents & la ferment à l'innocence, comme tesmoigne.[b] l'ordonnance qu'il en fit, rapportée par vn vieil escriuain, & descrite plus au long par le sieur de Ionuille.

Finalement il faut que les Iuges soient *Timentes Deum & in quibus sit veritas*. C'est icy le Vrim & Thuman des Hebreux que S. Louys a conserué plus fidellement que Salomon : car la perseuerance finale de ce Prince infortuné en la crainte de Dieu & en la verité trouue si peu de support aupres des saincts Docteurs de l'Eglise, que plusieurs tiennent qu'il est damné, fort peu soustiennent qu'il soit sauué & la plus part n'osent rien decider sur ceste mauuaise affaire. Mais qui ne doutera du salut de ce Prince, lisant les histoires sacrées qui nous asseurent que *Cùm esset senex deprauatum est cor eius per mulieres, vt sequeretur deos alienos, neque erat cor eius perfectum cum Deo suo sicut cor Dauid*. Salomon estant deuenu vieil son cœur s'est depraué par les blandices des femmes, en telle sorte qu'il faisoit hommage aux dieux estrangers, & son cœur n'estoit point parfait auec son Dieu, comme le cœur de Dauid. Au mesme endroit l'Escriture sacrée atteste, que *Colebat Salomon Astarthen Deum Sidoniorum, & Moloc idolum Ammonitarum, ædificauitque fanum Chamos*. Salomon adoroit Astarthen la deesse des Sidoniens, & Moloc l'Idole des Ammonites, & bastit vn temple à l'Idole Chamos. Ce qui occasionna [b] sainct Cyprian de le ranger en mesme Categorie que le reprouué Saül, & [c] S. Gre

---

[b] *Libellus de gestis S. Ludouici Francorum Regis.* Iurabunt omnes, & singuli supradicti quandiu commissam sibi tenebunt Balliuiam præpositurum vel aliud quodcunque officium supradictam quod tam minoribus, quam aduenis, tam indigenis, quam subiectis sine nationum, & personarum ius reddent: iurabunt tamen donum, seu munus quodcunque à persona per se vel per alium non accipere in pecunia argentea vel auro, & rebus aliis quibuscunque mobilibus, vel immobilibus, vel per mouentibus, vel beneficiis personalibus, siue perpetuis.

LII.
Premiere preuue, que Salomon a esté beaucoup inferieur en probité de vie à nostre S. Roy.
Lib 3. Regum cap. 11.

[b] *S. Cyprianus ep. 7. de obseruanda disciplina.*
[c] *S. Gregorius lib. 2. Moral. cap. 2.*
[d] *S. Basilius in c.*
[e] *Eucherius in lib. 4. Reg. cap. 23.*

du Lys sacré.

Gregoire de le faire compagnon des supplices de Iudas du mauuais riche, & des Sodomites, comme il a esté de leurs crimes. ᵈ sainct Basile l'establit en mesme fortune que Iudas & les incredules Iuifs; & autant en croyent plusieurs ᵉ Docteurs que ie cite à la marge. Leur fondement est cettui-cy: L'Escriture saincte ne raconte iamais les debordemens de quelque signalé pecheur qu'elle n'en rapporte aussi la penitence, si elle a precedé sa mort: mais l'Escriture saincte n'a point adiousté la penitence de Salomon apres auoir décrit l'excés de ses débauches: donc aucune penitence n'a preuenu la mort de Salomon.

Secondement Salomon est taxé dans l'escriture de n'auoir point destruit les Idoles comme les autres Roys idolatres repentans de leurs méfaits, ains & luy mesme en a dressé de nouuelles, qu'il n'a pas abbatuës auant sa mort, & sont demeurés sur pied l'espace de trois cens cinquante ans, iusques au Roy Iosias, comme il appert au Liure 4. des Roys chap. 23. *Excelsa quæ erant in Hierusalem ad dextram partem montis offensionis quæ ædificauerat Salomon polluit Rex Iosias.* D'où ils recueillent que si Salomon eust fait reparation d'honneur à la souueraine Maiesté, il eust demoly aussi genereusement ces infames statuës qu'il auoit dressées au scandale de la Posterité, comme il les auoit esleuées au grand deshonneur de sa Religion.

En troisiesme lieu, le Texte sacré semble assez descouurir l'obstination de ce miserable Roy en son impenitence derniere, asseurant de luy au li-ure

Prosper Aquitanicus parte 2. de prædict. c. 27.
Sozomenus in epist. ad Theodosium initio historia.
Ado in Chronicis ætate 4. ad finem.
Tostatus Abulensis 2. Reg. 7. quæst. 13.
Ioannes Cognatus de posteritate & exilio Salomonis cap. 18.
Martinus Cantipratensis lib. 10. hypotyposeon regula 25.
Andreas Vega lib. 12. in Tridentinum cap. 2.
Cardinalis Bellarminus tom. 1. lib. 1. de verbo Dei cap. 6.
Benedictus Pererius in epist. ad Romanos cap. 8. dist. 27.
Maldonatus in cap. 2. Matth. 8. n.

LIII.
Seconde preuue de l'impieté de Salomon qui le range au dessous de S. Louys.

LIV.
Troisiesme demonstration de l'impenitence de Salomon qui le rend indigne d'estre cōparé à nostre sainct Roy.

ure 3. chap. ij. des Roys, que *Fecit Salomon quod non placuerat coram Domino & non adimpleuit vt sequeretur Dominum secut Dauid pater eius.* Salomon a executé des forfais qui ont grandement despleu deuant le Seigneur, & n'a pas paracheué ses iours comme son pere Dauid, afin de suiure le Seigneur. Or ce mot *Adimpleuit* signifie comme il se peut verifier par le chap. 29. du mesme liure, & par le chap. 15 de Iob, qu'il n'a pas terminé le cours de sa vie dans le deuoir d'vne saincte obeyssance comme Dauid son Pere, qui ayant bronché, se releua habilement, & ne voulut point que la mort le surprinst dans les ordures de sa vie. Ce qui donne suject aux plus sensez Docteurs de perdre toute bonne opinion du salut de ce mal-aduisé Monarque.

LV.
Sainct Louys a vescu si sainctement que le Pape auec toute l'Eglise a esté obligé de l'inscrire au catalogue des Saincts.
a *Bonifacius VIII. serm. 1. in canonizatione S. R. L.* Cæterum quia quos superni Regis clementia corona gloriæ in cælo magnificat, deuotè a fidelibus in hac terrestri patria conuenit venerari: nos de sanctitate vitæ, ac miraculorum veritate ipsius beatissimi Ludouici, curiosè ac solemnis inquisitionis diligentia, & districti examinis discussione præmissa, plenariam certitudinem obtinentes, ipsum de communi fratrum nostrorum, & præ latorum omnium, tunc ad Sedem Apostolicam existentium consilio, &

Mais le tres sage Roy sainct Louys a passé sa vie auec tant d'innocence, & la couronnée de tát de saincteté, que son Confesseur Geoffroy de Beaulieu asseure qu'ayant entendu ses confessions l'espace de vingt ans, & s'estant accusé plusieurs fois de tous les manquemens de sa vie, il n'a iamais remarqué qu'aucun peché mortel se soit glissé en son ame. Aussi le remunerateur de nos vertus a porté ses merites à vn haut poinct de gloire parmy les hommes heroïques, que le [a] sainct Pere Boniface VIII. l'an quatre de son Pontificat, l'vnziesme iour d'Aoust, luy fit rendre les plus diuins honneurs qui se retreuuent en l'Eglise de Dieu.

Sus donc, s'escrie ce diuin Oracle en la Bulle de
sa

du Lys sacré.

sa Canonization : *Que la Royalle & tant renommée Maison de France se resiouysse de ce qu'elle a engendré vn tel & si grand Prince, que le tres-deuot peuple de France bondisse d'allegresse d'auoir obtenu de Dieu vn Monarque si rare, & si riche en vertus ; que les cœurs des Prelats, & de tout le Clergé s'éuanouïssent de ioye de ce que le Royaume de France est orné d'vne couronne toute brillante en miracles. Que toute la Noblesse auec la Gendarmerie Françoise tressaute de liesse, de voir ce Diademe enrichy de plusieurs prerogatiues d'honneurs, & resplendissant comme vn prodigieux Soleil.* Apres tous ces precieux Eloges prononcez d'vne bouche si sacrée, il ne reste plus que de tenir ces diuines paroles pour des oracles, *Quoniam nec Salomon in omni gloria sua coopertus est sicut vnum ex istis*, que iamais Salomon n'a esté couuert d'honneur, & rayonné d'vne si grande gloire qu'a fait le tres-auguste sainct Louys. Et partant apprenons pour vne bonne fois, que le secret des secrets, & la finesse des finesses, est de chercher le Royaume de Dieu pour viure heureusement sur la terre, & suruiure à iamais comblez de gloire sur l'azur des globes celestes. Ne doutons plus, au nom de Dieu, qu'en poursuiuant ce diuin Royaume, nous ne soyons arrousez des faueurs de celuy qui fait germer en bon-heur les vrays Israelites cóme des Lys, & qui porte à vn si haut poinct de gloire leur racine que la montagne du Liban n'a rien au dessus de la durée de leur felicité. *Ero quasi ros, Israël germinabit & erumpet radix eius vt Libani.*

assensu die Dominica 5. idus Augusti Sanctorum catologo duximus ascribendum, &c.
Eadem Bulla in fine gaudeat itaq; Domi inclyta Franciæ, quæ talem, ac tantum principem genuit per cuius merita, sublimiter illustratur, lætetur deuotissimus Franciæ populus, quod tam electum, tam virtuosum dominum meruit obtinere. Exultent prælatorum, & cleri præcordia, quod præfatum regnum tam claris miraculorum ipsius Regis insignibus propensius decoratur. Iocundentur, & procerum magnatum, nobilium, & militum pectora, quod per sanctissima opera dicti Regis, eiusdem regni status honoris multiplicis prærogatiua sustollitur & quasi solis radiis elucescit.

Tttttttt 2 Re

REGI SECVLORVM IMMOR-
TALI, INVISIBILI, SOLI DEO
HONOR, ET GLORIA IN SE-
CVLA SECVLORVM; AMEN.
I. TIMOTH. I.

JE soubsigné Prouincial de la Compagnie de IESVS en la prouince de Lyon, suiuant le priuilege octroyé à ladicte Compagnie par les Roys tres-Chrestiens Henry III. le 10. de May 1583. Henry IV. le 20. Decembre 1606. & Louys XIII. à present regnant le 14. Feurier 1611. par lequel il est deffendu à tous Imprimeurs & Libraires d'imprimer ou faire imprimer, vendre ou debiter aucun liure composé par ceux de ladite Compagnie sans leur permission. Permet au R. P. Estienne Rousselet Prestre de la Compagnie de IESVS, de faire imprimer vendre & distribuer ce Liure qu'il a composé intitule Le Lys sacré, & ce, par tels Imprimeurs & Libraires que bon luy semblera, & ce pour le terme de six ans, à compter du iour de la fin de l'impression dudit Liure. Reuoquant pour bonne & iuste raison le priuilege que ie luy auois donné le 28. iour de Feurier de la presente année. A Lyon ce 18. Septembre 1630.

ESTIENNE BINET.

APPROBATION DES DOCTEVRS.

LE Liure du R.P George Estienne Rousselet de la Compagnie de Iesvs, intitulé *Le Lys sacré*, est non seulement tres-conforme à la doctrine de l'Eglise Catholique Apostolique & Romaine, & aux bonnes mœurs, ains encore remply de tres-belles curiosités, & d'vne grande varieté de doctrine, comme aussi de plusieurs dignes remarques touchant l'ancienne pieté de nos Roys. On y trouue pareillement beaucoup de bonnes pieces pour échauffer la pieté Chrestienne, & partant il nous semble tres-digne de voir le iour. Fait à Lyon ce 8. Aoust 1630.

Frere Estienne Molin Docteur de Paris, & Prieur des Carmes de Lyon.

A. Riuiere Docteur de Paris, & Prieur des Augustins reformés de Lyon.

VEu l'attestation des Docteurs susdits, nous ne permettons seulement, mais souhaittons l'impression de ce Liure, comme honorable à la France. A Lyon ce 8. Aoust 1630.

DE VILLE. Vicaire General substitué.

PRIVILEGE DV ROY.

LOVYS par la grace de Dieu Roy de France & de Nauarre. A nos amez & feaulx Conseillers les Gens tenans nos Cours de Parlements, Seneschal de Lyon, son Lieutenant, & autres nos Iusticiers & officiers qu'il appartiendra: Salut. Nostre cher & bien-aymé George Estienne Rousselet, Prestre Religieux de la Compagnie de Iesvs, Nous a fait remonstrer qu'il a nouuellement composé vn Liure intitulé *le Lys sacré*, qu'il desireroit mettre en lumiere, & faire imprimer suiuant le consentement qu'il en a obtenu du R. Pere Prouincial de ladite Compagnie, & approbation des Docteurs des vingt-huictiesme du present mois d'Aoust, & à ceste fin luy estre pourueu de nos Lettres necessaires qu'il nous a tres-humblement requises. A ces causes veu lesdits consentement & approbation cy attachez sous le contrescel de nostre Chancellerie, desirans fauorablement traicter l'exposant. Nous luy auons permis & permettons de faire imprimer, vendre & distribuer ledit Liure par tels Imprimeurs & Libraires que bon luy semblera, pendant le temps & espace de six ans, pendant lequel temps, Nous auons faict & faisons par ces presentes tres-expresses inhibitions & defenses à tous autres Imprimeurs, Libraires & autres personnes quelconques, d'imprimer, faire imprimer, vendre ny debiter sans le gré & consentement de l'exposant sur peine d'amande arbitraire, confiscation des exemplaires, & de tous despens dommages & interests, à la charge toutesfois de mettre par l'exposant, deux exemplaires en nostre Bibliotecque, auant que ledit Liure puisse estre exposé en vente. Si vous mandons faire iouïr ledit exposant du contenu en cesdites presentes plainement & paisiblement, sans permettre qu'il luy soit donné aucun trouble ou empeschement. Et au premier nostre Huissier ou Sergent sur ce requis, faire pour l'execution desdites presentes, tous exploicts necessaires, sans pource demander aucun congé ny permission: Car tel est nostre plaisir. Donné à Lyon le xij. iour d'Aoust l'an de grace 1630. & de nostre Regne le vingt-vn.

Par le Roy en son Conseil,

FARDOIL.

IE GEORGE ESTIENNE ROVSSELET de la Compagnie de IESVS fais trasport de ces priuileges à Louys Muguet Marchand Libraire à Lyon, moyennant qu'il accomplisse les conuentions faictes entre nous, & de plus qu'aux suiuantes editions qu'il fera de mon Liure il n'y augmentera n'y diminuera rien sans mon exprés consentement, ce faisant luy promets de ne le remettre à autres Libraires qu'à luy, ou aux siens ce 20. Nouembre 1630.

ROVSSELET.

TABLE DES MATIERES
PRINCIPALES ET CHOSES
PLVS REMARQVABLES
CONTENVES EN CET OEVVRE.

Le premier nombre marque le Parangon, le second le nombre des Paragraphes, le troisieme la page.

A

L'Eſtat de l'âge viril ſe découure ſouuent dans celuy de la ieuneſſe. 2.57.401

Les trois Hierarchies des Anges repreſentées par les trois fleurs de Lys de France. 1.69.119

Ames des Treſpaſſez comme ſoulagées par S. Louys, & par nous à ſon exemple. 6.58.893

la force de l'Amour diuine. 4.101.708. & ſuiuant.

en Aymant Dieu on ne doit rien craindre. 4.100.707

l'Amour diuine eſt liberale. 4.27.585

l'Amour deſordonnée des creatures eſt pleine de vanité & d'angoiſſe. 4.103.711

l'Amour du prochain. Voyés le chap. 6. de l'enuie. pag 1249. & ſuiuant.

l'Amour des Roys de France à l'endroit de leurs ſubjets. Voyés le chap. 6. & les ſuiuant du Parangon. 9

Amour de S. LOVYS enuers le Pape. 1.155.255. & ſuiuant.

Amour de LOVYS LE IVSTE enuers ſon peuple. 9.102.1261

Ampoule ſainɛte tranſportée miraculeuſement par vne Colombe. 2.14.340

Armes des François redoutées des Turcs. 8.44.1003. & ſuiuant.

ARMOIRIES.

Armoiries des Iſraëlites. 1.1.2
Des anciens François. 1.2.3
Des anciens Gaulois. 1.6.9
Diuerſes opinions touchant les Armoiries & Blaſons de France. 1.33.57
les François auant les fleurs de Lys portoiët pour Armes trois Crapaux. 1.4.6
Clouis apres ſon baptesme change ſes anciënes Armoiries en trois fleurs de Lys. 1.7.13

La maniere du changement des anciens blaſons de Clouis en trois fleurs de Lys. 1.8.14

Les Armoiries des trois fleurs de Lys ſont enuoyées miraculeuſemët à Clouis, pour luy ſignifier qu'il doit defendre le myſtere de la ſainɛte Trinité contre les Arriens. 1.71.121

Diuerſes authoritez conformans le changement des trois Crapaux en trois fleurs de Lys. 1.10.17

Eclairciſſement des opinions oppoſées à la verité du changement des Blaſons de Clouis. 1.13.24

Le ſilence de S. Gregoire de Tours, & de quelques autres Eſcriuains ne détruit point l'antiquité des trois fleurs de Lys. 1.16.30. & ſuiuant.

La Tradition des anciens Autheurs & les Eſcriuains eſtrangers verifient l'antiquité

Vuuuuuu

TABLE

quité des trois fleurs de Lys sous le Roy Clouis. 1.20.36. & suiuant.

Les anciènes medailles des Roys de France, leurs statuës, & diuers autres monumēs authorisent l'antiquité des trois fleurs de Lys. 1.23.44.& suiuant.

Les raisons de ceux qui rejettent les Lys pour planter les glayeuls aux Armoiries de France. 1.34.59

Replique aux raisons precedētes.1.35.61

Les Herauts d'armes, les Historiens, & les medailles témoignent que les Blasons de France sont des fleurs de Lys de Iunon. 1.45.74

Les Theologiens, les Iurisconsultes, & les Medecins témoignent que les fleurs de Lys de France, sont de la nature des Lys de Iunon. 1.50.83

Les fleurs de Lys de France ont peu de rapport auec les Lys naturels. 1.31.55

Pourquoy les Lys de France estans de la nature des blancs sont neantmoins dorez. 1.52.86

Pourquoy les fleurs de Lys de France ne font paroistre que trois pampres.1.46.76

Pourquoy la pampre du milieu de la fleur de Lys de France, releue par dessus les deux autres. 1.36.63

Les fleurs de Lys se sont multipliées sans nombre aux Escussons de France sous les Roys de la seconde race. 1.27.50

Charles VI. restablit aux Armes de France, le premier nombre des trois fleurs de Lys. 1.28.51

Pourquoy Charles VI. fit porter les Armoiries de France, par vn cerf volant. 1.30.52

L'autheur des Armes de France, portées par des porc espis. 1.30.54

Diuers miracles de mesme espece que celuy des trois fleurs de Lys. 1.13.28

Alphonse Roy de Portugal, reçoit ses Blasons du Ciel. 1.9.16

Quelques anciens conseruoient les deuises de leurs Ayeuls. 1.3.5

les Armoiries parlantes ont esté fort frequentes parmi les anciens. 1.49.81

les Armoiries de la maison de Vergi. 1.32.56

Assistance du Ciel est particulierement necessaire aux entreprises de guerre. 3.41.493

Assistance des Roys de France aux Papes. Voyés Pape.

les Aumosnes sont des monumens perdurables. 4.37.603

l'Aumosne reçoit le centuple. 4.31.595. & 4.33.598

les Aumosnes des Roys de France, meritent qu'on les nomme Roys tres-Chrestiens. 4.56.632

les Aumosnes & liberalités des Roys de France, 4.28.587.& section suiuante.

les Aumosnes de S. Louys. 7.27.940

Aumosnes de Robert à l'endroit d'vn pauure Prestre. 1.116.194

les Aumosnes de l'Empereur Louys le Debonnaire sont recompensées de Dieu en ce monde. 4.47.618

les Aumosnes de LOVYS LE IVSTE. 4.67.649

B

BAtaille de Bouine gaignée par Philippe Auguste mettant sa confiance en Dieu plus qu'en ses forces. 8.49.1008. & suiuant.

la Bataille de Tolbiac est le commencement du bon-heur spirituel de Clouis. 2.7.327

Clouis fait vœu de se faire Chrestien s'il est victorieux en la Bataille contre Tolbiac son ennemi. 2.8.328

Au retour de la bataille contre Tolbiac S. Vast, S. Remy & la Reyne Clotilde vont au deuant de Clouis pour le sommer de sa promesse. 2.9.330

Les merueilles qui furent veües & ouyes pendant la predication que fit S. Remy deuant Clouis victorieux de Tolbiac. 2.10.332

le

DES MATIERES.

le *Baptesme de Clouis*, & *les merueilles qui suruindrent.* 2.11.334

Harangue de Clouis auant sont Baptesme. 2.12.337

Pour acquerir la Beatitude eternelle il faut sainctement trauailler. 9.155.1327.

le *Bien ne s'obtient sans trauail.* 9.154. 1329. & *suiuant.*

les *Bienfaits captiuent nos affections.* 4.5. 556

le *Bon-heur temporel des Monarques François zelateurs de la Religion Catholique.* 1.171.277. & *suiuant.*

le *Bon-heur ne se retrouue point dans vne vie vicieuse, mais dans la vertu.* 9.161. 1333. & *suiuant.*

Bon-heur de la Chasteté. 7.33.944. & *suiuant.*

Bon-heur de la vertu d'Esperance. 3.72. 542. & *suiuant.*

C

Ceremonies de l'Eglise Catholique Apostolique & Romaine receuës de tous les Roys de France. 2.57.398

CHARITE'.

Charité est vn feu diuin. 4.61.641

Excellence de la Charité. 4.1.548. & 4. 97.703

Paralele du Lys auec la Charité. 4.2.550

Charité de S. Louys comparée à diuerses figures de l'Escriture saincte. 4.83.662

Charité de S. Louys appliquée aux anciens emblemes. 4.79.671

Charité de S. Louys, enuers les pauures. 7.27.940. & *des autres Roys de France. Voyés Aumosnes.*

Diuerses proprietés de la Charité de sainct Louys. Voyés le chap. 3. du Parang. 4.

S. Louys n'a iamais offencé Dieu mortellement. 4.81.673. & *suiuant.*

LOVYS LE IVSTE *ayme Dieu.* 4.71. 658. Il *hayt le peché.* 4.62.642. & *suiuant. Il ayme ses ennemis.* 4.69. 653. & *suiuant.*

CHARLEMAGNE *comparé à l'vn des Cherubins de la vision d'Ezechiel.* 1.141.232

Il *est receu à Rome auec magnificence.* 1.100.166

Abordant le Pape il baise toutes les marches qu'il rencontre iusques à ses pieds. 1.101.167

Il *est sacré Empereur le iour de Noël à Rome.* 1.103.169

Par ses prieres miraculeusement il renuerse les murailles de Pampelune. 8.21. 979

Il *secourt le Pape Adrian contre Dagobert.* 1.102.169

S. Michel paroit à la teste de son armée. 3.16.463

Le Soleil contribue à ses victoires. 8.17. 974

La force de ses bras. 8.22.980

Il *deteste la pompe des habits.* 9.18.1142

Ses documens à son fils. 5.16.739

Il *obtint plusieurs reliques des Saincts de Constantin IV.* 8.20.978

Il *est sauué par ses bonnes œuures.*

Charles le Chauue reçoit honnorablement le Pape venant en France. 1.109.181

Il *auoit toutes ses occupations reglées pour toute la iournée.* 9.128.1289

Charles Martel inuoquant la B. Vierge Marie, & S. Martin gaigne plusieurs victoires. 3.17.464

Harangue à ses Soldats. 8.9.966

Charles V. & sa femme garantis des Anglois par leur priere. 3.27.477

Il *donte les Anglois à la faueur de sainct Michel.* 3.28.478

Chasteté comparée à la fleur de Lys. 7.4. 906

le *bon-heur de la Chasteté, & les malheurs de l'intemperance.* 7.33.944. & *suiuant.*

la *Chasteté des Monarques de France surpasse celle des anciēs Princes Payens.* 7.6.910

Clouis honore la Chasteté. 7.7.912

Vuuuuuuu 2 *Dagobert*

TABLE

Dagobert affectionnoit les ames Chastes. 7.9.914

Charlemagne Chaste sur le declin de sa vie, & des autres Roys suiuans. 7.10.915

Chasteté remarquable de S. Louys. 7.29.944. *& suiuant. Il exhorte à la Continence les seculiers.* 7.31.946

Chasteté de LOVYS LE IVSTE *recommandable.* 7.17.925. *& suiuant.*

Chasteté remarquable d'vne Vierge de France. 7.8.913

Comme S. Louys resistoit aux tentations contraires à la Chasteté. 7.32.940

Qu'il faut fuïr les occasions pour garder la Chasteté. 7.38.950

Les quatre Cherubins de la vision d'Ezechiel appliquée à Clouis, à Charlemagne, à S. Louys, & à Louys le Iuste. 1.141.232

Childebert a recours aux Papes touchant la foy. 2.16.344

Il implore les prieres de S. Eustchius encore viuant, & faict des vœux pour obtenir la victoire contre ses ennemis. 3.13.458

Childeric sa penitence. 4.8.561

Chilperic n'a point esté heretique. 2.16.344. *Sa penitence.* 4.8.561

Clemence a beaucoup de pouuoir sur les hommes, & est fort puissante à donter les peuples. 9.71.1218

Clemence doit estre aux Princes pour les bons, & la rigueur pour les mutins. 9.53.1195

la Clemence doit estre la premiere qualité d'vn Roy. 9.80.1230

la Clemence des Roys de France les fait aimer de leurs subjets. 9.49.1189

La Clemence de Clouis, de Childebert de Clotaire, & des Roys suiuans. 9.50.1190. *& suiuant.*

Clemence de S. Louys. 9.81.1231. *& suin.*

Clotaire par ses prieres obtient vne miraculeuse victoire. 3.12.457

Sa penitence. 4.8.561

Clouis & Louys sont le mesme nom. 1.22.42

Clouis combat contre Tolbiac. 2.7.327

Il fait vœu de se faire Chrestien s'il est victorieux de Tolbiac. 2.8.328

Retournāt victorieux de Tolbiac il a au rencontre S. Vast, S. Remy & Clotilde la Reyne, qui luy alloiēt au deuant pour le sommer de son vœu. 2.9.330

Merueilles veuës & ouyes pendant la predication que fait S. Remy deuant Clouis. 2.10.332

Clouis est baptisé, & les merueilles qui suruindrent. 2.11.334

Harangue de Clouis auant son baptesme. 2.12.337

Clouis obtient du Ciel les trois fleurs de Lys. 1.20.36. *& suiuant.*

Apres son Baptesme il prend les trois fleurs de Lys en place des trois Crapaux. 1.7.13. *& suiuant.*

Raport de Clouis auec Constantin l'Empereur. 1.83.140

Clouis comparé à l'vn des Cherubins d'Ezechiel. 1.141.232

La saincteté de Clouis approuuée par diuers Escriuains. 1.84.141

Il honnore la Chasteté. 7.7.912

Il reçoit du vin de S. Remy qui se multiplie. 1.17.131

Il a grande confiance aux merites de S. Martin. 3.7.451

Il offre son cheual à l'Eglise de S. Martin de Tours. 3.10.455

Il est fort deuot à S. Pierre, S. Paul, sainct Denys, S. Seuerin. 3.11.456

S. Hilaire luy rend la santé. 3.8.453

S Seuerin le guerit miraculeusement d'vne fiéure. 3.11.456

Clouis est le premier Roy qui a guery des écroüelles. 10.6.1354

A l'armée de Clouis vne Biche monstre le gué de la riuiere de Vienne. 3.8.453

Combat de Clouis contre Alaric. 1.79.134

Clouis defait Alaric. 1.79.136

Harangue

DES MATIERES.

Harangue de Clouis à ses soldats en la bataille contre Alaric. 1.77.132

Diuerses raisons qui témoignent que Clouis n'a point esté Arrien contre le sentiment d'un Escriuain. 2.15.342

La colere comparée au monstre du ch. 9. de l'Apocalypse. 9.48.1188

le Sacrement de Confession receu par les Roys de France, auec l'entiere creance de l'Eglise Romaine. 2.57.398

par la Confiance en Dieu plus que par ses forces Philippe Auguste gaigne la bataille de Bouine. 8.49.1008. *& suiuant.*

Confiance des Roys de France, à la bien-heureuse Vierge. 3.50.507. *& suiuant.*

Conquestes des Roys Chrestiens plus par leurs vertus que par leurs armes. 8.126.1111. *& suiuant.*

Bon Conseil est fort puissant en guerre. 8.85.1054.

Les Catholiques ont sujet de croire ce que ils professent, comme au contraire les Caluinistes d'aborrer ce qu'ils publient. 10.38.1395

Le signe de Croix se fait en guerissant des écroüelles. 10.8.1356

La S. Croix singulierement reuerée par S. Louys. 2.61.409

Constance de S. Louys contre les obiections de la prudence humaine. 3.61.524. *Et pendant son emprisonnement.* 3.63.527. *& 3.65.532.*

La Conuersion des Roys aux choses sainctes est fort difficile. 2.39.378

Couronnement des Roys de France. 2.17.345. *& suiuant.*

D

Dagobert implore l'assistâce de sainct Denys, & sainct Hilaire, & fait porter à la teste de son armée les Reliques de S. Hilaire. 3.14.460

Dagobert protegé miraculeusement en la Chappelle de S. Denys. 1.90.152

Il exhorte ses enfans à la conseruation de la religion Chrestienne. 1.92.153

Ses remonstrances à ses fils & Seigneurs François. 5.32.768

Il est deliuré du Purgatoire en faueur des Saincts qu'il auoit honoré durant sa vie. 1.91.153

Deuotion singuliere de S. Louys enuers le S. Sacrement de l'Autel. 2.67.416. *& suiuant.*

Deuotion des Roys de France, à la saincte Messe. 2.49.389. *des Saincts.* 2.50.391. *& reliques des Saincts, de la Croix,* 2.51.391. *aux Images des Saincts.* 2.53.395. *ont recognus le Purgatoire.* 2.52.394. *ont reueré les Prestres & Religieux.* 2.54.397

Deuotion & confiance des Roys de France, à l'endroit de la B. Vierge. 3.50.507. *& suiuant.*

De S. Louys enuers la Vierge & les Saincts. 2.71.422. *& suiuant.*

Deuotion d'Hugues Capet enuers la Vierge & les Saincts. 3.22.472

Il recommande la deuotion de la B. Vierge à ses enfans. 9.147.1314

Deuotion de S. Louys en son pelerinage de Nazareth. 1.115.189

Deuotion de LOVYS LE IVSTE en ses oraisons. 4.71.658

Sa deuotion enuers le S. Sacrement. 4.72.660. *Enuers la B. Vierge, & les faueurs miraculeuses qu'il a receu d'elle.* 3.51.508. *& suiuant.*

Desespoir des meschans à l'heure de la mort. 1.118.198

Discorde insupportable à S. Louys. 9.168.1267. *& suiuant.*

Dissemblance nous ramene à la verité, où la resemblance engendre l'erreur. 1.44.73

DEVISES.

D'Alphonse XI. 7.38.951
De Babo Comte d'Haspurg. 9.57.1201
De Batorius Roy de Pologne. 9.156.1329
De Charlemagne. 1.104.173

TABLE

De *Charles le Chauue.* 9.19.1148
De *Charles VI.* 8.51.1013
De *Charles IX.* 2.33.371. & 3.30. 480.5.11.731.& 5.35.773.& 6.42. 866. & 43.867.& 8.51.1015
De *Childebert.* 1.86.147
De *Chilperic.* 1.23.45
De *Childebert second.* 9.12.1133
De *Clotaire.* 1.87.147
De *Clotaire troisiéme.* 9.119.1278
De *Clouis.* 9.161.1335
Des *Empereurs Claudius, Alexandre Seuere, Diadumenus,* &c. 3.1.441
De *Dagobert.* 9.118.1278
D'*Erric troisiéme Roy de Suede.* 8.40. 1000
De *Federic troisiéme Empereur.* 8.35. 995
De *Ferdinand Archiduc d'Austriche.* 9.159.1331
De *François premier.* 1.86.147
De *François second.* 2.32.370
De l'*Empereur Hadrien.* 6.13.828
De *Henry premier.* 1.119.199
D'*Henry second.* 1.86.147. & 2.32.369
D'*Henry troisiéme.* 2.34.371
D'*Henry le Grand.* 8.52.1016
De *Iacques Huard Roy d'Escosse.* 6.24. 844
De *S. Louys.* 1.160.262. & 9.39.1178
De *Louys le Gros.* 1.122.204
De *Louys second Duc de Bourbon.* 3.22. 471
De *Louys le Debonnaire.* 1.105.175. & 3.21.471
De *Louys VIII.* 8.50.1012
De *Louys X.* 8.47.1006
De *Louys XI.* 6.34.856
De *Louys XII.* 1.86.147.& 8.51.1015
De l'*Empereur Maximilian.* 9.56.1199
De *Maximilian second.* 3.62.527
De *Pepin.* 4.98.705
De *Philippe le Bel.* 6.31.852.& 8.51. 1013
De *Philippe le Hardy.* 8.50.1013
De *Philippe second.* 1.178.285

De *Philippe VI.* 8.51.1013
De *Rhodolphe Empereur.* 8.66.1035
De *Robert Roy de Naples.* 8.4.958
De *Xiste V.* 8.28.989
De *Marguerite de Valois.* 10.1.1347
Des anciens *Philosophes de la Grece.* 4. 56.632

DOCVMENS.

De *Charlemagne à son fils.* 5.16.739
Documens de *S. Louys à ses enfans.* 5.45. 788. & suiuant.
De *Dagobert à ses enfans pour la conseruation de la Religion Chrestienne.* 1. 92.154
Du mesme à ses Seigneurs François & à ses enfans. 5.32.768
De *François I. à son fils Henry.* 5.40. 780
D'*Hugues Capet à son fils luy recommandant la deuotion de la B. Vierge.* 1.115.189
Du mesme à son fils Robert. 5.19.743
D'*Henry le Grand.* 5.23.750
Du mesme Maximes de guerre. 5.10. 729
De *Louys XI. documens remarquables.* 5.22.747
De LOVYS LE IVSTE. 5.24.754
Duels defendus par S. Louys, par Henry le Grand, par LOVYS LE IVSTE, & leurs Edicts à ces fins. 9.83.1234. & suiuant.
Decret de l'Eglise contre les duellistes, & qu'il n'y a ny honneur ny courage aux dueils. 9.86.1237 & suiuant.
Les desastres qui suiuent les Duellistes apres leur mort. 9.89.1243

E

Les Roys de France guerissent les Ecroüelles. 10.4.1351
Ceste vertu leur prouient de leur sacrée Onction & Religion. 10.5.1353
Ecroüelles premierement gueries par Clouis. 10.6.1364

Ceremo

DES MATIERES.

Ceremonies obseruées par les Roys de France, en la guerison des écroüelles. 10.7. 1355

Depuis S. Louys les Roys n'ont point omis le signe de la Croix à l'attouchement des escroüelles. 10.8.1356

Henry le Grand en saluant vn Espagnol malade des escroüelles, & le touchant sans sçauoir son infirmité le guerit soudain. 10.9.1357

LOVYS LE IVSTE *guerit tous les ans grand nombre de malades des écroüelles.* 10.10.1358

Vn Heretique se faisant Catholique, & touché par LOVYS LE IVSTE *est gueri de ses escroüelles, mais retournant à son heresie est saisi derechef de ses escroüelles.* 10.10.1359

Les Lys profitables aux escroüelles. 10.3. 1331

l'Eglise Romaine tousiours defenduë par les Monarques François. 2.56.399

L'Exaltation de l'Eglise est celle de France, & celle du Royaume de France est celle de l'Eglise. 1.110.183

Ecclesiastiques bons honorez de LOVYS LE IVSTE. 1.143.236. & suiu.

Eloges diuers de S. Louys. 1.146.245. & suiuant.

Eloges diuers donnez aux Papes par les Roys de France. 1.111.184

Enfans vicieux est vn grand déplaisir aux peres. 1.85.144

Les enfans doiuent imiter les belles actions de ceux dõt ils sont descẽdus. 9.4.1121

Les enfans ne sont tousiours semblables à leur pere. 1.126.212

l'Eloquence & la force sont les deux principales pieces de la guerre. 8.35.995

Les peines d'Enfer aiguillonnẽt aux bonnes œuures. 9.167.1343

l'Enuie. page 1249

l'Enuie comparée à vn Monstre de Cracouie. 9.107.1166

Enuieux comparé aux sauterelles de l'Apocalypse. 9.90.1245.& suiuant.

Ils sont semblables aux demons. 9.92. 1248

Enuie est opposée à l'amour du prochain, & est detestée de Clouis & des Roys suiuans. 9.93.1249

Apostrophe aux Enuieux. 9.112.1271

l'Espargne des ieusnes de S. Louys appliquée aux paures. 7.27.940

l'Esperance est signifiée par le tige du Lys. 3.1.441

l'Esperance diuine est la chose la plus forte qui soit dans le monde. 3.6.450

l'Esperance en Dieu anime à toute sorte de souffrance. 3.49.521

Le bon-heur de la vertu d'Esperance. 3.72. 542. & suiuant.

l'Esperance est grande à proportion de la Foy. 3.5.448

Esperer en Dieu fait iouyr d'vn heureux succes. 3.30.480. & suiuant.

S. Louys a surpassé en esperance les Israëlites, & n'a rien cedé au Patriarche Abraham. 3.60.522

l'Esperance de Louys le Debonnaire l'a deliuré de ses afflictions. 3.18.468. & suiuant.

La charge d'Euesque est de grande importance. 2.47.385

On doit aymer ses Ennemis à l'imitation de S. Louys. 6.57.891

Il faut pardonner à ses ennemis. 6.60. 898

Eucharistie honorée de S. Louys. 2.67. 416. & suiuant.

Exploit de guerre d'vn Prestre François. 8.92.1061

F

LEs faineans detestez des nations bien reglées. 9.134.1294

Le flateur plus farouche que les bestes. 1.74.127

La foy viue nous rend prompts aux bonnes œuures. 2.78.432

Definition de la Foy, ses proprietez cõparée à la racine du Lys. 2.1.317. & suiu.

En

TABLE

En la Foy Catholique la perseuerance des Monarques François. 2.6.326.

Parallele de la foy de LOVYS LE IVSTE auec celle de tous les Roys de France ses deuanciers. 2.47.387.& suiuant.

En ce qui touche la foy, Childebert a recours au Pape. 2.16.344

A proportion de la foy l'Esperance est grande. 3.5.448

Il faut se premunir contre les tentations de la foy que Sathan liure à l'heure de la mort. 2.63.410

la Force doit estre accompagnée de vertu. 8.73.1041

la Force des Roys de France comparée à l'huile de Lys. 8.1.955

la Force du bras de Charlemagne. 8.22. 980

Force & Eloquence deux principales pieces de la guerre. 8.35.995

Excellence du Royaume de France. 4.6. 557

François premier & ses successeurs se sont opposez genereusement aux heresies de Luther & Caluin. 2.25.362. & suiuant.

les François assiegerent Constantinople & l'emporterent. 8.38.998

Armes des François redoutées des Turcs. 8.44.1003. & suiuant.

Fulco Conte d'Anjou fait penitence. 4.10. 566

G

Gallia signifie blancheur. 1.6.10. & 1.48.80

Generosité de S. Louys & ses proüesses. 8.68.1032. & suiuant.

Godefroy de Boüillon est le premier Roy de Ierusalem. 8.27.986

Dieu tesmoigne d'ordinaire au dehors les graces qu'il opere au dedans de nos ames. 1.7.12

Guerres des Roys de France. Voyés le Parangon VIII. de leur force & vaillance.

L'entreprise de S. Louys pour la Guerre saincte est pleine de Iustice, saincteté & gloire. 8.110.1094. & suiuant.

Exploit de Guerre d'un Prestre François. 8.92.1061

Dieu fauorise les Guerres des Princes vertueux. 8.125.1110.& suiuant.

Principales pieces de la Guerre sont la force & l'eloquence. 8.35.995

Maximes de Guerre d'Henry le Grand. 5.10.729

H

Harangues de Clouis à ses Soldats auant la bataille contre Alaric. 1.77.132. Auant son Baptesme. 2.12. 337. De Charles Martel à ses Soldats. 8.9.966

Henry s'oppose à l'Heretique Bruno & Berenger. 1.119.199

Henry III. monstre en sa mort qu'il a esté vn Roy tres-Catholique. 2.38.376

Henry le Grand touchant par mesgard en saluant vn Espagnol malade des escroüelles le guerit.10.9.1357.Ses documens.5.23.750.Ses maximes de guerre.5.10.729.Il ayme la Compagnie de IESVS. 2.43.381

Heresies tousiours combattuës par les Monarques François. 2.56.399

Les Roys de France iurent en leur Sacre de defendre l'Eglise, & d'extirper les Heresies en leur Royaume. 2.17.345

Les Heretiques Hubert & Lisoius punis du feu par Robert.1.118.197.Et l'heretique Luthericus repris par le mesme. 1.117.196

Les Heresies de Luther & Caluin genereusement combattuës par François I. & ses successeurs.2.25.362.& suiuant.

Heretiques obiections & friuoles contre les miracles de l'Eglise Catholique, Apostolique & Romaine. 10.39.1396

Parenese aux Heretiques de ce siecle pour reprendre la Religion de leurs Roys. 1.144.241. & 2.80.437

Apostrophe aux pretendus Religionnaires

qui

DES MATIERES.

qui nient la reelle presence de IESVS-CHRIST en la saincte Hostie. 2.70. 420.

les Historiens par vn secret diuin oublient tousiours quelques poincts pour l'exercice de la posterité. 1.19.35

Honneur des Roys de France au sainct Siege. Voyés Pape.

Charitable mercuriale aux deuoyés Huguenots qui méprisent l'authorité du sainct Siege. 1.111.184

Hugues Capet reçoit auec tout honneur le Pape Iean quinziesme. 1.114.186. Sa deuotion enuers la B.Vierge. 3.22.472. Enuers les Saincts. 1.115. 189. Il recommande à son fils la deuotion de la B.Vierge. 1.115.191. Ses documens à son fils Robert. 5.19.743. Ses trauaux luy ont merité la Coronne de France. 9.131.1291

Huile de Lys & ses vertus & proprietez. 10.1.1348. & suiuant.

Huile de Lys symbole de la force des Roys de France. 8.1.955. & suiuant.

Humilité nous garentit de tous les dangers de l'ame. 9.32.1168

les Humbles sont cheris de toute la Cour Celeste. 9.43.1182

Dieu rend glorieux les Humbles. 9.47. 1185. & suiuant.

l'Humilité de Clouis. 9.8. 1128. de Clotaire à l'endroit de S. Germain. 9.9. 1129. De Clotaire II. 9.13.1133. de Dagobert & autres Rois suiuans. 9.14. 1134. & suiuant de S. Louys. 9.34. 1169. & suiuant. De diuers Empereurs à l'endroit des Euesques. 9. 20. 1150. de Robert à l'endroit de pauures, 9.22.1151. de Louys XI. Louys XII. qui se mocquent des superbes. 9. 28. 1160. & suiuant. d'Henry le Grand. & de LOVYS LE IVSTE, 9.30.1163. De Charlemagne abordant le S. Pere baisant les marches. 1. 101.167. De Louys le debonnaire. 1.106. 176

Humilité de Philippe IV. à l'endroit du Pape Benoist. & de Clement V. 1.128. 214

I

SEcours miraculeux de la Pucelle Ieanne. 3.31.481. & suiuant.

En Hebreu le mot de Ieunesse prouient d'vn autre qui signifie mal fait. 1.88. 149

les Ieusnes de S. Louys. 7.26.939

S. Louys estoit fort soigneux de procurer des Indulgences. 9.149.1318

l'vsage des Images receuës des Roys de France. 2.53.395

l'Inclination des Monarques François à l'estude des bonnes lettres. 5.25.755. & suiuant.

la maison du Iuste se perpetue, & celle de l'impie tombe en ruine. 1.170.273

Diuers rapors du Lys auec la Iustice. 6. 1.810. & suiuant.

l'administration de la Iustice est digne des Roys. 6.5.817

la Iustice comparée au Soleil. 6.14.830

le bon-heur de la Iustice. 6.59.894

la Iustice & sagesse rend les Roys & les peuples heureux. 6.24.843

le lict de Iustice des Monarques François est vne marque de leur zele à rendre Iustice. 6.9.823

la main d'yuoire qui se porte deuant les Roys de France témoigne leur affection à l'endroit de la Iustice. 6.6.818

la verge de la main de Iustice des Roys de Frâce témoigne l'equité de leur Iustice. 6.7.820

les Roys de France se soumettent à la Iustice comme les moindres du Royaume. 6.8.822

les Princes estrangers ont admiré la splendeur du lict de Iustice des Roys de France. 6.10.825

les Roys de France depuis Clouis ont rendu de celebres témoignages de leur Iustice. 6.11.826. & suiuant.

Xxxxxxx Philippe

TABLE

Philippe le Bel rend la Iustice sedentaire. 6.29.849. & suiuant.

Iustice de S. Louys. 6.45.870. & suiuant.

S. Louys grand Iusticier. 51.1417

S. Louys a faict paroistre plus de courage en ses Iustices que Salomon. 51.1416

la Iustice de S. Louys à l'endroit de Dieu, de soy-mesme, de ses subjects, des estrangers, de ses ennemis, des Trespassez. 6.45.870. & suiuant.

Iustice de LOVYS LE IVSTE. 6.44.868

gens de Iustice aduocassoient anciennement. 6.16.832

Qui desire la paix doit excrcer la Iustice. 6.49.896

Les qualitez des vrais Iuges, & tels que S. Louys les choisissoit. 50.1415

L

Liberalitez des Rois de France. 4.28.587. & suiuant.

Des mesmes enuers les Papes. Voyés Pape.

Liberalitez de S. Louys és fondations & ailleurs. 4.85.680. & 4.91.689. & 4.46.617

Liberalitez du Roy Pepin enuers le Pape Estienne. 4.38.604. & suiuant.

de Charlemagne, la mesme.

de Louys le Debonnaire. 4.46.617

d'Henry le Grand enuers la Compagnie de IESVS. 2.43.381

de LOVYS LE IVSTE *enuers la mesme Compagnie.* 4.68.652

Le nom de Louys & Clouis est le mesme. 1.22.42

Louys signifie vaillant. 8.64.1033

S. Louys a esté vn Lys entre les espines. 1.153.252

Le bon-heur temporel de S. Louys. 4.160.262. & suiuant.

Eloges diuers de S. Louys. 1.146.245. & suiuant.

S. Louys a possedé toutes les vertus des autres Roys de France. 1.145.244

Sa Charité comparée à diuerses figures de l'Escriture saincte. 4.83.662

Des proprietez de sa Charité. Voyez le Chap.3. du Parangon 4.

A sa charité plusieurs Emblemes des anciens y sont appliquez. 4.79.671

Il a aymé ses ennemis. 6.57.891

Son affection à soulager les ames du Purgatoire. 6.58.893

Il n'a iamais peché mortellement. 4.81.673

Il estoit tousiours prest à quitter le monde pour s'vnir à Dieu plus estroictement. 4.84.662

Sa chasteté remarquable. 7.29.944. & suiuant.

Il exhorte les seculiers à l'amour de la continence. 7.31.946

Comme il resistoit aux sales tentations. 7.32.940

Il est comparé à l'vn des Cherubins d'Ezechiel. 1.141.232

Sa constance contre la prudence humaine. 3.61.524. & 3.63.527. & 3.65.532

Sa deuotion enuers le sainct Sacrement de l'Autel. 2.67.416. *Enuers les Saincts & leurs Reliques.* 2.71.422. *Il reuere singulierement la saincte Croix.* 2.61.409

Ses prieres nocturnes. 9.145.1312

Se plait à la parole de Dieu, & à exhorter à la vertu. 9.146.1313

Son diuin pourparlé, interieur auec frere Gile sans proferer vn seul mot l'vn voyant le cœur de l'autre. 1.46.1408

Sa deuotion en son pelerinage en Nazareth. 9.147.1314

Il procuroit soigneusement des Indulgences. 9.149.1318

Dieu le protege miraculeusement en sa prison. 3.67.534. & suiuant.

Son entreprise de la guerre saincte. 8.110.1094 & suiuant.

Son esperance surpasse celle des Israelites, & ne cede à celle d'Abraham. 3.60.522

Sa Iustice à l'endroit de Dieu, de soy-mesme

DES MATIERES.

mesme de ses subjects, des estrangers, de ses ennemis, & des Trespassez. 6.45. 870. & suiuant.

Il defend les duels. 9.83. 1234. & suiuant.

Ses ieusnes & abstinences pendant l'année. 7.16.939

L'espargne de ses ieusnes employée au soulas des pauures. 7.17.940

Ses enseignemens à son fils & à sa fille. 5.45.788. & suiuant.

Ses liberalitez à l'endroit des R. Peres Chartreux. 4.91.689. ses aumosnes. 4.85.680. Sainct en ses liberalitez. num. 47.1413

Il est modelle de la vie d'un grãd & sainct Monarque. num. 47.1412

Son obeyssance au Pape. 1.155.255. & suiuant.

Il institue l'Ordre du nauire, & pourquoy. 1.150.249

Et celuy de la Genest. 9.39.1178

Il est doüé d'vne prudence surnaturelle. 5.46.802

Sa prudence en son gouuernement. 5.46. 798. & suiuant.

Sa prudence au cõmencement de son Estat. 5.42.784. & suiuant.

Il est amateur de la paix. 5.45.787. Et ne peut souffrir la discorde. 9.168. 1267. & suiuant.

Ses proüesses tant en France qu'en Orient. 8.68.1032. & suiuant.

Sa valeur a surpassé celle des conquerans de la Grece & de Rome. Là mesme.

Il exhorte ses soldats à recognoistre Dieu autheur des victoires. 8.98.1066

Lettre escrite d'Acon, par le Roy S. Louys aux Seigneurs de France touchant sa prise & sa deliurance. 8.102.1071

Diuerses proprietez de S. Louys. Voyés le Chap. 3. du Parangon 4.

Parallele de S. Louys auec Salomon. num. 40.1403. & suiuant.

Salomon a pour Precepteur le Prophete Nathan, & S. Louys les plus recommãdables Docteurs des Ordres de sainct Dominique & sainct François. n.44. 1407

Salomon fait bastir le Temple de Hierusalem, & sainct Louys en fait bastir plusieurs. num. 45.1407

Salomon & S. Louys fort versez és sciences tant diuines qu'humaines. num. 46. 1407

Salomon s'enyure des voluptez, & sainct Louys les deteste comme poison de l'ame. num. 47.1410

S. Louys n'a rien cedé à Salomon en sagesse diuine & humaine. n. 41.1404. & suiuant.

S. Louys surpasse Salomon en toute sorte de vertu. 49.1414

S. Loüys surpasse Salomon en ses proüesses contre les infideles. num. 48.1413

Testament de S. Louys. 4.94.694

L'heureux trespas de S. Louys. 9.150. 1319

Lamentation sur le trespas de S. Louys. 8.108.1090

S. Louys apres sa mort ne change de face. 9.152.1322

S. Louys apres sa mort paroit à diuers. 9.153.1324. & suiuant.

S. Louys n'est pas moins puissant à guerir miraculeusement les maladies, que la fleur de Lys. 10.2.1350

Zele de S. Louys à conuertir les Infideles. 2.64.412. & suiuant.

Louys le Debonnaire son humilité. 1.306. 176

Il venge l'iniure faite à Leon Pape. 1. 105.175

Sa liberalité enuers les Papes. 4.46.617

Il reçoit honorablement le Pape Estienne venant en France. 1.106.176

Son esperance le deliure d'affliction. 3.18. 468. & suiuant.

Sa patience. 3.18.465

Ses aumosnes sont recompensées de Dieu en ce monde. 4.47.618

Louys le Gros tesmoigne l'honneur au Pape

TABLE

Pape venu en France. 1.122.205

Il a veû en France cinq Papes. 1. 122. 206

Louys VI. porte sur ses espaules les Chasses des saincts Martyrs, Denys, Eleutere & Rustic, en action de graces. 3.22. 472

Louys VII. defend Eugene III. & Alexandre III. de leurs ennemis. 17.123. 206

Remarquable repartie qu'il fait aux Ambassadeurs de l'Empereur Federic en faueur des Papes. 1.123.206

Il obtient vn fils par ses prieres, sa femme estant sterile. 3.23.473

Louys XI. donne des documens remarquables. 5.22.747

Il deteste la Pompe des habits. 9.25. 1157

LOVYS LE IVSTE comparé à l'vn des Cherubins d'Ezechiel. 1.141.232

Ses aumosnes. 4.67.649

Son bon-heur remarquable en trois mysterieux septenaires. 1.185. 295. & suiuant.

Il se rend tres-recommendable en la vertu de chasteté. 7.17.925. & suiuant.

Sa deuotion à l'endroit du S. Sacrement. 4.72.660

Et la guerison miraculeuse qu'il en reçoit. 9.140. & 1304. & suiuant.

Sa deuotion à l'endroit de la Vierge. 3.51. 608. & suiuant.

Ses documens & sages paroles. 5.24. 754

Les singulieres faueurs du Ciel à l'endroit de sa Majesté pour la conqueste des villes rebelles. 1.189. 301

Les faueurs miraculeuses que sa Majesté à receu de la B. Vierge. 3.51.508. & suiuant.

L'vnion qu'il a auec Dieu, & ses oraisons. 4.71.658

Parallele de la foy de LOVYS LE IVSTE auec celle de tous les anciens Roys ses deuanciers. 2.47.387. & suiuant.

Il guerit tous les ans grand nombre de malades. 10.10.1358

Il honore la Religion Catholique, le Pape & les Prestres en la personne de Monsieur le Cardinal de Richelieu. 1.42. 234

Sa liberalité à l'endroit de la Compagnie de IESVS. 4.68.652

Il ayme ses ennemis. 4. 69. 653. & suiuant.

La Iustice de LOVYS LE IVSTE. 6.44.868

Il deteste le peché. 4.62.642.& suiuant.

La prise de la Rochelle. 8.58.1024. & suiuant.

Ses proüesses. 8.53. 1017. & suiuant.

Il donne de grandes preuues de sa rare prudence. 5.11.730. & suiuant.

Il n'apprehende point la mort. 9.139. 1302. & suiuant.

Sept septenaires se rencontrent en la vie de LOVYS LE IVSTE. 1.185. 295

Lys & son origine selon les anciens, & l'estat qu'en ont fait les autheurs anciens, les saincts Docteurs, & plusieurs autres rarete des la fleur de Lys, sa description, &c. 1.57. 93. & suiuant.

Lys souuerain pour guerir plusieurs maladies des yeux. 10.13. 1363. des escroüelles. 10. 3. 1351. des fiévres. 10. 19.1370. les oreilles. 10.17. 1367. la podagre.10.22.1374. la paralisie. 10. 25.1377

Le Lys denance la gloire de Salomon. num. 39.1401

Des fleurs de Lys de France. Voyez Armoiries.

Le mot de Lys en bon François, ne se peut prendre pour vn glayeul, ou pauillere. 1.37. 65

Tusau en Hebrieux signifie vn Lys blanc. 1.47.78

Explication du passage de Tertullian, Vrrisque Liliis. 1.38.66

Les fleurs de Lys de France, ont peu de rapport

DES MATIERES.

rapport auec les Lys naturels. 1.31. 55

Pourquoy les Lys de France, estans de la nature des blancs sont neantmoins dorez. 1.52.86

Raison pourquoy les Lys de France, ne font paroistre que trois pampres. 1.46. 76

Pourquoy la pampre du milieu de la fleur de Lys, se releue par dessus les deux autres. 1.36.63

Le Lys symbole de la Royauté. 1.55.90

Lys symbole de la saincte Trinité. 1.72. 123

Les trois Fleurons representent l'unité d'essence en trois personnes. 1.73.124

Les fleurs de Lys de France, representent les trois Hierarchies des Anges. 1.69. 119

Le Lys symbole des vertus, des Vierges, des Saincts, de la B. Vierge, & de nostre Seigneur IESVS-CHRIST. 1.60. 98

Symbole de la Religion, & de toutes les vertus Chrestiennes. 1.63.110. & suiuant.

Les Lys nous inuitent à faire florir la Religion. 1.195.308

Les trois fleurs de Lys de France, representent les trois principales vertus de la Religion Chrestienne. 1.60.110

La racine du Lys Symbole de la foy, où plusieurs proprietez de la racine du Lys sont deduites. 2.1.317. & suiuant.

La tige du Lys est le Symbole de l'Esperance Theologale, & diuerses remarques sur la fleur de Lys. 3.1.441

Parallele de la fleur du Lys auec la Charité, où plusieurs remarques de la fleur de Lys sont deduites. 4.2.550

La bonne odeur du Lys comparée à la Prudence. 5.1.713. & suiuant.

Diuers raports des six feüilles du Lys à la Iustice. 6.810. & suiuant.

La temperature naturelle du Lys comparée à la vertu de Temperance. 7.1. 902. & suiuant.

L'huile du Lys comparée à la force des Roys de France. 8.1.955. & suiuant.

Les sept massettes du Lys, figurent les sept vertus morales. 9.111.1119

Diuerses facultez du Lys. 10.1.1347

Paralleles du Lys auec la Palme. 3.4.446

Les Lys se retrouuent en diuers endroits du Temple de Salomon. 1.62.109

Lettre de Monsieur de S. Mauris sur le traicté des fleurs de Lys. 1.61

M

Magie chastiée & detestée par les Roys de France. 4.17.575. & suiuant.

Maximes professées de toute l'Eglise ne doiuent estre contestées. 2.64.401

Maximes de guerre rapportées par Henry le grand. 5.10.729

Meschans menacez de Dieu de toute sorte de malheurs. 9.165.1340

Meschans se desesperent à l'heure de la mort, & ne trouuent aucun secours. 1.118.198

Messe tousiours reuerée par les Roys de France. 2.49.389

Miraculeusement Clouis receut du Ciel les trois fleurs de Lys. 1.20.36

Miracles diuers de mesme espece que celuy des trois fleurs de Lys. 1.15.28

Miraculeux transport de la S. Ampoule par vne colombe. 2.14.340

Miracles operez par les Roys de France, ou en leur personnes.

Clouis commence miraculeusement à guerir le premier les écroüelles 10.6.1354

Merueilles veües & ouyes S. Remy preschant deuant Clouis, auant son baptesme. 2.10.332

Clouis reçoit du vin de S. Remy, qui se multiplie. 1.76.131

Vne biche monstre à l'armée de Clouis le gué de la riuiere de Vienne. Et sainct Hilaire paroit à Clouis. 3.8.453

Xxxxxxxx 3   Clouis

TABLE

Clouis miraculeusement guery d'vne fiévre par sainct Seuerin. 3.11.456

Miraculeusement tombent les murailles de Pampelune par les prieres de Charlemagne. 8.21.979

Miraculeuse victoire obtenuë par les prieres de Clotaire. 3.12.457

Miraculeuse protection de Dagobert en la Chappelle de S. Denys. 1.90.152

Miracles operez par le chef de S. Iean Baptiste porté à la teste de l'armée de Pepin. 3.15.462

Miraculeux secours de la Pucelle Ieanne. 3.31.481

Louys VII. par ses prieres obtient vn fils sa femme estant sterile. 3.23.473

Miraculeuse guerison de Philippe Auguste, & de son fils Louys. 3.24.474

Robert miraculeusement rend la santé aux malades en leur baisant la main, la veuë aux aueugles auec l'eau qui auoit laué ses mains. 1.116.193

Miraculeuse protection de S. Louys en prison. 3.67.514.& suiuant.

Plusieurs miracles operez par S. Louys suiuant la Bulle de sa Canonization. 10.11.1360

Miracles du mesme authorisés par le Pape Boniface VIII. 10.12.1361

Plusieurs miracles du mesme non escris. 10.11.1360

S. Louys ne change point de face apres son trespas. 9.152.1322. Il se fait voir apres son trespas. 9.153.1324

S. Louys n'est pas moins puissant à guerir miraculeusement les maladies que la fleur de Lys à les soulager. 10.2.1350

Aueugles recouurent la veuë par l'intercession du Roy S. Louys. 10.13.1363. & 10.14.1364.& 10.15.1365.& 10.16.1366.

Sourds & muets gueris par l'intercession du mesme. 10.17.1367. & 10.18.1368.& suiuant.

Des cheueux de S. Louys guerissent vn bras estropié. 10.24.1376

Plusieurs Paralytiques gueris par l'intercession du mesme Sainct. 10.26.1378. & suiuant.

Pourquoy S. Louys a pleu gueris de Paralytiques que d'autres malades. 10.25.1377

Diuerses sortes de miracles operez par l'intercession de S. Louys. 10.30.1384. & suiuant.

Mal caduque guery par le mesme Sainct. 10.31.1386

Vn Pere de la Compagnie de IESVS, guery de plusieurs infirmitez corporelles par l'intercession de S. Louys. 10.32.1387

La ville de Pontarlie au Conté de Bourgongne guerie de Peste par l'entremise de S. Louys. 10.33.1389. & suiuant.

Les miracles de l'Eglise Catholique monstrent que l'inuocation des Saincts est tres-agreable à Dieu. 10.37.1394

Friuoles obiections des Heretiques contre les miracles de l'Eglise Catholique. 10.39.1396

Miraculeuses faueurs de la B. Vierge enuers LOVYS LE IVSTE. 3.51.508. & suiuant.

Miraculeuse guerison de LOVYS LE IVSTE, en la reception du S. Sacrement de l'Autel. 9.140.1304.& suiuant.

Monarques François qui ont embrassé la vie Religieuse. 1.111.182

Monstrueux enfant engendré à Cracouie. 9.106.1265

Les Roys de France fort soigneux à se preparer à la mort. 5.30.767.& suiu.

Mort d'Henry III. monstre qu'il a esté vn Roy tres-Catholique. 2.38.376

Mort funeste des Princes auaritieux. 9.94.702

N

LEs Noms des anciens Roys de France estoient donnez selon leurs vertus. 8.63.1032

Nombre

DES MATIERES.

Nombre ternaire, son excellence. 1.68. 118
Nouueauté suspecte en toute chose. 1.13. 24

O

Obeyssance des Roys de France aux Papes. 1.155.255. & suiuant.
Bonnes œuures jointes à l'amour de Dieu. 4.49.620. & suiuant.
Les bonnes Oeuures saucët Charlemagne.
Occupations continuelles de sainct Louys.
Oisiueté comparée au monstre du 17.thap. de l'Apoc. 9.113.1273. & suiuant.
Oisiueté detestée des Monarques François. 9.115.1275. & suiuant.
Henry le Grand a fait guerre à l'oisiueté depuis sa ieunesse. 9.1135. & suiuant.
LOVYS LE IVSTE ennemy de l'oisiueté. 9.137.1299. & suiuant.
l'Onction sacrée des Roys de France. 2.18. 347. & suiuant.
Les proprietez de l'or raportées aux vertus des Roys de France. 1.53.88
Oriflamme, sa couleur, & sa figure. 3.44. 498. & suiuant.
Origine des diuers Ordres de Cheualerie en France. 9.38.1177
S. Louys a establis celuy de la Genest. 9. 39.1178. du Nauire, & quand. 1.150. 249. Celuy du S. Esprit. 2.35.372. & suiuant.

P

Pape.
Diuers Eloges donnez aux Papes par les Roys de France. 1.111.184
Les Papes sont infaillibles aux decisions de la Foy. 1.112.185
Childebert a recours au Pape touchant la Foy. 2.16.344
Il est comme hereditaire aux Monarques de France, d'estre zelez au bien des Papes. 1.119.216
Tous les Roys de France ont reueré les saincts Pontifes. 2.48.388

Le Roy Pepin reçoit honorablement en France le Pape estienne, & luy promet tout secours contre Astolfe. 1.95.157
Pepin passe en Italie pour secourir le Pape Estienne. 1.96.156
Il retourne en Italie, & contraint Astolfe de rendre au Pape Estienne ce qu'il auoit vsurpé. 1.97.160
Charlemagne secourt le Pape Adrien contre Dagobert. 99.164
le Pape Leon trouue en France vn asseuré Azyle auprès de Charlemagne. 1.102. 169
Louys le Debonnaire venge les torts qui furent faits au Pape Leon. 1.105. 175
le Pape Estienne est receu honorablement par l'Empereur Louys le Debonnaire. 1.106.176
le Pape venant en France, est receu honorablement par Charles le Chauue. 1.109.181
la singuliere reuerence du Roy Hugues Capet à l'endroit du Souuerain Pontife Iean XV. 1.114.188
le Roy Philippe se rend obeyssant au Pape. 1.121.202
Louys le Gros témoigne tout honneur & affection aux Papes venus en France. 1.122.205
Louys le Gros à veu en France cinq Papes. 1.122.206
Louys VII. defend Eugene III. & Alexandre III. contre leurs ennemis. 1. 123.206
Repartie remarquable de Louys VII. aux Ambassadeurs de l'Empereur Federic en faueur des Papes. 1.123.106
Philippe IV. fort souple aux Papes Benoist XI. & Clement V. 1.128.214
l'amour cordial, & prompte obeyssance du Roy S. Louys à l'endroit des Souuerains Pontifes. 1.155.255. & suiuant.
Philippe de Valois protecteur des Papes. 1.130.217. & suiuant.
l'affection de Charles V. de Charles VI.

TABLE

de Charles VII. de Louys XI. de Charles VIII. de Louys XII. de François I. à l'endroit des Papes. 1.132. 219. & suiuant.

Henry le Grand a tousiours respecté l'authorité des Papes. 1.140.130

LOVYS LE IVSTE honore les Papes. 1.42.234. & les bons Ecclesiastiques. 1.143.236. & suiuant.

Charitable mercuriale aux deuoyés Heretiques qui meprisent les Papes. 1.111. 184

les Monarques François ont tousiours reueré les Prestres, & les Religieux. 2.54.397

les Roys de France se sont tousiours serius des Prelats de l'Eglise pour Conseillers d'Estat. 1.142.235

les Roys de France sont pacifiques. Voyés le Chap. 6. du 9. Parangon.

Rien de plus epouuantable & pernicieux que le peché. 9.1.1115

le Peché nous change en beste. 9.2.1117

les Roys de France ont detesté le peché. 4.5.556. & suiuant.

le Roy S. Louys n'a iamais offencé Dieu mortellement. 4.81.673

LOVYS LE IVSTE deteste le peché. 4.62.642. & suiuant.

Penitence de Clotaire. 4.8.561. de Chilperic. ibid. de fulco. 4.10.566. & suiuant.

Pensée de l'Eternité adoucit les fascheries. 5.33.770

les Peres doiuent prendre part aux loüanges de leurs enfans. 1.120.201. & 1.125.211

les Pelerinages, la Confession, ceremonies & entiere creance de l'Eglise Romaine recogneuë & admise de tous les Roys de France. 2.57.398

Pelerinage de S. Louys en Nazareth. 9.147.1314

Prieres de Charlemagne renuersent les murailles de Pampelune. 8.21.979

Prieres de Charles V. le deliurent des Anglois. 3.27.477

Prieres nocturnes de S. Louys. 9.145. 1312

les Prieres sont de puissantes armes pour combatre l'oysiueté. 9.144.1311

Par les prieres de Louys VII. sa femme de sterile fut feconde. 3.23.473

Charles VI. fut vn fruict des prieres de son pere. ibid.

les Prieres obtiennent les victoires. Voyés victoire.

le Roy Pepin liberal à l'endroit du Pape Estienne. 4.38.604. & suiuant.

Il passe en Italie pour le secours du Pape Estienne. 1.95.157. & 1.96.158. & 1.97.160

Pepin fait porter en teste de son armée le Chef de S. Iean Baptiste lequel fait plusieurs miracles. 3.15.462

Il obtient la victoire contre les Vesphales par les prieres. 3.15.461

Philippe Auguste, & son fils Louys gueris par les Reliques de sainct Denys. 3.24. 474

Il obtient victoire par ses prieres en la iournée de Bouines. 3.15.475. & 8.49. 1008. & suiuant.

Il defait les François par l'assistance de la B. Vierge. 3.26.470

Philippe IV. humble enuers les Papes Benoist XI. & Clement V. 1.128.214

Pierre du Cugnet, son origine. 6.33.854

les Prelats ont tousiours seruy pour Conseillers d'Estat en France. 1.142.235

les Princes doiuent auoir de la Clemence pour les bons, & la rigueur pour les mutins. 9.53.1195

Princes vertueux fauorisez de Dieu. 8.125.1110. & suiuant.

l'excellence d'estre prisonnier pour IESVS-CHRIST. 3.69.529

Protection miraculeuse de Dieu en l'emprisonnement, & deliurance de sainct Louys. 3.67.534. & suiuant.

Prouesses de sainct Louys. 8.68.1032. & suiuant.

Prouesses

DES MATIERES.

Proüesses de LOVYS LE IVSTE. 8.53.1017. & suiuant.
Prise de la Rochelle. 8.58.1024. & suiu.
Prudence comparée à la bonne odeur du Lys. 5.1.713. & suiuant.
la Prudence des Roys de France, a paru entendant volontiers les auis de sages. 5.5.721. & suiuant.
Prudence politique des Roys de France. 5.13.735
Prudence militaire des Roys de France. 5.7.725. & suiuant.
le vray Prudent est celuy qui raporte toutes ses actions indifferentes à sa derniere fin. 5.4.719
la souueraine Prudence des Monarques François à prouuoir à leur derniere fin. 5.30.767
Celuy est vrayement sage qui l'est, & pour soy & pour les autres. 5.46.798
la Prudence maintient les autres vertus. 5.49.805. & suiuant.
la parfaicte Prudēce demande la cognoissance des lettres humaines. 5.25.757
la Prudence est plus forte que les armes. 5.51.806
excellences & bon-heur de la Prudence. 5.52.807
S. Louys a esté doüé d'vne prudence surnaturelle. 5.46.802
Prudence de S. Louys à se bien gouuerner soy-mesme. 5.46.798. & suiuant. Et au gouuernement de son Estat. 5.42.784. & suiuant.
Prudence rare de LOVYS LE IVSTE. 5.11.730
le Purgatoire recogneu & aduoüé de tous les Roys de France. 2.52.394
Dagobert deliuré du Purgatoire à la faueur des Saincts qu'il auoit honoré pendant sa vie. 1.91.153

R

Diuerses Paralleles du Lys auec la Religion Chrestienne. 1.64.111
Les trois Lys de France, Symbole de la Religion Chrestiēne. 1.69.119. & suiu.
la Religion Chrestienne surpasse toutes les autres Religiōs en excellence. 1.65.114
les fleurs de Lys de France inuitent les Roys de France à faire florir par tout la Religion Chrestienne. 1.195.308
l'exaltation de la Religion Catholique en France est l'exaltation du Royaume de France. 1.110.183
le zele de la Religion Catholique, és Monarques François est leur bon-heur temporel. 1.171.277. & suiuant.
Religion Chrestienne recommandée par Dagobert à ses enfans. 1.92.154
Authorité des plus sages Monarques aduoüans que le bon-heur depend de la Religion. 1.182.289
l'amour & honneur de la Religion de sainct Louys. 1.150.249
l'amour & hōneur de LOVYS LE IVSTE. à la Religion. 1.42.234. & 2.47.387. & suiuant.
Reliques des Saincts honorées par les Monarques François. 2.51.391
Foy de S. Louys & sa deuotion à l'endroit des Reliques des Saincts. 2.71.422. & suiuant.
Honneur que Charlemagne porte aux Reliques des Saincts, & cōme il en obtint plusieurs de Constantin IV. 8.20.978
Reliques de S. Hilaire portées par Dagobert en la teste de son armée, & les miracles. 3.14.460
Reliques des Saincts Martyrs, Denys, Eleuthere & Rustic portées par Louys VI. sur ses espaules. 3.22.472
Reliques de S. Iean Baptiste portées par commandement du Roy Pepin à la teste de son armée, & les miracles operés. 3.15.462
Impieté des heretiques modernes à l'endroit des Reliques des Saincts. 2.77.431
Ressemblance engendre l'erreur, & la dissemblance rameine à la verité. 1.44.73
Excellence du Royaume de Frāce. 4.6.557

TABLE

la constante durée de la Royauté de France marque de la constance en la Religion Catholique. 1.18 o. 287
les Roys de France ont surpassé en gloire le Roy Salomon. n. 40. 1403. & suiu.
cinq qualités des Roys de France, representées par les Lys du Temple de Salomon. 1.66.115
la premiere qualité d'vn Roy c'est la Clemence. 9.80.1230
les Roys de France retiennēt quelque qualité du Sacerdoce. 1.67.117
les anciens ont marié le Sacerdoce auec la Royauté. 2.5.325
Coronnement des Roys de France. 2.17. 345. & suiuant.
l'Onction des Roys de France. 2.18. 347. & suiuant.
les Roys de France iurent en leur Sacre la defense de l'Eglise Catholique Apostolique & Romaine, & l'extirpation des Heresies. 2.17.345
les Roys de France ont tousiours combattu pour la Religion Catholique. 2. 56. 399. ont eu tousiours l'entiere creance de l'Eglise Catholique Apostolique & Romaine és Ceremonies, Pelerinages, Confession, 2.57.398. ont admis & reueré la sainte Messe 2. 49. 389. les Saincts. 2. 50. 391. les sainctes Reliques, la Croix. 2.51.391. ont recognu le Purgatoire. 2.52.374. l'vsage des Images. 2. 53. 395. ont reueré & obey aux Papes. Voyes Pape. Ont reueré les Prestres & Religieux. 2.54.397
Parenese aux Heretiques de ce temps pour reprendre la Religion de leurs Roys. 1. 144.241.& 2.80.437
les Roys de France guerissent les écrouelles, par vne vertu diuine, & miraculeuse. 10.4.1351. & suiuant.
ceste vertu leur prouient de leur sacrée Onction & Religion. 10.5.1353
les Roys de Bourgongne n'ont point esté Arriens. 1.75.129. & suiuant.
fin desastreuse des Roys de Iuda. 1.197.

311. & suiuant.
Robert Roy de France rend la santé aux malades en leur baisant la main, & rend la veuë aux aueugles auec l'eau de laquelle il auoit laué ses mains. 1.116.193
Il reprend aigrement Luthericus à cause de son incredulité au Sacrement de l'Autel. 1.117.196
Il fait punir du feu les Heretiques Héribert & Lisoius. 1.118.197

S

L'Inuocation des Saincts tres-agreable à Dieu, à ce qu'il confirme par les miracles qui s'ensuiuent. 10.37.1394
les Saincts honorez par Dagobert. 1.91. 153. Il inuoque sainct Denys. 3.14.460
Sainct Hilaire. 3.14.460
les Roys de France ont Confiance & recours aux Saincts. 3.29.479. à S. Michel Charlemagne. 3. 16. 463. Clouis à S. Martin. 7.7.45 1. luy offre son cheual. 3.10. 455. à S. Pierre, S. Paul, S. Denys, S. Seuerin. 3.11.456. Childebert à S. Eusichius encor viuant. 3.13. 458. Pepin à S. Iean Bapt. 3.15.462. Charles Martel à S. Martin. 3. 17. 464. S. Eleuthere, S. Rustic. 3. 22. 472. Louys VI. aux Mart. S. Denys, Philippe Auguste à S. Denys, duquel il reçoit la santé pour soy & son fils. 3. 24. 474. à la B. Vierge. 3. 26. 470. Charles VII. à S. Michel. 3.29.479. Hugues Capet. 3.22.472
les Saincts honorez par Dagobert durant sa vie, le deliurent du Purgat. 1.91.153
Inuocation des Saincts vtile encor apres la mort. 1.91.153
la descente des chasses de S. Denys quand les Roys de France veulent entreprendre la guerre. 3.41.493
Saincteté de Clouis approuuée par diuers Escriuains. 1.84.141
la vraye Sagesse est de se bien preparer à la mort. 5.41.781

Parallele

DES MATIERES

Parallele de Salomon est de sainct Louys. num. 40. 1403. & suiuant. Tous deux ont demandé & obtenu de Dieu la sagesse. num. 42. 1405
Salomon a pour precepteur Nathan le Prophete, & S. Louys les plus recommandables Docteurs des saincts Ordres de sainct Dominique & S. François. num. 44. 1407
Salomon a fait bastir le Temple de Hierusalem, S. Louys plusieurs, n. 45. 1407
Salomon & S. Louys versez és sciences tant diuines qu'humaines. n. 46. 1407
Salomon a esté inferieur à S. Louys en probité de vie. num. 52. 1418
Salomon a obtenu la sagesse, mais il l'a perduë, & non S. Louys. n. 42. 1405
Salomon s'enyure des voluptez, S. Louys les deteste comme poison de l'ame. n. 47. 1410
impieté de Salomon. 53. 1419. son impenitence. 54. 1419. & suiuant.
Salomon n'est point allé de pair auec les Roys de France. n. 40. 1403. & suiuant.
S. Louys a surpassé Salomon en gloire. 40. 1403. En proüesse contre les Infideles. 48. 1413
Semonce du Pape Boniface VIII. à tous les Chrestiens de s'esiouyr des bon-heurs eternels de S. Louys. 10. 40. 1398
Siege & prises de Constantinople par les François. 8. 38. 998
Sobrieté des Monarques François. 7. 20. 931. & suiuant.
Sobrieté eleue les hommes aux choses celestes. 7. 25. 938
Sobrieté de sainct Louys. 7. 26. 939
Soin de S. Louys à conuertir les Infideles. 2. 64. 412. & suiuant.
le Souuerain soit genereux & aduisé pour le bien de l'Estat. 8. 2. 958
pour quel sujet les Princes doiuent tirer les subsides du peuple. 9. 103. 1463
argent des Subsides & Gabelles gardé en Angleterre par vn demon. ibid.
Subiets aymez de leur Prince. 9. 102. 1461

Superbe & son portrait. 9. 5. 1122. les maux qu'elle cause à l'homme, & le moyen de la vaincre. 9. 6. 1124. Elle entraîne apres soy plusieurs autres pechez. 9. 7. 1127
inuectiue contre l'insolence des Superbes. 9. 37. 1173

T

TEmperature naturelle du Lys comparée à la vertu de Temperance. 7. 1. 992. & suiuant.
Temperance necessaire aux Roys. 7. 5. 909
prix du Thresor de S. Denys. 4. 36. 601
Testament du Roy S. Louys. 4. 94. 694
Traditiōs auec les Loix ont estez tousiours reuerée de toutes les Republiques.
il faut que nostre Trauail soit pour Dieu. 9. 159. 1331
le Trauail sainct acquiert la beatitude. 9. 155. 1327
le Trauail acquiert tout bien. 9. 154. 1329. & suiuant.
par ses Trauaux Hugues Capet a merité la Couronne de France. 9. 131. 1291
Trauaux doiuent preceder la gloire. 9. 129. 1290
l'Origine du surnom de tres-Chrestien donné aux Roys de France. 1. 82. 138
saincte Trinité representée par les trois fleurs de Lys de France. 1. 72. 123

V

LA Vaillance d'vn Prince doit estre representée conforme à la verité. 8. 53. 1017
Vaillances & faits d'armes du Roy Clouis, & des autres Roys ses successeurs. 8. 5. 959. & suiuant.
de Charles Martel en sa bataille contre les Arriens. 8. 8. 964
Pepin coupe la teste à vn Lyon que personne n'osoit aborder. 8. 14. 971
Charlemagne par ses Vaillances s'est acquis la Couronne Imperiale. 8. 15. 971. Il defais les soldats du Roy Sibille qui s'estoient habillez en diables. 8. 22. 980

Yyyyyyy 2   les

TABLE DES MATIERES.

les Vaillances des Roys de France de la troisiesme race en la guerre Saincte. 8.23.982. & suiuant.

Vaillances & prouesses de sainct Louys. 8.68.1032

Vaillances & prouesse de LOVYS LE IVSTE. 8.53.1017. & suiuant. La prise de la Rochelle. 8.58.1024. & suiu.

les Vaillances de S. Louys & des Roys de Fráce surpassoit les Grecs & Romains. 8.68.1032

les trois Vertus principales de la Religion Chrestienne representées par les trois fleurs de Lys de France. 1.69.119

les sept Vertus morales figurées par les sept massetes du Lys. 9.111.1119

les Vertus demandent vn grand courage. 8.1.951

l'homme Vertueux doit auoir plus de courage que le meschant. 8.121.1006

Témoignages des Vertueux touchant la felicité des vertueux. 9.164.1339

des sainctes Escritures les plus vertueux Capitaines ont esté les plus braues. 8.123.1108. & suiuant.

Vertus des Roys de France se rapportent à l'or. 1.53.88

les Monarques François plus vertueux ont regné plus long-temps. 1.176.286

les Monarques plus vertueux ont esté plus fortunez. 9.163.1337

les Vertus particulieres de chasque Roy de France. 1.196.309

la Vertu s'anime par les afflictiõs, & languit par le repos. 8.103

les Vices ruinent les Empires, & les Princes. 9.166.1341

Victoires de Charlemagne. 8.17.974

de Charles Martel. 3.17.464

de Charles VII. contre l'Anglois. 3.28.478

de Childebert. 458

de Clotaire. 457

de Clouis. 2.8.328. & 1.79.134. & 1.79.136

de Pepin. 3.15.461. & 3.15.462

de Philippe Auguste. 3.15.475. & 3.26.470

l'Vnité d'essence és trois personnes representée par les trois fleurons des fleurs de Lys de France. 1.73.124

Z

LE bon-heur temporel de ceux qui sont zelés à la foy. 2.79.433. & suiu.

Zele des Rois de France. 1.74.127

de Clouis contre les Arriens. 1.75.128. & 1.77.132

de Childebert, comparé à celuy de son pere Clouis. 1.86.145

de Clotaire second. 1.87.147

de Dagobert. 1.88.148

de Clouis second. 1.93.155

de Pepin. 1.94.156. & suiuant.

de Charlemagne. 1.98.162. & 1.104.172

de Louys le debonnaire. 1.105.175. & suiuant.

de Charles le Chauue. 1.108.179. & suiu.

de l'Empereur Lothaire. 1.110.181

de Hugues Capet. 1.112.187

de Robert. 1.116.193

d'Henry premier. 1.119.199

de Philippe premier. Louys VI. Louys VII. Philippe II. Louys VIII. 1.120.201. & suiuant.

de Philippe III. Philippe IV. 1.121.202. & suiuant.

de S. Louys à conuertir les Infideles. 2.64.412. & suiuant. & 1.151.251

Du mesme à exciter son armée à recognoistre Dieu autheur des vict. 8.98.1066

d'Henry le Grand & de LOVYS LE IVSTE. 1.38.228

Estre zelé au bié des Papes est hereditaire aux Monarques François. 1.129.216

FIN.

www.ingramcontent.com/pod-product-compliance
Lightning Source LLC
Chambersburg PA
CBHW071902020526
R18234200001B/R182342PG44115CBX00003B/1